재무회계 이론

제5판

김정재 · 정준희 · 김임현

신영사

서 문

본서의 주제는 회계기능과 회계환경이다. 그런데 자연과학의 진리와 달리 회계의 기능과 환경은 끊임없이 변하고 있다. 예를 들면 IFRS를 기반으로 하는 현대회계의 패러다임은 규정 중심보다는 원칙 중심의 회계, 당기순이익(profit or loss)과 기타포괄손익(other comprehensive income)의 구분, 손익계산서보다는 재무상태표 중심의 회계, 별도재무제표보다는 연결재무제표 중심의 회계, 원가보다는 공정가치에 의한 평가, 검증가능성보다는 표현충실성이 더 중시되는 특징을 갖고 있다. 본서의 목적은 이러한 변화의 원인, 배경 및 파급효과를 설명하는 것이다.

본서의 출간 이래 일관된 포커스는 다음의 몇 가지로 요약된다.

첫째, 회계기능을 가치평가기능과 계약기능으로 구분하였다. 과거나 현재의 대부분의 회계논쟁 및 이슈는 이 두 가지 회계기능의 충돌에서 기인한다. 왜냐하면 가치평가기능에 유용한 정보가 반드시 계약기능에도 유용한 정보가 된다는 보장이 없다는 것이고, 이 점이 회계인의 딜레마이기도 하다. 특히 회계정보의 질적 특성이 2010년에 개정되어 신뢰성이라는 용어 자체는 폐기하고 종전에 신뢰성의 구성요소로 동급이었던 표현충실성과 검증가능성을 분리하여 표현충실성은 종전의 신뢰성을 대체하는 근본적 질적 특성으로 격상시킨 반면, 검증가능성은 보강적 질적 특성이라는 하위개념으로 격하시킨 것은 계약기능보다는 가치평가기능을 상대적으로 더 중시하는 현대회계의 움직임과 무관하지 않다. 그러나 IASB는 2018년의 재무보고를 위한 개념체계 개정을 통해 수탁책임을 일반목적 재무보고의 목적 중 하나로 명시함으로써 계약기능을 경시한다는 우려를 불식시키고자 하였다.

둘째, 규제의 시각에서 통일성에 대한 논의를 본격화하였다. 통일성이란 비슷한 현상은 비슷하게 회계처리하고 다른 현상은 다르게 회계처리함으로써 업체별 비교가능성을 확보하는 것이다. 자본시장 효율성에 대한 인식이 바뀌고 기업경영환경의 불확실성이 증대되는 현실에서 회계정보의 투명성 확보라는 궁극적 목표를 위해 이에 대한 논의의 필요성이 충분하다고 본다.

셋째, IFRS의 도입에 따라 true and fair view가 국내에 공식적으로 도입됨에 따라 이를 별도의 단원에서 설명하였다. 특히 true and fair view override는 IFRS를 준수하는 것이 오히려 재무제표의 목적과 상충되어 이용자의 오해를 유발한다고 판단하는 경우에는 이 규정을 달리 적용한다는 것으로 회계인의 전문가적 판단이 매우 광범위하게 요구되고 있다.

전판의 출간 이후 국제회계환경에도 적지 않은 변화가 있었다. 특히 IFRS 9 Financial Instruments와 IFRS 15 Revenue from Contracts with Customers가 2018년 1월 1일부터 적용되었으나 관련 이슈가 깔끔히 정리된 것은 아니다. 예를 들면 IFRS 9 Financial Instruments에서는 최초 인식시점에 단기매매목적(trading)이 아닌 주식(지분상품)에 대해서는 취소불능선택에 의해 기타포괄손익인식금융자산(fair value through other comprehensive income : FVOCI)으로 분류할 수 있도록 하고, 이를 재분류 가능항목에서 아예 제외하였다. 이는 종전의 규정인 IAS 39의 모순으로 지적된 내용, 즉 매도가능금융자산의 평가손익은 기타포괄손익(OCI)이지만 처분시점에 이를 처분손익으로 재분류하는 것이 논리적으로 모순이라는 비판에 따른 것이다. 그러나 일부에서는 종전의 규정대로 재분류를 허용하는 것이 장기투자성과를 평가하는 데 더 좋다는 의견이 꾸준히 개진되고 있는 상황에서 이에 대한 논쟁의 끝을 조만간 기대하기 어려운 것이 현실이다.

한편 국내에서는 2011년 12월 공식적으로 도입된 한국형 헤지펀드의 등장 이후 발생액 이상현상이 사라졌다는 연구결과가 등장하여 선진 자본시장이 일찍이 겪은 현상이 국내에도 재현되고 있음을 보여주고 있다.

지속가능성 정보(ESG 정보)의 중요성이 날로 커짐에 따라 IFRS Foundation은 IASB와는 별도로 ISSB(국제지속가능성위원회)를 설립하고, 지속가능성 공시기준(IFRS S1, S2)을 발표하였다. 현재 많은 국가들이 이러한 지속가능성 공시기준을 도입하거나 의무화하려는 움직임을 보이고 있다. 지속가능성 정보는 주로 가치평가기능에 중점을 두고 있기 때문에, IFRS S1, S2의 도입은 기존의 계약기능 중심 회계제도에 중대한 변화를 가져올 것으로 예상된다.

이와 같은 변화의 맥락에서, 본서는 회계 패러다임의 진화과정과 관련된 주요 회계 이슈들을 이해하는 데 유용한 길잡이가 될 수 있기를 희망한다. 이러한 목표를 이루는 것이 지지들에게 큰 보람이 될 것이다.

끝으로 본서의 출판을 위해 애쓰시고 도움을 주신 신영사의 권영섭 사장님, 김종복 전무님, 박지영 국장님 및 관계직원 여러분께 감사드린다.

2025년 1월

저자 김정재, 정준희, 김임현

요약차례

차 례

PART I 회계기능과 회계연구

제 1 장 재무보고와 재무제표

제10장 이익조정

제11장 주식기준보상

PART V 재무회계이론의 기타주제

제12장 회계정보의 질적 특성

제13장 통일성

PART

I

회계기능과 회계연구

CHAPTER

1 재무보고와 재무제표

제 1 절 재무보고의 의의

1. 재무보고

재무보고(financial reporting)는 정보이용자의 경제적 의사결정에 유용한 정보를 제공하는 것을 목적으로 한다. 이를 위해 경영자는 기업실체의 경제적 자원과 의무, 경영성과, 자본변동 및 현금흐름 등에 관한 정보를 제공한다. 일반목적 재무보고의 목적은 현재 및 잠재적 투자자, 채권자 및 기타 대여자가 기업에 자원을 제공하는 것에 대한 의사결정을 할 때 유용한 재무정보를 제공하는 것이다. 일반목적 재무보고는 보고기업의 재무상태에 관한 정보, 즉 기업의 경제적 자원과 청구권에 관한 정보뿐만 아니라 경제적 자원과 청구권을 변동시키는 거래와 그 밖의 사건의 영향에 대한 정보도 제공한다.

재무보고는 재무제표에 의해 주로 이루어지나, 그 외의 수단에 의해서도 정보가 제공될 수 있다. 이러한 정보 제공은 감독규정의 요구, 이해관계자의 요구 및 경영자의 자발적 판단에 의해 이루어진다. 재무보고는 다음과 같은 경로를 통해 기업실체 외부의 이해관계자에게 정보를 제공한다.

(1) 재무제표

가장 핵심적인 재무보고수단으로서 기업실체의 경제적 자원, 의무 및 자본과 이들의 변동에 관한 정보를 제공하며 주석을 포함한다. 중요한 회계방침이나 자산 및 부채에 대한 대체적 측정치에 대한 설명 등과 같은 주석은 재무제표가 제공하는 정보를 이해하는 데 필수적인 요소로서 회계기준에 따라 작성된 재무제표의 중요한 부분으로 인정된다.

(2) 기타 수단

경영자 토의 & 분석(management's discussion & analysis)이나 주주에 대한 서한과 같은 수단에 의해서도 재무정보가 제공될 수 있다.

2. 재무제표

재무제표(financial statements)는 기업실체가 외부 정보이용자에게 재무정보를 전달하는 재무보고의 핵심수단으로서 재무상태표, 포괄손익계산서, 자본변동표 및 현금흐름표로 구성되며 주석을 포함한다.

- 재무상태표 : 일정시점 현재 기업실체가 보유하고 있는 자산, 부채 및 자본에 대한 정보 제공
- 포괄손익계산서[1] : 일정기간 동안 기업실체의 성과에 대한 정보 제공
- 자본변동표 : 일정기간 동안 기업실체의 자본변동에 대한 정보 제공
- 현금흐름표 : 일정기간 동안 기업실체의 현금변동에 대한 정보 제공

사업보고서는 재무제표와 더불어 기업실체의 재무정보를 제공하는 재무보고수단이며 일반적으로 비재무정보를 포함한다. 또한, 주석 외의 공시사항, 경영자 예측, 기업실체의 사회 · 환경적 영향에 대한 설명 등은 재무제표가 제공하지 않는 재무정보 또는 비재무정보의 예이다.

경영자는 재무제표를 작성하고 이해관계자에게 보고할 책임을 진다. 이때 경영자는 회계기준에 근거하여 재무제표를 작성해야 한다. 또한 회계기준의 허용범위 내에서 적정한 회계처리방법을 선택하여 이를 일관성 있게 적용하고, 합리적인 판단과 추정을 해야 한다. 이렇게 작성된 재무제표가 적절히 작성되었는지 여부를 판단하는 것이 회계감사이다.

재무보고의 목적과 재무제표의 작성방법은 경제적 · 사회적 · 제도적 환경에 의해 영향을 받으며, 또한 중대한 환경 변화가 있을 경우 이를 적절히 반영해야 한다. 그러나 회계기준의 요구사항을 준수하는 것이 오히려 개념체계에서 정하고 있는 재무제표의 목적과 상충되어 재무제표 이용자의 오해를 유발할 수 있는 경우에는 다른 방법을 적용할 수 있다.[2]

---

1) IAS 1에 따르면 손익과기타포괄손익계산서(A Statement of Profit or Loss and Other Comprehensive Income)란 명칭이 제시되어 있다. 이 명칭을 주장하는 주된 목적은 손익계산서가 동등한 중요성을 가지는 두 부분, 즉 손익(profit or loss)과 기타포괄손익(other comprehensive income)으로 구성된다는 것을 보이고자 하는 것이다. 그러나 이 명칭의 사용이 강제되는 것은 아니어서 KASB는 기존의 '포괄손익계산서'란 명칭을 계속 사용하기로 하였다(2012.6.8 한국회계기준원 보도자료).

2) K-IFRS(한국채택국제회계기준) 제1001호 재무제표 표시. 원래 이 내용은 유럽회계가 채택하고 있던 true and fair view override가 IFRS를 통해 국내에 최초로 도입된 것이다. 본서 제14장 참조.

3. 연결재무제표 vs 별도재무제표 vs 개별재무제표

우리나라의 경우 2011년 국제회계기준(International Financial Reporting Standards : IFRS)의 도입으로 모든 상장기업은 종속기업이 하나라도 있는 한 연결재무제표(consolidated financial statements)를 주재무제표로 작성·공시해야 한다.[3]

한편 연결재무제표를 작성하는 지배회사는 자기자신만의 재무제표를 별도로 작성하는데, 이를 별도재무제표(separate financial statements)라 부른다. 우리나라에서는 외감법 시행령을 통해 연결재무제표를 작성하는 회사는 연결재무제표 이외에 별도재무제표도 IFRS에 따라 동시에 작성·공시해야 하며, 만약 그렇지 않은 경우에는 K-IFRS를 적용하지 않은 것으로 보아 벌칙을 부과하고 있다.

그러나 세계적으로 볼 때 대부분의 국가에서는 별도재무제표의 작성을 허용하거나 불허하는 선택을 하고 있으며, 허용하는 경우에도 별도재무제표를 IFRS가 아닌 자국의 회계기준에 따라 작성하게 하는 나라가 대부분이다.[4] 즉 IFRS는 별도재무제표를 강제하지 않는다. 따라서 별도재무제표를 IFRS에 따라 작성하도록 강제하고 있는 K-IFRS를 IFRS와 동일한 것으로 볼 수 없다.

개별재무제표(individual financial statements)란 종속회사가 없어 연결재무제표를 작성하지 못하는 회사가 작성하는 재무제표를 의미한다. 그런데 유럽에서는 개별재무제표에 대해서는 IFRS를 의무적용하지 않는다. 그러나 우리나라는 상장기업이라면 개별재무제표에도 K-IFRS를 의무적용한다. 따라서 개별재무제표를 IFRS에 따라 작성하도록 강제하는 K-IFRS를 IFRS와 동일한 것으로 볼 수 없다.

이처럼 우리나라가 IFRS를 도입한 대부분의 국가와 달리 별도재무제표를 작성하는 이유는 다음과 같다. 먼저, 우리나라의 자본시장법과 상법 등 다양한 법적 조항은 별도재무제표를 기본으로 마련되어 있다. 예를 들어, 법인세를 계산하고 납부할 때 별도재무제표를 기준으로 하며, 배당가능이익 산정 및 배당결정을 할 때에도 별도재무제표가 사용된다. 따라서 상법을 연결재무제표로 선변적으로 개정하지 않는 한 별도재무제표가 존재할 수밖에 없다. 특히, 국내 상법은 정보유용성 측면보다 계약기능을 중요시하기에 개별기업만을 측정하고

3) 우리나라가 채택한 국제회계기준을 IFRS as adopted by the Republic of Korea라고 부르고, 한국채택국제회계기준(K-IFRS)으로 표시한다. 여러 가지 IFRS의 version은 본서 제13장 제6절 참조.

4) 금융감독원, 정례브리핑 자료, 2012.7.10, 한종수(2012).

관리하는 별도재무제표가 여전히 사용되고 있다.

둘째, 가치평가기능 관점에서 우리나라가 별도재무제표 작성을 강제하는 이유는 중복상장[5]과 순환출자 구조로 인한 재무정보의 왜곡가능성 때문이다. 동일 그룹 내에서 모회사와 자회사가 모두 상장된 경우, 연결재무제표에서는 지분과 이익이 중복 계산되어 실제보다 과대계상될 수 있다. 이러한 중복 계산은 투자자들에게 혼란을 초래하고 기업의 실질가치를 정확하게 평가하는 데 어려움을 준다. 따라서 정책당국은 별도재무제표를 연결재무제표와 함께 공시하는 것을 의무화하여 모회사의 독립적인 재무상태와 회계성과를 명확하게 보여주어 정보유용성을 높이고자 하였다.[6]

이에 따라 K-IFRS에서는 연결재무제표, 별도재무제표, 개별재무제표 세 가지의 재무제표가 작성가능하며, 각 재무제표별 개념과 투자지분의 회계처리 방법은 〈표 1-1〉과 같다.[7]

〈표 1-1〉 K-IFRS 재무제표의 dimension

구 분	개 념	투자지분의 회계처리	
		종속기업	관계기업
연결 재무제표	지배기업과 종속기업을 하나의 경제적 실체(a single economic entity)로 표시하는 연결실체의 재무제표	연결대상 포함	지분법
별도 재무제표	지배기업이 연결재무제표 외에 추가로 작성하는 지배기업 자신만의 재무제표	원가법, 공정가치법, 지분법	
개별 재무제표	종속기업이 없는(=연결재무제표를 작성하지 않는) 기업의 재무제표	N/A	지분법

• 연결실체(group) : 지배기업과 종속기업
• 지배기업(parent) : 하나 이상의 종속기업을 가진 기업
• 종속기업(subsidiary) : 지배기업의 지배(지분율 50%↑)를 받는 기업
• 관계기업(associate) : 유의적인 영향력(지분율 20%↑)을 받는 기업

5) IBK투자증권 보고서에 따르면 2024년 기준 국내 증시의 중복상장 비율은 주요 국가 주식시장 중 가장 높은 수준이다. 국내 증시 중복상장 비율(상장사가 보유한 타 상장사 지분 시장가치/전체 시가총액)은 18.43%로, 미국(0.35%)과 중국(1.98%), 일본(4.38%), 대만(3.18%)에 비해 크게 높았다.

6) 김영욱 등(2014)의 연구에 따르면, 주가 및 주식수익률에 대한 순자산(net assets)과 순이익(net income) 정보의 가치관련성은 별도재무제표와 연결재무제표 사이에 유의적인 차이가 없는 것으로 나타났다. 그러나 연결재무제표 순이익에서 별도재무제표 순이익을 차감한 차이는 주가 및 주식수익률과 유의적인 정(+)의 관련성이 있는 것으로 나타나, 연결재무정보가 별도재무정보에 추가하여 증분적 가치관련성을 가진다고 하였다.

7) 한국회계기준원, "별도재무제표 실무적용사례", 2012.7 수정.

제50기 결산공고

삼성전자 SAMSUNG

연결재무상태표
(연결대차대조표)

2018년 12월 31일 현재
(단위 : 백만원)

과 목	금 액	과 목	금 액
자산		부채	
I. 유동자산	174,697,424	I. 유동부채	69,081,510
1. 현금및현금성자산	30,340,505	1. 매 입 채 무	8,479,916
2. 단기금융상품	65,893,797	2. 단기차입금	13,586,660
3. 단기상각후원가금융자산	2,703,693	3. 미 지 급 금	10,711,536
4. 단기당기손익-공정가치금융자산	2,001,948	4. 선 수 금	820,265
5. 매 출 채 권	33,867,733	5. 예 수 금	951,254
6. 미 수 금	3,080,733	6. 미지급비용	20,339,687
7. 선 급 금	1,361,807	7. 미지급법인세	8,720,050
8. 선 급 비 용	4,136,167	8. 유동성장기부채	33,386
9. 재 고 자 산	28,984,704	9. 충 당 부 채	4,384,038
10. 기타유동자산	2,326,337	10. 기타유동부채	1,054,718
II. 비유동자산	164,659,820	II. 비유동부채	22,522,557
1. 상각후원가금융자산	238,309	1. 사 채	961,972
2. 기타포괄손익-공정가치금융자산	7,301,351	2. 장기차입금	85,085
3. 당기손익-공정가치금융자산	775,427	3. 장기미지급금	3,194,043
4. 관계기업 및 공동기업 투자	7,313,206	4. 순확정급여부채	504,064
5. 유 형 자 산	115,416,724	5. 이연법인세부채	15,162,523
6. 무 형 자 산	14,891,598	6. 장기충당부채	663,619
7. 장기선급비용	5,009,679	7. 기타비유동부채	1,951,251
8. 순확정급여자산	562,356		
9. 이연법인세자산	5,468,002		
10. 기타비유동자산	7,683,168	부채총계	91,604,067
		자본	
		지배기업 소유주지분	240,068,993
		I. 자본금	897,514
		(수권주식수 : 250억주)	
		(1주당금액 : 100원)	
		1. 우선주자본금	119,467
		(발행주식수 : 822,886,700주)	
		2. 보통주자본금	778,047
		(발행주식수 : 5,969,782,550주)	
		II. 주식발행초과금	4,403,893
		III. 이익잉여금	242,698,956
		IV. 기타자본항목	(7,931,370)
		비지배지분	7,684,184
		자본총계	247,753,177
자산총계	339,357,244	부채와자본총계	339,357,244

별도재무상태표
(별도대차대조표)

2018년 12월 31일 현재
(단위 : 백만원)

과 목	금 액	과 목	금 액
자산		부채	
I. 유동자산	80,039,455	I. 유동부채	43,145,053
1. 현금및현금성자산	2,607,957	1. 매 입 채 무	7,315,631
2. 단기금융상품	34,113,871	2. 단기차입금	10,353,873
3. 매 출 채 권	24,933,267	3. 미 지 급 금	8,385,752
4. 미 수 금	1,515,079	4. 선 수 금	214,615
5. 선 급 금	807,262	5. 예 수 금	572,702
6. 선 급 비 용	2,230,628	6. 미지급비용	6,129,837
7. 재 고 자 산	12,440,951	7. 미지급법인세	7,925,887
8. 기타유동자산	1,390,440	8. 유동성장기부채	5,440
		9. 충 당 부 채	2,135,314
		10. 기타유동부채	106,002
II. 비유동자산	138,981,902	II. 비유동부채	2,888,179
1. 기타포괄손익-공정가치금융자산	1,098,565	1. 사 채	43,516
2. 당기손익-공정가치금융자산	7,413	2. 장기미지급금	2,472,416
3. 종속기업, 관계기업 및 공동기업 투자	55,959,745	3. 장기충당부채	372,217
4. 유 형 자 산	70,602,493	4. 기타비유동부채	30
5. 무 형 자 산	2,901,476		
6. 장기선급비용	4,108,410		
7. 순확정급여자산	562,356		
8. 이연법인세자산	654,456		
9. 기타비유동자산	3,086,988		
		부채총계	46,033,232
		자본	
		I. 자본금	897,514
		(수권주식수 : 250억주)	
		(1주당금액 : 100원)	
		1. 우선주자본금	119,467
		(발행주식수 : 882,866,700주)	
		2. 보통주자본금	778,047
		(발행주식수 : 5,969,782,550주)	
		II. 주식발행초과금	4,403,893
		III. 이익잉여금	166,555,532
		IV. 기타자본항목	1,131,186
		자본총계	172,988,125
자산총계	219,021,357	부채와자본총계	219,021,357

위와 같이 공고함
2019년 3월 21일

삼성전자주식회사

대표이사 부회장 김기남

위 재무상태표를 포함한 제50기 재무제표는 중요성의 관점에서 한국채택국제회계기준에 따라 작성되었습니다.
삼일회계법인 대표이사 김영식

연결재무상태표 vs 별도재무상태표 구분방법

① 별도재무상태표에는 비유동자산에 종속기업이 있지만, 연결재무상태표에는 없다.

② 별도재무상태표에는 자본에 비지배지분이 없지만, 연결재무상태표에는 모든 종속회사를 100% 보유하지 않는 이상 있다.

〈표 1-2〉는 우리나라 상장법인의 연결재무제표 작성현황을 나타낸다. 2017년의 경우 전체 상장법인 2,155사 중 코스닥 1,249사(57.9%), 유가증권 758사, 코넥스 148사로 구성되는데, 종속회사가 있는 1,610사(74.7%)는 연결재무제표를, 종속회사가 없는 545사(25.3%)는 개별재무제표를 작성하였고, 12월 결산법인이 2,116사(98.2%)로 절대다수를 차지하였다.

〈표 1-2〉 상장법인의 연결재무제표 작성현황[8]

(단위 : 사, %)

회계연도	2013년	2014년	2015년	2016년	2017년
연 결 (비율)	1,310 (74.4)	1,353 (73.2)	1,423 (71.1)	1,517 (72.9)	1,610 (74.7)
개 별	451	495	579	564	545
합 계	1,761	1,848	2,002	2,081	2,155

4. IFRS 적용하기 : Obligation vs Option

EU의 규정(Regulation 1606/2002)에 따르면 IFRS를 의무적용해야 하는 기업은 유럽의 상장기업 중 연결재무제표를 작성하는 기업이다(2014년 현재 약 7,000개 기업). 따라서 종속회사가 없어 연결재무제표를 작성할 필요가 없는 기업은 IFRS를 적용할 의무(obligation)가 없다. 다만 개별재무제표, 별도재무제표 또는 비상장기업의 재무제표에 IFRS를 의무적용할지(require), 허용할지(permit) 또는 금지할지(prohibit) 여부는 해당 회원국가의 선택(option)에 달려 있다. 이러한 유럽의 규정과 달리 우리나라에서는 상장기업이라면 모든 종류의 재무제표에 IFRS가 의무적용된다. 따라서 종속회사가 없어 개별재무제표만을 작성하는 기업도 그 개별재무제표를 IFRS에 따라 작성해야 하며, 지배기업의 별도재무제표도 IFRS에 따라 작성해야 한다. 다음의 〈표 1-3〉에서는 2016회계연도의 재무제표 작성기준의 차이를 한국과 유럽의 상장기업을 비교하여 보여준다. 삼성전자는 연결 및 별도 재무제표를 모두 한국채택국제회계기준(K-IFRS)에 따라 작성한 반면, 런던증권시장에 상장된 British Petroleum은 연결재무제표(Group financial statements)는 EU가 채택한 IFRS(IFRSs as adopted by the EU)[9]에 따라 작성하였지

8) 금융감독원, 보도자료, 2018.8.7.

9) IFRS as issued by the IASB와 IFRS as adopted by the EU의 차이에 대해서는 본서 제13장 참조.

〈표 1-3〉 한국과 유럽 상장기업의 재무제표 작성기준 차이

	삼성전자(한국상장)	British Petroleum(런던상장)
연결 재무제표	연결회사의 연결재무제표는 한국채택국제회계기준에 따라 작성되었습니다.	The group financial statements have been properly prepared in accordance with IFRS as adopted by the European Union.
별도 재무제표	이 재무제표는 한국채택국제회계기준에 따라 작성되었으며, 기업회계기준서 제1027호 '별도재무제표'에 따른 별도재무제표입니다.	The parent company financial statements have been properly prepared in accordance with United Kingdom generally accepted accounting practice including FRS 101 'Reduced Disclosure Framework'.

만, 지배기업의 별도재무제표(parent company financial statements)는 UK GAAP에 따라 작성하였음을 명시하고 있다.

그런데 EU의 현행 재무제표 작성기준에 대해 이의를 제기하는 이해관계자가 많은 실정이다. 왜냐하면 종속기업이 없다는 이유로 IFRS를 적용하지 않

[그림 1-1] IFRS 의무적용 지역[10)]

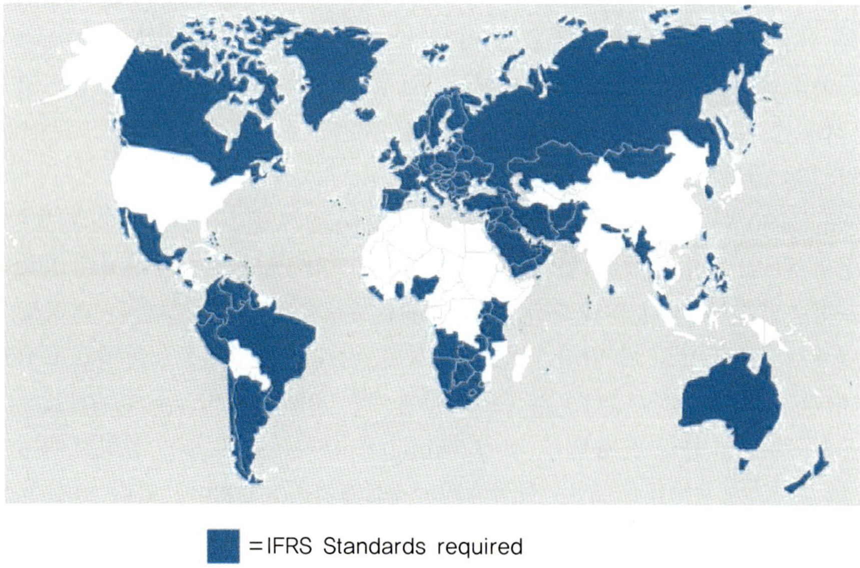

10) The Future of Financial Reporting, Hans Hoogervorst, Chairman, International Accounting Standards Board, October 2017.

아도 되는 현실은 EU가 2005년에 상장기업에 대해 IFRS를 공식도입한 기본취지에 어긋난다는 것이다. 따라서 이러한 결정을 회원국가의 개별적인 선택에 맡기기보다는 일정조건을 충족하는 일정규모 이상의 기업은 예외 없이 IFRS에 따른 재무제표 작성을 의무화하자는 여론이 힘을 얻어가고 있다.[11)]

IFRS의 역할 및 기능

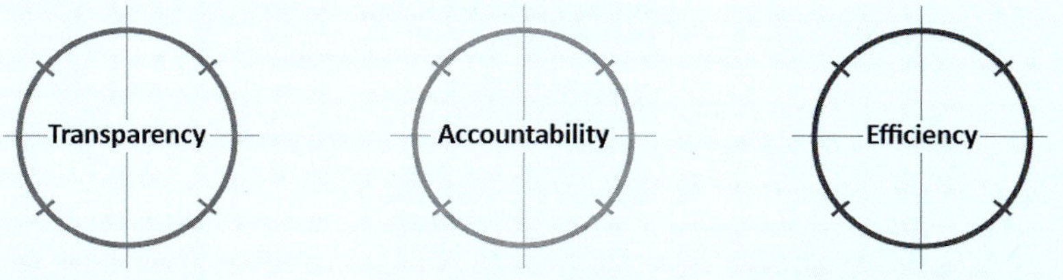

IFRS Standards bring **transparency** by enhancing the international comparability and quality of financial information, enabling investors and other market participants to make informed economic decisions.

IFRS Standards strengthen **accountability** by reducing the information gap between the providers of capital and the people to whom they have entrusted their money. Our Standards provide information needed to hold management to account. As a source of globally comparable information, IFRS Standards are also of vital importance to regulators around the world.

IFRS Standards contribute to economic **efficiency** by helping investors to identify opportunities and risks across the world, thus improving capital allocation. For businesses, the use of a single, trusted accounting language lowers the cost of capital and reduces international reporting costs.

(IFRS Foundation, 2018)

---

11) 외감법이 개정되어 유한회사에 대해서도 외부감사를 도입하고 감사보고서를 공시하도록 했다. 그동안 국내에 진출한 다국적기업 가운데 본사는 주식회사이면서도 한국에서는 유한회사 형태로 운영하는 특이한 현상을 목격할 수 있었다. 예를 들면 애플, 마이크로소프트, 코카콜라 등 외국계 기업들은 설립단계에서부터 유한회사로 설립하거나 또는 주식회사였던 법인을 유한회사로 변경하기도 했다. 소비자단체는 이를 두고 "한국에서 막대한 이익을 내고 있는 것이 드러나는 것을 꺼리기 때문"이라고 지적해왔다. 그러나 이번 외감법 개정으로 유한회사에 대한 감사와 공시 의무가 강화될 것으로 기대된다(조세일보, 2017.9.29 수정 요약).

아래는 종속기업 1개, 관계기업 2개 및 공동기업 1개를 보유한 한국항공우주산업(주)의 2017년말 별도(왼쪽) 및 연결재무상태표이다.

재 무 상 태 표

2017년 12월 31일 현재 (단위:원)

계정과목	금액	계정과목	금액
자산		부채	
I. 유동자산	**1,974,448,739,627**	I. 유동부채	**1,207,720,409,092**
1. 현금및현금성자산	226,842,810,755	1. 매입채무	133,577,298,206
2. 단기금융상품	6,255,226,092	2. 기타금융부채	248,578,594,644
3. 매출채권	421,794,115,478	3. 차입금	470,374,128,670
4. 미청구공사	382,784,584,685	4. 초과청구공사	227,745,589,012
5. 기타금융자산	17,167,641,814	5. 미지급법인세	15,361,872,778
6. 재고자산	464,115,987,658	6. 기타부채	112,082,925,782
7. 기타자산	455,488,373,145	II. 비유동부채	**818,022,539,305**
II. 비유동자산	**1,190,152,375,863**	1. 장기차입금	30,018,700,000
1. 장기매도가능금융자산	30,517,991,530	2. 사채	399,381,110,019
2. 기타장기금융자산	9,032,580,836	3. 기타장기금융부채	28,798,991,223
3. 종속기업,관계기업및	5,380,658,763	4. 순확정급여부채	332,610,106,885
공동기업		5. 충당부채	13,028,758,960
4. 유형자산	547,308,363,229	6. 기타비유동부채	14,184,872,218
5. 무형자산	359,958,939,300	**부채총계**	**2,025,742,948,397**
6. 이연법인세자산	237,953,842,205		
		자본	
		I. 자본금	**487,375,535,000**
		II. 주식발행초과금	**124,077,485,927**
		III. 이익잉여금	**516,455,343,886**
		IV. 기타자본항목	**10,949,802,280**
		자본총계	**1,138,858,167,093**
자산총계	**3,164,601,115,490**	**부채와자본총계**	**3,164,601,115,490**

위와 같이 공고함.

2018년 3월 30일

KAI 한국항공우주산업주식회사

대표이사 사장 김 조 원

감사의견 : 위 재무상태표를 포함한 제19기 재무제표는 중요성의 관점에서 한국채택국제회계기준에 따라 작성 되었습니다.

삼일회계법인 대표이사 김 영 식

연 결 재 무 상 태 표

2017년 12월 31일 현재 (단위:원)

계정과목	금액	계정과목	금액
자산		부채	
I. 유동자산	**1,974,524,973,218**	I. 유동부채	**1,207,795,312,368**
1. 현금및현금성자산	227,100,459,672	1. 매입채무	133,631,739,509
2. 단기금융상품	6,255,226,092	2. 기타금융부채	248,578,594,644
3. 매출채권	421,847,670,478	3. 차입금	470,374,128,670
4. 미청구공사	382,784,584,685	4. 초과청구공사	227,745,589,012
5. 기타금융자산	17,167,641,814	5. 미지급법인세	15,364,059,964
6. 재고자산	464,115,987,658	6. 기타부채	112,101,200,569
7. 기타자산	455,253,402,819	II. 비유동부채	**818,022,539,305**
II. 비유동자산	**1,191,698,035,294**	1. 장기차입금	30,018,700,000
1. 장기매도가능금융자산	30,517,991,530	2. 사채	399,381,110,019
2. 기타장기금융자산	9,275,194,626	3. 기타장기금융부채	28,798,991,223
3. 종속기업,관계기업및	6,667,467,385	4. 순확정급여부채	332,610,106,885
공동기업		5. 충당부채	13,028,758,960
4. 유형자산	547,324,600,248	6. 기타비유동부채	14,184,872,218
5. 무형자산	359,958,939,300	**부채총계**	**2,025,817,851,673**
6. 이연법인세자산	237,953,842,205		
		자본	
		지배기업의소유지분	
		I. 자본금	**487,375,535,000**
		II. 주식발행초과금	**124,077,485,927**
		III. 이익잉여금	**517,210,256,162**
		IV. 기타자본항목	**11,741,879,750**
		비지배지분	**0**
		자본총계	**1,140,405,156,839**
자산총계	**3,166,223,008,512**	**부채와자본총계**	**3,166,223,008,512**

위와 같이 공고함.

2018년 3월 30일

KAI 한국항공우주산업주식회사

대표이사 사장 김 조 원

감사의견 : 위 재무상태표를 포함한 제 19기 재무제표는 중요성의 관점에서 한국채택국제회계기준에 따라 작성 되었습니다.

삼일회계법인 대표이사 김 영 식

이와 관련하여 주목할 점은 다음과 같다.

1. 연결재무상태표에서 비지배지분이 0으로 나타난 것은 종속기업에 대한 지분율이 100%임을 의미한다.
2. 연결재무상태표에서 "종속기업, 관계기업 및 공동기업"으로 표시된 것은 "관계기업 및 공동기업"으로 표시되어야 한다.
3. 별도 및 연결재무제표가 모두 K-IFRS에 따라 작성되었음을 명시하고 있으나, 이는 연결재무제표만을 강제하는 IFRS의 규정과는 차이가 있다.

5. 재무제표의 기본가정

재무제표는 일정한 가정하에서 작성되는데, IFRS에서는 재무제표의 기본가정으로 계속기업(going concern)을 채택하고 있다.[12] 계속기업의 가정이란 반대의 증거가 없는 이상 기업은 계속 존속하고 영업활동을 유지한다는 의미이다. 이에 따라 재무제표는 일반적으로 기업이 계속 존속하고 예측가능한 기간 동안 영업을 계속할 것이라는 가정하에 작성된다. 따라서 기업은 그 경영활동을 청산하거나 중요하게 축소할 의도나 필요성이 있다면 재무제표는 계속기업을 가정한 기준과는 다른 기준을 적용하여 작성하는 것이 타당할 수 있으며 이때 적용한 기준은 별도로 공시해야 한다.[13]

6. 재무제표의 연계성

재무제표상의 계정이나 금액들은 상호 밀접한 관계를 갖고 있는 경우가 많으며 또한 복식부기의 기본원리에 의해 각 재무제표가 독자적으로 결정되기보다는 상호연계되어 일정한 관계를 유지하고 있는데, 이를 재무제표의 연계성(articulation)이라 한다. 따라서 논리적으로 3개의 재무제표가 확정되면 나머지 한 개의 재무제표는 자동으로 확정된다. 재무제표가 서로 연계되어 있는 상황을 [그림 1-2]에서 보여준다. 재무상태표는 특정시점의 재무상태를 나타내고, 포괄손익계산서, 자본변동표 및 현금흐름표는 재무상태표의 특정항목(부분)이 일정기간 동안 어떻게 변화하는지 보여주는 기간보고서이다. IFRS가 강조하는 포괄이익의 개념은 당기업적주의에서 강조하는 영업이익보다는 재무제표의 연계성을 보다 명확히 한다고 볼 수 있다.

---

12) K-IFRS 재무보고를 위한 개념체계 4.1.

13) 자산을 취득원가로 평가하는 역사적 원가주의(cost principle)가 계속기업의 가정으로부터 이론적 지지를 받는 것은 사실이다. 그러나 계속기업의 가정이 역사적 원가주의의 사용을 정당화시키는 것은 아니다(조익순, 1982, pp. 94~95 ; 남상오 · 정운오, 2002, p. 234).

[그림 1-2] 재무제표의 연계성

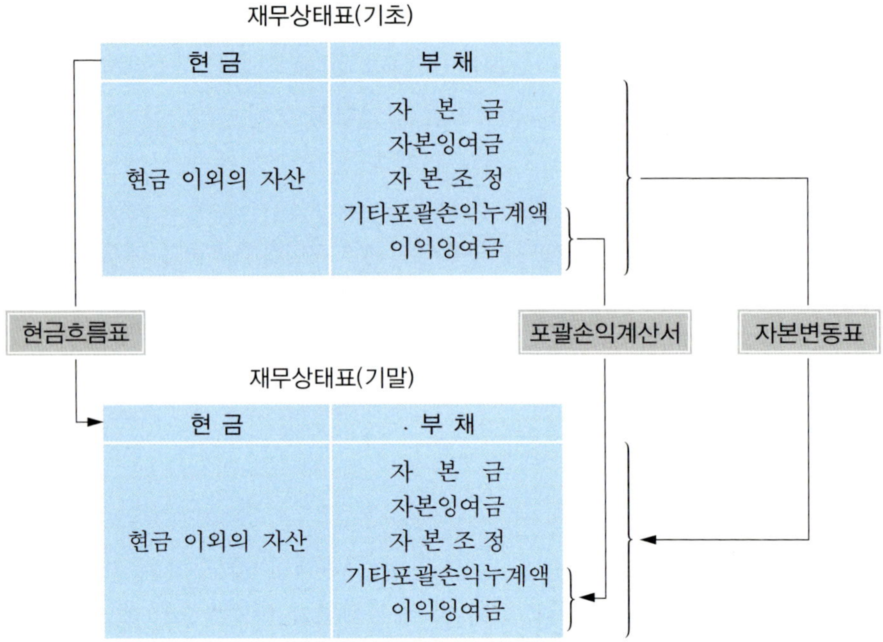

제2절 재무제표 이용자

1. 재무제표 이용자의 종류

재무제표 이용자는 현재 및 잠재적 투자자, 채권자, 종업원, 거래처, 고객, 감독·규제기관, 재무분석가, 신용평가기관, 조세당국 및 일반대중 등을 포함하며, 이들은 다음과 같은 다양한 정보욕구를 충족하기 위하여 재무제표를 이용한다. 재무회계의 경우 이용자가 다양하며 그들의 이해관계는 충돌가능성이 높기 때문에 그들의 이해관계를 조정하고 공통의 이익을 추구하기 위하여 회계규제 및 회계기준의 필요성이 존재한다.

• 투자자 : 현재 또는 미래의 투자의사결정시 투자위험 및 투자수익을 평

가하기 위한 정보

- 채권자 : 자금대여 의사결정시 원리금 지급능력을 평가할 수 있는 정보
- 종업원 또는 임원 : 급여, 퇴직금 및 퇴직연금 등의 지급능력을 평가할 수 있는 정보 및 임금과 보수의 적정성을 판단할 수 있는 정보
- 거래처 : 매입채무 및 기타 미지급금의 지급능력을 평가할 수 있는 정보
- 고객 : 제품 A/S 등과 관련한 당해기업의 존속가능성에 대한 정보
- 감독 및 규제기관, 과세당국 : 자원의 효율적 배분을 위한 정책입안, 기업활동의 규제, 조세정책의 결정, 기타 경제활동관련 통계를 위하여 필요한 정보
- 재무분석가 : Sell-side analysts는 증권회사 등에 소속되어 고객 전체를 대상으로 기업정보를 제공하면서 매수, 적극매수, 매도 등의 투자의견 제공. 반면 Buy-side analysts는 자신을 고용한 펀드 또는 펀드매니저를 위한 정보 공급[14)]
- 신용평가기관 : 증권을 발행하는 기업, 지방자치단체, 국가 또는 금융기관의 재무상황, 경제적 환경 등 정치 · 경제적 요소를 고려하여 발행자의 신인도를 등급으로 나타내는 기관
- 일반대중 : 기업 및 기업활동과 관련한 정보

2. 재무제표의 이해관계자

재무제표와 관련된 이해관계자를 모형으로 표현하면 [그림 1-3]과 같다. 경영자는 회계인식의 대상이 되는 거래, 사건, 현상을 재무제표로 나타내는데, 이때 일반적으로 인정된 회계원칙(generally accepted accounting principles : GAAP)에 의거하여 재무제표를 작성한다. '일반적으로 인정된다'라는 의미는 전통적으로 권위 있는 다수기관의 지지를 의미하는바, 이는 절대적 합의가 불가능한 현실에

14) 국내 증권업계 애널리스트가 2008년 하반기에 발표한 약 9,000개의 보고서 중 주가가 고평가되었으니 팔라는 의견인 '매도' 의견은 단 하나도 없었다. 반면 '적극매수' 또는 '매수' 의견은 전체보고서의 84%에 달했다. 주가가 폭락하는 상황에서도 애널리스트들은 계속 주식을 사라는 보고서를 쏟아내고 있었던 셈이다. 왜냐하면 해당기업의 전망이 좋지 않으니 주식을 팔라는 보고서를 내놓으면 해당기업이 화를 내고 애널리스트의 회사출입을 금지하거나 더 이상의 정보제공을 거부하므로 매도 보고서를 낼 수가 없다는 것이다. 이에 따라 국내 증권회사 애널리스트들은 투자추천 의견을 강등시키기보다는 투자의견은 '매수'로 유지하면서 목표주가를 하락시키는 방향으로 자신들이 말하고자 하는 바를 표현한다고 한다(백복현 등, 2011, pp. 28~29).

[그림 1-3] 재무제표의 작성 · 전달 과정

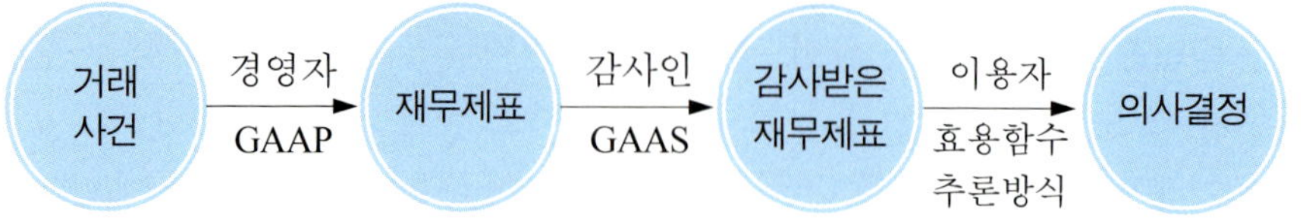

서 이해관계당사자간의 상대적 합의를 의미한다. 그러나 이러한 상대적 합의의 정의는 회계기준을 제정하는 기관의 투표방식에 따라 다양할 수 있다.15)

한편, 과거에 사용되었던 절대적 진실의 의미를 내포하는 '원칙'이라는 용어는 불확실성하에서 상대적 합의에 근거한 회계기준의 속성상 어울리지 않는다는 관점에서 더 이상 사용되지 않고 있다. 다만 GAAP라는 용어는 관습적으로 사용되고 있다. GAAP는 경제적 현상을 재무제표로 나타내는 규범적 기준이기도 하지만 경제 및 회계활동에 직접 영향을 미칠 수도 있다.

경영자가 작성한 재무제표는 감사인에 의하여 재무제표의 적정성 여부를 감사받게 되는데, 이때 감사인이 지켜야 할 규범이 일반적으로 인정된 회계감사기준(generally accepted auditing standards : GAAS)이다. 회계감사를 받은 재무제표에는 감사인의 감사의견(audit opinion)이 첨부되는데, 회계감사는 재무제표의 신뢰성을 유지 · 향상시키는 수단이 된다.16)

정보이용자는 재무제표를 이용하여 후술하는 그들만의 효용함수 및 추론방식에 따라 가치평가기능 및 계약기능상의 의사결정을 하게 된다. 예를 들면 위험회피적 이용자(risk averter)와 위험추구적 이용자(risk taker) 사이에 동일한 재무제표정보에 대한 반응, 즉 의사결정의 결과는 다를 수 있다. 따라서 GAAP와 GAAS가 회계담당자 및 감사인이 따라야 하는 규범적(normative) 성격이라면 효

---

15) 본장 제5절 참조.

16) GAAP와 GAAS는 경영자와 감사인이 지켜야 할 규범이지만 어떠한 상황에서도 무조건 또는 맹목적으로 지켜야 한다는 의미는 아니다. IFRS에서는 true and fair view override라는 장치를 통해 특정 IFRS 규정을 따르는 것이 오히려 재무제표의 목적과 상충되어 이용자의 오해를 유발할 수 있다고 결론을 내린 극히 예외적인 상황에서 특정 IFRS를 달리 적용한다(본서 제14장 참조). 또한 GAAS의 경우에도 감사인은 예외적인 상황에서 보다 효과적으로 감사목적을 달성하기 위하여 필요하다고 판단되는 경우 GAAS와 다르게 감사를 수행할 수 있다. 이 경우 감사인은 그 이유와 타당성을 조서화해야 한다. 즉 감사인이 예외적인 상황에서 특정 감사기준서의 관련 요구사항으로부터 이탈할 필요가 있다고 판단한 경우, 해당 요구사항이 의도하는 목적을 달성하기 위해 수행한 대체적 감사절차가 그 목적을 어떻게 달성하였는지 그리고 그러한 이탈의 이유를 문서화하여야 한다(회계감사기준서 230 감사문서 12번 문단).

용함수 및 추론방식은 기술적(descriptive) 성격의 내용이다.[17]

재무제표 이용자가 다양하다는 것은 필연적으로 그들의 정보요구가 매우 다양할 것이라는 사실을 시사한다. 즉 이용자에 따라 재무제표를 통해 알고 싶어 하는 정보내용도 다르다는 것인데, 이러한 다양한 이해관계자를 위한 가장 기본적인 회계보고수단이 일반목적 재무제표(general purpose financial statements)이다. 한편 회계기준이 어떻게 설정되느냐에 따라 재무제표 이용자의 이해관계도 상충될 가능성이 높다. 이런 관점에서 재무회계 영역에서 다양한 이용자 사이의 공통 이익을 추구하기 위한 규제(regulation)의 필요성이 자리를 잡게 된다.

3. 재무제표 이용자에 대한 상반된 시각

재무제표 이용자에 대한 상반된 시각이란 인간의 합리성(rationality)에 대한 기본가정과 전제의 차이에 있다. 전통적으로 인간의 합리성을 수용하는 입장에서는 베이즈 정리(Bayes' theorem)를 통한 기대효용의 극대화(maximization of expected utility)를 합리성의 조건으로 제시하는 반면, 행태재무론의 관점에서는 기대효용이론 대신에 프로스펙트이론(prospect theory)을, 베이즈 정리 대신에 휴리스틱(heuristics)[18]이나 편향(biases)[19]을 인간의 실제모습으로 제시하고 있다. 이들 접

〈표 1-4〉 인간의 합리성에 대한 상반된 시각

	Neo-classical 접근방식 (인간의 합리성 수용)	Behavioral finance 접근방식 (인간의 합리성 부인)
효용함수	expected utility theory	prospect theory cumulative prospect theory
추론방식	Bayes' theorem	heuristics, biases

17) 기대효용이론에서 효용의 극대화를 추구하는 것은 당연히 규범적이다(Kahneman and Tversky, 1979, p. 263). 여기서 효용함수를 기술적이라고 표현한 이유는 구간이나 발생확률의 범위에 따라 개인의 효용함수 및 위험에 대한 태도 등이 서로 다른 모습으로 나타날 수 있어 획일적으로 정형화되지 않는다는 의미이다.

18) 휴리스틱이란 일종의 주먹구구식 문제해결방법을 의미한다. 예를 들어 당구를 치는 사람이 위치, 각도 및 강도 등을 수학이나 물리학 공식을 이용하거나 방정식을 일일이 풀어 게임을 하는 것은 아니다. 그보다는 경험과 직관 또는 감에 따라 게임을 하는 것이 보통이다(Fuller, 2000).

19) 편향이란 오류를 저지르려는 경향을 의미하며, 휴리스틱이란 의사결정을 내릴 때 사용하는 나름대로의 규칙을 의미한다(쉐프린, 2012, pp. 4~20).

근방법의 차이를 나타내면 〈표 1-4〉와 같다.[20]

〈표 1-4〉의 의미는 신고전주의를 비롯한 주류경제학에서는 인간이 베이즈 정리에 따라 기대효용을 극대화한다는 것인데, 베이즈 정리란 추가정보 또는 경험을 통해 사전확률 또는 기본확률을 체계적으로 사후확률로 개선 또는 수정하는 과정을 의미한다. 이에 반해 행태재무론이나 행태경제학에서는 기대효용이론 대신에 프로스펙트이론을 활용하여 손실과 이익의 영역에서 위험에 대한 태도가 서로 다르게 나타나고, 또 발생확률의 정도에 따라 같은 이익과 손실 구간에서도 위험에 대한 태도가 달라질 수 있음을 제시한다. 또한 베이즈 정리에서와 같이 인간이 추가적으로 얻게 되는 경험과 정보에 따라 체계적이고 일관성 있게 확률개선노력을 하기보다는 알고리즘(algorithm)의 반대되는 개념인 휴리스틱이라는 손쉽고 임시적인 나름대로의 방식을 애용하다보니 때로는 조직적인 편향(bias)을 가져오는 인간의 실제모습을 제시한다.

4. 베이즈 정리

베이즈 정리(Bayes' theorem)란 새로운 정보에 의해 기존 확률이 바뀌는 과정을 보여준다. 이는 실험, 관찰, 경험 등을 통해 우리의 의사결정이 개선될 수 있음을 의미한다. 아래의 공식은 특정사건(O)하에서 가설(H)이 사실일 확률인 사후확률(posterior probability) $P(H|O)$를 나타낸 것이다.

$$P(H|O) = \frac{P(O|H) \times P(H)}{P(O|H) \times P(H) + P(O|nonH) \times P(nonH)}$$

여기서, $P(H)$ = 특정사건의 관찰 이전에 가설이 사실일 확률,
이를 사전확률이라 부른다(prior probability).
$P(O|H)$ = 가설이 사실일 경우 특정사건이 나타날 확률
$P(nonH)$ = 가설이 사실이 아닐 확률, 즉 $1 - P(H)$
$P(O|nonH)$ = 가설이 사실이 아니더라도 특정사건이 나타날 확률

다음의 사례를 통해 베이즈 정리의 의미를 살펴보자.

40대 여성이 실제 유방암을 가지고 있을 확률은 1%이고 유방암을 가진

20) Celik(2012, p. 143). 본서 제7장 참조.

여성의 80%가 양성판정을 받는다고 한다. 그리고 유방암이 없는 여성도 양성판정을 받을 확률이 9.6%이다. 그렇다면 어떤 40대 여성이 양성판정을 받았을 때, 이 여성이 실제로 유방암일 확률은 얼마인가?

40대 여성이 유방암에 실제로 걸릴 사건을 H라고 하면 $nonH$는 암이 아닐 확률이며, 따라서 $P(H)=0.01$이고 $P(nonH)=0.99$이다. 유방암 환자 중 80%만 양성반응이 나오므로 양성반응이 나올 사건을 O라고 한다면 $P(O|H)=0.8$이다. 또한 암이 아닌 경우에도 9.6%의 경우에는 양성반응이 나오므로 $P(O|nonH)=0.096$이다. 즉 위의 사례는 어떤 여성이 유방암 검진결과 양성판정을 받았을 경우 실제로 그 여성이 유방암 환자일 확률 $P(H|O)$을 구하라는 문제이다. 따라서 위의 공식을 이용하면 아래와 같이 결정된다.

$$
\begin{aligned}
P(\text{암}|\text{양성}) &= \frac{P(\text{양성}|\text{암})\times P(\text{암})}{P(\text{양성}|\text{암})\times P(\text{암})+P(\text{양성}|non\,\text{암})\times P(non\,\text{암})} \\
&= \frac{0.8\times 0.01}{0.8\times 0.01+0.096\times 0.99} = \frac{0.008}{0.008+0.09504} \\
&= 0.07764
\end{aligned}
$$

위의 과정은 1%라는 사전확률이 양성반응이라는 경험적 정보를 통해 약 7.8%의 사후확률로 변화하는 규범적 모습을 보여준다.[21] 그런데 실제로는 위의 상황에서 사람들은 7.8%라는 확률 이상의 불안감을 보이는 것이 보통이다. 즉, Kahneman and Tversky의 연구결과에 따르면 사람들은 보통 사전정보(prior information)나 기본정보(basic rate information)에는 별 관심을 두지 않고 새로운 정보(new information)에만 관심을 기울이는 성향이 있어 베이즈 정리가 주장하는 것과 같은 합리적인 방식의 확률개선은 잘 나타나지 않는다. 그 대신 자신이 겪은 새로운 정보에 대한 과잉반응(overreaction)을 보이는 것이 보통이다.[22]

즉, 위의 유방암 사례에서 보듯이 사람들은 보통 자신이 양성반응을 보였다는 최근에 자신이 직접 겪은 정보에 집착하여 유방암의 평균발생률이 역사적으로 1%밖에 되지 않는다는 사전확률 또는 기본통계치를 망각한다. 그 대신 자신이 양성반응을 보였다는 사실에 사로잡혀 규범적 사후확률인 7.8% 수준을 훨씬 뛰어넘어 유방암을 가진 사람이 양성반응을 보일 확률인 80%에 육박하는 극도의 불안감을 보이게 된다. 즉 베이즈 정리와는 달리 실제의 인간은 사

21) http://www.econport.org, http://www.snowwiki.or.kr 수정요약.

22) Thaler(1991, pp. 154~155).

전확률이나 기초통계치는 무시하거나 의미를 축소(과소반응, underreaction)하는 반면, 자신이 겪은 추가정보는 부풀리거나 의미를 확대(과잉반응, overreaction)함으로써 베이즈 정리가 제시하는 합리성의 조건에서 벗어나게 된다.[23] 이를 그림으로 표시하면 [그림 1-4]와 같다.[24]

[그림 1-4] 베이즈 정리

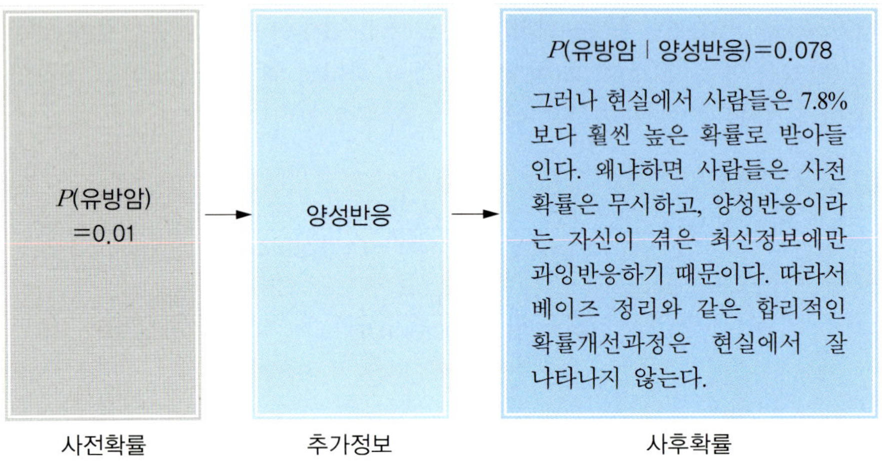

23) In his evaluation of evidence, man is apparently not a conservative Bayesian : he is not Bayesian at all(Kahneman and Tversky, 1972, p. 450).

24) 만약 사람들이 베이즈 정리에 따라 행동한다면 사전확률이나 추가정보에 대한 반응계수는 동일할 것이다.

아래의 그림은 인간의 착시현상과 관련된 오류를 보여준다. 왼쪽과 오른쪽 직선은 길이가 같다. 그러나 우리 눈에는 왼쪽이 길어 보인다. 이는 그림의 끝에 달린 화살표 모양의 역할 때문이다. 즉 오른쪽의 정상적인 화살표 모양은 우리에게 가깝다는 느낌을 주는 반면, 왼쪽의 역화살표 모양은 멀리 있다는 느낌을 준다. 이에 따라 우리의 두뇌는 3차원 이미지를 인식할 때 "멀리 있는 것은 보이는 것보다 실제로는 더 크고, 가까이 있는 것은 보이는 것보다 실제로는 더 작다"라는 휴리스틱을 이용하게 된다. 이에 따라 우리는 왼쪽이 더 길다고 생각한다.

OPTICAL ILLUSIONS AND HEURISTIC BIASES

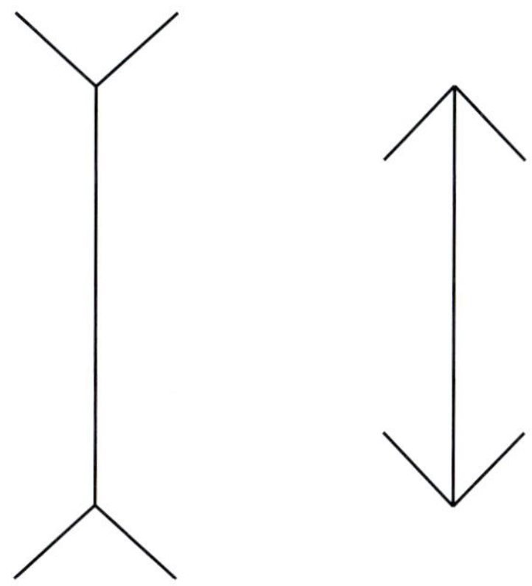

그런데 중요한 점은 이제 우리가 두 선의 길이가 같고, 왼쪽선이 더 길게 보이는 이유를 알았는데도 불구하고 이 그림을 다시 보았을 때에도 계속해서 왼쪽선이 더 길게 보인다는 것이다. 이는 휴리스틱이란 인간이 문제를 해결하는 데 손쉽게 사용해온 것이지만 이를 극복하는 것은 매우 어렵다는 점을 시사한다. 따라서 휴리스틱에 따른 오류가 개선되기보다는 반복되고 지속되는 경향이 나타난다.

(Russell J. Fuller, Behavioral Finance and the Sources of Alpha, BSI GAMMA Foundation, June 2000)

Von Neumann Morgenstern Expected Utility Theory

1944년 John Von Neumann과 Oscar Morgenstern은 그들의 책 '*Theory of Game and Economic Behavior*'에서 부(wealth)에 대한 기존의 Bernoulli의 효용함수와는 다른 복권과 도박에 대한 기대효용함수를 제시했다. 여기서 말하는 복권과 도박은 우리가 알 수 있는 유한한 결과에 대한 확률분포를 말한다. 따라서 결과는 돈이 될 수도 있고, 상품이 될 수도 있으며, 심지어 사건이 될 수도 있다.

복권과 도박에 대한 효용함수를 만들려면 인간의 선호(preference)에 대해 완전성(completeness), 일관성(transitivity), 연속성(continuity), 단조성(monotonicity), 대체성(substitution) 같은 일정한 가정을 해야 한다.

어떤 사람의 효용함수 U가 g라는 도박에 대해 다음과 같이 표현될 때 기대효용속성(expected utility property)을 갖는다고 말할 수 있다.

$$U(g) = p_1 \times U(a_1) + p_2 \times U(a_2) + \cdots + p_N \times U(a_N)$$

여기서, 도박 g의 결과는 $\{a_1, a_2, \cdots, a_N\}$으로 표시되고,
각각의 확률은 $p_1, p_2, \cdots, p_N$으로 표시된다.

어떤 사람이 도박을 선택할 때 높은 기대효용이 유일한 선택기준이 되어 높은 기대효용을 가진 도박만을 선택한다면 그 사람은 expected utility maximizer가 된다. Von Neumann과 Morgenstern은 인간의 선호에 대한 기본가정이 유지되면 효용함수가 존재하고, 그 효용함수는 기대효용속성(expected utility property)을 가지고 있음을 증명했다. 따라서 Von Neumann Morgenstern Expected Utility Theory는 기대효용이론과 동의어로 많은 분야에서 널리 쓰이고 있다. 그러나 이 이론도 문제가 없는 것은 아니다. 실험에 따르면 사람들은 종종 이 이론에서 제시하는 것과는 다르게 행동하거나 선택한다. 예를 들면 Allais Paradox나 Ellsberg Paradox 같은 것을 들 수 있다.

관습적으로 우리는 Bernoulli가 화폐의 명목가치와 주관적 가치는 다를 수 있음을 처음으로 지적했기 때문에 Bernoulli Utility Function이라고 말할 때에는 부(wealth)에 대한 효용함수를 의미하고, Von Neumann Morgenstern Utility Function은 복권과 도박에 대한 효용을 의미할 때 사용한다.

(http://www.econport.org/econport/request?page=man_ru_basics3 수정요약)

아래의 그림은 전술한 유방암 사례를 베이즈 계산기로 보여준다.

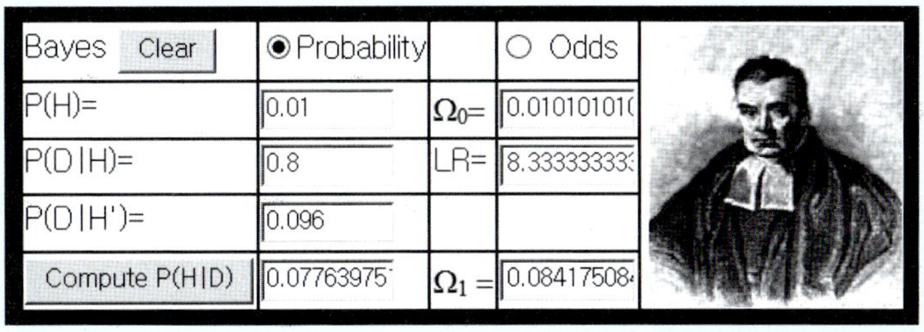

그런데 위의 사례에서 유방암이 아닌데도 양성반응을 보일 확률이 9.6%에서 20%로 증가하는 검진기술의 퇴보가 온다면 양성반응을 보였을 때 실제 유방암일 확률은 3.9%로 낮아져 양성반응을 보였다고 놀랄 일은 더더욱 아니다.

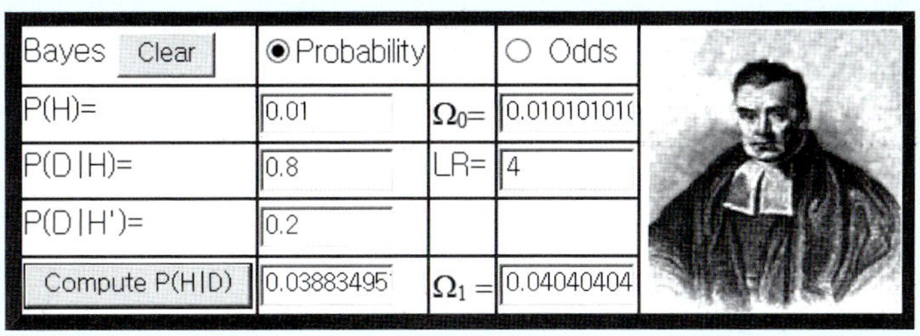

그러나 상황이 반전되어 검진기술의 발전으로 오진율이 아래와 같이 각각 개선된다면 이때의 확률은 50%로 높아져 양성반응의 심각성을 인식해야 한다.

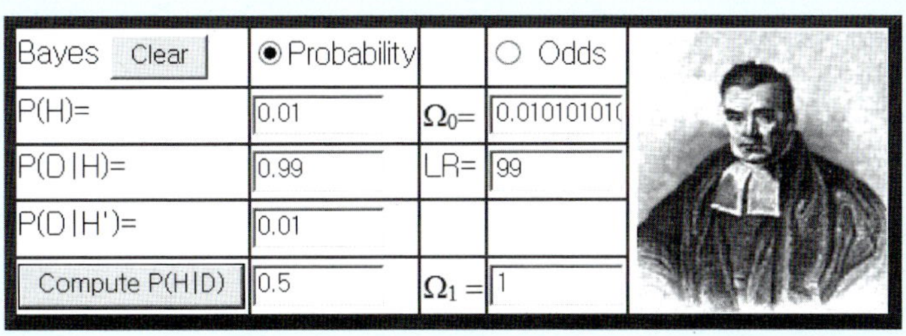

위의 사례가 시사하는 것은 베이즈 정리는 무차별적으로 모든 표본에 획일적으로 적용하기보다는 개인의 생활습관이나 의학기술의 발전 등을 고려하여 주어진 상황에 맞게 적용하는 것이 적절하다는 것이다.

5. 위험에 대한 태도와 효용함수

재무제표 이용자의 위험에 대한 태도를 이해하는 것은 재무제표 작성자를 비롯한 이해관계자에게 중요하다. 일반적으로 합리적 투자자는 위험회피형이라고 가정하는데, 기본적으로 위험에 대한 태도는 크게 [그림 1-5]에서와 같이 세 가지로 분류되고, 다음과 같이 정의된다. 여기서 $U[E(w)]$는 기댓값의 효용이고, $E[U(w)]$는 효용의 기댓값이다.

- 위험회피형 : $E[U(w)] < U[E(w)]$
- 위험중립형 : $E[U(w)] = U[E(w)]$
- 위험추구형 : $E[U(w)] > U[E(w)]$

[그림 1-5] 위험에 대한 태도

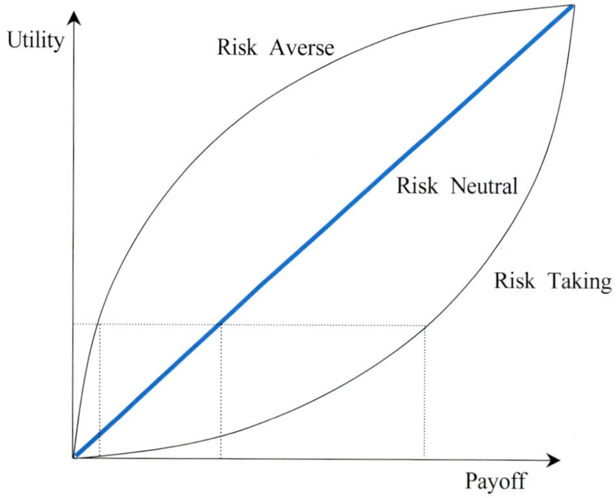

즉 위험회피형은 기댓값의 효용 $U[E(w)]$이 효용의 기댓값 $E[U(w)]$보다 큰 경우이고, 위험추구형은 기댓값의 효용 $U[E(w)]$이 효용의 기댓값 $E[U(w)]$보다 작은 경우이며, 위험중립형은 기댓값의 효용 $U[E(w)]$이 효용의 기댓값 $E[U(w)]$와 같은 경우이다.

구체적인 사례를 다음의 〈표 1-5〉의 게임을 중심으로 살펴보자. 이 게임은 동전의 앞면이 나오면 50원을 받고, 뒷면이 나오면 150원을 받는 게임이다.

〈표 1-5〉 게임의 확률과 금액

확 률	금 액
1/2	50
1/2	150

본 사례에서의 효용함수는 아래와 같다고 가정하자.

$$U(w) = \sqrt{w}, \quad w \geq 0$$

먼저 이 게임의 기댓값을 구하면 $E(w)=50\times(1/2)+150\times(1/2)=100$이 된다. 따라서 기댓값의 효용, 즉 $U[E(w)]=\sqrt{100}=10$이 된다. 다음에는 효용의 기댓값, 즉 $E[U(w)]$을 구하면, $E[U(w)]=\sqrt{50}\times(1/2)+\sqrt{150}\times(1/2)=7.07\times0.5+12.25\times0.5=9.66$이 된다. 그런데 효용의 기댓값보다 기댓값의 효용이 더 크므로($E[U(w)]=9.66<U[E(w)]=10$) 이 효용함수는 위험회피형이다.

[그림 1-6]에서는 본 사례의 효용함수를 그림으로 보여준다. 먼저 Fig. 1은 일반적인 위험회피형 효용함수에서의 관계를 보여주고, Fig. 2는 본 사례의 모습을 보여준다.

Fig. 2에서 확실성 등가(certainty equivalent : CE)는 $U(CE)=E[U(w)]$에 따라 $E[U(w)]$인 9.66의 효용을 가져오는 93.32이며, 위험 프리미엄(risk premium : RP)은 $E(w)-CE$, 즉 $100-93.32=6.68$이다. 따라서 확실성 등가란 효용의 기댓값과 동일한 효용을 가져오는 금액이며, 위험 프리미엄이란 어떤 개인이 위험을 선택하는 대신 확실성을 위해 희생할 수 있는 최대금액이다. 즉 위의 사례에서 위험회피형 인간은 이 게임에 참여하여 게임의 기댓값 100을 기대하기보다는 6.68이 작지만 확실한 93.32를 선택한다는 것이다. 따라서 이 게임의 참가비가 93.32 이하가 아니라면 게임에 참가하지 않을 것으로 예측하는 것이 기대효용이론이다.

다음은 〈표 1-6〉의 복권의 경우를 살펴보자.

〈표 1-6〉 복권의 당첨확률과 당첨금액

확 률	금 액
1/10,000	100,000,000
9,999/10,000	0

[그림 1-6] 위험회피형 효용함수

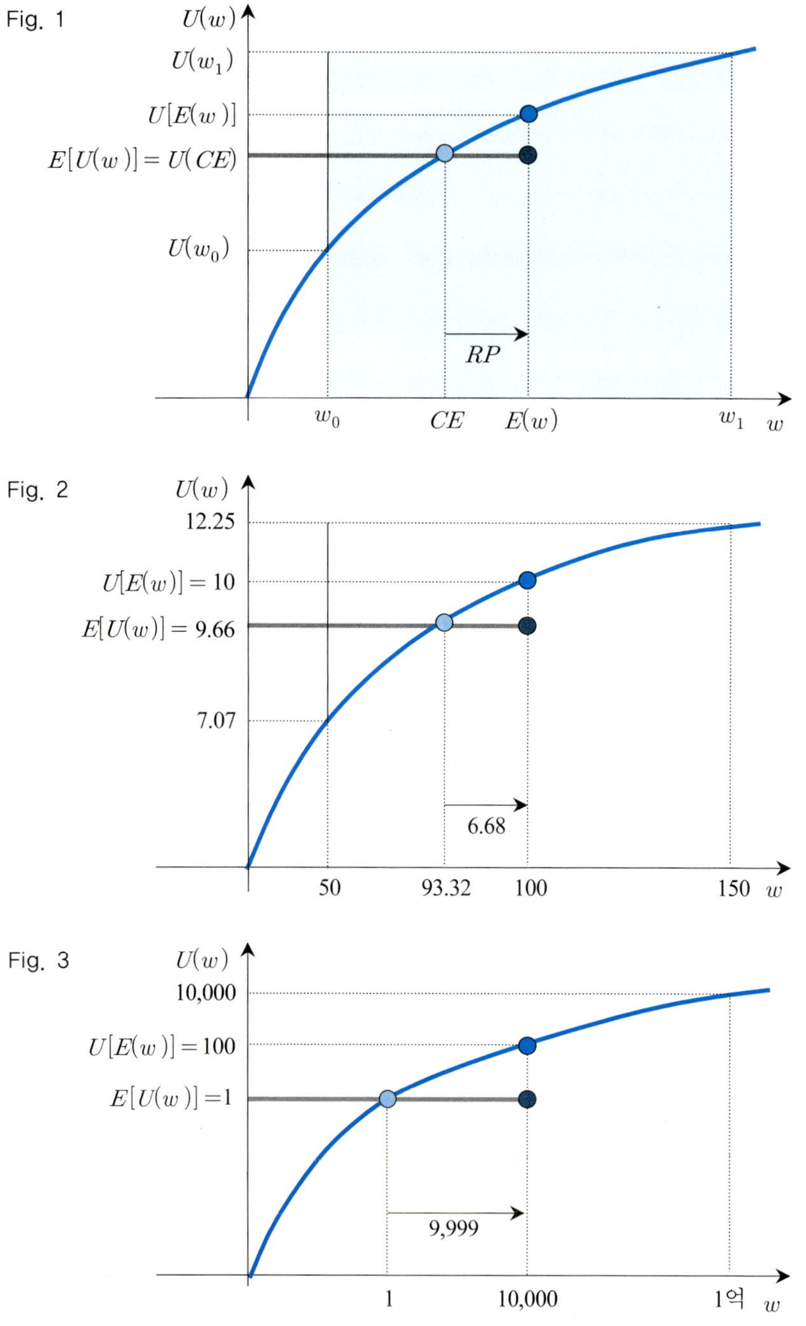

본 사례에서도 효용함수는 아래와 같다고 가정하자.

$$U(w) = \sqrt{w},\ w \geq 0$$

먼저 이 복권의 기댓값을 구하면 $E(w) = 100{,}000{,}000 \times (1/10{,}000) + 0 \times (9{,}999/10{,}000) = 10{,}000$이 된다. 따라서 기댓값의 효용, 즉 $U[E(w)] = \sqrt{10{,}000} = 100$이 된다. 다음에는 효용의 기댓값, 즉 $E[U(w)]$을 구하면, $E[U(w)] = \sqrt{100{,}000{,}000} \times (1/10{,}000) + \sqrt{0} \times (9{,}999/10{,}000) = 1$이 된다. 그런데 여기서도 효용의 기댓값보다 기댓값의 효용이 더 크므로($E[U(w)] = 1 < U[E(w)] = 100$) 이 효용함수는 위험회피형이다. [그림 1-6]의 Fig. 3는 본 사례의 모습을 보여준다.

Fig. 3에서 확실성 등가(certainty equivalent : CE)는 $U(CE) = E[U(w)]$에 따라 $E[U(w)]$인 1의 효용을 가져오는 금액 1이며, 위험 프리미엄(risk premium : RP)은 $E(w) - CE$, 즉 $10{,}000 - 1 = 9{,}999$로 나타난다. 위험 프리미엄이란 어떤 개인이 위험을 택하는 대신 확실성을 위해 희생할 수 있는 최대금액이다. 즉 위의 사례에서 위험회피형 인간은 복권의 기댓값 10,000보다 9,999나 작은 확실한 1을 선택한다는 것이다. 이에 따라 위 사례의 위험회피형 효용함수를 가진 사람은 복권의 구입가격이 1 이하가 아니라면 복권을 사려고 하지 않을 것으로 예측하는 것이 기대효용이론이다.

그러나 이러한 전통적인 기대효용이론의 설명과 달리 대부분의 위험회피형에 속하는 사람들이 상당한 가격의 복권을 구입하는 것이 현실이다. 즉 Fig. 2의 게임에서는 이 게임의 참가비가 93.32 이하가 아니라면 이 게임에 참가하지 않을 것이라는 기대효용이론의 예측에 따르는 사람이 Fig. 3의 복권에서는 기대효용이론의 예측과 달리 이 복권의 가격이 1 이상이라도 얼마든지 복권을 구입하는 사례가 있다는 것이다. 환언하면 똑같은 효용함수를 가진 사람이 Fig. 2의 게임에서는 위험회피성향을 보이다가 왜 Fig. 3의 복권에서는 태도가 돌변하여 위험추구성향을 보일까? 왜 그럴까? 이에 대한 실마리는 다음의 프로스펙트이론과 누적프로스펙트이론에서 찾아볼 수 있다.

6. 프로스펙트이론

Kahneman and Tversky(1979)의 프로스펙트이론(prospect theory)과 Tversky and Kahneman(1992)의 누적프로스펙트이론(cumulative prospect theory)은 의사결정자의 선택과정이 전통적인 기대효용이론과 다르다는 점을 제시하고 있다. [그림 1-7]에서는 프로스펙트이론 및 누적프로스펙트이론을 대표하는 두 개의 그림인 가치함수(Fig. 1)와 확률가중함수(Fig. 2)를 보여주고 있다.25)

[그림 1-7] 프로스펙트이론

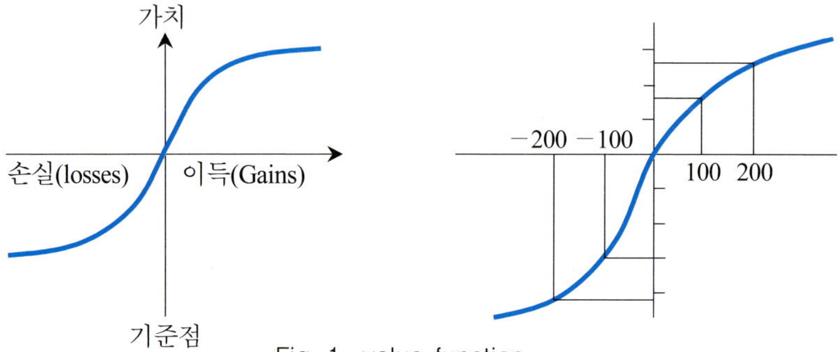

Fig. 1 value function

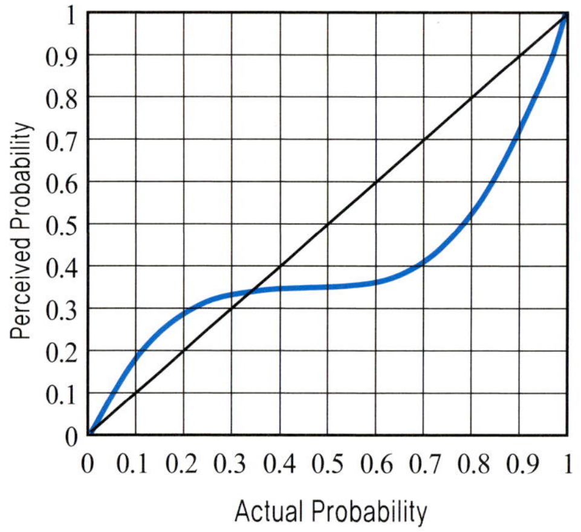

Fig. 2 probability weighting function

25) Fig. 1 : Kahneman and Tversky(1979, p. 279).
Fig. 2 : Tversky and Kahneman(1992, p. 313).

프로스펙트이론과 기대효용이론의 차이는 프로스펙트이론의 가치함수(value function)와 확률가중함수(probability weighting function)의 성격에서 출발한다. 기대효용이론의 효용함수에 해당하는 가치함수는 이익상황에서는 concave(위험회피형)하고 손실상황에서는 convex(위험추구형)하다.[26] 즉 Fig. 1의 가치함수에서 준거점(reference point)을 중심으로 오른쪽은 준거점보다 큰 이익의 영역이고, 왼쪽은 준거점보다 작은 손실의 영역이다.[27] 이 가치함수가 의미하는 것은 이익에 의한 가치증가보다는 손실에 의한 가치감소가 훨씬 크다는 점이다. 이를 손실회피(loss aversion)라 부르는데, 이는 전술한 기대효용이론과는 다르다.[28] 왜냐하면 기대효용이론에서는 개인의 효용은 준거점에 관계없이, 즉 상대적인 富(relative wealth)에 관계없이 그 절대적 크기에 따라 일정하기 때문이다. 아래의 도박을 생각해 보자.

Gamble 1 : 100% chance of receiving 3000.
Gamble 2 : 80% chance of receiving 4000,
20% chance of receiving 0.

사례에서 Gamble 2의 기댓값은 3,200이기 때문에 기대효용이론에 따르면 Gamble 2가 선택되어야 하나, 대부분의 사람들은 Gamble 1을 선택한다.

아래의 또 다른 도박을 보자. 이 도박은 위의 사례와 달리 이익(receiving)이 아니라 손실(losing)의 상황을 나타낸다.

Gamble 3 : 100% chance of losing 3000.
Gamble 4 : 80% chance of losing 4000,
20% chance of losing 0.

여기서는 Gamble 4의 기댓값이 −3,200이기 때문에 기대효용이론에 따르

26) concave는 아래에서 보았을 때 오목하고, convex는 아래에서 보았을 때 볼록하다.

27) 여기에서 이익과 손실의 구분은 0을 중심으로 하는 일반적 경우와 달리 준거점보다 큰가, 작은가의 구분이다.

28) Fig. 1의 오른쪽 그림의 가치함수에서 100이나 200의 이익이 가져다주는 효용증가는 100이나 200의 손실로 인한 효용감소에 크게 못 미친다. 이러한 손실회피(loss aversion)성향은 프로스펙트이론의 핵심개념이며 기대효용이론과 어떻게 다른지 설명해준다.

면 Gamble 3이 선택되어야 하나, 대부분의 사람들은 Gamble 4를 선택한다.

위의 두 사례에서 나타난 대부분의 사람들의 선택은 기대효용이론에 의하면 모순된 선택이다. 그러나 프로스펙트이론은 이러한 선택을 설명할 수 있다. 프로스펙트이론은 사람들이 최종 자산상태에 대한 효용의 비교로 선택을 하기보다는 먼저 상황을 이익 또는 손실로 파악한다고 본다. 그런데 상황을 이익으로 보게 되면 위험회피형 태도를 갖게 되어 불확실한 결과보다는 확실한 결과를 선호하게 되는 반면(Gamble 2 대신 Gamble 1 선택), 상황을 손실로 보게 되면 위험추구형 태도를 갖게 되어 확실한 손실보다는 불확실한, 그렇지만 더 큰 손해를 볼 수도 있는 대안(Gamble 3 대신 Gamble 4 선택)을 선호하게 된다고 본다.

7. 누적프로스펙트이론

위 사례의 결론에 비추어 보면 보험과 복권(insurance and lottery)을 동시에 구입하는 사람들의 행동이 설명되기 어렵다. 왜냐하면 보험가입이나 복권구입은 손실의 영역에서 사람들이 위험추구형이 되고 이익의 영역에서는 위험회피형이 된다는 전술한 프로스펙트이론의 일반적 결론과 배치되기 때문이다.

이에 대해 Tversky and Kahneman(1992)의 누적프로스펙트이론(cumulative prospect theory)에서는 확률가중함수(probability weighting function)를 이용하여 이를 설명한다. 즉, 발생확률이 극히 낮은 경우에는 전술한 프로스펙트이론에서 제시된 높은 확률의 경우와 정반대의 태도가 형성된다는 것이다. 따라서 종전의 프로스펙트이론만으로는 설명하기 어려운 복권과 보험의 동시구입현상이 이제는 누적프로스펙트이론을 통해 설명이 가능하다.

[그림 1-7]의 Fig. 2의 확률가중함수는 S자를 뒤집어 놓은 모습이다. 이 함수의 특징은 낮은 확률은 과대평가(overweighted)되는 반면, 높은 확률은 과소평가(underweighted)된다는 것이다. 즉 발생가능성이 높은 현상보다는 낮은 현상에 사람들은 더 많은 의미를 부여하게 된다는 것이다.[29] 따라서 복권구입은 비록 이익영역이지만 극히 낮은 당첨확률에 대한 과대평가로 인해 거액의 당첨금에 사로잡혀 복권구입비용을 기꺼이 지불할 수 있을 만큼 위험추구적 태도가 형성되는 경우이고, 보험가입은 비록 손실영역이지만 낮은 사고확률에 대한 과대평가로 인해 거액의 손실(배상)액에 부담을 느껴 기꺼이 보험료를 지불하려

29) [그림 1-7]의 Fig. 2는 이익의 확률가중함수와 손실의 확률가중함수를 동시에 나타낸다. 즉 이익과 손실의 확률가중함수의 모습은 똑같지는 않지만 거의 비슷하다.

는 위험회피적 태도가 형성된다는 것이다. 이에 따라 극히 낮은 당첨확률에도 불구하고 복권을 구입하는 일이나, 감염확률이 매우 낮은데도 광우병을 우려하여 미국산 쇠고기를 기피하는 소비자의 행동 등이 설명될 수 있다.[30]

요약하면 전통적인 프로스펙트이론에서는 이익과 손실 구간에서 위험에 대한 태도가 서로 다르다는 2분법(이익에서는 위험회피 ; 손실에서는 위험추구)적 시나리오를 제시하는 반면, 누적프로스펙트이론에서는 같은 이익과 손실의 영역일지라도 낮은 확률에 대해서는 과대평가하여 높은 확률의 사건과는 정반대의 태도가 형성된다는 4분법적 시나리오를 제시하고 있다. 따라서 인간의 위험에 대한 태도는 모두 네 가지로 정의되고 구분되며,[31] 아래의 [그림 1-8]에서는 프로스펙트이론의 전개과정과 위험에 대한 네 가지 태도(fourfold pattern of attitude toward risk)의 실제사례를 보여준다.

[그림 1-8] 인간의 위험에 대한 네 가지 태도

Panel A : 프로스펙트이론의 전개과정

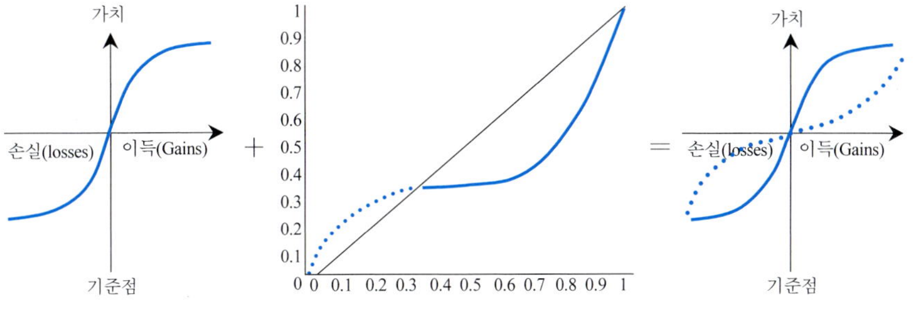

Panel B : 실제사례

구 분	손 실	이 익	근 거
일정수준 이상의 확률 (실선으로 표시)	위험추구 (아이스하키에서 경기막판에 골리를 빼고 공격수를 투입)	위험회피 (유력후보의 TV토론회 불참)	prospect theory
낮은 확률 (점선으로 표시)	위험회피 (보험가입) (광우병 우려 시위)	위험추구 (복권구입)	cumulative prospect theory

30) 김진영 · 신용덕(2011).

31) Tversky and Kahneman(1992, p. 297).

먼저 Panel A의 그림에서 점선은 낮은 확률 또는 낮은 확률로 인해 나타나는 위험에 대한 태도를 의미한다. 왼쪽의 가치함수는 중간의 확률가중함수를 만나 오른쪽의 위험에 대한 네 가지 태도를 낳는다. 그런데 중간의 확률가중함수에서 낮은 확률은 과대평가되어 오른쪽의 위험에 대한 태도에서는 실선이 의미하는 중간 이상의 확률과는 정반대인 점선에 의한 위험에 대한 태도를 형성한다.

위험에 대한 인간의 태도

Friedman and Savage(1948, pp. 297 & 303, *이탤릭체 추가*)는 "It is convex from above below *some* income, concave between that income and *some* larger income, and convex for all higher incomes"라고 언급함으로써 인간의 위험에 대한 태도가 소득 구간에 따라 달라질 수 있다는 점을 인정한다. 그러나 언제, 어디에서, 어떻게 다른지에 대해서는 침묵하고 있다.

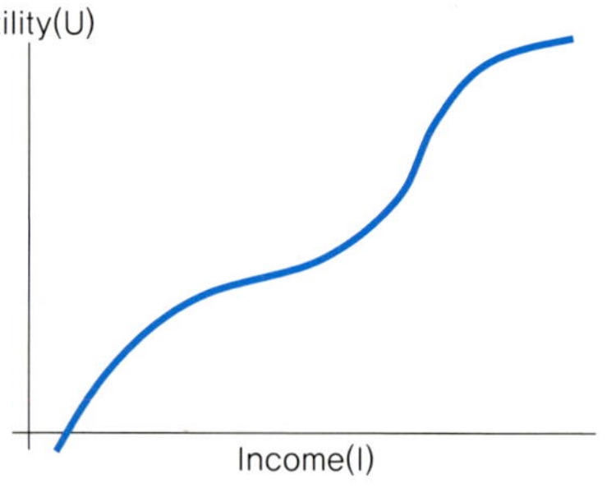

또한 Fama and Miller(1972, p. 203)의 지적대로 기대효용이론에서도 어떤 개인에 대해 위험추구, 위험중립, 위험회피의 다양한 모습이 나올 가능성은 열어두고 있다. 즉 사람이 일평생 위험회피형 또는 위험추구형 하나로만 살 수 없다는 점을 기대효용이론에서도 인정하고 있다. 그러나 중요한 점은 언제, 어디에서 인간의 태도가 다르게 나타나는가에 대해서는 침묵하고 있다. 따라서 기대효용이론에서는 보험에 가입하고 오는 길에 로또를 사는 행위에 대한 논리적 근거를 제공하지 못한다. 이에 비해 프로스펙트이론에서는 준거점(reference point)을 중심으로 이익과 손실에서 서로 다른 위험에 대한 태도가 형성된다는 2분법적 시나리오를 주장하고, 누적프로스펙트이론에서는 이에 추가하여 낮은 확률을 과대평가하여 높은 확률에서와는 정반대의 태도가 형성된다는 4분법적 시나리오를 제시한다. 따라서 기대효용이론과는 달리 프로스펙트이론 및 누적프로스펙트이론에서는 인간의 위험에 대한 태도가 다양하게 형성되는 대상과 구간에 대해 논리적 근거를 제시함으로써 보험과 로또의 동시구입을 설명할 수 있다.

Panel B에서 중간 이상의 확률에 해당하는 실제사례를 들어보면 선거에서 승리가 확실하다고 판단하는(이익의 영역에 있다고 판단) 유력후보가 종종 토론회에 불참하는 경우를 볼 수 있다. 이는 지금의 트렌드를 그대로 유지하면서 쓸데없는 논쟁, 말실수 및 구설수에 휘말리지 않으려는 위험회피적 성향이 반영된 것이다. 한편 아이스하키에서는 한 골을 뒤진 팀이 게임종료를 앞두고 골리를 빼고 공격수를 투입하는 마지막 모험을 거는 것이 표준화된 작전의 하나이다. 한 골 차로 지나 두 골 차로 지나, 지는 것은 매한가지이기 때문이다.[32] 그러나 낮은 확률의 경우에는 지금까지의 태도와는 정반대의 태도가 형성된다. 이에 따라 복권구입과 보험가입이 동시에 설명될 수 있다.

결론적으로 프로스펙트이론과 기대효용이론의 차이를 비교해 보면 〈표 1-7〉과 같다. 먼저 두 이론의 근본적인 성격에 차이가 있다. 기대효용이론은 일련의 공리로부터 연역적으로 개발된 규범이론인 데 비해 프로스펙트이론은 인간에 대한 실험(설문조사)결과로부터 귀납적으로 도출된 기술적 이론이다. 또한 두 이론은 핵심요소인 효용과 확률에서 차이가 있다. 먼저 효용을 살펴보면 기대효용이론에서는 최종적인 부(wealth)의 절대적 수준에 의존하나, 프로스펙트이론에서는 준거점을 기준으로 부(wealth)의 상대적 변화(증감이나 손익)에 따라 정해진다. 이를 준거점 의존성이라고 부른다. 또한 동일한 크기의 부의 수준 변화라도 증가(이익)에 의한 효용 증가보다 감소(손실)에 의한 효용 감소가 더 크게 나타나는데, 이를 손실회피라 한다. 한편, 확률의 경우에는 기대효용이

〈표 1-7〉 기대효용이론과 프로스펙트이론의 비교

	기대효용이론	프로스펙트이론 누적프로스펙트이론
성 격	*일련의 공리로부터 연역적으로 도출되는 규범이론* *It is a normative theory developed deductively from a set of axioms.*	*인간에 대한 실험(설문조사)결과로부터 귀납적으로 도출되는 기술이론* *It is a descriptive theory developed inductively from results of experiments.*
효 용	최종적인 부(wealth)의 절대적 수준에 의존하고 대칭적 모습을 보임	준거점을 기준으로 부(wealth)의 상대적 수준에 의존하고 비대칭적 모습인 손실회피의 모습을 보임
확 률	선형 평가	낮은 확률은 과대평가되고, 높은 확률은 과소평가되는 비선형 가중평가

32) 최근 식품의약품안전처의 경고에도 불구하고 말기암 환자들이 개 구충제(펜벤다졸 : fenbendazole)를 복용하는 사례도 이에 해당된다.

론이 주어진 확률을 그대로 받아들이는 선형 평가의 모습을 보이는 반면, 프로스펙트이론에서는 상대적으로 낮은 확률이 과대평가되고 상대적으로 높은 확률은 과소평가되는 비선형 가중평가의 모습을 보인다.33)

이상의 프로스펙트이론과 누적프로스펙트이론이 제시하는 4분법적 시나리오가 인간의 모든 의사결정상황을 빠짐없이 설명하는 것은 아니다. 이를 테면 프로스펙트이론이 설명하지 못하는 부분도 당연히 존재한다. 이를 보충하기 위한 후속연구에서는 risk attribution theory 등을 통해 이론의 통합을 제시하고 있다.34)

Prospect Theory로 풀어보는 회계이슈

Ⅰ. 보수주의

회계에서 보수주의는 오랫동안 중요한 관습의 하나로 그 역사적 사명을 이어왔다. 그러나 이익과 손실에 대한 비대칭적, 차별적 회계처리에 대한 이론적 근거가 마땅치 않아 보수주의의 논리적 타당성에 의문이 제기되어 왔다. 그런데 인간의 실제모습을 설명하는 prospect theory가 소개된 이후 이를 통해 보수주의를 비추어 보면 보수주의의 진면목에 대한 접근이 가능하고 또한 이론적 타당성이 부여될 수 있다. 왜냐하면 같은 크기의 이익과 손실이라도 이익에 따른 가치증가보다는 손실에 의한 가치감소를 크게 느끼는 상황에서 이익보다 손실에 대해 보다 적극적으로 빨리 인식하려는 보수주의는 어쩌면 당연한 인간의 참모습이기 때문이다.

Ⅱ. 포괄이익의 개념

IASB나 FASB가 옹호하는 포괄이익의 개념도 prospect theory에서는 비판이 가능하다. 왜냐하면 기초와 기말의 순자산의 변동으로 정의되는 포괄이익의 개념은 이익과 손실로 구분하여 상이한 가치를 부여한다는 prospect theory와 달리 Hicks의 이익 정의에 따라 전체 부(total wealth)의 수준에 따라 이익을 측정하기 때문이다. 따라서 같은 크기의 이익과 손실이 존재하는 상황이라도 이익과 손실을 별도로 보고하는 과거에 주목받던 수익-비용 접근법(revenue-expense approach)이 최근에 주목받는 재무상태표 접근법(balance sheet approach)보다 인간이 실제로 느끼는 가치함수에 대한 보다 충실한 표현방법이라고 볼 수 있다.

Ⅲ. 중요성의 개념

중요성(materiality)도 이익과 손실의 영역에서 별도로 설정되거나 공시되어야 할 필요성이 제기된다. 왜냐하면 발생확률이 극히 낮은 상황에서 인간은 과잉반응하고

33) 최원근(2011, p. 31) 수정요약.

34) Hönl *et al*.(2017).

이에 따라 이익과 손실의 영역에서 각각 발생확률이 일정수준 이상인 상황과는 반대로 위험에 대한 태도가 나타난다는 cumulative prospect theory의 논리에 비추어 보면 이익과 손실에서 중요성의 수준(양적 중요성)을 별도로 설정해야 할 필요성이 대두되고, 공시방법(질적 중요성)에도 일정한 차이가 필요하기 때문이다.

Prospect Theory에 따른 손익의 표시형태 예측[35)]

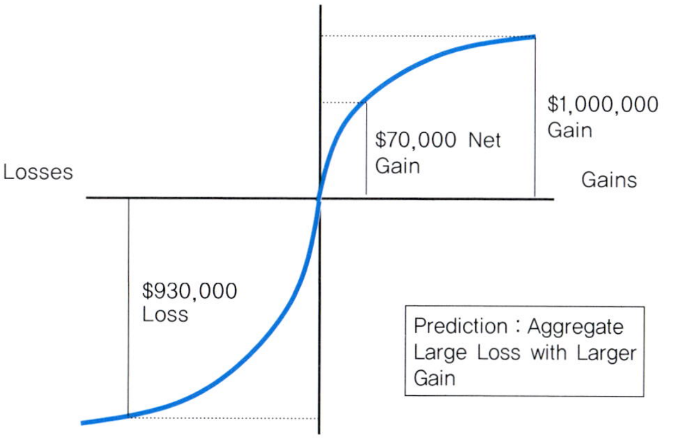

Case 1 : 위의 경우에는 이익과 손실을 상계하여 순액만 보고한다. 왜냐하면 손실을 별도로 보고하면 효용의 감소가 크기 때문이다.

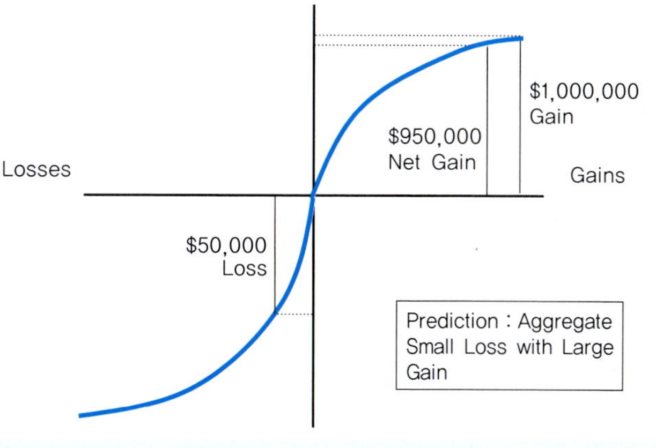

Case 2 : 위의 경우에도 이익과 손실을 상계하여 순액만 보고한다. 왜냐하면 손실을 별도로 보고하면 효용의 감소가 크기 때문이다.

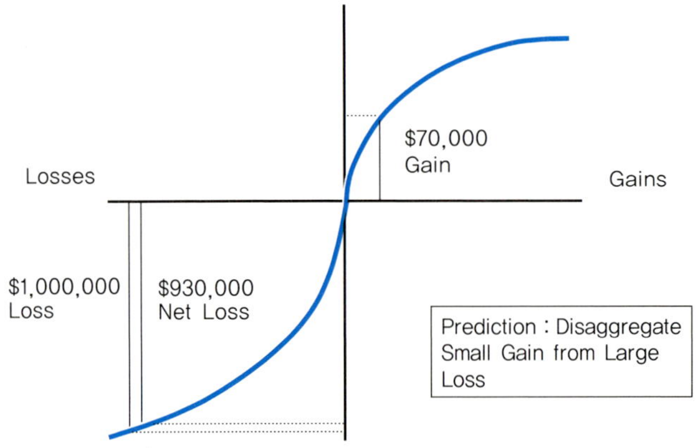

Case 3 : 위의 경우에는 이익과 손실을 상계하지 않는다. 왜냐하면 전체적으로는 손실이지만 희망이 있는 손실(loss with a silver lining)이라는 점을 강조하기 위해서다.

A매치 축구경기의 승패에 따른 주식시장의 반응 차이[36]

	Wins			Losses		
	Number of Games	β_W	t-Values	Number of Games	β_L	t-Values
Panel A : Abnormal Raw Returns						
All games	638	0.016	0.27	524	−0.212	−3.27
Elimination games	177	0.046	0.43	138	−0.384	−3.24
World Cup elimination games	76	0.090	0.53	56	−0.494	−2.71
Continental cups elimination games	101	0.013	0.09	82	−0.309	−1.99
Group games	243	0.052	0.53	198	−0.168	−1.47
World Cup group games	115	0.007	0.05	81	−0.380	−2.23
Continental cups group games	128	0.092	0.67	117	−0.022	−0.14
Close qualifying games	218	−0.049	−0.52	188	−0.131	−1.29
World Cup close qualifying games	137	−0.095	−0.78	122	−0.132	−1.05
European Championship close qualifying games	81	0.029	0.19	66	−0.130	−0.75
Panel B : Abnormal Normalized Returns						
All games	638	−0.019	−0.47	524	−0.157	−3.68
Elimination games	117	0.026	0.35	138	−0.182	−2.17
Group games	243	−0.034	−0.52	198	−0.179	−2.57
Close qualifying games	218	−0.038	−0.58	188	−0.116	−1.65

35) Bonner *et al.*(2014, pp. 2094~2095) 수정요약.

앞의 표는 1973～2004년까지의 전 세계 39개국의 A매치 축구결과에 따른 각국 주식시장의 반응을 요약한 것이다. 먼저 raw return을 살펴본 Panel A의 승리표본 638개의 basis point는 0.016이고 통계적으로 유의하지 않은 데 비해, 패배표본 524개의 basis point는 －0.212이고 통계적으로 유의하다. 또한 normalized return을 살펴본 Panel B에서도 승리표본 638개의 basis point는 －0.019이고 통계적으로 유의하지 않은 데 비해, 패배표본 524개의 basis point는 －0.157이고 통계적으로 유의하다. 이러한 결과는 승리의 기쁨보다는 패배의 허탈함이 주가에 미치는 영향이 훨씬 크다는 것을 보여준다. 다만 승리의 경우에는 다음 경기(next game or round)에 대한 관심과 기대감으로 주가반응이 지연되거나 희석될 가능성은 존재한다.

Continental cups＝European Championship＋Copa America＋Asian Cup

8. 일반목적 재무제표의 한계

전술한 재무제표 이용자 중에서 어느 특정 이해관계자 집단을 의식하여 특정 결과나 현상을 가져오기 위한 의도가 없어야 한다는 것이 중립성(neutrality)의 기준이고 이를 위한 수단이 일반목적 재무제표(general purpose financial statements)이다. 그러나 모든 이용자에게 만족을 주는 재무제표를 작성하는 것은 사실상 불가능하다. 따라서 다양한 이용자들이 필요로 하는 정보의 성격을 분석하여 공통적이면서 포괄적인 회계목적을 개발하게 되었는데, 미국회계학회의 「기초적 회계이론에 대한 보고서」[37]에서 이용자 중심의 정보유용성(usefulness)을 언급한 이래 회계의 목적은 일반적으로 '기업의 이해관계자들에게 그들이 경제적 의사결정을 하는 데 유용한 회계정보를 제공하는 것'으로 정의되고 있다.

이러한 정의에서 회계의 목적은 그 정보이용자가 누구인가에 따라 그들에게 필요한 정보는 매우 다원적일 수 있어도, 경제적 의사결정을 할 수 있도록 유용한 회계정보를 제공한다는 점에서 일원화 내지 공통된 의미를 가지는 데 그 특색이 있다. 이와 같은 목적하에서 전개되는 회계를 '다목적 일원회계'라 한다. 다목적 일원회계란 회계정보 이용자별 정보요구를 단일회계목적(의사결정을 위한 정보제공)으로서 모두 다 충족시키려는 회계제도를 의미한다.[38] 그런데 다양한 소비자욕구를 단일제품으로 모두 충족시키는 것이 사실상 불가능한

36) Edmans *et al.*(2007, p. 1978) 수정요약.
37) American Accounting Association(1966).
38) 정종암(2000, p. 10).

것과 같이 일반목적 재무제표로 회계정보 이용자 집단의 모든 정보욕구를 충족시키는 것은 사실상 불가능하다. 따라서 재무제표정보의 유용성은 이용자의 시각에서 궁극적으로 결정될 필요가 있으며 어떤 용도로 회계정보가 사용되는가에 따라 정보유용성을 결정하는 속성에도 차이가 있을 수 있다.39)

금감원, 내년 재무제표 4대 사항 집중점검키로

① 신수익기준서 : 5단계 수익인식모형 적용
② 신금융상품기준 : 주식의 기타포괄손익, 당기손익 이전 금지
③ 외부평가 비시장성 자산평가 : 평가기법 · 투입변수 관련 가정 유의
④ 무형자산 인식 · 평가 : 개발비 자산화 지속 점검

〈중점 점검 4대 회계이슈〉

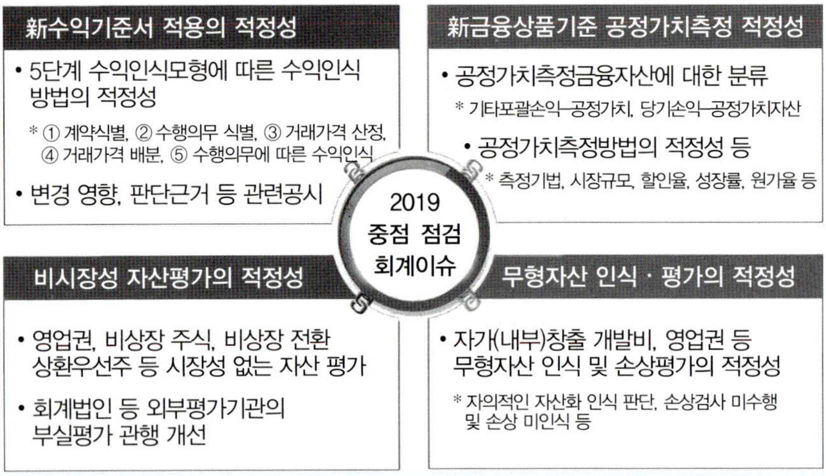

금융감독원이 내년 기업들의 재무제표 관련 4대 사항을 집중점검키로 했다.

금감원은 10일 내년 재무제표 중점 점검분야로 △신수익기준서 적용의 적정성, △신금융상품기준 공정가치측정의 적정성, △비시장성 자산평가의 적정성, △무형자산 인식·평가의 적정성을 정했다고 발표했다.

먼저 신수익기준서에 따른 수익인식의 적정성과 관련하여 고객에게 약속한 재화나 용역을 이전하고 그 대가로 받을 권리가 예상되는 금액으로 수익을 인식하는지 점검키로 했다. 모든 유형의 계약에 △계약식별, △수행의무, △가격산정, △가격배분, △수익인식 등 수익인식모형 5단계에 대한 판단근거 및 설명의 충분 여부를 보기로 했다.

39) American Accounting Association(1966, p. 3).

또 신금융상품기준 관련 공정가치측정금융자산의 회계처리 적정성과 관련하여 분류기준과 측정기준을 일치시키는 것이 골자다. 기존 분류기준은 △대여금 및 수취채권, △만기보유금융자산, △매도가능금융자산, △당기손익인식금융자산이었다. 그러나 이를 △상각후원가측정금융자산, △기타포괄손익공정가치측정금융자산, △당기손익공정가치측정금융자산으로 구분해야 한다. 금융자산의 분류는 목적에 따르는 것이 핵심이며, 이용할 수 있는 최근의 정보가 불충분한 경우 등 특정상황에 한해서만 원가를 공정가치의 추정치로 사용할 수 있다.

한편 지분상품의 기타포괄손익누계액은 이 자산이 매도 등 제거되거나 손상되더라도 당기손익으로의 이전이 금지된다. 최초 인식시점에 공정가치 변동을 기타포괄손익으로 표시키로 선택한 경우에 해당한다. 기존의 매도가능금융자산의 경우에는 처분시점에 당기손익으로 이전이 가능했었다. 반면 회사채 등 채무상품의 기타포괄손익은 지금도 처분 후 당기손익으로 인식이 가능하다.

외부평가기관에 의한 비시장성 자산평가의 적정성도 집중점검 대상이다. 외부평가에 사용된 평가기법 및 투입변수 관련 가정 등을 살핀다. 평가기법은 거래상황에 적합하며, 관측가능한 투입변수를 최대한 사용할 수 있는 평가기법 적용을 권고했다. 미래현금흐름 추정이 가능한 경우 이익접근법 등이다.

무형자산의 인식·평가도 점검한다. 업종 특성 등을 고려해 구체적인 처리방침을 수립·운용하고, 무형자산 인식요건의 충족을 합리적이고 객관적으로 입증할 수 있는 경우에 한해 지출액을 자산화해야 한다고 설명했다. 특히 재료비, 노무비 등 자산화 처리하는 지출금액은 자산을 의도한 용도로 사용하기 위해 필요한 직접 관련 원가만을 포함해야 한다고 밝혔다.

(파이낸셜뉴스, 2018.12.10 수정요약)

제3절 회계담당자의 역할

1. 재무제표와 회계감사의 품질

전술한 모형에서는 재무제표 작성의 책임을 지는 경영자(회계담당자)의 자의성(arbitrariness)은 아직 모형화되어 있지 않다. 이하에서는 회계담당자의 역할을 살펴본다. 재무제표 작성을 담당하는 경영자의 능력 및 자질과 관련하여 재무제표의 품질은 다음과 같은 요인에 의해 영향을 받는다.

- 능력의 부족(또는 GAAP의 결함) : 회계담당자가 보고대상에 대한 회계처리를 할 능력이 없거나, 회계기준이 적절한 회계보고를 하기에는 미흡한 경우
- 정직성의 부족 : 회계담당자가 올바른 회계처리능력은 있으나, 특정목적을 위하여 일부러 회계수치를 조작하거나 회계기준을 자의적으로 적용하는 경우

〈표 1-8〉에서와 같이 회계감사의 품질을 감사인이 왜곡사항을 발견해낼 수 있는 확률(능력)과 발견해낸 왜곡사항을 있는 그대로 보고할 확률(정직성)의 결합확률로 표시[40]할 수 있는 것과 유사하게, 재무제표의 품질도 회계담당자의 능력과 정직성의 결합확률로 표시되며 이는 후술하는 동시검정(joint test)의 사례가 되는데, 재무제표에 문제가 있을 경우 그 원인이 작성자의 능력부족 때문인지 또는 정직성 부족 때문인지 명확하게 구분할 수 없기 때문이다.

〈표 1-8〉 재무제표 및 회계감사의 품질

재무제표의 품질 (Financial Statement Quality : FSQ)	$FSQ = P(A) \times P(I)$ 여기서, $P(A)$ = 회계담당자의 능력 $P(I)$ = 회계담당자의 정직성
회계감사의 품질 (Audit Quality : AQ)	$AQ = P(D) \times P(R)$ 여기서, $P(D)$ = 재무제표상의 오류가 사실대로 발견될 확률 $P(R)$ = 발견된 오류가 정직하게 보고될 확률

회계담당자의 능력(ability)이나 정직성(integrity)은 모두 중요한 요소이지만 현실에서는 정직성 부족이 능력의 부족보다 오히려 재무제표의 신뢰성과 투명성(transparency)을 해치고 있는 것으로 간주된다. 이는 비단 우리나라뿐만 아니라 외국의 경우에도 유사하다. 미국에서는 규제기관에서 재무제표가 왜곡표시되는 경우 이러한 왜곡의 이면에는 이익조작과 자의적인 회계기준의 적용이 근본적인 원인으로 의심받고 있으며, 이때 재무제표의 신뢰성(reliability)과 투명성이 훼손된 것으로 인식한다.[41]

경영자의 이익조정(earnings management)은 능력의 부족보다는 정직성의 부족에서 발생할 확률이 높은 것으로 판단되며 세계 모든 나라에서 고민하는 과

40) 이효익(2005).

41) Fitzsimons and Shoaf(1999, p. 58).

제이다.[42] 경영자의 자기이익추구 동기가 존재하는 현실에서 기업지배구조(corporate governance)의 건실화를 통해 회계정보의 신뢰성을 유지하는 방안이 강구되어야 한다. 이를 위해 이익조정을 억제하는 방법의 하나로 정보비대칭을 감소시키는 공시의 확대를 주장하는 연구도 있다.[43]

그러나 경영자의 자의적 회계조작 또는 회계부정을 규제와 감독만으로 통제하기에는 한계가 있으므로 투명성과 관련된 회계공시의 확대와 더불어 기업지배구조의 개선으로 시장의 평가에 의해 통제하는 것이 장기적으로 바람직할 것으로 생각된다. 또한 기업의 입장에서도 기업경쟁력의 지표로 최고경영자를 비롯한 경영진의 정직성과 회계처리의 투명성이 다른 어떤 요인보다 장기적으로 중요하다는 점을 인식해야 한다.

2. CEO 및 CFO의 재무제표 인증

미국에서 법제화(The Sarbanes-Oxley Act of 2002)되어 국내에서도 시행중인 재무제표에 대한 최고경영자(CEO) 및 최고재무담당자(CFO)의 투명서약을 위한 인증요구는 경영자의 이익조작 동기를 제어하기 위한 조치로 평가된다.

Sarbanes-Oxley Act에 따르면 CEO와 CFO는 재무제표에 중요한 사실이 누락되거나 거짓으로 표시되지 않았다는 인증을 해야 하며, 고의로 거짓인증을 하는 경우에는 형사상의 벌칙을 명시하고 있다(Section 906). 그런데 이러한 법제정에 의한 회계환경의 인위적 변화가 언제나 바람직한 결과를 가져오지는 않을 것으로 우려하는 목소리도 있다. 예를 들면 경영자나 감사인에 대한 처벌 수위가 높아지면서 회계 또는 회계감사의 고유기능이 왜곡될 가능성이 있기 때문이다. 실제로 법회계(forensic accounting) 또는 법회계감사(forensic auditing)라는 용어가 등장하기도 하였는데, 이는 회계부정과 관련한 시시비비를 법정에서 가리기 위한 분야이다.

법회계나 법회계감사에서는 표현충실성이 높은 유용한 회계정보의 제공이 궁극적 목표가 아니라 회계부정과 관련한 책임의 소재를 가리기 위한 부정과 오류의 적발이라든가, 이를 제대로 수행하지 못한 감사인의 과실여부나 책임

---

42) 경영자의 회계조작을 분식회계(粉飾會計, window-dressing)라는 용어로 표현하기도 하는데, Enron사태 이후 회계부정(fraudulent financial reporting)이라는 보다 직접적인 의미를 나타내는 단어가 사용되고 있다.

43) Brown and Higgins(2001).

및 처벌수위 등을 결정하는 것이 주요 관심사가 된다. 이에 따라 회계에 종사하는 사람들이 형식보다 실질(substance over form)을 존중하는 적극적 태도를 지니기는커녕 책임회피에 급급하여 명시된 관련규정의 준수여부에만 집착하는 "check box mentality" 등의 소극적 태도를 보이게 된다.[44] 이는 궁극적으로는 회계발전에 도움을 주기보다는 오히려 회계정보의 생명력을 앗아가는 것이다.

또한 GAAP와 발생주의 회계의 본질을 오해한 데서 오는 부작용도 만만치 않을 것으로 추정된다. 발생주의 회계의 기본은 회계담당자에 의한 추정과 예측에 근거하고 있다. 전술한 Sarbanes-Oxley Act에서 잘못된 인증(false certification)에 대한 처벌은 20년 이하의 징역 and/or 5백만 달러 이하의 벌금으로서, 이는 중대한 마약사범에 대한 처벌수위와 비슷하다. 그러므로 명확한 가이드라인도 없이 상대적 합리성에 근거한 GAAP하에서 예측정보에 대한 보호도 없는 상황에서 그 누가 재무제표에 서명・날인하겠는가? 정직한 사람이 언제나 예측도 정확하게 하는 것은 아니다. 이러한 처벌조항은 법과 회계의 거리를 오히려 멀게 만들 뿐이다.[45]

회계법인도 디지털 포렌식 바람

디지털 포렌식은 PC나 노트북, 휴대폰 등 각종 저장매체 또는 온라인상에 남아있는 각종 디지털 정보를 분석해 범죄 단서를 찾아내는 수사기법이다. 이 기법을 활용하면 기업 내부감사와 회계감사에서 직원 개인의 부정과 매출채권 거래 등 민감한 부분에 대한 정밀 감사가 가능하지만, 비용문제로 인해 일찌감치 자체 디지털 포렌식 조직을 꾸린 4대 회계법인을 제외한 중소형 회계법인들은 그간 디지털 포렌식에 큰 관심을 보이지 않았다.

하지만 지난해 11월 감사인에게 회계부정 발생의 책임을 묻는 신외감법 도입으로 상황이 급변했다. 감사인이 종전보다 철저한 감사에 나서면서 감사보고서 제출이 지연되거나 비적정 의견을 받은 기업이 크게 늘자 중소형 회계법인도 디지털 포렌식을 미룰 수 없게 된 것이다. 이에 따라 31일 증권업계에 따르면 BDO성도이현회계법인은 최근 디지털 포렌식 전문기업 프론테오와 '디지털 포렌식 기반 회계부정조사를 위한 업무제휴(MOU)'를 맺었다. 지난달에는 대주회계법인이 또 다른 디지털 포렌식 전문기업 행복마루컨설팅과 디지털 포렌식 도입을 위한 업무협약을 맺었다.

(서울경제, 2019.3.31 수정요약)

---

44) Brennan and Hennessy(2001a, b), U.S. GAO(2003).

45) Ijiri(2005).

준거점과 인간의 행동

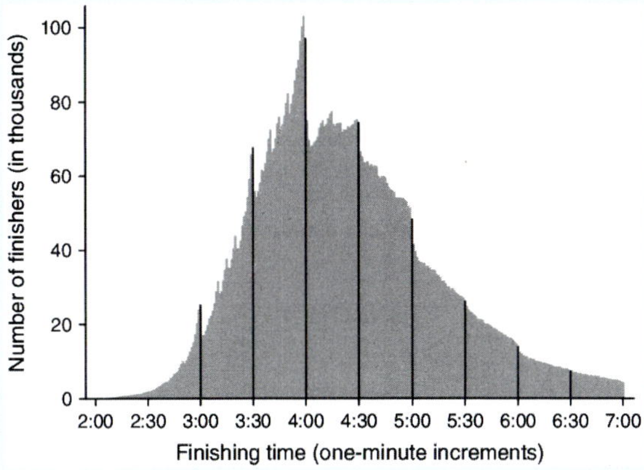

위의 그림은 마라톤 완주자 9,789,093명을 대상으로 그들의 기록을 1분 단위의 빈도로 표시한 그래프이다. 대부분의 마라톤 참가자는 그들 나름의 목표를 가지고 경기에 임한다. 그런데 대부분의 참가자에게 4시간 1초의 기록보다는 3시간 59분 59초의 기록이 영광이 될 것이다.

실제로 위의 그림에서 30분 간격으로 연속성이 훼손되는 모습을 보이고 있다. 특히 4시간(4:00)을 중심으로 가장 극적인 모습을 보여, 4:00을 기준으로 3분 전부터 분단위로 결승선을 통과한 사람이 각각 100,294명, 103,018명, 97,012명인 데 비해 3분 후까지 분단위로 결승선을 통과한 사람은 각각 74,968명, 69,648명, 67,861명이다. 따라서 4시간(4:00)이라는 기록을 중심으로 3분 전에 통과한 사람이 3분 후에 통과한 사람보다 41%나 많은 것이다.

이러한 모습은 prospect theory에서 준거점을 기준으로 손실회피성향을 보이는 것과 같이 마라톤 참가자들은 결승선을 앞두고 나름대로의 목표시간대에 맞추어 들어오기 위해 치밀한 작전과 마지막 노력을 수행하는 것으로 해석된다.

(Eric J. Allen, Patricia M. Dechow, Devin G. Pope and George Wu, Reference-Dependent Preferences: Evidence from Marathon Runners, Management Science, Vol. 63, No. 6, June 2017, pp. 1657~1672)

제4절 기업지배구조

1. 기업지배구조의 정의와 역할

기업지배구조(corporate governance)란 주주, 이사회, 경영자, 그리고 기타 이해관계자들 간의 상호작용 관계를 규정하는 메커니즘을 의미하며, 좁은 의미로는 기업의 주주가 경영자를 규율(discipline)하는 메커니즘을 뜻하는 것으로 정의되고 있다. 이에 따라 기업지배구조는 기업의 다양한 이해관계집단간의 이해관계와 지배권을 조정하고 규율하는 제도적 장치와 운영 메커니즘이며 구체적으로는 기업경영을 책임지는 경영진의 선임과 의사결정과정을 통제하는 장치라고 할 수 있다.[46]

기업지배구조는 자본을 조달하고, 업무를 효율적이고 효과적으로 수행하며, 주주가치를 증대하고, 법규와 일반사회의 기대를 충족시키기 위해 기업업무를 운영, 지도, 감시하는 해당 법, 규정, 규칙 및 제도로 구성된다. 또한 이는 주주가치를 증대하기 위해 기업의 행동, 정책, 의사결정을 감시하는 메커니즘으로 간주된다. 기업지배구조의 참가자는 일반적으로 최고경영진, 이사회, 감사위원회, 내부감사인, 외부감사인 및 감독기관 등이다.

기업지배구조는 재무보고의 품질향상뿐만 아니라, 기업경영의 효율(efficiency) 및 효과(effectiveness) 제고, 이익창출, 고용 등에 기여함으로써 자본시장의 효율성을 개선한다. 또한 이해관계자 사이의 적절한 권력분담을 통한 견제와 균형을 맞추기 위해 필요하다. 따라서 기업지배구조는 감독기능, 감사기능, 감시기능, 준수기능, 상담기능 및 경영기능을 수행한다.[47]

2. 기업지배구조와 회계정보[48]

기업자원의 소유와 통제권한의 분리는 경영자로 하여금 주주의 권익을 홀대할 경제적 유인을 제공한다. 투자 및 규모의 확대를 통한 성장 중심의 전략은 기업

46) 이희섭 · 최진현(2011).

47) 레자이 · 라일리(2011) 수정요약.

48) 황이석(2005) 수정요약.

자원의 자의적인 배분과 비효율적인 투자의사결정을 내릴 위험을 내포하고 있다.

기업지배구조는 경영자의 비효율적인 투자활동을 견제하고 그 보상수준을 결정하는 데 직접 관련된다. 기업지배구조에서는 경영성과를 평가하고 그에 대한 보상을 결정하는 데 회계정보와 주가를 함께 사용하므로, 회계정보는 효과적인 지배구조의 구축과 운용에 중요한 역할을 한다.

회계정보는 경영평가와 경영진의 교체 또는 이에 대한 위협의 도구로 사용될 수 있으므로 경영자에게 경영성과를 개선할 경제적 유인을 제공할 뿐 아니라, 주식선택권이나 주식교부를 비롯한 경영자의 보상수준을 결정하는 데에도 직접적인 역할을 한다. 또한 회계정보는 주식가격의 형성에 직접적으로 영향을 미침으로써 공격적 매수의 여지를 제공하여 경영자의 비효율적인 의사결정을 간접적으로 견제하게 된다.

기업지배구조는 또한 기업투명성에 직접적인 영향을 미친다. 기업투명성이 상승하면 경영자가 사적 이익을 취할 수 있는 여지가 감소하는 반면, 주가가 상승하므로 경영층은 주식소유비율만큼 경제적 이익을 볼 수 있다.

한국의 여러 대기업 집단에서는 지배주주의 소유권이 지배권에 비하여 낮은 경향이 있다. 소유권과 지배권의 괴리가 커질수록 지배주주의 사적 이익 추구동기가 강화되고, 따라서 기업투명성과 회계투명성을 저해하는 부작용을 초래할 수 있다. 특히 불확실성이 더욱 커질 미래의 경영환경에서는 기업의 소유구조를 포함한 지배구조와 회계의 투명성 저하로 인한 자본비용의 상승, 그리고 이로 인한 기업가치의 하락 현상이 더욱 심각해질 것이라고 하겠다.

3. 기업지배구조와 기업가치[49]

(1) 분석 개요

1) 기업지배구조 평가의 의의

한국기업지배구조원(Corporate Governance Service : CGS)은 선진각국의 모범규준과 각계 전문가의 의견을 참조하여 우리나라 기업에 가장 적합한 “기업지배구조 모범규준(Best Practice)”을 제 · 개정하고 있으며, 매년 상장기업의 지배구조가 이러한 모범규준을 어느 정도 충족하고 있는지를 평가하고 있다. 지

49) http://www.cgs.or.kr, CG REVIEW, 2005년 7/8월호, “2005년 CGS 기업지배구조 평가 결과 분석”.

배구조 평가결과는 지배구조 우수기업의 선정 및 표창, 기업지배구조 주가지수(KOGI) 구성종목의 변경, 기업지배구조 등급 부여 등에 활용되고 있다.

2) 분석대상

유가증권시장 상장법인 중 2005, 2004년도 연속 응답기업인 354개사의 데이터를 사용하였다.

3) 기업지배구조 평가항목 및 배점

구 분	점 수
1. 주주의 권리보호	90
2. 이사회	90
가. 이사회의 구성	35
나. 이사회의 운영, 평가 및 보상	55
3. 공시(경영투명성)	60
가. 공시일반	40
나. 홈페이지 공시	20
4. 감사기구	50
5. 경영의 과실배분	10
총 계	300

① 주주의 권리보호

- 기업지배구조 헌장 및 임직원 윤리규정의 도입
- 집중투표제 및 서면투표제 도입
- 이사 시차임기제 도입여부
- 적대적 기업인수에 대한 원천적 방어수단 도입
- 이해관계자의 지분율
- 최대주주들과의 거래실적
- 주주제안, 위임장 권유안내 등 소액주주 보호여부 등

② 이사회[50]

- 사외이사 선임비율 및 이사회 참석률

---

50) International Federation of Accountants(IFAC, 2011)에서는 이사회의 독립성을 제고하기 위하여 이사의 과반수를 사외이사로 임명하고 이사회 의장도 CEO와 분리하여 사외이사 중에서 선임할 것을 제안하고 있다. 또한 이사들의 책임에 대한 일정한 안전장치(safe harbor protection)를 마련하여 신의성실의 노력이 있다면 책임을 일정부분 면제함으로써, 이사들이 소송위험을 의식하여 소극적인 checklist mentality를 벗어나 적극적이고 건전한 경영활동이 가능하도록 하자고 주장하고 있다.

- 이사회 안건에 대한 사외이사의 반대 또는 수정의견 제시 및 채택 여부
- 사외이사 추천형태
- 이사들의 주식보유 현황
- 추천위원회, 보상위원회의 설치
- 대표이사와 이사회 의장의 분리[51)]
- 성과연동형 스톡옵션의 부여
- 이사회 활동의 자체평가 및 평가결과 공시

③ 공 시

- IR 실적
- 자진 · 조회 · 정정공시 등 공시실적
- 개별이사의 이사회 참석률 공시 및 찬반여부 공시
- 인터넷 홈페이지, 감사보고서 등의 영문 공시여부 등
- 이사 개인별 보수총액 공시여부

④ 감사기구

- 감사위원회의 설치, 구성, 운영
- 내부신고자 보호제도의 구축여부
- 외부감사인의 추천형태, 컨설팅 여부

⑤ 경영의 과실배분

- 시가배당수익률, 자사주 매입
- 3년간 평균배당성향, 중간배당

(2) 2005 기업지배구조 평가결과 분석

1) 분석대상기업 평균점수

상장법인 354개사를 분석한 결과 100점 만점 환산에 평균 40.00점을 득점하였다. 이는 전년도의 38.68점에 비해 1.32점 향상된 점수이며, 아직 만족할 수준은 아니나 기업지배구조가 점진적으로 개선되고 있는 것으로 판단할 수 있다.

---

51) 국내 시가총액 30대 기업의 70% 이상이 대표이사 또는 최대주주가 이사회 의장을 겸임하면서 경영진에 대한 견제가 여전히 부실하다는 지적이 일고 있다. 주주이익을 위해 경영진을 감시해야 하는 이사회의 의장을 대표이사나 최대주주가 맡는다면 자칫 이사회의 독립성이 훼손될 수 있다. 21일 한국거래소와 금융감독원에 따르면 시총 30대 기업 중 22개 기업의 대표이사 또는 최대주주가 이사회 의장을 맡고 있었다(파이낸셜뉴스, 2012.2.21).

구 분	상위 10%	중위 80%	하위 10%	평균점수
1. 주주의 권리보호(32)	20.30	16.78	13.01	16.75
2. 이사회(31)	17.25	6.69	3.84	7.45
가. 이사회의 구성(12)	5.90	1.41	0.53	1.76
나. 이사회의 운영(19)	11.35	5.28	3.31	5.69
3. 공시(15)	9.55	6.55	5.68	6.76
4. 감사기구(18)	14.55	7.21	4.59	7.67
5. 경영의 과실배분(4)	1.72	1.41	0.58	1.36
합 계(100)	63.37	38.64	27.70	40.00

2) 기업지배구조와 기업가치

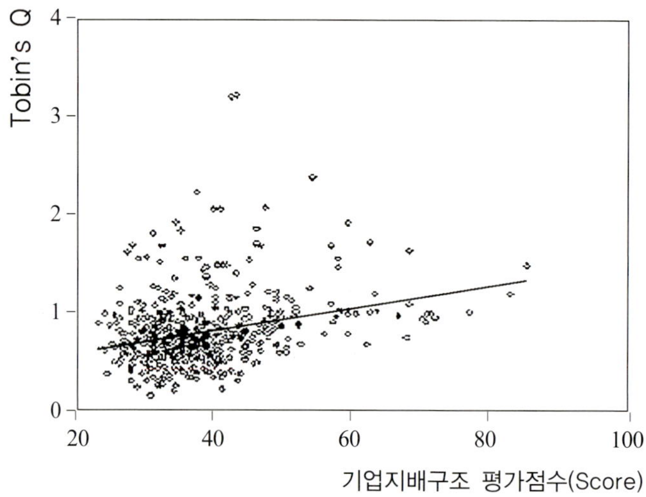

추정회귀식 : Tobin's $Q = 0.430 + 0.011 \times \text{Score}$

└→ t 값은 6.67로서 1%에서 유의함

Tobin's Q를 통해 기업지배구조 평가점수와 기업가치 사이의 관계를 조사한 결과 기업지배구조 평가점수가 높을수록 기업의 가치가 높게 나타났다.

기업지배구조 점수와 기업가치는 양의 상관관계(0.284)에 있으며, 단순회귀분석 결과 기업지배구조 평가점수가 1점 상승할 때 기업가치는 1.1% 상승하는 것으로 분석된다.

(3) 결과분석요약

- 전반적으로 기업지배구조 수준은 해마다 개선되고 있음.
- 자산규모가 큰 기업일수록 지배구조에 더 큰 관심을 가지고 지배구조 개선을 위해 많은 노력을 하고 있음.
- 업종별로 지배구조 개선에 차이가 있으나, 통신, 은행, 기타금융, 보험, 증권업에 종사하는 기업들의 평균이 전체 평균보다 높게 나타남.

지배구조 공시에 CEO 승계정책 여부 등 O · X로 표시해야

올해부터 자산총액 2조원 이상 코스피 상장사는 기업지배구조 보고서에 최고경영자(CEO) 승계정책 마련 여부, 이사회 의장과 대표이사의 분리 여부 등을 'O', 'X'로 알기 쉽게 표시해야 한다. 한국거래소는 이런 내용을 골자로 한 기업지배구조 보고서 가이드라인을 확정했다고 18일 밝혔다.

가이드라인에 따르면 기업지배구조 보고서 의무 공시 대상인 연결기준 자산총액 2조원 이상 코스피 상장사는 투명한 기업지배구조를 확립하기 위해 장려할 필요가 있는 핵심지표 15가지의 준수 여부를 필수 기재해야 한다.

이 가운데 이사회 관련 핵심지표는 ▲이사회 의장과 대표이사의 분리, ▲CEO 승계정책 마련, ▲기업가치 훼손 또는 주주권익 침해에 책임이 있는 자의 임원 선임을 방지하기 위한 정책 수립, ▲집중투표제 채택, ▲6년 초과 장기 재직 사외이사 '없음' 등이다. 또 주주 관련 핵심지표로는 ▲배당정책 및 배당실시 계획을 연 1회 이상 주주에게 통지, ▲전자투표 실시, ▲주주총회 집중일을 피한 주총 개최 등이 제시됐다.

기업지배구조 보고서를 내는 상장사는 투자자가 지배구조 현황을 직관적으로 파악할 수 있도록 이들 핵심지표 준수 여부를 'O, X'로 표기해야 한다. 거래소는 기업지배구조 보고서 의무 제출 대상인 기업이 보고서를 내지 않거나 내용에 허위가 있으면 즉시 불성실 공시법인으로 지정하기로 했다. 또 공시항목을 잘못 기재하거나 중요사항을 누락하는 등 가이드라인에 따라 충실하게 보고서를 작성하지 않을 경우 일단 정정신고를 요구하되 이에 불응하면 제재할 방침이다.

거래소는 기업지배구조 보고서를 통해 주주권리 보장, 이사회 독립성, 감사기구 전문성 등에 대한 정보가 투명하게 공개됨으로써 한국 기업의 지배구조 경쟁력 강화와 중장기 기업가치 제고에 기여할 것이라고 전망했다.

(연합뉴스, 2019.4.18)

- 올해의 기업지배구조 평가에서도 평가점수와 기업가치 사이에는 양(+)의 상관관계를 보여 평가점수가 높을수록 기업가치가 높게 나타났음. 투명한 경영바탕 위에 기업의 장기 생존과 기업가치 극대화를 위하여 지배구조 중요성의 인식과 지배구조 개선을 위한 기업들의 노력이 요구됨.

$$\text{Tobin's } Q = \frac{\text{자산시장가치}}{\text{자산장부가치}} = \frac{(\text{발행주식총수} \times \text{주가}) + \text{부채장부가치}}{\text{자산장부가치}}$$

4. Investor Relations[52]

IR(investor relations)이란 주주, 잠재적 투자자, 애널리스트, 미디어매체 등을 포함하는 투자자사회(investor community)와의 원활한 커뮤니케이션을 통해 자금조달의 용이성을 증진하고, 회사의 인지도를 높여 해당주식의 유동성을 증진하며, 기업가치의 공정한 평가를 받고자 하는 일련의 투자자관련 활동이다. 건전한 기업지배구조의 일환으로 IR이 수행되기 위해서는 이사회를 포함하는 최고경영진의 관심과 지지가 필요하다.

IR의 핵심은 회사의 현재와 미래 또는 성장성과 수익성에 관한 정보를 내용과 시기(size and timing)를 고려하여 적절히 투자자집단에 제공하는 것이다. 이때 사용될 수 있는 정보전달수단은 재무제표를 포함하는 연차보고서를 비롯한 투자설명회 및 웹사이트 등이 있다. [그림 1-9]는 IR의 구성요소와 순환과정을 보여준다.

먼저 기관투자자는 대체로 거대한 자금력을 바탕으로 장기적인 투자전략의 관점에서 접근하는 것이 보통이다. 그러나 헤지펀드(hedge fund)는 일반인을 대상으로 하는 것이 아니라 부유한 개인이나 특정집단의 투자수요를 충족하기 위한 것이므로 상대적으로 규제의 정도도 약하다. 이들은 주로 공매도(short selling)를 포함하는 차입투자나 단기적인 시각에 의존하는 경우가 많다. 이에 비해 공매도 등의 차입투자를 보통 하지 않거나 공매도 등의 투자활동에 제약이 있는 전통적인 기관투자자는 "long only investors"라고 부를 수 있다.

52) London Stock Exchange(2010).

[그림 1-9] Investor Relations의 구성요소와 순환과정

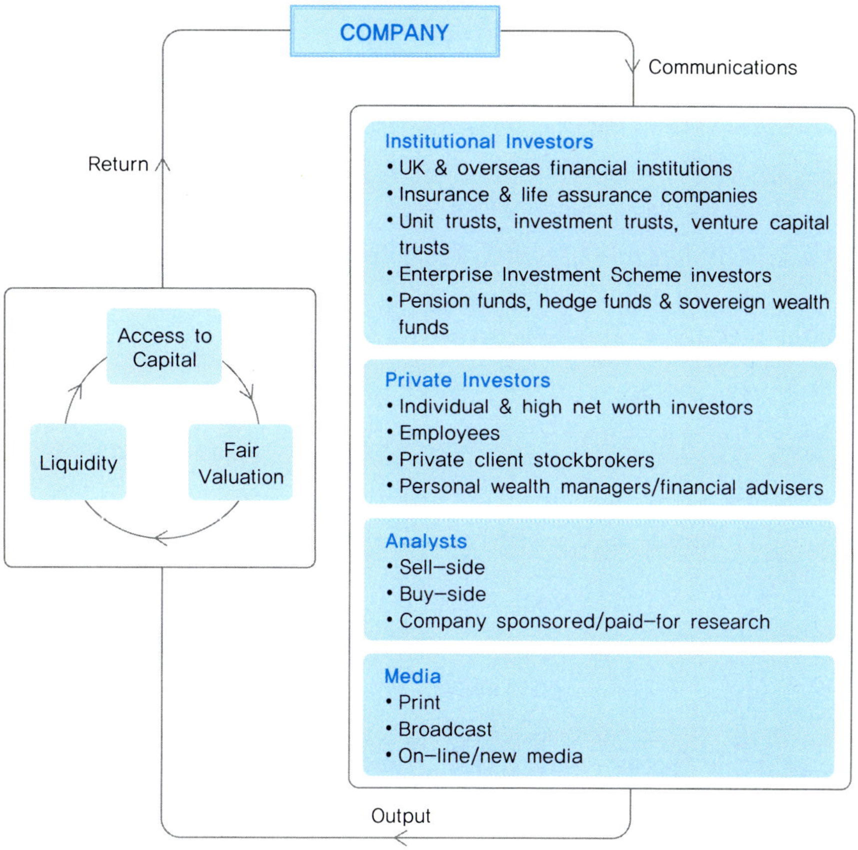

5. Sell-side analysts vs Buy-side analysts

애널리스트의 종류에는 sell-side analysts와 buy-side analysts가 있다. Sell-side analysts는 투자은행이나 증권회사에 고용되어 일하면서 일반 투자자에게 각종 증권의 구매, 보유 및 매도를 권유하는 의견 및 정보를 제공하는데, 이들의 분석능력과 명성은 외부투자자의 평가와 평판에 의해 결정된다.[53] 이에 비해

53) Sell-side analysts는 회계에서 광범위한 연구의 대상이 되어 왔다(Twedt and Rees, 2012). 재무분석가 예측치에는 buy-side analyst와 sell-side analyst 자료가 있는데, 대부분의 연구에서는 sell-side analyst의 자료만을 이용하여 연구를 수행한다. 그 이유는 Buy-side analyst들은

Buy-side analysts는 이들을 고용한 기관투자자, 펀드 및 펀드매니저를 돕기 위한 정보를 제공하는 펀드 애널리스트를 말하는데, 이들의 정보는 대중에게는 공표되지 않고 내부적으로만 사용된다.

원래 sell-side란 기획력과 분석력을 총동원하여 특정 금융상품(주식, 채권)을 가장 높은 가격에 팔려고 노력하는 집단이나 영역을 의미한다. 따라서 sell-side라고 말할 때에는 주식이나 채권의 생산과 판매를 도모하는 개인이나 회사를 의미하며 이들은 buy-side쪽에 속한 투자자에게 판매할 금융상품을 발행한다. sell-side의 대표주자는 발행회사와 투자대중 사이에서 중개역할을 하는 증권회사, 즉 투자은행(investment banks)이다. 이에 반해 buy-side란 여유자금을 보유하여 수익창출을 위해 유망 기업/사업/산업을 물색하는 집단이나 영역을 의미한다. 개인투자자도 엄밀하게 말하면 buy-side이지만 보통 buy-side라고 말할 때에는 기관투자자 또는 각종 펀드 및 그들의 매니저를 의미한다.

[그림 1-10] Sell-side vs Buy-side[54)]

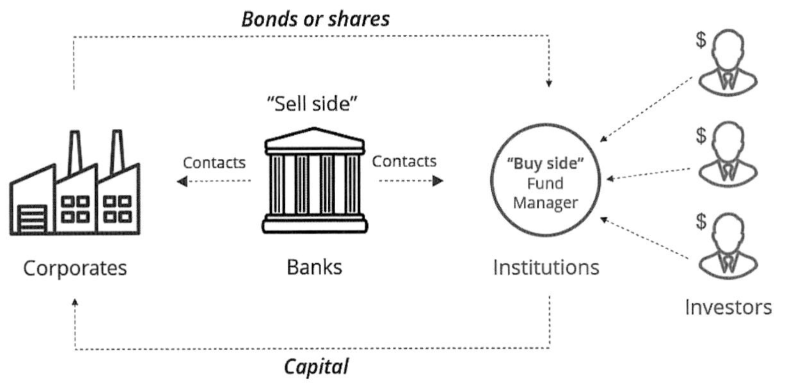

이상의 논의를 근거로 〈표 1-9〉에서는 sell-side와 buy-side를 비교하여 표시하였다.

투자신탁이나 연금펀드를 위해서 일하며, 내부적인 투자의사결정을 위해서 예측치를 발표하지만 이들의 예측치는 내부용이므로 접근가능하지 않기 때문이다(권수영 등, 2010, p. 255).

54) https://corporatefinanceinstitute.com/resources/careers/jobs/buy-side-vs-sell-side/

〈표 1-9〉 Sell-side vs Buy-side

	sell-side	buy-side
기본성격	증권을 판매하여 필요자금을 조달해야 하는 입장	여유자금의 수익창출을 위하여 증권을 대량으로 매수하는 입장
대표주자	증권회사, investment bank	헤지펀드, 연금기금 등을 포함하는 기관투자자
기본목표	증권의 발행, 유통, 판매	위험대비 최선의 수익창출
analysts의 임무	• 상장기업에 대한 종목별 분석실시 • buy/sell recommendations • 이들의 보고서는 대중에게 공개	• 투자기회분석을 위한 개별적 분석실시 • 투자자 및 자금 물색 • 이들의 보고서는 대중에게 공개하지 않음
수익창출도구	대량의 증권거래를 통한 수수료	저평가된 기업/사업/산업을 파악하여 투자

제5절 회계기준제정기구의 역할

1. KASB

사단법인 한국회계기준원(Korea Accounting Institute : KAI)은 「주식회사의 외부감사에 관한 법률」 제13조와 동법 시행령 제7조의3의 규정에 따라 2000년 7월 27일부터 기업회계기준의 제정, 개정, 해석과 질의회신 업무를 금융위원회로부터 위탁받았다. 한국회계기준원은 정관의 규정에 따라 회계기준위원회(Korea Accounting Standards Board : KASB)를 설치하고, 동 위원회의 심의 · 의결을 통하여 상기 업무를 수행하고 있다. 회계기준위원회는 회계정보의 유용성과 기업회계기준의 국제적 정합성을 높이기 위하여 새로운 기업회계기준을 제정하거나 기존의 기업회계기준을 개정하여 「기업회계기준서」를 공표해 왔다.

한국회계기준원은 정관의 규정에 따라 그 내부에 한국회계기준원의 원장이 겸임하는 위원장 1인, 상임위원 1인과 5인의 비상임위원으로 구성된 회계기준위원회를 설치하고, 동 위원회의 심의 · 의결을 통하여 상기 업무를 수행하고 있다. KASB는 7인의 위원으로 구성되는데, 그 의결은 재적위원 과반수의 찬성으로 함으로써 단순과반수제도를 채택하고 있다.

한국회계기준원과 국제회계기준도입준비단은 2007년 3월 15일 국제회계기준 도입 로드맵 발표회에서 국제회계기준을 우리나라 기업회계기준으로 도입할 것을 선언하였다. 로드맵에 따르면, 원칙적으로 모든 상장기업은 2011년부터 국제회계기준을 적용하되, 상장기업을 포함하여 비상장기업도 희망하는 경우 2009년부터 조기에 적용할 수 있다. 2011년 12월 현재 K-IFRS 의무적용대상기업은 주권상장법인(금융회사 포함) 1,783개사[55] 및 비상장 금융회사 201개사로 총 1,984개사이다.

〈표 1-10〉 한국채택국제회계기준(K-IFRS) 도입 후 기업회계기준의 번호체계

구 분	기업회계기준서		기업회계기준해석서	
국제회계기준	IAS	IFRS	SIC Interpretations	IFRIC Interpretations
한국채택국제회계기준 (K-IFRS)	1001～1099	1101～1999	2001～2099	2101～2999
일반기업회계기준	3001～3999		4001～4999	
특수분야회계기준	5001～5999		6001～6999	

2. IASB

영국 런던에 본부를 둔 국제회계기준의 제정기관은 1973년 창립부터 2000년까지 IASC(International Accounting Standards Committee)로 불렸으나 2001년부터 IASB (International Accounting Standards Board)로 불리게 되었고, 과거에 IAS(International Accounting Standards)로 불리던 국제회계기준도 IFRS(International Financial Reporting Standards)로 새롭게 불리게 되었다. IASB는 전 세계의 회계법인, 금융계, 산업계 및 직업적 전문단체의 기부금으로 운영되고 있다. IASB의 최고의 목적은 고품질 글로벌 회계기준의 단일안을 마련하는 것이다.[56]

55) 주권상장법인 중 저축은행은 제외하는데, 상장저축은행은 2016년 7월 1일부터 K-IFRS를 적용한다(금융감독원 보도자료, 2012.6.19).

56) The IASB is the standard-setting body of the IFRS Foundation. The foremost objective of the organization is to develop, in the public interest, a single set of high quality, understandable and enforceable global accounting standards(Due Process Handbook for the IASB, 2012, p. 5).

IASB는 위원회 전체의 회계관의 균형을 도모하기 위하여 감사인 경력, 재무제표 작성 경력, 재무제표 이용자 경력 및 학계출신을 적절히 배합하고 있다. 또한 출신지역별 배합도 〈표 1-11〉과 같이 구성하여 "글로벌 스탠더드"의 위상을 도모하고 있다.

〈표 1-11〉 IASB 위원의 출신지역 quota(2016년 12월 1일 현재)

Asia-Oceania	Europe	Americas	Africa	기 타*	합 계
4	4	4	1	1	14

* 기타는 전반적 지역균형을 유지하는 조건으로 어느 지역이든지 가능

3. FASB

1973년 출범한 FASB(Financial Accounting Standards Board)는 미국회계기준뿐만 아니라 세계회계기준의 실질적 제정자로서의 지위를 유지해 오고 있다. 종전의 APB(Accounting Principle Board) 시절에 지적되어 왔던 독립성과 전문성의 부족을 독립성이 높은 상근 위원으로만 구성하여 전문성과 독립성의 개선을 시도하였다. 실질적인 글로벌 회계기준의 제정자로 자임하던 FASB는, 그러나 Enron과 같은 대규모 회계부정사례와 스톡옵션의 비용처리를 둘러싼 미국의 첨단산업 업체의 반발에 따른 논쟁 등에서 국제적 공감을 얻지 못하면서 글로벌 회계시장에서 입지와 영향력이 좁아지는 시련을 겪기도 했다.

4. IASB와 FASB의 관계

실질적으로 세계회계시장의 주도권을 양분하고 있는 IASB와 FASB는 때로는 경쟁관계에서 각자의 영향력을 확대하기 위한 노력을 경주해 오기도 했지만, 2002년 10월 미국 FASB의 본부가 있는 Connecticut주의 Norwalk에서 회합을 갖고 US GAAP와 IFRS의 정합성(convergence)을 위해 노력하기로 공식 합의하였다.[57] 이에 따라 IASB와 FASB는 2004년부터 Conceptual Framework를 개정하는 작업을 공동으로 추진하여, 회계정보의 질적 특성과 관련한 부분은 2010년에

57) 이를 "Norwalk Agreement"라고 부른다.

완성하였다. 그러나 IASB는 2010년에 미국의 IFRS 도입이 현실적으로 물 건너갔다는 판단에 따라 FASB와의 Conceptual Framework 공동프로젝트를 중지하고 2012년에 이 프로젝트를 단독으로 재개하였다.

IASB가 FASB와는 별도로 Conceptual Framework 프로젝트를 독자적으로 추진함에 따라 일정한 변화도 나타났다. 예를 들면 가치평가기능과 더불어 기본적인 회계기능의 하나로 평가받는 수탁책임(stewardship)과 관련하여 그동안 가치평가기능(decision-usefulness)을 회계의 중심 기능으로 간주하여 수탁책임을 상대적으로 배척하는 회계 community의 움직임이 미국의 영향에 의한 것이었다고 평가하여 2018년에 개정된 IASB의 Conceptual Framework에서는 수탁책임을 가치평가기능과 동등한 회계기능의 하나로 명시하였다.

그러나 Conceptual Framework 프로젝트와는 별도로 유럽에서 IFRS가 채택되기 위해서 갖추어야 하는 아래의 조건을 살펴보면 미국과 달리 유럽에서는 가치평가기능과 더불어 수탁책임기능도 이미 회계의 양대 기본기능 중의 하나로 자리잡아 명시적으로 언급되고 있음을 알 수 있다.[58]

Under the IAS Regulation, any IFRS to be adopted in the EU must:

- be consistent with the 'true and fair' view required by the EU's Accounting Directive;
- be favourable to the 'public good' in Europe; and
- meet basic criteria on the quality of information required for financial statements to serve users ie, statements must be understandable, relevant, reliable and comparable and must provide the financial information needed to make economic decisions and assess stewardship by management.

다음의 〈표 1-12〉에서는 한국채택국제회계기준에서 재무보고를 위한 개념체계(conceptual framework for financial reporting)의 개정내용을 보여준다.

---

58) Moving to IFRS reporting: seven lessons learned from the European experience, ICAEW, 2015, p. 19. 한편 최근에는 Conceptual Framework의 개정작업을 통해 수탁책임의 중요성 강조가 역사적 원가를 선호하는 것이 아니라는 사실을 강조하는 움직임이 있다.

〈표 1-12〉 개념체계 2011 vs 개념체계 2018[59)]

종전 개념체계 (2011)	전면개정 개념체계 (2018)	전면개정의 주요 내용
1장 일반목적 재무보고의 목적	1장 일반목적 재무보고의 목적	• 수탁책임을 명시적으로 제시(Ⅲ.1)
3장 유용한 재무정보의 질적 특성	2장 유용한 재무정보의 질적 특성	• 신중성(Ⅲ. 2. (1)), 실질의 우선(Ⅲ. 2. (3)) 개념 재도입 • 측정불확실성(Ⅲ. 2. (2)) 개념의 명확화
2장 보고기업 (추후 추가) * 내용 없음	3장 재무제표와 보고기업	• 새롭게 제정 • 재무제표의 목적(Ⅲ. 3. (1))과 보고기업(Ⅲ. 3. (2))에 대한 내용을 포함
4장 개념체계(1989) 잔존 문단 기본가정 재무제표의 요소	4장 재무제표의 요소	• 자산(Ⅲ. 4. (2))과 부채(Ⅲ. 4. (3))의 정의를 개정 －경제적 자원을 별도로 정의하고, 기대 관련 문구(expected flow) 삭제 • 수익과 비용의 정의 업데이트(Ⅲ. 4. (4))
4장 개념체계(1989) 잔존 문단 재무제표 요소의 인식	5장 인식과 제거	• 개념체계(2011)의 인식기준을 삭제하고, 유용한 정보의 질적 특성을 명시적으로 참조하도록 개정(Ⅲ. 5. (1)) * 경제적효익의 유입(출)가능성이 높고, 신뢰성 있게 측정 • 제거 부분을 새롭게 제정(Ⅲ. 5. (2))
4장 개념체계(1989) 잔존 문단 재무제표 요소의 측정	6장 측정	• 측정기준을 역사적원가와 현행원가로 분류(Ⅲ. 6. (1)) • 측정기준을 선택할 때 고려해야 할 요소들로 목적적합성, 표현충실성, 원가제약을 제시(Ⅲ. 6. (2))
－	7장 표시와 공시	• 새롭게 제정 • 재무제표에 정보가 어떻게 표시 · 공시되어야 하는지에 대한 개념 제시 • 기타포괄손익, 재분류 등에 대한 내용을 포함
4장 개념체계(1989) 잔존 문단 자본 및 자본유지의 개념	8장 자본 및 자본유지의 개념	• 개념체계(2011)과 동일

59) 개념체계의 영문명은 The Conceptual Framework for Financial Reporting으로서 재무보고를 위한 개념체계로 번역되며, 종전 개념체계는 IASB가 2010년에 공표한 것을 KASB는 한국채택국제회계기준의 도입에 맞추어 2011년에 공표함으로써 개념체계 2011로 불리게 되었다.

5. 회계기준 제정절차

[그림 1-11]은 IFRS의 제정절차 순서, 즉 due process를 보여준다. 의제선정부터 의견수렴과정을 거쳐 의결과정까지 GAAP의 기본속성인 '다수의 권위 있는 지지(authoritative support)'를 형성하기 위한 여러 절차가 요구된다. 이를 위해 여러 이해관계자 집단의 의견을 청취하고 입장을 조율하는 기능을 가지지만 결국에는 '다수의 권위 있는 지지'를 확인하는 다수결 투표방식을 통해 확정되며 이는 후술하는 바와 같다.

[그림 1-11] IFRS 제정절차(due process) 순서[60]

1. Setting the agenda
2. Project planning
3. Development and publication of a discussion paper
4. Development and publication of an exposure draft
5. Development and publication of an IFRS
6. Procedures after an IFRS is issued

6. 투표방식

다수의 지지를 실질적으로 형성하는 투표방식은 시대별, 상황별 환경에 따라 다를 수 있다. 예를 들면 FASB는 7명의 위원으로 구성되는 의사결정체인데, 그들이 회계기준을 제정 · 공표하는 데 필요한 투표방식(voting rule)은 회계기준의 제정 · 공표가 정치적 타협의 산물(political process)이라는 것을 보여주는 사례로 평가된다. FASB 탄생 이래 투표방식의 변천은 〈표 1-13〉과 같다.

Super majority는 회계기준의 통과까지 이해관계자의 설득, 조정으로 많은 시간이 소요되지만 일단 통과된 회계기준의 수용 및 시행은 비교적 쉽게 이루어진다. 반면에 simple majority는 통과에 필요한 시간은 단축될 수 있으나 통과

60) Due Process Handbook for the IASB(2012). IASB(2014) "Who we are and what we do".

〈표 1-13〉 FASB의 투표방식 변천

기 간	투표방식	비 고
1973 ~ 1978	5 : 2	super majority
1978 ~ 1990	4 : 3	simple majority
1990 ~ 2002. 4	5 : 2	super majority
2002. 4 ~ 2008. 6	4 : 3	simple majority
2008. 7 ~ 2011. 1	3 : 2[61)]	simple majority
2011. 2 ~ 현재	4 : 3	simple majority

된 회계기준의 수용 및 이행에는 많은 어려움을 낳아 몇몇 회계기준은 유효기준일(effective dates)이 몇 차례 연기되기도 하였다.[62)] 그러나 2002년 4월에는 신속한 회계기준제정의 필요성에 따라 simple majority가 다시 부활되었다.[63)]

IASB의 투표방식도 많은 변화를 보여 왔지만 2016년 12월 1일에는 16명의 위원수를 14명으로 줄이는 동시에 〈표 1-14〉에서와 같은 투표방식을 보여주고 있다.

〈표 1-14〉 IASB의 voting rule[64)]

기 간	위원수	의결정족수
simple majority	14	60% 이상의 위원이 참석하여 과반수 이상. 단, 가부동수일 때에는 위원장이 결정
super majority	14	9

그런데 IASB는 사안별로 서로 다른 투표방식을 가지고 있어 이를 〈표 1-15〉에 표시하였다.[65)] 이에 따르면 의제선정이나 토론서의 채택에는 simple majority가 적용되는 반면, 공개초안이나 회계기준의 채택에는 super majority가 적용된다.

61) FASB는 1973년 설립 이후 2008년 6월까지 7인체제로 유지되었으나 글로벌 금융위기에 따른 회계기준제정의 신속성을 위해 2008년 7월부터 2011년초까지 5인체제로 유지되었다. 그러나 2011년초 다시 7인체제로 복귀하였다.

62) U.S. General Accounting Office(1996, p. 103).

63) FASB News Release, 2002.4.24.

64) IFRS Foundation, Constitution Effective from 1 December 2016.

65) Due Process Handbook for the IASB(2012, p. 17) 수정요약.

〈표 1-15〉 IASB의 이슈별 투표방식

Simple Majority	Super Majority
• Agenda and topic decisions • Discussion paper • Administrative decisions	• Exposure draft • IFRS • IFRIC Interpretation

서양식 부기

1300년경에 이탈리아에서는 우리가 복식부기라고 부르는 기록방식을 사용하기 시작했다. 그 기원은 아마 대수와 관련이 있을 것이다. 대수를 뜻하는 "algebra"는 아랍어의 "al-jabr"에서 왔는데, 이는 이항(移項)을 의미한다. 대수식에서는 한쪽 변에서 플러스인 것은 다른 변으로 가면 마이너스가 된다. 루카 파치올리(Luca Pacioli : 1445~1517)가 복식부기의 아버지라고 불리기는 하지만 분명 그를 부기의 발명자라고 할 수는 없다. 다만 그가 구텐베르크의 기술과 결합시켜, 즉 책을 통해 그러한 주제를 세계에 가르친 최초의 인물이라는 데에는 논란의 여지가 없다. 복식부기와 관련된 최초의 문헌으로 알려진 「Summa de arithmetica, geometria, proportioni et proportionalita(산수, 기하학, 비례와 비례적인 것들의 대전(大典)」(1494)은 수학을 배우고 싶어 하는 사람이면 누구나 쉽게 이용할 수 있도록 쓴 600여쪽의 백과사전식 실용서이다. 이 책의 서문에서 파치올리는 수학적으로 사고하기 시작하던 유럽의 지식인들에게 점성술, 건축학, 조각, 우주구조론, 사업, 군사기술, 방언, 심지어 신학까지도 수학적 원리에 기초해 있다고 선언했다. 이 책에서 파치올리는 연도표시를 제외하고는 아라비아숫자를 사용하였다. 이 책에서 부기를 다룬 부분인 'De computis et scripturis(계산과 기록)'은 16세기에 별도의 단행본으로 출판되어 네덜란드어, 프랑스어, 독일어, 영어 등으로 번역되었고 19세기에도 독일과 러시아에서 출판되었다. 복식부기가 세계를 바꿔놓지는 않았지만 파치올리는 이 세계를 플러스와 마이너스로, 뭔가 시각적이고 수량화하여 파악할 수 있는 것으로 환원하는 기술을 제시하여 이 세계를 이해가능하고 통제가능한 그 무엇으로 만들었다.66)

「Summa」 표지

「Summa」 발간 500주년 기념우표

66) 크로스비(2005).

사개송도치부법(四介松都治簿法)

우리나라 및 일본 학자들의 연구에 의하면 고구려, 신라, 고려, 조선 시대에 걸쳐 천여년간 번창하였던 개성상인들 사이에 「四介松都治簿法」이라고 하는 우리나라 고유의 부기법이 전해졌다고 한다. 개성은 고려시대의 수도로서 송악산(松嶽山) 기슭에 자리를 잡았던 관계로 송도(松都)라고 불렸고, 이곳 상인들이 사용한 부기법을 사개송도치부법이라는 용어 이외에도 송도부기법, 개성부기법이라고도 하였다.[67] 이 기법은 현대적인 부기와 그 기본에 있어 조금도 손색이 없으나 한자에 의한 숫자표시 및 인명계정 또는 의제적 인명계정의 고수에서 나타나는 결산상의 복잡성으로 말미암아 독자적·지속적으로 발전하지 못하고 그 위치를 서양식 부기에 양보하지 않으면 안 된 것으로 생각된다.[68]

7. 지속가능성 공시기준

2016년 뉴욕대학교의 재직중인 Lev 교수와 뉴욕주립대학교의 Feng Gu 교수는 'The End of Accounting and the Path Forward for Investors and Managers'라는 제목의 책을 발표하였다. 이 책은 최근 회계의 정보유용성이 점차 감소하고 있음을 실증적으로 보고하고, 이를 통해 전통적인 회계정보의 한계를 지적하고 있다. 저자들은 이제 투자자와 경영자가 보다 효과적으로 기업의 가치를 평가할 수 있는 새로운 회계정보와 접근방식이 필요하다고 주장하였다.

본 책은 회계업계에 큰 파장을 일으키며, 전통적인 회계정보의 유용성에 대한 근본적인 질문을 던졌다. 특히, COVID-19로 인해 새로운 환경에 대한 기업들의 위기대응 능력이 주가로 직접적으로 나타남에 따라 투자자들은 기존의 회계정보 이외의 다른 정보를 요구하게 되었다.

이에 많은 투자자들이 주목한 정보가 지속가능성 정보(ESG 정보)이다.[69] 지속가능성 정보는 단기 효율성보다 지속가능성과 복원력을 강조하는 패러다임에 투자자가 필요로 하는 정보이다.

---

67) 이정호(1992, p. 162).

68) 조익순(1969).

69) Hecker and Dubburg(JP모건 ESG & Sustainability 부문 공동책임자)가 50개 글로벌 기관투자자를 대상으로 실시한 '팬데믹이 ESG 투자의 미래에 미치는 영향'에 관한 설문조사에 의하면 응답자의 71%는 COVID-19와 같은 '낮은 확률/높은 영향'의 위험 발생이 더 큰 확률/영향을 갖고 있는 기후변화, 생물다양성 손실 등에 관한 전 세계적 인식과 행동을 증가시킬 가능성이 매우 높다고 응답하였다.

이러한 요구에 따라 IFRS 재단은 지속가능성 정보가 기업의 핵심정보임을 인지하여 투자자를 위한 지속가능성 공시기준을 준비해왔다. 먼저, 2019년 6월 뮌헨회의에서는 지속가능보고서와 관련하여 지속가능분야의 다른 조직과의 협력과 통합을 도모하여 SR(sustainability Reporting)의 글로벌 기준을 만들어가는데 선도적인 역할을 하는 것에 잠정 협의하였다. 나아가 2020년부터 IFRS 재단의 이사회 의장이 IFRS 재단의 새로운 사업으로 지속가능성 보고기준 확립을 추구하겠다는 확고한 의지를 표명하고 IFRS 내에 ISSB 설립을 준비하였다. 이를 바탕으로, IFRS 재단은 2021년 11월 3일 COP26에서 국제표준의 IFRS 지속가능성 공시기준 제정을 위한 ISSB 설립을 발표하였다. 나아가 IFRS 재단은 아래와 같이 정관을 변경하고, IFRS 재단의 기준체계를 재정립하였다.

[그림 1-12] IFRS 기준체계 및 정관

〈일반목적의 재무보고를 위한 기준체계〉

〈정관 제2조 : IFRS 재단의 목적〉

① IFRS 재단은 IASB와 ISSB를 통해, 전 세계적으로 적용되는 (고품질, 이해가능하며, 집행가능한) 일반목적 국제재무보고기준(IFRS Standards)을 개발, IASB와 ISSB는 각각 국제회계기준(IFRS Accounting Standards)과 국제지속가능성 공시기준(IFRS Sustainability Disclosure Standards)을 개발할 책임이 있음. 이러한 상호보완적인 재무보고기준(IFRS Standards)은 재무제표(financial statements)와 지속가능성 공시(Sustainability Disclosure)로 투자자 및 전 세계 자본시장의 참여자들에게 유용한 정보를 제공
② 이러한 회계기준 각각의 사용과 엄격한 적용을 촉진
③ ①~②를 이행함에 있어, 다양한 경제환경에 있는 기업들의 요구 고려
④ IFRS와 다른 국가 및 지역의 기준과의 정합 작업을 통해 IASB가 발표한 회계기준 및 이에 대한 해석, ISSB가 발표한 지속가능성 공시기준으로 구성되는 "국제재무보고기준(International Financial Reporting Standards : IFRSs)"의 도입을 촉진

출처 : 한국회계기준원(2022)

이렇게 설립된 국제지속가능성기준위원회(ISSB)는 마침내 2023년 6월 26일에 첫 번째 지속가능성 공시기준서인 IFRS S1(일반 공시 요구사항)과 IFRS S2(기후 관련 공시)를 확정 발표하였다. 우리나라는 역시 기준제정기구인 한국회계기준원에서 2022년 12월에 한국지속가능성기준위원회(KSSB)를 설립하여, IFRS S1, S2를 도입하기 위한 기반을 마련하였다. 이에 KSSB는 2024년 4월 30일에 국내 지속가능성 공시기준 공개초안을 발표하였으며, 기업과 투자자 등 다양한 이해관계자로부터 광범위한 의견수렴을 거쳐 최종기준을 확정할 예정이다. ISSB와 KSSB가 글로벌에 성공적으로 정착한다면 향후 지속가능성 공시정보는 재무제표와 더불어 기업가치를 예측할 핵심정보가 될 것이다.

연습문제

1 재무제표의 기본가정에서 과거에 존재하던 화폐가치 안정의 가정이 사라진 이유는 무엇인가?

2 일반목적 재무제표란 무엇을 의미하는지 설명하고, 회계정보의 용도가 서로 다른 상황에서 일반목적 재무제표의 한계를 설명하라.

3 IASB가 별도재무제표 작성시 금지했던 지분법을 2014년에 허용한 배경을 설명하라.

4 회계담당자의 정직성과 회계부정의 관계를 설명하라.

5 프로스펙트이론과 기대효용이론을 비교하라.

6 보험가입과 복권구입을 동시에 하는 행동을 프로스펙트이론으로 설명하라.

7 GAAP와 GAAS의 기능을 비교설명하라.

8 기업지배구조가 회계투명성과 기업가치에 미칠 수 있는 영향을 설명하라.

9 회계기준제정기구의 투표방식과 관련하여 simple majority와 super majority의 장·단점을 논하라.

10 IASB의 목표는 「a single set of global accounting standards」를 개발하는 것이다. 이 목표의 실현가능성 및 타당성에 대하여 언급하라.

11 회계가 정치, 경제, 사회, 문화, 종교 등의 환경적 영향을 받고 있는 사례를 들어라.

12 US GAAP와 IFRS의 차이를 언급하라.

13 Investor Relations의 기능과 목적을 설명하라.

14 회계정보이용자를 비롯한 의사결정자의 합리성(rationality)에 대한 상반된 시각을 설명하라.

15 Prospect theory로 설명할 수 있는 회계이슈를 설명하라.

16 연결재무상태표와 별도재무상태표를 구분짓는 특징을 설명하라.

CHAPTER

2

가치평가 vs 업적평가

제 1 절 회계의 목적과 기능

제 2 절 가치평가기능과 계약기능

제 3 절 회계기능의 본질

제 4 절 가치평가 vs 업적평가

제1절 회계의 목적과 기능

1. 일반목적

재무제표는 재무보고의 가장 기본적이고 중요한 수단으로서 재무상태표, 포괄손익계산서, 현금흐름표, 자본변동표로 구성된다. 이들 재무제표를 통한 회계의 목적은 다음과 같다.[1)]

- 투자의사결정을 통한 자원배분의 효율성 추구
- 효율적인 계약체결 및 사후 계약이행의 원활한 진행
- 수탁책임을 완수할 수 있는 감시와 지배 기능 확보

일반목적 달성을 위해 재무제표가 제공되지만 어떤 용도에 회계정보가 사용되는지에 따라 재무제표에 포함할 정보의 식별, 측정, 보고 장소 및 형식과 관련하여 차이가 있게 된다. 전술한 회계목적을 달성하기 위한 회계의 기능은 크게 다음의 두 가지로 구분된다.

- 가치(주식)평가(equity valuation)기능
- 수탁책임(stewardship)을 포함하는 계약(contracting)기능

2. 회계의 이중성

가치평가기능은 위험중립적(risk-neutral) 이해당사자가 거래중심 모형에서 거래대상물에 대한 완전한 통제가 가능한 합리적 경제인(economically rational individuals)을 가정한 반면, 계약기능은 위험회피적(risk-averse) 경영자와 불완전한 통제대상물을 상정하고 자기이익 추구를 위한 대리인 모형에 근거하기 때문에 두 기능을 위한 회계정보 유용성은 겉으로는 유사한 것 같지만 실상은 매우 다르다.[2)] 따라서 서로 다른 기능을 수행하는 회계의 목적달성을 위해 서로 다른 측

1) Wallman(1997, p. 106).

2) Christensen and Demski(2003).

정시스템이 필요하다.[3)]

Ijiri 교수는 일찍이 1967년에 그의 저서[4)]를 통하여 회계에는 전혀 다른 두 가지 종류가 있다고 하였다. 하나는 이해관계가 상반되는 이해관계자 사이에서 영업실적을 배분하는 데 쓰이는 회계이고, 다른 하나는 이해관계자들이 협동하여 생산활동을 하는 데 쓰이는 회계이다. 전자는 법률적 체계와 유사한 회계책임(accountability)에 기초하여 사실(facts)과 신뢰성에 근거하고 있으며, 후자는 주관적 예측(forecasts)에 근거한 목적적합성에 근거하고 있다. Sunder 교수도 이러한 회계기능의 이원적 성격을 의사결정(decision making)과 통제(control)로 구분하면서 이를 회계의 이중성(accounting duality)으로 표현하였다. 또한 두 회계기능 사이에 갈등이 존재하지만 두 기능이 결코 배타적인 것은 아니며, 서로 다른 목적을 갖는 회계기능에는 서로 다른 회계시스템이 필요하다고 하였다. 이러한 갈등은 영리기업의 재무보고, 회계감사 및 세무회계뿐만 아니라 비영리기업이나 정부회계에도 영향을 미치게 된다.[5)]

제 2 절 가치평가기능과 계약기능

1. 가치평가기능

가치평가기능이란 기본적으로 투자자, 그중에서도 보통주주의 관점에서 이들을 재무보고의 최종 보고대상으로 보고 회계의 기본목적이 기업가치 내지는 가치측정치와 관련 있는 회계수치(accounting amounts)를 제공해야 한다는 것이다.[6)] 자본시장에 있어 회계정보는 거래되는 주식과 채권의 가격에 영향을 준

3) Cooper and Kaplan(1998), Zimmerman(2000).

4) Ijiri(1967).

5) Demski *et al.*(2002).

6) IFRS Conceptual framework for Financial Reporting(March, 2018) paragraph 1.7 General purpose financial reports are not designed to show the value of a reporting entity; but they provide information to help existing and potential investors, lenders and other creditors to estimate the value of the reporting entity.

회계의 목적이 기업의 가치, 그 자체를 직접 평가하는 것은 아니다. 기업의 가치를 직접 평가하는 것은 기본적 분석(fundamental analysis)의 영역이다.

일반목적 재무보고서는 보고기업의 가치를 보여주기 위해 고안된 것이 아니다. 그러나 그

다. 물론 주가는 공식적이든 비공식적이든 자본시장에 주어지는 모든 정보에 의하여 변동할 수 있지만, 회계는 기업의 미래 손익을 예측하는 데 유용한 체계적인 재무적 정보를 자본시장에 제공함으로써 사회의 자본이 효율적으로 배분될 수 있는 증권의 가격형성에 공헌하는 것이다.7)

이러한 관점에서 보면 재무상태표상의 장부가액이나 손익계산서상의 회계이익은 기업가치 또는 그 변동과 높은 관련성을 가져야 하고, 규제기관에서는 기업가치, 즉 시가총액과 높은 관련성을 가지는 항목을 회계보고의 대상으로 삼는 회계기준을 제정해야 한다는 것이다. 이에 따라 경험적 회계연구에서 회계수치가 주식의 시가총액과 통계적으로 유의한 관련성을 가지면 가치관련성(value relevance)이 있는 것으로 해석되는8) 경우도 투자자를 염두에 둔 가치평가기능의 관점에서 가능한 일이다.

2. 계약기능

회계의 기본목적이 계약기능(contracting)에 있다고 보는 관점에서는 재무제표정보는 수탁책임(stewardship)을 포함하여 효율적인 계약을 가능하게 하거나 그 계약의 효율적인 이행에 도움이 되는 정보를 제공해야 한다는 것이다. 회계보고서는 본질적으로 자원을 위탁한 사람에 대하여 자원의 보관·이용 및 관리를 수임받은 사람이 위탁된 책임의 내용과 책임수행의 성과(performance)를 재무적 측면에서 밝혀주는 수단으로 이용되고 있다. 수탁책임보고는 초기의 주된 회계목적이었다.

회계정보의 이러한 기능은 현대 경제사회에 있어서 전문화를 통한 분업을 촉진시킴으로써 사회적 기능의 효율적 수행 및 사회적 자원의 효율적 운용에 공헌하는 것이다.9) 이러한 계약의 종류에는 여러 가지가 있을 수 있으나 주주와 경영자 사이의 보수계약(compensation contract)과 금융기관과 기업 사이의 부채계약(debt contract) 등이 대표적인 경우가 된다. 또한 계약의 형태는 아니지만 규모가설과 관련된 정치적 비용가설(political cost hypothesis)이 있다.

것은 현재 및 잠재적 투자자, 대여자 및 기타 채권자가 보고기업의 가치를 추정하는 데 도움이 되는 정보를 제공한다(회계기준위원회, 2011).

7) 조성하(1979, p. 136).

8) Barth *et al.*(2001a, p. 79).

9) 조성하(1979, p. 135).

- 보수계약 : 경영자 보수가 회계실적과 연계되면 경영자는 회계이익을 증가시키는 회계처리방법을 선호할 것이다.
- 부채계약 : 부채계약이 일정수준 이하의 부채비율유지를 요구하면 경영자는 부채비율을 감소시키는 회계처리방법을 선호할 것이다.
- 규모가설 : 계약관계는 아니지만 기업규모가 커지면 정치적 비용(political cost)이 커지면서 경영자는 회계이익을 줄이는 회계처리방법을 선호할 것이다.

3. 가치평가기능과 계약기능의 관계

회계는 일반적으로 가치평가기능과 계약기능을 동시에 수행한다. 그러나 가치평가기능에 유용한 정보가 반드시 계약기능에도 유용한 것이 아니라는 점이 회계인의 딜레마이기도 하다. 즉 양 기능이 추구하는 것이 언제나 일치하는 것

[그림 2-1] 가치평가기능과 계약기능

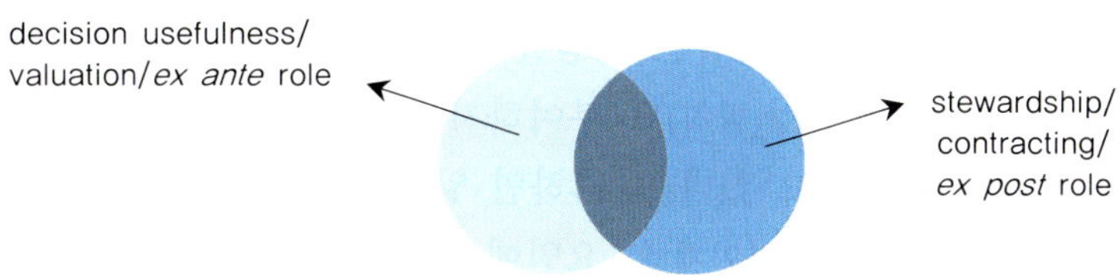

Objective of financial reporting

To provide financial information that is useful to users in making decisions relating to providing resources to the entity

Users' decisions involve decisions about

buying, selling or holding equity or debt instruments	providing or settling loans and other forms of credit	voting, or otherwise influencing management's actions

To make these decisions, users assess

prospects for future net cash inflows to the entity	management's stewardship of the entity's economic resources

가치평가기능을 강조하는 입장에서는 회계기준제정기관의 궁극적인 목표는 투자자의 관점에서 가치평가기능을 용이하게 하는 회계기준의 제정이라고 강조한다. 반면에 계약기능의 입장에서는 가치평가는 회계의 한 가지 기능에 지나지 않으며, 따라서 회계기준의 제정과정이나 회계정보의 유용성을 평가할 때 가치관련성만이 판단기준이 되어서는 안 된다고 주장한다.

> *When investors have the objective of assessing managerial performance, they focus on information reflecting managerial effort and tend to discard information that may be relevant for the value of a firm but is beyond the control of current management, such as valuation gains and losses on financial instruments or changes in pension liabilities due to macro-economic changes.* This implies that standard setters need to make explicit statements about potentially conflicting information objectives. *One size does not fit all and differing objectives appear to require different measurement approaches.*
>
> Professional Investors and
> the Decision Usefulness of Financial Reporting
>
> Report prepared for ICAS (The Institute of Chartered Accountants of Scotland) and EFRAG (European Financial Reporting Advisory Group)
>
> by
>
> Stefano Cascino *(London School of Economics)*
> Mark Clatworthy *(University of Bristol)*
> Beatriz García Osma *(Universidad Carlos III de Madrid)*
> Joachim Gassen *(Humboldt-Universität zu Berlin)*
> Shahed Imam *(University of Warwick)*
> Thomas Jeanjean *(ESSEC Business School, Paris)*
>
> © ICAS and EFRAG
> (March, 2016, p. 5. 밑줄과 이탤릭은 저자추가)

2. 회계모형의 확장

(1) hard accounting vs soft accounting

전술한 회계관의 대립을 전통적인 일반목적 재무제표로는 해결하기 어렵다. 왜냐하면 전통적인 회계모형에서 강조하는 수익의 인식 및 수익·비용 대응의 원칙에 따르면 가치평가기능에서 중요시하는 목적적합한 정보의 상당부분을 인식하지 못하기 때문이다. 따라서 재무제표의 작성원칙이나 형식에 유연한 개선이 필요하다. 이러한 관점에서 전통회계모형의 확장가능성을 살펴보면 〈표 2-1〉과 같다.

〈표 2-1〉 회계모형의 확장에 따른 회계속성의 비교

	hard accounting	soft accounting
회계기능	계약기능	가치평가기능
질적 특성	검증가능성	표현충실성 / 목적적합성
이익의 개념	영업이익	포괄이익
추론방식	인과관계	상관관계

Hard accounting이란 계약기능을 중심으로 검증가능한 자료를 바탕으로 인과관계에 충실한 업적지표로서의 회계이익의 개념 중 영업이익의 역할을 강조하는 전통회계적 관점인 반면, soft accounting은 새로운 경영환경에 부응하기 위한 접근방식으로서, 가치평가기능의 관점에서 표현충실성을 중시하여 가치평가에 관련되는 정보를 인과관계보다는 완화된 기준에 의하여 포착하되 이때의 회계이익은 포괄이익의 개념이 적절하다는 것이다.

최근 ISSB(국제지속가능성공시위원회)의 탄생과 ESRS, IFRS S1, S2와 같은 지속가능성 공시기준의 확대는 soft accounting의 시작이 중요해졌음을 보여준다. 이러한 상이한 시각에서 감사인(auditor)의 역할에도 변화가 필요하다. Hard accounting과 soft accounting은 입증범위와 증빙수준(level of attestation)에서 차이가 나타나는데, soft accounting에서 입증범위는 넓히고 증빙수준은 낮추는 조정이 필요하다. 이러한 측면에서 감사인의 인증서비스(assurance service)라는 새로운 개념이 재무제표의 유용성을 증가시킬 수 있다. 전통적인 회계감사가 투자자와 채권자를 위한 일반목적 서비스인 반면, 인증서비스는 개별 이용자의 특정한 필요에 초점을 맞추어 재무정보뿐만 아니라 비재무적인 정보도 포함한다. 또한 전통적인 회계감사가 정보의 신뢰성을 제고시키기 위한 서비스인 반면, 인증서비스는 신뢰성뿐만 아니라 목적적합성에도 관계된다.[16]

(2) 회계인식의 확장

전통적인 회계모형의 확장을 재무제표에 적용시켜 보면 〈표 2-2〉와 같으며,[17] 이 모형에 따르면 전통회계모형이 제공하는 재무상태표상의 장부가액으로부터 출발하여, 인식된 장부가액의 회계평가치와 시장평가치의 차이를 보완하고, 자산·부채의 정의를 충족시키지만 인식되지 않은 항목의 경제적 가치 또는 정의를 충족시키지 못하나 가치평가에 영향을 미치는 무형적 요인의 가치를 보완한다. 이러한 확장모형은 기존에 제공되던 정보의 손실을 회피하면서 가치평가에 기여하는 정보를 보다 적극적으로 제공하고자 하는 방법의 하나로 미래의 회계모형에서 고려해 볼 만한 기존모형의 확장으로 생각된다.

측정상의 불확실성이나 불완전성이 없다면 재무상태표는 적어도 자산과 부채의 정의(definition)를 충족시키는 모든 항목을 포함하며 그 가치추정에 도움이 되는 정보를 제공할 것이다(1, 2, 3). 자산·부채의 정의를 충족시키지 못하는 무형의 가치증진요인(value drivers)과 가치감소요인(value impairers)에 대한 정보나 기업의 미래 계획, 기회 및 위험에 대한 정보는 보다 적극적으로 재무제표에 반영하든지 공시확대를 통해 제공될 가능성이 높아진다(4, 5). 그러나 6번

〈표 2-2〉 가치평가기능을 위한 재무제표의 영역확장

1	장부가액(book value)	₩×××
2	±재무상태표에 인식된 장부가액과 경제적 가치의 차이	×××
3	±자산·부채의 정의를 충족시키지만 인식되지 않은 항목의 경제적 가치	×××
4	±자산·부채의 정의를 충족시키지 못하는 무형의 가치 증진 또는 감소 요인	×××
5	+기업의 성장가능성과 위험에 대한 시장의 평가	×××
6	±기타요인	×××
7	시가총액(market capitalization)	₩×××

16) 구정옥(2002).

17) Upton(2001, p. 110).

의 문제는 적어도 재무보고와 직접적인 관계는 없어 보인다.[18]

이 모형이 시사하는 바에 따르면 재무제표의 기본은 측정가능성 또는 인과관계가 확실하거나 구체적인 가치구성요소에서 출발하여 불확실하거나 주관적인 요소로 점차 확대하고자 하는 시도이다. 이때 구체적이고 확실한 부분은 주로 계약기능의 관점에서 유용한 정보를 제공하고, 주관적이고 불확실한 부분은 가치평가기능에서 보다 유용한 정보가 된다.

(3) 전통회계의 한계 극복

전통적으로 회계는 현금, 재고자산, 건물 등과 같은 유형적인 자산을 중심으로 이루어져 왔으나 현대 기업환경에서는 예를 들면 Microsoft사에 있어서 평판(reputation), 시장지배력(market power) 그리고 Bill Gates의 두뇌 같은 무형적인 자산에 대하여 어떻게 하면 보다 목적적합한 정보를 제공할 수 있는지가 중대한 과제가 되고 있다.[19] 세계적인 컴퓨터 네트워크 및 소프트웨어 업체인 Sun Microsystems는 두 가지 종류의 손익계산서를 별도로 작성하고 있다고 한다. 하나는 전통적인 GAAP에 따른 것이고 다른 하나는 일시적 항목(one-time items)과 영업권상각(goodwill amortization) 및 연구개발비(R&D expenses)를 제외한 진정한 영업이익(operating income)개념 중심의 非GAAP적인 손익계산서이다.[20] 그런데 이러한 실무관행은 보다 광범위한 기업에서 시행되고 있으며 非GAAP적인 재무제표 정보가 주가와의 관계를 나타내는 가치관련성도 높은 것으로 나타났다.[21]

Stern Stewart사에서는 EVA(economic value added)를 계산하기 위하여 영업활동에서 얻어진 세후영업이익에서 자본비용을 차감하여 계산된 잔여이익(residual income)에 몇 가지 항목을 조정하는데, 그 이유는 기존 회계기준이 경상적인 영업활동의 수익력을 제대로 평가하지 못하고 있다는 이유에서이다. 이러한 조정항목의 예로는 영업권의 상각과 관련하여 영업권상각비를 영업이익에 가산하고 투하자본 계산시에 영업권은 비상각자산으로 간주한다든지, 보수주의 원칙에 의해 발생시에 전액비용으로 계상되는 연구비는 일단 판매비와 일반관리비 항목에서 제거한 후 자본으로 취급하여 투하자본에 가산한 다음 그 효과가 발생하는 기간에 걸쳐 상각처리하는 것이다.[22]

---

18) 자본시장의 비합리성(예컨대 거품논쟁)과 회계의 역할에 대해서는 제8장 제8절 참조.

19) Diamond *et al.*(2000, p. 29).

20) Kieso *et al.*(2001, p. 268). 영업권상각은 과거의 회계처리방법이며, 현재 IFRS에서는 영업권은 상각의 대상이 아니고 정기적인 손상차손검사의 대상이다.

21) Bradshaw and Sloan(2002).

이러한 실무관행은 전통회계모형의 한계를 극복하려는 사례라고 생각된다. 특히 정보화·기술화로 인한 환경변화가 극심한 업종에 있어 전통 회계이익의 한계를 극복하고자 획일적인 영업권 상각과 연구개발비를 배제한 영업이익의 현실적 목적적합성을 보여주는 사례로 평가된다.

제4절 가치평가 vs 업적평가

1. 순수잉여관계와 포괄이익

재무상태표의 자산총액에서 부채총액을 차감한 장부가액(book value : BV)이 회계이익 및 배당과 다음의 관계를 가질 때 순수잉여관계(clean surplus relation)가 성립되고 이때의 회계이익을 포괄이익(comprehensive income)이라고 부른다.

$$BV_t = BV_{t-1} + E_t - D_t$$

여기서, $BV_t = t$년도말의 장부가액
$E_t = t$년도의 포괄이익
$D_t = t$년도의 배당

따라서 포괄이익은 일정기간 동안 소유주에 의한 추가출자나 소유주에 대한 배당을 제외한 장부가액의 변동분으로 정의된다. 또한 여기서 말하는 포괄이익은 재무자본유지에 근거한 투자이익의 개념이다. 기업실체가 일정기간 동안 자원을 투자해서 획득하게 되는 투자이익은 유지해야 할 자본이 어떻게 측정되는가에 따라 영향을 받게 되며, 유지해야 할 자본은 재무자본 또는 실물자본으로 측정될 수 있다.

순수잉여관계의 의미는 첫째, 주주와의 자본거래 이외에 장부가액에 영향을 미치는 모든 항목이 손익계산서를 통해서만 장부가액에 영향을 미침으로써 손익계산서를 우회(by-pass)하면서 장부가액에 영향을 미치는 항목이 존재하지 않는다는 것이다. 그러나 현실에서는 계약기능 등의 관점에서 이러한 순수잉

22) 강효석 등(2001, pp. 191~199). 전술한 대로 영업권은 상각대상이 아니고 손상차손의 대상이다. 한편 손상차손의 환입은 허용되지 않는다.

여관계가 성립하지 않는 것이 일반적이고 이때 혼합잉여관계(dirty surplus relation)가 성립하는데, 혼합잉여관계는 재무제표의 연계성을 감소시키지만 계약기능의 관점에서 요구되는 속성이라고 판단된다. 둘째, 회계이익을 장부가액의 변동으로 정의한다는 것이며 이는 손익계산서 중심의 회계관에서 강조하는 수익·비용 대응에 의한 회계이익의 개념과 구별된다. 즉 재무상태표 중심의 회계관에서는 회계이익을 장부가액의 변동으로 정의한다.

Mosso(2011)는 위의 모형에서 모든 자산과 부채를 재무상태표에서 빠짐없이 공정가치 또는 시장가치(fair value or marked-to-market)로 평가하는 부(富) 회계(wealth accounting)를 주장하였다. 부 회계의 장점으로는 첫째, 현행의 회계모형에서와 같이 혼합된 측정속성을 근본적으로 배제함으로써 경영자의 이익조정동기를 원천적으로 방지할 수 있고, 둘째, 이해관계자에게 적시에 기업의 부와 그

〈표 2-3〉 K-IFRS에서 공정가치 평가항목

의무/선택	구 분	내 용
의무	재고자산 (제1002호)	취득원가와 순실현가능가치 중 낮은 금액으로 측정
의무	종업원급여 (제1019호)	확정급여부채 측정시 예측단위적립방식을 사용하며, 사외적립자산의 공정가치에 기초하여 계산한 기대수익을 반영
의무	금융상품 (제1109호)	유의적인 금융요소(기업회계기준서 제1115호 "고객과의 계약에서 생기는 수익"에 따라 결정)를 포함하지 않는 매출채권을 제외하고는, 최초 인식시점에 금융자산이나 금융부채를 공정가치로 측정23)
의무	사업결합 (제1103호)	피취득자의 식별가능 자산/부채를 취득일의 공정가치로 평가
의무	매각예정비유동자산 (제1105호)	감가상각을 중단하며 순공정가치와 장부금액 중 적은 금액으로 측정
선택	유형자산 (제1016호)	원가모형과 재평가모형 중 선택하여 평가
선택	별도재무제표 (제1027호)	종속기업 등의 주식을 원가법, 공정가치법 및 지분법 중 하나로 평가
선택	무형자산 (제1038호)	원가모형과 재평가모형 중 선택하여 평가
선택	투자부동산 (제1040호)	원가모형과 공정가치모형 중 선택하여 평가

23) 기업회계기준서 제1109호, 5.1.1. & 5.1.3. 한편 최초 인식 이후에 공정가치의 변동으로 인한

변동내용을 알려줌으로써 조기경보(early warning signal)기능을 강화할 수 있다.

공정가치의 정의는 청산하거나, 사업규모를 중요하게 축소하거나 또는 불리한 조건으로 거래할 의도나 필요가 없는 상태인 계속기업가정을 전제로 한다. 따라서 공정가치는 강제된 거래, 비자발적인 청산 또는 재무적 어려움으로 인한 급매도에서 수취하거나 지급하는 금액이 아니다. 예를 들면 부동산시장의 급매물로 인한 시세는 공정가치가 아니다.

공정가치의 장점으로는 목적적합성(relevance) 증가, 기업 실질가치에 대한 올바른 평가가능, 수익과 비용의 적절한 대응, 영업활동으로 인한 이익과 보유손익의 구분가능 및 실물자본유지개념으로서 화폐자본유지개념보다 우수함을 들 수 있다. 그러나 기업, 감사인 및 정보이용자의 입장에서는 검증의 어려움에 따른 신뢰성 문제, 감사위험 증가문제 및 재무보고 비용증가 등의 문제도 노출된다. 〈표 2-3〉에서는 K-IFRS에서의 공정가치 평가항목을 보여준다.[24]

2. 기타포괄손익의 등장배경

포괄손익(comprehensive income)을 보고하는 목적은 주주와의 자본거래를 제외한 모든 거래나 사건으로 인하여 발생한 순자산의 변동을 측정하기 위한 것으로, 포괄손익은 당기순손익(profit or loss)과 기타포괄손익(other comprehensive income : OCI)으로 구성된다.

포괄손익＝당기순손익＋기타포괄손익

포괄손익은 가치평가기능에 입각하여 투자자가 기업의 가치(주가)를 측정할 때(equity valuation) 고려할 만한 이익의 개념이고, 당기순손익은 계약기능에 입각하여 경영자의 업적을 평가할 때(management performance evaluation) 유용한 이익의 개념이다. 그러므로 기타포괄손익은 경영자의 업적평가에는 적절하지

평가손익은 다음의 경우를 제외하고는 당기손익으로 인식한다. (1) 위험회피관계가 적용되는 경우, (2) 지분상품에 대한 투자로서 그러한 투자의 손익을 기타포괄손익으로 표시하도록 선택한 경우, (3) 당기손익-공정가치측정항목으로 지정한 금융부채로서 그러한 부채의 신용위험 변동 효과를 기타포괄손익으로 표시하는 경우, (4) 기타포괄손익-공정가치로 측정하는 사채나 대여금의 공정가치의 변동을 재분류 직전까지 기타포괄손익으로 인식하는 경우(기업회계기준서 제1109호, 5.7.1.)

24) 박종성 등(2011, pp. 5~9) 수정요약.

않지만, 기업가치 평가에는 유용한 이익의 구성요소이다. 따라서 기타포괄손익은 손익계산서상의 당기순손익 계산에는 제외되지만 포괄손익에는 포함되는 수익, 비용, 차익 및 차손을 말한다.[25] 기타포괄손익의 예는 다음과 같다.

- 재평가잉여금의 변동(K-IFRS 제1016호 '유형자산', 제1038호 '무형자산')
- 확정급여제도의 재측정요소(K-IFRS 제1019호 '종업원급여')[26]
- 기타포괄손익인식금융자산(fair value through other comprehensive income : FVOCI)의 평가손익(K-IFRS 제1109호 '금융상품')
- 해외사업장의 재무제표 환산으로 인한 손익(K-IFRS 제1021호 '환율변동효과')
- 현금흐름위험회피수단의 평가손익 중 효과적인 부분(K-IFRS 제1109호 '금융상품')

기타포괄손익의 탄생배경은 미실현이익이나 측정상의 불확실성 또는 변동성이 높은 항목을 경영자들이 당기손익으로 인식하기를 꺼리는 것이다.[27] 왜냐하면 기타포괄손익은 경영자가 통제할 수 없는 경우가 대부분이므로 경영자의 업적평가지표로는 적절치 않기 때문이다.[28] 감사인의 입장에서도 기타포괄손익의 변동성이 크다는 것은 환율이나 주가 같은 시장전체의 움직임에 기업실적이 영향을 많이 받는다는 것으로 피감사기업의 고유위험(inherent risk) 수준이 높다는 것을 의미한다. 따라서 기타포괄손익의 변동성은 감사수수료의 결정요인으로도 매우 중요한 역할을 한다.[29]

일반적으로 재무상태표를 통해 제공되는 재무상태(financial position)의 측정

---

25) 기업가치 평가를 위한 이익의 개념과 경영자의 업적평가를 위한 이익의 개념이 반드시 일치하는 것은 아니다. 따라서 이를 해결하기 위한 방법의 하나가 바로 기타포괄손익이다. IFRS가 손익과기타포괄손익계산서라는 긴 명칭을 도입하여 당기순손익(profit or loss)과 기타포괄손익(other comprehensive income)을 동등하게 취급하는 것도 이러한 회계이익의 이중적 용도를 배려한 것이다. 즉 경영자의 업적평가를 위해 회계이익을 이용하려는 사람은 당기순손익을 보면 될 것이고, 기업가치(주가) 평가를 위해 회계이익을 이용하려는 사람은 기타포괄손익을 포함한 포괄이익을 보면 된다.

26) 확정급여채무의 보험수리적손익, 사외적립자산의 수익(이자수익제외) 및 자산인식상한효과로 구성된다.

27) European Financial Reporting Advisory Group(2009).

28) Scott(2012, p. 529). 재평가이익(재평가잉여금의 변동)은 경영자가 꺼리는 것이 아니라 주주가 경영자의 실적지표에 재평가이익이 산입되는 것을 부당하게 생각하여 기타포괄손익에 포함된 것이다. 그런데 재평가이익과 달리 재평가손실은 발생 즉시 당기손익으로 처리하여 경영자의 불만이 크다. 업적평가와 incentive에 민감한 미국의 경영자들이 IFRS의 이러한 비대칭적 회계처리를 수용하기 어려울 것으로 전망된다.

29) Huang *et. al.*(2016).

[그림 2-2] Profit or Loss와 OCI의 관계[30]

Because the statement of profit or loss is the primary source of information about an entity's financial performance for the period, all income and expenses are, in principle, included in that statement. However, in developing Standards, the Board may decide in exceptional circumstances that income or expenses arising from a change in the current value of an asset or liability are to be included in other comprehensive income when doing so would result in the statement of profit or loss providing more relevant information, or providing a more faithful representation of the entity's financial performance for that period.

손익계산서가 특정기업의 기간별 재무업적에 대한 가장 중요한 정보원천이기 때문에 모든 수익과 비용은 손익계산서에 나타나는 것이 원칙이다. 그러나 IASB는 특정 자산 또는 부채의 현재가치의 변동에서 나타나는 매우 예외적인 수익과 비용은 기타 포괄손익에 포함시키고자 하는데, 이는 그렇게 함으로써 손익계산서가 보다 목적적합하고 표현충실성이 높은 업적지표를 제공할 수 있도록 하기 위함이다.

Profit or loss	OCI
• Realised	• Unrealised
• Recurring(persistent)	• Non-recurring
• Operating	• Non-operating
• Measurement certainty	• Measurement uncertainty
• Short-term	• Long-term
• Under management control	• Outside management control

과 포괄손익계산서를 통해 제공되는 재무업적(financial performance)의 측정에 사용되는 측정치는 동일한 경우가 많지만 서로 다른 측정치를 사용함으로써 목적달성에 보다 유용한 경우가 많다. 예를 들면 재무상태의 측정에는 시가에 의한 측정치가 보다 적절한 반면, 재무업적의 측정에는 원가에 의한 측정치가 보다 유용한 경우가 많다. 이렇게 재무상태와 재무업적의 측정에 서로 다른 측정치가 사용되는 경우 기타포괄손익(OCI)은 이 서로 다른 측정치의 연결고리(linkage factor) 역할을 하게 된다. 그런데 현재 기타포괄손익에 포함된 모든 항목이 이러한 논리에 따른 것이라고 보기 어려운 측면도 있다. 따라서 향후 기타포괄손익에 관한 회계기준의 개정에는 전술한 논리에 입각한 개정이 필요한 것으로 판단된다.[31]

---

30) IFRS Foundation, March 2018, "Conceptual Framework for Financial Reporting", 7.17
IFRS Foundation, 17 October 2013, "CMAC Agenda reference 1, Profit or loss, OCI and recycling", Conceptual Framework Project.

3. 재분류조정

재분류조정(recycled or reclassified)이란 기타포괄손익으로 인식된 항목이 당기손익으로 바뀌는 것을 말한다. 재분류조정이 의무인 항목은 기타포괄손익인식금융자산(FVOCI)평가손익(채권), 해외사업장환산외환차이, 현금흐름위험회피적립금 등이고, 재분류가 나타나는 시기는 기타포괄손익인식금융자산(채권)을 제거할 때, 해외사업장을 매각할 때, 현금흐름위험회피예상거래가 실제로 발생한 때 등이다.[32] 그러나 재분류조정은 재평가잉여금의 변동, 확정급여제도의 재측정요소(보험수리적손익 포함) 및 기타포괄손익인식금융자산(주식)의 제거에 의해서는 발생하지 않는다.[33] 이들 요소는 후속기간에 당기손익으로 재분류하지

〈표 2-4〉 재분류 불가능 vs 의무 항목

	항 목
불가능	• 기타포괄손익인식금융자산(FVOCI)평가손익(주식) (IFRS 9) • 자산재평가잉여금 (IAS 16) • 확정급여제도의 재측정요소(보험수리적손익) (IAS 19)
의 무	• 기타포괄손익인식금융자산(FVOCI)평가손익(채권) (IFRS 9) • 해외사업장환산외환차이 (IAS 21) • 현금흐름위험회피적립금 (IFRS 9)

31) Accounting Standards Board of Japan, May 2014, Short Paper Series No. 1 Conceptual Framework, "Is OCI Unnecessary?"

32) 헤지회계에서 공정가치위험회피(fair value hedge)는 주로 인식된 고정이자부 금융자산이나 부채의 공정가치 변동에 대한 위험회피를 의미하고, 현금흐름위험회피(cash flow hedge)는 주로 변동이자부 금융자산이나 부채로부터 발생하는 예상거래의 현금흐름 변동에 대한 위험회피를 의미한다. 그런데 공정가치위험회피에서는 위험회피수단이나 위험회피대상의 평가손익은 모두 당기손익으로 인식한다. 그러나 현금흐름위험회피에서는 위험회피수단의 평가손익 중 위험회피에 효과적인 부분은 기타포괄손익으로 인식하고 비효과적인 부분은 당기손익으로 인식한다. 기타포괄손익으로 인식된 부분은 나중에 예상거래가 발생하여 이자수익이나 이자비용이 인식될 때 당기손익으로 재분류된다.

이렇게 위험회피유형에 따라 회계처리가 서로 다른 이유는 공정가치위험회피가 이미 인식된 자산/부채에 대한 위험회피인 반면, 현금흐름위험회피는 아직 발생하지 않은 예상거래로부터 발생하는 미래현금흐름에 대한 위험회피이기 때문이다. 따라서 현금흐름위험회피에서는 효과적인 부분을 기타포괄손익누계액에 임시로 보관하였다가 예상거래가 실제로 발생되는 시점에 당기손익으로 재분류(recycled)한다.

33) 이들 항목이 재분류조정의 대상이 아닌 이유는 경영자의 업적과 무관하다고 판단되기 때문이다. 참고로 미국은 원가주의를 채택함으로써 재평가이익이라는 계정이 기타포괄손익에 나타날 수 없고, 보험수리적손익을 포함한 모든 기타포괄손익이 재분류조정의 대상이 됨으로써 IFRS와 차이를 보이고 있다.

[그림 2-3] OCI의 recycling에 대한 입장[34)]

In principle, income and expenses included in other comprehensive income in one period are reclassified from other comprehensive income into the statement of profit or loss in a future period when doing so results in the statement of profit or loss providing more relevant information, or providing a more faithful representation of the entity's financial performance for that future period. However, if, for example, there is no clear basis for identifying the period in which reclassification would have that result, or the amount that should be reclassified, the Board may, in developing Standards, decide that income and expenses included in other comprehensive income are not to be subsequently reclassified.

기타포괄손익으로 표시된 항목은 손익항목으로 재분류되어 손익계산서가 보다 목적적합하고 표현충실성이 높은 업적지표를 제공할 수 있다면, 미래에 손익계산서의 손익항목으로 재분류되는 것이 원칙이다. 그러나 IASB는 기타포괄손익의 손익항목으로의 재분류로 인한 효과가 나타나는 기간을 식별하거나, 재분류되어야 할 금액을 결정하는 데 어려움이 있는 경우 기타포괄손익의 재분류를 허용하지 않을 수 있다.

않는다. 다만, 재평가잉여금의 변동은 자산이 사용되는 후속기간 또는 자산이 제거될 때 이익잉여금으로 대체될 수 있으며,[35)] 보험수리적손익은 발생 즉시 이익잉여금으로 대체한다.[36)]

재분류조정이 불가능하다는 것은 경영자의 업적평가에 부합되지 않는 항목임을 더욱 강조하는 것이다. 즉 재분류가 가능한 항목은 언젠가는 당기손익 산정에 포함되어 경영자의 실적으로 간주될 수 있지만 재분류 불가능항목은 결코 당기손익 산정에 포함될 수 없다는 것이다. 따라서 기타포괄손익의 제정 취지에 비추어 보면 재분류 불가능항목이 보다 기타포괄손익의 본질적 성격에 부합되는 것임을 알 수 있다.

〈표 2-5〉는 퇴직급여채무관련 보험수리적 가정을 표시한 것이다. 이들 가정은 인구통계학적 또는 거시경제적 가정으로서, 경영자의 직접적인 통제가 불가능한 것으로 보인다. 이와 함께 사외적립자산의 기대수익률도 경영자의 단기적 통제가 어려운 부분이다. 따라서 이들 가정의 변동으로 인한 보험수리적손익을 경영자의 실적지표인 당기손익의 산정에 포함시켜서는 안 된다는 논리를 이해할 수 있다.

34) IFRS Foundation, March 2018, "Conceptual Framework for Financial Reporting", 7.19

35) 재평가잉여금의 변동이 이익잉여금에 대체된다는 것은 실현되었다는 의미이다.

36) 보험수리적손익을 발생 즉시 이익잉여금에 대체한다는 것은 보험수리적손익은 기타포괄손익이지만 기타포괄손익누계액의 구성항목은 아니라는 것을 의미한다.

〈표 2-5〉 퇴직급여채무관련 보험수리적 가정[37)]

가 정	내 용
퇴직률 (예상퇴직시점)	종업원의 예상퇴직시점은 급여산정식의 최종임금수준과 근무연수를 결정하므로 이를 반영하기 위한 가정
미래 임금상승률	일반적으로 확정급여제도의 급여산정식에 따르면 퇴직급여는 종업원이 퇴직하는 시점의 최종임금수준에 좌우되므로 이를 반영하기 위한 가정
사망률 (예상사망시점)	회사가 직접 퇴직연금을 지급할 책임을 진다면 퇴직종업원이 언제 사망하느냐에 따라 퇴직연금지급액이 변동하는 risk를 부담하므로 이를 반영하기 위한 가정
할인율	미래현금흐름을 현재가치로 환산하기 위해 사용되는 가정

아래의 사례에서는 토지의 재평가손익을 살펴본다.

<토지의 재평가>

• 재평가이익의 경우

2016. 7. 1 토지를 ₩300,000에 취득

(차) 토 지	300,000	(대) 현 금	300,000

2016.12.31 토지재평가액 ₩310,000

(차) 토 지	10,000	(대) 재평가잉여금	10,000

2017. 6.30 토지를 ₩320,000에 처분

(차) 현 금	320,000	(대) 토 지	310,000
재평가잉여금	10,000	이익잉여금	10,000
		처 분 이 익	10,000

• 재평가손실의 경우

2016. 7. 1 토지를 ₩300,000에 취득

(차) 토 지	300,000	(대) 현 금	300,000

2016.12.31 토지재평가액 ₩290,000

(차) 재평가손실	10,000	(대) 토 지	10,000

2017. 6.30 토지를 ₩280,000에 처분

(차) 현 금	280,000	(대) 토 지	290,000
처 분 손 실	10,000		

37) 2012 K-IFRS 주제별 교육교재(종업원급여), 한국회계기준원, 2012.3.16. 여기서 사망률과 퇴직률은 인구통계적 가정이고, 할인율과 미래 임금상승률은 재무적 가정이다.

위의 사례에서 재평가이익(재평가잉여금)은 처분시에 이익잉여금으로 대체됨에 따라 재분류가 되지 않고(즉, 자본에서 당기손익으로 재분류되지 않고), 재평가손실은 평가시점의 당기비용이므로 처분시에 재분류가 되지 않는다.[38] 이는 재평가이익은 기타포괄손익으로 분류하여 재분류도 금지하는 반면, 재평가손실은 처음부터 당기손실로 취급하는 비대칭적 회계처리 때문이다. 그러나 이러한 비대칭적 회계처리에 대한 논리적 타당성은 찾아보기 어렵다.

다음에는 IFRS 9 'Financial Instruments'의 제정 배경이 되었던 IAS 39 'Financial Instruments'에 따른 매도가능금융자산의 사례를 보자.

<매도가능금융자산의 평가>

• 평가이익의 경우

2016. 7. 1 매도가능금융자산을 ₩300,000에 취득

(차) 매도가능금융자산	300,000	(대) 현 금	300,000

2016.12.31 매도가능금융자산 평가액 ₩310,000

(차) 매도가능금융자산	10,000	(대) 평 가 이 익	10,000

2017. 6.30 매도가능금융자산을 ₩320,000에 처분

(차) 현 금	320,000	(대) 매도가능금융자산	310,000
평 가 이 익	10,000	처 분 이 익	20,000

• 평가손실의 경우

2016. 7. 1 매도가능금융자산을 ₩300,000에 취득

(차) 매도가능금융자산	300,000	(대) 현 금	300,000

2016.12.31 매도가능금융자산 평가액 ₩290,000

(차) 평 가 손 실	10,000	(대) 매도가능금융자산	10,000

2017. 6.30 매도가능금융자산을 ₩280,000에 처분

(차) 현 금	280,000	(대) 매도가능금융자산	290,000
처 분 손 실	20,000	평 가 손 실	10,000

---

38) 위의 사례에서 토지재평가이익은 처분이 이루어진 경우에도 처분이익에 포함되지 않는 반면, 토지재평가손실은 평가시점부터 당기손실로 인식됨으로써 경영자의 입장에서는 매우 불리한 규정이 된다. 즉 취득부터 처분까지 동일한 금액의 토지가치 상승/하락이 있었지만 가치상승의 경우에는 처분이익(₩10,000)만이 손익계산서에 반영되는 반면, 가치하락시에는 평가손실(₩10,000)과 처분손실(₩10,000)이 모두 손익계산서에 반영됨으로써 비대칭적 회계처리가 된다.

위 사례에서 매도가능금융자산의 평가손익은 평가시점에는 기타포괄손익으로 분류되지만, 처분시에는 당기손익(처분이익과 처분손실)으로 재분류된다(즉, 자본에서 당기손익으로 재분류된다). 〈표 2-6〉에서는 위의 사례의 처분손익의 내용을 정리하여 보여준다.

〈표 2-6〉 토지의 재평가 vs 매도가능금융자산의 재평가

	토지의 재평가	매도가능금융자산의 재평가
처분이익	• 처분이익 ₩10,000 • 처분이익에 재평가이익이 포함되지 않음 • 그 이유는 재평가잉여금은 재분류대상이 아니기 때문	• 처분이익 ₩20,000 • 처분이익에 재평가이익이 포함됨 • 그 이유는 재평가손익 모두 재분류대상이기 때문
처분손실	• 처분손실 ₩10,000 • 처분손실에 재평가손실이 포함되지 않음 • 그 이유는 재평가손실은 전년도에 이미 비용처리되었기 때문	• 처분손실 ₩20,000 • 처분손실에 재평가손실이 포함됨 • 그 이유는 재평가손익 모두 재분류대상이기 때문

매도가능금융자산은 IAS 39 'Financial Instruments'에 따른 분류이다. 그런데 IAS 39는 IFRS 역사상 가장 논란이 많았던 기준이기도 하다.[39] 이에 따라 IASB는 IAS 39를 대체하는 IFRS 9 'Financial Instruments'를 2018년 1월 1일부터 시행하고 있다.

IFRS 9 Financial Instruments에서는 최초 인식시점에 단기매매목적(trading)이 아닌 주식(지분상품)에 대해서는 취소불능선택에 의해 기타포괄손익인식금융자산(fair value through other comprehensive income : FVOCI)으로 분류할 수 있도록 하고, 이때 발생하는 평가손익을 아예 재분류 가능항목에서 제외하였다. 이는 그동안 IAS 39의 모순으로 지적된 내용, 즉 매도가능금융자산의 평가손익은 기타포괄손익(OCI)이지만 처분시점에 이를 처분손익으로 재분류하는 것이 논리적으로 모순이라는 비판에 따른 것이다. 이에 따라 위의 IAS 39 'Financial Instruments'에서 매도가능금융자산으로 분류된 주식을 IFRS 9 'Financial Instruments'의 FVOCI금융자산으로 선택하여 분류할 때의 회계처리를 표시하면 아래와 같다.

39) 본서 제13장 제6절 IAS 39 Carve-Out 및 부록 참조.

<FVOCI금융자산의 평가>

• 평가이익의 경우

2018. 7. 1 FVOCI금융자산을 ₩300,000에 취득

(차) FVOCI금융자산	300,000	(대) 현 금	300,000

2018.12.31 FVOCI금융자산 평가액 ₩310,000

(차) FVOCI금융자산	10,000	(대) 평 가 이 익	10,000

2019. 6.30 FVOCI금융자산을 ₩320,000에 처분

(차) 현 금	320,000	(대) FVOCI금융자산	310,000
		처 분 이 익	10,000

• 평가손실의 경우

2018. 7. 1 FVOCI금융자산을 ₩300,000에 취득

(차) FVOCI금융자산	300,000	(대) 현 금	300,000

2018.12.31 FVOCI금융자산 평가액 ₩290,000

(차) 평 가 손 실	10,000	(대) FVOCI금융자산	10,000

2019. 6.30 FVOCI금융자산을 ₩280,000에 처분

(차) 현 금	280,000	(대) FVOCI금융자산	290,000
처 분 손 실	10,000		

그런데 위의 회계처리에는 다른 의견도 존재한다. 즉 주식을 FVOCI금융자산으로 선택하여 분류할 때 재분류를 허용하지 않는다는 IFRS의 근본 취지에 부합하려면 2019. 6.30의 회계처리를 다음과 같이 해야 한다는 의견이다.

2019. 6.30 FVOCI금융자산을 ₩320,000에 처분

(차) FVOCI금융자산	10,000	(대) 평 가 이 익	10,000
(차) 현 금	320,000	(대) FVOCI금융자산	320,000

2019. 6.30 FVOCI금융자산을 ₩280,000에 처분

(차) 평 가 손 실	10,000	(대) FVOCI금융자산	10,000
(차) 현 금	280,000	(대) FVOCI금융자산	280,000

위의 회계처리는 처분시점에 공정가치로 평가하여 평가손익을 기타포괄손익으로 인식하고 당기손익으로 인식되는 처분손익이 없도록 하는 것이다. 이

러한 회계처리가 IASB가 재분류를 금지하는 취지에 부합한다는 주장이다.[40]

〈표 2-7〉에서는 IAS 39와 IFRS 9에서 지분증권(주식)의 회계처리차이를 보여주고, 〈표 2-8〉에서는 IFRS 9에서 금융자산의 분류를 보여준다.

〈표 2-7〉 IAS 39와 IFRS 9에서 지분증권(주식)의 회계처리차이

보유동기	IAS 39	IFRS 9
trading	• 단기매매증권으로 분류하고 평가손익은 당기손익으로 처리	• FVPL로 분류하고 평가손익은 당기손익으로 처리
trading 이외	• 매도가능금융자산으로 분류 • 손상차손을 제외한 평가손익은 기타포괄손익으로 분류하고 처분시점에 처분손익으로 재분류 • 회계연도말에 손상발생의 객관적인 증거가 있는 경우, 기타포괄손익으로 인식한 평가손실은 당해자산이 제거되지 않더라도 손상차손으로 재분류	• FVPL로 분류하는 것이 원칙. 그러나 FVOCI를 선택할 수 있음 • FVOCI를 선택하면 평가손익을 기타포괄손익으로 처리하지만 처분시점에 재분류하지 않음 • 회계연도말에 손상차손검사도 필요 없음

〈표 2-8〉 IFRS 9에서 금융자산의 분류

측정기준	사업모형 / 현금흐름 유형		손상차손 인식여부	재분류 여부
상각후원가 Amortized Cost	채권	• 계약상 현금흐름수취목적 • 원리금지급만으로 현금흐름발생	○	해당 없음
기타포괄손익-공정가치 FVOCI	채권	• 계약상 현금흐름수취+매도목적 • 원리금지급만으로 현금흐름발생	○	○
	주식	단기매매목적이 아닌 지분상품에 대해서 선택적용 가능	×	×
당기손익-공정가치 FVPL	채권	• 매도목적(단기매매목적)	×	해당 없음
	주식	단기매매목적 또는 장기투자목적		

40) 다만 FVOCI금융자산으로 분류된 주식의 보유에 따른 배당금은 당기손익으로 처리한다. If an equity investment is not held for trading, an entity can make an irrevocable election at initial recognition to measure it at FVOCI with only dividend income recognised in profit or loss [IFRS 9, paragraph 5.7.5]. 이와 같은 회계처리에 대해 일관성이 없다는 비판도 있다. 왜냐하면 배당금의 수령을 수익으로 인식한다는 것은 전체투자에 대한 부분적인 실현을 의미하는데 동일한 논리에 따르면 처분시점에 전체투자에 대한 처분손익도 배당금과 마찬가지로 실현(recycling)시켜야 하기 때문이다(EFRAG Technical advice to the European Commission on Equity Instruments, 28 November 2018).

위의 표에 따르면 IFRS 9에서 채권은 세 가지 측정기준이 모두 가능하지만, 주식은 당기손익-공정가치가 원칙이나, 기타포괄손익-공정가치의 선택이 가능하다. IASB가 단기매매목적(trading)이 아닌 지분상품의 FVOCI 선택시 재분류를 금지한 것은 전술한 대로 IAS 39의 모순을 극복하는 것이지만, 지분상품(주식)의 손상차손검사를 방지하기 위한 것이기도 하다. 왜냐하면 IASB는 FVOCI 선택 지분상품의 재분류를 허용하면 이에 대한 손상차손검사도 필요하다고 생각하는데, IAS 39에서 매도가능금융자산으로 분류된 주식에 대한 손상차손검사가 매우 주관적이어서 그동안 많은 문제를 야기했다는 판단을 해왔기 때문이다.[41]

이에 따라 IFRS 9에서 손상차손을 인식하지 않는 경우는 FVPL금융자산 또는 지분상품(주식)이다. 그 이유는 FVPL금융자산에서는 신용위험의 증가가 공정가치하락으로 나타나 평가손실을 바로 인식하기 때문이며, 지분상품(주식)의 경우에는 계약상의 현금흐름(이자와 원금)이 없기 때문이다. 어느 경우에나 IFRS 9에서 지분상품(주식)은 손상차손검사의 대상이 아니다.

4. 기타포괄손익의 표시방법

기타포괄손익 항목은 다음과 같이 분류해서 공시해야 한다.

- 후속기간에 당기손익으로 재분류되지 않는 항목
- 후속기간에 당기손익으로 재분류되는 항목

위와 같이 기타포괄손익을 나중에 재분류되는 항목과 그렇지 않은 부분으

41) The IASB noted that allowing recycling would create the need to assess these equity instruments for impairment and noted that the impairment requirements for available-for-sale(AFS) equity instruments in IAS 39 had created application problems. *EQUITY INSTRUMENTS - IMPAIRMENT AND RECYCLING* EFRAG DISCUSSION PAPER MARCH 2018.

In the basis for Conclusions on IFRS 9, the IASB noted that one of the primary reasons for not allowing recycling is that it would create the need to assess these equity instruments for impairment. The IASB also observed that the impairment requirements for equity instruments classified as AFS(available-for-sale) under IAS 39 were considered to be very subjective. 2018.1.17. *EFRAG's report to the European Commission regarding "Request for technical advice on the accounting treatment of equity instruments under IFRS 9 from a long term investment perspective (assessment phase)."*

로 분류함으로써 정보이용자에게 보다 명확한 정보내용을 제공할 수 있다. 즉 향후 경영자의 업적지표로 간주될 수 있는 당기손익에 포함될 가능성이 있는 부분과 그렇지 않은 부분을 구분함으로써 당기손익의 잠재적 변동가능성을 예측하고 경영자의 업적평가에 기여할 수 있다.

다시 과거로 돌아가자?

IFRS 9에서 주식을 FVOCI로 평가할 수 있는 선택권과 관련하여 본문에서는 아래와 같이 설명하였다.

IASB가 단기매매목적(trading)이 아닌 지분상품의 FVOCI 선택시 재분류를 금지한 것은 IAS 39의 모순을 극복하고자 하는 것이었지만, 주식에 대한 손상차손검사를 방지하기 위한 것이기도 하다. 왜냐하면 IASB는 FVOCI 지분상품의 재분류를 허용하면 이에 대한 손상차손검사도 필요하다고 생각하는데, IAS 39에서 매도가능 금융자산으로 분류된 주식에 대한 손상차손검사가 매우 주관적이어서 많은 문제를 야기했다는 판단을 해왔기 때문이다.

EFRAG

30 Aug 2018

The European Financial Reporting Advisory Group (EFRAG) has published a summary of responses to its discussion paper 'Equity Instruments — Impairment and Recycling'.

EFRAG published its DP in March 2018 to gather constituents' views in relation to questions raised by the European Commission related to the accounting for equity instruments which are carried at FVOCI.

The summary of responses describe the main messages and key themes identified from the 53 comment letters received on the DP, and include:

- The desire to wait for the IASB's post-implementation review of IFRS 9 before suggesting changes and/or that changes should be agreed with the IASB and **not** introduced at the European level.
- The reintroduction of recycling would improve the depiction of financial performance of long-term investors.
- Recycling should be accompanied by an impairment model.
- The preferred impairment model would be similar to IAS 39.

그런데 위의 EFRAG의 설문조사결과에 따르면 장기투자성과를 보다 잘 나타내기 위해 재분류(recycling)가 필요하다는 것이고, 그 재분류는 손상차손검사(impairment test)와 함께 사용해야 한다는 것이다. 결국 이는 종전의 IAS 39와 같은 회계처리이기도 하다. 이에 따라 적용한지 얼마 되지 않는 IFRS 9의 내용이 다시 과거의 IAS 39와 같은 내용으로 수정될지 주목된다. 언제 우리는 이 논쟁의 끝을 보게 될까?

5. 재분류 가능 또는 불가능 항목의 차이

재분류(recycle or reclassify)란 당기나 과거에 기타포괄손익으로 인식되었으나 당기손익으로 바뀐 금액을 의미하는데, 재분류조정은 해외사업장을 매각할 때, 위험회피예상거래가 당기손익에 영향을 미칠 때 발생한다. 그러나 재평가잉여금의 변동, 보험수리적손익 및 IFRS 9 특례조항 선택에 따른 지분투자에 대한 평가손익은 재분류의 대상이 아니다.

기타포괄손익의 등장배경은 기업가치평가에는 유효하지만 경영자의 업적평가에는 적절치 않은 항목을 별도로 구분하여 표시하자는 의도이므로 재분류를 허용하지 않는 것이 원래의 취지와 일치하는 것이다. 그러나 미실현손익의 실현을 가능하게 하는 경영자의 의사결정도 무시할 수 없는 상황인지라 일부 항목의 경우 미실현손익이 실현될 때 그동안 기타포괄손익으로 누적되어 온 부분을 처분손익에 합산하였다. 그런데 전술한 대로 기타포괄손익의 취지에 비추어 보면 재분류를 하지 않는 것이 타당하고 재분류가 가능한 항목이 줄어드는 추세에 있다. 기타포괄손익을 재분류 가능항목과 불가능항목으로 분류하여 표시하는 방법이 등장한 것도 손익의 목적적합성을 제고하고 기타포괄손익의 공시의도를 살리기 위한 것으로 해석된다.

이렇게 재분류가 가능한 항목과 불가능한 항목은 구분되지만 그 구분기준이 언제나 명확한 것은 아니다. 다만 미실현손익인 기타포괄손익을 실현시키는 경영자의 의사결정에 따른 처분손익을 어느 정도까지 경영자의 업적으로 인정할 것인지의 고민이 따른다.

6. 가치평가 vs 업적평가 논리구축 요구

앞서 기타포괄손익을 포함하는 총포괄이익은 기업의 가치평가(equity valuation) 또는 주가결정에 유용한 이익의 개념인 반면, 전통적인 손익계산서상의 당기순이익은 경영자의 업적평가(management performance evaluation)에 보다 적합한 이익개념이라는 점을 지적한 바 있다. 그러나 IASB는 공식적으로 이러한 개념구분을 내놓은 적이 없다. 따라서 회계정보 이용자집단에서는 보다 논리적인 개념의 설정을 요구하고 있다.

2011년 7월 IASB는 「Agenda Consultation 2011」을 통해 전 세계 이해관계자에게 향후 IASB의 의제선정과 업무처리에 도움이 되는 의견을 구하였다. 이에 대해 유럽증권시장위원회(European Securities and Markets Authority : ESMA)를 비롯한 수많은 이해관계자들이 IASB에 대해 〈표 2-9〉와 같은 기본적인 개념적 이슈를 최우선 순위로 해결해 줄 것을 요구하고 있다. 이는 최근 IASB가 주력하고 있는 금융상품(financial instruments)과 관련한 기술적인 회계기준의 제·개정보다 오히려 회계이익의 목적 및 기능과 관련한 근원적이고 논리적인 개념설정이 원칙중심의 IFRS가 전 세계적으로 정착하는 데 보다 시급한 현안이라는 것을 보여주고 있다.[42)]

〈표 2-9〉의 질의내용은 재무회계 개념체계(conceptual framework) 및 재무제표의 표시(financial statements presentation)에 관련된 프로젝트와 동시에 수행됨으로써 IFRS의 원칙중심적 특성을 보다 공고히 확립하는 중요한 단서가 될 것으로 기대된다. 이러한 질의내용이 해결되면 원칙중심에 충실하고, 일관성이 있으며, 국제적으로 지지받는 IFRS의 개선된 모습을 기대할 수 있을 것으로 판단된다.

〈표 2-9〉 ESMA 등의 요구내용

개념적 이슈	질의내용
업적의 개념	업적(performance)이란 무엇이며 무엇이 업적을 구성하는가?
당기손익 vs 기타포괄손익	당기손익(profit or loss)과 기타포괄손익(other comprehensive income)을 구분하는 진짜 이유는 무엇인가?[43)]
재분류조정	재분류조정(recycling)을 한다면 그 이유는? 하지 않는다면 그 이유는?

42) European Securities and Markets Authority(9 November 2011). 한편 이와 유사한 의견을 제시한 기관은 Deloitte Touche Tohmatsu Limited, 일본공인회계사회, 일본증권분석사회 등이 있다(http://www.ifrs.org).

43) Rees and Shane(2012)에 따르면 IASB와 FASB가 당기손익과 기타포괄손익을 구분하는 데 사용된 것으로 추정되는 기준은 지속성(persistence), 핵심영업분야(core operations) 여부, 경영자의 통제(management control)가능 여부, 재측정(remeasurement)으로 인한 결과여부 등의 네 가지이다. 그러나 그 어느 기준도 완전하지는 않다.

연습문제

1 회계의 이중성(duality)과 관련하여 회계의 기본기능 두 가지를 설명하라.

2 순수잉여관계 및 포괄이익과 관련하여
(1) 이를 재무제표의 연계성과 관련지어 설명하라.
(2) 당기순이익과 포괄이익이 일치하지 않는 경우를 설명하라.
(3) 기타포괄손익의 등장배경을 설명하라.

3 hard accounting과 soft accounting의 구분이 필요한 궁극적 이유는 무엇인지 설명하고, 두 분야의 조화가능성과 필요성을 언급하라.

4 soft accounting 관점에서 지속가능성 공시기준의 감사의 역할과 책임에 대해 설명하라.

5 재무제표의 영역확장 가능성을 설명하라.

6 Coca-Cola의 재무제표와 주가자료를 입수하여 주가 대 장부가액 비율(price book-value ratio : PBR)을 계산해 보라. 이 회사의 PBR이 다른 제조업회사의 그것보다 크다면 그 이유에는 어떤 것이 있을 수 있는지 설명하라.

7 IAS 39 'Financial Instruments'에 따르면 매도가능금융자산의 재측정손익은 기타포괄손익으로 인식하지만, 당해 누적손익은 관련 금융자산이 제거되는 시점에 자본에서 당기손익으로 재분류한다. 이러한 규정이 내부모순이라는 의미는 무엇인지 설명하고 IAS 39 'Financial Instruments'를 대체하는 IFRS 9 'Financial Instruments'에서는 위의 모순을 어떻게 개선하고 있는지 설명하라.

8 당기순손익(profit or loss)과 기타포괄이익(other comprehensive income)의 개념구분과 관련하여 이해관계자들이 IASB가 조속히 해결해야 한다고 주장하는 내용은 무엇인가?

9 보험수리적손익은 기타포괄손익이지만 기타포괄손익누계액의 구성항목이 될 수 없는 경우는 언제인가?

CHAPTER

3

패러다임과 방법론

제 1 절 회계 패러다임의 정의

제 2 절 회계 패러다임의 변화

제 3 절 회계방법론

제 4 절 회계기능에 따른 회계속성 비교

제1절 회계 패러다임의 정의

패러다임(paradigm)이란 사고의 기본 틀(frame)을 의미하는데, 본서에서는 패러다임을 회계사고(accounting thoughts)와 관련하여 시대적 회계환경에 대응하는 회계 실무(practice) 및 연구(research) 결과에 대한 인식에 있어 상대적으로 수용가능성이 높은 개념으로 정의한다.[1] 따라서 회계 패러다임은 상대적이고 가변적이며 역사적 변천이 불가피한 개념이다. 예를 들면 계약기능은 역사적으로 볼 때 중세 장원의 재산관리를 맡은 관리인의 기능 또는 익명조합원의 투자재산관리를 책임지는 현명조합원의 기능에서부터 출발하여 현대에는 광범위한 수탁책임보고(stewardship)의 기능을 포함한다. 그러나 자본시장의 발달로 투자자가 주요 정보이용자로 등장하는 현대에는 이들의 정보유용성을 강조하는 가치평가기능의 관점에서 가치관련성(value relevance)이 유용성의 주요 결정요인으로 자리잡고 있는 실정이다.

이러한 점에서 회계 패러다임은 회계의 기본가정, 즉 회계공준과는 구별된다. 회계공준(accounting postulates)은 회계이론의 논리적 전개를 위해 필요한 개념으로, 주로 회계환경에 관한 가정이다. 회계공준은 일반적으로 목적적합하고(relevant), 타당하며(valid), 후속적인 회계기준 생산에 도움이 되는(fertile) 속성이 요구된다.[2]

Paradigm shift라는 용어도 이와 같은 맥락에서 사고방식의 근본적인 변화, 믿음, 제도 및 조직에서의 근원적인 변화 또는 종전의 사고방식과는 근본적으로 다른 사고체계의 등장이라는 의미로 사용된다. 회계 패러다임은 절대적인 논리전개의 지침은 아니지만 어떤 문제가 존재하고, 어떻게 문제제기를 해야 하며, 어떻게 분석결과를 해석해야 할 것인지에 대해 도움을 준다. 따라서 회계 패러다임에는 회계분야 종사자들이 어떤 문제에 관심이 있는지, 그 문제를 어떤 수단으로 해결하는지 그리고 제시된 해결수단 중에서 어떤 것이 상대적으로 수용가능한지를 결정하는 데 도움을 준다.

---

1) Puxty(1993)는 패러다임이라는 용어를 사용함에 있어 반드시 Kuhn이 사용한 의미를 따르지 않고 있다. 이는 회계와 같은 사회과학에 Kuhn의 연구를 적용하는 것은 부적합하다는 비판적 견해가 존재하는 데다 용어사용의 오류를 배가시키려고 하기보다는 단지 “연구자들의 합의된 프레임워크”라는 보다 엄격하지 않은 의미로 사용하고자 했기 때문이다.

2) Evans(2003, p. 50).

제 2 절 회계 패러다임의 변화

본서에서는 회계 패러다임을 전통적 패러다임과 새로운 패러다임으로 구분한다. 이러한 분류는 주로 시기적 이동에 따라 동시대의 회계실무와 회계연구결과의 수용가능성이 높은 주류(majority)의 회계인식에 따른 것이다.

각각의 회계 패러다임은 회계보고대상, 회계보고수단 및 회계보고결과로 분류한다. 회계보고대상은 회계보고대상의 성격과 그에 대한 회계 커뮤니티(community)의 인식을 다루었고, 회계보고수단은 재무제표 종류별 상대적 중요성을 의미하며, 회계보고결과는 회계정보가 정보이용자에 의해 사용될 때 나타나는 집단(aggregate) 의사결정의 결과로서 주가와 회계정보의 역할 및 기능에 대한 인식의 종류를 의미한다. 〈표 3-1〉에서는 전통적 패러다임과 새로운 패러다임을 비교하여 보여준다.

〈표 3-1〉 전통적 패러다임 vs 새로운 패러다임

	회계보고대상	회계보고수단	회계보고결과
	거래, 사건, 현상	재무제표	주가결정
전통적 패러다임	안정적 (static)	손익계산서 중심	EMH의 잠정적 수용 공시의 역할인식
새로운 패러다임	역동적 (dynamic)	재무상태표 중심	EMH의 재평가 공시의 한계인식
새로운 패러다임의 특징	• 재무상태표 중심의 가치평가기능 강화 • 무형자산의 인식범위 확대 & 비재무정보의 중요성 증가 • 적시성 요구 확대 • 원가흐름가정의 유용성 감소 • 실지재고조사법보다 계속기록법의 사용 증가 • hard accounting과 soft accounting을 포괄하는 시스템		

1. 전통적 패러다임

전통적 패러다임에서의 회계보고대상의 특징은 안정적이고 정태적이다. 이는 과거의 생산 및 기업 환경이 자본과 노동의 투입을 중심으로 이루어지며 그 투입·산출의 인과관계(causality)를 유추하는 것이 상대적으로 쉬운 환경임을 의미한다.

이러한 전통적 패러다임에서의 회계보고결과에 대한 인식의 주류는 효율적 시장가설의 잠정적 수용이다. 효율적 시장가설(efficient market hypothesis : EMH)이란 주가에 반영되는 정보의 종류, 반영속도 및 반영방법에 대한 일정한 가정을 의미하는바, 효율적 시장가설의 잠정적 수용은 주가가 회계정보를 포함하는 공시된 정보를 즉시 반영한다는 준강형(semi-strong) 형태의 효율성이 일반적으로 수용된다는 의미를 갖고 있다.[3]

자본시장의 효율성이 잠정적으로 수용되는 상황에서 회계의 기본기능은 가치평가기능과 멀어지게 된다. 왜냐하면 가치평가의 궁극적 결과인 주가는 관련 정보를 신속하게 처리해서 이미 결정됐다는 의미를 담고 있으므로 굳이 회계시스템이 주가의 결정에 필요한 정보를 제공할 필요성이 낮아지기 때문이다. 따라서 효율적 시장가설이 잠정적으로 수용되는 경우에는 주가수준(price level)보다는 주가변동(change in price level)에 더 많은 관심을 가지게 되는데, 이때 회계이익이 주가변동을 야기하는 가장 중요한 회계변수로 떠올라 회계학연구의 중심이 된다. 즉 회계이익이 주가의 변동을 야기하는 변수로서 두 변수의 변동이 어느 정도의 관련성을 갖느냐가 중요한 연구주제가 되었다. 따라서 회계이익의 결정장소로서의 손익계산서의 중요성이 재무상태표의 중요성을 능가하게 되었고 또한 회계정책적인 차원에서 보면 회계측정의 정확성을 도모하기보다는 관련 정보를 숨기지 않고 공시해 주기만 하면 주가가 이를 합리적으로 반영하기 때문에 주석 등에 의한 공시(disclosure)의 중요성이 설득력을 얻게 되었다.

한편 가치평가기능이 잠정적으로 유보된 상황에서 회계의 또 다른 주요기능인 계약기능으로서의 회계기능을 강조한 실증회계이론이 각광을 받게 되었다. 실증회계이론(positive accounting theory)은 계약당사자들간의 효율적인 계약체결과 효과적인 계약이행을 도모하기 위한 수단의 하나로 회계기능을 추구하는 시각인데, 기업을 둘러싼 이해관계자들의 자기이익(self-interest) 추구를 기조로 한 주인과 대리인이론(principal-agent theory)에 기초를 두고 있다.

실증회계이론에 따르면 회계의 고유기능은 가치평가기능보다는 이해관계자 사이의 이해관계 충돌가능성에서 야기되는 회계처리방법의 선택문제와 그 갈등을 축소할 수 있는 감시수단 등을 주된 내용으로 하고 있다. 즉 계약기능의 관점에서 보면 자본시장의 효율성이 확보된 상황에서는 관련 정보가 충분

3) Beaver(2002).

히 공시되면 현금흐름에 차이가 없는 회계처리방법으로의 변경은 주가에 영향을 미칠 수 없어 가치평가기능에서는 차이가 없으나, 이러한 상황에서도 회계가 의미 있는 것은 이해관계자의 선택이나 행동을 예측하거나 이해관계자 사이의 갈등을 조정하는 유용성이 있기 때문이다.[4)]

2. 새로운 패러다임

전통적 패러다임에 대응하는 새로운 패러다임은 회계보고대상의 변화와 회계보고결과에 대한 인식의 변화에 의해 나타나게 되었다. 먼저 회계보고대상은 전통적인 패러다임의 안정적이고 정태적인 성격으로부터 자동화 및 기술화를 수반하는 동태적(dynamic)이고 불확실한 가치창조과정으로 바뀌었다. 새로운 회계보고대상은 제조간접비(overhead costs)의 증가, 수익과 비용의 적절한 대응의 곤란성, 무형자산의 가치창조에의 기여도 증가, 비재무정보(non-financial information)의 중요성 증가, 미래지향적 정보의 필요성 증가 및 적시성(timeliness)에 대한 요구증가 등으로 그 성격이 요약될 수 있다.

이러한 회계보고대상의 질적 변화에 전통적인 회계 패러다임이 적절히 대응하지 못하는 한계를 노출한 데다 회계보고결과에 대한 기존 인식에 변화를 야기하는 새로운 연구결과의 등장 등으로 새로운 회계 패러다임이 출현하게 되었다. 예를 들어 원가흐름의 가정은 근본적으로 적시성의 요구에 비추어 보면 본질적 한계가 있다. 더욱이 후입선출법(last in first out : LIFO)은 물가상승시에 재고자산이 시가와 가장 동떨어진 원가로 측정되는 결과를 가져와 표현충실성에 문제가 있을 뿐만 아니라 가치평가 관점에서도 목적적합성에 문제가 있다. 이에 따라 공정가치를 선호하는 IFRS는 후입선출법을 폐지했다.[5)]

회계보고결과에 대한 기존의 일반적 인식은 효율적 시장가설을 기반으로 하는 자본시장의 효율성에 대한 잠정적 수용이었으나 몇몇 회계연구결과는 자

---

4) EMH에서는 현금흐름에 차이가 없는 회계처리방법으로 변경하는 경우 이에 대한 원인설명이 불가능하다. 그러나 실증회계이론에 의하면 경영자는 자신의 보수를 증가시키거나 유리한 대출조건을 위하여 회계이익의 증가를 가져오는 회계방법을 채택할 수 있다. 따라서 실증회계이론에서는 미래현금흐름 또는 자본시장의 효율성과 상관없이 경영자의 행동이나 의사결정을 예측하거나 설명할 수 있다(본서 제9장 참조).

5) IFRS의 기본입장은 재무상태표의 중시인데, 재무상태표의 중시란 구체적으로 무형자산 등의 인식을 확대하고, 인식된 자산과 부채를 될 수 있으면 공정가치로 평가하는 것이다. 따라서 물가상승시 후입선출법에 의한 재고자산은 시가(공정가치)와는 거리가 먼 과거원가로 표시됨에 따라 IFRS는 후입선출법(LIFO)을 폐지하였다.

본시장의 효율성이 과거에 우리가 믿었던 것만큼 효율적이지 않다는 것을 보여주고 있다. 이러한 자본시장의 효율성에 대한 인식의 변화는 회계기능에 대한 중대한 변화를 야기하였다. 즉 효율적 자본시장가설의 잠정적 수용으로 일시적으로 유보되었던 가치평가기능이 새로운 관심사로 떠오르게 되었다.

주가의 정보반영이 제한적이거나 그 반응에 일정기간이 소요된다는 인식하에서는 회계시스템이 관련 정보를 어떻게 측정하여 어디에다 공시하느냐에 따라 주가수준에 차별적 영향을 미칠 수 있다는 관점에서 회계의 역할이 보다 강조될 수 있다. 왜냐하면 주가형성과정 그 자체가 비효율적인 시장에서는 정보를 반영하는 데 여러 가지 한계가 있거나 시간이 걸리기 때문에 주가형성과정에 측정의 적합성이나 공시장소가 주가수준이나 그 결정속도에 영향을 미칠 수 있는 가능성이 열리기 때문이다. 즉 주가가 공시된 정보를 반영하는 데 여러 가지 한계가 노출됨에 따라 필요한 정보를 공시해 주는 것만으로는 부족하고, 그 측정상의 합리성 및 정확성이나 공시의 구체적 장소 선택[6]이 새로운 회계이슈가 되고, 이에 따라 회계처리 및 공시의 구체적 방법이나 장소에 따라 주가가 달라질 수 있는 가능성이 열림으로써 공시만능주의에서 후퇴하게 되었다.[7] 이는 자본시장의 효율성이 제한되는 상황에서는 측정과 보고의 기초가 되는 특정 회계기준이 주가에 영향을 미칠 가능성을 제기한다. 이에 따라 전통적 패러다임에서는 "공시할 것인가?, 하지 않을 것인가?"의 탐구주제가 새로운 패러다임에서는 "어떻게 측정하여 어디에 공시할 것인가?"로 바뀌게 되었다.

---

6) 예를 들면 재무제표 본문 또는 주석의 공시장소 선택문제를 말한다.

7) 주가의 정보반영이 제한적이거나 반응에 일정시간이 소요되는 비효율적 시장에서는, 회계정보가 어떻게 측정되고 어디에 공시되느냐가 주가수준과 결정속도에 차별적인 영향을 미칠 수 있다. 이러한 맥락에서 공시 방식과 장소의 중요성을 다룬 연구로는 Aboody(1996), Ahmed *et al.*(2006), Davis Friday *et al.*(2004), Michels(2017)가 있다. Aboody(1996)는 석유 및 가스 산업에서 정보가 재무제표에 인식될 때와 단순히 공시될 때의 가치관련성을 비교하였으며, 재무제표에 인식된 정보가 투자자들에게 더 높은 신뢰와 가치를 제공한다고 주장하였다. Ahmed *et al.*(2006)은 금융기관의 파생상품 관련 정보를 분석하며, 공시보다 재무제표에 인식된 정보가 주가형성과 가치평가에서 더 큰 역할을 한다고 제시하였다. Davis Friday *et al.*(2004)은 SFAS No. 106(퇴직 후 복리후생 관련 기준)의 도입 전후 데이터를 사용하여, 공시정보가 인식정보로 전환되었을 때 투자자 반응과 가치관련성이 증가함을 확인하였다. Michels(2017)는 사건 이후 공시(subsequent event disclosure)를 연구하며, 공시정보보다 재무제표에 인식된 정보가 시장반응을 더욱 빠르고 강력하게 이끈다는 점을 강조하였다. 이들 연구는 단순히 필요한 정보를 공시하는 것만으로는 충분하지 않으며, 회계정보의 측정방식, 공시장소, 인식 여부가 주가형성과 투자자 의사결정에 실질적인 영향을 미칠 수 있음을 보여준다. 이는 회계처리 및 공시의 구체적인 방법과 장소에 대한 고민이 주가형성과정에서 중요한 이슈가 되었음을 시사한다.

3. 회계 패러다임에 대한 회계연구의 공헌

〈표 3-2〉에서는 전통적 패러다임과 새로운 패러다임을 형성하는 데 있어 기초가 된 회계연구를 요약하였다. 소개된 연구는 각 패러다임의 형성에 중요한 영향을 미친 대표적인 연구(benchmark research)로서 지속적인 영향력을 발휘하고 있다.

〈표 3-2〉 각 패러다임에 영향을 미친 대표적 연구

전통적 패러다임	Ball and Brown(1968)	정보적 관점의 효시
	Watts and Zimmerman(1978, 1979, 1986)	실증회계이론의 효시
새로운 패러다임	Ou and Penman(1989a, b)	평가적 관점의 계기
	Ohlson(1995) ; Feltham and Ohlson(1995)	기업가치평가모형의 확립

1960년대 중반까지 회계이론은 주로 규범적이었다.[8] 위의 패러다임 분류는 1960년대 중반 이후의 회계연구를 중심으로 구분한 것으로, 전통적 패러다임의 시기적 분류는 대체로 1960년대 말부터 1980년대 말까지이고, 새로운 패러다임의 시기적 분류는 1980년대 말부터 현재까지 해당된다.

전통적 패러다임의 구축에 있어 Ball and Brown(1968)은 자본시장의 효율성을 가정하고 전년 대비 회계이익의 변동부호와 회계이익 발표 월의 비정상 주식수익률의 부호 사이에 통계적으로 유의한 양(+)의 상관관계를 발견함으로써 회계이익의 정보효과(information content)를 밝혀냈다. 이 연구는 자본시장 효율성과 회계정보의 유용성에 대한 기초를 제공함으로써 후속연구의 디딤돌이 되었다. Watts and Zimmerman(1978, 1979, 1986)은 기업재무이론에서 제기된 대리인이론(agency theory)을 기초로 자본시장이 효율적인 상황에서도 기대 현금흐름에 차이가 없는 회계처리방법 중에서 특정 회계처리기준이 채택되는 이유를 예측할 수 있는 가설을 제시하고, 특정 회계기준에 대해 찬성하거나 반대하는 사람들의 동기를 설명하려고 하였다. 이는 회계기능에 있어 계약기능에 주목한 것으로, 경험적 회계연구의 한 축을 형성하는 positive accounting theory를 의미한다.

전통적 패러다임과 구별되는 새로운 패러다임을 구분하는 연구에는 시장효율성에 대한 기존의 인식을 타파하는 것과 회계정보가 직접 기업가치평가에 활용되는 것이 있다. Ou and Penman(1989a, b)의 연구에서는 총자산수익률, 매

8) Kothari(2001).

출총이익률 및 유동자산변화율 등과 같은 전통적인 재무제표자료 또는 PER을 이용하여 내년도 이익이 증가할 것인지 또는 감소할 것인지 예측하고자 하였다. 그들은 상당부분의 표본에서 내년도 이익의 변동을 정확히 예측할 수 있었다. 그런데 더 중요한 점은 이 예측치에 근거하여 투자할 경우 초과이익(abnormal return)을 얻을 수 있다는 연구결과를 제시하였다. 이는 자본시장이 기존에 수용되었던 준강형 효율성보다 덜 효율적이라는 증거를 제시하는 것으로 해석되어 기본적 분석(fundamental analysis)의 유용성을 시사하고 회계기능 중 가치평가기능이 주목받는 계기를 마련하였다. 여기에다 Ohlson(1995)과 Feltham and Ohlson(1995)은 회계수치를 이용하여 기업의 가치를 직접 표시할 수 있는 이론적 기반을 제시함으로써 전통적 패러다임에서 강조하는 회계의 정보적 관점(information perspective)에서부터 평가적 관점(valuation perspective)으로의 이동을 가속화하였고 그 논리전개는 순수잉여관계의 가정 및 포괄이익의 개념에 기초하고 있다.

제 3 절 회계방법론

1. 규범론과 실증론

규범론은 가치판단을 수반하는 이론으로서 현상이 어떻게 되어야 한다(normative)는 문제의식을 가지는 반면, 실증론은 가치판단을 배제한 채 실제 현상을 설명(descriptive)하는 차원의 문제의식을 갖는다. 회계 이론과 실무의 발전에 있어 이상의 두 가지 접근방법의 유기적 조화가 중요한 역할을 해온 것은 회계의 성격 자체가 일방적인 방법론에만 의존할 수 없는 성격을 가지고 있기 때문이다. 앞서 언급한 회계의 두 가지 대표적 기능을 규범론과 실증론에 입각하여 설명하면 가치평가기능은 규범론에 가까운 접근방법이고 계약기능은 실증론에 가까운 방법론이다. 그러나 회계의 기능을 일방적인 기능으로 정의할 수 없기 때문에 두 방법론의 유기적 조화가 앞으로도 계속 필요하다. 규범론과 실증론의 대표적인 회계이슈를 살펴보면 〈표 3-3〉과 같다.[9]

9) Jensen(1976). Mattessich(1984)에서 수정재인용(p. 133).

〈표 3-3〉 규범론과 실증론의 회계이슈 비교

규범론	실증론
• 재무상태표에서 리스(lease)를 어떻게 처리해야 하는가? • 재무보고에서 원가 대신 시가(공정가치)를 사용해야 하는가? • 물가나 환율 변동은 어떻게 처리되어야 하는가? • 재고자산은 어떻게 평가되어야 하는가? • 무엇을 재무제표에 보고해야 하는가?	• 회사는 왜 회계처리방법을 바꾸는가? • 회사는 왜 감사인을 바꾸는가? • 법원판결이나 규제는 회계실무에 어떤 영향을 미치는가? • 회계법인은 왜 조직형태가 유한책임조합(limited liability partnership)일까? • 어떤 회사가 이익조정의 가능성이 높을까?

규범론의 문제의식을 가치평가기능과 관련지어 살펴보면 회계의 목적이 기본적으로 가치평가에 도움을 주는 정보제공을 위하여 또는 그 기능을 원활하게 수행하기 위하여 회계연구의 대상이 무엇이 되어야 하는지 알 수 있다. 예를 들면 재무제표에서 공정가치(fair value)가 사용되어야 하는가? 또는 무엇을 재무제표에 보고해야만 하는가? 등의 의문은 회계인식의 대상은 무엇이 되어야 하는지 또는 그 인식대상을 어떻게 측정하고, 어디에 보고하는 것이 바람직한지에 대한 의문과 고민이 담겨 있다.

실증론의 문제의식은 회계의 기능이 기본적으로 계약기능에 있으며, 이해관계 당사자의 행동을 현실적으로 설명할 수 있는 요인이나 계약당사자의 행동에 영향을 미치는 환경적 요인이나 제도를 규명하는 데 있다. 또한 계약기능을 원활히 수행하는 데 회계가 어떻게 기여하는가의 연구주제로 이루어져 있다. 예를 들면 "회계법인은 왜 조직형태가 유한책임조합일까?"라는 연구주제와 관련하여, 이는 법률, 의료 및 회계법인과 같은 전문가집단에서 한 사람의 실수나 잘못이 의뢰인(clients)에게 치명적인 손해를 입힐 수 있는 대리인문제(agency problem)의 환경에서 이에 대한 가장 효율적인 대응수단으로 사원의 무한책임을 기반으로 하는 전문가 조합(professional partnerships)의 형식이 바람직하다는 이유에서 출발[10]했지만, 최근 회계법인의 조직상의 특성은 전 세계적으로 무한책임에서 유한책임으로 바뀌었다. 이는 감사인에 대한 소송증가 및 이와 관련한 배상책임문제와 밀접한 관련이 있다. 이에 따라 우리나라에서는 감사인의 손해배상능력 증진을 위하여 손해배상기금, 손해배상준비금 및 보험가입 등의 제도적 장치를 마련함과 동시에 회계법인의 상법상 준용기준을 합명회사에서 유한회사로 변경하였으며,[11] 세계적으로도 회계법인은 유한책임조합(limited liability

10) Fama and Jensen(1983, pp. 334～337).

partnership : LLP)의 형태를 띠게 되었다.

또한 경영자의 이익조정을 분석하기 위하여 대리인비용과 연계된 경영자 보수체계나 부채비율 등이 이익조정의 배경으로 지목되어 실증분석의 대상이 되기도 한다.

2. 정의와 측정

회계에 있어 정의(definition)는 회계의 기본기능 수행을 위해 회계인식의 범위를 정하는 역할을 한다. 인식이란 거래나 사건의 경제적 효과를 자산, 부채, 수익, 비용 등으로 재무제표에 숫자로 표시하는 것으로 인식기준이 충족되면 화폐단위 측정치가 적절한 계정과목으로 재무제표를 통해 보고된다. 인식은 거래와 사건의 경제적 효과를 최초로 기록하는 원시분개로 시작하여 동일한 항목에 대한 후속적인 변화를 기록하고, 제거(derecognition)를 통해 장부에서 사라진다.

개념체계에 따르면 어떠한 항목을 인식하기 위해서는 아래의 기준들이 모두 충족되어야 한다.

- 당해항목이 재무제표 기본요소의 정의를 충족시켜야 하고,
- 당해항목과 관련된 미래경제적효익이 기업실체에 유입되거나 또는 유출될 가능성이 매우 높으며,
- 당해항목에 대한 측정속성이 있고, 이 측정속성이 신뢰성 있게 측정될 수 있어야 한다.

자산은 "과거 사건의 결과로 특정 회계실체가 통제하고 있는 현재의 경제적 자원"으로 정의되며 여기서 경제적 자원이란 경제적효익을 가져올 잠재력(potential)에 대한 권리를 의미한다.[12] 그런데 이러한 자산의 정의를 살펴보면 자산으로서의 속성을 나타내는 가장 대표적인 특성은 "회계실체가 통제하고 있는 현재의 경제적 자원"이다. 그렇다면 자산이 '과거 사건의 결과'일 것을

11) 공인회계사법 제40조 제2항(본서 제14장 참조).

12) Asset : A present economic resource controlled by the entity as a result of past events. An economic resource is a right that has the potential to produce economic benefits.
Liability : A present obligation of the entity to transfer an economic resource as a result of past events. *Conceptual Framework, Chapter 4, The elements of financial statements, 2018.*

요구하는 기본적 이유는 무엇인가? 환언하면 자산을 정의하는 데 있어 자산으로서의 기본적 속성을 가지고 있느냐가 본질적으로 중요하지 그들이 꼭 과거사건의 결과이어야 하는 이유는 무엇인가? 이는 전술한 자산의 정의가 자산의 측정(measurement)문제를 미리 염두에 둔 결과이기 때문이다. 즉 자산의 측정과정에서 불확실한 요소를 미리 배제할 목적으로 '과거 사건의 결과'일 것을 요구하고 있다. 왜냐하면 "과거 사건의 결과"에는 일반적으로 역사(적) 원가(historical cost)의 개념이 존재하므로, 자산의 정의에 이러한 조건이 포함되면 측정상의 불확실성이 큰 항목은 자연히 배제되고 역사원가에 의한 평가가 가능한 항목들만 남게 될 것이기 때문이다. 따라서 이러한 자산의 정의는 측정문제로부터 자유로운 독립적인 정의가 아니라 다분히 측정상의 확실성 및 간편성을 고려한 편의적인 정의라고 볼 수 있다. 측정은 회계의 기능이지 결코 회계의 본질 그 자체는 아니다. 정의와 측정이 원칙적으로 서로 분리되어 고려되는 것이 바람직하다.[13)]

이러한 자산의 정의는 회계기능의 종류에 따라 달라질 수 있다. 가치평가기능에 따른 자산의 정의는 계약기능에 입각한 정의보다 광범위하고 유연(soft)할 수밖에 없다. 그러나 이렇듯 유연한 자산의 정의를 계약기능의 입장에서 수용하기는 어렵다. 따라서 계약기능의 자산 정의는 측정상의 편의성 및 검증가능성을 고려하여 보다 경직된(hard) 입장에 있게 된다. 예를 들면 무형자산이나 시가에 의한 평가에 대해 가치평가론자들이 보다 과감한 인식을 주장하는 반면 계약론자들이 소극적으로 대처하는 것은 이러한 속성과 무관하지 않다.

회계에서 정의와 측정은 원칙적으로 분리해서 고려하는 것이 바람직하나, 현실에서는 측정상의 불확실성이 자산이나 부채의 정의에 영향을 미쳐온 것이 사실이다. 그러나 표현충실성은 이러한 정의와 측정의 관계를 보다 독립적인 위치에 놓을 수 있는 개념으로 판단된다. 왜냐하면 표현충실성은 궁극적으로 '있는 그대로' 나타내주는 정보속성이므로 투명성을 위한 기본전제이기도 하지만, 가치평가기능이나 계약기능 모두에게 요구되고 수용할 수 있는 속성이기 때문이다.

---

13) 2018년에 개정된 자산과 부채의 정의는 본서 제12장 제1절 참조.

제4절 회계기능에 따른 회계속성 비교

1. 회계기능별 회계속성

〈표 3-4〉에서는 회계기능에 따른 회계속성의 비교를 표시하였다. 회계정보의 용도와 회계기능의 중심이 어디에 있느냐에 따라 재무제표를 둘러싼 회계속성에 적지 않은 차이가 나타나고 있다. 따라서 회계정보의 차별적 용도를 고려하지 않고 일반목적 재무제표를 통하여 모든 정보이용자의 욕구를 충족시키려는 전통회계모형의 한계는 쉽게 노출된다. 더불어 전통회계모형을 개선 발전시키

〈표 3-4〉 회계기능별 회계속성 비교

회계속성	가치평가기능	계약기능
핵심재무제표	재무상태표	손익계산서
중점 기능	relevance / decision usefulness	stewardship / accountability
중점 속성	표현충실성	검증가능성[14]
정의 or 측정	정의 > 측정	정의 < 측정
시장효율성(EMH)	시장효율성 재평가[15] 시장에서의 가치평가는 불완전	계약기능을 위한 회계의 역할은 시장효율성과 별도로 존재
주요 이용자	투자자(현재 또는 미래)	계약 당사자
재무제표의 연계성	순수잉여(clean surplus)	혼합잉여(dirty surplus)
자산평가	공정가치	역사적 원가
일반원칙	자산의 정의	수익의 인식 / 수익 · 비용 대응
시계(horizon)	미래지향적	과거지향적
회계이익의 범위	포괄이익(포괄주의)	당기순손익(당기업적주의)
기타포괄손익	기업가치평가에 기여	업적평가용으로는 부적절
회계이익의 용도	가치평가(equity valuation)에 사용	경영자 업적평가(management performance evaluation)에 사용
회계이익의 질	현금흐름(주가)과 밀접한 정도	노력 / 업적과 밀접한 정도
정보비대칭	역선택(adverse selection)	도덕적 해이(moral hazard)

14) 제12장에서 후술하지만 2010년 이후의 질적 특성이 2010년 이전의 질적 특성에서 신뢰성의 구성요소로 동급이었던 표현충실성과 검증가능성을 분리하여 표현충실성은 근본적 질

려는 노력은 재무제표의 양식 변화와 더불어 인식기준의 신축적 운용 등으로 현실화될 수 있을 것으로 판단된다.

IFRS의 기본입장은 규정중심의 회계보다는 원칙중심의 회계, 손익계산서보다는 재무상태표의 중시, 원가보다는 공정가치에 의한 평가 확대,[16] 당기순이익(profit or loss)과 기타포괄손익(other comprehensive income)의 동시강조 및 보고대상의 확대 등으로서 가치평가기능을 중시하는 입장으로 접근하고 있다. 우리나라도 "대차대조표에 나타난 자산과 부채의 가액만으로 기업실체의 가치를 직접평가할 수 있는 것은 아니지만, 대차대조표는 다른 재무제표와 함께 기업가치의 평가에 유용한 정보를 제공해야 한다"[17]라고 규정함으로써 가치평가기능을 중시하는 입장에 있는 것으로 보인다.

또한 전통회계에서 사용된 화폐가치 안정의 가정이 회계의 기본가정에서 사라진 것은 투자자, 그중에서도 보통주주의 관점에서 바라보는 가치평가기능이 득세함에 따른 시가평가의 확대 움직임과 무관하지 않은 것으로 보인다.

2. 회계기능별 회계정보의 용도

회계정보의 범위도 가치평가와 업적평가 기능의 차원에서 별도로 고려되어야 한다. 업적평가지표로서의 회계이익은 일정기간 동안에 경영자의 노력이나 실적을 반영하는 지표를 의미하나, 가치평가지표로서의 회계이익은 기업의 경제적 이익이나 주주 부의 변화를 의미한다.[18] 따라서 회계이익의 질(quality of earnings)도 회계정보의 용도에 따라 판단기준이 달라질 수 있는데, 가치평가기능에서는 현금흐름 또는 주가(변동)와의 관련성이 높으면 회계이익의 질이 높은 반면, 계약기능에서는 업적평가 대상자의 노력 및 실적과의 관련성이 높으면 회계이익의 질이 높은 것으로 볼 수 있다.

적 특성으로 격상시켜 배치한 반면, 검증가능성은 보강적 질적 특성이라는 하위개념으로 격하시켜 배치한 것은 계약기능보다는 가치평가기능을 중시하는 현대회계의 패러다임 변화를 반영하는 것이다.

15) 제8장에서 후술하지만 가치평가기능과 EMH(효율적 시장가설)의 관계는 EMH를 수용하던 시절에 각광받던 정보적 관점과 EMH를 부정하는 평가적 관점으로 구분된다.

16) 공정가치(fair value)란 합리적인 판단과 거래의사를 보유한 사람들이 활성화된 시장(active market)에서 결정하는 가격을 의미한다.

17) 회계기준위원회(2003), 재무회계개념체계 76번 문단.

18) Kothari(2001, p. 168).

주태순 · 지성권(2003)은 회계이익의 유용성을 가치평가기능과 계약기능의 관점에서 비교하여 살펴보았다. 회계이익을 둘러싼 여러 이해관계자 중에서 일부는 가치평가기능에 관심을 갖고 있지만 다른 일부는 계약기능(경영자 보수계약)의 관점에서 회계이익정보를 필요로 한다. 따라서 한 가지 종류의 회계이익이 이들 두 가지 상반된 정보수요를 동시에 만족시키는 것은 사실상 불가능하다. 1980~2000년까지 국내기업을 대상으로 한 연구결과에 따르면 회계이익의 가치평가기능상의 유용성과 계약기능상의 유용성은 상반되는 방향으로 나타났다. 즉, 가치평가기능과 관련한 회계이익 유용성은 감소하는 패턴을 보이고 있으나 계약기능상의 회계이익 유용성은 미약하나마 증가하는 패턴을 보이고 있다.

Demerjian(2011)은 계약기능의 관점에서 재무상태표와 손익계산서의 부채계약에서의 사용빈도를 조사하였다. 분석결과에 따르면 1996년에는 전체 부채계약의 80% 이상의 계약에서 재무상태표 변수[19]가 사용되었지만 2007년에는 불과 32%의 부채계약에서 재무상태표 변수가 사용되고 있다. 이는 이 기간 동안 전 세계적으로 불어닥친 가치평가기능의 득세와 무관해 보이지 않는다. 즉, 원가보다는 공정가치에 의한 평가확대와 무형자산의 인식확대 및 영업권과 내용연수가 정해지지 않은(indefinite life) 무형자산의 상각폐지[20] 등으로 재무상태표에 인식된 자산의 환금성 및 담보력에 대한 불확실성 증가와 신뢰성 하락으로 더 이상 부채계약에서 과거와 같은 재무상태표의 역할을 기대하기 어렵게 되었기 때문이다. 가치평가기능에 집착하는 재무상태표의 소위 체질개선이 계약기능의 관점에서는 설득력 없는 메아리로 들리고 있음을 보여주는 결과로 판단된다. [그림 3-1]은 재무상태표와 손익계산서의 차입계약에서의 이용빈도수 변화를 보여준다. 재무상태표의 급감추세와는 달리 손익계산서의 이용빈도수는 별다른 차이가 없음이 주목된다.

Ozkan *et al*.(2012)은 유럽기업을 대상으로 2005년의 IFRS 채택 이전에 비해서 IFRS 채택 이후에 경영자의 보수를 결정하는 데 손익계산서상의 세전이익(pre-tax income)이 얼마나 많이 활용되는지 조사하였다. 분석결과에 따르면 IFRS와 local GAAP의 차이가 큰 나라를 중심으로 경영자보수와 세전이익의 연관성이 IFRS 채택 이전에 비해 채택 이후에 증가하였다. 이러한 결과는 IFRS 채택 이후 유럽기업에서 경영자의 보수를 책정하는 데 있어 손익계산서의 이익이 IFRS 채택 이전에 비해 더 많이 활용되고 있음을 나타내는 것이다. 그러나 동일한 주제를 다룬 Voulgaris *et al*.(2014)에 따르면 IFRS 채택 이후 경

19) 예를 들면 장부가액 같은 변수이다.
20) 본서 제5장 제5절 참조.

[그림 3-1] 부채계약에서 재무제표 이용빈도의 변화추이

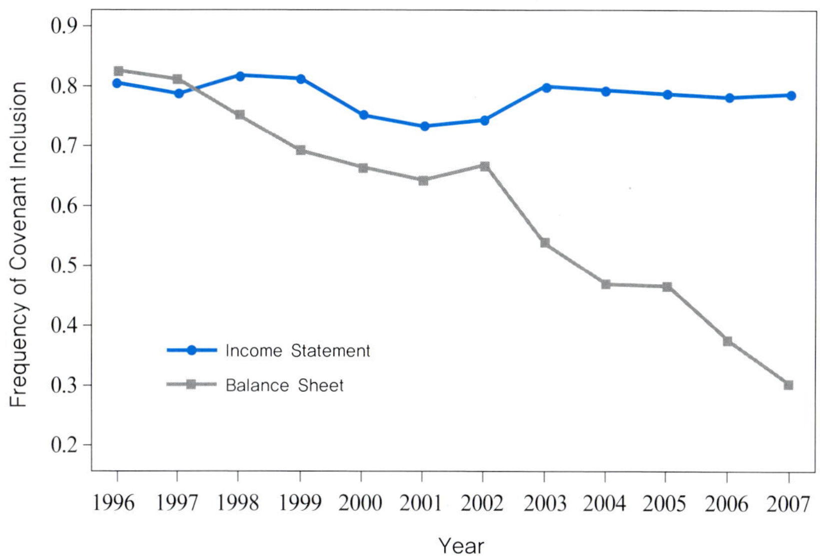

영자보수 책정에서 회계이익의 활용도는 낮아진 것으로 나타났다. 이는 IFRS 채택 이후 사용빈도가 높아진 공정가치회계(fair value accounting)가 경영자의 통제범위를 벗어난 것으로 인식되어 경영자의 업적평가지표로는 부적절하기 때문으로 풀이된다.

Ball *et al.*(2015)은 IFRS 채택 이전과 이후를 비교하여 부채계약에서 회계정보이용의 빈도(frequency) 및 강도(intensity)를 분석한바, IFRS 채택 이후 회계정보의 활용빈도 및 강도가 모두 급격하게 낮아진 것으로 나타났다. 이와 같은 현상도 IFRS가 공정가치 활용을 크게 늘림에 따라 나타난 것으로 풀이된다. [그림 3-2]는 이 연구결과를 보여주는데, IFRS를 채택하지 않은 국가에서는 IFRS가 유럽에서 공식채택된 2005년을 중심으로 급격한 변화는 발견되지 않았지만, IFRS를 채택한 국가에서는 2005년을 중심으로 부채계약에서 회계변수이용빈도(frequency)와 강도(intensity)가 모두 급감하고 있음을 보여준다. 이러한 결과도 공정가치평가를 확대하는 IFRS의 도입으로 가치평가기능에는 긍정적인 영향이 기대되지만 부채계약에서의 유용성과 활용빈도는 급감하고 있음을 나타내는 것이다. 이러한 내용은 회계정보의 유용성도 회계기능의 종류에 따라 별도로 평가되어야 함을 시사함과 동시에 본서에서 강조하는 회계의 이중성(duality)에 따른 유용성 판단기준의 상충관계(trade-off)를 시사한다. 즉 가치평가

[그림 3-2] 부채계약에서 회계변수 사용의 변화추이[21]

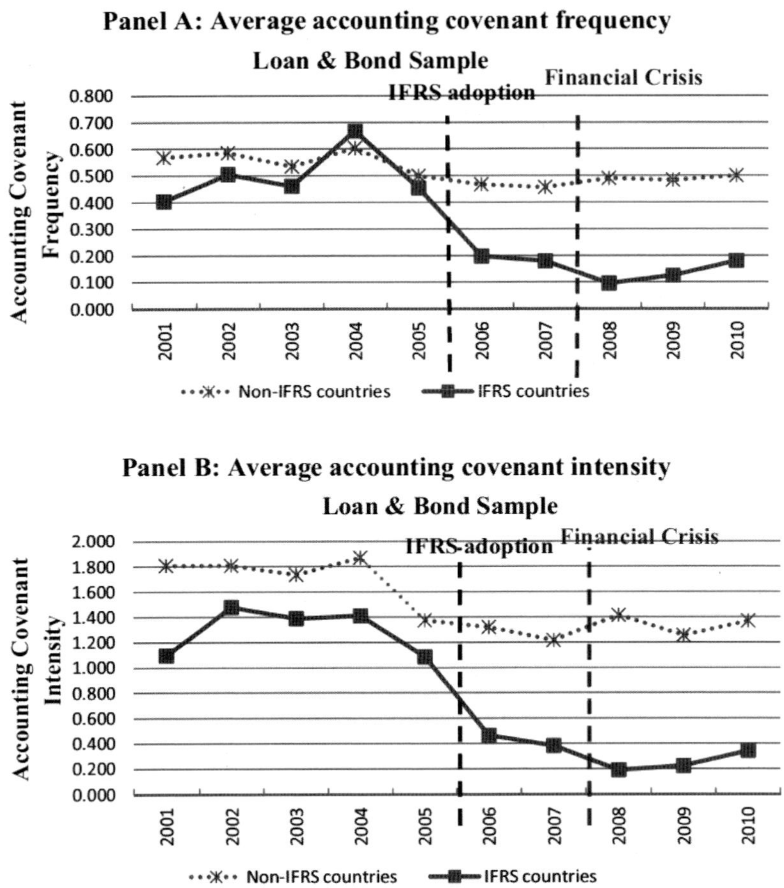

기능을 강조하면 계약기능 정보력이 떨어지고, 계약기능을 강조하면 가치평가 기능 정보력이 떨어지게 되어 두 기능을 동시에 만족하는 측정치를 찾는 것이 현실적으로 어려워 보인다.

21) Ball *et al.*(2015, p. 936).

연습문제

1 규범론과 실증론의 차이는 무엇인가?

2 자본시장의 효율성에 대한 인식의 변화와 관련하여 과거보다 재무상태표를 중시하게 된 배경을 설명하라.

3 정의와 측정의 구분이 궁극적으로 필요한 이유는 무엇인지 설명하라.

4 전통적 패러다임 및 새로운 패러다임의 중심요소는 각각 무엇인지 설명하라.

5 회계기능의 종류에 따른 회계속성의 차이를 설명하라.

6 회계기능의 종류에 따라 이익의 질을 평가하는 기준이 달라야 한다는 말은 무슨 뜻인가?

7 IFRS에서 후입선출법(LIFO)을 폐지한 배경을 설명하라.

8 바코드 및 RFID의 등장과 같은 정보기술발전이 재고자산평가에 미치는 영향을 설명하라.

9 IFRS의 특징을 설명하라.

10 공정가치(fair value)란 무엇인지 설명하라.

11 IASB에서 유형자산 및 무형자산의 평가와 관련하여 원가모형 이외에 재평가모형을 도입하였다. 이와 관련하여 그 배경을 설명하라.

12 최근의 차입계약에서는 재무상태표가 과거와 같이 많이 사용되지 않고 있다. 그 주된 이유는 무엇인가?

PART

Ⅱ

회계환경의 변화

CHAPTER

4

기업환경의 변화

제 1 절　기업환경의 변화
제 2 절　생산과정의 변화
제 3 절　전통회계모형의 한계
제 4 절　재무제표의 영역확대

제 1 절 기업환경의 변화

1. 변화된 기업환경

기업의 제조 및 영업 활동과 환경은 최근 들어 큰 변화를 겪고 있으며 이러한 변화의 속도는 더욱 가속화될 것으로 전망된다. 특히 산업사회에서 지식정보사회로 전환되는 시기에 전통회계모형은 많은 도전을 받고 있으며 이를 극복하기 위한 지혜가 필요하다. 변화된 기업환경은 아래의 특징을 가지고 있다.[1)]

- 기업환경변화의 가속화
- 제품수명주기 및 경쟁우위 지속기간의 단축
- 새로운 기업, 산업 및 전문직의 출현
- 부가가치가 적은 서비스의 외부조달(outsourcing)
- 매우 복잡해져가는 상거래내용
- 고객만족에 대한 관심증대

이상의 특징이 시사하는 바는 가치창조과정에서 유형자산 또는 고정자산을 기반으로 하는 전통적인 제조 · 가공 분야의 비중은 줄어드는 반면, 무형자산적 요인의 비중이 점차 커지면서 수명 및 기술주기가 단축될 것으로 전망된다. 특히 기업의 제품개발은 공급자의 의도보다는 급변하는 소비자의 선호와 기호에 따라 좌우되며 정보통신기술의 발달로 소비자의 요구사항은 공급자에게 실시간으로 전달될 것이다.

2. 신경제와 전통회계

자동화, 신경제(new economy)의 등장으로 야기된 기업의 생산 및 가치창조 활동의 변화는 경제주체의 활동 자체에도 큰 영향을 미치고 있으며 회계정보에도 많은 변화와 혁신을 요구하고 있다. 이는 기업이 새로운 환경에서 활동하고 있

---

1) 김도형 등(2001, p. 235).

는 데 비해, 전통적인 재무보고는 재래식 거래형태만 반영하려는 관성에 따라 기업활동과 재무제표의 괴리감이 더욱 커지고 있기 때문이다. 특히 자동화와 관련된 제조간접비의 증가는 전통적인 수익·비용 대응을 더욱 어렵게 만들고 있고, 무형적 자산의 중요성 증대로 무엇이 회계보고대상이 되어야 하는지와 그 측정은 어떻게 할 것인지에 대한 과제를 제기하고 있다. 그러나 전술한 바와 같이 이러한 논쟁의 중심에는 재무제표 이용자 중에서 누구의 정보수요를 우선시할 것인가 하는 문제가 근본적으로 자리잡고 있다.

3. 변화된 환경에서의 회계인식

신경제(new economy)의 구체적인 특징으로는 아래와 같은 것을 예로 들 수 있다.

- 지식, 노하우
- 인터넷, 기술, 무형자산
- 지식공유 및 새로운 형태의 조직
- 네트워크 및 세계화

이러한 신경제의 환경에서 회계인식의 대상이 되기 위해서는 다음과 같은 요건을 충족해야 한다.[2]

(1) 정 의

변화된 환경에서의 회계인식의 출발점은 그 대상이 재무제표요소의 정의(definition)에 부합하는가이다. 과거에는 자산의 정의보다는 수익·비용 대응을 중시하는 관점에서 자산으로서의 성격이 모호한 이연자산(deferred charges) 같은 것도 자산으로 인정하였으나 현재는 이연자산이라는 용어 자체가 사라졌다.

현대 기업에서 날로 중요성이 더해가는 무형적 가치창조요인은 측정상의 불확실성으로 전통회계에서는 일반적으로 자산으로 인식되지 못하고 있는 실정이다. 따라서 새로운 패러다임에서는 정의에 부합하면 측정상의 불확실성에도 불구하고 회계인식을 적극적으로 확대하자는 것이 전통회계와 다른 점이

2) Upton(2001).

고, 특히 가치평가기능을 강조하는 입장에서는 자산의 정의가 측정상의 불확실성과는 독립적으로 이루어져야 한다고 주장한다.

(2) 인 식

정의에 부합하고 측정상의 불확실성이 일정수준 이하로 유지될 때 회계인식(recognition)의 대상이 된다. 회계인식은 회계보고대상을 재무제표에 반영하는 것인바, 예를 들면 수익의 인식은 수익의 발생가능성이 현저하게 높아지고, 측정상의 불확실성이 현저하게 감소하는 판매시점에서 일반적으로 인식된다. 그러나 자산의 인식은 과거 거래나 사건의 결과일 것을 요구하는 관점에서 미이행계약(executory contracts)이나 측정상의 불확실성이 큰 항목은 자산으로 인식되지 않고 있다.[3)]

(3) 측 정

측정(measurement)이란 측정대상을 계량적 단위를 매개로 수량화하는 것이다. 회계에서는 화폐단위를 매개로 수량화하는 평가과정(valuation)이 일반적이므로 계량화하기 어렵거나 신뢰성이 낮은 측정치는 회계인식의 대상에서 일반적으로 배제되어 왔다.

(4) 변 동

측정된 수치의 변동(change)은 언제 인식되고 평가되는가? 과거 우리나라에서 시행되었던 자산재평가제도를 예로 들면 실시여부에 대한 판단이 전적으로 기업의 자의적 판단에 맡겨져 그 신뢰성이 극히 불투명하고 이는 우리나라에서 자산재평가제도가 폐지된 결정적 원인으로 지적되고 있다.[4)] 그러나 IFRS에서 말하는 재평가는 보고기간말에 자산의 장부금액이 공정가치와 중요하게 차이가 나지 않도록 주기적으로 재평가를 실시하도록 규정함으로써 자의적 적용에 대한 규제를 명시하고 있다.

---

3) 회계에서 인식은 구체적으로 원시분개로 시작된다.

4) 2000년말에 폐지된 자산재평가법에 의한 자산재평가를 말한다.

4. 초연결 시대/사회의 도래

초연결(hyperconnection)이란 우리의 일상생활에 IT 기술이 깊숙이 접목되어 사물과 인간 또는 인간과 인간이 보다 밀접히 연결되는 현상을 말한다. 데이터 인식(센서) 기술과 데이터 처리 기술의 발달로 데이터가 실시간 수집되고 스마트폰 등을 통해 실시간 전파되고 있다. 초연결 시대/사회는 social media의 틀 안에서 메신저, 트위터, 페이스북, 블로그, 클라우드 컴퓨팅, 유튜브, 인스타그램 등의 수단으로 빽빽이 연계되어 있다.

Social media는 새로운 소통수단으로 시간과 공간의 제약, 그리고 대화상대의 폐쇄성을 극복한 새로운 대화방식으로, social media라는 새로운 소통방식을 이용해 그 누구라도 주제를 설정하고 의견을 표시하여 불특정 다수의 사람들에게 전할 수 있게 됐고, 많은 사람의 이야기를 직접 들을 수도 있게 됐다. 또한 social media는 기존 매체들이 독점하고 있던 차별적 요소를 여지없이 무너뜨렸다. 즉 누구나 이메일 주소만 있으면 쉽게 social media 계정을 만들 수 있으며, social media 계정을 만든다는 것은 자신만의 매스미디어 수단을 가진다는 뜻이다.

이에 따라 그동안 사회적 대화(social dialogue)에서 소외되어 오피니언 리더를 따르던 사람들이 각 분야에서 적극적인 여론형성에 기여함으로써 정치, 경제, 사회 및 문화 등의 각 분야에서 막대한 영향을 발휘하고 있다. 이는 기업

[그림 4-1] Technology is Impacting Society[5]

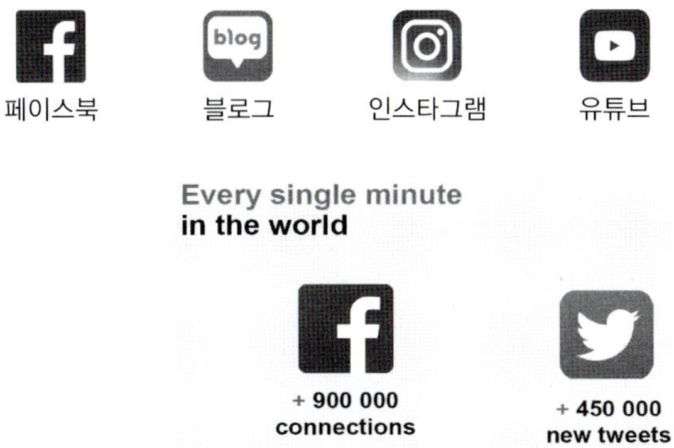

5) Digital Currencies and Blockchain: Implications for Accounting, Presented by Philippe Arraou, Board member, International Federation of Accountants, Monday 22 October 2018.

경영활동에 새로운 기회를 제공하기도 하지만 사생활 침해와 무분별한 정보노출로 인한 대화주체로서의 책임감 부재와 그에 따른 윤리의식의 정립필요성 등 새로운 과제도 함께 제기하고 있다. [그림 4-1]은 social media의 파급력을 보여준다.

아래의 [그림 4-2]는 기업이 그들의 분기이익 뉴스를 트윗을 통해 공개하는 경우 그림이나 사진을 통해 시각적 효과(visuals)를 보여주는 경우는 그렇지 않은 경우에 비해 리트윗의 빈도와 이익반응계수(earnings response coefficient)[6]가 크다는 것을 보여준다. 특히 이러한 시각적 효과는 다른 기업의 이익공시도 봇물을 이루어 투자자들의 관심이 분산될 수밖에 없는 이익공시피크시즌에 더욱 두드러진 것으로 나타났다. 이러한 연구결과는 제7~8장에서 후술하는 시장효율성과 관련하여 공시의 장소뿐만 아니라 공시방법이나 정보내용의 display 패턴에 따라서도 회계이익의 정보효과에 일정한 차이가 있음을 보여주는 것이다.

[그림 4-2] Visuals & Retweets & Impact[7]

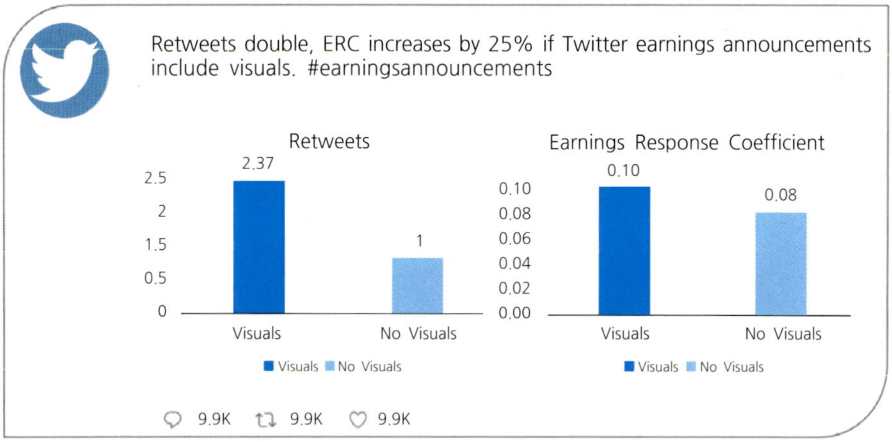

6) 이익반응계수(earnings response coefficient)는 제8장 제1절에서 설명된다.

7) Nekrasov *et al.*(2019).

제 2 절 생산과정의 변화

1. 기업전략의 변화[8)]

〈표 4-1〉에서는 전통기업과 첨단기업의 경영전략상의 차이를 보여주고 있다. 전통기업이 산업을 중심으로 경쟁적 측면에서 폐쇄적인 전략을 구사하는 반면, 첨단기업은 네트워크를 중심으로 협동적 측면에서 개방적인 전략을 추구하고 있다. 인터넷시대의 전략은 다기능적이고 역동적이며 불확실성이 높다. 따라서 이러한 기업환경의 변화에 걸맞은 회계기능도 환경적응력을 갖추어야 한다. 즉 회계보고대상이 보다 불확실해지고 기업의 경쟁양식도 소비자, 공급자 그리고 경쟁자와의 연계(alliance)관계가 중요한 상황으로 바뀌고 있다. 이러한 상황에서의 회계정보는 거래개념에 익숙한 기존 모형만으로는 의미 있는 정보가 될 수 없다.

〈표 4-1〉 기업전략의 변화

	전통적 전략이론	인터넷시대의 전략
분석대상	물리적 특성을 갖는 제품	정보상품(information goods)
분석단위	산업	네트워크
분석관점	기업 중심	소비자, 네트워크 중심
전략초점	경쟁	협동
가치사슬	경쟁우위 파악, 효율성 제고	가치사슬의 파괴 및 수정
자원의 속성	모방불가능성, 희소성, 거래불가능성 등	모방촉진적, 풍부함, 거래의 용이성
표준관리	폐쇄적	개방적

8) 권구혁(2000, p. 49) 수정요약.

2. 제조간접비의 증가

전통적인 제품원가구조와 최근의 제품원가구조를 비교하면 큰 차이가 있다. 가장 두드러진 차이는 생산과정의 자동화가 진전됨에 따라 직접노무비의 비중은 감소하는 반면 간접비는 증가한다는 것이다. 자동화의 진전은 결국 직접노무비의 상대적 감소와 함께 제조간접비(overhead cost)의 상대적 증가를 초래하였다.[9] 또한 자동화와 원가항목 구성비율을 직접 살펴본 연구결과가 제시하는 다음의 〈표 4-2〉[10]에서도 자동화가 진전됨에 따라 제조간접비는 증가하고 직접노무비는 감소하는 추세를 보이고 있다.[11]

〈표 4-2〉 자동화 정도와 원가구성비율(단위 : %)

자동화 정도	직접재료비	직접노무비	제조간접비	계
30% 미만	62	18	20	100
30%～70%	62	16	22	100
70% 이상	57	13	30	100

3. 전통적 제조간접비 배부의 문제점

전통적 원가계산시스템은 직접노무비가 총제조원가에서 상당부분을 차지하던 시대에 소수의 표준화된 제품을 대량생산하는 환경에서, 직접노무비를 보다 철저히 통제하기 위한 목적에서 설계된 것으로, 오늘날의 제조환경변화를 적절히 반영하지 못하여 정확성 및 적시성 등의 문제점을 노출시키고 있다. 특히 전통원가회계시스템이 지니는 가장 근본적인 문제점은 그 중요성이 점점 커지는 제조간접비를 인과관계(causality)가 명확하지 않은 소수의 배부(allocation)기준, 예를 들면 직접노동시간, 기계시간, 재료비, 직접노무비 등의 조업도 기준에 의하여 제품에 부과함으로써 제품원가를 왜곡시키고 있다는 것으로, 이러한 현상은 생산시스템의 자동화가 진전될수록 더욱 심가해진다.[12] 따라서 간접비의 배부기준으로 무엇을 선택·사용하는가가 중요한 문제가 되는데, 이러

9) 고완석 등(1999, p. 356).
10) 안태식·이찬호(1994, p. 117).
11) 강호영·이원기(2001)도 동일한 결과를 제시하고 있다.
12) 강호영·이원기(2001, pp. 47～69).

한 간접비의 배부문제는 제조업에만 국한된 것이 아니라 회계법인, 법무법인, 통신업체 등의 서비스업에서도 심각하다. 왜냐하면 제조업과 달리 서비스업의 경우 서비스별로 직접 추적하기가 어려운 항목들이 많기 때문이다.[13)]

이러한 문제점을 개선하기 위한 방안으로 제조간접비의 배부에 있어 획일적인 배부기준을 지양하면서, 다양하고 가치창조에 인과관계가 상대적으로 높은 배부기준을 채택하는 활동기준원가계산(activity-based costing : ABC)이 활용되고 있다. 그러나 ABC 자체도 배분으로부터 완전히 해방되는 것이 아니고 원가동인(cost drivers) 선정의 적절성과 수치의 신뢰성이 선행되어야 하므로 한계를 가지고 있다.[14)] 즉 원가배부기준으로 선택된 원가동인이 원가발생의 인과관계를 잘 나타내지 못하는 경우에는 제품원가의 계산이 왜곡될 가능성이 남아 있다.[15)]

ABC 적용상의 문제[16)]

- 자료조사를 위한 인터뷰/서면조사가 시간이 오래 걸리고 비용이 많이 든다.
- 그러나 그렇게 수집된 자료는 주관적인 데다 입증하기가 어렵다.
- ABC는 부분적이어서 회사전체 관점에서 해결책을 제공하지 못한다.
- ABC를 환경변화에 맞게 개선/적응하는 것이 쉽지 않다.

4. 무형자산의 중요성 증가

현대 기업의 가치는 유형자산보다는 무형의 지식자산(intellectual assets)에 의해서 창출되는 부분이 점차 커지고 있다. 예를 들어 OECD의 통계에 따르면 2002년에 미국과 핀란드에서 무형자산(intangible capital)에 대한 지출이 유형자산(tangible capital)에 대한 지출을 초과하였다.[17)] 이러한 변화는 현대 기업환경이 지식기반 경제(knowledge-based economy)에 진입했음에 따른 것으로, 이에 따라 대부분의 기업에서 지식자산에 대한 투자가 증대되고 있으며, 지식자산에 대

13) 고완석 등(1999, p. 358).
14) 신홍철(2002).
15) 이창우 · 고종권(2000, p. 512).
16) Kaplan and Anderson(2007, p. 7 수정요약).
17) Zeghal and Maaloul(2011).

한 투자규모가 상대적으로 큰 소위 지식집약적인 기업(예 : 마이크로소프트, 제약회사)의 시장가치와 장부가치의 차이는 점차 커지고 있다. 왜냐하면 전통적인 회계에서는 이러한 무형의 지식자산에 대한 투자를 자산으로 인식하지 않았기 때문이다. 그러나 IFRS는 내부에서 창출된 무형자산(internally-generated intangible)이라도 일정조건을 충족하면 자산으로 인식하도록 하고 있다.

[그림 4-3]은 S&P 500의 1975년부터 2009년까지 기업가치 중 실물 및 재무 자산과 기타자산의 비중을 보여준다.

[그림 4-3] 실물 및 재무 자산과 기타자산의 가치 비교

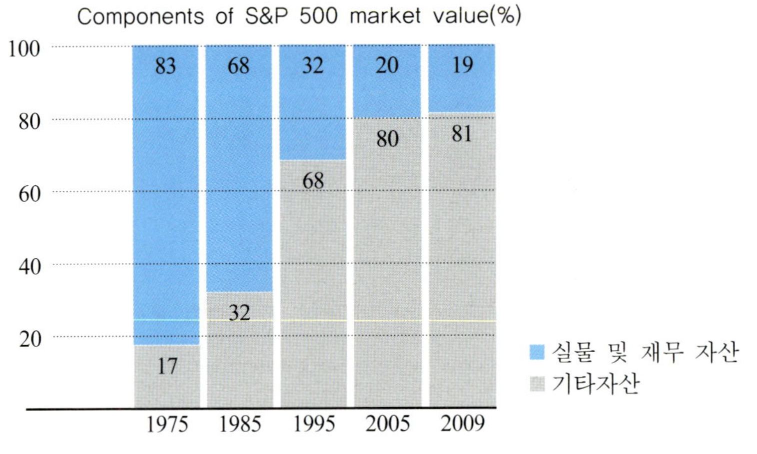

위의 그림에서 1975년에는 실물 및 재무 자산이 기업가치의 대부분, 즉 83%를 차지하는 반면, 2009년에는 무형자산을 포함한 기타자산이 기업가치의 81%를 차지하고 있다. 그런데 미국기업의 경우 이러한 기타자산의 대부분은 재무제표에 인식되지 않는다.[18)]

또한 [그림 4-4]는 산업별 기업가치 중 자산종류별 가치의 비중을 보여준다. [그림 4-4]에 따르면 IT, 금융, 럭셔리 업종에서 유형자산의 비중이 상대적

18) International Integrated Reporting Committee(2011, p. 4). 한편 S&P 500지수는 미국의 스탠더드 앤드 푸어사가 기업규모, 유동성, 산업대표성을 감안하여 선정한 보통주 500종목을 대상으로 작성해 발표하는 주가지수로, 미국에서 가장 많이 활용되는 대표적인 지수이다. S&P 500지수는 다우존스평균과는 달리 지수를 구성하는 대상 주식들의 가중주가평균을 산출한다. 따라서 시가총액이 높을수록 전체 지수에 미치는 영향이 더 크다.

[그림 4-4] 산업별 자산종류별 가치비중[19]

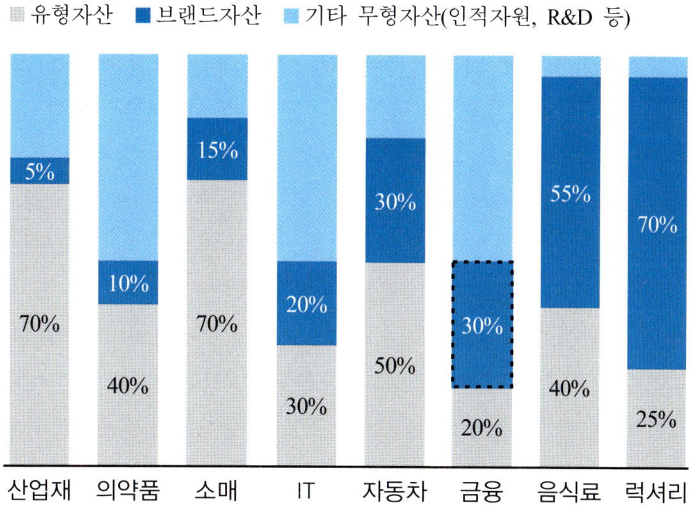

으로 낮고, 무형자산의 비중이 높은 것으로 나타났다. 특히 금융산업의 경우, '브랜드자산'이 기업가치에서 차지하는 비중이 타 산업 대비 높은 수준으로, 카드사 'Visa'의 기업가치 대비 브랜드자산 비중은 59%에 달하며, 'Wells Fargo' 은행도 27%로 높은 수준을 보인다.[20] 무형자산의 증가와 관련하여 주목받는 주가순자산비율(price book-value ratio : PBR)은 전통회계의 한계로도 지적되는데, 이는 투자자들에 의해 중요하다고 생각되는 정보가 재무상태표에는 빠져 있다거나 역사원가(historical cost)를 근간으로 하는 측정시스템이 경제적 실체(economic reality)를 제대로 반영하지 못하기 때문이다.[21]

일반적으로 무형자산을 즉시 비용처리하는 전통회계모형에서는 정보이용자들이 다음과 같은 의사결정을 할 때 어려움을 겪게 된다.

- 무형자산에 대한 투자수익률 및 투자활동의 적절한 평가
- 연구개발활동의 성격변화평가
- 무형자산의 가치평가와 예상수명평가

19) Interbrand(2001), KB금융지주 경영연구소(2012) 재인용.
20) KB금융지주 경영연구소(2012).
21) U.S. General Accounting Office(1996, p. 111).

무형자산의 회계처리는 그동안 식별(identification), 측정(measurement) 및 통제(control)의 관점에서 많은 불확실성과 변동성 때문에 적극적인 인식의 대상이 되지 못했으나 이러한 전통회계의 관습이 그대로 유지되면 현대 기업의 가치창출동인(value driver)이 무형적 요인에 의해 주도되는 현실에서 회계정보의 가치관련성[22]에 부정적 영향을 미칠 수 있다. 또한 무형자산에 대한 대체적인 회계처리가 가능한 상황에서는 회계처리가 달라짐에 따라 회계이익의 가치관련성이 어떤 차이를 보이는지 비교해 볼 수 있다. 호주에서는 미국과 달리 내부에서 생성된 무형자산을 자산으로 인식하는 것이 가능하다. 따라서 기업은 무형자산을 자산 또는 비용으로 처리하는 선택을 하게 되는데, 무형자산을 자산으로 처리하는 기업이 비용처리하는 기업보다 회계이익의 가치관련성이 높은 것으로 나타났다. 이는 무형자산을 재무상태표에 인식하는 것이 비용처리하는 것보다 가치평가에 보다 유용한 정보를 제공해 줄 수 있음을 의미한다.[23]

제3절 전통회계모형의 한계

기업환경의 변화로 전통회계모형이 직면한 대표적인 문제는 제조간접비의 증가와 무형자산의 비중 및 중요성의 증가이다. 제조간접비의 증가는 간접원가의 임의배분에 따른 회계수치의 표현충실성에 영향을 미치고, 무형자산의 증가는 재무상태표의 완전성(completeness)과 관련하여 표현충실성의 문제를 야기하고 있다.

완전성은 실재성(existence)과 대립되는 개념으로 재무제표에 인식되어야 할 항목이 빠짐없이 나타나야 한다는 개념이고, 실재성은 재무제표에 인식된 항목이 실제로 존재하거나 발생했다는 것을 의미한다. 무형자산은 전통회계에서 기업가치창출에 기여함에도 불구하고 재무제표에 나타나지 않음으로써 완전성에 문제가 있는 것으로 보인다. 즉 무형자산의 상당부분이 부외자산(off balance sheet assets)이 될 가능성이 높다.

22) 회계수치의 가치관련성은 제8장 참조.

23) Goodwin and Ahmed(2006).

[그림 4-5] 완전성과 실재성

• 완전성 : 실재의 항목이 모두 재무제표에 나타나는가?
• 실재성 : 재무제표에 인식된 항목이 실재하는가?

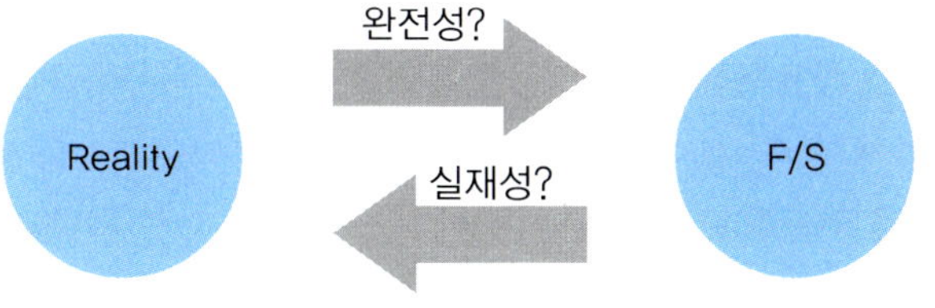

〈표 4-3〉에서는 전통회계모형의 한계를 다룬 선행연구주제를 회계분야별로 비교 분석하였다. 재무회계분야에서는 가치관련성이 있는 무형자산 등이 회계인식의 대상이 되지 못함에 따른 한계를 언급한 반면, 원가회계에서는 제조간접비의 인위적 배분에 따른 원가왜곡(cost distortion)의 시각에서 문제점을 지적하였다.

〈표 4-3〉 전통회계모형의 한계

재무회계분야	원가관리회계분야
기업가치창조에 공헌하는 무형자산을 재무상태표에 인식하지 못하는 문제	제조간접비 임의배분에 따른 원가왜곡 문제

1. 재무회계분야

기술발전에 따른 신경제의 출현 이후 재무제표상의 회계수치와 기업가치의 관계를 규명하는 가치관련성(value relevance) 연구가 경험적 회계연구의 중심에 있다. 이러한 연구는 본질적으로 과거지향적인 재무제표가 현대 기업의 가치창출요소를 제대로 반영하지 못하고 있다거나 전통회계모형이 급변하는 기업환경에 제대로 적응하지 못하고 있다는 주장에 따라 회계수치가 기업가치와 어느 정도의 관련성(association)을 가지는지 살펴보는 것이 실무계나 학계의 관심사가 되었기 때문이다.

재무제표상의 회계수치와 기업가치의 관계를 살펴본 선행연구에 따르면 전통회계모형이 가치창조에 기여하는 항목, 예를 들면 연구개발비, 캐릭터가치, 브랜드가치, 인적자원에 대한 투자 등을 재무상태표에 자산으로 인식하지 않고 비용처리함으로써 경제적 실질을 적절히 반영하지 못한다는 점이다. 그 결과 시장가치와 장부가액은 커다란 괴리를 보이고[24] 경제적 실질이 재무제표에 적절히 반영되지 못함으로써 투자자의 정보욕구를 제대로 채워주지 못하는 원인이 된다.[25] 그리고 이런 문제가 상대적으로 심각한 업종은 첨단기술 집약형 산업, 즉 IT, 제약 및 정보통신업 등이라는 것이다.[26] 따라서 전통회계모형의 핵심문제는 재무상태표에 포함되어야 할 가치창조에 관련 있는 항목, 예를 들면 연구개발비, 상표가치, 종업원 훈련비 및 기타 무형자산 등이 빠져 있다는 것이다(unrecognized net assets).

〈표 4-4〉에서는 기업별 주가순자산비율(price-book value ratio : PBR)을 보여준다. 포스코와 삼성전자에 비해 셀트리온과 Coca-Cola의 PBR은 상대적으로 높은 수준이다. 즉 이들 업체의 경우 시가총액에 반영된 가치 중에는 장부에 인식되지 않은 부분이 훨씬 많다는 뜻이다. 특히 Coca-Cola는 첨단기술이나 인적자원에 의한 무형자산보다는 브랜드가치 및 제조비법(secret formula)이 장부에 인식되지 않아 PBR이 상대적으로 높은 것으로 판단된다.

〈표 4-4〉 기업별 PBR 비교[27]

기 업	포스코	삼성전자	네이버	셀트리온	Coca-Cola
PBR	0.45	1.33	3.18	10.35	12.26

첨단기업의 PBR이 높게 나타나는 사실은 전통회계모형의 한계를 의미하기도 하지만 동시에 자본시장이 효율적이라는 의미이기도 하다. 왜냐하면 전통회계에서는 적극적으로 인식하지 못하는 무형자산에 대한 정보가 시장에서는 이미 주가에 반영되었다라는 의미이기 때문이다. 이에 따라 다음의 〈표 4-5〉는 무형자산에 대한 전통회계의 한계 관점과 효율적 시장 관점을 비교하고 있다.[28]

---

24) Upton(2001).

25) U.S. GAO(1996, pp. 111, 119).

26) Amir and Lev(1996), Klock and Megna(2000), Business Week(2001.6.21).

27) 2019년 6월말 현재.

28) Rieg and Vanini(2015).

〈표 4-5〉 전통회계의 한계 관점 vs 효율적 시장 관점

전통회계의 한계 관점 *Accounting Fallacy Perspective*	효율적 시장 관점 *Efficient Market Perspective*
• PBR은 무형자산에 대한 전통회계의 한계와 정보비대칭을 의미함. • 고PBR기업은 저PBR기업에 비해 정보비대칭의 축소를 위해 무형자산 관련 공시가 활발함.	• PBR은 무형자산 관련 공시내용에 대한 시장의 판단결과를 의미함. • 기업이 무형자산에 대한 공시를 하면 시장은 경영자와 투자자 사이의 정보비대칭 축소를 위해 주가에 정보를 반영.

2. 원가회계분야

원가계산과 관련된 전통회계의 문제는 제조간접비의 임의배분으로 인한 원가정보의 왜곡문제로 요약된다. 즉 직접재료비와 직접노무비의 비중이 높은 환경에서는 이들이 간접비배부의 기준이 되는 것이 타당하나, 기술화와 자동화로 노무비의 비중이 낮아진 환경에서 노무비를 기준으로 간접비를 배부하는 것은 원가의 왜곡뿐만 아니라 잘못된 의사결정을 유발한다.[29] 또한 수익과 비용의 적절한 대응을 중시하는 전통회계모형에서 그 인과관계가 불명확한 편의적이고 임의적인 대응(mismatch)이 제조간접비의 증가로 급증함으로써 회계이익은 목적적합성뿐만 아니라 신뢰성의 차원에서도 문제를 내포하고 있다.[30]

김정재(2004)는 이러한 전통회계의 제조간접비 배부문제를 재무회계분야의 가치관련성 관점에서 살펴보았다. 이를 위하여 제조경비의 비중이 높(낮)을수록 재고자산의 가치관련성은 낮(높)을 것이라는 연구가설을 설정하였다. 이익조정가능성의 대용치로 재량적 발생과 기업규모를 통제한 후의 분석결과에 따르면 제조경비의 비중이 높(낮)을수록 재고자산의 가치관련성은 작아(커)지는 것으로 나타나 연구가설을 지지하고 있다. 또한 회계이익의 가치관련성도 제조경비율이 증가(감소)함에 따라 감소(증가)하는 것으로 나타났다. 이는 제조간접비의 임의배분에 따른 제품원가왜곡은 비단 내부의사결정상의 문제를 야기

29) Turney(1991, p. 20).

30) 제조간접비의 비중이 증가함에 따라 전통적인 원가배부방식인 노무비나 기계시간을 기준으로 한 원가배부의 한계가 명확해졌다. 이러한 문제를 해결하기 위해 원가를 보다 정확하게 배분할 수 있는 활동기준원가계산(Activity-Based Costing : ABC)이 도입되었다. ABC는 원가를 발생시키는 활동에 초점을 맞추어 간접비를 합리적이고 체계적으로 배분함으로써 원가계산의 정확성과 의사결정의 유용성을 높이는 데 기여한다.

할 뿐만 아니라 외부이용자에게 공표되는 재무제표상의 회계수치의 표현충실성을 훼손하여 이들 회계수치의 가치관련성에 부정적인 영향을 미칠 수 있음을 나타내고, 이는 제품원가정보의 왜곡이 주로 내부이용자에게만 영향을 미친다는 기존의 인식에 새로운 시각을 제공하고 있다.

제4절 재무제표의 영역확대

1. 전통회계모형의 목적적합성

전통회계모형에서 강조되던 수익의 인식과 수익·비용 대응 원칙은 현대 기업의 특성을 나타내 주는 데 한계를 드러내고 있다. 전통회계모형의 목적적합성은 특히 가치평가기능에서 한계를 드러내 선행연구에서도 회계이익 등의 회계수치가 기업가치를 나타내 주는 능력은 점차 감소하는 것으로 나타나고 있다.[31] 이는 전통회계모형에서 산출되는 회계정보가 투자결정에 대한 목적적합성이 갈수록 감소하고 있다는 의미이다. 이에 따라 재무상태표를 기업가치의 기본추정치(basis proxy)로 인식하는 경향이 나타나고 재무상태표에 기업가치에 기여하는 항목을 보다 적극적으로 나타내 주도록 전통회계모형의 영역을 확대하고자 하는 움직임이 나타나고 있다.

2. 첨단기업의 가치평가

신경제의 환경에서 기업활동의 주요 요소로 떠오른 연구개발, 무형자산, 고객 및 이해관계자와의 관계 등은 거래개념(transaction based)에 기초한 전통회계모형에서는 일반적으로 회계인식의 대상이 되지 않는다. 따라서 이러한 첨단기업에 있어서는 회계수치와 기업가치의 관계가 왜곡되기 쉽다.

첨단기업의 경우 초기단계에서 발생하는 R&D 지출이 대부분 비용처리됨으로써 이익을 창출하는 것이 매우 어렵다.[32] 따라서 R&D 지출이 발생하는

31) Lev and Zarowin(1999), Brown *et al.*(1999).

32) 첨단기업의 경우 기술환경변화에 대응하고 변화를 주도하기 위한 R&D의 비중이 높아 고

당기의 이익은 낮게 보고되고, 미래 기간의 이익은 높게 보고되는 결과를 가져온다. 이에 따라 자기자본이익률(return on equity : ROE)도 사업초기에는 과소계상되다가, 사업초기를 지나 성장단계, 즉 수익의 창출이 가시화되는 단계에서는 과대계상되기 쉽다. 왜냐하면 ROE는 자본대비 이익의 비율로서 초기에는 이익이 지나치게 과소계상되어 ROE가 과소계상되는 반면, 성장기에는 대부분의 무형자산이 배제된 자본이 실제자본보다 과소계상되어 ROE는 과대계상된다. 〈표 4-6〉은 이러한 내용을 요약하여 보여준다.

〈표 4-6〉 전통회계모형에 의한 첨단기업의 단계별 수익성평가

시간경과 / 회계지표	사업초기	사업의 성숙기
R&D	대부분 비용처리	비용처리의 누적으로 자본의 과소표시
ROE	과소계상	과대계상

전통회계모형을 따를 경우, 일반적으로 첨단기업은 사업의 초기단계에서는 수익력이 과소표시되어 자본조달비용이 필요 이상으로 높아지는 반면, 성숙단계에서는 수익력이 필요 이상으로 과대표시되어 시장평가에 혼란을 가져올 가능성이 있다. 또한 첨단업종일수록 사업 초기에 회계이익을 시현하는 것이 매우 어려워 자금조달이나 인재확보 등에 어려움을 겪고 있다. 이러한 현실을 반영하여 첨단업종에서 스톡옵션(stock option)이 경영자나 종업원의 보상수단으로 각광받는 이유가 있다.

한편, 첨단기업과 전통기업은 기업가치에 영향을 미치는 요인에 차이가 나타나고 있다. 예를 들면 Amir and Lev(1996)는 이동통신분야에서 비재무적 정보가 재무적 정보보다 가치관련성이 높다고 하였다. 우리나라에서도 정보통신기업과 비금융제조기업의 주가결정요인을 비교분석한 결과 광고선전비와 연구개발비가 정보통신기업의 주가와는 유의한 관계가 있는 반면, 비금융제조기업의 주가와는 유의한 관계가 없는 것으로 나타났다.[33]

정비의 비중은 높은 편이고, 직접생산원가의 비중은 상대적으로 낮아 변동비의 비중은 낮은 편이다. 따라서 첨단기업의 경우 영업레버리지(operating leverage)는 높은 편이다. 이에 따라 사업초기 매출신장이 본격화되기 전에 이익을 시현하는 것이 쉽지 않은 상황이다.

33) 백원선(2003).

The Role of Accounting in the 21st Century Firm

21세기 기업은 지식기반, 인적자원 및 무형자산 등으로 대표되는데, 이들 기업의 가치는 대부분 장부에는 나타나지 않는 성장옵션으로부터 나오는 것이 보통이다. 따라서 전통적 금융방식에서 담보의 주된 대상이었던 물리적 자산의 감소로 이들은 새로운 자본조달방식을 추구하게 되었는데, 비공개 지분시장(private-equity market)이 그 역할을 수행하고 있다.

비공개 지분시장은 종전의 대규모 공개시장에 비해 21세기 기업의 자본조달패턴과 지배구조의 관점에서 이점이 있다. 왜냐하면 개별기업의 가치창조과정에 보다 적합한 자본을 적시에 조달할 수 있고, 혁신적 지배구조를 가능케 하는 계약기능을 수행할 수 있기 때문이다.

이러한 효율적 계약기능의 추구는 종전의 가치평가기능을 중시하는 대규모 공개기업을 대상으로 하는 회계기준 운용방식으로부터의 근본적 변화를 요구한다. 왜냐하면 비공개 지분시장은 종전의 공개시장을 염두에 둔 회계기준보다는 자기들의 특수한 실정에 맞는 회계기준을 필요로 하기 때문에 이들은 그동안 꾸준히 FASB나 IASB에 로비를 해왔다. FASB와 IASB는 이 압력에 굴복하여 이미 두 종류의 회계기준을 공표하였다. 하나는 공개기업용이고, 나머지 하나는 비공개기업용이다. 예나 지금이나 회계의 주요 기능은 가치평가기능과 계약기능이다. 또한 가치평가기능은 계속해서 주요 기능의 하나로 남을 것이다.

그러나 21세기 기업에서 핵심관계자의 이해관계와 동기가 적절히 계약기능을 통해 조정되지 못한다면, 가치평가기능의 대상이 될 만한 것이 거의 사라지게 될 것이다. 비공개기업을 위한 회계기준의 등장과 이의 확대적용은 서서히 회계의 주요 기능이 다시 효율적 계약을 가능케 하는 계약기능(stewardship, efficient contracting)으로의 복귀를 의미한다.

(Jerold L. Zimmerman, "The Role of Accounting in the 21st Century Firm," Accounting and Business Research, Vol. 45, No. 4, 2015)

기업은행, 창업 · 중소기업 성장지원 등대 역할 '톡톡'

기술가치 평가모형 특허출원 & 기술담보대출상품 출시
자금공급 확대해 성장잠재력 지원… 근본적인 역할 강화

기업은행이 '성장지원'으로 정책금융 패러다임을 전환하고 창업 · 중소기업의 성장 촉진을 주도하는 등 등대역할을 톡톡히 하고 있다. 8일 금융권에 따르면 IBK기업은행은 기술신용평가(TCB)를 통해 지난 5월까지 20조원(금융권 전체의 26.5%)을 공급해 기술금융 외연을 확장했다. 신한은행 17.1%, KB국민은행 14.5%, 우리은행 12.5%, KEB하나은행 11.4% 등 일반 시중은행보다 월등히 앞서는 수치다.

기술금융의 질적 내실화를 위한 기반도 확립했다. 기술금융부를 설립하고 전문평가 인력을 채용하는 등 인프라를 다졌고 창업기업대상 무보증 · 무담보 상품과 기술(IP)담보대출 상품을 출시하는 등 기반을 확립했다. 이를 위해 기업은행은 지난해 10월 특허청, 한국발명진흥회와 IP가치평가모형을 개발해 특허 출원했고 올해 2월에는 자체 TCB평가모형을 만들어 금융위원회의 예비 실사인가를 취득하는 등 기술금융 지원 내부 심사 역량도 강화했다.

기업은행은 실체가 눈에 드러나는 기업은 물론 무형자산 비중이 높은 새로운 성장기업에 대해서도 '관계형 금융'을 통해 장기 투 · 융자와 경영컨설팅 등 비금융 서비스를 제공해 지속가능한 성장을 할 수 있도록 지원했다. 협약을 맺은 기업이 1,986개, 3년 이상 장기대출 금액만 4,858억원에 이른다.

집단지성을 활용한 크라우드펀딩 플랫폼 '기업투자정보마당'을 구축해 유망 투자기업을 소개하고 민간투자 자본을 유치할 수 있는 장도 마련했다.

기술금융 핵심역량을 바탕으로 1,833개의 유망 투자기업 정보를 제공하고 투자성공 기업에 대해 IBK금융그룹 매칭투자조합(100억원), IBK희망펀딩대출 프로그램(1,000억원) 등 후속 투자 지원을 아끼지 않은 것이다.

직접 금융 조달을 위해 기업은행은 계열사인 IBK투자증권과 중소기업의 코넥스 상장을 전방위로 지원하고 있다. 이미 직 · 간접 투자한 총 23개 기술 우수 중소기업이 코넥스에 상장돼 '투자→회수→재투자'의 선순환체계를 확립했다.

(에너지경제, 2016.7.11 수정요약)

3. 무형자산 및 지속가능성에 대한 정보제공

현대의 급변하는 경영환경에 비추어 볼 때 전통회계모형에서 강조하는 수익의 인식과 수익·비용 대응 원칙 또는 유형 및 재무 자산을 중심으로 기업의 자원과 가치를 표현하는 전통적인 방식은 현대 기업의 특성 및 환경을 나타내는 데 한계를 드러내고 있다. 이는 마치 실시간으로 updating되는 내비게이션을 두고 수십년 전에 만들어진 지도를 갖고 오늘날의 집을 찾는 것과 유사한 상황이다. 그런데 이러한 한계와 괴리는 특히 비재무정보(non-financial reporting) 영역에서 보다 심각하다.

비재무정보는 크게 무형자산(intangible assets)에 대한 정보와 지속가능성 정보(sustainability information)[34]로 구분된다.

기업의 사회적 책임이란 주주 부의 극대화라는 기업의 목적달성을 지속가능(sustainable)하게 만들기 위하여 환경, 지역사회배려 및 윤리경영 등의 분야에서 주목받고 있는 주제이다. 특히 환경, 인권, 부패방지 등의 영역에서 두드러진 발전이 이어져 왔다. 과거에는 주로 비재무정보의 제공이 자발적(voluntary) 차원의 문제였는 데 비해 요즘은 점차 규제(mandatory)의 영역으로 편입되는 경우가 많아 자발성과 강제성 사이에서 절묘한 조화(smart mix of voluntary and mandatory approaches)를 추구하고 있다.

결론적으로 전통회계모형의 현실 설명력, 적응력 및 가치감소의 배경에는 주력업종이 제조업에서 서비스업으로 바뀌었다는 주장이나 기술 또는 지식기반사회의 도래 때문이라고 설명되는 부분은 매우 제한적이다. 그보다는 차라리 현실적으로 기업가치 증진의 새로운 동력이 다양하게 등장하거나 재편되는 상황에서 미래 이익에 대한 예측가능성 및 계량화 가능성이 점차 낮아지기 때문이라고 볼 수 있다.[35]

34) 과거에는 비재무적 정보, 기업의 사회적 책임(corporate social responsibility or accountability : CSR or CSA) 또는 ESG(Environment, Social and Governance) 등의 용어로 혼용하여 사용되었지만, IFRS가 관련 용어를 지속가능성으로 통일하였다. 다만, 일부에서는 전통적 관점의 사회적 책임은 영향중요성(Impact Materiality)을 의미하며, IFRS의 지속가능성은 재무중요성(Financial Materiality)으로 구분됨에 따라 다르게 사용해야 한다고도 주장한다.

35) Monciardini(2016).

연습문제

1 제조환경변화의 특징을 설명하라.

2 제조간접비의 증가가 전통회계에 미친 영향을 설명하라.

3 무형자산 인식에 대한 입장을 회계기능의 종류에 따라 나누어 설명하라.

4 강효석 · 이원흠 · 조장연(2001, p. 453)에 따르면, 코스닥 벤처기업과 거래소 제조기업의 성장성 지표는 다음과 같다(1998, 1999 자료 이용).

	매출액성장률	PER	PBR
코스닥 벤처기업	35.1%	76배	34.1배
거래소 제조기업	1.3%	41배	1.1배

(1) 기업가치평가를 위한 회계정보(재무상태표, 손익계산서)의 역할이 벤처기업과 제조기업 사이에 차이가 있는지 언급하라.
(2) PBR의 차이가 의미하는 바는 무엇인지 설명하라.

5 전통회계모형의 한계를 재무회계분야와 원가회계분야로 나누어 약술하라.

6 첨단업종에서 스톡옵션이 중요한 종업원 보상수단이 되는 배경을 설명하라.

7 첨단업종 기업평가에서 기업수명주기상의 시차별 차이를 설명하라.

CHAPTER

5 무형자산

2017 브랜드파이낸스 선정 세계 10대 브랜드

순위	브랜드	관련 산업	2017년 브랜드 가치(백만달러)	전년대비	2016년 브랜드 가치
1	Google	기술	109,470	▲ 24%	88,173
2	Apple	기술	107,141	▼ 27%	145,918
3	amazon.com	기술	106,396	▲ 53%	69,642
4	AT&T	전기 통신	87,016	▲ 45%	59,904
5	Microsoft	기술	76,265	▲ 13%	67,258
6	SAMSUNG	대기업	66,219	▲ 13%	58,619
7	verizon	전기 통신	65,875	▲ 4%	63,116
8	Walmart	소매	62,211	▲ 16%	53,657
9	facebook	기술	61,998	▲ 82%	34,002
10	ICBC	금융업	47,832	▲ 32%	36,334

(브랜드파이낸스의 〈Global 500 2017〉)

Not everything that can be counted counts
and
not everything that counts can be counted.

헤아릴 수 있는 모든 것이 중요한 것은 아니며,
중요한 모든 것들이 헤아릴 수 있는 것은 아니다.

- Albert Einstein -

11월 11일은 '날씬해지기 바라는 날'

몸매를 중시하는 청소년, 신세대들이 매년 11월 11일을 '빼빼로데이'로 정해 날씬해지기를 기원하는 선물을 주고받고 있어 화제가 되고 있다. 롯데제과는 지난 11일자 영업실적을 집계한 결과 가늘고 긴 스틱형 과자인 '빼빼로'의 판매량이 평상시보다 50% 이상 증가된 1억 2천만원에 달한 것으로 나타났다고 말했다.

지난 1993년경 영남지방의 모 여자중학교에서 시작된 것으로 알려져 있을 뿐 정확한 유래는 알 수 없으나 점차 확대돼 전국적으로 유행할 조짐을 보이고 있다고. 롯데제과는 "매년 11월 11일이면 소비자들로부터 문의가 쇄도한다"며 "내년에는 이날을 위해 빼빼로 생산량을 확대해야 할 것 같다"고 말했다.

(연합뉴스, 1996.11.13 수정요약)

빼빼로데이와 마케팅

빼빼로데이가 만들어진 1997년에는 40g에 200원이었던 빼빼로. 그 후로 가격이 어떻게 변했을까. 1997년 이후 롯데제과는 빼빼로 가격과 용량을 6번이나 조절했다. 18년 만에 빼빼로 용량은 6g 늘었던 반면, 가격은 6배로 뛰었다.

데이 마케팅의 꼼수로 가장 지탄받는 이유다. 일각에서는 이 같은 제과업계의 데이 마케팅을 두고 소중한 사람들을 챙겨주고 싶은 마음을 이용한 교묘한 상술이라는 지적이 일고 있다.

(글로벌이코노믹, 2017.11.10 수정요약)

제 1 절 K-IFRS의 주요 특징

K-IFRS 제1038호 '무형자산'의 목적은 다른 기준서에서 특별히 다루고 있지 않은 무형자산의 회계처리에 관한 사항을 정하는 데 있다. 이 기준서는 특정조건을 충족하는 경우에만 무형자산을 인식하도록 요구하며, 무형자산의 장부금액을 측정하는 방법과 무형자산에 관한 공시사항을 정하고 있다. 이 기준서의 주요 특징은 다음과 같다.

(1) 무형자산의 정의

이 기준서는 무형자산(intangible assets)을 '물리적 실체는 없지만 식별가능한 비화폐성자산'으로 정의하고 있다.

(2) 적용범위

이 기준서는 다른 K-IFRS에서 특별히 다루고 있지 않은 무형자산에 대한 회계처리를 정하고 있다.

(3) 무형자산의 인식조건

자산의 미래경제적효익이 기업에 유입될 가능성이 높고, 자산의 원가를 신뢰성 있게 측정할 수 있는 경우에만 무형자산을 인식한다. 미래경제적효익의 유입가능성과 관련하여 개별 취득하는 무형자산과 사업결합으로 취득하는 무형자산에 대하여는 항상 충족된 것으로 본다.

과거 우리나라 기업회계기준에서는 무형자산의 인식요건으로 미래경제적효익의 유입가능성이 "매우 높은" 경우로 한정되어 있었으나, IFRS에서는 "높은" 경우로 완화되어 무형자산의 인식범위가 확대되었다.[1] 즉 과거의 기업회계기준서 제3호 무형자산(회계기준위원회 의결 2001.12.27)에서는 무형자산은 미래경제적효익이 기업에 유입될 가능성이 매우 높고, 취득원가를 신뢰성 있게 측정할 수 있는 경우에 한하여 자산으로 인식하도록 했었다.

한편, 현재의 일반기업회계기준(한국회계기준원 회계기준위원회 제정) 제11장 무형자산에서는 무형자산의 인식과 관련하여 다음의 조건을 모두 충족하는 경우에만 무형자산을 인식하도록 하여 IFRS보다 엄격한 인식기준을 보여준다.

① 자산에서 발생하는 미래경제적효익이 기업에 유입될 가능성이 매우 높다.
② 자산의 원가를 신뢰성 있게 측정할 수 있다.

(4) 내부적으로 창출한 영업권

내부적으로 창출한 영업권은 자산으로 인식하지 아니한다.

(5) 내부적으로 창출한 무형자산

내부적으로 창출한 무형자산이 인식기준을 충족하는지를 평가하기 위하여 무형자산의 창출과정을 연구단계와 개발단계로 구분한다. 연구활동(또는 내부 프로젝트의 연구단계)에 대한 지출은 발생시점에 비용으로 인식한다. 개발활동(또는 내부 프로젝트의 개발단계)에 대해서는 이 기준서가 정하는 사항을 모두 제시할 수 있는 경우에만 무형자산으로 인식한다.

1) 금융감독원 회계제도실(2010, p. 136).

(6) 자산으로 인식할 수 없는 과거비용

최초에 비용으로 인식한 무형항목에 대한 지출은 그 이후에 무형자산의 원가로 인식할 수 없다.

(7) 인식 후의 측정

원가모형이나 재평가모형을 선택할 수 있다. 재평가모형을 적용하는 경우에는 이 기준서의 재평가 목적상 공정가치는 활성시장을 기초로 하여 결정한다. 재평가는 재무상태표일에 자산의 장부금액이 공정가치와 중요하게 차이가 나지 않도록 주기적으로 수행한다.

(8) 내용연수가 유한한 무형자산

내용연수가 유한한 무형자산의 상각대상금액은 내용연수 동안 체계적인 방법으로 배분해야 한다.

(9) 내용연수가 비한정인 무형자산

관련된 모든 요소의 분석에 근거하여, 그 자산이 순현금유입을 창출할 것으로 기대되는 기간에 대하여 예측가능한 제한이 없을 경우, 무형자산의 내용연수가 비한정인 것으로 본다. 내용연수가 비한정인 무형자산은 상각하지 아니한다.

제 2 절 무형자산의 정의

전술한 대로 K-IFRS에서는 무형자산을 '물리적 실체는 없지만 식별가능한 비화폐성자산'으로 정의하고 있다. 전통회계에서 무형자산을 적극적으로 인식하기 곤란한 이유는 무형자산을 창출하기 위한 지출과 노력이 발생한 후 상당한 시간이 경과되어야 최종 생산물(end product)이 미래에 경제적 가능성이 있는지 여부가 결정되는 데다, 그러한 발생비용과 미래의 경제적 이익 간의 인과관계를 적극적으로 규명하기가 쉽지 않다는 것이다. 따라서 전통적 회계모형에서는 무형자산의 인식에 적극적이지 않았다.2)

가치평가기능을 강조하는 투자자 입장에서는 내부적으로 창출된 무형자산일지라도 재무상태표에 인식하길 바라며 회계기준제정기관이 보다 적극적으로 이러한 요구에 부응하는 회계기준을 만들 것을 촉구한다.

기업은 경제적 자원을 사용하거나 부채를 부담하여 과학적 · 기술적 지식, 새로운 공정이나 시스템의 설계와 실행, 라이선스, 지적재산권, 시장에 대한 지식과 상표, 브랜드 등의 무형자원을 취득, 개발, 유지하거나 개선한다. 그러나 이들 항목이 모두 무형자산의 정의, 즉 식별가능성, 자원에 대한 통제와 미래 경제적효익의 존재를 충족하는 것은 아니다. 해당항목이 무형자산의 정의를 충족하지 않는다면 그것을 취득하거나 내부적으로 창출하기 위하여 발생한 지출은 발생시점에 비용으로 인식한다. 그러나 이러한 항목을 사업결합으로 취득하는 경우에는 취득일에 인식하는 영업권의 일부를 구성한다.

1. 식별가능성

무형자산의 정의에서는 영업권과 구별하기 위하여 무형자산이 개별적으로 식별가능할 것을 요구한다. 사업결합으로 인식하는 영업권은 사업결합에서 획득하였지만 개별적으로 식별하여 별도로 인식하는 것이 불가능한 그 밖의 자산에서 발생하는 미래경제적효익을 통합하여 나타내는 자산이다. 그 미래경제적 효익은 취득한 식별가능한 자산 사이의 시너지효과나 개별적으로 재무제표상 인식기준을 충족하지는 않는 자산으로부터 발생할 수 있다. 자산은 다음 중 하나에 해당하는 경우에 식별가능하다.

① 자산이 분리가능하다. 즉, 기업의 의도와는 무관하게 기업에서 분리하거나 분할할 수 있고, 개별적으로 또는 관련된 계약, 식별가능한 자산이나 부채와 함께 매각, 이전, 라이신스, 임대, 교환할 수 있다.
② 자산이 계약상 권리 또는 기타 법적 권리로부터 발생한다. 이 경우 그러한 권리가 이전가능한지 여부 또는 기업이나 기타 권리와 의무에서 분리가능한지 여부는 고려하지 아니한다.

2) Upton(2001).

2. 통 제

자산에서 유입되는 미래경제적효익을 확보할 수 있고 그 효익에 대한 제3자의 접근을 제한할 수 있다면 기업이 자산을 통제하고 있는 것이다. 무형자산의 미래경제적효익에 대한 통제능력은 일반적으로 법원에서 강제할 수 있는 법적 권리에서 나오며, 법적 권리가 없는 경우에는 통제를 증명하기 어렵다. 그러나 다른 방법으로도 미래경제적효익을 통제할 수 있기 때문에 권리의 법적 집행 가능성이 통제의 필요조건은 아니다.

시장에 대한 지식과 기술적 지식에서도 미래경제적효익이 발생할 수 있다. 이러한 지식이 저작권, 계약상의 제약이나 법에 의한 종업원의 기밀유지의무 등과 같은 법적 권리에 의하여 보호된다면, 기업은 그러한 지식에서 얻을 수 있는 미래경제적효익을 통제하고 있는 것이다.

기업은 숙련된 종업원으로 구성된 팀을 보유할 수 있고, 교육훈련을 통하여 습득된 미래경제적효익을 가져다줄 수 있는 종업원의 기술향상을 식별할 수 있다. 기업은 또한 그러한 숙련된 기술을 계속하여 이용할 수 있을 것으로 기대할 수 있다. 그러나 기업은 숙련된 종업원이나 교육훈련으로부터 발생하는 미래경제적효익에 대해서는 일반적으로 무형자산의 정의를 충족하기에는 충분한 통제를 가지고 있지 않다. 이와 유사하게 특정 경영능력이나 기술적 재능도 그것을 사용하여 미래경제적효익을 확보하는 것이 법적 권리에 의하여 보호되지 않거나 무형자산 정의의 기타 요건을 충족하지 않는다면 일반적으로 무형자산의 정의를 충족할 수 없다.

기업은 고객구성이나 시장점유율에 근거하여 고객관계와 고객충성도를 잘 유지함으로써 고객이 계속하여 거래할 것이라고 기대할 수 있다. 그러나 그러한 고객관계나 고객충성도를 지속할 수 있는 법적 권리나 그것을 통제할 기타 방법이 없다면 일반적으로 고객관계나 고객충성도에서 창출될 미래경제적효익에 대해서는 그러한 항목(예 : 고객구성, 시장점유율, 고객관계와 고객충성도)이 무형자산의 정의를 충족하기에는 기업이 충분한 통제를 가지고 있지 않다. 그러나 고객관계를 보호할 법적 권리가 없는 경우에도, 동일하거나 유사한, 비계약적 고객관계를 교환하는 거래(사업결합과정에서 발생한 것이 아닌)는 고객관계로부터 기대되는 미래경제적효익을 통제할 수 있다는 증거를 제공한다. 그러한 교환거래는 고객관계가 분리가능하다는 증거를 제공하므로 그러한 고객관계는 무형자산의 정의를 충족한다.

3. 미래경제적효익

무형자산의 미래경제적효익은 제품의 매출, 용역수익, 원가절감 또는 자산의 사용에 따른 기타 효익의 형태로 발생할 수 있다. 가령, 제조과정에서 지적재산을 사용하면 미래 수익을 증가시키기보다는 미래 제조원가를 감소시킬 수 있다.

제3절 무형자산의 측정 및 평가

1. 인식과 측정

어떤 항목을 무형자산으로 인식하기 위해서는 그 항목이 다음의 조건을 모두 충족한다는 사실을 기업이 제시해야 한다.

- 무형자산의 정의
- 무형자산의 인식기준 : 즉 자산에서 발생하는 미래경제적효익이 기업에 유입될 가능성이 높으며, 자산의 원가를 신뢰성 있게 측정할 수 있을 때 인식

(1) 개별 취득

일반적으로 무형자산을 개별 취득하기 위하여 지급하는 가격은 그 자산이 갖는 기대 미래경제적효익이 기업에 유입될 확률에 대한 기대를 반영할 것이다. 즉, 기업은 유입의 시기와 금액이 불확실하더라도 미래경제적효익의 유입이 있을 것으로 기대한다. 따라서 개별 취득하는 무형자산은 미래경제적효익의 발생가능성 인식기준을 항상 충족하는 것으로 본다.

(2) 사업결합으로 인한 취득

사업결합으로 취득하는 무형자산의 취득원가는 K-IFRS 제1103호 '사업결합'에 따라 취득일의 공정가치로 한다. 무형자산의 공정가치는 그 자산이 갖는 미래

경제적효익이 기업에 유입될 확률에 대한 기대를 반영할 것이다. 즉, 기업은 유입의 시기와 금액이 불확실하더라도 미래경제적효익의 유입이 있을 것으로 기대한다. 따라서 사업결합으로 취득하는 무형자산은 미래경제적효익의 발생 가능성 인식기준을 항상 충족하는 것으로 본다. 또한 사업결합으로 취득하는 자산이 분리가능하거나 계약상 또는 기타 법적 권리에서 발생한다면, 그 자산의 공정가치를 신뢰성 있게 측정하기에 충분한 정보가 존재한다. 따라서 사업결합으로 취득하는 무형자산은 신뢰성 있는 측정기준을 충족하는 것으로 항상 간주된다.

(3) 진행중인 연구 · 개발 프로젝트의 취득 후 지출

연구 관련 지출인 경우에는 발생시점에 비용으로 인식한다. 무형자산의 인식기준을 충족하지 않는 개발 관련 지출인 경우에는 발생시점에 비용으로 인식한다. 무형자산의 인식기준을 충족하는 개발 관련 지출인 경우에는 취득한 진행중인 연구 · 개발 프로젝트의 장부금액에 가산한다.

(4) 정부보조에 의한 취득

정부보조로 무형자산을 무상이나 낮은 대가로 취득할 수 있다. K-IFRS 제1020호 '정부보조금의 회계처리와 정부지원의 공시'에 따라 무형자산과 정부보조금 모두를 최초에 공정가치로 인식할 수 있다. 그러나 최초에 자산을 공정가치로 인식하지 않기로 선택하는 경우에는, 자산을 명목상 금액(K-IFRS 제1020호에서 허용하는 대체적인 회계처리)과 자산을 의도한 용도로 사용할 수 있도록 준비하는 데 직접 관련되는 지출을 합한 금액으로 인식한다.

(5) 자산의 교환

하나 이상의 무형자산을 하나 이상의 비화폐성자산 또는 화폐성자산과 비화폐성자산이 결합된 대가와 교환하여 취득하는 경우가 있다. 이때 무형자산의 원가는 다음 중 하나에 해당하는 경우를 제외하고는 공정가치로 측정한다.

- 교환거래에 상업적 실질이 결여된 경우
- 취득한 자산과 제공한 자산의 공정가치를 둘 다 신뢰성 있게 측정할 수

없는 경우

(6) 내부적으로 창출한 영업권

내부적으로 창출한 영업권은 자산으로 인식하지 아니한다. 내부적으로 창출한 영업권은 원가를 신뢰성 있게 측정할 수 없고 기업이 통제하고 있는 식별가능한 자원이 아니기 때문에(즉, 분리가능하지 않고 계약상 또는 기타 법적 권리로부터 발생하지 않기 때문에) 자산으로 인식하지 아니한다.

(7) 내부적으로 창출한 무형자산

내부적으로 창출한 무형자산이 인식기준을 충족하는지를 평가하는 것은 다음과 같은 이유 때문에 용이하지 않다. 첫째, 기대 미래경제적효익을 창출할 식별가능한 자산이 있는지와 시점을 파악하기 어렵다. 둘째, 자산의 원가를 신뢰성 있게 결정하는 것이 어렵다.

내부적으로 창출한 무형자산이 인식기준을 충족하는지를 평가하기 위하여 무형자산의 창출과정을 연구단계와 개발단계로 구분한다. 무형자산을 창출하기 위한 내부 프로젝트를 연구단계와 개발단계로 구분할 수 없는 경우에는 그 프로젝트에서 발생한 지출은 모두 연구단계에서 발생한 것으로 본다.

1) 연구단계

연구(또는 내부 프로젝트의 연구단계)에서 발생하는 무형자산은 인식하지 않고, 관련 지출은 발생시점에 비용으로 인식한다. 이는 내부 프로젝트의 연구단계에서는 미래경제적효익을 창출할 무형자산이 존재한다는 것을 제시할 수 없기 때문이며, 내부 프로젝트의 연구단계에서 발생한 지출은 발생시점에 비용으로 인식한다.

2) 개발단계

다음 사항을 모두 만족하는 경우 개발비라는 무형자산으로 인식하고, 그 외의 경우에는 경상개발비라는 비용으로 인식한다.

- 무형자산을 완성할 수 있는 기술적 실현가능성
- 무형자산을 완성하여 사용하거나 판매하려는 기업의 의도

- 무형자산을 사용하거나 판매할 수 있는 기업의 능력
- 무형자산이 미래경제적효익을 창출하는 방법
- 무형자산을 판매하거나 사용하는 데 필요한 기술적 · 재정적 자원 등의 입수가능성
- 개발과정에서 발생한 무형자산 관련 지출을 신뢰성 있게 측정할 수 있는 기업의 능력

내부적으로 창출한 브랜드, 제호, 출판표제, 고객목록과 이와 실질이 유사한 항목은 무형자산으로 인식하지 아니한다. 왜냐하면 내부적으로 창출한 브랜드, 제호, 출판표제, 고객목록과 이와 실질이 유사한 항목은 사업을 전체적으로 개발하는 데 발생한 원가와 구별할 수 없기 때문이다.

경우에 따라서는, 미래경제적효익을 얻기 위해 지출이 발생하더라도 인식할 수 있는 무형자산이나 다른 자산이 획득 또는 창출되지 않는다. 발생시점에 비용으로 인식하는 지출의 다른 예는 다음과 같다.

- 사업개시활동에 대한 지출(사업개시원가)
- 교육훈련을 위한 지출
- 광고 및 판매촉진 활동을 위한 지출
- 기업의 전부나 일부의 이전 또는 조직 개편에 관련된 지출

(8) 자산으로 인식할 수 없는 과거비용

최초에 비용으로 인식한 무형항목에 대한 지출은 그 이후에 무형자산의 원가로 인식할 수 없다.

2. 인식 후의 측정

무형자산의 회계정책으로 원가모형이나 재평가모형을 선택할 수 있다. 재평가모형을 적용하여 무형자산을 회계처리하는 경우에는, 같은 분류의 기타 모든 자산도 그에 대한 활성시장이 없는 경우를 제외하고는 동일한 방법을 적용하여 회계처리한다. 무형자산은 영업상 유사한 성격과 용도로 분류한다. 자산을 선택적으로 재평가하거나 재무제표에서 서로 다른 기준일의 원가와 공정가치

가 혼재된 금액을 보고하는 것을 방지하기 위하여 같은 분류 내의 무형자산 항목들은 동시에 재평가한다.

(1) 원가모형

최초 인식 후에 무형자산은 원가에서 상각누계액과 손상차손누계액을 차감한 금액을 장부금액으로 한다. 여기서 손상차손이란 기업회계기준서 제1036호에 따라 매 보고기간말마다 자산손상을 시사하는 징후가 있는지를 검토하고, 만약 그러한 징후가 있다면 당해자산의 회수가능액을 추정한다. 이때 자산의 회수가능액이 장부금액에 미달하는 경우 자산의 장부금액을 회수가능액으로 감소시키는데, 이때 당해 감소금액이 손상차손에 해당한다. 손상차손은 즉시 당기손익으로 인식한다.

(2) 재평가모형

최초 인식 후에 무형자산은 재평가일의 공정가치에서 이후의 상각누계액과 손상차손누계액을 차감한 재평가금액을 장부금액으로 한다. 재평가 목적상 공정가치는 활성시장을 기초로 하여 결정한다. 보고기간말에 자산의 장부금액이 공정가치와 중요하게 차이가 나지 않도록 주기적으로 재평가를 실시한다.

무형자산의 장부금액이 재평가로 인하여 증가된 경우에 그 증가액은 기타포괄손익으로 인식하고 재평가잉여금의 과목으로 자본에 가산한다. 그러나 그 증가액 중 그 자산에 대하여 이전에 당기손익으로 인식한 재평가감소에 해당하는 금액이 있다면 그 금액을 한도로 당기손익으로 인식한다.

무형자산의 장부금액이 재평가로 인하여 감소된 경우에 그 감소액은 당기손익으로 인식한다. 그러나 감소액 중 그 자산에 대한 재평가잉여금 잔액이 있다면 그 금액을 한도로 재평가잉여금의 과목으로 기타포괄손익에 인식된다. 기타포괄손익으로 인식된 감소액은 재평가잉여금의 과목으로 자본에 누적되어 있는 금액을 줄인다.

자본에 포함된 재평가잉여금 누계액은 그 잉여금이 실현되는 시점에 이익잉여금으로 직접 대체할 수 있다. 자산의 폐기나 처분 시점에 전체 잉여금이 실현될 수 있다. 그러나 일부 잉여금은 자산을 사용하면서 실현될 수 있다. 이러한 경우에 실현된 잉여금은 재평가된 장부금액을 기초로 한 상각액과 자산의 역사원가를 기초로 하여 인식하였을 상각액의 차이가 된다. 재평가잉여금

을 이익잉여금으로 대체하는 것은 당기손익을 통하여 이루어지지 않는다.[3]

무형자산의 회계처리는 내용연수에 따라 다르다. 내용연수가 유한한 무형자산은 상각하고, 내용연수가 비한정인 무형자산은 상각하지 아니한다.

(3) 내용연수가 유한한 무형자산

1) 상각기간과 상각방법

내용연수가 유한한 무형자산의 상각대상금액은 내용연수 동안 체계적인 방법으로 배분해야 한다. 무형자산의 상각방법은 자산의 경제적효익이 소비되는 형태를 반영한 방법이어야 한다. 다만, 소비되는 형태를 신뢰성 있게 결정할 수 없는 경우에는 정액법을 사용한다. 무형자산의 상각대상금액을 내용연수 동안 체계적으로 배분하기 위해 다양한 방법을 사용할 수 있다. 이러한 상각방법에는 정액법, 체감잔액법과 생산량비례법이 있다. 상각방법은 자산이 갖는 기대 미래경제적효익의 예상되는 소비형태를 반영하여 선택하고, 미래경제적효익의 예상되는 소비형태가 변동하지 않는다면 매 회계기간에 일관성 있게 적용한다. 무형자산의 상각액은 일반적으로 당기손익으로 인식한다. 그러나 자산이 갖는 미래경제적효익이 다른 자산의 생산에 소모되는 경우, 그 자산의 상각액은 다른 자산의 원가를 구성하여 장부금액에 포함한다. 예를 들면, 제조과정에서 사용된 무형자산의 상각은 재고자산의 장부금액에 포함한다(K-IFRS 제1002호 '재고자산').

2) 잔존가치

내용연수가 유한한 무형자산의 잔존가치는 다음의 '①'과 '②' 중 하나에 해당하는 경우를 제외하고는 영(0)으로 본다.

① 내용연수 종료 시점에 제3자가 자산을 구입하기로 한 약정이 있다.
② 무형자산의 활성시장이 있고 다음을 모두 충족한다.
- 잔존가치를 그 활성시장에 기초하여 결정할 수 있다.
- 그러한 활성시장이 내용연수 종료 시점에 존재할 가능성이 높다.

---

3) 제2장에서 언급된 대로 재평가잉여금과 확정급여제도의 보험수리적손익은 재분류조정(recycling)의 대상이 아니다.

3) 상각기간과 상각방법의 검토

내용연수가 유한한 무형자산의 상각기간과 상각방법은 적어도 매 회계연도 말에 검토한다. 자산의 예상내용연수가 과거의 추정치와 다르다면 상각기간을 이에 따라 변경한다. 자산이 갖는 미래경제적효익의 예상소비형태가 변동된다면, 변동된 소비형태를 반영하기 위하여 상각방법을 변경한다. 그러한 변경은 기업회계기준서 제1008호에 따라 회계추정의 변경으로 회계처리한다.

(4) 내용연수가 비한정인 무형자산

내용연수가 비한정인 무형자산은 상각하지 아니한다. 다만, 기업회계기준서 제1036호에 따라 자산손상을 시사하는 징후가 있는지에 관계없이 회수가능액을 추정하고 장부금액과 비교하여 손상검사를 한다.

(5) 내용연수 평가의 검토

상각하지 않는 무형자산에 대하여 사건과 상황이 그 자산의 내용연수가 비한정이라는 평가를 계속하여 정당화하는지를 매 회계기간에 검토한다. 사건과 상황이 그러한 평가를 정당화하지 않는 경우에 비한정 내용연수를 유한 내용연수로 변경하는 것은 기업회계기준서 제1008호에 따라 회계추정의 변경으로 회계처리한다.

무형자산은 다음의 각 경우에 재무상태표에서 제거한다.

- 처분하는 때
- 사용이나 처분으로부터 미래경제적효익이 기대되지 않을 때

무형자산의 제거로 인하여 발생하는 이익이나 손실은 순매각가액과 장부금액의 차이로 결정한다. 그 이익이나 손실은 자산을 제거할 때 당기손익으로 인식한다.

BTS가 지닌 가치도 회계장부에 반영해야

BTS(방탄소년단)의 새 앨범이 '빌보드 200' 1위를 기록했다는 소식이 들린 지난주, BTS의 회계장부상 가치는 60억원대에 불과하다는 기사에 상당한 댓글이 달렸다. BTS 가치를 재무제표에 반영할 수 있느냐는 의문부터 재무제표에 마음대로 기재한다면 분식회계라는 지적도 등장했다.

결론부터 말하면 시장에서 평가하는 기업가치와 회계장부인 재무제표는 엄연히 다르다. 따라서 BTS의 몸값이 치솟고 있지만 이는 성장가능성을 감안하는 기업가치일 뿐 실제 재무제표에는 온전히 반영하지 못한다. 기업가치는 장부가 아닌 증시에서 매긴다. 빅히트엔터테인먼트가 상장하면 시가총액이 2조원대에 달할 것이라는 증권사 분석이 있지만 이러한 기대감을 재무제표에 담지 못하는 이유는 무형의 가치를 어떻게 회계처리할지에 대한 방법이 없기 때문이다. 국제회계기준이 인정하는 아티스트 관련 무형자산은 회사와의 계약금 정도가 일반적이다.

인기 가수의 파급력 같은 무형가치를 회계장부에 반영하지 않는다는 지극히 당연한 말에도 의견이 분분한 이유는 결국 그만큼 무형자산의 중요성이 커지고 있음을 방증한다. BTS뿐이 아니다. 엔씨소프트가 운영하는 게임 '리니지', 신라젠이 개발하는 '펙사벡'의 성공가치처럼 시장의 기대감은 높지만 재무제표에 반영되지 못하는 거대한 무형자산들이 속속 등장하고 있다.

회계를 알지 못하는 '회알못'이어서 무형자산을 재무제표에 인식하라는 주장을 하는 것이 아니다. 이미 전 세계에서는 구글이나 아마존 같은 초대형 기술기업들이 나타나면서 회계기준도 변해야 한다는 의견이 나오고 있다. 한류의 가치를 한국 기업들의 자산으로 인식한다면 우리나라 산업의 규모는 얼마나 커질까. 생각만 해도 흥미롭지 않은가.

(이데일리, 2019.4.22 수정요약)

들쭉날쭉 바이오株 R&D 회계처리

제약·바이오 기업의 R&D(연구개발비) 회계처리방식은 업체마다 다르다. 종근당, 유한양행 같은 전통적 제약업체는 일반 제조업체처럼 연구개발비를 100% 비용처리하지만 신생 제약·바이오 기업은 연구개발비를 비용이 아닌 자산으로 처리해왔다. 바이오 대장주인 셀트리온의 2017년 감사보고서상 무형자산에 개발비 항목으로 올라간 금액은 9,230억원(누적)이다. 2017년에 비용처리한 경상개발비는 580억원이고 자산으로 처리한 개발비는 1,688억원이다. 즉 지난해 전체 연구개발비가 2,268억원인데 이 중 24%만 비용처리하고 76%는 자산으로 올렸다. 하지만 제약업체 가운데 연구개발을 많이 하는 한미약품의 경우 지난해 R&D 비용 1,677억원 중 90%를 비용처리했다. 연구개발비 중 1,513억원을 비용 인식하고도 작년에 822억원의 영업이익을 냈다.

연구개발비를 무형자산으로 인식한 기업은 향후 신약개발에 실패할 경우 자산으로 잡힌 부분이 전액 손실로 나올 수 있는 잠재적 위험이 있다. 때문에 연구개발비는 당기에 비용처리하는 것이 좋다. 하지만 이익을 낼 수 없는 바이오 업체는 연구개발비를 비용처리하면 장기간 대규모 적자가 불가피해 관행적으로 자산처리하는 곳이 많았다.

주요 제약·바이오 기업의 R&D 비용 회계처리 현황(단위 : 억원)

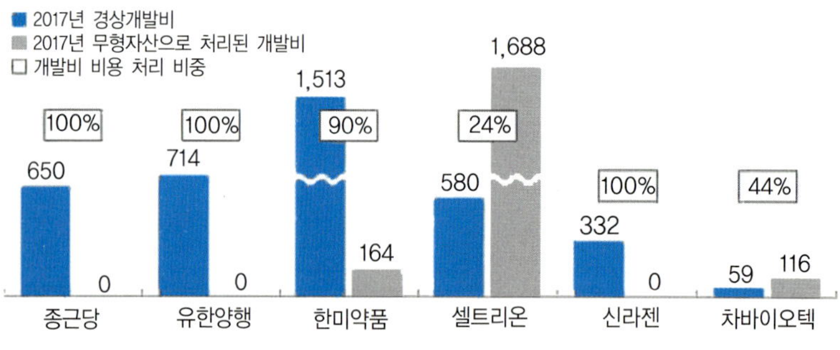

* 자료 : 금융감독원 각사 감사보고서

(머니투데이, 2018.3.27 수정요약)

제약 · 바이오 R&D 회계처리 지침 '종지부' 찍나

연구개발비 회계처리와 관련한 금융감독의 지침을 적용하는 과정에서 발생할 수 있는 혼선을 막기 위해 제약·바이오 업계가 TF(태스크포스)를 가동하고 나섰다. 금융당국은 지난 9월 제약·바이오 기업의 연구개발비 회계처리 관련 감독지침을 발표한 바 있다. 신약은 임상 3상 개시 승인 시점부터, 바이오시밀러(복제약)는 임상 1상 개시 승인 때부터 연구개발비를 자산으로 처리할 수 있도록 한 것이 골자다. 하지만 현재 기업마다 R&D(연구개발) 비용처리와 관련한 해석이 분분한 상황이다. 특히 감리를 진행해야 하는 회계법인과 바이오 기업 간 견해차가 커 해당지침을 적용하는 과정에 혼선이 예고되고 있다.

약품유형별 연구개발비의 자산화가 가능한 단계

유 형	자산화 가능 단계	설정근거
신약	임상 3상 개시 승인	장기간 다수의 환자를 대상으로 안전성, 약효에 대한 검증을 거치지 않은 상태에는 자산가치의 객관적 입증이 어려울 것으로 판단
바이오 시밀러	임상 1상 개시 승인	오리지널과의 유사성 검증자료를 확인하지 않은 상태에서는 자산가치의 객관적 입증이 어려울 것으로 판단
제네릭	생동성시험 계획 승인	오리지널과의 화학적 동등성 검증자료를 확인하지 않은 상태에서는 자산가치의 객관적 입증이 어려울 것으로 판단
진단시약	제품 검증(허가신청, 외부임상신청 등)	외부의 객관적인 제품검증이 없는 상태에서는 자산가치의 객관적 입증이 어려울 것으로 판단

자료 : 금융위원회, 미래에셋대우 리서치센터

바이오 기업들은 신약 개발시, 임상 3상 개시 이후 발생하는 비용에 대해서는 자동적으로 자산으로 처리해줘야 한다는 반응이다. 반면 회계법인들은 임상 3상을 개시한 이후라도, 기술실현가능성을 증빙할 수 있는 자료가 불충분하면 자산으로 처리할 수 없다는 해석이다.

TF 회의에 참석한 바이오 업계 관계자는 "임상 3상을 개시했다는 것 자체가 기술실현가능성을 입증했다는 것을 뜻한다"면서 "임상 3상 개시 이후부터는 증빙자료가 좀 부족하더라도 연구개발비용을 자산으로 처리해줘야 한다"고 주장했다. 또한 TF 회의에서는 초기 단계의 임상을 진행중인 코스닥 상장 바이오벤처들이 금융당국 지침에 따라 재무제표를 작성할 경우, 영업손실이 증가해 상장사 자격을 유지하기 어려워질 것이라는 우려도 나왔다. 이로 인해 바이오벤처들이 매출을 올리기 위해 연구개발에 집중하기보다, 다른 사업에 눈을 돌리는 '주객전도' 현상이 확산될 가능성도 크다는 것이다.

(디지털타임스, 2018.11.14)

제4절 무형자산의 인식과 관련된 이슈

무형자산이 자산성을 갖고 있더라도 자산으로 인식되지 못하는 중요한 이유는 그 측정상의 불확실성 때문이다. 무형의 가치가 외부로부터 구입된다면 자산으로 인식된다. 그러나 내부창출 무형자산(internally-generated intangible asset)의 경우에는 다음과 같은 이유 때문에 자산으로 인식되지 못하는 경우가 많다.[4]

1. 가치창조가능성 여부

내부에서 창출됐다는 이유만으로 무형자산이 인식되지 않는 것은 아니다. 그보다는 투입가치의 실현여부가 매우 불확실하다는 점이다. 이는 유형자산의 내부제작과는 다르다. 즉 원가의 발생에 따른 기대효익의 실현가능성 자체가 매우 낮거나 불확실하다. 따라서 투입원가와 기대효익의 인과관계(causal link)의 성립가능성 자체가 불확실한 경우가 많다.

2. 투입원가와 기대효익의 시차성

투입원가와 기대효익의 인과관계(causal link)의 성립가능성 자체가 불확실하다는 점 이외에 그 성립이 가능하다 하여도 상당한 시차를 두고 나타나는 것이 일반적이다. 이는 기술적 가능성(technical feasibility)으로부터 상품화 이행(commercial implementation)에 적지 않은 시차와 추가원가의 투입이 요구된다는 점을 의미한다.

이상의 요인을 종합하면 현행 회계기준하에서는 무형자산의 미래 가능한 효익(future benefits) 자체를 측정하여 자산으로 인식하는 것이 현실적으로 어렵다는 점을 의미한다. 다만 가치평가기능을 중시하는 투자자는 무형자산을 공정가

---

4) 지적자본(intellectual capital)의 측정과 관련하여 다음 세 가지 문제가 존재한다.
- 시차(투입시기와 효과를 기대할 시기에 차이가 많다)
- not zero sum(작은 투자가 큰 성공을 가져올 수도 있고 큰 투자가 실패로 끝날 수도 있다)
- 재무적 형식으로만 표시할 수 있는 것이 아니다(van der Meer-Kooistra and Zijlstra, 2001).

치로 평가하여 과감히 인식하자고 주장하는데, 이는 가치관련성(value relevance)을 갖는 회계정보 인식의 확대로 요약된다.

제 5 절 자산평가의 새로운 움직임

1. 영업권의 손상차손평가

2001년 6월 FASB는 만장일치로 SFAS No. 141(Business Combinations)과 No. 142 (Goodwill and Other Intangible Assets)를 공표함으로써 영업권의 인식과 측정에 획기적인 변화를 도입하였다. 즉 기업결합회계에 있어 영업권을 원천적으로 인식할 수 없는 지분풀링법(pooling of interests)을 폐지하고 오로지 취득법(purchase method)에 의해 처리하도록 하였다. 이는 기업결합이 근본적으로 가치재평가의 속성을 갖는 데다, 정보이용자도 이러한 재평가에 대한 정보수요가 높은데도 지분풀링법을 이용하여 장부상에 영업권을 인위적으로 인식하지 않도록 하는 것은 합리적이지 않다는 논리에서 나온 조치이다. 또한 지분풀링법을 적용하는 데 필요한 12가지 조건[5]이 지나치게 복잡하고 인위적인 데다 기술적(technical)이다. 따라서 관련 상황(relevant circumstances)의 합리적 구분에 따른 회계처리방법의 차별화가 현실적으로 어렵고, 이는 후술하는 통일성과 관련된 주제이다.

한편, 인식된 영업권은 과거와 같이 획일적으로 상각하는 것이 아니라 가치감소(impairment)에 따른 재평가절차를 거쳐 손상차손이 인식된다. 즉 "상각 대신 오로지 손상차손(no amortization, impairment-only)" 접근법을 채택한 것이다. 이는 무형자산이 유한한 내용연수를 갖고, 따라서 상각대상이 된다는 기존의 회계관을 바꾼 것으로서 자산의 감가상각 전반에 걸친 획기적인 변화를 의미한다. 즉 감가상각은 지금까지 취득원가의 배분과정으로 인식되었지만 영업권은 인위적인 배분과정 대신에 매 결산기의 손상차손검사를 통해 그 감소분을 인식하도록 한 것이다. 또한 취득된 무형자산 중 유한한 내용연수(finite life)를 가진 것으로 추정되는 무형자산은 내용연수에 걸쳐 상각되나, 내용연수가 정

5) APB Opinion No. 16, paragraphs 45 through 48.

해지지 않은(indefinite life) 무형자산은 영업권과 같이 상각의 대상이 아니라 가치감소 테스트를 거쳐 손상차손이 인식된다.

이러한 변화는 회계전반에 걸쳐 기존의 수익·비용 대응의 원칙하에 회계이익을 결정하려는 손익계산서 중심의 회계관에서 자산의 가치를 측정하는 데 주안점을 두는 재무상태표 중심의 회계관으로의 변경을 의미한다. 따라서 가치평가에 관련되는 요소가 빠짐없이 인식되느냐의 문제와, 인식된 항목이 공정가치로 평가되느냐의 문제를 강조하는 것이 가치평가기능을 강조하는 회계관의 입장이다. IASB도 FASB와 유사한 내용을 제시하고 있다. 즉, 지분풀링법은 폐지되고, 영업권이나 내용연수가 무한정인 무형자산은 상각의 대상이 아니라 손상차손이 인식된다. 사업결합으로 취득한 영업권은 상각하지 않고 K-IFRS 제1036호 '자산손상'에 따라 최소한 매 회계연도마다 손상검사를 해야 한다. 또한 손상이 발생하였다고 판단할 만한 사건이나 기타 환경 등의 변화가 있을 경우에도 그 시점에 손상검사를 한다.

롯데하이마트, 위험자산 '아킬레스'

롯데하이마트의 문제는 눈에 보이지 않는 자산인데, 무형자산 중 하나인 '영업권'은 롯데하이마트의 '아킬레스'다. 전문가들은 영업권을 대표적인 위험자산으로 본다. 영업권은 인수합병(M&A)에서 발생하는 '웃돈'으로서 2008년 유진그룹이 하이마트를 인수하는 과정에서 1조 7,348억원의 영업권이 발생했다. 당시 유진그룹이 그만큼 하이마트를 비싸게 인수한 것이다.

영업권은 무형자산으로 과거 한국회계기준에서는 영업권을 일정기간 상각해야 했다. 이에 따라 상각비용이 발생하는데, 기업 입장에선 부담이다. 하이마트도 지난 2008~2009년 2년간 1,397억원을 영업권의 상각비로 처리하면서, 영업이익이 확 깎였다.

하이마트는 2010년 국제회계기준(IFRS)을 조기 도입하는 '꼼수'를 쓰기도 했다. 왜냐하면 IFRS에서는 영업권을 상각하지 않아 비용을 아낄 수 있기 때문이다.

2012년 롯데쇼핑이 하이마트를 인수할 때 영업권도 그대로 따라왔다. 2010년 이후 5년째 롯데하이마트 영업권은 1조 6,833억원이다. 영업권은 롯데하이마트 총자산의 60%를 차지하고 있어, 자산의 60%가 실제가 없는 자산인 셈이다.

문제는 영업권의 부실징후가 나타나면, 한꺼번에 거액의 손실이 반영될 수 있다는 점이다. IFRS는 매년 영업권의 손상테스트를 수행해, 손상여부를 판단하고 있다. 테스트를 통해 손상징후가 포착되면, 손상차손을 반영해야 한다. 아직까지 손상징후가 나타나지 않았지만, 영업권은 투자심리를 짓누르고 있다.

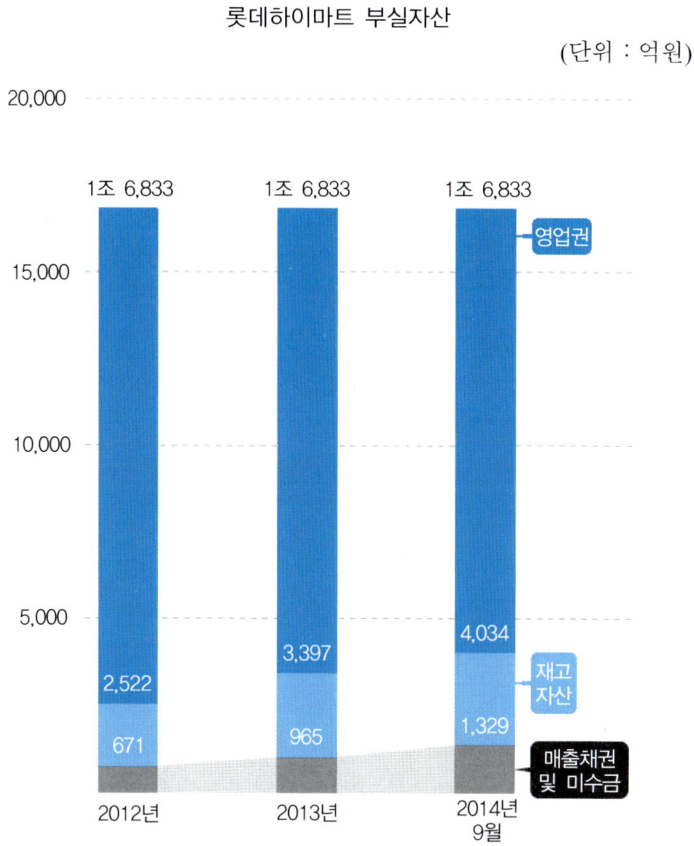

(Businesswatch, 2015.1.27, why@bizwatch.co.kr 수정요약)

2. 가상자산의 회계처리

가상자산(암호화폐)[6]은 주로 블록체인(blockchain) 기술에 기반을 둔 암호화폐를 의미하는데, 통상적으로 분산원장기술(Distributed Ledger Technology : DLT)을 기반으로 디지털 형태로 존재한다. 이러한 가상자산은 거래, 가치 저장, 자본조달의 수단 등의 다양한 목적으로 활용된다. 대표적인 가상자산으로는 비트코인

6) 가상자산(Virtual asset)은 암호자산(Crypto-asset) 또는 디지털자산(Digital asset) 등 다양한 용어로 사용된다.

(Bitcoin), 이더리움(Ethereum) 등이 있으며, 중앙기관의 개입 없이 블록체인 네트워크에서 작동한다. 가상자산은 물리적 실체가 없으며, 식별가능하고 비화폐성 자산이라는 특징을 가지고 있다.

가상자산은 현금 및 현금성자산 및 회계기준상 자산으로 분류되는 다른 항목들과는 많은 차이가 있지만, 그중 대표적인 것이 높은 변동성이다. 가상자산은 높은 변동성을 지니고 있어 현금성자산으로 분류되기에는 일부 한계가 있기에 IFRSIC(국제회계기준해석위원회, International Financial Reporting Standards Interpretations Committee)에서는 그 보유목적에 따라 무형자산 또는 재고자산 기준서를 적용한다(IFRS 2019). 다만, 적용대상은 한정적이다. 먼저 보안을 위해 암호화되어 분산원장에 기록되어야 하며, 다음으로 관할기관이나 다른 당사자에 의해 발행되지 않아야 하며, 마지막으로, 보유자와 다른 당사자 간의 계약을 발생시키지 않는 가상통화일 경우에만 적용이 가능하다. 이에 부합하는 가상자산이라면 무형자산 또는 재고자산으로 분류될 수 있는데, 보유목적이 투자 또는 거래를 통한 경제적 효익을 창출하기 위한 경우 무형자산으로 분류되며, 단기매매 목적으로 보유될 경우 재고자산으로 간주된다.

IFRS 무형자산기준서(IAS 38)에 따라 가상자산을 무형자산으로 인식하기 위해서는 자산에서 발생하는 미래경제적효익이 기업에 유입될 가능성이 높고, 취득원가를 신뢰성 있게 측정할 수 있어야 한다. 가상자산은 최초 취득원가를 기준으로 측정되며, 이후 원가모형 또는 재평가모형을 선택하여 후속측정이 이루어진다. 원가모형에서는 취득원가에서 감가상각 및 손상차손누계액을 차감한 금액으로 평가하며, 재평가모형에서는 활성화된 시장의 공정가치를 기준으로 재평가한다.

초창기 미국에서도 가상자산에 대한 명확한 회계기준이 없어 기업들은 다양한 방식으로 회계처리를 수행하였다. 마침내 2023년 12월 13일에 FASB에서 가상자산에 대한 미국회계기준(ASU 2023-08)이 발표되어 회계처리기준을 어느 정도 통일화하는 발판을 마련하였다. ASU 2023-08은 가상자산을 공정가치로 평가하도록 의무화하며, 공정가치 변동은 매 보고기간 손익에 직접 반영하도록 하고 있다. 이는 기존의 원가 기반 측정방식을 보완하여 평가투명성을 제고하고, 투자자에게 보다 신뢰성 있는 정보를 제공한다고 주장하고 있다. 가상자산의 범위는 IFRS와 거의 동일하게 규정하여 회계기준에 대한 정합성을 높이고자 하였다.

ASU 2023-08이 요구하는 가상자산의 범위기준은 다음과 같다. 먼저, 가상자산을 보유한 기업은 기본 상품, 서비스 또는 기타 자산에 대한 집행가능한 권리 또는 청구권이 없어야 한다. 가상자산은 블록체인 또는 유사한 기술을 기반으로 하는 분산원장에 생성되어야 하고, 암호화로 보호되며 대체가능해야 한다. 마지막으로, 기업 또는 관련 당사자가 생성하거나 발행하지 않아야 한다. 이를 충족하지 않는 자산은 무형자산, 금융자산 또는 금융상품 등에 따라 회계처리를 수행한다.

이러한 다양한 움직임에도 불구하고, 가상자산의 형태와 종류는 계속해서 진화하고 있다. 새로운 형태의 가상자산과 사용사례가 등장함에 따라 기존 회계기준의 적용에 한계가 나타날 수 있다. 이러한 변화는 IFRS 및 FASB와 같은 회계기준제정기구의 지속적인 연구와 논의의 중요성을 부각시키고 있다. 특히, 가상자산이 기업규모와 경제 전반에 미치는 영향이 점차 확대되고 있는 상황에서, 회계기준의 발전과 투명한 공시를 위한 노력이 더욱 중요하다.

3. 감가상각의 전통적 의미

전통적으로 감가상각은 원가의 배분과정이지 자산의 재평가과정은 아닌 것으로 정의되어 왔다. 그러나 기술환경의 변화 및 공정가치평가를 통한 가치평가 기능의 강화 등으로 이러한 전통적인 감가상각의 정의는 심각한 도전을 받고 있다. 자산의 경제적 가치감소 요인을 표시하면 아래와 같다.

$$\text{가치감소} = f(\text{시간경과, 사용량, 기술발전, 의도적 진부화, 선호 변화,} \cdots)$$

그런데 전통적인 감가상각방법, 예를 들면 정액법, 정률법, 연수합계법 및 이중체감법은 가치감소를 오로지 시간경과의 함수로 인식하고 있는 반면 생산량비례법은 오로지 사용량의 함수로 인식하고 있다. 따라서 이러한 감가상각방법은 자산가치감소의 일정부분만을 인식하는 데다 가치감소요인에 대한 복합적 고려를 하지 못하는 한계가 있다. 실제로 가치감소요인 중 시간경과와 사용량에 의한 물리적 가치감소의 비중은 줄어들고 기술발전이나 소비자의 선호도 변화 등에 의한 기능적 가치감소의 비중은 늘어나는 현실이지만, 그나마 시간경과와 사용량을 동시에 고려하는 방법[7]도 개발되지 않고 있다.

7) 예를 들면 시간과 거리에 따라 택시요금이 결정되는 것과 같다. 과거 우리나라에서는 택시요금은 오로지 거리의 함수였으나 혼잡지역으로의 승차거부 및 일부 구간에서의 총알택시 등의 문제가 불거져 지금의 시간 거리 병산제가 도입되었다.

이러한 맥락에서 IFRS에서 유형 및 무형 자산의 취득 후 원가모형(cost model)과 재평가모형(revaluation model) 중 하나를 선택하도록 한 것은 자산의 가치감소를 나타내는 데 있어 표현충실성의 한계를 드러낸 감가상각기법에만 의존하지 않고, 재평가를 통해 가치변동분을 인식하려는 노력이 반영된 것으로 보인다. 이는 공정가치에 의한 평가항목의 확대를 추구하는 IFRS의 모습이 반영된 또 다른 사례로 평가된다.

4. 원가모형 vs 재평가모형

원가모형은 원가에 의한 인식을 기초로 하여 감가상각을 진행하고 회수가능액이 장부가액에 못 미치는 경우에는 손상차손을 인식한다. 다만 손상차손이 회복되어도 당해자산의 손상차손이 인식되지 않았을 경우의 감가상각 후 장부가액까지만 손상차손환입(당기수익)을 인정하는 제한이 있다. 이는 원가모형의 기조인 취득원가를 상회할 수 없다는 원칙에 따른 것이다. 다만 영업권은 다른 자산과 달리 상각을 하지 않고 손상차손을 직접 평가한다. 또한 영업권의 손상차손은 환입하지 않는다.

재평가모형은 재평가일의 공정가치를 기준으로 평가한다. 이때의 감가상각은 먼저 자산을 재평가액으로 조정하고, 그에 상응하는 감가상각을 전진적으로 처리한다.[8] 재평가모형은 공정가치에 의한 평가를 기조로 하기 때문에 앞서 원가모형과 달리 재평가손실(손상차손)회복에 대한 제한이 없다. 한편, 재평가모형이 적용되는 자산의 손상차손은 재평가감소액으로 처리한다.[9]

아래는 유형자산의 재평가 사례이다.

회사는 2017년 1월 1일 기계를 ₩1,000,000(잔존가치 : 0)에 취득하고 10년 동안 정액법으로 감가상각한다. 회사는 기계에 대하여 매년말에 공정가치로 재평가하는 회계정책을 적용한다. 단, 자산재평가를 하는 경우 “감가상각누계액

8) K-IFRS 제1016호에서는 감가상각방법의 변경은 회계추정의 변경으로 간주하고 이는 전진법 처리의 대상이 된다. 따라서 재평가시점까지의 감가상각비는 재평가 직전 장부가액을 기준으로 계상하고, 재평가 이후에는 재평가된 금액을 기준으로 잔여내용연수 및 잔존가치 등을 고려하여 감가상각비를 계상한다. 이때 해당자산의 감가상각 후 장부금액과 공정가치의 차액을 재평가차익으로 계상한다.

9) K-IFRS 제1036호 자산손상.

〈표 5-1〉 원가모형 vs 재평가모형

선택옵션	평가대상	감가상각	장부금액	처리방법	특 례
원가모형	• 유형자산 • 내용연수가 유한한 무형자산	취득원가를 기준으로 감가상각 실시	원가 (−)감가상각누계액 (−)손상차손누계액	• 장부가액 > 회수가능액 • 손상차손 : 손익계산서 비용 • 손상발생시 인식	손상차손회복에 제한 있음
	• 영업권 • 내용연수가 비한정인 무형자산	상각 없음		• 현금창출단위의 장부가액 > 회수가능액 • 손상차손 : 손익계산서 비용 • 손상징후가 없어도 적어도 매년 손상검사	영업권은 손상차손환입불가 내용연수가 비한정인 무형자산은 손상차손회복에 제한 있음
재평가모형	• 유형자산 • 무형자산	• 재평가일의 공정가치를 기준으로 감가상각 실시 • 먼저 자산을 재평가액으로 조정하고, 그에 상응하는 감가상각을 전진적으로 처리	재평가일 공정가치 (−)이후의 감가상각누계액 (−)이후의 손상차손누계액	• 재평가이익 : 재평가잉여금으로 기타포괄손익에 가산. 단, 동일자산에 대하여 이전에 재평가손실을 인식하였다면 그 한도까지는 당기수익으로 인식 • 재평가손실(손상차손) : 재평가손실로 손익계산서 비용. 단, 동일자산에 대하여 이전에 재평가잉여금을 인식하였다면 그 한도까지는 기타포괄손익으로 인식	손상차손회복에 제한 없음. 한편, 재평가모형이 적용되는 자산의 손상차손은 재평가감소액으로 처리

총제거법"을 사용한다. 연도별 공정가치가 다음과 같을 때 회계처리를 보여라.

2017.12.31	2018.12.31
1,080,000	710,000

2017. 1. 1

(차) 기　　계	1,000,000	(대) 현　　금	1,000,000

2017.12.31

－감가상각 분개

(차) 감가상각비	100,000	(대) 감가상각누계액	100,000

－재평가 분개

(차) 감가상각누계액	100,000	(대) 재평가잉여금	180,000
기　　계	80,000		

2018.12.31

－감가상각 분개

(차) 감가상각비	120,000*	(대) 감가상각누계액	120,000

＊ 1,080,000÷9＝120,000

－재평가 분개

(차) 감가상각누계액	120,000	(대) 기　　계	370,000
재평가잉여금	180,000		
재평가손실	70,000		

〈표 5-2〉에서는 유·무형자산의 재평가를 표시하였다.

〈표 5-2〉 유·무형자산의 재평가

- 재평가 자체가 옵션
- 재평가이익은 기타포괄손익, 재평가손실은 당기손익으로 구분하는 비대칭성[10)]
- 재평가잉여금은 재분류대상이 아님
- 반드시 결산일에 수행해야 하는 것은 아님

10) 이는 분명히 비논리적이어서 향후 반드시 개정되어야 할 부분이다. 다만 현실적 입장으로 해석하면 재평가 자체가 옵션이다보니 재평가손실의 발생빈도는 매우 낮아 현실에서 찾아

유·무형자산의 재평가에서 재평가이익은 기타포괄손익인 데 비해 재평가손실은 당기손실로 처리하는 것은 보수주의적 회계처리라고 볼 수도 있다. 그러나 재평가이익으로 나타나는 재평가잉여금은 재분류의 대상이 아니므로 나중에 실현이 되어도 당기손익에 가산되지 않는다. 즉 재평가이익(재평가잉여금)은 영원히 손익계산서에 나타나지 않는다. 따라서 이는 보수주의가 아니다. 보수주의란 불확실성에 대비하기 위해 또는 경영자의 낙관적 태도를 견제하기 위해 수익의 실현을 확실해질 때까지 늦추자는 것이지 실현된 수익까지 무시하자는 것은 아니기 때문이다. 따라서 재평가잉여금이 재분류대상이 아닌 것은 보수주의적 회계처리가 아니라 회계이익의 범위와 관련된 문제이다. 환언하면 IFRS에서 유·무형자산의 재평가이익을 당기손익에 포함시키지 않고 기타포괄이익에 처리하는 것은 이 부분이 기업가치평가(equity valuation)에는 필요한 정보이기 때문에 총포괄이익에는 포함되지만, 경영자의 실적평가(management performance evaluation)와는 관련이 없다고 보아서 당기손익에서는 배제하는 것이다.[11]

제6절 무형자산의 종류

〈표 5-3〉에서는 미국의 SFAS No. 141에서의 무형자산의 종류를 보여주고 있다. 기업경영과 관련하여 마케팅, 고객, 창작물, 계약 및 기술 등과 관련되어 매우 다양한 모습을 보여주며, 향후 더 많은 종류의 무형자산이 출현할 것으로 기대된다.

〈표 5-3〉에 등장하지는 않지만 금융기관의 경우 핵심예금이라는 것이 있다. 핵심예금(core deposits : CD)이란 예금주들이 금융기관에 호의적인 관계를 갖고 있기 때문에 장기적으로 유지하는 예금(고객예수금)이며 주로 요구불이라는 초단기 부채의 성격 때문에 기업가치를 감소시키는 측면을 갖지만, 동시에 안정적·지속적 예금으로서 다른 조달원천보다 저렴한 비용을 부담하는 장기적

보기 어렵다.

11) 그런데 이는 사용자(주주)의 관점일 뿐 경영자의 입장은 다를 수 있다. 왜냐하면 경영자의 입장에서는 재평가이익은 실현이 되어도 실적지표(이익)에서 빠지지만 재평가손실은 실현되기도 전에 실적지표에 포함되기 때문이다. 따라서 이러한 회계규정에 경영자는 불만이 있을 수 있다.

〈표 5-3〉 무형자산의 분류[12)]

marketing-related intangible assets	• trademarks, tradenames • newspaper masterheads • internet domain names
customer-related intangible assets	• customer lists • order or production backlog • customer contracts and related customer relationship • noncontractual customer relationship
artistic-related intangible assets	• plays, operas, ballets • books, magazine, newspaper, other literary works • musical works(compositions, song lyrics, advertising jingles) • pictures, photographs, motion pictures, music videos
contract-based intangible assets	• licensing, royalty • lease agreements • construction permits • franchise agreements • operating and broadcast rights • route authorities • employment contracts
technology-based intangible assets	• patented technology • unpatented technology • databases • trade secrets(secret formulas, processes, recipes)

자금조달수단이 되기 때문에 무형자산가치를 갖는다.[13)] 이러한 핵심예금무형자산(core deposits intangibles : CDI)은 US GAAP와 IFRS의 기업결합 회계처리와 관련하여, 금융기관의 기업가치 평가시 영업권과 별개로 고려하는 대표적인 고객관련 무형자산(customer-related intangible assets)이다. 한편, 증권회사의 고객예수금도 핵심예금과 유사한 무형자산적 가치를 갖고 이의 규모도 증권회사의 가치와 유의한 양의 상관관계를 보인다.[14)]

12) Appendix to Statement of Financial Accounting Standard No. 141, Business Combination, 2001 수정요약.

13) 지방자치단체의 금고은행 유치를 위한 경쟁이 심한 것도 이와 관련이 있을 것이다.

14) 이재은(2011, 2012).

제7절 무형자산이 중요성을 갖게 된 동기

1. 자본시장효율성에 대한 인식변화

자본시장이 과거에 생각했던 것보다 효율적이지 않다는 새로운 연구결과가 나타나면서 무형자산의 평가에 관심이 집중되었다. 예를 들면 비용처리하는 연구개발비(R&D costs)의 지출수준이 주가와 양(+)의 관계가 있다든가,[15] 자산처리하던 연구개발비를 비용처리하면 회계이익의 가치관련성이 감소한다는[16] 실증연구는 기업가치창조에 기여하는 무형자산의 속성을 가진 연구개발비의 회계처리가 어떻게 이루어지는가에 따라 주가에 미치는 영향이 달라질 수 있다는 점을 보여주는 것이다. 따라서 자본시장의 효율성이 제한되는 상황에서는 무형자산의 식별, 측정, 보고 방식의 차이에 따라 기업가치에 차별적 영향을 미친다.

무형자산의 증가 및 자본시장의 효율성과 관련한 또 다른 문제는 내부자거래에 따른 자본비용의 상승이다. 무형자산이나 연구개발활동(R&D)이 활발한 기업에서 내부자거래의 빈도와 수익률이 상대적으로 높아 외부투자자들은 이에 대한 보상으로 높은 수익률을 요구한다는 것이다. 이는 무형자산이 정보비대칭(information asymmetry)을 유도하여 전반적인 자본비용의 상승을 초래한다는 것이다.[17] 따라서 무형자산에 대한 합리적인 회계처리는 정보비대칭을 줄여 자원배분의 합리성에 기여하는 또 다른 방법의 하나이다.

2. 가치창조활동에서의 역할증대

현대 기업환경에서는 무형자산에 의한 수익창출의 범위가 급증하고 있다. 전통적으로 시설투자나 규모의 경제에 의존하는 제조업분야와는 달리 개인의 창의력, 상상력 및 인적 요인에 의존하는 산업이나 기업이 늘어나고 있다. 예를 들면 연예기획사나 프로스포츠구단의 등장과 성장은 궁극적으로 사람의 가치

15) Lev and Sougiannis(1996).
16) Loudder and Behn(1995).
17) Aboody and Lev(2000), Easley and O'Hara(2004), Seow *et al.*(2006).

에 대한 회계문제를 제기한다. 따라서 가치평가를 중시하는 투자자의 입장에서는 이러한 업종에서 기업가치평가에 결정적 영향을 미치는 무형자산의 회계처리에 관심을 갖게 된다. 그런데 전통회계모형은 무형자산으로 취급될 가능성이 있는 대부분의 지출을 즉시 비용으로 회계처리한다. 따라서 가치측정론자들은 가치창조에 중요한 무형자산을 언제까지 재무상태표에서 무시할 것인가라고 반문하게 되었고, 이들은 가치창조에 공헌하는 무형자산을 재무상태표에 자산으로 인식하는 것이 바람직하다고 주장한다.[18] [그림 5-1]은 주요국의 기술무역규모를 비교해서 보여준다. 기술무역은 특허나 상표권 등 기술로 대표되는 무형자산의 국제적 거래를 통해 기술의 흐름과 해당국가의 기술 및 산업구조 변화를 측정하는 지표로 활용되고, 기술 및 기술서비스와 관련하여 국제적·상업적 비용의 지출 및 수입이 있는 거래를 의미한다.

[그림 5-1] 주요국의 기술무역규모(2013년, 백만달러)[19]

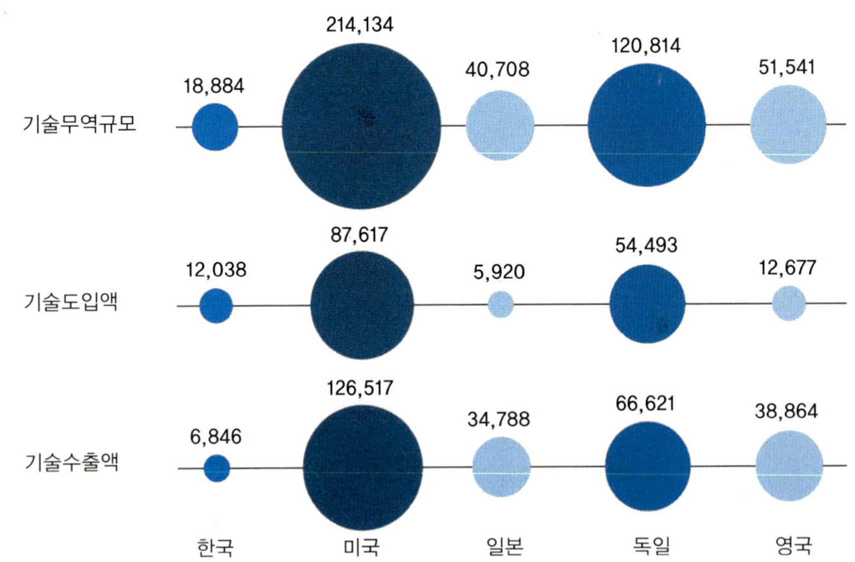

18) 그러나 이러한 시각에 대한 Penman의 반론은 제8장 참조.

19) 2014년도 기술무역통계보고서, 미래창조과학부, 한국산업기술진흥협회, 2015.12.

3. 인수 · 합병시장의 활성화

인수 · 합병의 실질적인 과제는 기업가치평가에 따른 결합조건의 결정이다. 이러한 의미에서 피인수기업의 가치평가는 매수대상기업의 선정과 공정한 합병비율 산정을 위한 기준으로서 그 의미가 크다.[20] 그런데 무형자산의 상당부분은 현행 회계모형에서는 장부에 나타나지 않고 있다. 따라서 기업의 인수 · 합병시에 무형자산에 대한 새로운 인식이나 측정이 필요하다. [그림 5-2]는 일부 M&A 사례에서 무형자산에 대한 대가가 총인수금액에서 차지하는 비중을 보여준다. 그림에 따르면 Philip Morris가 Kraft를 인수할 때 브랜드자산 평가금액이 총인수금액에서 차지하는 비중이 매우 높다는 것을 알 수 있다.[21]

Amir and Lev(1996)[22]에 따르면 무선통신산업에서 회계정보는 인수가격을 결정하는 데 거의 영향을 못 미치고 대신 성장잠재력이나 franchise value 같은 비재무적 지표가 밀접하게 연관되어 있는 것으로 나타났다. 따라서 인수 · 합병이 빈번하게 이루어진다면 산업전반에 걸쳐 장부상에 기록되지 못하던 무형자산이 점차 장부에 포함되어 장부에 나타나지 않는 무형자산의 비중은 점점 감소할 것이다.

[그림 5-2] M&A에서 무형자산가치의 비중 사례[23]

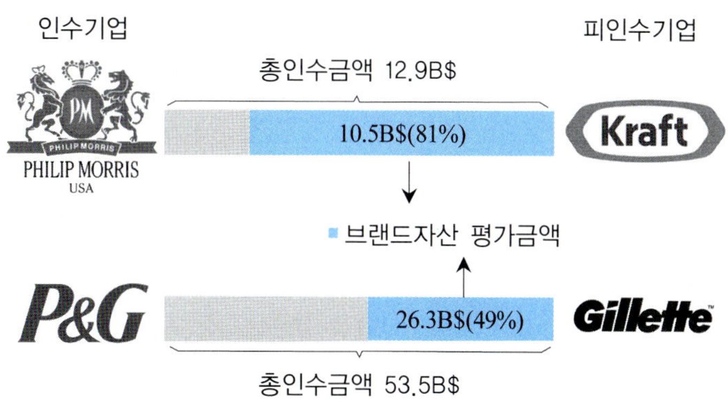

20) 김영한 등(1993, p. 46).

21) Kraft는 미국의 식품회사로 Cadbury, Nabisco 등 연 1조원 이상의 매출을 내는 브랜드 12개를 보유하고 있다(KB금융지주 경영연구소, 2012).

22) Amir and Lev(1996, pp. 27~28).

23) KB금융지주 경영연구소(2012).

유럽 및 미국 금융기관들은 매수기업 회계처리를 위하여 피인수 금융기관의 무형자산 평가시 핵심예금무형자산(core deposits intangibles : CDI)의 가치를 영업권과 구분하고 이를 상각가능한 무형자산으로 회계처리한다. 핵심예금은 은행의 중요한 자금조달 원천이자 안정적·지속적 예금으로서 다른 자금조달원천보다 저렴한 조달비용만 부담해도 되기 때문에 부채임에도 불구하고 무형자산가치를 갖는다. 유럽 및 미국 은행의 기업결합과정에서는 피인수은행의 CDI 가치를 은행프리미엄 산정시 중요하게 고려하는 요소로 본다. 미국회계기준(US GAAP)과 국제회계기준(IFRS)은 기업결합으로 취득하는 식별가능한 무형자산을 영업권과 별도의 자산으로 구분해서 인식하고 추정내용연수 기간 동안 상각을 하도록 한다. 이에 따라 미국과 유럽 금융기관들은 피인수·피합병은행의 핵심예금가치를 구분해서 무형자산에 계상하고 그 내역을 재무제표에 대한 주석으로 공시하고 있다.[24)]

제8절 IFRS와 무형자산

1. 무형자산의 인식확대

IFRS의 도입으로 전반적으로 무형자산의 인식이 확대되었다는 연구결과가 주류를 이루고 있다. 예를 들면 우리나라의 경우 과거회계기준(기업회계기준서 제3호 무형자산)에서는 무형자산의 인식요건으로 미래경제적효익의 유입가능성이 "매우 높은" 경우로 되어 있었으나, IFRS에서는 "높은" 경우로 완화되어 무형자산 인식의 범위 및 가능성이 높아졌다.[25)] 강선민 등(2008)은 영국과 호주 기업의 경우 무형자산 인식기준의 완화와 영업권의 상각 폐지로 무형자산이 대폭 증가하였다고 보고하였다. EU와 같이 2005년에 IFRS를 도입한 호주의 경우도 도입 이전에 비해 도입 이후 무형자산이 장부가액에서 차지하는 비중이 43%에서 65%로 급증하였다.[26)] 또한 10개국, 1,855개 EU기업을 조사한 Boulerne

24) 이재은(2010).

25) 금융감독원 회계제도실(2010, p. 136). 이러한 영향으로 삼성전자의 경우 2009년에 2,145억원의 개발비를 무형자산으로 추가로 인식하였다.

26) Duboisee de Ricquebourg *et al.*(2011).

[그림 5-3] 총자산 대비 영업권의 비중[27)]

and Sahut(2010)에 따르면 IFRS 도입 이후 영업권을 포함한 무형자산은 평균 23% 증가하였다. [그림 5-3]은 총자산 대비 영업권의 비중을 보여주는데, 유럽에서 IFRS가 공식도입된 2005년 이후 전체자산에서 영업권이 차지하는 비중은 증가하는 것으로 보인다. 특히 이 비중이 평균 0.9%에 불과해 영업권의 비중이 극히 낮은 것으로 알려진 금융업을 제외하면 총자산 대비 비중이 2014년에 16.5%에 이르는 것으로 나타났다.

2. Celtic vs Everton 무형자산 회계처리 비교

인적자원회계(human resource accounting)는 무형자산과 관련이 깊은 분야다. 인적자원의 회계처리가 이슈가 되는 사례는 프로스포츠 구단을 들 수 있다. 예를 들면 프로축구단의 실질적인 자산은 보유선수인데, 우수선수를 자기구단에 등록시키기 위해 이적료(transfer fee)를 지급하는 경우, 이의 회계처리가 문제가 될 수 있다. 영국의 경우 1997년에 도입된 FRS(Financial Reporting Standard) 10, "Accounting for Goodwill and Intangible Assets"이 제정되기 전에는 지급이적료의 회계처리를 선택할 수 있었다. 즉 전술한 R&D와 유사하게 지급이적료도 자산 또는 비용으로 선택해서 처리할 수 있었다. 그러나 지금은 FRS 10에 따

27) What Do We Really Know About Goodwill and Impairment: A Quantitative Study, EFRAG, September, 2016.

라 지급이적료는 무형자산으로 처리해야 한다. 왜냐하면 지급이적료는 외부에서 구입한(purchased) 무형자산으로 볼 수 있기 때문이다.28) 〈표 5-4〉는 프로축구단에서 선수의 영입과 유지에 필요한 다양한 지출항목을 표시한 것이다.

〈표 5-4〉 프로축구단의 선수 영입/유지관련 지출항목

항 목	설 명
transfer fee	이적료는 선수가 소속팀과의 계약이 만료되지 않은 상황에서 다른 팀으로 옮기고자 할 때 해당선수를 영입하려는 구단(new club)이 원 소속팀(former club)에 지불하는 비용이다. 계약기간이 남아 있는데도 다른 팀과 계약하게 됨으로써 일종의 계약위반에 따른 위약금이다.
agent's fee	선수이적업무를 대행하는 대리인 수당
contingent appearance fee	계약에 명시된 숫자 이상의 게임에 출전시 수당
signing on fee	전속계약금
loyalty bonus	일정기간까지 팀에 남아 있을 때 지급하는 보너스

차두리, 기성용 선수가 뛰었던 Scottish Premier League의 Celtic은 재무제표를 IFRS에 따라 작성하는 몇 안 되는 프로축구팀이다. 왜냐하면 Celtic의 주식은 London Stock Exchange에 상장되어 있어 IFRS에 의한 재무제표 작성이 요구되기 때문이다. 반면, English Premier League의 Everton은 비상장기업으로 재무제표 작성시 IFRS를 반드시 적용할 필요가 없다. 〈표 5-5〉는 Celtic과 Everton의 재무상태표상의 무형자산을 비교표시한 것이다.

Celtic과 Everton의 선수가치에 관한 무형자산의 비교는 IFRS에 의한 인적자원회계분야에서의 변화를 시사하고 있다. 첫째, UK GAAP를 따르는 Everton은 이적료와 대리인수당은 무형자산으로 인식하고 contingent appearance fee, signing on fee 및 loyalty bonus는 당기비용으로 처리하는 데 비해,29) IFRS를 따르는 Celtic은 이들을 포함하는 모든 직접비용을 무형자산으로 인식하여 UK GAAP보다 선수가치에 대한 무형자산의 인식범위가 확대되는 경향을 보인다.30) 둘째, IFRS에서는 인식된 무형자산의 상각 이외에도 손상차손의 판단을

28) 지급이적료 자체도 연구개발비와 마찬가지로 불확실성이 높다. 즉 지급이적료는 해당선수의 타 구단으로의 이동을 막는 기능을 할 뿐, 부상, 실적부진 및 조기은퇴 등과 같은 불확실성에 대해서는 통제기능을 유지할 수 없다.

29) 전속계약금의 비용처리는 현재 우리나라 스포츠구단에서도 실무 관행인 것으로 파악되고 있다(김광수 등, 2012, p. 68).

30) Celtic은 재무상태표의 무형자산이란 선수영입과 유지에 들어가는 지출을 의미한다고 회계

〈표 5-5〉 Celtic vs Everton 무형자산 회계처리 비교[31]

	Celtic	Everton
적용기준	IFRS	UK GAAP
무형자산의 범위	선수영입과 유지에 필요한 모든 직접비용. 즉 〈표 5-4〉의 모든 항목이 인식가능	transfer fee와 agent's fee를 포함하는 선수등록비용. 그러나 contingent appearance fee, signing on fee, loyalty bonus는 무형자산이 아니라 비용으로 처리[32]
무형자산의 상각	선수계약기간에 걸쳐 상각	선수계약기간에 걸쳐 상각
무형자산의 손상차손	재무상태표일에 아래의 요인을 고려하여 손상차손 결정[33] • 감독의 다음 시즌 선수기용 의지 • 선수의 지난 시즌 업적 • 선수에 대한 타구단의 관심과 이적료 지급가능성 • 축구산업의 업종전망 • 선수의 향후 계획과 장래 의지 • 선수의 포지션 수용능력 • 선수의 계약만료일	없음

위해 UK GAAP에서는 찾아볼 수 없는 보다 자세하고 실질적인 요인이 고려되고 있음을 보여준다. 즉 전술한 대로 지급이적료, 대리인수당, 전속계약금, 출전수당 및 loyalty bonus 등으로 이루어진 선수가치에 따른 무형자산의 실질가치를 부상이나 기여도 등과 같은 과거업적지표뿐만 아니라 향후 선수전망과 업종전망 등의 미래 불확실성 요인 등과 비교하여 매년 점검하고 손상차손의 인식이 필요하면 이를 인식해야 한다.

정책의 하나로 명시하고 있다. 또한 지출의 불확실성이 내재된 항목, 예를 들면 contingent appearance fee나 loyalty bonus 등은 불확실성이 제거된 후에 무형자산으로 인식된다.

31) Annual Report Celtic 2011, Everton Football Club Company Limited, Annual Report and Accounts 2011.

32) signing on fee와 loyalty bonus를 무형자산이 아니라 비용으로 처리하는 논리는 이들이 인건비의 정상적인 일부라는 것이다. 한편, contingent appearance fee에 대해 Everton은 충당부채로 처리하고 있다.

33) Celtic의 재무상태표일은 6월 30일이고, Everton의 재무상태표일은 5월 31일이다. 이는 회계연도를 프로축구 시즌종료시점에 맞춘 것이다. 한편, 손상차손(impairment loss)은 무형자산의 장부금액이 회수가능액(recoverable amount)을 초과하는 부분이다.

몸값 1조 뽀로로, 은행권 담보대출 불가판정

국민적 캐릭터를 넘어 디즈니에서 넘볼 정도로 세계적으로 유명해진 뽀로로. 이 뽀로로를 제작한 오콘은 회사 설립 후 처음으로 사옥을 짓기 위해 지난달 초 은행을 찾아 대출을 신청했다. 판교테크노밸리 내 용지를 분양받아 건물을 지으려고 건물을 담보로 290억원을 요청했다. 하지만 은행으로부터 현재의 재무상태로는 대출이 어렵다는 답변이 돌아왔다.

오콘 김일호 대표는 "본격적으로 브랜드가치가 상승하고 있는데 회사의 미래보다는 서류상 가치만 따지는 게 아쉽다. 다행이 나중에 다른 은행에서 대출을 받았지만 캐릭터 기업으로서 금융권 벽이 높다는 한계를 느낀다"고 토로했다. 뽀로로의 브랜드가치는 총 3,893억원으로 추정된다. 디즈니는 뽀로로 인수금액으로 무려 1조원을 제시하기도 했다. 이처럼 캐릭터나 애니메이션, 방송, 게임 등 콘텐츠를 제작하는 중소기업들이 여러 장벽에 부딪혀 경영에 어려움을 겪고 있는 가운데, 이들의 애로사항을 본격적으로 해결하기 위한 길이 마련된다. 중소기업중앙회는 중기 업계에선 처음으로 콘텐츠 중소기업 업종별 간담회를 열어 이를 통해 취합된 업체들의 요구사항을 문화체육관광부와 국무총리실에 적극 건의할 것이라고 27일 밝혔다.

(스마트미디어, 2011.7.27 수정요약)

캐릭터 · 애니메이션 등도 담보 인정

정부가 캐릭터·애니메이션 등 고부가가치 서비스업의 무형자산도 담보로 인정해 금융지원을 늘리기로 했다. 정부는 7일 과천 정부청사에서 위기관리대책회의를 열고 이 같은 내용을 담은 '서비스산업 차별 완화방안'을 마련했다. 제조업에 비해 상대적으로 차별을 받아온 서비스업에 대한 정부 지원을 늘려 서비스업을 제조업만큼 경쟁력 있게 육성하자는 차원에서 마련됐다.

우선 제조업과 유형자산 담보 위주의 대출관행에서 벗어나 유망 서비스업에 대한 신용보증을 활성화할 방침이다. 아이디어 등 무형자산을 평가해 금융지원에 나설 예정으로 게임·애니메이션·캐릭터 등 11개 콘텐츠에 대한 기술평가모형 개발이 완료됐다.

(서울경제신문, 2012.9.7 수정요약)

3. 무형자산과 계약기능

무형자산의 인식확대가 계약기능에 미치는 영향은 부정적이다. 왜냐하면 계약기능, 특히 부채계약에서 자산은 환금성과 담보력으로 평가된다. 그런데 아무리 재무제표에 인식되었더라도 무형자산은 이러한 속성이 부족하다. 따라서 계약기능에서는 무형자산이 인식된 재무상태표의 역할은 제한적일 수밖에 없다. 전술한 Demerjian(2011)의 연구는 이를 잘 나타내 준다. 왜냐하면 공정가치평가 확대와 무형자산의 인식확대를 통한 가치평가기능의 중시에 따른 재무상태표는 계약기능에서는 그 유용성이 예전 같지 않음을 보여주기 때문이다.34)

그러나 이러한 무형자산의 증가가 현실로 다가옴에 따라 계약기능에서도 무형자산을 이용하는 추세가 증가하고 있다. 특히 전통적인 상업은행(commercial banks)이 그동안 외면해온 무형자산에 대해 담보력을 인정하여 추가여신을 제공하는 경우가 많아졌다. 이 외에도 무형자산의 거래가 활성화되고 평가기법이 발달함에 따라 무형자산에 내재된 정보비대칭(information asymmetry)의 문제가 완화되어 무형자산을 근거로 부채계약이 설정되는 빈도수가 높아지는 추세에 있다.35)

4. 무형자산과 가치평가기능

무형자산의 인식확대는 가치평가기능에 도움이 될 것으로 판단된다. 10개국, 1,855개 EU기업을 조사한 Boulerne and Sahut(2010)은 IFRS 도입 이전인 2002～2004년과 도입 이후인 2005～2007년의 기간에 걸쳐 영업권과 기타 무형자산의 가치관련성(value relevance)을 조사하였다. 분석결과에 따르면 영업권과 기타 무형자산 모두 양 기간에 걸쳐 가치관련성이 관찰되었다. 그러나 영업권은 IFRS 도입 이후에 가치관련성계수가 작아지는 반면, 기타 무형자산은 가치관련성계수가 커졌다. 이는 별도로 식별이 되지 않는 무형자산을 포함하는 영업권보다는 별도로 식별이 가능한 무형자산의 가치관련성이 IFRS 도입 이후에 높아졌음을 의미한다.

그러나 EU와 같은 시기에 IFRS를 도입한 호주기업을 연구한 Duboisee de Ricquebourg *et al.*(2011)에 따르면 IFRS 도입 이후 회계이익의 가치관련성은 증

34) 본서 제3장 참조.

35) Loumioti(2011)에 따르면 미국에서 1997년에 6%에 불과하던 무형자산 담보부 대출의 비율이 2005년에는 14%로 급증하였다. 본서 제3장 참조.

가한 반면, 장부가액의 가치관련성은 대폭 낮아졌다. 그런데 이러한 장부가액의 가치관련성 감소는 주로 무형자산의 가치관련성이 감소함에 따른 것이다. 즉 무형자산을 제외한 장부가액의 가치관련성에는 큰 변화가 없었다. 특히 무형자산의 비중이 상대적으로 낮은 추출기업(extractive firms)의 경우 장부가액의 가치관련성계수가 IFRS 도입 이후에 오히려 증가하였다.

이상의 연구결과는 IFRS 도입 이후 무형자산의 가치관련성 변화와 관련하여 상반된 결과를 제시하고 있다. 가치관련성 연구가 목적적합성과 신뢰성의 동시검정임을 고려하면[36] IFRS 도입 이후 세계 각국에서 투자자가 인식하는 무형자산에 대한 질적 속성에 차이가 있음을 시사한다. 따라서 무형자산에 대한 목적적합성과 표현충실성 등의 질적 속성을 검증하는 후속연구가 기대된다.

제9절 무형자산 수준의 측정수단[37]

전통적인 산업경제(industry economy)모형에서 지식기반경제(knowledge-based economy)모형으로 이동함에 따라 기업들은 혁신(innovation), 광고, 정보기술(information technology), 인간 자본(human capital) 및 고객과의 관계(customer relations) 같은 무형자본(intangible capital)에 대한 투자가 급증하고 있다. 이러한 현상을 바탕으로 특정기업에서 무형자산 집중도(intangible intensity)를 아래와 같은 방법으로 측정할 수 있다.

- 연구개발비(research & development expense : R&D)의 집중도 $= \dfrac{\text{연구개발비}}{\text{총비용}}$
- 시가 대 장부가액비율(market-to-book ratio) $= \dfrac{[(\text{주가} \times \text{발행주식수}) + \text{총부채}]}{\text{총자산}}$
- 판매관리비(selling, general, and administrative expense : SG&A)의 집중도 $= \dfrac{\text{판매관리비}}{\text{총비용}}$

36) 본서 제8장 참조.

37) Srivastava(2014).

〈표 5-6〉 무형자산 수준의 변화 추이[38]

Listing cohort	SG&A intensity(%)	COGS intensity(%)	Noncore intensity(%)	R&D intensity(%)	Market-to-book ratio
Seasoned firms	16.2	72.9	10.9	1.13	1.39
1970s wave	21.8	67.3	11.0	1.94	1.61
1980s wave	29.5	58.9	11.6	5.47	2.56
1990s wave	29.5	58.6	11.9	8.15	2.52
2000s wave	38.3	47.9	13.8	9.39	3.53

〈표 5-6〉의 내용에 따르면 판매관리비의 비중, 연구개발비의 비중 및 시가 대 장부가액비율은 시간경과에 따라 증가하는 모습을 보이고 있다. 그러나 매출원가(cost of goods sold : COGS)의 비중은 시간경과에 따라 감소하는 모습을 보이고 있다. 그러나 비핵심비용(noncore expense)의 추이는 명확한 패턴을 보이지는 않고 있다.[39]

제10절 영업권상각의 복원 검토

전절에서 영업권의 회계처리가 과거의 "상각 및 손상차손(amortization and impairment)" 접근법에서 현재의 "오로지 손상차손(impairment-only)" 접근법으로 바뀌게 된 배경을 언급하였다. 이는 2001년부터 FASB가 주도하고 IASB가 동의하여 영업권의 상각을 금지하고 오로지 손상차손만을 도입함으로써 무형자산에 대한 공정가치개념의 평가를 확대하는 추세에 따른 것이다. 그러나 기업결합시점에서 영업권을 공정가치로 측정하고, 손상차손검사를 매년 실시하는 것은 쉬운 일이 아니다. 더욱이 상당수의 이해관계자와 회계정보이용자는 현재의 규정이 야기하는 비용(cost), 시간소비(time consuming), 복잡성(complexity) 및 주관성(subjectivity)에 대해서는 불만을 드러내는 반면, 의사결정유용성에 대해서는 그 불만을 잠재울 만큼 높지 않다는 대체적인 합의에 이르렀다.

---

38) Srivastava(2014, p. 206).

39) noncore intensity = 1 − SG&A intensity − COGS intensity

1. FASB의 움직임

이에 따라 FASB는 비상장기업(private company)에 대해 2014년 1월에 영업권의 손상차손검사 대신에 10년 내의 정액법(straight-line basis) 상각을 허용하였다. 또한 종전에 매년 실시하도록 요구하던 손상차손검사를 결정적 사건(triggering event)이 있을 때에만 실시하도록 요구하고 더욱이 이 경우에도 필요 이상으로 복잡하다고 여겨진 종전의 보고단위차원(reporting-unit level)[40] 대신에 기업전체차원(entity level)에서 손상차손검사를 할 수 있도록 허용하였다.

또한 FASB는 2014년 12월에 종전 기업결합회계에서 영업권과 별도로 인식해야 했던 아래의 무형자산은 아예 인식하지 않을 수 있는 선택권도 추가로 인정하였다. 이는 무형자산의 일부를 영업권에 포함시켜 인식하는 것을 허용하는 것으로서 향후 영업권과 무형자산의 회계처리에 미칠 영향이 주목된다.

- 고객관련 무형자산(customer-related intangible assets)
- 비경쟁적 협약(noncompetition agreements)

한편 위의 대안(alternative)을 선택하는 기업은 반드시 영업권을 상각(amortize)하도록 하였다.[41] 이러한 움직임은 2001년 이후 FASB가 주도했던 영업권에 대한 "상각 대신 손상평가"라는 원칙을 사실상 포기한 것으로 해석된다. 이러한 결정은 공정가치에 의한 무형자산 및 영업권의 평가 및 후속적인 손상차손검사가 의사결정유용성에 기여하는 바가 기대보다 크지 않은 데다 관련비용 및 복잡성만 늘어난 것 같다는 회계정보 이해관계자집단의 불만과 집단민원에 FASB가 동의함으로써 옛날 방식으로의 복귀(returning to old regime)로 보인다.

이상의 조치는 비록 비상장기업에 대한 조치이기는 하지만 FASB의 움직임이 앞으로 상장기업이나 비영리조직까지 확대될 가능성이 높은 것으로 전망되고 있다. 왜냐하면 2013년 11월 25일 FASB는 상당수의 상장기업(public company) 및 비영리조직(not-for-profit organization)에서도 영업권의 손상차손검사에 따른 비용과 복잡성에 대한 불만이 상당함을 인정하여 이를 토의현안(agenda)에 포함시켰고, 2016년 5월 12일에는 첫 번째 단계로 손상차손검사를 간단하게 하는 exposure draft를 공표한 후 2017년 1월에는 Accounting Standards

40) K-IFRS에서 말하는 현금창출단위(cash-generating unit : CGU)와 유사하다.

41) FASB Accounting Standards Update 2014-02, January, 2014.
FASB Accounting Standards Update 2014-18, December, 2014. 수정요약

Update No. 2017-04를 통해 가상의 인수합병에서 결정되는 공정가치 대신 현재의 장부금액을 손상차손검사의 기준금액으로 이용할 수 있도록 하여 손상차손검사를 대폭 단순화시켰기 때문이다.

2. IASB의 움직임

IASB도 이 문제를 2013년에 “Post-implementation review of IFRS 3”라는 프로젝트에서 다루고 있으나 FASB와는 달리 현재의 “상각 대신 오로지 손상차손모형(no amortization, impairment only)”의 골격을 유지하면서 손상차손의 번거로운 절차만을 단순화하려는 의견이 있는 것으로 판단된다. 그러나 유럽회계에서 만만치 않은 영향력을 행사하는 것으로 알려진 유럽재무보고자문회의(European Financial Reporting Advisory Group : EFRAG)가 주도하고 일본과 이탈리아의 회계기준제정기구가 참여한 프로젝트보고서(2014년 7월 발간)에서는 영업권의 상각을 복원할

[그림 5-4] 영업권회계처리에 대한 응답자 의견분포[42]

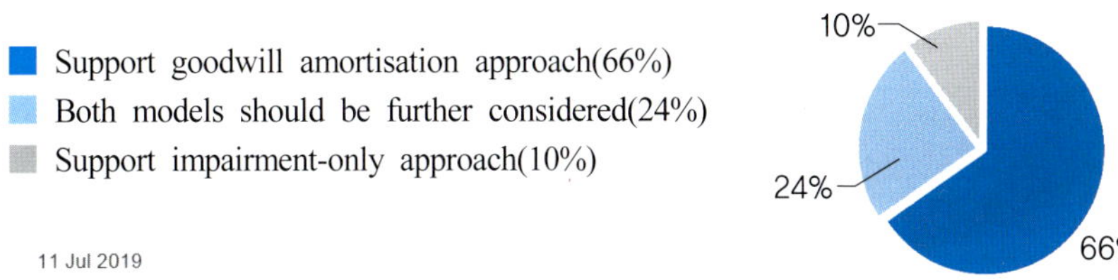

11 Jul 2019

The US standard-setter FASB has issued an invitation to comment 'Identifiable Intangible Assets and Subsequent Accounting for Goodwill', which notes that the FASB has been considering whether to change the subsequent accounting for goodwill for cost-benefit reasons. US GAAP currently requires a goodwill impairment model.

The IASB has also been discussing restoring amortisation of goodwill. In December 2017, the Board decided tentatively not to reintroduce amortisation and to focus on improving the impairment model instead. It confirmed this decision at its June 2019 meeting. However, the paper was the most heavily debated paper during the session as improving the impairment model has turned out to be very difficult, and the final decision was very close. The Board finally decided by a vote of 8 to 6 to confirm its preliminary view not to reintroduce amortisation and to retain an impairment-only model.

The FASB's invitation to comment offers a comprehensive analysis of the subsequent accounting for goodwill as well as a comparison with the IASB approach and the approach of the Japanese standard-setter ASBJ.

42) Feedback Statement, Responses to the Discussion Paper “Should Goodwill Still Not be Amortised? Accounting and Disclosure for Goodwill”, February, 2015.

것을 제안(reintroduction of goodwill amortization would be appropriate)하고 있다. 더욱이 이 보고서에 대한 Feedback Statement(2015년 2월 발간)에서도 응답자의 절대다수가 영업권상각의 복원을 지지하고 있다. [그림 5-4]는 본 이슈에 대한 응답자의 인식분포와 후속조치를 보여주고 있다. 응답자의 여론은 압도적으로 상각의 재도입을 희망하고 있다. 그러나 IASB는 공식적으로 8 : 6의 박빙의 투표결과로 상각(amortization)을 도입하지는 않기로 결정한 반면 FASB는 2019년 7월 11일 의견조회를 공식적으로 제기하여 이 문제와 관련하여 IASB와 FASB가 서로 다른 길을 가게 될지 주목된다.[43]

3. KASB의 움직임

한편 우리나라에서도 K-IFRS와 달리 일반기업회계기준에서는 영업권에 대하여 20년 이내에 정액법에 의하여 상각하도록 하고 있다. 특히 2014년 6월에는 영업권에 대한 손상차손규정을 아예 삭제하여 상각에 의한 장부금액의 감소만을 인정하였다.[44]

〈표 5-7〉 지식재산권의 유형과 내용

유 형	분 류	내 용
산업재산권	특허권	기술적 창작
	실용신안권	실용적 창작
	디자인권	심미감을 느낄 수 있는 모양
	상표권	타 상품과 식별할 수 있는 기호 도형 등
저작권	저작권	문학 및 예술분야 창작물
	저작인접권	실연자, 음반제작자의 권리 등
	산업저작권	컴퓨터 프로그램, DB, 콘텐츠 등
신지식재산권	첨단산업재산권	반도체 배치설계, 인공지능, 사업방법 등
	정보재산권	영업비밀 등
	신상표권	캐릭터, 지리적 표시, 소리상표, 냄새상표 등

자료 : 한국산업기술진흥원

43) http://www.iasplus.com/en/meeting-notes/iasb/2014/december/post-implementation-review-of-ifrs-3, "Should Goodwill Still Not be Amortised? Accounting and Disclosure for Goodwill" by the Accounting Standard Board of Japan(ASBJ), European Financial Reporting Advisory Group (EFRAG) and the Italian Standard Setter, the Organismo Italiano di Contabilità(OIC). July, 2014.

44) 일반기업회계기준 연차개선, 2014.6.27, 일반기업회계기준 제12장 사업결합.

무형자본을 강조하는 통합보고서(Integrated Reporting)

1901년 창사 이래 세계 최고의 철강회사 자리를 지켰던 US스틸. 1903년 US스틸은 최초의 연차보고서(1902년 기준)를 주주들에게 발행했다. 현재 매 분기 작성하는 상장사의 재무상태표와 손익계산서는 이때 이미 기본 구조와 내용이 정립된 것으로 알려져 있다. 그로부터 110년이 지난 2012년 US스틸이 작성한 재무제표와 손익계산서를 보면 양식은 물론 구조에 아무런 변화가 없다.

지난해 국내에 출간된 '회계는 필요 없다'의 저자 바루크 레브 뉴욕대 교수와 펭 구 버펄로대 회계학과 교수는 "투자자들이 필요로 하는 정보와 재무분석 및 기업 가치평가에 필요한 도구가 지난 110년 동안 그 어떤 진전도 없었다"고 잘라 말한다. 황성식 가천대 글로벌경영학과 교수는 "전통적 회계정보는 그 유용성에 심각한 도전을 받고 있다"며 "자본시장이 선진화될수록 재무보고의 한계를 넘어

S&P500 기업 시장가치 구성 분석(단위 : %)

	유형자산(설비 · 건물 등)	무형자산(브랜드 · 지식재산권 등)
1975년	83	17
1985년	68	32
1995년	32	68
2005년	20	80
2015년	16	84

비재무적 정보까지 포함하는 새로운 기업보고서를 필요로 한다"고 지적했다.

황 교수가 분석한 '회계는 필요 없다'에서 말한 회계정보의 유용성이 떨어지는 원인은 세 가지다. 첫째, 무형자산이 기업가치에 미치는 영향력은 높아지는데 이를 대부분 비용으로 처리하는 현행 회계정보가 기업가치를 평가하는 데 별 도움이 되지 않는다는 인식이 퍼져 있다. 둘째, 회계기준에 추정치를 쓰는 경우가 늘다 보니 오류와 조작 가능성 또한 커져 회계정보의 신뢰성이 저하되고 있다. 셋째, 기업가치와 주가에 영향을 주는 비거래적 사건이 늘고 있으나 회계보고서에는 상당한 시차를 두고 반영되거나 아예 누락되는 경우가 발생한다.

기관투자가에 자문과 컨설팅 서비스를 제공하는 미국의 오션 토모(Ocean Tomo)는 2015년 S&P 500 기업들의 시장가치를 설비·건물 등 유형자산과 브랜드·지식재산권 등 무형자산으로 구분해 분석했다. 분석결과에 따르면 1975년에는 유형자산은 83%, 무형자산은 17%의 비중을 차지했다. 그러나 40년이 흐른 2015년에는 상황이 역전돼 유형자산 비중은 16%로 줄고, 기업 시장가치의 대부분을 무형자산(84%)이 차지했다.

지식·정보화 사회가 도래하면서 기업가치의 원천은 무형자산으로 옮겨졌다. 이에 따라 기존 재무 중심 기업보고에서 기업의 장기 가치와 지속가능성에 초점을 둔 여러 대안이 제시되고 있다.

2010년 8월에 설립된 국제통합보고위원회(IIRC·International Integrated Reporting Council)에서 제정한 '통합보고서(Integrated Reporting)'도 새 대안이다. 통합보고서는 전통적인 재무제표에서 주로 다룬 재무자본과 제조자본 이외에 자연자본, 사회·관계자본, 인적자본 및 지적자본 등 여섯 가지 자본을 제시한다.

(매일경제, 2018.4.20 수정요약)

연습문제

1 무형자산 인식기준의 변화를 설명하라.

2 R&D의 회계처리와 관련하여
(1) 회계처리방법의 종류를 설명하라.
(2) 회계처리방법에 따라 주가에 차이가 있는가?
(3) 회계기능의 종류별로, 위의 결과가 회계에 미치는 영향에 차이가 있는가?

3 무형자산으로 처리할 수 있는 가상자산의 범위와 회계처리방법을 설명하라.

4 현대자동차의 베르나(Verna) 보증서에는 다음과 같은 문구가 있다.

> "보증기간은 신차출고일로부터 적용되며 기간 또는 주행거리 중 먼저 도래한 것을 보증기간의 만료로 간주합니다."

구 분	보증수리기간
차체 및 일반부품	2년, 40,000km
엔진 및 동력계통	3년, 60,000km
냉, 난방장치	1년

(1) 위의 보증수리기간이 의미하는 바를 전통적 감가상각의 표현충실성과 관련지어 설명하라.
(2) 감가상각기법에서는 기간이나 주행거리 중 하나만을 고려하는 것이 보통인 데 비해 자동차메이커가 기간과 주행거리를 동시에 고려하는 이유는 무엇인가?
(3) 자동차보유자는 부품별 감가상각을 하지 않는 것이 일반적이나 자동차메이커는 A/S 정책으로 이러한 부품별 감가상각의 개념을 도입하는 이유는 무엇인가?
(4) 원가모형에서 감가상각으로 포착되지 않는 유·무형자산의 경제적효익의 감소에 대한 회계인식은 어떻게 이루어지는가? K-IFRS에 있는 구체적인

사례를 들어 설명하라.

5 기업의 brand 가치를 소개한 Business Week(2001.8.6)에는 다음과 같은 문구가 있다.

> "Nothing contained in the valuations should be relied upon as a promise or representation as to the future prospects of the brands or companies"

(1) 이러한 단서조항이 회계에서 시사하는 바는 무엇인가?
(2) 유형자산과 무형자산 사이에 이러한 단서조항이 차별적으로 적용될 수 있는 이유는 무엇인가?

6 전통적인 감가상각이 갖는 문제에는 어떤 것이 있는가?

7 원가모형과 재평가모형을 비교하여 설명하라. 또한 (1) 손상차손의 환입이 평가유형별로 어떤 차이가 있는지 설명하고, (2) 영업권의 손상차손 회계처리가 다른 자산의 그것과 구별되는 점은 무엇인가?

8 유・무형자산의 재평가와 기타포괄손익-공정가치측정(FVOCI)금융자산의 재평가와 관련하여,
(1) 공통점과 차이점을 서술하라.
(2) 유・무형자산의 재평가를 보수주의적 규정이라고 볼 수 있는가? 볼 수 있다면 그 이유를, 볼 수 없다면 그 이유를 서술하라.

9 Celtic과 Everton의 무형자산 회계처리를 비교하여 설명하라.

10 최근 들어 영업권의 상각(goodwill amortization)이 부활의 조짐을 보이고 있는 상황을 설명하라.

CHAPTER 6

인터넷과 회계

제1절 인터넷의 영향

회계정보의 공시와 관련한 인터넷의 영향력은 실로 막대하며, 다음과 같은 이점이 있다.[1)]

- 비용과 시간의 절감[2)]
- 정보이용자와의 커뮤니케이션 강화
- 공시되는 정보의 종류와 양의 증가
- 잠재적 투자자에 대한 접근성 증가

아래에서는 인터넷이 회계에 미치는 영향을 회계정보의 질적 특성의 관점에서 살펴본다.

1. 적시성의 확보

인터넷에 의한 회계정보의 제공은 적시성(timeliness)의 차원에서 획기적인 개선이 가능하다. 기술적으로는 연차보고서, 반기보고서 및 분기보고서를 뛰어넘어 실시간(real-time) 재무제표의 제공도 가능하게 되었다. 그러나 이러한 적시성과 관련하여 살펴볼 문제는 신뢰성의 확보이다. 또한 회계감사와 관련된 인증(assurance)의 강도를 어느 수준까지 요구할지 문제가 된다.

2. 비재무정보 또는 미래지향적 정보의 제공

공급되는 정보의 종류가 다양해짐에 따라 비재무정보와 미래지향적 정보의 비중은 커지고 있으나 이들 정보의 신뢰성과 관련된 문제는 새로운 도전으로 다가오고 있다. 특히 인터넷을 통한 대규모 이해관계자의 접근가능성 확대로 비

---

1) FASB(2000, p. 1).

2) 미국의 경우 2000년 기준으로 14,000여개의 기업이 그들의 인쇄물 재무제표 작성비용으로 85억 달러를 쓴 것으로 추정된다(Evans, 2003, p. 337).

계량적 미래정보를 제공하는 데 따른 잠재적인 위험과 법률적인 책임문제도 제기되고 있다.

3. 공시내용의 다양성과 변동성

사업보고서나 영업보고서의 내용은 상당히 정형화되어 있는 반면 인터넷을 통한 정보제공은 정보의 내용이나 형식이 매우 다양하다. 또한 웹사이트의 회계 관련정보의 공시는 대부분 해당기업의 자발성에 의존하고 있으며 따라서 본격적인 규제의 대상도 아직은 아니다.[3] 예를 들면 적정의견 이외의 감사의견을 받은 기업의 상당수는 감사보고서를 생략한 채 재무제표를 공시하는 경우도 많은 것으로 관측된다. 또는 재무분석가의 예측치나 기업분석내용 중 해당기업에 유리한 정보만 연결시키는 경우도 많이 관측된다.[4] 이는 규제기관의 관점에서 극복해야 할 과제이나 인터넷상의 다양한 정보의 유통을 규제의 개념으로 접근하는 것에는 한계가 예상된다.

4. 제3자에 의한 정보제공

인터넷의 속성상 제3자에 의한 정보제공의 내용과 범위도 활발해지고 있다. 즉 전문 정보처리 및 공급업체들은 다양한 형식과 내용의 기업정보를 유·무상으로 이용자에게 제공하고 있으나, 이는 정보의 원천인 해당기업과 이의 응용과 관련된 정보공급업체의 책임구분 문제를 제기할 가능성이 있다. 이상의 내용을 [그림 6-1][5]을 이용하여 정리하면 다음과 같다.

---

3) Ettredge *et al.*(2001). 그러나 후술하는 대로 미국의 경우 2005년부터 연차보고서의 인터넷 홈페이지 공개가 강제되어 회계정보의 인터넷 공시는 더 이상 규제의 사각지대가 아니다.

4) 장지영·권선국(2009)은 국내 상장기업을 대상으로 인터넷을 통한 재무정보 공시수준을 측정하고, 기업의 소유구조가 인터넷 재무정보 공시수준에 미치는 영향을 분석하였다. 연구결과에 따르면 대주주 1인 지분율은 인터넷 재무정보 공시수준과 음(−)의 유의적인 관련성이 있는 것으로 나타났다. 이는 기업의 소유구조가 인터넷을 통한 재무정보 공시에 일정한 영향력을 행사하고 있음을 나타낸다.

5) Lymer *et al.*(1999, p. 79) 수정요약.

[그림 6-1] 인쇄물 재무보고와 인터넷 재무보고의 비교

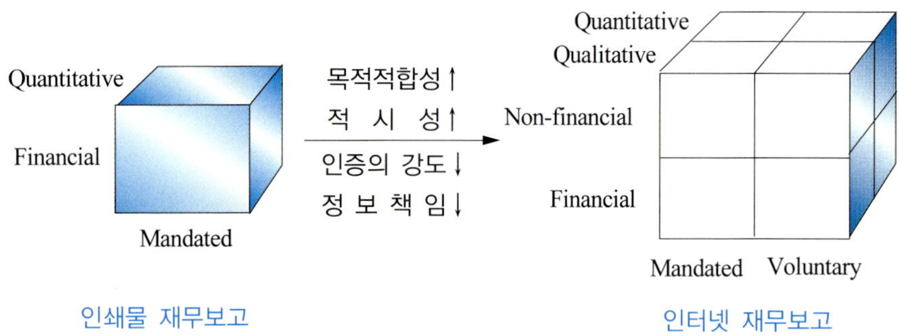

이 그림의 의미는 인터넷 재무보고는 전통적인 인쇄물 재무보고가 중시하는 양적 · 재무적 · 의무적 보고항목 이외에 질적 · 비재무적 · 자발적 보고항목으로의 영역확장이 가능하다는 것이며, 이때 적시성과 목적적합성을 확보할 수 있는 반면에 감사인에 의한 인증의 강도나 정보책임에서는 문제를 야기할 수 있어 신뢰성은 떨어질 수 있다는 것이다. 따라서 인터넷은 회계영역에 긍정적인 영향뿐만 아니라 보안문제나 객관성문제 같은 도전과제도 던져주고 있다. 보안문제란 인터넷을 통해 공시되는 정보는 반드시 회사의 승인을 받은 후 공시되어야 하고 공시된 내용이 함부로 바뀌는 일이 없어야 한다는 것이며, 객관성문제란 인터넷을 통한 정보의 공시가 아직은 본격적인 규제의 대상이 아니다 보니 기업에 유리한 정보만이 공시되는 경향이 있으므로 인터넷을 통한 정보제공이 신뢰성 있는 정보채널이 되도록 규제가 필요하다는 것이다.

제2절 인터넷과 자본시장

미국의 SEC는 분기별 보고서(Form 10-Q)와 연차보고서(Form 10-K)의 제출기한을 축소하여 2005 회계연도부터 연차보고서는 회계연도 종료 후 90일에서 60일로, 분기보고서는 분기 종료 후 45일에서 35일로 축소하였다. 또한 연차보고서는 SEC 제출 후 즉시 회사 홈페이지에 공시하도록 하였다.6) 이로써 인터넷

6) U.S. SEC, 2002.8.27.

[그림 6-2] 분기이익공시일 주변의 검색수준변화

Panel A : Google

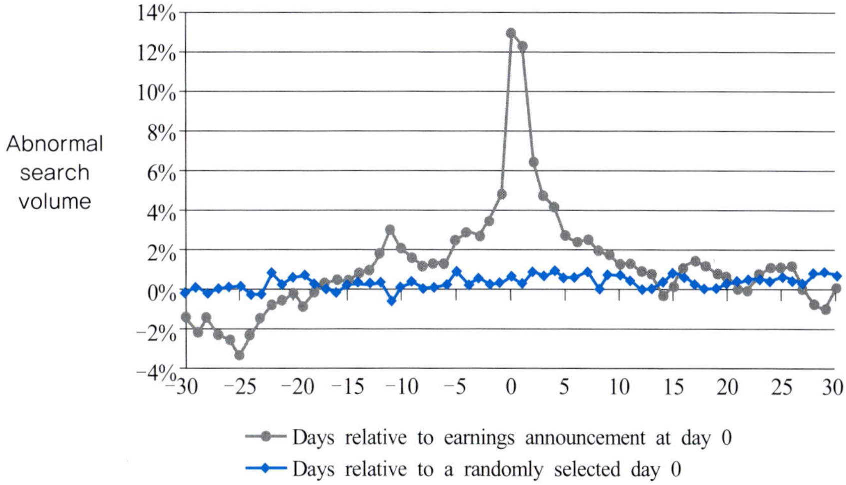

• 위 그림은 표본기업의 분기이익공시일(0) −30일부터 +30일까지의 검색수준의 변동을 보여준다.

Panel B : Yahoo Finance

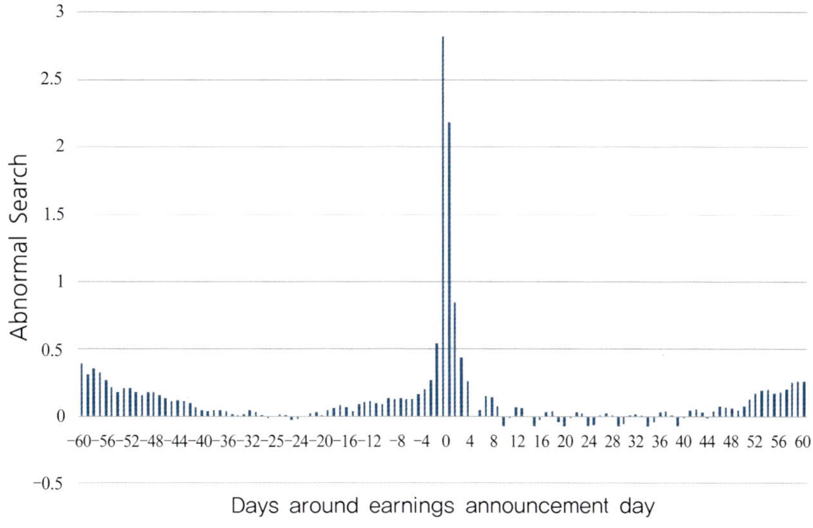

• 위 그림은 표본기업의 분기이익공시일(0) −60일부터 +60일까지의 검색수준의 변동을 보여준다.

을 통한 회계정보의 제공이 본격적으로 규제의 영역에 추가되어 공시내용의 신뢰성 확보문제 등에 대한 후속조치가 주목받게 되었다.

[그림 6-2]의 Panel A는 Drake *et al.*(2012)에서 사용된 표본기업의 분기이익공시일의 Google 검색수준을 평상시와 비교하여 보여주고, Panel B는 Lawrence *et al.*(2016)에서 사용된 표본기업의 분기이익공시일의 Yahoo Finance 검색수준을 평상시와 비교하여 보여준다. 두 그림 모두 분기이익공시일을 중심으로 인터넷매체의 검색빈도가 급격히 상승하는 모습을 보이고 있다.

Drake *et al.*(2012)의 연구결과에 따르면 분기이익공시일 이전에 정보검색이 활발한 기업일수록 분기이익공시시점의 주가와 거래량 반응은 낮은 것으로 나타났다. 이는 비록 회계정보의 취득을 위해 Google 검색기능을 이용하는 투자자의 대부분은 “기관투자자”라기보다는 “개미투자자(retail investor)”일 것으로 추측되지만 이러한 공시시점 이전의 정보검색기능이 분기별 회계이익공시의 정보효과(information content)를 상당부분 선점(preempt)하여 공시당일의 정보효과가 축소되는 것으로 해석된다. 이는 인터넷을 통한 회계정보의 신속하고 광범위한 전파가 자본시장의 효율성 증진에 기여하는 측면으로 판단된다. 한편 Lawrence *et al.*(2016)의 연구결과에 따르면 Google보다는 Yahoo Finance가 회계이익에 대한 반응과 주식수익률에 대한 설명력이 높은 것으로 나타나 인터넷 검색 사이트의 종류에 따라 정보전파능력 및 정보효과에 일정한 차이가 있는 것으로 나타났다.[7)]

제3절 XBRL[8)]

XBRL(eXtensible Business Reporting Language)은 차세대 인터넷 언어인 XML (eXtensible Markup Language)을 기반으로 복잡한 기업정보를 효율적으로 생성·교환·비교할 수 있도록 만든 기업보고용 국제표준화 언어이다. 이는 서로 다

7) Yahoo Finance는 하루 평균 3천만명 이상의 이용자가 접속하는 미국 최대의 재무자료 웹사이트이다. 미국판 DART라고 볼 수 있는 EDGAR의 하루 평균 접속자수는 6만명에 불과해 Yahoo Finance의 대중성을 알 수 있다.

8) SEC의 Chairman이 XBRL을 Interactive Data라고 부른 이래 미국(특히 SEC)에서는 이 용어가 많이 쓰이고 있다(Turner, 2009). 2009년 1월부터 미국의 SEC는 재무제표 제출시 interactive data files(XBRL-tagged information)를 첨부하도록 요구하고 있다.

른 양식으로 작성된 기업정보를 이미지로 인식해 인터넷에 올리는 방식(pdf)에서 벗어나 데이터를 인터넷 기반의 툴에 단 한 번 입력함으로써 정보수요자가 원하는 여러 가지 형식으로 변환이 가능하고 실시간으로 정보를 공유할 수 있음을 의미한다.

1. DART vs XBRL[9)]

우리나라에서는 인터넷의 보급과 함께 HTML(Hyper Text Markup Language) 기반으로 개발된 DART 시스템을 통한 공시 의무화가 2001년부터 실시되었다.[10)] 이는 공시 관련 패러다임을 완전히 전환하게 된 계기로서, 기존의 지면을 통해 이루어지던 공시방식에서 인터넷 기반 공시방식으로 변경되면서 정보이용자의 접근성(accessibility)이 획기적으로 개선되었다.

그러나 기존의 웹(Web) 문서들은 HTML 기반으로 구성되었기 때문에 모든 문서를 찾아낸 후 이 중에서 원래 찾고자 했던 문서에 가장 근접한 정보를 확인 및 압축하는 방식으로 정보를 수집하였다. 따라서 HTML 기반 검색시스템에서는 필요 정보를 획득하기 위해 여러 단계를 거쳐야 하며, 검색된 정보들의 정보원천이 상이할 경우 검색에 소요되는 시간과 노력이 증가한다는 단점이 있었다. 따라서 기업들이 HTML 기반 DART 시스템을 통해 공시를 하는 경우 공시내용은 모두 텍스트(text)로 처리되기 때문에 필요 정보를 발췌하거나 혹은

인터넷상의 주요 전자문서언어 비교

- HTML(Hyper Text Markup Language)
  글자 크기 및 색깔과 같은 화면구성에 중점을 둔 언어
- SGML(Standard Generalized Markup Language)
  출판환경에 적합한 언어로서 인터넷상에서의 사용이 복잡하다는 단점이 있음
- XML(eXtensible Markup Language)
  스키마(schema, 마크업에 사용되는 tag에 대한 정의파일)를 통해 의미가 확실한 전자문서 제공

9) 고윤성 등(2012) 수정요약.

10) 전자공시시스템(Data Analysis, Retrieval and Transfer System : DART)은 상장법인 등이 공시서류를 인터넷으로 제출하고, 투자자 등 이용자는 제출 즉시 인터넷을 통해 조회할 수 있도록 하는 기업공시시스템이다(http://dart.fss.or.kr/introduction/content1.do).

수량적 정보를 원하는 형태로 가공하는 데 한계가 존재했다.

반면 XBRL은 차세대 인터넷 언어인 XML에 기반을 둔 전산체계이므로, XBRL을 효율적으로 활용하면 HTML이 가진 한계를 극복할 수 있다. 즉, XBRL Taxonomy를 기반으로 한 정보에는 그 내용을 설명하는 고유 태그(Tag)가 붙게 되는데, 태그(Tag)로 마크된 정보가 한번 컴퓨터에서 인식되면, 향후에 동일 정보를 다시 입력해야 할 경우 추가적인 작업 없이도 자동으로 인식된다. 따라서 XBRL을 재무제표에 적용하면 재무자료의 중복적인 생성 없이 원하는 정보의 형태로 가공하여 사용할 수 있으므로 정보에 대한 접근가능성이 더욱 높아지게 된다. 즉, XBRL을 도입하면, 정보를 작성하기 위해 동일한 정보를 반복적으로 입력해야 하는 일이 줄어들고, 정보의 호환성이 높아져 정보교환비용이 절감된다. 또한 정보제공자인 기업이 동일한 재무제표 정보를 여러 관련 기관에 제출하기 위해 재입력하는 경우 오류발생 가능성이 존재하였으나, XBRL 시스템에서는 오류발생 가능성은 사라져 궁극적으로 재무보고의 효율성이 높아짐은 물론 이 정보를 통한 의사결정의 질 역시 향상시킬 수 있다.[11)]

2. XBRL의 등장

XBRL은 1999년 찰리 호프만이라는 회계사가 XBRL을 이용한 기업정보보고의 표준을 개발한 것이 그 시발점이다. 이에 학계와 업계의 높은 관심 속에 미국공인회계사회와 회계법인을 포함한 12개 기업이 XBRL운영위원회(steering committee)를 구성해 XBRL의 발전방향에 관한 정책을 결정하기로 방침을 정한 바 있다. 이러한 노력을 바탕으로 2000년에는 미국의 금융 및 제조업을 위한 XBRL 세부명세서를 개발해 발표했으며 XBRL을 모든 국가에 보급하기 위해 XBRL인터내셔널(http://www.xbrl.org)을 창립하는 데 합의했다.

XBRL이 보급되는 데 결정적 계기로 작용한 것은 미국 상장기업의 공시시

---

11) 금융감독원의 XBRL 시스템에서 작성된 XBRL 재무제표는 개별 항목 및 수치에 대하여 각각 표준화된 식별코드(Tag)를 갖고 있어 컴퓨터가 그 의미를 손쉽게 인식하여 회계정보를 자동으로 DB화할 수 있다. 따라서 아래와 같은 항목별, 업종별 또는 기업간 재무제표의 자동분석이 가능하다.

- 감독기구 : 감독·감리대상 기업 선정의 효율화(예 : 전년 대비 부채비율 증가율 상위 기업, 부채비율 업종 대비 2배 이상인 기업, 업종별 EBITDA 상위 기업)
- 개인투자자 등 : 재무정보를 활용한 가치투자분석(예 : 특정연도 유통업에 속한 기업의 자산총액, 매출액, 감가상각비, 이자비용 검색, PER, PBR, 각종 재무비율의 활용) (최영일, 2015)

스템인 EDGAR Online이다. EDGAR Online은 미국증권거래위원회(US Securities and Exchange Commission, 이하 SEC)가 운영하는 공시시스템으로 이곳에는 약 12,000개 기업들이 등록되어 있으며, 2,200개의 협회와 8,000개의 펀드가 등록되어 있다. 즉 EDGAR Online은 미국 상장기업에 관한 각종 회계자료 및 소유구조 등에 관한 여러 보고서들이 취합 및 분석되는 공시사이트이다.12)

3. XBRL의 구성

XML(eXtensible Markup Language)에 기반한 XBRL은 모든 기업정보에 그 내용과 특징을 표시하는 이름표(tag)를 붙이는 것이 기본개념이다. XBRL은 XML 이름표를 이용해 기업정보의 유통을 표준화하고 정보의 분류 · 검색 · 활용에 획기적인 개선을 이룬 것으로, 정보의 호환성 · 공유성이 가장 큰 특징이다. XBRL은 크게 Tag, Taxonomy, Instance문서로 구성되어 있다.

- Tag : 공시대상 항목의 표준화된 정의를 알려주는 바코드의 역할을 하기 위해 "<" 와 ">"가 첨부됨
- Taxonomy : 특정 회계기준, 산업, 기업의 정보공시를 위한 태그의 사전
- Instance문서 : 데이터의 분석이 가능한 재무제표 등과 같은 구조화된 문서

Taxonomy는 XML 데이터베이스의 확장으로, 표준계정과목체계를 의미한다. 회계기준에 따른 계정과목의 명칭, 계산식, 표시순서, 계정과목간 관계, 그리고 회계기준 근거조항 등을 체계적으로 집계한 정보를 말한다.

Instance문서는 XBRL 기반으로 태그 처리된 회계정보 아이템들을 포함한 기업의 여러 공시용 정보를 포함하고 있는 전자문서를 나타낸다. 즉, Taxonomy는 회계정보 아이템(계정이나 주석 항목)들에 대한 표준적인 이름과 정의, 그리고 아이템들간 계층구조에 대한 정의 등 정보를 분류하고 구조화한 분류체계로서, 정보를 처리하기 위한 전산파일이지만 파일의 내용을 구성하는 것은 모두 기업의 사업 관련 보고(Business Reporting)와 관련된 내용을 담고 있다. 또한 Taxonomy는 XML 기반으로 구축된 데이터베이스 및 이를 내 · 외부적으로 연결시키는 역할을 담당하는 언어인 LinkBase로 구성된다. 이 두 가지 요소

12) 고윤성 등(2012, p. 92).

를 통해 Instance문서의 내용, 구조, 처리방법 등을 정의하는 것이며, 이렇게 구성된 Taxonomy는 정보의 구조 및 정보의 속성을 포함하고 있는 설계도와 같은 것이 된다.

[그림 6-3]은 XBRL의 구성요소를 도식화한 것이다.[13]

[그림 6-3] XBRL의 구성요소

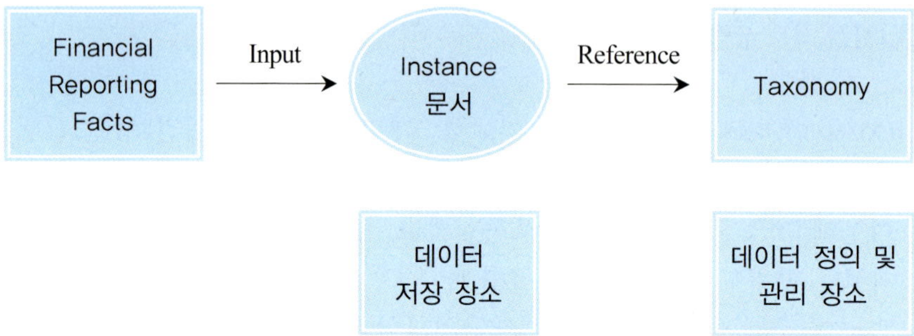

자료 : 한국공인회계사회, 2005, XBRL 도입과 한국공인회계사회의 역할.
UBMatrix, 2007, 110 introduction To XBRL Taxonomies and instance document.

4. XBRL의 구조[14]

XBRL에서 모든 재무정보데이터는 그 데이터 하나하나를 알아볼 수 있도록 하기 위한 Tag(“<” 와 “>”)가 첨부된다. 이러한 Tag로 데이터 하나하나가 각각의 아이템으로 구별된다. XBRL 데이터는 크게 Taxonomy문서와 Instance문서로 분류된다. Instance문서는 회계정보를 기술한 XML문서이며, Instance문서의 계정과목명이나 각 정보의 표시순서, 처리순서는 Taxonomy문서에서 정의된다.

Taxonomy문서는 다시 XML 스키마(Schema)와 LinkBase로 나뉜다. XML 스키마는 Instance에서 사용하는 요소, 속성 등을 정의한다. 즉 계정과목 등이 정의될 뿐만 아니라 그들간의 관계를 설명한다. 이러한 Taxonomy문서에는 실제 데이터값은 포함되지 않으며, 실제 데이터값은 Instance문서에 나타난다. 즉, Taxonomy문서가 요소간 개념관계를 보여주는 반면 Instance문서는 데이터값을

13) 고윤성 등(2012, pp. 94~95) 수정요약.
14) 박일선(2010, pp. 11~20) 수정요약.

보여준다. 따라서 매년 재무제표를 작성할 때 개념의 의미는 변하지 않고 데이터값만 변한다면 Instance문서만 다시 작성하면 되고 Taxonomy문서는 회계기준이 변하지 않는 한 이전 것을 그대로 사용할 수 있다.

〈표 6-1〉 XBRL Taxonomy

XBRL Taxonomy	스키마 (Schema)	계정과목명 및 데이터 속성 등을 표현하는 정보
	링크베이스 (LinkBase)	스키마에 나타나는 계정과목 등의 정보에 대한 정의, 순서, 계산식 및 근거조항 등에 대한 정보

[그림 6-4] IFRS Taxonomy-재고자산 (IAS 2)

IAS 2		
[826380] 재고자산		
재고자산	text block	IAS 2-Disclosure
재고자산을 측정하는 데 적용된 회계정책에 대한 기술	text	IAS 2.36a
재고자산의 단위원가 결정방법	text	IAS 2.23, IAS 2.36a
순공정가치로 보고하는 재고자산	×	IAS 2.36c
재고자산평가손실	×	IAS 2.36e
재고자산평가손실환입	×	IAS 2.36f
재고자산평가손실환입을 초래한 상황	text	IAS 2.36g
당기에 비용으로 인식한 재고자산의 원가	×	IAS 2.36d
담보제공 재고자산	×	IAS 2.36h

```
  <?xml version="1.0" encoding="UTF-8" ?>
- <link:linkbase xmlns:link="http://www.xbrl.org/2003/linkbase" xmlns:gen="http://xbrl.org/2008/generic"
   xmlns:xlink="http://www.w3.org/1999/xlink" xmlns:label="http://xbrl.org/2008/label"
   xmlns:xsi="http://www.w3.org/2001/XMLSchema-instance" xsi:schemaLocation="http://www.xbrl.org/2003/linkbase
   http://www.xbrl.org/2003/xbrl-linkbase-2003-12-31.xsd http://xbrl.org/2008/label http://www.xbrl.org/2008/generic-
   label.xsd http://xbrl.org/2008/generic http://www.xbrl.org/2008/generic-link.xsd http://www.w3.org/1999/xlink
   http://www.xbrl.org/2003/xlink-2003-12-31.xsd">
   <link:roleRef roleURI="http://www.xbrl.org/2008/role/link" xlink:href="http://www.xbrl.org/2008/generic-link.xsd#standard-
     link-role" xlink:type="simple" />
   <link:roleRef roleURI="http://www.xbrl.org/2008/role/label" xlink:href="http://www.xbrl.org/2008/generic-
     label.xsd#standard-label" xlink:type="simple" />
   <link:arcroleRef arcroleURI="http://xbrl.org/arcrole/2008/element-label" xlink:href="http://www.xbrl.org/2008/generic-
     label.xsd#element-label" xlink:type="simple" />
 - <gen:link xlink:role="http://www.xbrl.org/2008/role/link" xlink:type="extended">
     <link:loc xlink:href="rol_ias_2_2011-03-25.xsd#ias_2_2011-03-25_role-826380" xlink:label="loc" xlink:type="locator" />
     <label:label xlink:label="loc_2" xlink:role="http://www.xbrl.org/2008/role/label" xlink:type="resource" xml:lang="ko">[826380]
       주석 - 재고자산</label:label>
     <gen:arc xlink:arcrole="http://xbrl.org/arcrole/2008/element-label" xlink:from="loc" xlink:to="loc_2" xlink:type="arc" />
   </gen:link>
  </link:linkbase>
```

XBRL Taxonomy는 XML 스키마를 확장하여 비즈니스 보고서의 표준분류체계로 채택되었다. 즉 XBRL Taxonomy는 XML 스키마에 비즈니스 보고서와 관련된 새로운 요소들을 정의하고 그 요소들에 사람들이 인식할 수 있는 상호관계를 나타내는 5개의 LinkBase를 추가한 것이다.[15] 〈표 6-1〉은 XBRL Taxonomy의 구조 및 구성내용을 나타낸다. [그림 6-4]는 2011 Korean IFRS Taxonomy의 IAS 2(재고자산)를 예시한 것이다.[16]

5. XBRL의 장점

(1) 비용절감

정보의 호환과 공유에 의한 정보교환비용의 절감이 가능하다. 기존의 재무보고는 보고서가 필요할 때마다 마치 처음 보고서를 작성하는 것처럼 정보를 입력하고 검색·추출하는 과정을 반복한다. 그러나 XBRL을 이용하여 정보유통을 표준화하면 자료의 재입력과 탐색비용은 획기적으로 감소한다.

(2) 투명성 제고

XBRL은 광범위한 회계정보이용자로 하여금 기업정보에 접근하고 분석하는 것을 가능하게 함으로써 투명한 회계정보의 생성을 유도하고 정보민주화(information democracy)에 기여한다. 특히 XBRL은 기업과 외부정보이용자 간의 정보교류에 대한 투명성뿐만 아니라 기업내부에서의 정보제공자와 정보이용자 간의 정보교류에 대한 투명성을 제고할 수 있다.

(3) 적시성 제고

IT의 발전에 힘입어 정보의 실시간 처리 및 보고(rcal timc information processing & reporting)가 가능해져 이용자들에게 기업정보를 적시에 제공함으로써 의사결정의 질을 향상시킬 수 있다.

---

15) 5개의 LinkBase는 레이블(Label), 참조(Reference), 프레젠테이션(Presentation), 계산(Calculation), 정의(Definition)이다.

16) http://www.ifrs.org/Use+around+the+world/IFRS+translations/Korean+IFRS+Taxonomy.htm

[그림 6-5] XBRL의 장점[17)]

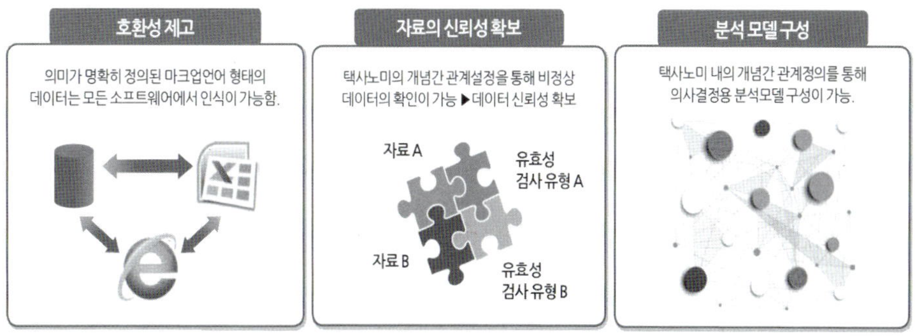

6. XBRL이 의미하지 않는 것[18)]

① XBRL은 회계기준이 아니다. 또한 XBRL의 도입을 위해 기존의 회계기준을 변경할 필요도 없다. XBRL은 회계기준을 포함한 기업정보를 표현하는 방법의 하나이기 때문이다.

② XBRL은 상세화된 공통의 계정과목이 아니다. 즉, 산업별, 기업별로 똑같은 계정과목을 적용하자는 것이 아니라, 똑같은 포맷으로 데이터를 나타내자는 것이다.

③ XBRL은 기업회계의 표준번역기(GAAP Translator)가 아니다. XBRL은 하나의 기업회계표준(Generally Accepted Accounting Principles : GAAP)에서 다른 기업회계표준으로 변경하는 데 필요한 상세정보를 모두 표시해 주지는 않는다.

④ XBRL은 특정 기업이나 기관의 사유물이 아니다. XBRL은 라이선스가 없고, 공공에게 공개된 기술이므로 어떤 소프트웨어에서도 널리 사용될 수 있다.

---

17) 최영일(2015, p. 96).
18) 나영진(2003) 수정요약.

7. XBRL의 도입효과[19]

(1) 정보생산자 측면(기업)

기업이 XBRL로 정보를 생산하여 제출하는 경우, 표준화된 양식에 따라 작성하므로 입력시간이 줄게 되고, 다양한 정보수요자에게 하나의 문서로 정보를 전달할 수 있어서 업무중복으로 인한 시간과 비용을 절감할 수 있다. 규제기관, 정부, 은행 등이 수시로 요구하는 다양한 보고서를 하나의 문서로 통합하여 관리하므로 정보작성이 용이하고 정보작성의 오류를 감소시킬 수 있는 부가적인 효과도 얻게 된다.

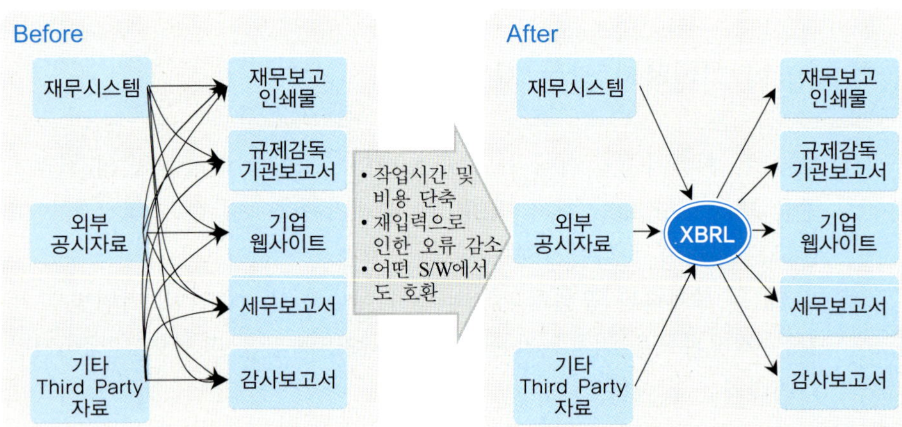

(2) 정보이용자 측면(투자자)

XBRL로 작성된 기업의 재무 및 기타정보를 획득하였을 때, 정보이용자는 데이터를 분석하기 위한 별도의 입력작업이 필요 없다. 따라서 기업의 가치를 판단하고 평가하는 데 소요되는 시간과 비용을 크게 줄일 수 있다.

결론적으로 XBRL의 도입으로 전 세계적으로 정보의 호환성, 경제성, 투명성을 제고하여 자본시장의 효율성에 기여하고, 정보민주화를 통한 부정과 오류의 감소 및 방지로 회계정보의 유용성을 증진시키는 효과를 기대할 수 있다. 또한 이용자는 개별기업의 정보가 표준화됨으로써 비교가능성이 증대되어 정

19) www.kosdaq.com

보 분석과 활용에 도움을 받는다.

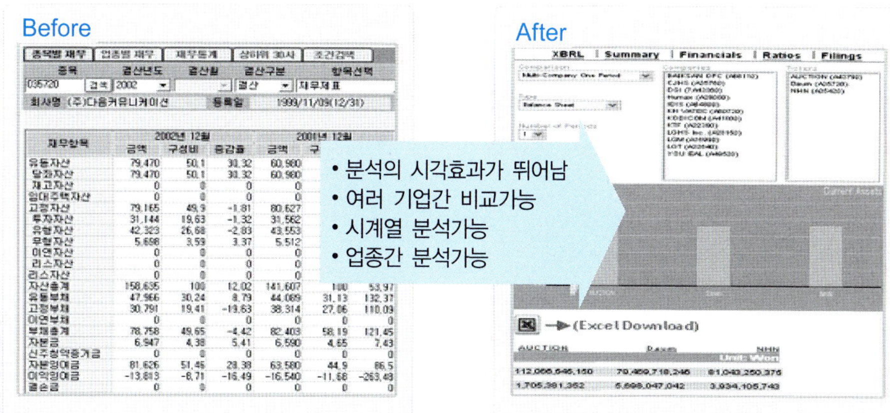

8. XBRL의 현재 및 미래[20]

XBRL의 전면 도입은 2000년 전자공시시스템(DART) 도입에 맞먹는 혁명이다. 금융감독원과 한국공인회계사회가 XBRL 전면 도입에 박차를 가하고 나선 것도 회계 및 공시 투명성을 강화하기 위함이고, 미국과 유럽 등 선진국들이 XBRL 도입에 적극 나서고 있는 가운데 XBRL 도입을 더 이상 늦추면 회계투명성 개선이 그만큼 어려워진다는 판단을 하기 때문이다.

(1) 분식회계 잡는 XBRL

XBRL은 재무제표 전체와 개별 계정과목 및 수치에 표준코드를 부여해 활용하는 웹언어이다. 이에 따라 코드가 재무제표 내역을 자동으로 DB(데이터베이스)화해 개별 항목에 대한 검색, 분석 및 비교가 가능해진다. 기업들이 XBRL을 준수해 회계정보를 보고할 경우 별도의 가공작업을 하지 않아도 부채총액이나 PER(주가수익배율), PBR(순자산비율) 등을 자동산출할 수 있으며, 매출채권이나 재고자산의 변동을 실시간으로 파악해 분식회계 징후도 미리 감지할 수 있다. 따라서 XBRL이 일반화되면 외부감사인은 물론 회계감리를 담당하는 금융당국과 기업분석전문가, M&A(인수 · 합병) 업무수행자 및 투자자들이 기업의 재

20) 머니투데이, 2014.11.10 수정요약.

무상태를 더 간편하게 분석할 수 있게 된다. 또한 감독기관이 감독이나 감리대상 업체를 선정하기도 편리해진다. 가령 전년 대비 부채비율 증가율 상위인 기업이나 부채비율이 업종 대비 2배 이상인 기업 등을 간단히 추려낼 수 있다. 애널리스트나 개인투자자들도 기업가치 분석이 쉬워진다. 기업들 역시 자사 재무상황을 유사업종이나 유사규모 기업들과 비교 분석할 수 있어 경쟁력 제고에 활용할 수 있다.

(2) 반쪽짜리 XBRL 개선 시급

한국도 2011년에 XBRL로 공시서류를 제출하도록 의무화했지만 주석사항을 제외하고 본문에만 적용한 데다 계정과목에 대한 혼선이 많아 정보로 활용하기가 어려운 형편이다. 따라서 사실상 문서파일인 PDF보다 조금 더 발전된 수준이라는 것이다. 그런데 2011년에 IFRS 도입에 관심이 쏠리면서 감독당국도 XBRL 준수 여부를 제대로 살피지 못했다. 이 때문에 한국신용평가와 한국기업평가 등 신용평가사와 와이즈에프엔과 에프엔가이드 등 금융정보회사들은 공시된 상장사 재무정보를 분석하기 위해 수십 명의 인력을 투입해 별도 DB에 수치를 재입력하는 작업을 해왔다.

[그림 6-6] 전자공시의 발전단계

	1단계 : 수작업 (~2000년)	2단계 : 형식적 전산화 (DART : XML 기반)	3단계 : 실질적 자동화 (XBRL 기반 시스템)
재무제표 작성 제출 · 전달	수작업(타이핑) ▼ 종이문서(책자) ▼ 서면제출 (또는 팩스)	엑셀 또는 기타 회계프로그램 ▼ HTML, XML(전자문서) ▼ DART 전산제출(인터넷)	엑셀 또는 기타 회계프로그램 ▼ XBRL(전자문서) ▼ DART 전산제출(인터넷) XBRL문서로 변환
DB화 및 분석	• 별도 DB화 불가능	• DB구축을 위하여 별도 수작업 필요 • 일부 정보제공업체만 제한적으로 DB화 가능 • 표준화 미비로 체계적 분석 불가능	• 자동적으로 DB구축 가능 • 표준화된 식별코드 부여로 특정 데이터 검색 등 다양한 분석 가능 → 기업간 비교분석, 2차 가공 가능

모뉴엘 등 일부 기업들의 분식회계가 드러나면서 금융당국 내에서는 선진국처럼 XBRL을 전면 도입해야 한다는 목소리가 커졌다. 한국공인회계사회 관계자는 “XBRL이 제대로 안착됐더라면 모뉴엘처럼 비정상적인 매출구조를 가진 회사들은 일찌감치 부실징후가 포착돼 수조원대 금융권 여신 피해를 막을 수 있었을 것”이라고 지적했다. 금감원과 한국공인회계사회는 현재 XBRL 보고 대상에 빠져 있는 주석사항에 대해서도 선진국처럼 포함시킬 방침이다.

한국공인회계사회 관계자는 “공시보고서를 서면 제출하는 방식에서 2000년 DART를 통해 공시의 전산화가 이뤄졌다면 XBRL은 여기서 한 단계 더 도약해 공시된 정보를 실시간으로 가공분석하고 활용 배포하는 실질적 전산화 단계”라고 설명했다. [그림 6-6]은 전자공시의 발전단계를 보여준다.

모뉴엘의 부실 징후는 재무제표에 있었다

기술력과 아이디어로 각종 혁신상을 수상한 모뉴엘이 법정관리를 신청하면서 금융권에 큰 충격을 줬다. 모뉴엘의 신화적인 성장이 허위 자료를 통한 분식회계였다는 사실에 모든 사람이 경악하고 있다. 관세청 조사 결과 모뉴엘의 매출액 1조 1,400억원 중 1조원 이상이 금융권 허위수출 채권 매각이었다. 폐기처분돼 실제 가격이 8,000원 정도의 홈시어터 PC 케이스를 250만원에 120만대 이상 수출한 것처럼 꾸몄다. 이를 몰랐던 무역보험공사는 대출보증을 섰고 수출채권까지 발행해 은행에서 빌린 돈이 무려 3조 2,000억원에 달했다.

그러나 이 와중에도 신한은행과 우리은행은 모뉴엘의 이상 징후를 감지하고 이미 6월에 대출상환을 요구해 손실을 면할 수 있었다. 이 은행들의 노하우는 싱겁게도 기본과 원칙에 충실한 대출심사였다. 그들은 모뉴엘의 재무제표를 들여다보고 단기채무를 상환할 능력과 비정상적인 거래의 징후를 파악할 수 있었다.

지난해 모뉴엘의 매출액은 1조 1,400억원, 영업이익 1,000억원, 당기순이익은 600억원이었다. 그러나 영업현금흐름은 15억원 적자여서 영업활동으로 현금이 들어오는 게 아니라 오히려 나가는 것으로 나타났다. 정상적인 상황이 아니다. 순이익은 영업현금흐름과 발생액의 합인데 흔히 발생액의 비중이 높으면 이익의 질이 떨어진다고 한다. 영업현금흐름이 거의 없다면 이익은 발생액으로 이뤄진 것이다. 원인은 매출채권 413억원과 재고자산 631억원이 증가해 발생했다. 이는 해외법인간 가공거래로 발생한 채권과 해외 현지법인을 통해 몇 번 돌려 수출했던 물건을 다시 한국으로 수입한 재고자산이 누적돼 생긴 것으로 분석된다.

결국 재무제표를 자세하게 들여다봤으면 비정상적인 정황임을 쉽게 감지할 수 있었다. 앞으로 제2, 제3의 모뉴엘이 나오지 않도록 하기 위해서는 우선 재무제표를 꼼꼼하게 들여다보고 부실 징후가 있으면 미리 솎아 내야 한다. 허위 자료를 만들어 가공의 매출과 재고를 조직적으로 만들지라도 재무제표상에는 허점이 드러날 수밖에 없다.

매출은 체격이고, 이익은 체력, 현금은 혈액이다. 아무리 외형이 크고 이익이 나도 현금이 돌지 않으면 외부로부터 수혈할 수밖에 없고, 수혈을 무한정 할 수는 없는 노릇이다. 영업을 해서 돈이 들어와야 회사가 제대로 돌아간다는 기본을 항상 인식해야 할 것이다.

권수영 고려대 경영학과 교수 / 한국회계학회장
(서울신문, 2014.11.18 수정요약)

XBRL의 정의 및 필요성[21)]

Ⅰ. XBRL이란 무엇인가?

(1) XBRL의 정의

- eXtensible Business Reporting Language ➠ XML의 개량 및 보완
- 회계 · 재무정보의 생성, 배포, 활용에 대한 IT상의 표준
- 쌍방향(interactive) 정보교환/지능적(intelligent) 데이터 제공
- 다양한 재무보고 시스템에 응용가능 ➠ 회계 · 재무정보의 "바코드"

재무상태표
제 45 기 : 2013년 12월 31일 현재
제 44 기 : 2012년 12월 31일 현재

삼성전자주식회사 (단위 : 백만원)

과목	주석	제 45 (당) 기		제 44 (전) 기	
자산					
Ⅰ. 유동자산					43,952,271
1. 현금및현금성자산	4,6	2,030,307			
2. 단기금융상품	5,6	27,453,345			
3. 단기매도가능금융자산	6,9	1,455,527			
4. 매출채권	6,10	17,746,976			
5. 미수금	6,10	2,734,572			
6. 선급금		1,007,685			
7. 선급비용		1,373,140		1,091,766	
8. 재고자산	11	5,880,463		5,326,417	
9. 기타유동자산	6	876,677		667,071	
Ⅱ. 비유동자산			94,222,263		89,311,764
1. 장기매도가능금융자산	6,9	3,656,652		3,618,727	

- XBRL(재무정보의 바코드)의 유용성
  - ㅇ 재무제표 전체뿐만 아니라 개별 계정과목 및 수치에 대한 표준코드 부여 및 자동 DB화
  - ㅇ 공통된 표준코드 부여로 전 세계적으로 통용*

    * 예 : IFRS에 따른 재무제표를 SEC에 제출시 XBRL 재무제표로 제출 요구

---

21) 회계법인 품질관리실장 확대회의 발표자료, 2015.12.3.

> 재무제표상 각각의 계정과목 수치 및 항목에 대하여 <u>표준화된 식별코드(tag)</u>를 부여 ⇒ <u>자동적으로</u> DB화하여 개별항목에 대한 검색 및 분석을 가능하게 함

(2) HTML/XML과 XBRL의 차이

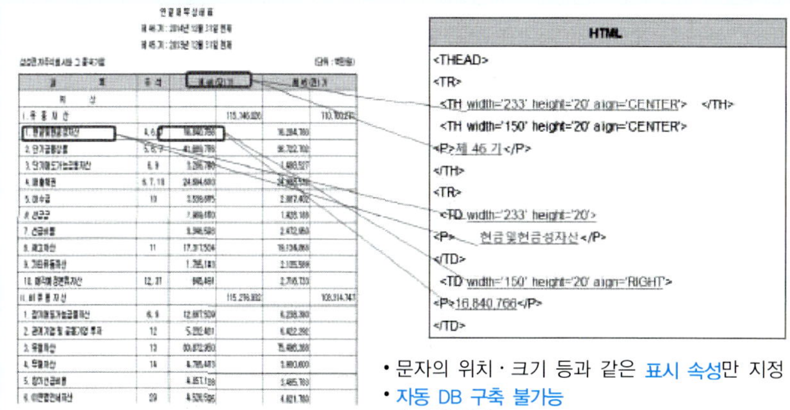

- 문자의 위치 · 크기 등과 같은 표시 속성만 지정
- 자동 DB 구축 불가능
- 수작업 분석 → 신속하고 체계적인 분석 불가

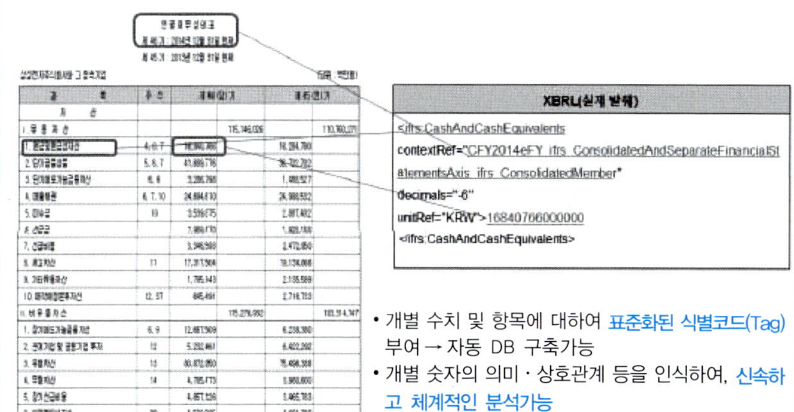

- 개별 수치 및 항목에 대하여 표준화된 식별코드(Tag) 부여 → 자동 DB 구축가능
- 개별 숫자의 의미 · 상호관계 등을 인식하여, 신속하고 체계적인 분석가능
- DB화에 따른 다양한 재무분석 프로그램 개발 용이

Ⅱ. XBRL의 필요성

■ XBRL 시스템의 장점

○ 특정기업 재무제표의 개별항목별 또는 업종별·기업간 재무제표 자동 검색 및 분석가능

• 감독기구 : 감독·감리대상 기업 선정의 효율화
예) 전년 대비 부채비율 증가율 상위 기업
부채비율 업종 대비 2배 이상인 기업
업종별 EBITDA 상위 기업

• 개인투자자 등 : 재무정보를 활용한 가치투자분석
예) 2×01년 유통업에 속한 기업의 자산총액, 매출액, 감가상각비, 이자비용 검색
PER, PBR, 각종 재무비율의 활용

⇩

XBRL 시스템을 통한 DB화 구축

⇩

• 특정 재무정보 제공업체의 재무정보 제공 독점화 방지
• 불특정 다수 이용자의 다양한 재무분석 및 보고서 생산가능

■ 재무정보의 자동 DB화 가능으로 재무정보 신뢰성 제고

○ HTML/XML하에서는 재무정보의 자동 DB 불가능

※ HTML/XML하의 재무정보 DB 수작업 현황

• 재무정보 제공업체(상장협, KIS 등)마저도 20~30명 정도의 인력이 일년 내내 수작업으로 입력
• 수작업 입력시 오류발생 가능성 높아 재무정보의 신뢰성 저하 원인

■ 자동 DB화에 따른 데이터 생성 및 분석 비용의 획기적 절감

○ 재무수치 하나하나에 대한 표준화된 코드 부여

○ 산업별 재무정보, 기업간 재무정보 비교 및 2차 분석 자료 제공가능

■ 불특정 다수 이용자의 실질적인 재무정보 활용 제고로 인한 회계투명성 제고

○ HTML/XML 기반의 재무정보는 DB화가 불가능하므로 DART에 공시되어도 일반 이용자들이 분석하기 어려움

○ XBRL 재무정보를 통하여 일반 이용자도 손쉽게 고품질의 재무정보 분석가능

⇨ 회계·재무수치 하나하나에 대하여 표준화된 식별코드를 부여하여, 다양한 맞춤형 재무분석 및 보고서 산출가능

Ⅲ. XBRL 본격시행을 위하여 필요한 사항

(1) XBRL 재무제표(주석 포함)의 실질적 제출 의무화

■ (현황) XBRL 재무제표는 본문만 필수 제출사항이며 주석은 선택사항으로 규정함으로써 대부분 미제출

■ (문제점) IFRS하에서는 재무정보의 핵심내용이 주석에 기재되므로 정보의 유용성이 현저히 저하

■ (개선방안) XBRL 재무제표 본문뿐만 아니라 주석 정보도 필수적으로 제출하도록 관련 규정 정비 필요

※ 외감법 시행령 및 해외 사례

- 개정 외감법 시행령에서는 재무제표 본문만 아니라 주석도 함께 제출하도록 명시적으로 규정
- 미국 · 일본의 경우 XBRL 재무제표 본문과 주석 모두 필수 제출사항

(2) 기업이 수용가능한 XBRL taxonomy의 보완 · 개선

■ (현황) XBRL taxonomy의 확장을 허용함에 따라 개별기업은 원칙 없이 무제한으로 계정과목 확장

■ (문제점) 회사가 작성한 재무제표상 표준 DART taxonomy의 계정과목과의 연계 및 자동 DB 구축 불가능

■ (개선방안) 기업이 수용가능한 표준 XBRL taxonomy를 최대한 사용하도록 권고 또는 규정화

○ 기업이 실제 확장 사용하고 있는 taxonomy 중 표준 taxonomy에 포함시킬 수 있는 항목 최대한 포함

제 4 절 비재무정보의 중요성 증가

1. 재무제표와 비재무정보

현대 기업환경의 특색은 다양한 가치창조활동으로 인해 비재무정보의 중요성이 커지고 있다는 점이다. 특히 비재무정보는 가치평가기능의 관점에서 더 절실히 요구된다. 왜냐하면 새로운 환경에서 활동하는 현대 기업의 중요한 가치창조동인(value drivers)의 상당수가 비재무적이거나 무형적이기 때문에 재무제표에 반영되지 못하기 때문이다. 따라서 전통회계모형의 확장을 통해 비재무

정보의 공시를 촉진하는 방향으로 개선이 요구된다.

비재무자료에는 실물자료(real data)가 있다. 실물자료는 화폐가치에 의한 평가가 이루어지지 않는 자료로서 기업의 생산능력, 제품의 구성, 종업원 및 임원의 수와 구성, 기술수준, 시장점유율, 시청률, 주문수량, 홈페이지 방문자 수 등과 같은 여러 가지 양적·질적 자료를 들 수 있다. 그러나 이러한 비재무적 지표의 가치창조 기여도 측정에는 한계가 있는데, 그들의 상호연관성이 매우 높은 것이 보통이어서 각각의 영향력을 독립적으로 측정하기 곤란하고 때로는 잘못된 추론을 할 확률이 높기[22] 때문에 주의가 필요하고 규제기관의 입장에서는 검증가능성의 확보를 위해 통제를 계속 유지하려는 경향이 있다.

2. 지식기반사회의 지식자본

지식기반사회에서 기업의 가치창조에 공헌하는 지식자본(intellectual capital) 중 주요 내용은 아래와 같다.[23]

- 인간자본(human capital, employee competence) : 생각하고 행동하는 자본으로서 새로운 사건에 대한 대응, 문제해결 및 유·무형자산의 개발과 혁신을 결정하는 요인이며 리더십, 창업정신 및 경영기술을 포함한다.
- 조직자본(organizational capital, internal structural capital) : 기업이 보유하는 하드웨어, 소프트웨어, database, 기술, 발명, 전략, 구조, 시스템 및 절차 등을 포함하며 재생산이나 공유가 가능하다.
- 고객자본(customer capital, external structural capital) : 고객과의 관계, 고객의 충성도, 상표의 힘, 유통경로, 광고, 명성 및 이미지 등과 같은 것으로, 통제할 수 있는 것과 없는 것으로 구분된다.

3. 자발적 공시

공시라는 것이 언제나 규제의 결과로만 나타나는 것은 아니다. 일부 기업이나 경영자는 다른 기업과의 차별을 위하여 또는 경영자의 능력이나 정직성을 알

22) Ittner and Larcker(2001).

23) Holland(2001).

리기 위하여 적극적인 공시를 하기도 하는데, 이는 강제적인 규제와는 상관없이 나타날 수 있다. 즉 시장에서 평가대상자는 시장참여자가 역선택(adverse selection)의 오류를 범하지 않도록 자발적으로 정보를 공개할 유인을 가질 수 있다. 이때의 평가대상자는 기업, 경영자 또는 노동자가 될 수 있다.

자발적 공시와 관련한 회계이슈는 경영자가 과연 어떤 동기에서 자발적 공시를 하느냐이다. 가치평가기능의 관점에서는 가치평가에 도움을 주는 정보를 제공하고자 하는 공적 동기(public motive)를 중심으로 살펴보는 반면, 계약기능의 관점에서는 사적 동기(private motive)를 중심으로 살펴본다.

자발적 공시의 대상으로 다음과 같은 항목을 들 수 있다.[24] 이들 자료는 다시 매출 관련 자료, 제품 관련 자료, 영업 관련 자료 및 재무실적 관련 자료로 구분되나 업종별 편차는 존재하고 있다.

- 경영자료 및 경영자의 경영자료 분석
- 예측정보
- 경영자와 주주에 대한 정보
- 무형자산에 대한 정보

Chen *et al.*(2002)은 분기별 이익을 공시할 때 재무상태표를 자발적으로 공시한 기업을 분석한 결과, 첨단기업일수록, 손실의 빈도수가 높을수록, 신생기업일수록 이익의 공시와 더불어 재무상태표정보를 자발적으로 공시할 확률이 높다고 하였다. 이는 특정업종에서 손익계산서상의 이익정보가 기업가치를 나타내는 데 적합하지 않거나 한계가 있는 경우에 재무상태표가 손익계산서를 보완할 수 있기 때문이다. 이때 경영자의 자발적 공시의 동기는 공적 동기와 사적 동기를 포괄하는 것으로 볼 수 있다.

4. Management's Discussion & Analysis

공시와 관련하여 경영자 토의 & 분석(management's discussion & analysis)은 재무제표를 해석하는 데 도움을 주기 위한 서술적 자료를 제공하는 것이다. 따라서 대부분의 경영자 토의 & 분석 자료는 기존에 공시된 내용이기도 하지만, 경우

24) FASB(2001).

에 따라서는 경영자의 관점에서 제시되는 내부자료적 성격을 띠기도 하며 미래 전망에 관한 내용이 담겨 있는 경우도 있다. 이러한 정보는 투자자가 합리적인 의사결정을 하는 데 도움을 줄 수 있다.

IASB는 경영자 논의(management commentary)가 정보유용성에 기여하려면 다음의 세 가지 성격을 갖추어야 한다고 하였다.[25]

- 경영자의 관점에서 해당기업의 업적, 위치 및 발전에 관한 내용을 토의하고 분석할 것
- 재무제표에 담긴 정보를 보충하고 보완할 것. 재무제표상의 수치에 대한 추가정보 제공 및 재무제표에 없는 정보 제공
- 미래지향적일 것. 경영자의 관점에서 해당기업이 취할 방향을 논의할 것. 경영자는 해당기업의 실적과 위치에 영향을 미치는 미래지향적 정보를 언급해야 하며, 특히 과거에 공시된 미래지향적 정보가 사후에 어느 정도 사실관계로 밝혀졌는지 언급해야 한다.

한편, 경영자 논의의 유용성을 실질적으로 확보하기 위해서는 첫째, 주석에서 언급된 내용을 중복해서 언급하는 것은 피해야 하며, 둘째, 판에 박힌 상투적 표현이나 전형적인 문구(boilerplate)에 지나치게 의존하는 형식은 피해야 한다.

5. 다양한 자본의 종류

현대 기업이 발전하기 위해서는 다양한 종류의 자원을 적절히 활용하고 그들의 관계를 효과적으로 유지해야 한다. 다음의 자본의 종류는 전통적인 실물자본뿐만 아니라 비재무적 자본도 포함되어 있는데, 재무, 제조 및 자연 자본은 실물자본에 속하는 경우이고, 인간, 지적 및 사회 자본은 비재무적 자본에 속하는 경우이다.[26]

---

25) Deloitte IAS Plus Update, July 2009.
IASB issues proposals regarding management commentary.

26) International Integrated Reporting Committee(2011).

- 재무자본(financial capital) : 자본금, 투자금, 차입금
- 제조자본(manufactured capital) : 설비자산뿐만 아니라 도로, 항만, 교량 등의 infrastructure
- 자연자본 (natural capital) : 물, 토지, 광물, 산림 및 생물적 다양성(biodiversity)과 건전한 생태계(eco-system health)
- 인간자본(human capital) : 인권의식, 소통능력, 충성심, 성취동기
- 지적자본(intellectual capital) : 특허권, 저작권, 소프트웨어, 상표가치, 명성
- 사회자본(social capital) : 공통의 가치, 고객과 사업 파트너로부터의 신뢰, 사회적 활동 허가

제5절 데이터의 팽창과 인간의 정보처리능력[27)]

1. Information Overload

현대 사회에서 인터넷은 많은 정보의 저장소가 되어 당연히 투자자들도 클릭 몇 번으로 필요한 정보를 접할 수 있는 세상이 되었다. 그러나 방대한 분량의 데이터가 바로 옆에 있다는 것이 축복이 될지 아니면 장애요인이 될지는 속단하기 어려운 실정이다. 왜냐하면 인간의 정보처리능력이 제한되어 있는 상황에서 정보처리에 익숙지 않은 투자자에게 정보의 홍수가 무제한 개방되는 것은 오히려 혼란과 비능률을 초래하여 정보비대칭의 수준이 높아지게 되기 때문이다. 이는 투자자들이 무제한적인 정보의 양에 압도되기도 하지만 곁가지 정보 등에 신경이 분산되기 때문이기도 하다.

1991년 8월에 최초의 웹사이트가 등장한 이래 2000년에는 웹사이트의 숫자가 1,700만 개까지 늘어나고 2014년말에는 그 숫자가 10억 개를 초과한 것으로 추정되는 가운데 인터넷 이용자수도 급증하고 있다. 즉 2000년도에 4억 명으로 추정되던 인터넷 이용자수는 2014년말에는 30억 명에 육박하는 것으로 추정된다.

27) Stice(2017).

2. 인간의 정보처리능력

현대 사회의 특징은 정보의 홍수라고 불릴 만큼 정보의 종류와 양이 급속히 팽창하는 모습이다. 그러나 모든 이용자들이 넘치는 정보를 모두 활용하는 것은 아니다. 많은 시장참여자들은 정보처리능력이 제한되어 있기 때문에 일부 정보는 아예 무시하는 경향이 있다(Hirshleifer and Teoh, 2003). 또한 불완전 현시가설(Incomplete Revelation Hypothesis)을 주장한 Bloomfield(2002)에 따르면 투자자들은 정보추출비용이 높은 정보에는 반응하지 않는데, 정보의 홍수는 바로 이 정보추출비용이 급격히 상승하는 요인으로 작동하고 있다. 특히 정보수집능력과 처리능력에 일정한 한계를 보일 수밖에 없는 개미투자자(retail investors)에 있어 이 문제는 특히 심각하다.

이러한 맥락에서 Drake *et al*.(2015)은 특정종류의 인터넷 정보나 블로그는 회계이익의 의미가 주가에 반영되는 데 오히려 방해가 될 수도 있다고 하였다. 또한 Stice(2017)에 따르면 데이터의 이용가능성이 급격히 높아진 것이 정보비대칭(information asymmetry)을 심화시키고, 주가의 회계이익 정보반영속도(price discovery)를 오히려 낮출 수도 있음을 보여주고 있다. 왜냐하면 정보공급량과 주가의 정보반영속도는 초기에는 정비례관계를 보이지만 일정범위를 벗어나면서부터 막대한 정보량이 오히려 정보반영속도에 지장을 주는 요인으로 변질되기 때문이다. 이는 지금까지 긍정적으로만 생각되던 무제한적 정보제공이 준비되지 못하고 능력은 제한되어 있는 이용자에게는 오히려 지금까지 경험하지 못한 대가를 요구하고 있음을 보여주는 것으로 풀이된다.

IP address로 측정된 지리적 원격성이 시장반응에 미친 영향 연구

Locations of the Requests for Firms Filing World-Wide from EDGAR between 2006 and 2016

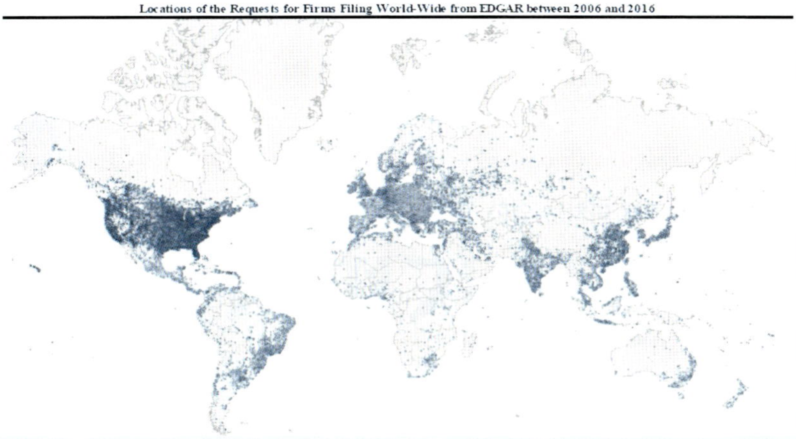

Daily Trading Volume (Volatility) by High and Low Geographic Dispersion

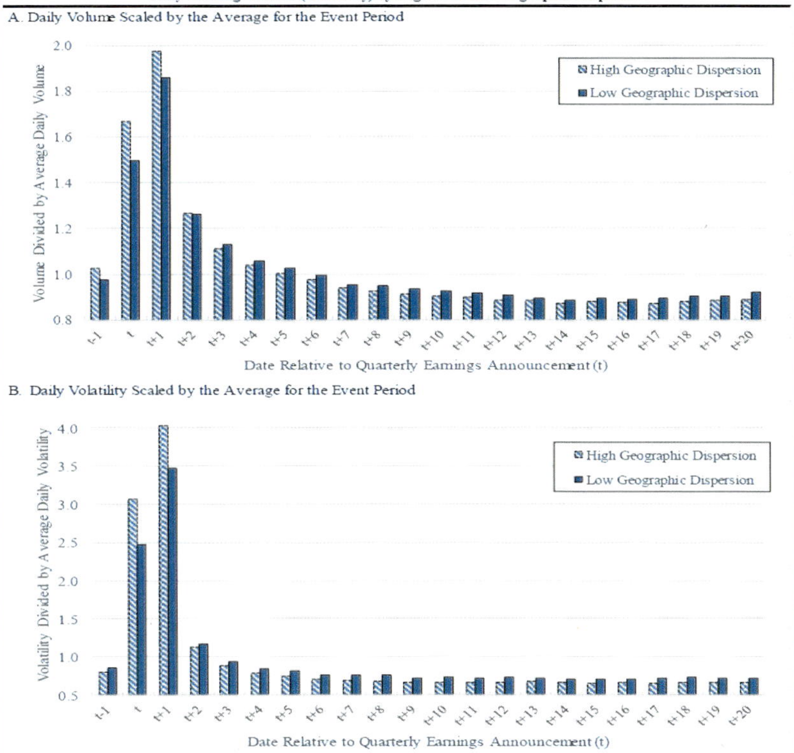

투자자의 지리적 원격성이 높은 기업에서 공표이익에 대해 보다 다양한 해석을 하게 됨으로써, 분기이익 공표시점, 특히 공표일과 그 다음 날(t, t+1)의 거래량 또는 주가변동성이 높게 나타난다(Chen, 2018).

CHAPTER

7

효율적 시장가설(EMH)

제 1 절　효율적 시장가설

제 2 절　효율적 시장가설의 회계적 의미

제 3 절　효율적 시장가설의 재검토

제 4 절　효율적 시장가설과 회계정책

제 5 절　자본시장의 이상현상

제 6 절　효율적 시장가설에 대한 대안

제 1 절 효율적 시장가설

1. 효율적 시장가설의 의의

정보적 효율성(informational efficiency)이란 경제 전반에 걸쳐 정보가 효율적으로 이용되고 있는가의 문제이다. 즉 어떤 경제체제가 정보적으로 효율적이 아니라면 이것은 경제주체 가운데 누군가는 정보를 이용해서 초과이익을 얻고 있음을 의미한다. 따라서 정보를 이용한 초과이익의 기회가 사라질 때 그 경제는 정보적으로 효율성을 유지한다고 말할 수 있다.

정보적 효율성과 자원배분의 효율성(allocational efficiency)은 엄격하게 구분할 필요가 있다. 왜냐하면 정보적으로 효율적이라 하더라도 자원배분의 관점에서는 효율적이 아닐 수도 있기 때문이다. 반면 자원배분이 효율적이려면 반드시 정보적으로도 효율적이어야 한다. 예를 들어 계획경제를 실시하는 국가에서 효율적인 자원배분을 달성하기 위해서는 정보적으로도 효율적으로 계획을 수립하고 집행하지 않으면 안 되기 때문이다.[1]

회계연구에 있어 자본시장연구(capital market research)는 재무보고를 통한 회계정보의 유용성을 종합적으로 판단하는 근거를 마련해 주는데, 회계정보와 주가는 상관관계를 가지고 있다는 기본가정으로부터 출발한다. 이러한 의미에서 주식가격의 결정과정에 대한 관심이 증대하는바, 회계 및 재무론에서는 효율적 시장가설(efficient markets hypothesis : EMH)에 많은 관심을 가지게 되었다. 자본시장의 효율성은 주가가 모든 정보를 순식간에 편의(bias) 없이 반영할 때 이루어진다.[2] 이는 주가가 정보를 신속, 정확 그리고 충분히 반영한다는 의미이고, 이때의 주가는 미래 기대배당의 현재가치를 나타내며, 언제나 기본적 가치(fundamental value)와 일치한다는 의미이다.[3]

EMH는 주가의 움직임이 본질적으로 무작위적이고 예측할 수 없다는 결론을 내리게 된 시장가격변동에 대한 통계적 연구로부터 진화한 것이다. 1965년에 Eugene Fama는 이런 관찰결과를 공식화하여 시장효율성에 관한 정의를

---

1) 이영환(1999, p. 44).

2) An efficient market is a market in which prices always fully reflect available information(Fama, 1970, p. 383).

3) Lee(2001, p. 234).

제시하였는데, 여기서 Fama는 효율적 시장에서 주가가 내재가치(intrinsic value, 또는 기본가치)와 일치한다고 선언하였다.[4)]

자본시장의 효율성은 다음과 같은 조건에서 가능하다. 첫째, 증권거래시 거래비용이 없고, 둘째, 모든 정보는 비용 없이 이용가능하며, 셋째, 모든 정보 이용자가 특정정보의 의미에 대해 동일한 의미를 부여한다.[5)] 이러한 조건은 모두 현실감이 떨어지는 모습을 보여준다. 따라서 가설이란 말이 암시하듯 EMH는 현실세계의 모습을 나타내기보다는 이상적인 조건에서 나타나는 이상향을 의미하는 것으로 해석하는 것이 바람직하다. 아래에서는 효율적 시장가설과 관련된 주가의 정보반영에 관한 내용을 살펴본다.

(1) 정보를 반영하는 속도

효율적 시장가설에서는 주가가 정보를 반영하는 데 일체의 지체 없이 순식간에(instantly) 즉시 이루어진다고 가정한다. 따라서 정보가 주가에 반영되는 데 시간이 오래 걸린다면 이는 자본시장의 효율성과 배치된다. 다음의 [그림 7-1]에서 실선은 EMH를 의미하고 점선은 지연반응의 행태를 나타낸다.

후술하는 주가표류현상(post earnings announcement drift : PEAD)은 이익이 발표된 시점 이후의 기간에도 공표이익과 관련한 주가의 움직임이 계속되어 시장이 정보반영속도와 관련하여 효율적이지 않다는 것을 나타낸다. 시장이 효율적이라면 이익공표시점에 모든 정보효과가 주가에 한꺼번에 순식간에 반영된 이후에는 공표된 이익과 관련하여 어떠한 움직임도 나타나지 않아야 한다. 회계학연구에서 실증적 연구의 선구자로 평가받는 Ball and Brown(1968)의 분석결과도 실상은 주가표류현상을 보여주는 것이다.

---

4) 조담(2012, p. 156). 자본시장의 효율성도 자본비용에 영향을 준다. EMH에 따르면 현재의 주가는 자본시장에 알려진 모든 정보를 반영하고 있다. 이 말은 다수의 투자자가 평가하여 결정된 현재의 가격은 이용가능한 모든 정보에 기초하여 가장 정확하다는 의미이다. 그 결과 자금의 수요자와 공급자는 모두 공정한 거래를 통해 원하는 바를 얻을 수 있다. 따라서 기업이 지불하는 자본비용은 시장이 평가하는 기업의 위험수준에 의해서만 결정된다. 가격결정오류가 심하거나 오랜 기간 지속될 경우, 투자자들이 직면하는 불확실성과 위험은 증가한다. 당연히 투자자는 자금사용에 대한 대가를 더 많이 요구하게 되고, 그 결과 기업의 자본비용은 증가한다. 자본시장의 가격결정오류가 심하고 자본비용이 높다면, 해당국가의 증권시장 규모는 축소되고 주가가 하락하는 등 전체적인 경제발전 수준에 악영향을 미친다. 따라서 회계정보에 대한 시장참여자의 이해력을 향상시키고 수준 높은 애널리스트를 양성한다면 가격결정오류를 감소시키고 시장효율성을 제고할 수 있다(백복현 등, 2011, pp. 5~8 수정요약).

5) Foster(1978, p. 211).

[그림 7-1] EMH에서 주가의 정보반영 속도

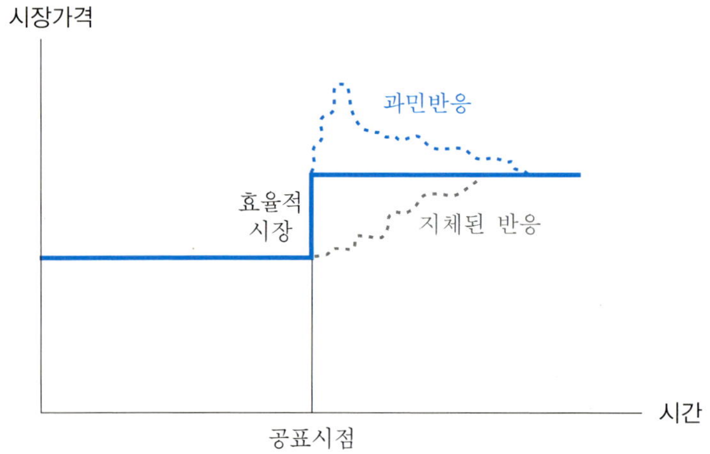

(2) 정보를 반영하는 방법

EMH에서는 주가가 정보를 반영하는 데 있어 일체의 편의(bias) 없이 오로지 경제적 실질(economic substance)만을 반영한다고 가정한다. 따라서 회계처리방법의 변경으로 현금흐름에는 변동 없이 회계이익의 크기만 변화한다면 주가는 이러한 회계변경에 대해 일절 반응하지 않아야 한다는 것이다. 만약 이러한 피상적인 회계변경과 그에 따른 회계이익의 변화에 반응한다면 이러한 투자자는 순진한 투자자(naive investors)이다. 반면에 EMH에서 가정하는 세련된 투자자(sophisticated investors)는 현금흐름에 영향을 미치는 경제적으로 진실한 변화인지 아니면 단지 회계방법의 변화에 의한 거짓 변화(cosmetic change)인지를 정확하게 구분할 수 있어 거짓 회계변경에 의해 우롱당하지(fooled) 않는다.6)

또한 EMH에서는 좋은 소식(good news)과 나쁜 소식(bad news)을 차별하지 않는다는 의미도 갖고 있다. 그러나 [그림 7-2]에서는 계속기업의 가정위반 철회라는 좋은 소식(Good News : 위의 ━━ 선)과 계속기업의 가정위반이라는 나쁜 소식(Bad News : 아래의 ━━ 선)에 대한 주가의 차별적 반응을 나타낸다. 즉 좋은 소식은 공표시에 이미 주가에 거의 반영되어 후속기간(특히 공표 후 8개월까

6) 순진한 투자자(naive investors)는 회계이익에 반응하는 반면, 세련된 투자자(sophisticated investors)는 발생액의 의미를 파악한 후 현금흐름에 반응한다.

[그림 7-2] EMH를 위반하는 주가의 차별적 정보반영[7)]

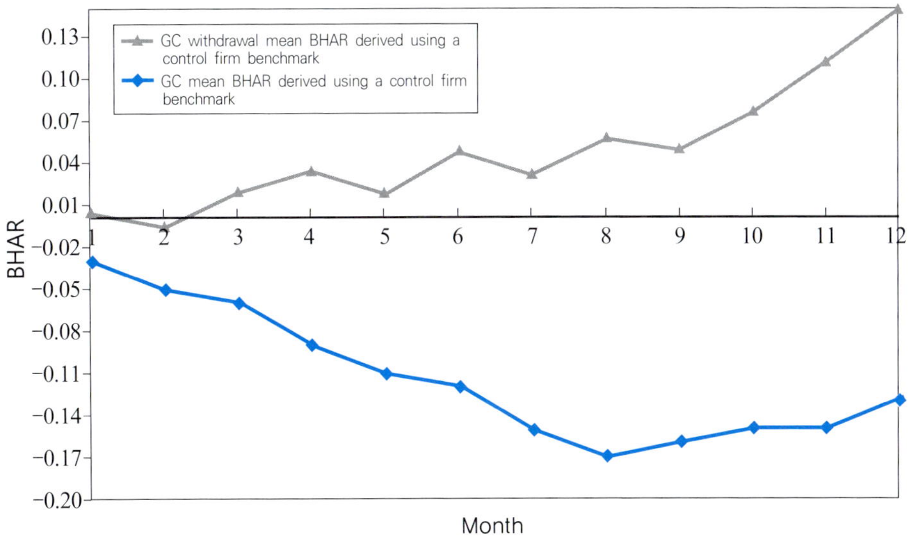

지)에 이러한 소식에 대한 후속반응이 거의 없는 반면, 나쁜 소식은 공표 이후 후속기간(특히 공표 후 8개월까지)에 지속적으로 주가에 지연반응되는 모습을 보이고 있다. 따라서 [그림 7-2]는 시장이 나쁜 소식(Bad News)에 대해서는 좋은 소식(Good News)만큼 반영속도와 관련하여 효율적이지 않다는 것을 보여준다.

(3) 반영되는 정보의 종류

효율적 시장가설에서는 주가에 반영되는 정보의 종류(범위)에 따라 여러 가지 등급으로 분류하여 약형, 준강형, 강형 등의 이름으로 부르고 있다. 약형(weak form) 효율성은 주가가 과거 주가에 담긴 정보, 즉 과거의 주가, 거래량 및 변동행태 등을 반영하는 것이고, 준강형(semi-strong form) 효율성은 주가가 공시된 정보를 반영하는 것이며, 강형(strong form) 효율성은 주가가 모든 정보를 반영하는 것이다. 따라서 주가를 예측한다는 과업을 수행한다고 할 때 과거 주가정보는 약형 효율성에서 소용이 없고, 공시된 정보는 준강형 효율성에서 소용이 없으며, 강형 효율성에서는 모든 정보가 소용이 없다는 의미이다. [그림 7-3]은 EMH의 종류별로 반영되는 정보를 보여준다.

7) Kausar *et al.*(2009, p. 223).

[그림 7-3] EMH에서 반영되는 정보의 종류

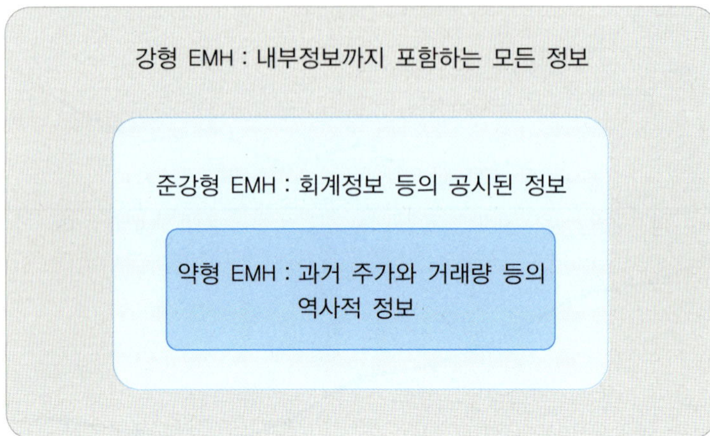

2. 효율적 시장가설의 조건

EMH가 성립하기 위해서는 시장참여자의 합리성(rationality)과 차익거래(arbitrage)의 무제한성이 전제되어야 한다. 시장참여자의 합리성은 베이즈 정리에 입각한 기대효용의 극대화를 통해 표출된다. 또한 일시적인 요인에 의해 설사 가격결정오류(mispricing)가 나타난다 하여도 차익거래를 통해 가격결정오류는 조만간 사라지게 되어 시장효율성이 확보된다.

차익거래란 가격결정오류를 활용하는 과정으로서, 낮은 가격의 자산은 매입하고 높은 가격의 자산은 (공)매도하는 것이다. 효율적 시장의 직관적 근거는 비합리적 투자자가 만들어낸 사소하고 일시적인 가격결정오류의 기회를 현명한 투자자가 재빠르게 이용함으로써 가격결정오류가 사소하고 일시적 현상에 지나지 않는다는 것이다. 그러나 행태주의자들은 가격결정오류가 개선되기 전에 오히려 악화될 수 있기 때문에 영리한 투자자들도 가격결정오류를 이용하려면 반드시 추가적 위험을 부담해야만 한다고 주장한다. 따라서 추가적 위험 때문에 영리한 투자자들의 공격적 거래가 제한될 것이며 그 결과 가격결정오류의 일부가 감소될 수는 있지만 전부가 제거되지는 않는다. 행태주의자들은 이런 현상을 차익거래의 한계(limits of arbitrage)라고 부른다.

차익거래의 개념은 시장효율성 지지자와 행태재무론 지지자 사이의 논쟁의 핵심이다. 시장효율성 지지자는 차익거래 때문에 가격의 비효율성은 사소하고 일시적인 것이라고 주장한다. 그러나 행태재무론 지지자는 차익거래에 제약이 있으므로 시장가격이 내재가치로부터 상당히 장기간 큰 폭으로 벗어날 가능성이 있다고 주장한다.[8] 〈표 7-1〉은 EMH의 기본가정을 보여준다.

〈표 7-1〉 EMH의 기본가정[9]

가정의 종류	의 미
Structural Knowledge (구조화된 지식)	투자자는 완전한 정보를 가진 것으로 가정된다. 따라서 어떤 사건이 주가에 미치는 영향을 판단하는 데 있어 불확실성이 영향을 미치지 않는다.
Rational Information Processing (합리적 정보처리)	투자자는 심리적 편의(biases) 없이, 즉 과대 또는 과소 반응 없이 베이지안(Bayesian) 방식에 따라 정보를 처리할 것으로 기대된다.
No Limits to Arbitrage (무제한적 차익거래)	설사 비합리적 투자자들이 가격결정오류(mispricing)를 일시적으로 일으킨다 하여도 합리적 투자자들이 개입하여 즉시 제거(arbitrage away)한다.

3. 주가의 성격

주식시장이 완전히 효율적일 때 주가는 다음과 같다.

주가＝언제나
모든 종류의 정보를
순식간에
합리적인 방법으로(bias 없이)
반영한
상태

자본시장의 효율성이 완전할 때의 주가는 가치평가와 관련한 완전한 표현 충실성(perfect representational faithfulness)을 가지고 있으므로 기업의 내재가치(intrinsic value)를 나타낸다. 이때 주가의 모습은 예측불가능한 random-walk 모습

8) 조담(2012, pp. 163, 184).
9) Zacks(2011, p. 2).

을 보일 것이고, 어느 누구도 초과이익(abnormal return)을 얻을 수 없다.

그런데 자본시장효율성과 관련하여 흥미로운 점은 실제 자본시장의 효율성은 역설적인 방법(paradoxical in nature)으로 결정된다는 것이다. 예를 들면, 자본시장이 효율적이라고 믿는 사람이 많으면 많을수록 실제 자본시장의 효율성은 떨어지게 되고, 그 반면에 자본시장이 비효율적이라고 믿는 사람이 많으면 많을수록 실제 자본시장의 효율성은 높아지게 된다. 다시 말해 자본시장이 비효율적이라고 믿는 투자자는 기술적 분석(technical analysis),[10] 기본적 분석 및 기타 정보수집력을 총동원하여 거래 timing을 설정하거나, 저평가된 주식(underpriced stocks)에 먼저 투자하여 남들이 누리지 못하는 초과이익을 얻으려고 노력할 것이고 이러한 투자자가 많으면 많을수록 실제 주식시장의 효율성은 증가하여 초과이익을 얻는 것은 어렵거나 불가능하게 될 것이다. 반면에 자본시장이 효율적이라고 믿는 투자자는 초과이익을 얻기 위한 노력을 기울이지 않을 것이고(왜냐하면 그러한 노력을 기울여 봐야 초과이익 자체가 없거나 이미 늦었다고 생각하기에) 이러한 투자자가 많으면 많을수록 자본시장의 효율성은 떨어져 초과이익을 위한 노력을 기울이는 투자자의 수익률은 자본시장이 비효율적이라고 믿는 사람이 많은 경우(모든 투자자가 초과이익을 위해 노력하는 경우)보다 크게 나타날 것이다. 이와 관련하여 자본시장에 분석가나 투자자문역이 많다는 것이 곧 시장이 비효율적이라는 반증이 되기도 된다. 만약 어떤 지역에 야생 호랑이가 살고 있다면 그 지역에 호랑이의 생존에 필요한 먹잇감이 살고 있다는 반증이 된다는 것이다.[11]

4. 재무분석기법과 EMH의 관계

〈표 7-2〉에서는 재무분석기법과 시장효율성의 관계를 보여준다. 기술적 분석은 약형 효율성과 배치되고, 기본적 분석은 준강형 효율성과 배치된다. 이 말의 의미는 기술적 분석에 집착하는 사람들은 시장이 약형 효율성도 보이지 않는

10) 기술적 분석이란 과거의 주가자료를 이용하여 미래의 주가변동을 예측하려는 투자분석방법으로서 기간별 주식수익률간에 일정한 상관관계가 있음을 기본가정으로 삼고 있다. 다시 말하면 이 분석방법은 시장이 약형 효율성도 보이지 못하고, 과거 주가의 움직임에 관한 정보 중에서 자본시장에 의하여 무시되고 있는 정보가 있다고 가정하는 것이다. 따라서 기술적 분석방법에서는 기본적 분석과는 대조적으로 투자의사결정에 재무 및 회계 정보가 거의 역할을 하지 못한다(정혜영 등, 1993, p. 79).

11) Lee(2001, p. 238).

〈표 7-2〉 재무분석기법과 시장효율성의 관계

분석기법의 종류	의 의	EMH와의 관계
기술적 분석 technical analysis	• 과거의 주가 및 거래량 자료를 이용하여 미래의 주가변동을 예측하고, chart 등을 이용하여 일정한 추세나 의미 있는 패턴을 탐색하기도 함 • 주된 관심사는 timing 선택	약형 효율성이 작동하면 아무 소용 없음
기본적 분석 fundamental analysis	• 공시된 재무자료를 바탕으로 내재가치를 추정하여 이를 현재주가와 비교함으로써 매수(long)와 공매도(short) 등의 투자전략에 활용 • 주된 관심사는 종목선택	준강형 효율성이 작동하면 아무 소용없음

다고 믿는 사람들이고, 기본적 분석에 집착하는 사람들은 시장이 준강형 효율성을 보이지 않는다고 믿는 사람들이다. 또한 기술적 분석은 시장이 약형 효율성을 보이면 아무 소용이 없고, 기본적 분석은 시장이 준강형 효율성을 보이면 아무 소용이 없다는 의미이기도 하다.

기술적 분석이란 과거 주가나 거래량 같은 자료를 이용하여 주가 변화의 추세를 발견하고 이를 통해 미래의 주가를 예측하는 방법이다. 일반적으로 주식거래의 과거 자료를 도표(chart) 등의 수단으로 정리하여 주가 변화 추세를 찾아내고 이를 이용하여 미래의 주가를 예측하는 것이다. 주가는 항상 반복하여 변화하는 속성이 있기 때문에 재무상태가 나쁜 기업의 주식이라도 주식의 매매시점(timing)을 잘 포착하면 투자수익을 올릴 수 있다는 것을 전제로 한 분석으로, 과거 주가나 거래량 정보를 이용하여 일정한 추세가 시작되는 시기를 결정하는 데 그 목적이 있다.[12] 그러나 시장이 약형 효율성을 보이면 기술적 분석은 소용이 없다. 왜냐하면 과거 주가패턴에 담겨 있는 정보가 이미 주가에 반영되어 매매시점의 선택을 통해 초과이익을 기대하기에는 이미 늦기 때문이다.

기본적 분석이란 공시된 재무자료 등을 이용하여 특정기업의 내재가치를 추정하여 주가가 내재가치에 미달하면 매입(long)하고 주가가 내재가치를 초과하면 매도(short)하는 방법으로 거래대상 종목을 선택하는 기법이다. 재무제표

12) 제8장에서 설명하는 모멘텀(momentum)이란 최근의 주가하락(loser) 주식은 이후에도 시장평균보다 성과가 낮고 최근의 주가상승(winner) 주식은 이후에도 시장평균보다 높은 성과를 보이는 현상이다. 행태주의자들은 이러한 단기적 모멘텀을 약형 효율성(weak form EMH)을 위반하는 증거로 본다(조담, 2012, pp. 159～160). 모멘텀 투자도 기술적 분석에 따른 투자기법의 하나로 볼 수 있다. 왜냐하면 모멘텀 투자는 기업의 fundamental과는 상관없이 최근의 실적으로 향후 주가가 상승할지 하락할지 예측하기 때문이다.

정보를 포함하는 회계정보는 기본적 분석에서 매우 중요한 역할을 담당하고 공시(disclosure)의 역할도 강조된다. 그러나 시장이 준강형 효율성을 보이면 기본적 분석은 소용이 없다. 왜냐하면 주가는 이미 공시정보에 담겨 있는 정보를 반영하여 내재가치와 동일하기 때문에 종목선택이 초과이익을 가져오기에는 이미 늦은 의사결정이 되기 때문이다.

기술적 분석은 과거의 주가 추세나 패턴이 반복되는 경향이 있다고 가정하지만, 과거의 경제상황이나 고객의 심리변화 등이 미래에도 반복해서 나타난다는 것은 비현실적인 가정이라는 점, 과거의 동일한 주가양상을 놓고 어느 시점이 주가 변화의 시발점인가 하는 해석이 분석가에 따라 다를 수 있다는 점, 투자가치를 무시하고 시장의 변동에만 집착하기 때문에 시장이 변화하는 원인을 정확히 분석할 수 없다는 점 등이 한계점으로 지적되고 있다. 초기에는 도표를 그려서 분석하였으나 현재는 컴퓨터를 이용한 통계적 분석을 포함하는 등 다양하게 발전하고 있다.[13]

일찍이 Fama(1965a, p. 34)는 기술적 분석을 chartist theory라고 부르면서 이를 믿는 사람들의 심정을 다음과 같이 표현했다.

> History repeats itself in that “patterns” of past price behavior will tend to recur in the future.

그러나 이에 대비되는 이론을 theory of random walks라고 부르면서 이를 믿는 사람들의 심정을 다음과 같이 표현했다.

> Series of price changes has no memory, that is, the past cannot be used to predict the future in any meaningful way.

[그림 7-4~5]는 기술적 분석의 실제 모습을 보여준다. [그림 7-4]는 달러와 엔화의 환율변동과 관련한 기술적 분석의 사례인데, 이 그림에서는 지지선(levels of support : 4, 5, 6, 7, 8)의 모습과 저항선(levels of resistance : 1, 2, 3)의 모습이 나타난다. 그런데 저항선은 지지선이 되려는 경향이 있으며, 그 반대도 성립한다. [그림 7-5]는 와이지엔터테인먼트의 기술적 분석을 보여준다.

---

13) 네이버 백과사전.

[그림 7-4] 환율 : 차트분석에 의한 기술적 분석[14)]

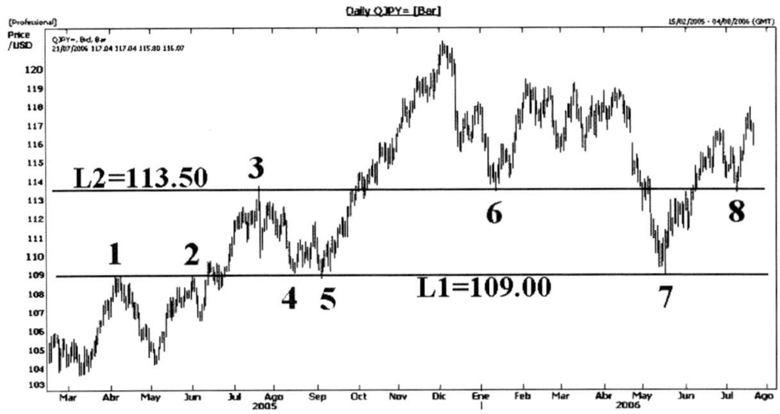

[그림 7-5] 와이지엔터테인먼트의 기술적 분석

---

14) Wikipedia, technical analysis.

제2절 효율적 시장가설의 회계적 의미

1. 공시의 중요성

회계가 효율적 자원배분에 기여하려면 주가나 채권가격에 회계정보가 적정하게 반영되어 경제적 자원이 기업실적에 따라 배분되어야 한다. 이때 자원배분은 효율적이 되며 경제가치가 극대화될 수 있다.

이러한 상황에서 준강형 효율적 시장가설이 회계에 시사하는 것은 필요한 정보는 모두 공시되어야 주가에 반영된다는 것이다. 즉 준강형 효율적 시장가설은 무엇보다도 공시(disclosure)의 중요성을 나타내고 있으며, 이는 공시의 형식적 측면인 측정방법 및 공시장소의 선택보다는 공시여부 그 자체가 더 중요하다는 것이다. 지금까지의 선행연구를 종합하면 자본시장의 효율성은 어느 정도까지는 존재한다는 것인데, 문제는 얼마만큼의 효율성이 존재하는가이다.[15] 〈표 7-3〉에서는 자본시장효율성의 다양한 스펙트럼을 보여주고 있다.

〈표 7-3〉 자본시장의 효율성 종류와 회계적 의미 비교

약 형	실제상황	준강형	강 형
주가는 과거 주가에 담긴 정보를 반영	주가는 공시된 정보에 대하여도 효율성을 보이지 못함	주가는 공시된 정보에 대하여는 완전한 효율성을 보임	주가는 모든 정보에 대해 완전한 효율성을 보임. 이때 주가=내재가치
회계정보의 유용성은 극히 제한적	공시만능주의에서 후퇴하여 회계처리방법과 공시장소의 차이가 주가에 차이를 가져옴	공시만능주의가 득세하여 공시가 필연적으로 확대됨	가치평가기능이 필요 없음. 왜냐하면 주가에는 이미 모든 정보가 반영되어 있음
	시장효율성에 대한 믿음이 약화되면서 가치평가에 대한 관심 증가. 따라서 재무상태표의 상대적 중요성 증가	가치평가 자체는 유보함. 다만 주가변동에 영향을 미치는 이익변동에 대한 관심 증대. 따라서 손익계산서가 더 중요	

15) Wolk *et al.*(1992, p. 205).

2. 초기 자본시장연구

Ball and Brown(1968)은 회계이익의 발표에 있어 비기대이익과 비기대수익률의 관계를 검증하였다. 비기대이익(unexpected earnings)은 금년도 주당순이익(EPS)과 전년도 EPS의 차이로 계산되며, 비기대수익률은 시장모형에 의한 비정상수익률을 월간 단위의 복리로 재투자하여 얻은 결과이다.

연구결과에 따르면 비기대이익과 비기대수익률이 관계가 없다는 연구가설은 통계적으로 기각됨으로써 회계이익은 미래현금흐름에 대한 정보를 포함하고 그 정보는 주가에 반영된다는 결론을 얻을 수 있다. 이 연구에서는 회계이익 발표 12개월 전부터 발표 후 6개월간 주가변동을 보여주는데, 주가반응의 대부분은 회계이익이 공표되기 전에 이미 나타나고 있음을 알 수 있다. 이는 회계이익의 공식발표 이전에 이미 관련 정보가 시장에 흘러들어 주가반응을 야기한 것으로 보인다. 이러한 연구결과는 회계이익이 주가변동을 야기하는 정보를 담고 있으며 자본시장이 관련 정보에 대해 효율적으로 반응한다는 결론을 가능하게 하고 있다.

Ball and Brown(1968)의 연구는 최초의 실증적 자본시장 회계연구(market-based accounting research)이며, 이 연구 이후 회계연구의 접근방법에는 근본적인 변화가 있었다. 즉, 그 이전까지 규범적 관점에서 진행되던 진실이익 측정문제로부터 정보적 접근법으로 연구방향이 전환되었다. 정보적 접근법(informational perspective)은 자본시장에 기초한 연구방법과 같은 의미로 사용되나, 회계정보와 주가(또는 기업가치)의 연결고리를 강조하는 의미로 사용된다.16)

제 3 절 효율적 시장가설의 재검토

1. 과거 인식에 대한 변화

몇몇 연구결과는 잠정적으로 받아들여지는 것으로 보이던 준강형 효율성보다 실제의 시장효율성이 더 낮다는 증거를 제시해 주고 있다. 이러한 연구결과를

16) 정종암(2000, p. 112).

요약하면,17) 첫째, 주가의 반응속도가 빠르기는 하지만 초기반응이 완전한 것은 아니고, 둘째, 몇몇 연구는 시장평균수익률을 능가하는 투자전략의 존재를 알려주고 있으며, 셋째, 주가가 재무제표를 통해 공표되는 정보에 대해서도 완전히 효율적으로 반영하는 것은 아니라는 점이다.

기본적 분석에 의한 자본시장연구는 매우 중요한 연구영역으로 자리 잡고 있는데, 이에 대한 근본적인 이유는 많은 연구결과가 효율적 자본시장에 대한 과거의 인식이나 믿음이 지나치다는 점을 지적하고 있기 때문이다. Ou and Penman(1989 a, b)의 연구는 이런 점에서 중요한 위치를 차지한다. 이 연구는 기본적 분석의 중요성을 다시 일깨워준 연구로서 시장은 우리가 믿었던 것만큼, 즉 공시된 정보에 대해서는 합리적으로 반응한다는 준강형 효율성보다도 실제로는 효율적이지 않다는 점을 시사하기 때문이다.18)

2. 인간의 합리성에 대한 의문

자본시장의 효율성은 인간의 합리성(rationality)에 대한 가정에 기초하고 있다. 그런데 규범이론에서 제시하는 인간의 무제한적 합리성에 대한 가정에 의문을 제기하기 시작한 것은 이미 오래전의 일이다. 즉, Simon(1957)의 제한적 합리성(bounded rationality)이나, Kahneman and Tversky(1979)의 prospect theory 및 Tversky and Kahneman(1992)의 cumulative prospect theory를 거쳐, Thaler(1991)는 이를 quasi rational economics로 명명하고 있다. 예를 들면 매몰비용(sunk costs)에 계속 미련을 갖는다든가, 기회비용(opportunity cost)을 제대로 인식하지 못하는 인간의 행동이나 판단은 기존의 기대효용이론과 같은 규범이론으로는 설명하기 곤란하거나 불가능하다.

매몰비용에 미련을 버리지 못하는 사례는 다음의 경우에서 찾아볼 수 있다. 어떤 가족이 100km 떨어진 곳에서 열리는 야구게임을 위해 $40를 주고 입

---

17) Palepu *et al.*(2000, pp. 13～15).

18) Wolk *et al.*(1992, pp. 205～206). Ou and Penman(1989 a, b)의 연구에서는 총자산수익률, 매출총이익률 및 유동자산변화율 등과 같은 전통적인 재무제표자료 또는 PER을 이용하여 내년도 이익이 증가할 것인지 또는 감소할 것인지 예측하고자 하였다. 저자들은 상당부분의 표본에서 내년도 이익의 변동을 정확히 예측할 수 있었다. 그런데 중요한 점은 이 예측치에 근거하여 투자할 경우 초과이익(abnormal return)을 얻을 수 있다는 것이다. 이는 자본시장이 우리가 믿고 있었던 준강형 효율성보다 덜 효율적이라는 증거를 제시하는 것으로 평가되어 기본적 분석(fundamental analysis)의 유용성을 시사하고 회계기능 중 가치평가기능이 주목받게 되는 계기를 마련하였다.

장권을 샀다. 그런데 공교롭게도 시합당일 폭풍우가 몰아쳤다. 이 상황에서도 이 가족은 야구장에 가기로 하였다. 만약 이 가족이 입장권을 구입한 것이 아니라 공짜로 얻었다면 야구장에 가지 않았을 것이다. 합리성의 조건에 따르면 추가적인 효익이나 비용만이 의사결정에 영향을 미치고 매몰비용은 무시되어야 한다. 즉 이 상황에서 야구장에 가지 않는 것이 합리적 선택이다. 그러나 많은 사람들이 이러한 궂은 날씨에도 불구하고 야구장에 가곤 하는데, 이는 매몰비용을 무시하지 못한다는 증거이다.[19]

아래의 사례는 ₩10,000이라는 매몰비용(금전적 손실)에 대한 사람들의 서로 다른 반응을 심적 회계(mental accounting)[20]라고 불리는 현상을 통해 설명한 것이다. 여기서의 상황은 당신이 입장료 ₩10,000인 영화를 관람하려고 한다. 그런데 극장에 들어가기 전에 〈표 7-4〉와 같은 상황에 맞닥뜨렸다고 가정해 보자. 각 상황에서 사람들의 반응이 사뭇 다르다는 것을 알 수 있다.

〈표 7-4〉 매몰비용에 대한 상이한 반응

상 황	다시 입장권을 구입하겠는가?
₩10,000의 지폐를 잃어버린 경우	• YES : 88%, • NO : 12%
₩10,000의 입장권을 잃어버린 경우[21]	• YES : 46%, • NO : 54%

심적 회계에서는 이러한 현상을 다음과 같이 설명한다. 사람들은 마음속에 일정한 과목(계정, account)을 설정하고 있다. 예를 들면 위 사례에 적용가능한 “오락비계정”이다. 입장권을 잃어버린 것은 ₩10,000을 예상한 오락비계정에서 ₩20,000의 지출을 하게 되는 것이기 때문에 매우 부담스러운 상황이다. 반면에 현찰을 잃어버린 것은 아직 오락비계정으로 분류되기 전이기 때문에 대부분의 사람들은 거리낌 없이 다시 입장권을 사려고 한다.[22]

따라서 금전적 손실의 크기(substance)는 동일하지만 잃어버린 것이 현금이냐 입장권이냐의 형식(form)에 따라 후속적인 행동이 달라짐으로써 인간의 합리성을 상징하는 형식보다 실질(substance over form)이라는 원칙이 적용되지 않

19) Thaler(1991, p. 11).

20) mental accounting이라는 용어는 Thaler(1980)가 처음 사용한 이래 사람들이 경제적 효과를 기록, 분류, 평가하는 과정을 기술하는 분야다. 이에 따르면 사람들은 자신의 자산이나 소득을 대체가능하지 않은(non fungible) 몇 개의 계정으로 분류한다는 것이다.

21) 본 사례는 입장권을 잃어버리면 모든 권리가 소멸된다는 가정에 의한 것이다. 요즘과 같이 컴퓨터예매를 통해 입장권을 재발급받거나 기록조회가 가능한 상황이 아님을 가정하고 있다.

22) Thaler(1991, pp. 149~150), Washington Post, Saturday, May 19, 2007.

는 사례로 평가된다.

"소비자 腦를 열어라, 뇌 속 욕망을 읽어라"

뇌 과학과 마케팅이 만났다. '신경마케팅의 大家' 호이젤 박사

인간은 과연 합리적인가? 이 질문은 경제학과 경영학에 있어 더없이 중요하다. 그 대답이 '예스'라면? 즉 '인간이 아인슈타인처럼 사고(思考)하고 IBM 컴퓨터처럼 기억하며, 간디처럼 의지력을 발휘한다면?' 일은 간단하다. 그런 '호모 이코노미쿠스(경제적 인간)'에게 선택을 맡기면 시장은 행복한 최적점을 찾아 균형을 이룰 것이기 때문이다. 기업 CEO들도 마케팅 전문가에게 비싼 연봉을 줄 필요가 없다. 싸고 품질 좋은 물건만 만들어 공급하면, 극도로 현명한 소비자들이 알아서 구매할 테니 말이다. 하지만 인간은 그렇게 '아인슈타인+컴퓨터+간디'의 행동주체가 아니라는 사실을, 경제학과 마케팅 연구는 심리학의 수혈(輸血)을 통해 지속적으로 발견하고 있다. 사실 인간이 합리적이라면 최근 같은 글로벌 금융위기도 애당초 발생하지 않았을 것이다. 이런 연구흐름의 대표적 산물이 행동경제학(Behavioral Economics)이다. 2002년에는 심리학자 대니얼 카네만(Kahneman) 교수가 행동경제학 이론으로 노벨경제학상을 수상하면서* 그 맹위를 떨쳤다. 행동경제학적 접근을 마케팅과 구매욕 분석에 중점을 두고 더 치열하게 발전시킨 것이 신경마케팅 이론이다.

신경마케팅(Neuromarketing)이란 뇌 과학과 마케팅을 결합한 신종 학문으로, 소비자의 구매와 소비 행태를 뇌(腦) 과학과 신경심리학으로 풀어내는 것이다. 세계 주요 기업들이 경제위기에 따른 극심한 판매부진으로 골머리를 앓으면서, 마케팅 기법의 '대안(代案)'으로 주목받고 있는 최첨단 이론이기도 하다.

독일의 한스-게오르크 호이젤(Hans-Georg Hausel) 박사는 이 신경마케팅 분야의 세계적 대가이다. 그의 이론의 핵심은 "소비자의 구매결정은 거의 언제나 뇌에서 무의식적으로, 감정적으로 내려진다"는 것이다. 따라서 마케팅이 성공하려면 소비자의 뇌 속을 들여다봐야 한다는 것이다.

(조선일보, 2009.5.2 요약정리)

* Kahneman 교수의 동료였던 Amos Tversky 교수도 1996년 59세를 일기로 사망하지 않았다면 틀림없이 노벨경제학상을 공동수상하였을 것이다.

3. 행태재무론의 의의[23)]

행태재무론(behavioral finance) 또는 행동경제학(behavioral economics)은 전통재무론의 한계에 대처하기 위하여 인지심리학의 성과를 도입하여 개량된 접근방식이다. 전통재무론에서는 인간은 합리적(rational)이고 시장은 효율적(efficient)이라고 전제한다. 먼저, 인간의 합리성은 두 가지를 의미한다. 첫째, 인간은 베이즈 정리에 따라 새로운 정보를 입수하면 기존의 믿음을 즉각 올바르게 수정한다는 것이다. 둘째, 인간은 기대효용을 극대화하는 선택을 한다는 것이다. 한편, 효율적 시장가설(efficient market hypothesis)의 극단적 모습은 이용가능한 모든 정보가 가격에 즉시 그리고 정확하게 반영되어 가격은 항상 해당자산의 내재가치라고 가정한다. 그러나 이러한 가정이 현실에서 무너지는 사례는 헤아릴 수 없이 많다. 이러한 전통재무론의 현실적 문제점들에 대한 유력한 대안의 하나로 제시된 접근법이 행태재무론이다.

전통재무론과 비교하여 행태재무론은 연구대상 자체를 새롭게 찾는 것이 아니라 인간에 대한 가정, 시각, 사고방식 등을 포함하여 대안적 방식으로 접근하는 것이다. 즉, 인간은 충분히 합리적이지 않고 이에 따라 시장도 효율적이지 않은 현실을 반영한 대안적 이론체계이다. 여기서 말하는 합리성의 부정은 완벽한 비합리성까지 가리키지는 않고 적어도 완벽한 합리성은 아니며 제한된 합리성을 의미한다.

행태재무론은 전통재무론이 인간의 실제 모습을 충분히 반영하지 못하고 있음을 비판하고 이에 대한 대안 이론으로 제시되어 왔다. 행태재무론은 비교적 역사가 짧으나, 대표적 학자인 Kahneman이 2002년에 노벨경제학상을 받으며 세상의 주목을 받게 되었다. 따라서 아직 성장단계에 있으며, 방법론 등 여러 면에서 충분한 체계가 잡히지 않았고 그에 따라 여러 가지 문제점과 한계를 내포하고 있는 것도 사실이다. 그럼에도 행태재무론은 실증적 연구를 중심으로 이미 상당한 실적을 축적하여 학문적으로는 물론 실무에서도 적극적인 응용이 가능하다고 할 수 있다.

[그림 7-6]은 자산가격결정이론(asset pricing theory)의 개념도를 나타내고 있다. 이 그림이 의미하는 것은 합리성(rationality)에 기반하는 전통적인 접근법과 이에 대항하는 행태재무적 접근법이 양대 축을 이루는 것을 보여준다. 이에 따르면 전통적인(neo-classical framework) 접근법에서는 의사결정자가 불확실한 부

---

23) 최원근(2011, pp. 29~37) 수정요약.

[그림 7-6] 자산가격결정이론의 개념도[24]

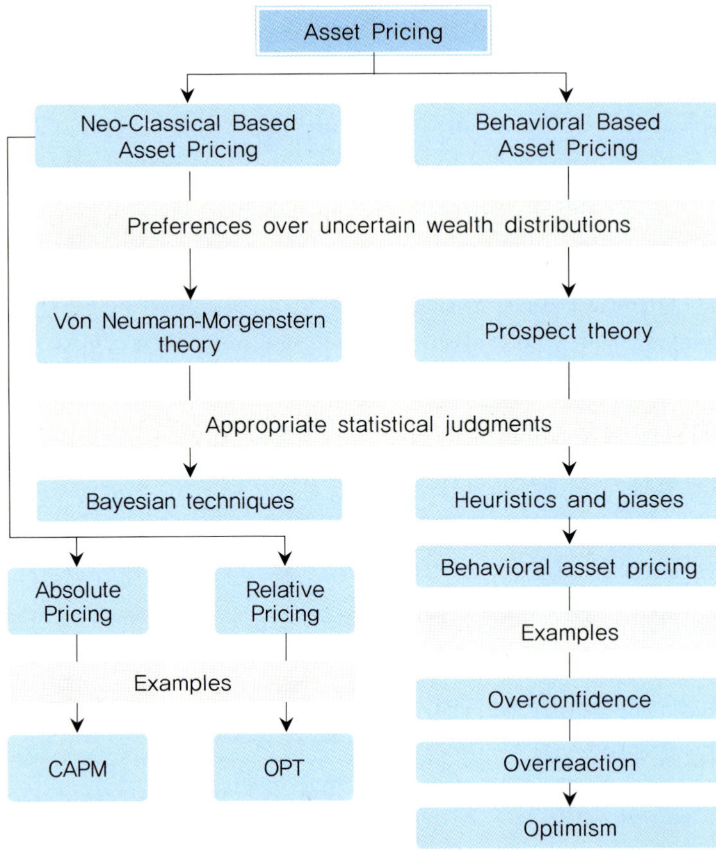

(wealth)의 분포에 대하여 von Neumann-Morgenstern의 선호(preference)를 보이며, 추론과정에서는 베이지안 기법(Bayesian techniques)을 사용한다. 이에 비해 행태재무적 접근법에서는 전통적인 접근법에서 사용된 von Neumann-Morgenstern theory 대신에 프로스펙트이론(prospect theory)이 사용되고 베이지안 기법 대신에 휴리스틱(heuristics)을 사용하여 결과적으로 편향(biases)이 나타난다.[25]

24) Celik(2012, p. 143). 왼편의 Neo-Classical Based Asset Pricing에서 absolute pricing은 위험요소에 따라 자산가격이 결정되는 반면, relative pricing은 다른 자산의 가격에 따라 해당자산의 가격이 결정된다. 한편, CAPM=Capital Asset Pricing Model, OPT=Option Pricing Theory를 의미한다.

25) 편향이란 오류를 저지르려는 경향을 의미하며, 휴리스틱이란 의사결정을 내릴 때 사용하는 나름대로의 규칙을 의미한다. 이들 요인은 프로스펙트이론의 핵심요소인 framing effect와 함께 행태재무론에서 의사결정에 영향을 미치는 대표적인 심리적 요인으로 꼽힌다. framing

1. 아래 그림은 Lexis-Nexis에서 "efficient markets"이라는 단어와 "behavioral finance" 라는 단어를 통한 검색비율의 변화모습을 보여준다. 그림이 보여주는 바와 같이 efficient markets에 대한 관심은 줄어드는 반면, behavioral finance에 대한 사람들의 관심이 급증하고 있음을 알 수 있다.

Scaled Word Counts for "Behavioral Finance" and "Efficient Markets" 1985~2006

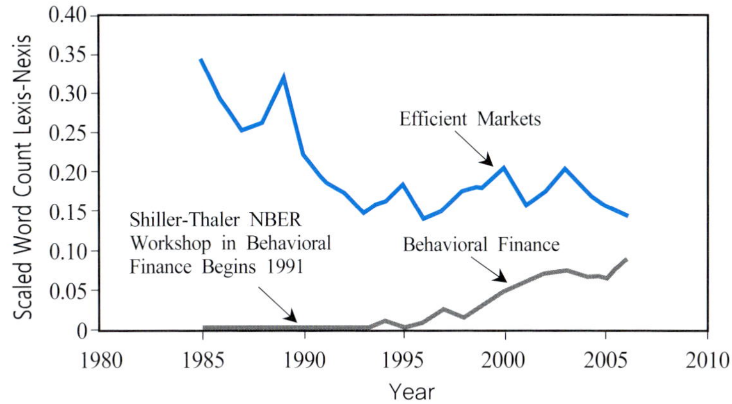

Workshop in Behavioral Finance
(http://www.econ.yale.edu/~shiller/behfin/index.htm)

2. 아래 그림은 Prospect Theory에 대한 인용논문수의 변화모습을 보여준다. 그림이 보여주는 바와 같이 2002년의 노벨상 수상을 기점으로 인용논문의 수가 급증하고 있음을 알 수 있다.

Prospect Theory – Number of Yearly Citations
Kahneman and Tversky (1979)

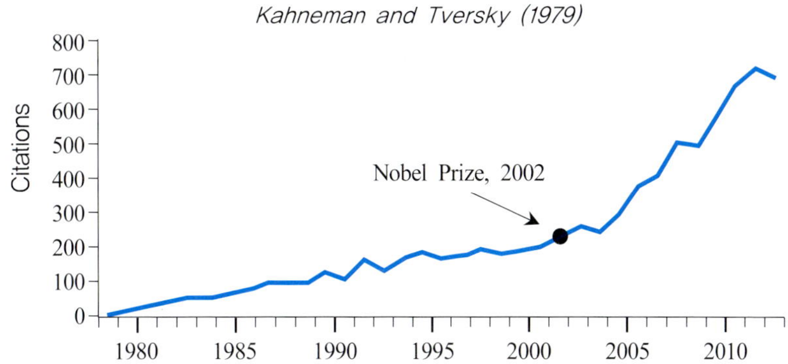

effect란 의사결정 상황이 설명되는 방식에 의해 어떤 사람의 의사결정이 영향을 받는 것을 의미한다(조담, 2012, pp. 4~20). 휴리스틱에 대비되는 개념은 알고리즘(algorithm)인데, 알고리즘이란 일정한 순서와 논리에 따라 풀어 가면 해결책을 얻을 수 있는 방법을 말한다.

그런데 휴리스틱과 편향에 의존하는 경우 사람들은 보통 사전정보(prior information)나 기본정보(basic rate information)는 무시하거나 별 관심을 보이지 않다가 최신의 정보(new information)에만 관심을 기울이는 성향이 있어 Bayes' theorem에서와 같은 합리적인 방식의 확률개선은 현실에서는 잘 이루어지지 않는다. 이러한 성향은 대부분 새로운 정보에 대한 과잉반응(overreaction)으로 나타난다.[26)]

4. 변화된 환경에서의 회계기능

자본시장이 완전하게 효율적이라면 회계가 설 자리는 없다.[27)] 따라서 회계기능이 존재한다는 것은 시장이 효율적이지 않다는 역설적인 반증이 되는데, 문제는 시장의 효율성을 검증하는 것도 중요하지만 완벽하지 않은 효율성하에서 회계가 추구해야 하는 것은 무엇이며 회계기능이 변화하는 환경에서 어떤 모습을 보이는 것이 바람직한가를 살펴볼 필요가 있다.

Coca-Cola의 상표나 Walt Disney사의 Mickey Mouse 등은 해당기업의 재무상태표에 자산으로 인식되어 있지 않다.[28)] 이러한 허점(?)은 재무상태표의 장부가액이 궁극적으로 기업가치의 중심이 되어야 한다는 가치평가기능의 관점에서 보면 결코 장기적으로 방치될 수 없는 현상이다. 그런데 이러한 현상은 기업의 인수합병으로 즉각 해결될 수도 있다.[29)] 왜냐하면 이들 기업이 인수합병의 대상이 되어 인수가격이 형성된다면 이들 인수가격에는 분명 이러한 막대한 자산가치를 가진 상표나 캐릭터의 가치가 반영될 것이기 때문이다.

그렇다면 인수합병이 없기 때문에 이러한 현행 회계의 맹점이 지속되는가? 아니다. 과거의 효율적 자본시장에서 우리는 코카콜라나 디즈니사의 주가가 이미 이들 무형자산의 가치를 반영하고 있는 것으로 믿었다. 즉 현재주가는 모든 정보를 반영한 균형가격의 종점(destination)이라고 믿었다. 따라서 투자자

---

26) Thaler(1991, pp. 154～155). 본서 제1장 참조.

27) Fields *et al.*(2001, p. 261).

28) 1998년 기준 코카콜라의 장부가액은 $84억이나 시장가치는 $1,650억으로서 그 차이의 상당부분을 상표가치가 차지하고 있다. 미국은 상표가치의 인식에 있어 매우 보수적이어서 코카콜라의 브랜드가치는 재무상태표에 나타나지 않는다(Coca-Cola's brand name value does not appear in its balance sheet). 그러나 영국과 호주에서는 상표의 가치를 자산으로 인식하는 것이 허용되고 있다(Palepu *et al.*, 2000, pp. 4～7).

29) 특히 기업의 인수합병에 매수법(purchase method)이 사용된다면 공정가치로 평가하고 영업권이 나타나기 때문이다.

는 이들 무형자산의 가치를 굳이 평가하려고 하지 않는다.[30] 이들 투자자의 관심사는 균형가격의 변동(change)에 영향을 미치는 회계이익의 변동이 된다. 즉 기업의 영업활동을 통한 이익결정과정이 중요한 정보가 된다. 그러나 자본시장이 우리가 과거에 생각한 것만큼 효율적이지 않은 경우, 주가는 모든 정보가 반영된 균형가격이 아니기 때문에 기업가치에는 반영되지만 장부가액에는 반영되지 않는 이들 무형자산을 재무상태표에 인식한다면 주가수준에 영향을 미치거나, 주가가 이들 정보를 반영하는 속도에 영향을 미칠 것으로 기대되어 앞서 효율적 시장가설이 수용되던 시절에 유보되었던 가치평가기능이 더 이상 방치될 수 없다.

전통적으로 수용되던 준강형 효율성이 퇴색함에 따라 나타나는 회계이슈의 예로 연구개발비와 스톡옵션의 회계처리를 들 수 있다. 연구개발비가 자산처리되든 비용처리되든 관련 내용의 공시가 충분히 이루어진다면 주가에 미치는 영향은 동일해야 한다는 것이 준강형 효율성의 내용이다. 또한 스톡옵션이 손익계산서에 비용처리되든 관련 내용이 주석에 공시되든 주가에 미치는 영향은 동일한 것이 준강형 효율성이 시사하는 바이다. 그러나 최근의 회계이슈에서 이 두 가지 문제는 첨예한 대립을 보이고 있다. 이는 과거의 준강형 효율성에 대한 우리의 믿음이 지나치다는 인식에 따라 관련 내용의 공시만으로는 부족하고(공시만능주의에서 후퇴) 무엇을, 어디에 어떻게 보고하는가에 따라 주가형성이나 정보반영속도에 영향을 미칠 수 있다는 점을 강조한 것이다. 즉 공시여부만으로는 부족하고 공시를 하더라도 어떤 장소에 어떤 측정기준으로 나타내 주느냐가 중요하게 되었다.

제 4 절 효율적 시장가설과 회계정책

회계정보의 두 가지 기능 중 가치평가기능은 자본시장의 효율성과 밀접한 관련을 가지고 있으나 계약기능은 상대적으로 관련성이 적다. 그 이유는 자본시장의 존재유무 또는 효율성 논쟁에 관계없이 계약기능은 오래전부터 존재해 왔으나, 가치평가기능은 자본시장의 효율성 논쟁, 특히 준강형 효율성으로부터의 후퇴와 직접적인 관련이 있기 때문이다.

30) 가치평가액이 궁금하다면 그 순간의 주가를 보면 될 것이다.

1. 공시에 의한 규제

준강형 효율성이 수용되는 상황에서의 가치평가기능과 관련된 회계규제는 측정보다는 공시 그 자체에 집중하게 된다. 왜냐하면 준강형 효율성에서 주가는 공시된 정보를 이미 반영한 상태이기 때문에 "공시할 것인가, 말 것인가?"가 회계이슈의 중심에 서게 된다.

회계가 자원배분의 효율성에 공헌할 수 있으려면 주가에 영향을 미쳐야 하는데, 준강형 효율성하에서 특정정보를 "공시하는 경우"와 "공시하지 않은 경우"의 주가가 달라질 수 있기 때문이다. 이러한 상황에서는 측정의 정밀성보다는 관련 정보의 공시 그 자체가 더 중요하다. 왜냐하면 공시된 정보에 대한 합리적이고 정밀한 처리능력은 시장이 갖고 있는 것으로 믿기 때문에 관련 정보를 숨기지 말고 알려주는 것이 회계정책의 핵심이 된다.

이에 따라 EMH에서의 회계정책은 공시에 의한 규제(regulation by disclosure)의 성격을 띠게 된다. 또한 이때 주가는 기업가치를 이미 반영하고 있기 때문에 회계의 역할에서 가치평가 그 자체보다는 가치변동에 관심을 가지고 회계기능을 통해 가치변화에 가장 결정적인 역할을 하는 정보는 회계이익이라는 판단에서 회계이익을 중시하는 손익계산서 중심의 회계관을 정립하게 되었다. 따라서 EMH에서는 주가 그 자체보다 주가의 변동과 관련된 주식수익률에 더 많은 관심을 갖고, 자본시장연구를 통하여 회계학은 과거의 진실한 이익측정에 관한 규범적인 논의를 벗어나 정보적 관점(information perspective)으로 연구의 초점이 전환되었다.

그러나 준강형 효율성이 수용되지 않는다면 이는 주가가 공시된 정보에 대해서도 합리적으로 반영하지 않는다는 것이다. 주가가 회계정보를 반영하는 속도가 순간적이지 않거나, 그 반영행태에 편의(bias)가 있다면 회계정책상 중요한 시사점을 가진다. 즉, 시장은 공시된 정보에 대해서도 완전한 처리능력이 없으므로 정밀한 회계처리를[31] 통한 보다 예측가능하고 목적적합한 정보를 제공함으로써 주가에 영향을 미칠 수 있는 가능성이 열린 것이다.

---

31) 공정가치에 의한 측정 및 보고가 그 한 가지 예가 될 것이다.

2. 절차에 의한 규제

EMH가 수용되지 않을 때 회계정책은 절차에 의한 규제(regulation by procedures)의 성격을 띠게 된다. 이는 준강형 효율성이 수용될 때 가치평가 자체는 시장에 위임한 채 주가변동에 영향을 미치는 회계이익의 변동에 지대한 관심을 보였던 것과는 달리, 주가 그 자체(level)에 영향을 미치는 정보를 될 수 있으면 재무제표 본문에 그것도 역사적 원가보다는 공정가치로 평가하여 인식(recognition)하는 것이 중요하다고 판단하는 정책상의 전환을 의미한다. 왜냐하면 준강형 효율성이 후퇴한 상황에서는 공시된 회계정보에 대해서도 측정방법이 무엇이냐에 따라 주가에 미치는 영향이 달라지기 때문이다. 즉 과거와 같이 "공시할 것인가, 말 것인가?"가 아니라 "어떻게 측정하여 어디에 공시해야 하는가?"로 바뀌었다. 이러한 관점에서 주가형성과정은 종점(destination)이 아니라 과정(journey)이고, 회계기능은 주식의 진정한 가치를 측정하는 데 도움이 되는 정보를 제공한다는 측면에 치중해야 하며, 가격결정의 동태적 과정(dynamics of market price discovery)을 이해하는 데 중점을 두어야 한다.[32] 이를 평가적 관점(measurement perspective)이라 부른다.

〈표 7-5〉 자본시장의 효율성과 회계규제의 종류

자본시장의 효율성	가치평가기능	계약기능
준강형 효율성 수용	공시에 의한 규제의 개념에 따라 "공시할 것인가, 말 것인가?"가 중요한 규제수단으로 등장	EMH의 수용여부에 관계없이 계약기능은 독자적 기능수행[33]
준강형 효율성 후퇴	절차에 의한 규제의 개념에 따라 "어떻게 측정하여 어디에 공시해야 하는가?"가 중요한 규제수단으로 등장	

자본시장의 목적

One of the essential functions of financial markets is to price risk to support informed, efficient capital-allocation decisions. Accurate and timely disclosure of current and past operating and financial results is fundamental to this function, but it is increasingly important to understand the governance and risk management context

32) Lee(2001, p. 237).
33) 본서 제8장 제3절 참조.

in which financial results are achieved.

The financial crisis of 2007~2008 was an important reminder of the repercussions that weak corporate governance and risk management practices can have on asset values. This has resulted in increased demand for transparency from organizations on their governance structures, strategies, and risk management practices. Without the right information, investors and others may incorrectly price or value assets, leading to a misallocation of capital.

Recommendations of the Task Force on Climate-related Financial Disclosures
June 15, 2017

제5절 자본시장의 이상현상

효율적 시장가설(EMH)의 논리와 배치되는 현상을 자본시장의 이상현상(market anomalies)이라고 부른다. 지금까지 알려진 이상현상 중 대표적인 것은 계절적 이상현상, 발생액 이상현상, 주가표류현상, 기업규모 가설 및 장부가액 대 시장가치 가설로 대표되는 '가치주'와 '성장주' 이상현상이 있다.

1. 계절적 이상현상

계절적 이상현상(seasonal anomalies)이란 계절 및 시기에 따른 이상현상으로 calendar anomalies라고 불리기도 한다. 계절적 이상현상은 후술하는 이상현상과는 달리 개별주식에 관련되는 것이 아니라 주로 전체 시장에 미치는 영향이라는 점에서 구별된다. 〈표 7-6〉은 계절적 이상현상의 종류를 요약하고 있다.

그런데 이 계절적 이상현상은 최초 보고연도 이후에 사라지거나 그 크기가 약해진 것으로 나타났다. 다만 turn-of-the-month효과만 아직도 존재하는 것으로 나타났다. [그림 7-7]은 미국시장을 대상으로 이들 이상현상이 최초로 보고되기 이전(before)과 이후(after)를 비교한 것이다.

[그림 7-7]에서 보듯이 계절적 이상현상의 대부분은 관련 연구결과가 공표된 이후 사라지는 모습을 보이고 있다. 이는 이러한 이상현상을 이용하여 초과

〈표 7-6〉 계절적 이상현상의 종류[34)]

명칭(최초 보고연도)	의 의
Holiday effect(1988)	명절을 앞둔 시기의 수익률이 평상시보다 높다.
Weekend effect(1973)	금요일 수익률은 높고, 월요일 수익률은 낮다.
January effect(1976)	1월의 수익률이 높다.
Time-of-the-month effect(1987)	전반월의 수익률이 후반월의 수익률보다 높다.
Turn-of-the-month effect(1987)	전월말부터 익월초 기간의 수익률이 높다.

[그림 7-7] 계절적 이상현상의 소멸 및 약화[35)]

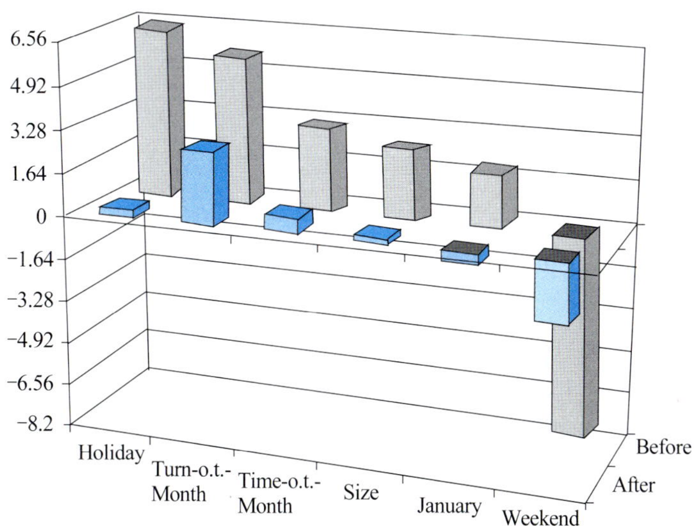

수익을 추구하는 투자자가 많아짐에 따라 계절적 이상현상은 거의 사라졌다는 것을 의미한다. 더욱이 기술의 발전과 거래비용의 저하는 계절적 이상현상을 활용하는 차익거래를 보다 용이하게 하여 이상현상의 소멸에 기여한 것으로 보인다. 이는 궁극적으로 자본시장의 효율성에 기여하는 것이다.

34) Marquering *et al*.(2006).

35) Marquering *et al*.(2006, p. 295). 그림에서 y축의 숫자는 각 이상현상의 유의도를 나타내는 t 값이다. 여기서 size effect는 January anomaly와 연계되어 1월중의 주가상승이 특히 소형주에서 많이 나타나는 것을 의미한다.

2. 발생액 이상현상[36)]

Sloan(1996)이 최초로 보고한 발생액 이상현상(accrual anomaly)이란 주가가 발생액과 영업활동 현금흐름의 지속성을 정확하게 반영하지 못하는 현상을 말한다. 즉, 투자자는 재무제표가 공시되면 발생액에 대해서는 과대평가를, 영업활동 현금흐름에 대해서는 과소평가를 하는 경향이 있다. 그 결과 공시 이후 발생액이 높은 포트폴리오는 음(−)의 초과수익률을, 발생액이 낮은 포트폴리오는 양(+)의 초과수익률을 경험하게 된다. 만약 시장이 발생액의 정보특성을 충분히 이해할 만큼 효율적이라면 이러한 일은 나타나지 않는다.[37)]

발생액 이상현상의 본질적 성격과 관련한 문제는 이러한 발생액 이상현상이 과연 CAPM과 같은 표준화된 자산결정모형(asset pricing model)에서 아직까지 식별되지 않은 위험요인(risk factor)과 관련된 것인지 아니면 단순한 시장의 가격결정오류(mispricing)인지에 대한 논쟁이다. 만약 발생액의 수준이 위험요인이라면 발생액이 낮은 기업의 높은 수익률은 위험요인에 대한 보상이라는 것이다. 이와 관련하여 Khan(2008)은 발생액 이상현상이 위험요인에 따른 현상이라는 주장을 하는 반면, Hirshleifer *et al*.(2012)은 발생액 이상현상은 위험요인과 관련된 것이 아니라 시장과 투자자의 불완전성에 기인하는 가격결정오류(mispricing)와 관련된 것이라고 주장한다.

그런데 Sloan(1996)의 연구결과 공표 이후 이러한 발생액 이상현상을 이용하는 투자자가 많아짐에 따라 발생액 이상현상은 그 후 점차 감소하여 현재는 거의 사라진 모습을 보이고 있다. 이에 따라 발생액 이상현상은 발견 당시에는 지금까지 발견된 이상현상 중에서 가장 강건한(most robust) 것이었지만, 발견 이후 서서히 사라지기 시작하여, 현재는 이상현상이 더 이상 아닌 것으로 보인다. 우리나라에서도 김정재(2017a)에 따르면 지금까지 우리나라에서 발생액 이상현상이 가장 확연히 드러났던 유가증권시장의 흑자기업에서 2011년까지는 발생액 이상현상이 존재하였으나 그 이후, 즉 한국형 헤지펀드가 도입된 이듬해인 2012년부터는 사라진 것으로 판단된다. 이러한 분석결과는 미국 등 선진자본시장이 일찍이 경험한 내용이 국내 자본시장에서도 그대로 재현되고 있음을 보여준다.[38)]

---

36) 발생액 이상현상은 본서 제8장과 제10장에서도 설명된다.

37) 남천현(2011, p. 164). 따라서 발생액과 미래수익률이 음(−)의 관계를 갖는 현상을 발생액 이상현상이라고 부른다.

38) 제10장 참조.

3. 주가표류현상

주가표류현상(post earnings announcement drift : PEAD)이란 이익이 발표된 시점 이후의 기간에서도 비기대이익(unexpected earnings)과 비정상수익률(초과수익률) 간에 체계적인 관련성이 나타나는 현상을 의미한다. 즉 비기대이익이 양(+)이면 이익공시 이후에도 양의 초과수익률을 얻고, 반대로 비기대이익이 음(−)이면 음의 초과수익률을 얻게 되는 것이다. 이 현상은 Ball and Brown(1968)의 연구에서 처음으로 보고되었지만, 그 당시 주 관심은 회계이익의 정보유용성 여부(즉, 회계이익이 information content가 있는지의 여부)에 있었기 때문에 이 현상과 관련하여 특별한 설명이나 언급은 없었다.

자본시장이 준강형(semi-strong) 효율적이라면 공시일 이후의 주가움직임은 공시된 이익정보와 상관관계가 없어야 하는데, 주가표류현상은 이 가정과 근본적으로 배치된다. 그 때문에 많은 연구자들이 이 현상에 의구심을 갖고 보다 개선된 방법으로 검증을 시도하였지만 주가표류현상은 지속적으로 관찰되었다. 1980～1990년대에도 관련된 논의들이 활발히 이루어졌으나, 자본자산가격결정모형(CAPM)의 부적절성 및 그 외의 다른 요인들로는 주가표류현상을 설명하지 못한다는 것을 보여줌으로써 시장의 비효율성 외에는 이 현상을 설명할 수 있는 가설이 없음을 확인하였다. 따라서 주가표류현상은 지금도 자본시장의 이상현상(market anomalies) 중 하나로 남아 있다.[39] 그러나 Asthana(2003)는 IT기술의 발전이 주가표류현상을 줄이는 기능을 한다고 하였다. 즉 IT기술의 발전은 궁극적으로 거래비용은 줄여주고 정보효율성은 증진시킴으로써 주가표류현상을 감소시켜 자본시장의 효율성에 기여한다. Chen *et al.*(2014)도 중국에서 XBRL의 도입이 주가표류현상(PEAD)을 줄이는 데 기여했다고 하면서 특히 정부 소유기업에서 이런 현상이 두드러졌다고 하였다.

[그림 7-8]은 주가표류현상의 모습을 보여준다. 자본시장이 준강형 효율성을 보인다면 공시일 이후의 주가움직임은 공시된 이익정보와 관련이 없어야 한다. 즉 그림에서 API(abnormal performance index)는 점차 증가 또는 감소하다가 이익공시시점(0)부터는 수평을 유지하며 서로 평행을 이루어야 한다. 그러나 그림의 모습은 이익공시시점(0) 이후에도 계속 증가 또는 감소하는 모습을 보이고 있다. 특히 good news 기업의 주가상승보다는 bad news 기업의 주가하락에서 이러한 지연반응이 보다 심해, 이익공표 후 최대 6개월까지 주가표류현상

---

39) 정혜영 등(1993, pp. 184～185), 이경태・이연진(2008) 수정요약.

[그림 7-8] Ball and Brown(1968)의 주가표류현상40)

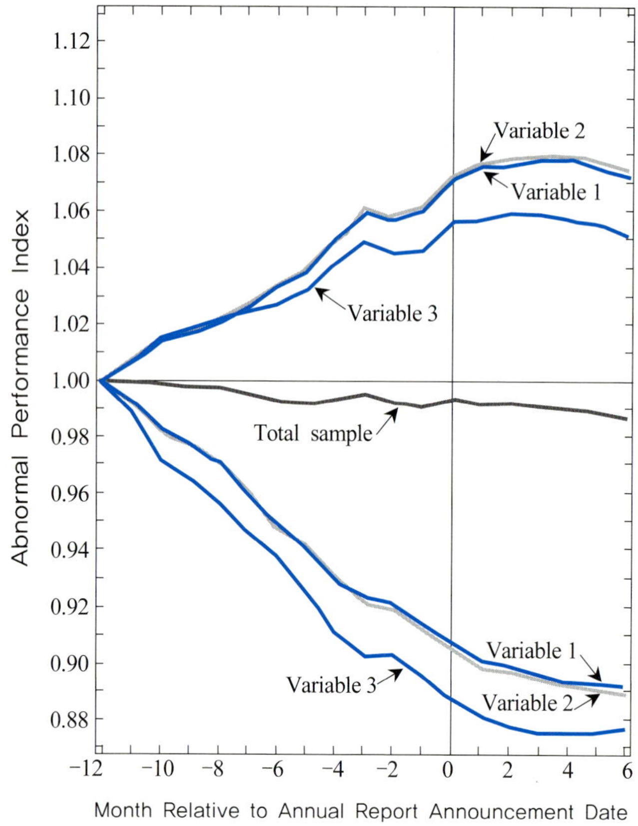

Fig. 1 Abnormal Performance Indexes for Various Portfolios

이 나타나는 것으로 보인다.

한편, 주가표류현상도 기관투자자 등에게는 활발한 투자전략 중의 하나이다. Ali *et al*.(2012)에 따르면 주가표류현상의 활용은 미국의 뮤추얼펀드에서 매우 흔한 투자기법 중의 하나이다. 그러나 경쟁이 심해짐에 따라 이에 따른 수익률은 그렇게 높은 것은 아니다. 따라서 일부 뮤추얼펀드는 경쟁을 피해 거래비용이 높은 업종이나 기업으로 진출하여 초과수익을 도모하는 전략을 취하기

40) Ball and Brown(1968, p. 169). 위 표본은 금년도 이익이 전년도 이익보다 증가한 표본(good news 표본)이며, 아래 표본은 금년도 이익이 전년도 이익보다 감소한 표본(bad news 표본)이다. Abnormal Performance Index는 이익공표 12개월 전(−12)에 $1로 출발한 포트폴리오의 가치변동을 보여준다.

도 한다.41)

나종길 · 신희정(2012)은 2000년부터 2011년까지 KOSPI 상장기업을 대상으로 주가표류현상과 외국인 지분비중의 관계를 검증하였다. 분석결과에 따르면 [그림 7-9]에서와 같이 외국인 지분비중이 낮은 기업(low_FH)은 높은 기업(high_FH)에 비해 주가표류현상이 훨씬 심각하였다. 이는 외국인 투자자가 보다 숙련된 투자자들이며 이들의 국내 자본시장 참여가 우리나라 자본시장의 효율성에 기여하고 있음을 나타낸다.

[그림 7-9] 주가표류현상과 외국인 소유지분42)

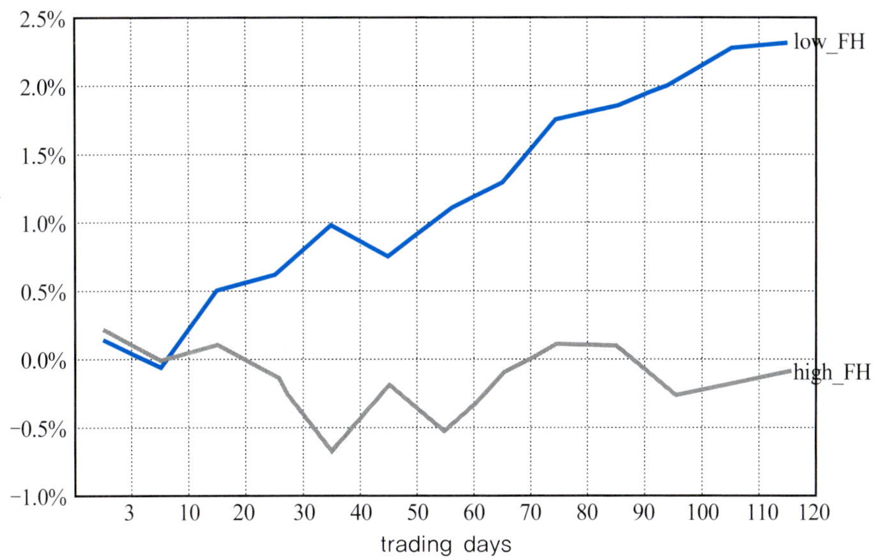

Ball and Brown(1968)의 출간 50주년을 기념하는 논문인 Ball and Brown(2018)에서는 50년 전에 사용된 기법으로 최근의 데이터를 이용하여 분석결과를 재연하였다. 재연 대상국가는 미국, 호주, 일본, 한국 및 말레이시아였는데, 결과는 놀랍게도 50년 전의 결과와 동일하였다. [그림 7-10]에서는 호주, 일본, 한국 및 말레이시아에 대한 분석결과를 보여준다. 이와 관련하여 Ball and Brown(2018)은 Ball and Brown(1968)의 결과가 50년 후에도 그대로 재연되는 데

41) 본서 제8장 제6절의 모멘텀요인 참조.

42) 나종길 · 신희정(2012, p. 233).

[그림 7-10] Ball and Brown(2018)의 주가표류현상[43]

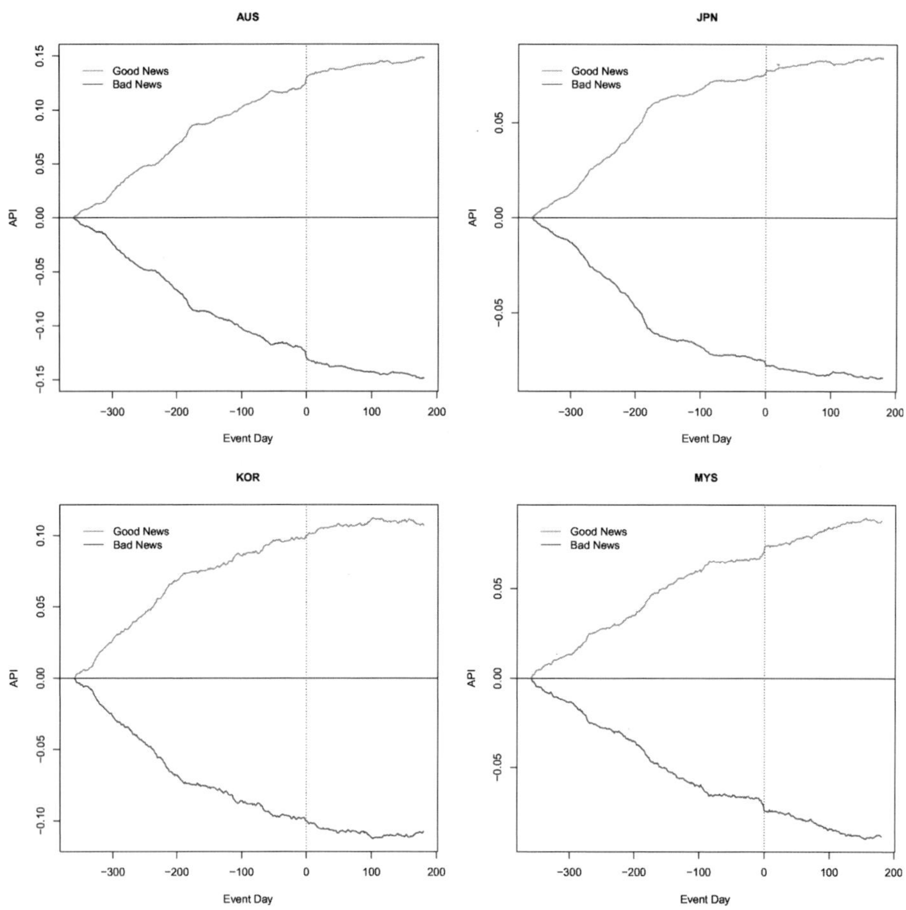

대해 자부심을 표시하고, Ball and Brown(1968)에서는 전혀 언급하지 않았던 PEAD(post earnings announcement drift)를 최초의 인지된 자본시장 이상현상으로 명명하면서 50년 전에 나타난 현상이 아직도 계속되고 있다고 강조하였다.[44] 이는 대부분의 이상현상은 관련 연구논문의 공표시점 이후에 사라졌다는 연구결과에 비추어 보면 특이한 사례로 판단된다.

---

43) 좌상단부터 시계방향으로 호주, 일본, 말레이시아, 한국의 결과를 보여준다.

44) Post earnings announcement drift, the first acknowledged share market anomaly, continues today despite being reported five decades ago.

4. 가치주와 성장주 이상현상

일반적으로 장부가액/주가 비율(book-to-market value : B/M)이 높은 가치주(value stock)는 성장성과 주가수준이 상대적으로 낮은 반면, 장부가액/주가 비율이 낮은 성장주(growth stock)는 성장성과 주가수준이 상대적으로 높다. 가치주와 성장주 이상현상이란 가치주의 미래수익률이 성장주의 그것보다 높다는 것이다.[45] 따라서 가치주는 매입(long)하고 성장주는 매도(short)하는 헤지포트폴리오를 구성하면 높은 수익률을 얻을 수 있다는 것이 가치주와 성장주의 구분에 따른 이상현상이다.

Yan and Zhao(2009, 2011)[46]는 1984년부터 2008년까지 미국기업을 대상으로 비기대이익과 이익공표시의 초과수익률이 모두 양(+)인 기업 중에서도 가치주의 속성이 가장 높은 주식은 매입(long)하고, 비기대이익과 이익공표시의 초과수익률이 모두 음(−)인 기업 중에서도 성장주의 속성이 가장 높은 주식은 매도(short)하는 헤지포트폴리오를 구성하여 초과수익률을 계산하였다. 이는 비기대이익의 정보효과가 즉시 반영되는 것이 아니라 천천히 반영된다는 주가표류현상뿐만 아니라 가치주와 성장주의 이상현상까지 투자전략으로 채택한 것을 의미한다. 〈표 7-7〉에서는 헤지포트폴리오를 구성하는 가치주와 성장주의 각 변수 차이를 보여준다.

〈표 7-7〉 가치주와 성장주의 구분변수 차이

구분변수	가치주	성장주
B/M(Book-to-Market)	1.55	0.11
E/P(Earnings-to-Price)	0.32	−0.16
C/P(Cash flow-to-Price)	0.45	−0.10
SG(Sales Growth)	−0.10	2.55

[그림 7-11]은 헤지포트폴리오의 초과수익률을 보여준다. 그림에서 초과수익률은 이익공표 후 3달 동안(63영업일)의 초과수익률을 의미한다. 분석결과에 따르면 가치주와 성장주를 구분하는 네 가지 요인에 의한 헤지포트폴리오에서

45) 성장주는 주가에 미래 성장기회의 가치가 크게 반영되어 있는 주식을 의미하고, 가치주는 주가에 비해 보유자산의 가치나 현재의 수익력이 큰 주식을 의미한다(조담, 2012, p. 119).

46) Yan and Zhao(2009, 2011)는 성장주를 의미하는 growth stock 대신 glamour stock이라는 용어를 사용하였다.

[그림 7-11] 헤지포트폴리오의 연도별 초과수익률47)

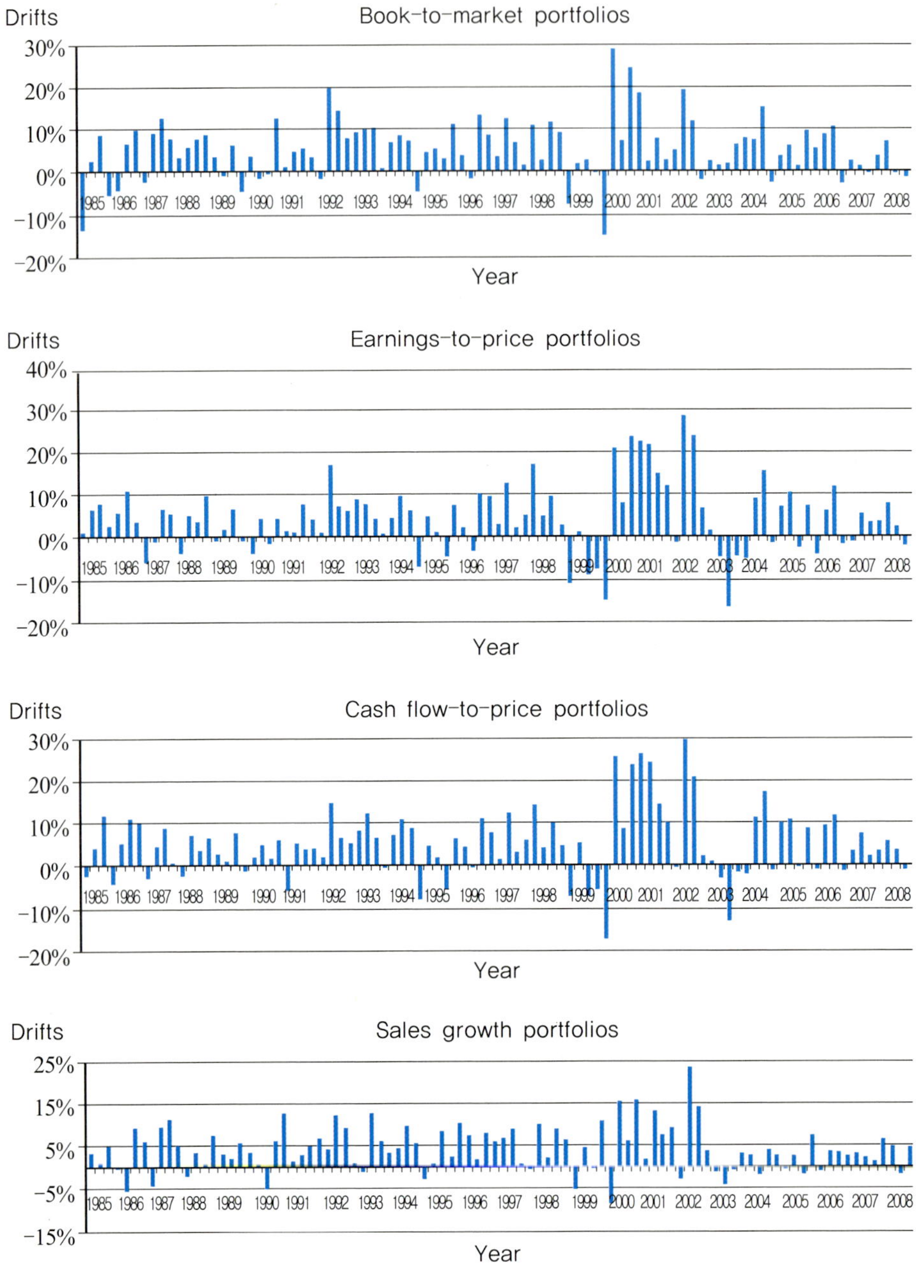

47) Yan and Zhao(2009).

분석기간중 연평균 초과수익률은 16~18%를 보여 비기대이익과 이익공표 후 3달간의 초과수익률은 체계적인 관련이 있는 것으로 나타나 주가표류현상은 지속되는 것으로 보인다. 그러나 초과수익률의 연도별 패턴에 분명한 변화도 감지된다. 즉 초과수익률은 2000년대 초반에 제일 높은 수준으로 나타나다가 그 후, 즉 최근에는 낮아지는 추세를 보이고 있다. 특히 매출증가(SG)와 관련한 헤지포트폴리오는 가장 눈에 띄는 모습을 보여 2003년 이후의 초과수익률은 과거에 비해 대폭 감소된 것으로 보인다.

Schwert(2003)는 이와 관련하여 자본시장의 이상현상, 그중에서도 특히 규모효과(size effect)와 가치주 및 성장주의 구분에 따른 이상현상을 의미하는 가치효과(value effect)는 이미 관련 연구논문이 공표되는 시점부터 사라지기 시작하였다고 하였다. 왜냐하면 관련 연구의 공표 이후 이를 이용하는 투자자와 투자전략의 등장으로 더 이상 투자비법이 아니기 때문이다. 이는 학술연구가 자본시장의 효율성에 배치되는 이상현상을 발견하기도 하지만, 이를 사라지게 하기도 함으로써 궁극적으로 자본시장의 효율성에 기여하는 것이다.

5. 규모효과

규모효과(size effect)란 소규모기업의 투자수익률이 대규모기업의 투자수익률보다 높게 나타나는 것을 말한다. 이 현상은 1981년 미국시장에서 처음 보고된 이후,[48] 다른 나라에서도 보고된 바 있으며 국내에서도 이의 존재는 꾸준히 확인되고 있다.

그러나 초기연구 이후에는 규모효과의 소멸이나 심지어 역전현상까지 보고되고 있다. 즉, Cochrane(1999)은 미국증권시장에서 규모효과가 사라지고 있음을 보고하였고, Dimson *et al.*(2002)은 전 세계 19개국에서 규모효과는 오히려 역전(reversal)되었다고 보고하였다. Jiang and Yamada(2011)는 1976년 6월부터 2009년 3월까지 일본증권시장을 대상으로 분석한 결과 일본에서도 규모효과가 역전되었음을 보이고, 이의 원인으로 기업규모에 따른 위험요소 등의 기본적 특성이 변화했다기보다는 외국 기관투자자들의 대규모기업의 선호에 따른 대형주의 가격상승을 그 이유로 제시했다.

---

48) Banz(1981), Reinganum(1981).

6. 이상현상의 소멸

전술한 자본시장의 이상현상을 종합하면 Banz(1981)의 규모효과가 이제는 오히려 역전되었고, Sloan(1996)이 최초로 보고한 발생액 이상현상이 이제는 소멸되었으며, 주가표류현상(PEAD) 및 가치주와 성장주 이상현상도 소멸하거나 과거에 비해 현저히 감소하였다. 이는 자본시장의 이상현상도 투자자의 다양성, 투자자의 선호, 그들의 투자기법과 IT기술의 발전에 따라 얼마든지 사라질 수 있음을 강력히 시사한다. 또한 사라진 이상현상이 언젠가는 다시 나타날 수도 있을 것이다.[49] 이와 같은 이상현상의 출현과 소멸은 Schwert(2003)의 지적대로 학자들의 연구논문이 자본시장의 효율성에 배치되는 이상현상을 발견하기도 하지만, 초과수익의 기회를 만천하에 공표하여 이를 사라지게 함으로써 궁극적으로 자본시장의 효율성에 기여하는 것이다.[50]

[그림 7-12]는 학술연구에서 발견된 자본시장의 이상현상을 실제 투자활동에 활용하는 투자정보사이트의 보습을 보여준다.

Chordia *et al*.(2012)은 자본시장 이상현상의 소멸에 결정적인 역할을 한 것은 기관투자자를 중심으로 하는 거래량의 폭증이라고 주장한다. 또한 거래비용의 저하와 활발한 거래량 추세는 미래에도 이어질 전망이므로 아직 발견되지 않은 이상현상이 있다 하여도 그 현상의 지속기간은 매우 짧을 것이라고 전망한다. 또한 이렇게 단기간에 소멸되는 이상현상의 속성상 미래에는 이상현상의 발견 그 자체가 불가능할 것으로 전망된다.

CAPM 등에 의한 EMH의 검증과정에서 제기된 자본시장의 이상현상은 그

---

49) Green *et al*.(2011)은 발생액 이상현상이 사라지게 된 배경으로 이 현상을 이용하여 초과수익을 추구하는 헤지펀드의 등장을 지목하였으나, 발생액 이상현상에 입각한 투자전략으로 더 이상 큰 재미를 볼 수 없다고 판단해서 투자자들이 이러한 투자전략을 포기할 때 발생액 이상현상이 다시 등장할 것인가?라는 흥미로운 질문을 던지고 있다.

50) Edmans *et al*.(2007)은 국가대항 축구경기의 승패가 주가에 미치는 영향을 조사한바, 승리는 별다른 영향이 없지만 패배는 해당국가의 주가에 부정적 영향을 미친다고 하였다. Kaplanski and Levy(2010)는 이를 발전시켜 역대 월드컵기간중의 뉴욕증권시장의 주가패턴을 분석하였다. 비록 미국에서 축구가 인기종목은 아니나 뉴욕시장에서 외국인의 비중이 상당하기 때문에 이를 분석하는 것은 의미가 있는 것으로 평가된다. 분석결과에 따르면 역대 월드컵기간중 절대다수의 경우에 뉴욕증권시장의 주가는 하락하였다. 이는 대회가 진행될수록 패배하는 국가가 늘어날 수밖에 없는 상황 때문인 것으로 추정된다. 이를 투자자가 이용한다면 상당한 초과이익을 기대할 수 있는 상황이 2006년 대회까지 매번 반복되었다. 그러나 이러한 연구결과가 공표되고 일부투자자들이 이를 인지한 직후에 열린 2010년 월드컵기간중의 주가패턴을 분석한 Kaplanski and Levy(2014)의 분석결과에 따르면 2010년 월드컵기간중의 뉴욕증권시장의 주가패턴은 이전 대회기간중의 모습과는 매우 다른 모습을 보여 이른바 월드컵 이상현상(World Cup anomaly)은 사라진 것으로 판단된다.

[그림 7-12] 실제 투자활동에서 이상현상의 활용사례[51)]

동안 모형의 타당성, 인간의 합리성, 자본시장의 제도적 특성 및 거래비용 등과 관련하여 다양한 연구의 주제가 되어 왔고, 일정부분 논리의 강건성(robustness)도 축적되어왔다. 그러나 자본시장의 이상현상이 쇠퇴, 소멸, 역전되는 현실에서 치밀한 이론적 논리의 구축 없이 empirical regularity에만 의존하는 모습을 보인다면 CAPM에 대한 대안으로서의 모습을 계속 유지하기 어렵다고 판단된다. 따라서 이론적 논리의 개발은 data mining, data snooping 및 data dredging으로 empirical regularity를 추구한다는 의혹을 불식시키는 기본적 접근 방식이 되어야 할 것이다.

Fama and French(1992, 1993)의 3요인 모형에서는 기업규모 및 가치주와 성장주를 구분하는 요인으로서 장부가액/시장가치(book-to-market : B/M) 비율이 기존의 CAPM에서 고려하는 유일한 변수인 체계적 위험(systematic risk : β)보다 주식수익률을 결정할 때 더 중요한 것으로 나타나고 있다. 그러나 이에 대한 논리적 또는 이론적 근거는 아직까지 제시되지 않았다. 다만 Fama and French (1995)는 높은 B/M을 가지는 기업은 최근의 실적부진으로 주가가 하락하기 때문에 나타나는 재무적 곤경위험(distress risk)에 대한 보상으로 수익률이 높게 나타난다고 하였다. 또한 이 논리에 따르면 주가(M)가 상승하면 B/M이 낮아지고 수익률이 낮게 나타난다. 그러나 주가(M)가 상승하여 B/M이 낮아지고 이에 따른 수익률이 낮게 나타나는 것은 이해가 되나 소유자산을 처분하고 그 대신 성장옵션에 투자함으로써, 즉 주가(M)의 움직임이 아닌 영업활동 및 이에 따른 회계처리

51) http://hema.zacks.com.

의 결과로 B/M이 낮아지고 이에 따라 수익률이 낮아진다는 시나리오는 수긍이 되지 않는다.[52] 실제로 Campbell *et al.*(2008)은 기업실패의 가능성이 높아 "distress risk"가 상대적으로 높은 기업이 낮은 수익률을 보인다고 하여 Fama and French의 논리와 정반대되는 분석결과를 제시하였다. 이에 따라 규모효과가 역전되고, 가치주와 성장주의 이상현상이 쇠퇴해가는 현실에서 Fama and French의 3요인 모형이 CAPM에 대한 지속가능한 대안(sustainable alternative)으로의 모습을 앞으로도 계속 보일지는 조금 더 지켜볼 필요가 있는 것으로 판단된다.

data mining, data snooping, data dredging

data snooping은 우연히 나타난 관계(accidental pattern)를 진정한 것으로 믿는 것이다. 회계나 재무 영역에서는 대규모 데이터가 모형설정과 추론과정에서 한 번 이상 반복적으로 사용됨으로써 외관상으로 그럴듯하게 보이는 변수간의 관계가 나타날 수 있다. 동일한 데이터를 여러 사람이 반복적으로 관찰하다보면 눈에 띄는 변수간의 관계가 나타나게 마련이다. 그런데 이러한 관계는 이론적 뒷받침이 없으면 허상(spurious)이며 연구자가 가장 경계해야 할 문제이다. 예를 들면 달(moon)의 움직임과 주식시장의 변동성/수익률이 통계적으로 유의한 관계를 보이고 있다는 사실이 밝혀졌다. 그러나 이러한 사실을 발견했다고 하여 CAPM이 달의 움직임을 고려하지 않은 불완전한 모형이므로 이를 버려야 한다고 주장할 수는 없는 것 아닌가?(Marquering, 2002 ; White, 2000 ; Crack, 1999)

Chordia *et al.*(2012)은 이를 data mining이라 부르고 만약 자본시장의 이상현상이 data mining의 결과라면 이들 이상현상의 공표 이후에는 이상현상이 사라져야 한다고 하였다. 그런데 최근 들어 자본시장의 이상현상으로 불리는 것들의 대부분이 사라졌다. 따라서 이들 자본시장의 이상현상이 자산가격결정모형이 적절한 위험요인을 반영하지 못해서 나타났다는 주장은 설득력을 잃게 되었다. 왜냐하면 이들 위험요인이 한꺼번에 일시에 사라졌다고 주장하는 것은 위험요인의 성격상 받아들이기 어렵기 때문이다. 따라서 그보다는 기관투자자를 중심으로 활발한 재정거래(increased arbitrage activity)가 시장의 효율성을 높였다는 주장이 더 설득력이 있다.

Penman(2011, 2012)은 Fama and French 3요인 모형을 data dredging이라 부르고, 장부가액 대 시장가치 비율(book-to-market : B/M)은 보수주의 등의 회계의 본질에 따라 불확실성에 대응하는 기본적인 회계지표의 하나로서, 이는 미래이익의 성장성과 그 불확실성을 반영하므로 B/M이 높을수록 성장, 위험 및 요구수익률이 높다고 하였다. 따라서 Fama and French가 B/M을 'distress risk'로 부르면서 시장은 이 위험에 대한 보상을 하는 것이라고 주장하는 것은 올바른 논리가 아니라고 하였다. 이러한 주장은 Fama and French와 같이 B/M이 위험요인에 대한 대용치

52) Schwert(2003, p. 967). CAPM과 Fama-French 3요인 모형은 제8장에서 자세히 설명된다.

(proxy)의 역할을 한다는 점에서는 공통점이 있지만, 그 위험요인이 Fama and French가 주장하는 것과 같이 distress risk가 아니라 회계적인 관점에서 도출되는 성장성, 불확실성 및 요구수익률을 나타낸다는 점에서 차이가 있다.

Super Bowl=Stock Market Predictor?

Super Bowl이란 매년 1월에 열리는 미식축구의 패권을 가리는 스포츠 이벤트이다. 그런데 이 Super Bowl의 우승팀이 누구냐에 따라 그해 주가의 움직임을 예측할 수 있다는 흥미로운 조사결과가 있다. 재무학분야의 권위 있는 학술지인 The Journal of Finance에 실린 Krueger and Kennedy(1990)에 따르면 그해의 Super Bowl 우승팀이 종전의 'National Football League' 소속팀이면 그해의 주가는 상승하고, 반대로 우승팀이 종전의 'American Football League' 소속팀이면 그해의 주가는 하락한다는 것이다. 이 사실은 1967년부터 1988년까지 22년간 20번을 맞혀 91%의 적중도를 보이는 신통력(?)에 의해 투자자들의 흥미와 관심을 끌기에 충분했다. 그러나 Krueger and Kennedy(1990)의 고백대로 이 예측이 미래에도 적중할지는 그 누구도 장담할 수 없는 일이다. 저자들의 걱정대로 1997년부터 2003년까지의 기간에는 2002년 한 해를 제외하고 이 예측은 빗나갔다. 그러나 1967년부터 2009년까지의 통계를 보면 전체 43년 중에서 34년을 적중하여 아직도 79%라는 놀라운 신통력을 발휘하고 있다.

위 사실에 대한 사람들의 반응은 다양하다. 어떤 사람은 과학적 근거가 전혀 없는 단순한 우연일 뿐이라고 무시하는가 하면, 어떤 사람은 결코 무시할 수 없는 스토리라고 말한다. 특히 증권업계종사자들은 논리적으로 받아들이기는 어렵지만 마냥 모른 체할 수만도 없는 노릇이라고 말한다. 그도 그럴 것이 Kester (2010)에 따르면 지난 43년 동안 이 투자전략에 따라 투자를 했더라면 시장수익률의 2배 이상을 올릴 수 있었다고 한다. Krueger and Kennedy(1990)의 지적대로 이 예측은 문자 그대로 우연의 일치일 뿐이지만 사람들이 이 사실에 근거하여 움직인다는 사실 또한 부인하기 어렵다. 왜냐하면 종전의 NFL 소속팀이 Super Bowl에서 승리한 다음날의 수익률이 종전의 AFL 소속팀이 승리한 다음날의 수익률보다 높다는 사실 때문이다. 더욱이 Super Bowl이 열리기 전에 New York Times에 실린 예상전력분석기사에서 NFL팀의 우승가능성이 점쳐지면 주가가 오르고, 반대로 AFL팀의 우승가능성이 점쳐지면 주가가 하락했기 때문이다.

(http://money.cnn.com/2004/01/30/, The Wall Street Journal, 2010.1.28 수정요약)

어쩌면 위의 내용은 비록 우연(chance)으로 출발했지만 이제는 사람들의 행동을 지배하는 제도로 뿌리내렸는지도 모른다. 한편, Marquering(2002)은 위의 에피소드를 전형적인 'data snooping'의 사례로 예시하고 있다.

'정보의 민주화' 헤지펀드 울리다

올 수익률 평균 4.7%, 4년째 주식형 펀드보다 낮아

요즘 헤지펀드가 힘을 못 쓰고 있다. 시장 평균을 뛰어넘는 수익은커녕 주가지수에 따라 수익률이 결정되는 인덱스펀드에도 수익률이 못 미치고 있다. 글로벌 시장조사업체 헤지펀드리서치(HFR)에 따르면 올 3분기까지 헤지펀드의 수익률은 평균 4.7%로, 같은 기간 주식형 펀드(5.5%)보다 못하다. 2009년 이후 4년째 헤지펀드의 성과가 주식형 펀드에 못 미친다.

투자은행 모건스탠리에 따르면 저평가된 주식은 사고(롱) 고평가된 주식은 팔아(쇼트) 수익을 내는 '주식 롱쇼트(Equity Long-short)' 전략을 사용한 헤지펀드는 2000년대 초반까지만 해도 시장(S&P500) 평균보다 10%포인트 이상은 높은 성과를 거뒀다. 하지만 2000년대 중반에 접어들면서 사정이 나빠졌다. 헤지펀드의 수익률이 해마다 떨어지더니 급기야 최근엔 마이너스로 돌아섰다. "헤지펀드 '황금시대'의 종말이 다가오고 있다"는 말이 시장에 돌 정도다.

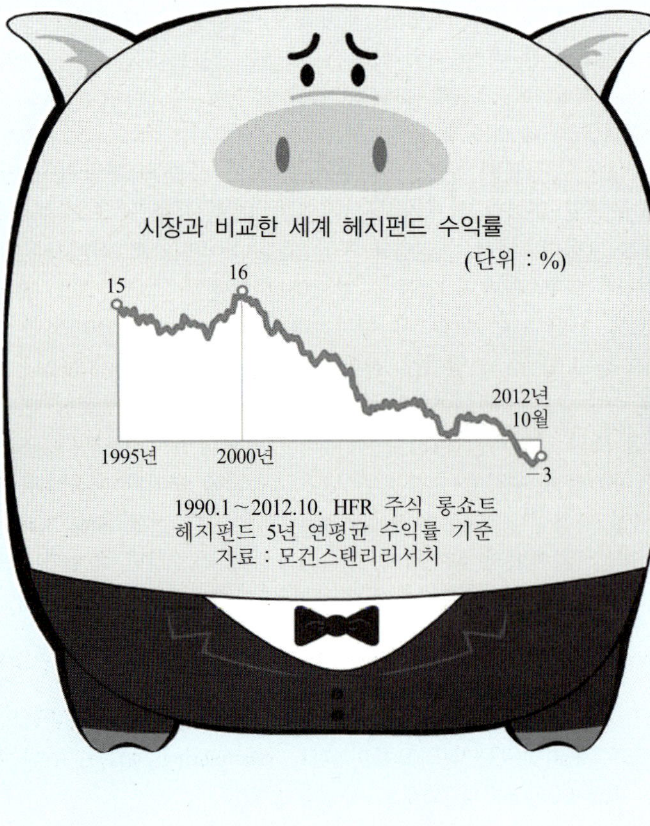

왜 헤지펀드가 시장을 뛰어넘는 '플러스 알파' 수익을 만들어내기 힘들어졌을까

근본적인 문제는 "과거에 비해 정보에 대한 접근성이 좋아졌기 때문"이라고 FT는 진단했다. 누구나 원하는 정보를 쉽게 얻게 되면서 헤지펀드 매니저의 장점이 희석됐다. 신문은 "블룸버그(정보제공업체) 단말기 비용을 낼 여유가 있고 기계를 다룰 수 있는 약간의 지식만 있으면 전 세계 기업의 수년간의 재무제표를 보는 게 어렵지 않게 됐다"며 "버튼 하나면 기업에 대한 애널리스트의 의견이나 주주의 실체에 대해 누구나 알 수 있다"고 설명했다.

헤지펀드 시장 규모가 커진 것도 이유다. 헤지펀드는 시장 상황에 따라 기민하게 움직이며 초과수익을 내왔다. 1990년대 2000억 달러이던 헤지펀드 시장은 최근에는 2조 달러 규모로 커졌다. 영국의 자산관리 컨설턴트인 데니스 바스틴은 FT와의 인터뷰에서 "헤지펀드 시장 규모가 10배는 커졌지만 시장의 비효율성은 그만큼 커지지 않아 초과수익을 내기 어려워졌다"고 말했다. 수수료 또한 헤지펀드 쪽이 비싸다. 보통 연간 자산의 2%를 기본 수수료로 떼고, 수익의 20%를 성과보수 명목으로 떼 간다.

우여곡절 끝에 지난해 11월 출범한 '한국형 헤지펀드'도 상황은 비슷하다. 1년여 만에 설정액은 1조원을 돌파했지만, 19개 펀드 가운데 수익을 내고 있는 펀드는 9개에 그친다. 대부분 펀드가 여전히 주식 쪽에 치중한다. 브레인자산운용의 '백두펀드'는 11일 현재 수익률이 10%에 이르지만, KDB자산운용의 '파이오니어롱숏뉴트럴펀드'는 −11.3%의 수익률을 기록중이다. 박건영 브레인자산운용 대표는 "헤지펀드라고 하면 무조건 큰 수익을 안겨줄 것으로 기대하지만 개별 펀드마다 수익률 차이가 크다"며 "과거 운용을 얼마나 꾸준히 잘해 왔는지를 따져 펀드를 골라야 한다"고 말했다.

헤지펀드(Hedge Fund)

리스크(위험)를 헤지해(피해) 시장 상황에 관계없이 투자자에게 '절대수익'을 주는 것을 목표로 하는 펀드다. 그러나 현실에서는 차입(레버리지)을 통해 원래 자금보다 큰 규모로 외환·증권·선물·옵션 등 다양한 자산에 투자해 단기이익을 올리는 펀드를 의미한다.

(중앙일보, 2012.12.12 수정요약)

7. 우리나라 등에서의 이상현상의 실태

미국을 비롯한 선진자본시장에서는 전술한 자본시장 이상현상의 대부분이 사라지거나 약화되는 것과는 달리 한국의 증권시장에서는 상당수의 이상현상이 최근까지 강건성(robustness)을 유지하고 있는 것으로 나타났다. 예를 들면 백복현 등(2011, pp. 66~67)은 Fama and French(1992)에 따라 1989~2009년의 기간 동안 국내 상장사의 주가순자산비율(PBR)과 향후 12개월 투자수익률의 관계를 계산하였다. 이때 투자수익률은 12개월 구매보유총수익(buy-and-hold return)[53]을 사용하였다. 분석결과 PBR이 가장 낮은 포트폴리오의 향후 1년간 수익률은 42.6%에 달하였으나, PBR이 가장 높은 포트폴리오의 경우 −4.7%밖에 안 된다. 이는 투자자가 PBR이 가장 높은 포트폴리오의 주가는 과대평가되었다고 여기고, PBR이 가장 낮은 포트폴리오의 주가는 저평가되었다고 여기는 것을 반영한다. 또한 백복현 등(2011, p. 109)은 Fama and French(1992)에 따라 1989~2009년의 기간 동안 국내 상장사의 주가순이익비율(PER)과 향후 12개월 투자수익률의 관계를 계산하였다. 이때 투자수익률은 12개월 구매보유총수익을 사용하였다. 분석결과 PER이 가장 낮은 포트폴리오의 향후 1년간 수익률은 12.5%이고, 흑자기업 중 PER이 가장 낮은 포트폴리오의 수익률은 30.2%에 달한다. 하지만 PER이 가장 높은 포트폴리오의 경우 6.7%밖에 안 된다. 이는 투자자가 PER이 가장 높은 포트폴리오의 주가는 과대평가되었다고 여기고, PER이 가장 낮은 포트폴리오의 주가는 저평가되었다고 여기는 것을 반영한다. 이러한 이상현상 및 이에 따른 지속적인 초과수익률의 존재 가능성은 한국증권시장의 효율성이 미국 등의 해외자본시장의 효율성에 미치지 못함을 반증한다. 또한 이는 미국 등의 해외자본시장에서 기관투자자를 중심으로 자본시장의 이상현상을 투자전략의 일환으로 과감히 이용하는 것과는 달리 한국의 투자실무업계에서 자본시장의 이상현상을 이용하려는 움직임이 상대적으로 소극적이기 때문으로 추정된다.[54]

Bialkowski *et al*.(2012)은 이슬람 성월(聖月)인[55] 라마단효과를 조사하였다.

---

53) 구매보유총수익(buy-and-hold return)이란 단순히 취득시의 가격과 처분(보유)시의 가격을 비교하여 산출되는 개념이다. 그러나 제8장에서 설명되는 바와 같이 비정상(초과)수익률을 구하기 위해 사용되는 기대수익률 모형이 무엇이냐(예를 들면, CAPM 또는 Fama-French 3요인 모형)에 따라 비정상(초과)수익률은 다르게 나타난다.

54) Sonu and Choi(2011).

55) 이슬람 성월인 라마단은 순수 태음력인 이슬람력의 9월을 말하는데, 2004년의 라마단은 10월 16일부터 11월 13일이고 2021년의 라마단은 4월 13일부터 5월 12일이다. 이는 순수 태

라마단효과(Ramadan effect)란 이슬람 성월인 라마단기간 동안 이슬람권의 증권시장에서 주가가 상승하는 것이다. 분석결과에 따르면 터키의 이스탄불증권시장(Istanbul Stock Exchange)에서 라마단효과를 활용하는 투자자는 높은 수익률을 얻을 수 있는 것으로 나타났다.56) 그러나 이러한 초과수익은 이를 활용하는 투자자가 많아짐에 따라 점차 작아지는 것으로 나타났다.

이상의 내용을 요약하면 자본시장의 이상현상은 국가적 · 지역적 특성에 의해 다르게 나타날 수 있다. 또한 이러한 이상현상을 이용하면 초과수익을 얻을 수 있는 기회가 존재한다. 그러나 이러한 이상현상을 이용하는 투자자가 많아지면 초과수익은 작아지고 궁극적으로는 사라질 수 있음을 미국 등의 선진 자본시장의 사례가 보여주고 있다.

제6절 효율적 시장가설에 대한 대안

EMH에 대한 대안(alternative)으로 불완전 현시가설(incomplete revelation hypothesis : IRH)을 들 수 있다.57)

IRH는 EMH와 달리 정보추출비용(extraction costs)의 중요성을 강조한다. EMH에서는 정보수집 및 처리 비용은 무시할 만하고, 정보의 경제적 의미가 제한 없이 모두 주가에 반영되는 것으로 가정한다. 그러나 현실에서는 정보의 식별, 수집 및 처리에 상당한 비용과 시간이 투입되는 것이 보통이다. 따라서 IRH에서는 정보비용이 높을수록 그 정보가 가격에 반영되는 것이 비효율적이라고 가정한다. 즉 그 정보의 추출비용이 높을수록 그 정보의 반영에 시간이 많이 소요되거나 정확하지 않게 반영될 가능성이 높다는 것이다. 따라서 IRH에 따르면 다음과 같은 회계현상의 설명이 가능하다.

- 투자자들이 공시자료에 근거하여 mispriced stock을 추적하는 현상
- 경영자가 나쁜 소식을 주석에 공시함으로써 주가하락을 방지하는 현상

음력에서는 1년이 약 355일 전후로 구성되어 약 3년에 1개월씩 태양력과 차이를 보이기 때문이며, 이에 따라 17~18년의 시차를 두고 정반대의 계절에서 라마단이 나타나게 된다.

56) 예를 들면 라마단시작 이전에 주식을 매입하고 라마단종료 후에 주식을 매각하는 것이다.

57) Bloomfield(2002).

첫 번째 이슈는 IRH에서는 아무리 공시된 자료(public data)라 하여도 그 자료의 경제적 의미가 가격에 반영되는 데 시간과 노력이 소요됨으로써 정보처리비용이 발생하는데, 정보처리비용이 적게 드는 정보에 대해 시장은 보다 효율적으로(보다 빨리, 보다 정확하게) 반응한다는 것이다. 따라서 EMH에서 가정하는 무시할 만한 정보처리비용은 현실에서는 결코 무시할 만한 수준이 아니고 오히려 가격결정 패턴에 결정적인 역할을 하는 변수가 된다. 특히 주석에 나열된 수많은 자료의 경제적 의미를 정확히 해독할 수 있는 투자자는 EMH에서 기대하는 것보다 많지 않다는 점을 고려하면 초과이익을 염두에 두는 투자자가 mispriced stock을 추적하는 것은 당연한 경제행위로 설명된다.

두 번째 이슈는 규제기관의 입장에서 공시장소의 선택을 규제수단으로 사용할 수 있다는 의미이다. EMH에서는 공시여부가 중요하지, 공시장소(재무제표 본문이냐 주석이냐)는 문제가 되지 않았으나 IRH에서는 공시장소의 차이가 주가차이를 가져온다. 즉 스톡옵션이 손익계산서상에 비용처리된 경우와 단순히 관련 내용이 주석으로 공시된 경우는 그 정보가 주가에 반영되기 위한 후속적인 처리시간과 비용에 차이가 있기 때문에 두 경우에 있어 정보의 반영속도와 정확성에 차이가 있다는 것이다. 예를 들면 스톡옵션과 관련한 회계처리에는 다음과 같은 종류가 있을 수 있다.

① 재무제표 본문 인식
② 주석에 관련 내용 공시

①과 ②는 자본시장이 효율적이라면 차이가 없다. 그러나 자본시장이 준강형 효율성에서 후퇴한다면 ①과 ② 사이에 차이가 있다. 따라서 첨단기업의 경영자는 스톡옵션 정보를 공시하지 않는 것을 기본적으로 원하지만 공시해야 한다면 재무제표 본문보다는 주석에 공시하는 것을 원한다. 이를 공시장소의 선택(venue choice)이라 부른다.[58]

58) Hill *et al.*(2002).

CAPM 이후?

1980년대 중반 이후 시장 이상현상에 대한 폭넓은 실증연구가 기존의 CAPM체계를 다요인모형으로 대체하는 결정적인 계기가 되었다. 주가의 예측불가능성을 기반으로 시장지수를 추종하는 패시브전략을 가장 효율적인 투자전략이라고 간주하는 CAPM의 이론체계와는 달리 다요인모형에서는 주가의 장기적 움직임에 대한 설명가능성을 입증하는 실증적 근거를 다수 확보하였다. 1980년대 중반 이후 경험적 연구를 통해 위험요인에 대한 투자가 통상적으로 시장벤치마크를 초과하는 수익률을 안정적으로 제공한다는 사실을 확인하였다.

1980년대 중반까지 학자들의 인식은 다음과 같았다. 첫째, CAPM 베타는 위험에 관한 좋은 측정치이고, 일부자산(주식, 뮤추얼펀드 등)이 다른 것에 비해 높은 평균수익률을 갖는 이유를 제공한다. 둘째, 주식 등의 대표적 투자자산의 수익률은 동전던지기와 마찬가지로 예측이 불가능하다. 셋째, 전문적 펀드매니저라도 위험조정을 거친다면 패시브 포트폴리오나 단순지수보다 높은 초과수익률을 지속적으로 얻을 수 없다. 즉 CAPM 이론체계는 패시브전략에 관한 이론적 기초를 제공한다.

그러나 1980년대 중반 이후 새로운 경험적 연구는 이 체계를 다음과 같이 수정하였다. 첫째, CAPM 베타를 통해서는 그 평균수익률을 설명할 수 없는 자산군이 다수 출현하면서, 다요인모형의 유용성이 제고되었다. 둘째, 일별, 주별, 월별 수익률과 같은 단기수익률은 예측불가능하나 장기수익률은 일정수준으로 예측가능함을 보여주었다. 셋째, 일부 뮤추얼펀드는 단순지수보다 좋은 성과를 지속적으로 보이고 있다. 따라서 전통적인 패시브전략에 안주하던 뮤추얼펀드들은 이처럼 급격하고 충격적인 변화에 적응하고 생존하기 위해 새로운 경험적 사실에 따라 스마트베타 투자전략을 확대하고 있다.

(손삼호 · 윤보현, "스마트베타 위험요인 결합 투자전략에 관한 연구-국면전환을 중심으로-," 한국증권학회지, 제48권 3호, 2019 수정요약)

연습문제

1 자본시장이 완전히 효율적이거나 완전히 비효율적일 때 회계기능 중 가치평가기능은 필요 없다. 그 이유를 설명하라.

2 가치평가기능과 계약기능 중 자본시장의 효율성과 직접적인 관련이 있는 기능은 무엇인지 설명하라.

3 기술적 분석과 기본적 분석은 각각 어떤 형태의 자본시장의 효율성을 부정하는 것인가?

4 공시에 의한 규제와 절차에 의한 규제를 비교하여 설명하라.

5 어떤 사람이 "회계의 목적은 기업의 가치를 평가하는 것이다"라고 말했다. 당신은 이 말에 동의하는가? 동의한다면 그 이유는? 동의하지 않는다면 그 이유는 무엇인가?

6 인식(recognition)과 공시(disclosure)의 관계에 대하여
(1) 인식과 공시의 차이점을 설명하라.
(2) 자본시장의 효율성 정도에 따른 인식과 공시의 관계변화를 설명하라.

7 EMH의 회계적 의미를 공시와 관련지어 설명하라.

8 자본시장효율성의 조건을 설명하라.

9 자본시장의 효율성이 역설적으로 결정된다는 것은 무슨 의미인가?

10 연구개발비의 자산화 또는 비용화, 스톡옵션의 비용처리 또는 주석공시 등의 회계 논쟁이 등장하게 된 배경을 자본시장의 효율성과 관련하여 설명하라.

11 EMH의 대안을 EMH의 조건(가정)과 관련지어 설명하라.

12 Ball and Brown(1968)의 회계적 의미를 설명하라.

13 인간의 합리성(rationality)에 대한 인식변화와 행태재무론의 전개과정을 약술하라.

14 자본시장의 이상현상(anomalies)의 생성과 소멸을 설명하라.

15 인간이 합리적이라는 의미는 구체적으로 무엇이며, 행태재무론의 시각을 설명하라.

16 발생액 이상현상(accrual anomaly)의 원인과 이 현상의 지속성을 설명하라.

CHAPTER

8

정보적 관점과 평가적 관점

제 1 절 이익반응계수

제 2 절 자본시장효율성 후퇴와 가치평가기능

제 3 절 가치관련성 분석모형

제 4 절 정보적 관점 vs 평가적 관점

제 5 절 공시에 대한 재인식

제 6 절 동시검정

제 7 절 재무상태표와 손익계산서의 상대적 중요성

제 8 절 회계가 문제인가? 시장이 문제인가?

제 1 절 이익반응계수

1. 회계이익과 주가변동의 관계

회계연구에서 일반적으로 정의하고 있는 이익반응계수(earnings response coefficients : ERC)란 일정기간의 비기대이익과 주가변동 간의 상관관계계수를 말한다. 따라서 이는 주식수익률과 비기대이익 사이의 관계를 측정하는 하나의 수단이며, 보통 이익의 공표시점을 중심으로 관찰되고 있다. 개념적으로 이는 이익공표에 담겨 있는 정보 때문에 주가가 얼마나 변했는지를 측정하는 것이며, 전통적으로 이익반응계수를 측정하는 모형은 아래와 같이 표시할 수 있다.

$$CAR_{i,t} = \alpha_0 + \alpha_1 UE_{i,t} + e_{i,t} \tag{8.1}$$

여기서 $CAR_{i,t}$는 기간 t에서 주식 i의 누적초과수익률(cumulative abnormal returns)이고, UE는 기간 t에서 기업 i의 비기대이익(unexpected earnings)이며, $e_{i,t}$는 잔차이다. 이때 α_1을 기업 i의 이익반응계수라 부른다. 따라서 이익반응계수는 효율적 자본시장을 가정할 경우, 회계이익의 자본화율로 평가할 수 있을 것이다.[1)] 또한 이는 회계이익의 정보내용(information content)을 의미한다. 이익반응계수의 결정요인으로서 선행연구에서 관찰된 변수는 이익의 지속성(persistence), 베타, 무위험이자율, 이익의 성장률, 이익의 예측가능성(predictability), 그리고 규모나 산업효과 같은 비재무요인이다.[2)] 또한 회계이익의 신뢰성 관점에서 이익조정의 가능성을 시사하는 재량적 발생(discretionary accruals)이 이익반응계수에 미치는 영향을 살펴보는 연구도 있다.[3)]

이익반응계수 연구의 기본가정과 동기는 자본시장의 효율성이 수용되는 상황에서 주가 그 자체의 평가는 시장에 맡겨두고 그 변동에 영향을 미치는 요인 중 가장 대표적인 회계변수인 회계이익의 변동이 주가의 변동과 어떤 상관관계에 있는지를 비교적 짧은 구간(short window period)인 이익공표시점을 중심으로 규명하는 것이다.

---

1) 정혜영 등(1993, p. 182).

2) Cho and Jung(1991, p. 93).

3) Balsam *et al.*(2002).

2. 회계이익과 주가변동의 인과관계

이익반응계수 연구는 이익공표시의 주가반응을 짧은 기간(short window) 동안 살펴봄으로써 이익변동과 주가변동 간의 상관관계(correlation)를 인과관계(causality)로 해석할 수 있는 다음의 조건을 충족한다. 첫째, 이익변동과 주가변동 사이에 상관관계가 존재한다. 둘째, 이익변동으로 인해 주가변동이 야기된다고 보는 것이 일반적인 변수간의 선후관계이다. 셋째, 이익변동과 주가변동에 동시에 영향을 미치는 기타 변수의 혼합효과(confounding effects)를 차단하거나 통제한다. 그러나 정보의 공시시점, 정보의 비기대부분 그리고 기타 변수를 완벽하게 통제하는 것은 쉬운 일이 아니므로 이는 이익반응계수 연구의 한계로 지적된다. 특히 회계정보가 공시일에 투자대중에게 최초로 공개되는 새로운 정보라고 가정하는 것은 현실(reality)과는 분명히 거리가 있다.4)

3. Ball and Brown(1968)

Ball and Brown(1968)의 연구는 자본시장에서 회계정보의 역할을 규명한 최초의 경험적 연구(empirical research)로서, 연간 회계이익이 공시되는 달을 포함하여 그 이전 12개월과 이후 6개월 간의 주가수익률을 분석하였다. 분석결과에 따르면 회계이익이 증가한 기업들은 과거 12개월간의 누적초과수익률이 +5.6%인 반면, 회계이익이 감소한 기업들은 과거 12개월간의 누적초과수익률이 −11.3%를 기록하였다. 이러한 결과는 회계이익의 변동과 주가변동 사이에는 양(+)의 상관관계가 존재한다는 것을 입증하는 것이며, 회계이익은 기업의 가치를 평가하는 데 유용한 정보로 사용되었다는 것을 의미한다. 그런데 주가변동의 대부분은 연간 회계이익이 공시되는 시점 이전에 이미 발생되었는데, 이는 자본시장이 효율적이어서 관련 정보는 이익공표시까지 지연되지 않고 발생 즉시 주가에 반영되기 때문이다.

그러나 앞서 언급된 대로 자본시장의 효율성에 대한 의문과 이에 대한 반증이 대두되고, 주가 그 자체의 측정에 대한 관심이 증가하면서 단순히 가치의 변동(change)에 대한 정보적 관점의 시각에서부터 가치의 수준(level)에 대한 평가적 관점에 의한 가치관련성(value relevance) 연구에 대한 관심이 증대되었다.

4) Barth(2000).

제2절 자본시장효율성 후퇴와 가치평가기능

1. 가치관련성 연구의 탄생배경

가치관련성(value relevance) 연구는 일반적으로 기업의 가치를 회계이익이나 장부가액 등의 회계수치로 회귀분석함으로써 그 회계수치가 기업의 가치와 어느 정도의 관련성을 가지는지 살펴보는 것이다.[5] 그런데 가치관련성 연구는 본질적으로 자본시장의 효율성 후퇴와 관련이 있다. 왜냐하면 자본시장의 효율성이 수용되는 상황에서는 주가 그 자체에 대한 관심보다는 가치변동에 보다 많은 관심이 쏠리게 된다. 그러나 주가수준이 효율적으로 형성되지 않는다는 믿음이 강화되면 주가 그 자체에 대한 관심이 증가된다. 즉 관련 정보의 주석공시 등으로 해결되던 문제가 측정의 정밀성을 도모하면서 재무제표의 본문에 인식하는 것이 보다 중요하다는 판단에서 인식범위의 확대와 더불어 역사원가보다는 공정가치에 의한 측정이 바람직한 회계가 된다. 이는 주가형성과정을 통해 자원배분의 효율성에 이바지하기 위해 회계가 어떤 역할을 해야 하는지에 대한 중요한 변화를 의미한다.

2. 가치관련성 연구의 주제

가치관련성 연구는 이러한 배경에서 주가와 관련 있는 회계정보를 어떻게 표시하는 것이 바람직한지에 대한 의문에서 출발하여 주가와 관련 있는 정보는 재무제표 본문에 공정가치로 인식하는 것이 바람직하다는 일반적 결론에 도달하고 있다. 〈표 8-1〉은 가치관련성 연구의 다양한 주제를 보여주고 있다.

〈표 8-1〉의 내용을 요약하면 첫째, 재무제표 본문에 인식되어 있는 항목을 어떻게 측정 또는 평가하는 것이 보다 가치관련성이 높으냐의 문제로, 시가 또는 원가 평가와 이익의 종류에 따라 가치관련성에 차이를 보이는 연구를 예로 들 수 있다. 일반적으로 시가평가액, 자산재평가차액 및 pro forma earnings 등

5) Barth *et al.*(2001a)에 따르면 가치관련성은 다음과 같이 정의된다.
"… an accounting amount is value relevant if it has a predicted association with equity market values."

〈표 8-1〉 가치관련성 연구의 주제 및 변수

연구주제	연구변수
1. 시가에 의한 평가	• 공정가치 • 자산재평가액 또는 자산재평가이익
2. 부외자산 / 부외부채	• 부외자산 : 무형자산, R&D지출, 인적자산, 상표가치, 소비자만족, 시장점유율, 특허권수, web page 방문자수 등 • 부외부채 : 공정가치로 환산한 퇴직급여채무
3. 이익의 종류	• 회계이익 vs 현금흐름 vs 발생액(accruals) • 회계이익 vs 기타포괄손익 • GAAP earnings vs pro forma earnings • 흑자기업 vs 적자기업 • 발생과 현금흐름의 음(−)의 상관관계의 고저
4. 투명성의 영향	• 이익조정(재량적 발생)의 영향 • 실제 이익조정 vs 회계적 이익조정 • 감사품질의 영향 • 기업지배구조의 영향
5. 회계제도의 영향	• 미국모형 vs 유럽모형 • IFRS vs national GAAP • 연결재무제표 vs 별도재무제표
6. 인식 vs 공시	• 본문인식 vs 주석공시
7. 기업의 특성	• 유가증권상장기업 vs 코스닥상장기업 • 벤처기업 vs 일반기업 • 영업주기의 장단[6]

이 유의한 가치관련성을 보이고 있다. 둘째, 정보제공의 장소에 따른 가치관련성의 차이를 분석하는 연구로서, 주석공시와 재무제표 본문인식의 가치관련성 차이를 규명하는 연구를 예로 들 수 있다. 셋째, 재무제표에 인식되거나 주석으로 공시되지 않는 정보인데도 불구하고 가치관련성을 보이는 항목을 찾아 회계인식의 확대를 주장하는 연구를 예로 들 수 있는데, 위 표의 부외자산이나 부외부채의 경우에 해당된다. 특히 IT업종의 경우 재무제표정보의 가치관련성보다도 비재무정보의 가치관련성이 높게 나타나는 현상 등이 본 사례에 해당된다. 넷째, 개별기업의 특성과 관련하여 회계투명성, 이익조정의 정도 및 영업주기의 장단에 따른 가치관련성 차이를 연구하는 것이다. 다섯째, 적용회계기준의 종류에 따른 가치관련성 차이를 연구하는 것으로, KASB, FASB 및 IASB

6) 김정재(2018)는 영업주기가 가장 긴 표본에서 발생과 영업활동 현금흐름의 가치관련성이 현저히 작아진다고 하였다.

등의 기준에 따라 작성된 회계정보의 가치관련성 차이를 규명하는 국제회계분야의 연구를 예로 들 수 있다.7)

3. 가치관련성 연구의 한계

계약기능의 관점에서 보면8) 가치관련성 연구는 그 이론적 타당성이나 현실적 응력이 부족하다. 왜냐하면 첫째, 회계기능은 다양한데, 투자자 입장만을 강조하는 가치관련성 연구는 공평하지 않다는 것이다. 즉, 계약기능의 입장에서는 개인이나 기업의 업적평가는 그들의 노력과 행동을 반영해야 하는데, 이때의 업적평가지표가 주가와 관련성이 높아야 하는 것은 아니다. 또는 주가와 관련이 있지만 업적평가의 지표로 삼기에는 곤란한 부분도 많다. 둘째, 주가와의 관련성이 높다고 재무제표에 무조건 인식할 수도 없다는 것이다. 즉, 주가형성 과정의 효율성을 장담할 수 없는 환경에서 주가와의 관련성이 높다는 것이 회계처리방법의 선택을 결정하는 기준이 될 수는 없다는 것이다. 예를 들면 R&D를 비용처리하는 방법과 R&D를 자본화하는 방법을 비교해 보자.

R&D 비용처리(방법A) ………………………… 주가(방법A)
R&D 자산처리(방법B) ………………………… 주가(방법B)

현재의 가치관련성 연구는 R&D를 자산처리하면 주가와 어떤 관계에 있는지 살펴보는 것이다. 그런데 이때의 주가는 R&D를 자산화했을 때의 주가가 아니라 R&D를 비용처리했을 때의 주가인데, 이를 R&D를 자산처리한 결과와 회귀분석하는 것은 논리적으로 맞지 않다고 주장한다. 특히 자본시장효율성의 후퇴를 고려하면 내재가치(intrinsic value)를 반영하지 못하는 주가(방법A)를 분석의 기준(benchmark)으로 채택한 것은 비합리적이라는 지적이다.9) 특히 R&D의 자산처리는 투자자 중심의 가치관련성 관점에서는 합리적일지 모르지만 채권자 입장에서는 다를 수 있다. 채권자 입장에서 R&D는 불확실성과 위험을 증

---

7) Ashbaugh and Olsson(2002)은 무형자산의 과감한 인식과 자산재평가를 허용하는 IFRS에 의한 회계이익의 가치관련성이 무형자산을 자산으로 인식하지 않고 재평가를 허용하지 않는 US GAAP에 의한 회계이익의 가치관련성보다 크다고 하였다.

8) Holthausen and Watt(2001), Ronen(2001).

9) Ronen(2001).

가시키므로 자산으로 취급하기보다는 위험을 증가하는 요인으로 인식되어 주주와 채권자의 시각차는 두드러진다.[10)]

가치관련성 연구의 출발배경이 되었던 시장효율성 하락은 가치관련성 연구결과의 해석에 대해서도 중대한 영향 및 제약을 가하고 있다. 왜냐하면 가치관련성 연구에서는 일반적으로 동일시점(contemporaneous)의 기업가치와 관련성이 높으면 그 항목이 목적적합성과 신뢰성이 있는 유용한 정보로 간주되는데, 만약 현재시점의 주가가 기업의 내재가치를 충실히 반영하지 못하는 상황, 즉 자본시장이 효율적이지 못하다면 가치관련성 연구결과의 의미 및 해석은 재검토되어야 한다. 예를 들면 Holthausen and Watts(2001)는 시장의 합리성에 의문을 제기하는 증거가 계속 발견되고 있는 이상, 기존의 가치관련성 연구는 한계가 있는 것이라고 비판하였다. 왜냐하면 현재의 주가가 그 기업의 내재가치가 아닌 이상 현재주가와의 관련성 여부가 가치관련성 연구에서 추구하는 회계수치의 유용성을 판단하는 절대적 기준이 될 수 없기 때문이다. 따라서 가치관련성 연구는 시장효율성 하락이라는 배경에서 탄생되었으나 시장효율성 하락 그 자체가 연구결과의 해석에 일정한 제약을 가하는 역설적 성격이 존재하는 것을 이해할 필요가 있다.

제3절 가치관련성 분석모형

1. 모형의 도출

회계변수를 기반으로 하는 기업가치평가모형의 개발에는 Ohlson의 공헌이 크다. 왜냐하면 그는 전통적으로 존재하던 할인배당모형(discounted dividend model)을 기반으로 기업의 가치를 기업의 장부가액과 초과이익의 현재가치의 합으로 표시하여 회계수치를 이용한 기업가치평가의 기초를 마련하였기 때문이다. 물론 그 이전에도 이러한 평가모형의 기초가 되는 개념은 존재하였지만 보다 체계적으로 모형을 개발하여 후속적인 연구에 미친 영향은 평가받을 만하다.[11)] Ohlson(1995)과 Feltham and Ohlson(1995)의 기업가치평가모형은 기존의 정보적

10) Shi(2003).

11) Kothari(2001, p. 176).

관점(information perspective)으로부터 평가적 관점(valuation perspective)으로의 회계정보의 유용성을 도출함으로써 회계수치를 이용하여 직접 기업가치평가모형을 마련하는 동기를 제시하였다. 이 모형에서 기업가치는 장부가액(book value), 회계이익(earnings) 및 기타요인으로 결정되는데, 먼저 다음과 같은 순자산의 순수잉여관계(clean surplus relation)에 대한 가정에 기초하고 있다.[12)]

$$BV_t = BV_{t-1} + E_t - D_t \tag{8.2}$$

여기서, $BV_t = t$년말의 장부가액
$E_t = t$년도의 회계이익
$D_t = t$년도의 배당

순자산의 순수잉여관계란 장부가액의 변동을 야기하는 모든 요인이 손익계산서를 거쳐 표시되도록 함으로써 재무상태표와 손익계산서의 연계성을 강화하고 재무상태표에 나타나는 자산의 인식 및 측정에 가치평가기능을 강조하였다. 위의 순수잉여관계를 할인배당모형(discounted dividend model)에 연결시키면, 기업의 가치는 다음과 같이 장부가액(BV)과 초과이익($E_{t+\tau} - r \cdot BV_{t+\tau-1}$)의 현재가치의 합으로 표시되며 이를 초과이익모형(abnormal earnings model) 또는 잔여이익모형(residual earnings model)이라고 부른다.

$$P_t = BV_t + \sum_{\tau=1}^{\infty} \frac{E_{t+\tau} - r \cdot BV_{t+\tau-1}}{(1+r)^{\tau}} \tag{8.3}$$

여기서, $P_t = t$년말의 시장가치
$r =$ 자기자본비용

위 모형은 다음과 같이 표시될 수 있다.[13)]

$$P_t = BV_t + \frac{E(E_{t+1} - r \cdot BV_t)}{(1+r)} + \frac{E(E_{t+2} - r \cdot BV_{t+1})}{(1+r)^2} + \cdots \tag{8.4a}$$

$$= BV_t + GW_t \tag{8.4b}$$

여기서, $E(\cdot) =$ 기대치 부호
$GW_t =$ 미래초과이익의 현재가치의 합계

12) Ohlson모형은 순자산의 clean surplus를 가정하고 있으나 dirty surplus를 위한 조정을 하여도 그 추정치나 의미해석에 별다른 영향은 없다(Barth *et al.*, 2001a, p. 92).

13) 김권중(2001).

위 모형에서 BV_t는 장부가액이나, 재무상태표상의 자산을 공정가치로 평가하여 BV_t를 재측정한 경우에도 식 (8.4a)는 성립한다.14) BV_t를 이와 같이 재측정하였을 때 위 GW_t는 이른바 영업권(goodwill)의 가치를 나타낸다. 또한, 중요한 것은 GW_t는 양(+) 또는 음(−)의 값을 모두 가질 수 있다는 점이다. $GW_t < 0$이면 PBR(price-book value ratio) 비율이 1보다 작게 되며, 이러한 경우에 해당하는 기업이 많이 있음을 우리는 익히 알고 있다.

이상의 모형에서 초과이익(extra earnings : XE)의 구성요소와 통계적 과정에 대한 다음의 가정을 하면 실증가능한 모형으로 전환할 수 있다.

$$XE_{t+1} = \omega XE_t + O_t + \epsilon_{1,t+1} \tag{8.5}$$

$$O_{t+1} = \gamma O_t + \epsilon_{2,t+1} \tag{8.6}$$

식 (8.5)는 1년 후 초과이익(XE)은 현재의 초과이익의 1차 자동상관 및 현재의 초과이익 이외의 정보집합(O_t)의 합으로 구성된다는 가정이며, 식 (8.6)은 기타 정보집합은 시계열적으로 1차 자동상관 과정을 갖는다는 가정이다. 여기서 ω, γ는 0과 1 사이의 값을 갖는 매개변수이며, $\epsilon_{1,t+1}$, $\epsilon_{2,t+1}$은 각각 평균이 0이고 모형 속의 다른 독립변수와는 상관성이 없는 잔차이다.15) 이와 같은 가정 아래, 순배당흐름과 초과이익 이외의 정보집합을 생략하면 다음과 같은 모형이 되며 이때 기업가치평가모형은 장부가액과 회계이익의 함수로 표시될 수 있다.16)

$$P_t = a_0 + a_1 BV_t + a_2 E_t + e_t \tag{8.7}$$

여기서, $P_t = t$년말의 시장가치
$BV_t = t$년말의 장부가액
$E_t = t$년의 회계이익

이 모형을 회계변수평가모형(accounting-based valuation model)으로 부르기도 하는데, 주식가치평가에서 회계변수의 역할을 명시적으로 제시하고 있으며, 회계정보의 유용성에 대한 실증연구의 새로운 방향을 제시하고 있다.17)

한편, 위의 모형을 실제로 사용할 때, 모든 변수를 1주당 금액으로 정의하

14) Bernard(1995).
15) 정혜영 · 박기남(2001, p. 5).
16) 이와 같은 모형이 사용된 선행연구는 Barth *et al.*(1998, p. 5)에 소개되어 있다.
17) 김권중(1997).

여 아래와 같이 표시할 수 있다. 이는 기업규모(size)의 차이를 조정하는 역할뿐만 아니라 회귀분석시 나타나는 이분산성(heteroscedasticity)의 문제를 감소시킬 수 있기 때문이다.

$$P_t = a_0 + a_1 BPS_t + a_2 EPS_t + e_t \tag{8.8}$$

여기서, P_t = t년말의 보통주 주가
BPS_t = t년말의 주당장부가액
EPS_t = t년의 주당회계이익

적자기업에서 회계이익의 가치관련성은 흑자기업의 그것과 체계적으로 다른 형태를 보인다는 선행연구결과(Hayn, 1995 ; Collins *et al*., 1999)에 따라 아래의 모형에서는 $D \cdot EPS$변수를 포함하였다. 따라서 아래 모형에서 흑자기업의 회계이익의 가치관련성은 α_2이고, 적자기업의 회계이익의 가치관련성은 $\alpha_2 + \alpha_3$이다.

$$P_t = \alpha_0 + \alpha_1 BPS_t + \alpha_2 EPS_t + \alpha_3 D \cdot EPS_t + e_t \tag{8.9}$$

여기서, D=EPS_t가 음(−)이면 1, 아니면 0

Beaver(2002)는 가치관련성 연구의 결과를 다음과 같이 요약하고 있다.

- 장부가액이나 회계이익은 주가와 유의한 가치관련성계수를 갖는다.
- 장부가액의 가치관련성계수는 재무건전성과 역(−)의 관계에 있다.
- 이익의 가치관련성계수는 유의한 양(+)이나 손실의 가치관련성계수는 유의하지 않다.
- 발생과 현금흐름의 가치관련성계수는 서로 다르고, 발생의 가치관련성계수가 일반적으로 작다.

그런데 엄밀하게 말하면 가치관련성 연구는 기업의 가치를 추정하려는 연구가 아니다. 기업의 가치를 추정하려는 것은 기본적 분석(fundamental analysis)의 주제이다.[18] 왜냐하면 기업의 가치를 직접 측정하려는 것이 회계기능의 본질이었던 적은 없기 때문이다. 따라서 이런 관점에서 기본적 분석이 과연 회계연구인가에 대한 의문이 제기될 수 있다.[19]

---

18) Barth *et al*.(2001a, pp. 80～81, 90).

2. 회계적 함의

회계수치를 이용한 기업가치평가모형의 특징은 회계선택에 따라 가치평가에 대한 영향이 없다는 것이다. 즉 공격적으로 처리하든 보수적으로 처리하든 그러한 선택은 회계이익의 기간별 전이(transfer)에만 관련되어 장부가액과 회계이익 모두에 영향을 미침으로써 초과이익할인모형에 의한 평가액에 변화가 없다.[20] 예를 들어 자본적 지출을 수익적 지출로 처리하면 당기순이익과 장부가액은 과소계상되지만 초과이익은 증가하고, 수익적 지출을 자본적 지출로 처리하면 당기순이익과 장부가액은 과대계상되지만 초과이익은 감소하여 전체 평가액은 변동이 없다. 그러나 이러한 시각은 다음과 같은 한계를 노출하고 있다. 첫째, 이러한 시각은 초과이익모형을 회계적 의미가 결여된 회계적 진공상태의 일개 방정식으로 평가절하하는 결과를 초래하며, 둘째, 실무적인 관점에서 분석가들은 현재의 이익에 대해 이익조정에 의한 부분과 이익조정에 의하지 않은 부분으로 구분하여 미래이익을 보다 더 합리적으로 예측하려는 속성과 기법을 보유하고 있으므로 이러한 가정은 다분히 비합리적이다.[21] 또한 이러한 가정은 기업가치의 장기적 균형점을 회계수치로 표시할 수 있다는 것이지, 실제 주가의 형성에 있어 회계처리의 영향이나 함의를 배제하는 것은 아니다. 예를 들면 자의적인 이익조정은 신뢰성의 하락을 통해 회계수치의 가치관련성에 영향을 미치고 있고 기타 계약적 관점의 회계변수, 즉 보수주의 또는 주주보호정도가 기업가치 형성에 영향을 미치고 있다.[22]

〈표 8-2〉 가치관련성 연구의 회계적 함의

출발동기	자본시장의 효율성 후퇴에 따른 가치평가 자체의 시도
기본모형의 의미	주가를 회계수치를 이용하여 표시할 수 있음
기본모형의 현실적용	회계수치의 표현충실성과 목적적합성을 동시에 검정
바람직한 회계처리	가치평가에 관련된 요인을 예측시계가 짧은 재무상태표에 될 수 있는 대로 많이 표시하고, 예측시계가 긴 손익계산서에는 될 수 있는 대로 적게 표시하는 방법

19) Kothari(2001, p. 172).
20) 그러나 보수주의는 계약기능에서는 매우 중요한 요인이다(Ball *et al.*, 2000, p. 2).
21) Kothari(2001, p. 177).
22) 김정재(2001), Zhang(2000), Hung(2001), Balsam *et al.*(2002).

3. 바람직한 회계처리의 조건

전술한 식 (8.4)를 다시 한번 살펴보자.

$$P_t = BV_t + \frac{E(E_{t+1} - r \cdot BV_t)}{(1+r)} + \frac{E(E_{t+2} - r \cdot BV_{t+1})}{(1+r)^2} + \cdots \quad (8.4a)$$

$$= BV_t + GW_t \quad (8.4b)$$

여기서, $E(\cdot)$ = 기대치 부호
GW_t = 미래초과이익의 현재가치의 합계

위의 모형이 정보공시에 대해 어떠한 시사점을 갖고 있는지는 자명하다. 첫째, 투자자들은 P_t를 알고자 하므로 BV_t 외에 이들에게 가장 유용한 정보는 GW_t의 크기를 직접 나타내는 정보이다. 둘째, 만일 이러한 정보의 제공이 어렵다면 GW_t의 추정에 직접 활용될 수 있는 정보가 투자자들에게 유용할 것이다. 예를 들면, 미래 이익 또는 매출에 관한 정보가 이에 해당한다. 셋째, 자산성이 있으나 비용처리되는 항목이 있다면 이를 적절히 공시하여 BV_t의 과소계상으로 인한 valuation error를 줄일 수 있게 하는 것이다.[23]

이러한 관점에서 “좋은” 회계시스템은 될 수 있는 대로 짧은 예측시계에 걸쳐(over shorter horizon) 기업가치를 표시하는 것이다.[24] 즉 어떤 기업가치평가 모형이 보다 긴(longer) 시계를 필요로 한다면 보다 짧은(shorter) 시계에 걸쳐 기업가치를 표시하는 모형보다 “나쁜” 회계시스템이 된다. 따라서 기업가치에 관련 있는 항목을 BV_t에 직접 반영하거나 역사원가에 의한 평가를 공정가치에 의한 평가로 바꾸는 것은 장기적인 예측시계를 필요로 하는 초과이익의 할인으로 계산되는 부분(GW_t)의 비중을 줄이고 측정오차를 줄여 더 “좋은” 회계처리가 될 수 있다는 의미이다. R&D의 비용처리보다는 자산처리를 주장하는 이유는 이러한 관점에서 의의를 찾을 수 있다. 또한 IFRS가 자산 또는 부채의 평가에 있어 공정가치에 의한 평가를 확대하는 입장도 “바람직한 회계”의 관점에서 이해될 수 있다.

---

23) 김권중(1997).

24) Bernard(1995, p. 737).

제 4 절 정보적 관점 vs 평가적 관점

1. 정보적 관점과 평가적 관점의 비교

이상의 논의를 근거로 〈표 8-3〉에서는 정보적 관점과 평가적 관점을 비교하여 표시하였다. 정보적 관점이란 상대적으로 초기 자본시장연구에 해당되고, 자본시장의 효율성을 담보로 주가 자체보다는 주가변동을 야기하는 회계이익의 변동을 중시하여 손익계산서 중심의 회계관을 탄생시켰다. 주요 연구주제는 주가변동에 가장 중요한 영향을 미치는 요인으로 지목된 회계이익변동의 정보효과(information content)를 살펴보는 이익반응계수로서, 시장효율성의 논리에 따라 공시여부가 측정의 정밀성보다 중요하다. 즉 역사적 원가에 의한 재무제표 본문인식이라 하더라도 시가와 관련한 정보를 주석공시하기만 하면 회계의 역할을 다할 수 있다고 생각하는 것이다.

〈표 8-3〉 정보적 관점 vs 평가적 관점

	정보적 관점	평가적 관점
연구모형	$\Delta P = \Delta E$	$P = BV + E$
연구주제	이익반응계수	가치관련성
자본시장의 효율성	준강형 효율성의 수용	준강형 효율성의 부인
재무제표의 중요도	손익계산서 > 재무상태표	재무상태표 > 손익계산서
기본시각	시장효율성을 담보로 가치평가 자체는 시장에 맡기고 주가변동에 영향을 미치는 주요 원인으로서 회계이익의 변동이 주가변동에 미치는 영향을 살펴봄.	시장효율성이 낮아진 상황에서 주가수준 자체를 평가하기 위해 측정속성으로 원가보다는 공정가치를 중시하고, 공시장소는 주석보다 본문인식이 주가에 미치는 영향이 큼.
평가원칙	역사원가	공정가치
공시에 대한 시각	측정의 정밀성보다는 관련내용의 공시가 더 중요함.	공시보다는 측정이 중요하고, 더욱이 공시장소에 따라 주가가 달라질 수 있음.
변수들의 관계	인과관계	상관관계
검증 window	단기	장기
규제의 수단	공시에 의한 규제	절차에 의한 규제

반면 평가적 관점이란 시장효율성의 후퇴에 따라[25] 주가수준 자체에 대한 평가의 필요성이 부각된 상황에서 원가보다는 공정가치(fair value)에 의한 평가를 선호하는 재무상태표 중심의 회계를 의미한다. 이는 측정의 정밀성을 추구하는 것이 주가수준의 결정에 영향을 미치거나 주가와의 관련성이 높아진다는 논리로서, 이때의 연구주제는 회계수치의 가치관련성이고, 공시보다는 측정이 중요하며, 그 측정치를 어디에 공시하느냐에 따라 주가에 차별적 영향을 미치는 것으로 생각한다.

2. 정보적 관점에서 평가적 관점으로의 이동

정보적 관점에서 평가적 관점으로의 이동은 다음과 같은 배경요인이 영향을 미친 것으로 파악된다.

첫째, 시장효율성의 하락이다. 자본시장의 효율성이 우리가 과거에 믿었던 것만큼 높지 않다는 것을 깨닫게 됨에 따라 재무제표 본문에 그동안 무시되었던 무형자산 등의 인식을 확대하고, 또 원가로 평가된 항목을 공정가치로 바꿈으로써 회계정보의 목적적합성, 그리고 궁극적으로 가치관련성을 증진시키는 것이 보다 바람직한 회계처리방법이 된다는 인식이 확대되었다.

둘째, 과거 회계시스템에서 채택된 역사원가에 의한 회계정보의 낮은 가치관련성 때문이다. 일부 기술중심적 기업에서 PBR이 높게 나오는 것은 무형자산과 같은 부외자산 때문이기도 하지만 역사원가의 낮은 목적적합성 자체에도 원인이 있다. 따라서 공정가치에 의한 회계정보 산출은 가치관련성의 증가를 가져올 수 있다.

셋째, 순수잉여관계의 이론적 정립이다. 이 이론은 기업의 가치가 현금흐름이나 배당금뿐만 아니라 회계이익이나 장부가액 같은 재무제표정보에 의해서도 직접 도출될 수 있음을 보여주고 있다. 특히 재무상태표상의 장부가액을 공정가치에 의해 평가하면 할수록 미래 비정상이익의 현재가치평가가 전체 기업가치평가에서 차지하는 비중은 줄어들게 된다. 이에 따라 기업가치평가의 정확성을 도모할 수 있다. 왜냐하면 공정가치에는 이미 미래 기대가치가 반영

25) We conclude that the efficient market model is still the most useful model to guide financial reporting, but that the theory and evidence of inefficiency has accumulated to the point where it supports a measurement perspective, even though this may involve a sacrifice of some reliability for increased relevance(Scott, 2003, p. 189).

되어 있기 때문이다.[26]

넷째, 과거 금융시장의 위기를 증폭시킨 요인으로 지목받는 원가평가에 의한 시장불신으로 공정가치에 의한 평가가 폭넓은 지지를 받고 있다.[27] 이는 공정가치에 의한 평가가 자본시장 및 금융기관의 불안/부실 요인을 미리 식별해 내는 데 도움이 될 것이라는 관점에서 지지를 받고 있다.[28] 또한 감사인의 입장에서도 소송위험 등을 의식하여 재무적 곤경에 빠진 기업의 자산을 공정가치로 평가하는 데 대해 거부감이 작아진다.

〈표 8-4〉는 정보적 관점에서 평가적 관점으로 이동하는 데 영향을 미친 요인을 구분하여 보여준다.

〈표 8-4〉 정보적 관점에서 평가적 관점으로의 이동 요인

	요 인
실증적 관점	• 자본시장효율성의 저하 • 전통회계수치의 가치관련성 저하
이론적 관점[29]	• 순수잉여관계의 정립 • 바람직한 회계처리의 조건인식
실무적 관점	• 감사인의 소송위험 의식 • 부실기업에 대한 공정가치평가 확대

26) 본장 제3절 참조.

27) 그러나 공정가치에 의한 평가가 언제나 지지를 받는 것은 아니다. 예를 들면 공정가치는 금융시장의 변동성을 전반적으로 증폭시키는바, 특히 유동성이 떨어지는(illiquid) 금융환경에서는 원가에 의한 평가보다 공정가치에 의한 평가가 인위적 변동성을 조장하여 오히려 비효율적이다(Plantin *et al.*, 2008).

28) Mosso(2011)는 모든 자산과 부채를 재무상태표에서 빠짐없이 공정가치로 평가하는 부(富)의 회계(wealth accounting)를 주장하였다. 이 모형의 장점으로는 첫째, 현행의 GAAP모형에서와 같이 혼합된 측정속성을 근본적으로 배제함으로써 경영자의 이익조정동기를 원천적으로 방지할 수 있고, 둘째, 이해관계자에게 적시에 기업의 부(富)와 이의 변동내용을 알려줌으로써 조기경보(early warning signal)기능을 강화할 수 있다(본서 제1장 참조).

29) 순수잉여관계에서는 전술한 대로 회계처리가 공격적이든 보수적이든 그러한 선택은 회계이익의 기간별 전이(transfer)에만 관련되어 장부가액과 회계이익 모두에 영향을 미침으로써 초과이익할인모형에 의한 기업가치평가액에 변화가 없다는 입장인데, 이는 후술하는 Penman의 입장, 즉 공정가치에 의한 평가를 하지 않더라도 또는 설사 무형자산이 재무상태표에서 통째로 빠져 있더라도 순수잉여관계에 입각한 재무제표의 연계논리에 따라 기업가치평가가 얼마든지 가능하다는 주장과 일맥상통한다. 그러나 "바람직한 회계처리"란 이러한 이론적 가능성과는 별개로 미래 예측기간이 길어짐에 따라 불확실성이나 측정오차가 증가할 수밖에 없는 현실을 의식한 조치로 판단된다.

제5절 공시에 대한 재인식

1. 공시만능주의

자본시장의 효율성이 작동하는 환경에서는 공시와 인식에는 차이가 없다.[30] 이러한 환경에서는 공시가 회계처리의 불완전성이나 회계기준의 부족함을 메워줄 수 있는 유용한 대체물(substitute)로 인식되어 다음과 같은 사고가 가능하다.[31]

Bad accounting + Good Disclosure = Good Accounting

위 내용은 공시만능주의를 시사한다. 즉 회계처리시점에서 인식이나 측정의 문제나 한계(bad accounting)가 있더라도 충실한 공시만 이루어지면 별다른 문제가 없을 것이라는 것이다.[32] 그러나 자본시장의 효율성이 담보되지 않으면 공시의 유효성은 한계가 있다. 전술한 바와 같이 자본시장의 효율성에 대한 의문이 제기되면서 공시와 인식에 차이가 없다는 전통적 사고는 퇴색하고 있다. 따라서 공시는 제아무리 정밀하더라도 정의, 인식, 측정으로 이어지는 회계과정의 일부를 대신할 수 없다.[33] IFRS도 부적절한 회계정책은 이에 대하여 공시나 주석 또는 보충자료를 통해 설명하더라도 정당화될 수 없다고 명시함으로써 공시만능주의를 부인하고 있다.[34]

30) 인식은 재무제표 본문에 계정과목을 통해 반영되는 것이므로 측정과 평가가 필요하나 주석을 통한 공시는 측정과 평가가 언제나 필요한 것은 아니다.

31) Evans(2003, p. 335).

32) 이러한 시각에서는 공시과잉(disclosure overload)을 유발하여 회계정보의 유용성이 오히려 훼손될 우려가 있다(IFAC, 2011). 2013년 미국 General Electric(GE)의 연차보고서는 109,894개의 단어로 246페이지에 걸쳐 작성되었다. 이러한 정보의 홍수는 더 이상 일반 투자자에게 유용한 정보의 원천이 아니다. 참고로 2002년도에 제정된 Sarbanes-Oxley Act가 32,000개의 단어로 구성되었다. 따라서 SEC는 2013년부터 공시 그 자체보다는 공시의 효율성(disclosure effectiveness)을 최우선 과제로 채택했다(The Wall Street Journal, June 1, 2015).

33) Upton(2001). 한편, SFAC No. 5(1984, para. 9)에서도 공시와 인식의 구별을 다음과 같이 하고 있다.

"Disclosure is not a substitute for recognition in financial statements..."

34) IAS 1(K-IFRS 제1001호 : 재무제표 표시) 문단 18.

2. disclosure vs recognition

선행연구에서는 재무제표 본문에 인식(recognition)하는 회계정보와 주석에 공시(disclosure)하는 회계정보의 정보효과를 비교하였다. Espahbodi *et al.*(2002)은 미국기업을 대상으로 스톡옵션비용이 손익계산서 본문에 인식될 때와 주석에 공시될 때의 시장반응이 다르다는 점을 보였다. Cotter and Zimmer(2003)는 호주의 부동산재평가제도를 이용하여 공시와 인식의 차이를 실증분석하였다. 분석결과에 따르면 재무제표에 인식된 정보는 주석에 공시된 정보보다 가치관련성이 높은 것으로 나타났으며, 이러한 현상의 주된 원인은 인식된 정보가 공시된 정보보다 신뢰성이 높기 때문으로 나타났다. 따라서 인식과 공시의 정보효과에 차이가 있으며 이는 공시장소의 차이에 따라 시장의 반응이 다르다는 점을 나타낸다.

우리나라에서도 윤재원 · 최현돌(2005)은 주석에 공시된 대손충당금 부족액 정보와 재무제표 본문에 인식된 대손충당금 및 대손상각비 정보의 주가관련성에 차이가 있는가를 검증한 결과, 재무제표 본문에 인식되지 않은 대손충당금 부족설정액과 대손상각비 부족(과다)액에 대한 정보는 주가관련성이 없는 것으로 나타났다. 이상의 사례는 준강형 효율성에서 가정하는 것처럼 주석공시와 재무제표 본문인식에 차이가 없다는 주장을 부인하는 것으로 회계기준제정기구에 시사하는 바가 크다.

〈표 8-5〉에서는 재무제표 본문과 주석공시의 효과에 차이가 있음을 밝힌 선행연구를 정리하였다.[35]

〈표 8-5〉 재무제표 본문과 주석공시의 차이

연구자	연구주제
Espahbodi *et al.*(2002)	스톡옵션비용
Cotter and Zimmer(2003)	부동산재평가차액
윤재원 · 최현돌(2005)	대손상각비 및 대손충당금

35) IFRS as issued by the IASB에서는 영업손익의 계산방법에 대한 언급이 없으나 우리나라에서는 영업손익이 자의적으로 계산된다는 비판이 꾸준히 제기되어 2012년 10월 K-IFRS 제1001호 '재무제표 표시'를 개정하여 '일반기업회계기준'과 동일하게 수익(매출액)에서 매출원가 및 판매비와관리비를 차감하여 영업손익을 산출하도록 하고 동시에 영업손익을 반드시 포괄손익계산서의 본문에 표시하도록 하였다. 이러한 K-IFRS의 개정도 재무제표 본문표시와 주석공시의 차이를 인식한 조치로 평가된다(제10장 참조).

제6절 동시검정

회계연구가 회계 실무 및 이론 형성에 기여한 바는 간과할 수 없다. 그러나 회계연구의 여러 한계 중 경험적 회계연구(empirical accounting research)에서 피할 수 없는 것은 동시검정에 따른 한계이다. 동시검정(joint test)이란 연구가설을 테스트하기 위한 수단으로 검정모형이 동원되는 경우, 검정모형의 타당성과 연구가설속성이 혼합효과(confounding effects)를 일으켜 그 의미해석에 어려움을 야기하는 상황을 말한다. 즉 가설검증의 결과를 해석하는 데 있어 그 분석결과가 검정모형의 타당성(validity) 때문인지 아니면 연구가설, 즉 연구의 대상이 되는 속성 때문인지 분간하기 어려운 상황이 연출될 수 있다.[36] 아래에서는 경험적 회계연구에서 나타나는 대표적인 사례를 살펴본다.

〈표 8-6〉 동시검정의 사례

연구주제	연구모형
자본시장의 효율성 검정	CAPM vs Fama-French 3요인 모형
발생의 질 추정	Jones 모형 vs Dechow & Dichev 모형
보수주의의 측정	Basu 모형 vs Ball & Shivakumar 모형

1. CAPM

시장효율성의 실증분석은 대부분 자본자산가격결정모형(capital asset pricing model : CAPM)과 같은 가격결정모형을 통하여 기대수익률을 구하고, 그 기대수익률과 실제수익률의 차이를 비정상수익률로 보고 시장효율성을 판단한다. 즉 비정상수익률이 유의하면 시장은 효율적이지 않다는 것이고, 비정상수익률이 유의하지 않다면 시장은 효율적이라는 것이다. 그런데 만약 CAPM이 주식가격을 결정하는 데 부적절한 모형이라고 한다면 CAPM으로 계산한 비정상수익률은 진정한 의미에서의 비정상수익률이 아니기 때문에 이러한 분석은 의미를 상실하게 된다.[37] 즉 자본시장에서 발견되는 비효율성에 대한 설명은 시장효율성과

36) 비유적으로 말하면 몸무게가 궁금한데 체중계가 고장이라면 그 숫자를 어디까지 믿어야 할까?의 고민과 유사한 상황이다.

가격결정모형의 부정확성이라는 두 가지 관점에서 설명되어야 함을 알 수 있다.[38]

시장효율성은 그 자체로는 검증이 불가능하다. 시장효율성은 기대수익률을 결정하는 자산가격결정모형(asset pricing models)과 함께할 때에만 검증이 가능하다. 거의 모든 자산가격결정모형은 시장효율성을 가정하고, 따라서 이 모형을 검증하는 것은 시장효율성을 동시에 검정하는 것이다. 시장효율성과 자산가격결정모형은 영원한 일심동체이다.[39]

모든 투자자들이 합리적인 분산투자의 원리에 따라 행동하는 경우, 투자자들에게 적합한 위험(relevant risk)은 체계적 위험이다. 이와 같은 사실에 기초하여 Sharpe(1964)와 Lintner(1965) 등은 개별증권을 비롯한 모든 자본자산의 체계적 위험과 기대수익률 사이에 존재하는 균형관계를 설명하는 모형, 즉 CAPM을 개발하였으며 아래와 같이 표시된다.

$$E(R_i) = R_f + \beta_i \cdot [E(R_m) - R_f] \tag{8.10}$$

여기서, $E(R_i)$=주식 또는 포트폴리오 i의 기대수익률

R_f=무위험이자율

$E(R_m)$=시장포트폴리오의 기대수익률

$$\beta_i = \frac{COV(R_i, R_m)}{\sigma^2(R_m)}$$

=체계적 위험으로 시장수익률의 변동에 대한 주식 또는 포트폴리오 i의 민감도

위의 식에서 i는 개별자산을 의미할 수도 있고, 개별자산의 집합체인 포트폴리오를 의미할 수도 있는데, 두 경우 모두 위의 식은 성립한다. 이때 모든 위험자산의 체계적 위험과 기대수익률의 선형관계를 나타내는 직선을 CAPM 또는 증권시장선(security market line : SML)이라고 부른다.[40] 위험자산의 체계적 위험이 추정되면, 균형상태하에서 그 자산의 체계적 위험에 따른 적절한 보상

---

37) 비정상수익률이 0이 아닌 경우에는 시장이 실제로 비효율적이기 때문에 나타난 결과인지, 아니면 기대주가수익률이 잘못 설정되어 나타난 결과인지 구분할 수 없다(정혜영 등, 1993, p. 73).

38) 정종암(2000, p. 326).

39) Fama(2010). Any test of market efficiency also becomes a joint test of the pricing model(Dyckman and Morse, 1986, p. 68).

40) CAPM과 SML은 보통 같은 의미로 사용하지만 엄밀하게 구분하면, CAPM은 위의 등식을 의미하며, SML은 이 등식을 그래프로 나타낸 것을 의미한다([그림 8-1] 참조).

인 기대수익률을 증권시장선에 의해서 측정할 수 있다. 증권시장선에 의해서 측정된 균형기대수익률은 투자자들이 그 증권의 체계적 위험에 대응하여 요구하는 최소한의 요구수익률 또는 자본비용(cost of capital)이라 할 수 있다.[41] 따라서 CAPM에 따르면 기업의 자본비용을 결정하는 가장 근본적이고 중요한 요인은 체계적 위험(systematic risk)인 베타(β_i)이다. 베타(β_i)는 개별기업 주가수익률의 전체 주식시장 수익률에 대한 민감도이다. 그런데 어떤 포트폴리오의 베타(β_i)는 투자자가 다수 기업의 주식에 분산하여 투자한다고 해도 제거할 수 없는 분산불가능(non-diversifiable) 위험이다.

2. Fama-French 3요인 모형

지금까지 베타계수가 어떤 주식의 기대수익률을 결정하는 가장 중요한 요인이라는 점에 대하여 대부분의 학자들은 커다란 의문을 제기하지 않았다. 그러나 Fama and French(1992)는 베타계수가 아니라 장부가액 대 시장가치 비율(B/M)이 주식의 기대수익률을 결정하는 가장 중요한 변수라는 분석결과를 제시하여 학계와 실무계에 커다란 충격을 주었다.[42]

Fama and French(1993, 1996)의 3요인 모형은 전술한 CAPM에 규모(size)와 장부가액/시장가치(book-to-market : B/M) 비율을 추가한 모형이다. 이 모형은 이론적 근거는 취약하지만 기존의 CAPM에서 고려했던 유일한 변수인 체계적 위험(β_i) 외에 기업규모(size)나 장부가액/시장가치 비율(B/M)이 주식의 수익률을 결정할 때 보다 중요한 요인임을 실증적으로 보여주고 있다. 즉, '소형주'가 '대형주'보다 또는 B/M이 높은 '가치주(value stocks)'가 B/M이 낮은 '성장주(growth stocks)'보다 수익률이 높게 나타난다는 것이다.[43]

〈표 8-7〉은 CAPM과 Fama-French의 모형을 비교하고 있다.[44] 표에서 β는 체계적 위험을 나타내고, SMB(small minus big)는 'size premium'으로 불리는 것

---

41) 김영규 등(2011, pp. 479, 480, 483).

42) 지청 · 조담(1999, p. 313). Fama and French(1992, 1993)에 의해 처음 제기된 B/M 현상이란 주식수익률을 설명하는 대표적인 변수인 베타 이외에 B/M비율과 주식수익률 사이에 일정한 양(+)의 관련성을 보여주는 현상이다.

43) B/M이 높을수록 수익률이 높은 현상을 B/M효과 또는 가치주(value stock : B/M이 높음)에 투자하는 것이 성장주(growth stock : B/M이 낮음)에 투자하는 것보다 수익률이 높다는 의미에서 value premium이라고 부른다.

44) Oxera Agenda, May 2006.

〈표 8-7〉 CAPM vs Fama-French 3요인 모형

	CAPM	Fama-French 3요인 모형
모 형[45]	$r_i = r_f + \beta_i(r_m - r_f) + \epsilon_i$	$r_i = r_f + \beta_i(r_m - r_f) + s_i SMB + h_i HML + \epsilon_i$
위험요인	• 체계적 위험(β)	• 체계적 위험(β) • 규모(size) • 장부가액/시장가치(B/M)
접근방법	portfolio theory 따라서 이론적 기반이 강함	empirical regularities 따라서 이론적 기반이 약함[46]

으로 투자자들이 대규모기업보다 소규모기업에 투자함으로써 나타나는 위험(size risk)에 대한 추가적 보상을 의미하며, HML(high minus low)은 'value premium'으로 불리는 것으로 B/M이 높은 '가치주'에 투자하는 것이 B/M이 낮은 '성장주'에 투자하는 것보다 위험요인이 높을 것으로 판단되어 이에 대한 추가적 보상을 의미한다. Fama and French(1995)는 높은 B/M에 따르는 위험을 distress risk라고 불렀다.[47]

구체적으로 SMB란 소규모기업의 수익률에서 대규모기업의 수익률을 뺀 것이며, HML이란 B/M이 높은 가치주(value)의 수익률에서 B/M이 낮은 성장주

45) CAPM의 $r_i = r_f + \beta_i(r_m - r_f) + \epsilon_i$를 다르게 표현하면 $r_i = \alpha_i + \beta_i r_m + \epsilon_i$가 되는데, 이를 시장모형(market model)이라고 부르며, 여기서 $\alpha_i = r_f(1 - \beta_i)$이다. 시장모형의 의미는 어떤 기업의 실제수익률(r_i)은 기대수익률($\alpha_i + \beta_i r_m$)과 비기대(비정상)수익률(abnormal return : ϵ_i)로 구성된다는 것이다. 효율적 시장에서는 ϵ_i의 기댓값은 0이 된다. 따라서 0과 다른 ϵ_i는 어떤 사건이 r_i에 미치는 영향을 나타낸다. 예를 들면 어떤 기업의 수익률이 시장모형 $r_i = -0.01 + 1.2 r_m$으로 추정되었다고 하자. 이때 시장수익률이 10%이고, 이 기업의 실제수익률은 13%라면 이 기업의 기대수익률은 추정식에 따라 11%($-0.01 + 1.2 \times 0.1 = 0.11$)가 되고 비정상수익률은 2%이다. 따라서 시장모형의 α_i는 초과수익률을 의미하는 후술하는 Jensen's alpha와는 다르다.

46) 2017년도 노벨 경제학상 수상자인 Thaler(탈러, 2016, p. 366)의 표현대로 Fama and French는 규모와 가치가 '왜' 위험요인이 되어야 하는지에 대해서는 어떠한 논리도 갖고 있지 않다고 솔직하게 시인했다. 즉 이들은 규모와 가치를 통해 수익을 예측해야 할 이론적 근거는 전혀 제시하지 못했다. 다만 실증분석에서 규모와 가치라는 변수가 꾸준히 수익률과의 관련성을 보여주었기 때문에 이런 요인들을 활용한 것뿐이다.

47) Fama and French(1995)는 가치주의 주가가 급락하여 도산위험 등이 높아졌다는 의미로 이를 distress risk로 부른 것이다. 그런데 이러한 논리가 언제나 설득력이 있는 것은 아니다. B/M이 높다는 것은 전술한 바와 같이 M이 낮아짐으로써 나타날 수도 있지만, B가 높아짐으로써도 나타날 수 있다. M이 낮아지는 것을 위험요인으로 간주하는 것에는 별다른 저항이 없지만 B가 높아지는 것을 위험요인으로 간주하는 것은 회계적 관점에서 일방적으로 수용하기 어렵다. 이러한 맥락에서 SML보다는 HML의 타당성에 대한 의구심이 훨씬 높은 것이 현실이다.

(growth)의 수익률을 뺀 것이다. Fama and French는 SMB, HML을 계산하기 위하여 〈표 8-8〉과 같은 2×3의 포트폴리오 집단을 구성하여 다음의 공식을 이용하였다.

〈표 8-8〉 SMB와 HML의 계산절차[48]

절차1 : 포트폴리오의 구성 및 해당 포트폴리오의 수익률 계산

포트폴리오 구분조건		VALUE vs GROWTH		
		B/M이 높음	B/M이 중간	B/M이 낮음
		VALUE	NEUTRAL	GROWTH
기업규모	SMALL	Small Value	Small Neutral	Small Growth
	BIG	Big Value	Big Neutral	Big Growth

절차2 : 계산공식

SMB=1/3(Small Value+Small Neutral+Small Growth)
−1/3(Big Value+Big Neutral+Big Growth)
HML=1/2(Small Value+Big Value)−1/2(Small Growth+Big Growth)

한편, CAPM은 단일 베타모형이라고 부를 수 있으며, Fama-French의 모형은 시장베타에 size와 B/M이 추가되어 3요인 모형(3 factor model)으로 불린다. 또한 Carhart(1997)는 이상의 3요인 모형에 momentum factor를 추가하여 4요인 모형(4 factor model)을 제시하였다.[49] 현재 매니저의 운용능력에 대한 평가지표로 가장 널리 사용되고 있는 것은 CAPM, Fama-French의 3요인 모형, Carhart의 4요인 모형 등을 통해 산출된 위험조정성과이다. 위험조정성과는 주가수익률에 영향을 미치는 공통요인들로 인한 영향을 배제한 상태에서 매니저의 운용능력을 측정할 수 있다는 점에서 널리 사용되고 있다.[50]

[그림 8-1]이 의미하는 것은 CAPM에서는 베타가 유일한 수익률 결정요소였지만(그림 1), Fama and French(1992) 연구에서는 정작 베타와 수익률이 일정한 관계가 없는 모습(그림 2)을 보이고 있다. Fama-French의 모형에서 베타 대신에 size나 B/M이 유의하게 나타난 것에 대한 해석은 자본시장의 효율성과

48) http://mba.tuck.dartmouth.edu/pages/faculty/ken.french/Data_Library/f-f_bench_factor.html

49) 4요인모형에서 모멘텀(MOM)을 구하기 위해 전년도에 수익률이 높았던 종목의 수익률에서 전년도에 수익률이 낮았던 종목의 수익률을 차감한다. 모멘텀요인이란 과거의 주가패턴이 당분간 지속된다는 전제하에 이를 고려하는 것이다. Jegadeesh and Titman(1993)은 1965~1989년의 기간에 미국 주식시장에서 과거 3~12개월의 수익률을 기준으로 승자를 매수하고 패자를 매도하는 전략이 향후 12개월까지 유의한 양의 수익률을 보인다고 하였다.

50) 신중철 등(2015, p. 94).

[그림 8-1] CAPM, SML(증권시장선) vs Fama-French[51]

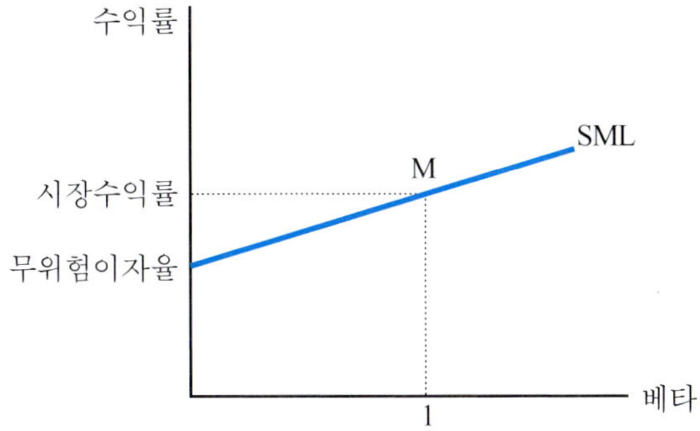

그림 1 : CAPM, SML(증권시장선)

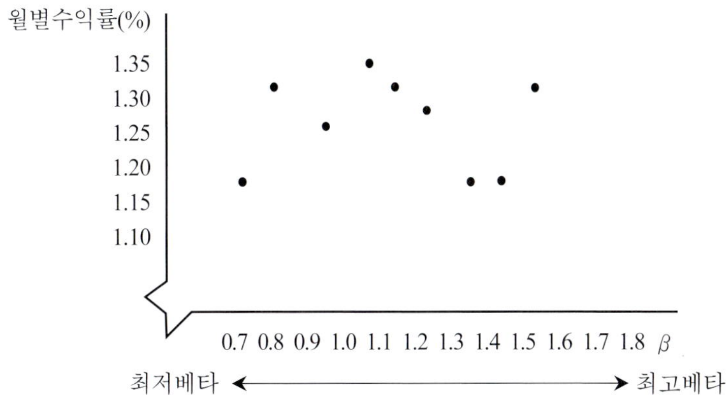

그림 2 : Fama-French(1992)

관련하여 다음의 두 가지 상반된 시각 모두 가능하다. 첫째, 시장효율성을 지지하는 입장에서는 소형주나 가치주의 높은 수익률이 전통적인 CAPM에서 미처 생각하지 못한 위험요인이나 높은 자본비용을 반영한 것이므로 시장이 효율성을 유지한다고 주장한다.[52] 둘째, 시장효율성을 부인하는 입장에서는 기업

51) 삼성경제연구소, '증권시장 : 효율적 분산투자와 CAPM' 강의교재, 제25장. 한편, Fama and French(1992)는 그림 2의 관계를 "flat relation between average return and beta"라고 지칭하고 이를 CAPM이 자산가격결정모형으로 적절치 않다는 결정적 증거로 보았다.

52) Fama and French는 효율적 시장가설의 창시자 및 추종자답게 size와 B/M을 위험요인으로 간주하고, 시장은 이들 위험요인에 대한 보상으로 소형주와 가치주에 대해 높은 수익률로 보상한다고 믿는다. 이는 곧 2017년도 노벨 경제학상 수상자인 Thaler(탈러, 2016, p. 366)의 표현대로 Fama and French는 CAPM의 사망은 기꺼이 인정하지만, 시장의 효율성까지 포기할 수는 없어 'Fama-French 3요인 모형'을 내놓게 되었다.

규모나 B/M 등은 위험요인이 아닌데도 투자자들이 이를 제대로 평가하지 못해 체계적인 가격오류(mispricing)가 나타나고 이를 활용하면 초과수익을 얻을 수 있다는 점에서 시장이 효율적이지 않다고 주장한다.

CAPM과 Fama-French 3요인 모형에 대한 논란은 실증연구에서 나타나는 동시검정(joint test)의 사례가 된다. 왜냐하면 어떤 모형으로 초과수익률을 계산하느냐에 따라 자본시장의 효율성 또는 펀드매니저의 성과에 대한 판단이 달라질 수 있기 때문이다. 즉 어떤 모형이 진정한 기대수익률 모형이냐는 과제와 더불어 그러한 모형에 근거한 초과수익률을 가지고 자본시장의 효율성 또는 펀드매니저의 성과에 대한 진단을 내려야 하는 과제를 동시에 안고 있기 때문이다. 다만 Fama-French 3요인 모형이 체계적 위험(β_i) 외에 다른 위험요인의 가능성을 적시하고 있는 데다 그 변수 중의 하나가 회계변수의 하나로 볼 수 있는 B/M이기 때문에[53] 회계의 역할에 대한 보다 적극적인 인식의 전환이 가능하게 되었다. 즉 거시경제적 관점에서 자원배분의 효율성에 기여하는 회계의 역할이 과거 CAPM 모형에서는 직접적으로 드러나지 않았으나, Fama-French 3요인 모형에서는 B/M을 통해 구체화됐기 때문이다. 특히 무형자산에 대한 인식확대와 공정가치평가를 주장하는 가치평가기능의 확산은 B/M에 대한 영향을 통해 회계가 주가에 영향을 미치고, 이에 따라 자원배분의 효율성에 기여하는 경로는 과거보다 훨씬 부각되었다.

재정가격이론
Arbitrage Pricing Theory(APT)[54]

재무이론에서 말하는 재정가격이론이란 특정 재무자산의 기대수익률이 여러 가지 변수의 선형함수모형으로 표시될 수 있다는 일반이론이다. 이때 각 변수의 변동으로 인한 재무자산의 기대수익률의 변동은 각 변수의 계수에 의해 결정된다. 만약 실제가격이 이러한 이론적 가격에서 벗어나면 재정활동(arbitrage)이 이를 바로잡는다는 것이다. 이 이론은 1976년 Stephen Ross에 의해 처음 알려졌다.

(Stephen A. Ross, "The Arbitrage Theory of Capital Asset Pricing," *Journal of Economic Theory* 13, pp. 341~360, 1976)

---

53) B/M은 PBR의 역수이다.

54) Arbitrage를 차익거래로 번역하여 APT를 차익가격결정이론이라고도 부른다. 본래 APT는 요인모형(factor model)에 기초하고 있으며, 이는 증권수익률의 움직임이 단일공통요인이 아니라 다수공통요인(multi-factor)의 선형함수로 표시될 수 있음을 보여주고 있다(장영광·송교직, 2014, pp. 229~235).

3. Fama-French 모형에 대한 Penman의 반론[55)]

Penman은 Fama-French 모형이 이론적 근거 없이 경험적 관찰에만 의존한다고 비판하면서, B/M은 분명한 회계변수이고 Fama and French의 주장과는 다른 의미를 가진다고 하였다. 먼저 전술한 식 (8.3)은 아래와 같다.

$$P_t = BV_t + \sum_{\tau=1}^{\infty} \frac{E_{t+\tau} - r \cdot BV_{t+\tau-1}}{(1+r)^{\tau}} \tag{8.3}$$

여기서, $P_t = t$년말의 시장가치
$r =$ 자기자본비용

그런데 위의 모형은 미래이익의 예측을 무한대로 요구하므로 현실적이지 않다. 따라서 미래 예측의 현실적 가능성과 실용성을 고려하여 차기($t+1$) 이후의 초과이익이 일정한 수준을 유지한다고 가정하고, 또한 그 초과이익이 일정한 성장률(g)을 보인다고 가정하면 위의 식은 아래의 모형으로 바꿀 수 있다. 단, 여기서 $r > g$.

$$P_t = BV_t + \frac{E_{t+1} - r \cdot BV_t}{r - g} \tag{8.11}$$

위 모형에서 기업가치는 현재 장부가액(BV_t), 차기이익(E_{t+1}), 자기자본비용(r) 및 성장률(g)에 의해 결정되며, 이를 통해 기업가치를 비교적 정확히 계산할 수 있다. 다음의 사례는 이 모형을 이용하여 Coca-Cola의 기업가치를 계산하는 절차를 보여준다.[56)] Coca-Cola는 막대한 브랜드가치를 재무상태표에 인식하지 않는 것으로 유명하다. 그러나 이 회사가 창출하는 이익은 손익계산서에 제대로 보고된다. 따라서 Coca-Cola의 기업가치는 이를 통해 알 수 있다. 즉 손익계산서가 재무상태표를 보완하는 것이며, 따라서 재무상태표에 브랜드가치를 인식해야 한다는 주장은 재무제표의 연계 속성을 제대로 이해하지 못하기 때문이라는 것이다.

---

55) 본절의 내용은 Penman(2011), Penman(2012), Penman *et al.*(2013) 및 Penman and Reggiani(2013)의 내용을 요약한 것이다.

56) Penman(2007, pp. 43∼44).

식 (8.11)을 이용한 코카콜라의 가치계산

At the close of tranding on 8 December 2006, the Coca-Cola Company's shares traded at \$48.91 each. The price-to-book ratio was 6.3, indicating a lot of value missing from the balance sheet, largely because US GAAP does not allow Coke's intangible (brand) assets to be booked to the balance sheet. The forward P/E was 19.3, based on analysts' consensus EPS forecast for 2007.

The following valuation yields a value of \$49.09 per share using only information available in the historical cost financial statements. The valuation is crude (and can be refined), but the point is that we get close to the market price by using historical cost information and, indeed, with three line items.

The historical cost numbers

Here are the relevant line items for years 2002~2005(\$m) :

	2005	2004	2003	2002
sales (1)	21,962	21,044	19,656	17,545
Operating income, after tax (2)	5,065	4,427	4,192	3,841
Net operating assets (average) (3)	16,985	16,006	15,220	14,526

The financial statement analysis

From these line items, the following valuation inputs can be calculated :

	2005	2004	2003	2002
Operating profit margin (2÷1)	23.1%	21.0%	21.3%	21.9%
Asset turnover (1÷3)	1.29	1.31	1.29	1.21
Average operating profit margin	21.8%			
Average asset turnover	1.28			
Average sales growth rate, on a base of 2001 sales of \$17,354(m)	6.6%			

The valuation model

We employ a standard residual income valuation model that calculates missing value in the balance sheet from a forecast of forward (2006) operating income :

$$Value\ of\ Equity_{2005} = Book\ Value\ of\ Equity_{2005} + \frac{Residual\ Income\ from\ Operations_{2006}}{Required\ Return - Growth\ Rate}$$

where

$$Residual\ Income\ from\ Operations_{2006} = Forecasted\ Operating\ Income_{2006} - (Required\ Return \times Net\ Operating\ Assets_{2005})$$

The forecast

As the book value of equity and net operating assets for 2005 are in the 2005 financial statements, we need only a forecast of operating income for 2006, the required return, and the growth rate for residual income.

- For the required return, we will use 10% which is approximately the current Treasury rate of 4.6% plus a risk premium of 5.4%.
- If both the profit margin and the asset turnover are constant, then residual operating income grows at the sales growth rate. The condition is approximately satisfied for Coke, so we set the growth rate at the sales growth rate of 6.6%.
- The historical financial statements supply a forecast of operating income and residual operating income :

$$\begin{aligned}\text{Forecasted sales for 2006} &= \text{Sales for 2005} \times (1 + \text{Average sales growth rate})\\ &= \$21{,}962 \times 1.066\\ &= \$23{,}411\end{aligned}$$

$$\begin{aligned}\text{Forecasted operating income for 2006} &= \text{Sales for 2006} \times \text{Average profit margin}\\ &= \$23{,}411 \times 0.218\\ &= \$5{,}104\end{aligned}$$

$$\begin{aligned}\text{Forecasted residual operating income for 2006} &= \$5{,}104 - (0.10 \times 17{,}113^{*})\\ &= \$3{,}392\end{aligned}$$

* 17,113≒21,962÷1.28

The valuation

With a 2005 book value of equity of $15,935, the calculated value with these inputs is

$$\begin{aligned}\textit{Value of Equity}_{2005} &= \$15{,}935 + \frac{3{,}392}{0.10 - 0.066}\\ &= \$115{,}700\text{m, or } \$49.09 \text{ per share}\end{aligned}$$

The valuation is crude, by design, to make a point. It uses *only* information in the historical financial statements(plus as assumed required return). Yet is comes quite close to the market price of $48.91. Adding more information (about sales growth rates) and a different required return will change the valuation, but the historical cost financial statements yield considerable insights. Most importantly, it challenges the notion that one needs to have fair values on the balance sheet to value equity claims. Indeed, it is hard to see how fair value estimates of assets and liabilities would enhance the valuation.

위의 사례는 자산을 공정가치로 평가하지 않더라도 또는 중요한 무형자산이 재무상태표에서 빠져 있는 전통적인 재무제표만으로도 비교적 정확한 기업가치평가가 가능함을 보여주고 있다. 이는 순수잉여관계를 통한 재무제표의 연계성(articulation)에 따른 것으로 무형자산을 인식하지 못한 재무상태표의 한계 및 단점이 손익계산서에 의해 충분히 보완되고 있음을 보여준다.

이에 따라 Penman의 주장을 종합하면 첫째, IASB나 FASB가 지나치게 공정가치평가를 강조하는 것은 올바른 방향이 아니라고 주장하고 그 이유로 공정가치에 의한 평가를 하지 않더라도 또는 설사 무형자산이 재무상태표에서 통째로 빠져 있더라도 순수잉여관계에 입각한 재무제표의 연계논리에 따라 기업가치평가가 불가능한 것이 아니라고 주장한다. 왜냐하면 순수잉여관계를 통한 재무제표의 연계성(articulation)에 따르면 자산을 공정가치로 평가하지 않더라도 또는 무형자산을 인식하지 못하더라도 이러한 재무상태표의 한계 및 단점이 손익계산서에 의해 체계적으로 보완되고 있기 때문이다. 따라서 이른바 재무상태표를 중심으로 공정가치평가를 통한 무형자산의 인식확대를 주장하는 "바람직한 회계처리"에 대해서는 부정적인 입장을 취하는 반면, 가치평가의 기초(anchor)가 되는 재무상태표에는 불확실한 요소를 배제하고 오로지 확실한 것만 포함시켜야 한다는 "hard balance sheet"의 모습을 강조하고 있다.

둘째, B/M은 발생주의 회계의 본질에 따라 불확실성에 대응하는 기본적인 회계지표의 하나로서, 이는 미래이익의 성장성과 그 불확실성을 반영하므로 B/M이 높을수록 성장, 위험 및 수익률이 높다고 주장한다. 그런데 이는 재무분야의 선행연구에서 B/M이 낮을수록 성장주(growth stock)라고 부르는 것과는 정반대 주장이다. 따라서 Penman은 Fama and French(1995)가 B/M을 "distress risk"로 부르면서 시장이 이 위험에 대한 보상을 하는 것이라고 주장하는 것은 올바른 논리가 아니라고 말한다. Penman의 이러한 주장은 Fama and French와 같이 B/M이 위험요인에 대한 대용치(proxy)의 역할을 한다는 점에서는 공통점이 있지만, 그 위험요인이 Fama and French(1995)의 주장대로 distress risk가 아니라 회계적인 관점에서 도출되는 성장성 및 불확실성에 따른 요구수익률을 나타낸다는 점에서 차이가 있다.

Penman의 일관된 입장은 B/M은 회계의 본질 및 재무이론에 따르면 성장, 위험 및 요구수익률을 나타내는 회계변수라는 것이다. 그런데 회계적 관점에서 이론적 근거를 제시하는 자신과 달리 Fama and French는 이론적 근거 없이 오로지 경험적 관찰에 의해 B/M을 변수로 포함한 데다가, B/M이 낮을수록 성장주의 특징이 높다고 함으로써 잘못된 용어와 해석을 통해 혼란을 야기한다는 주장이다.

초과수익률의 측정

초과수익률은 실제수익률에서 기대수익률을 차감하여 산정된다. 실현수익률은 관찰가능한 변수이므로 기대수익률의 산정방법에 따라 초과수익률의 값이 달리 산출된다. 초과수익률을 계산함에 있어서 사용되는 기대수익률은 다음에 제시되는 다양한 방법을 통해 계산된다.

(1) 시장모형을 이용한 위험조정초과수익률
어떤 기업의 시장모형 $r_i = \alpha_i + \beta_i r_m + \epsilon_i$, 추정치가 $r_i = 0.001 + 1.25 r_m$ 이라면 시장수익률이 0.015이고 이 기업의 실제수익률이 0.085인 경우, 초과수익률은 $0.085 - (0.001 + 1.25 \times 0.015) = 0.065$로 계산된다.

(2) CAPM을 이용한 초과수익률
어떤 기업의 CAPM : $r_i - r_f = \beta_i (r_m - r_f) + \epsilon_i$ 모형을 과거 일정기간의 자료를 가지고 추정하니 베타가 1.25가 나왔다. 이때 시장수익률이 0.015, 무위험수익률이 0.02%, 이 기업의 실제수익률이 0.085라면, 초과수익률은 $0.085 - [0.0002 + 1.25 \times (0.015 - 0.0002)] = 0.0663$으로 계산된다.

(3) 시장조정수익률(market-adjusted returns)
여기서는 시장수익률이 모든 주식의 기대수익률이 된다고 본다. 따라서 시장수익률이 0.025일 때 어떤 기업의 실제수익률이 0.085라면 초과수익률은 $0.085 - 0.025 = 0.060$이다.

(4) 평균조정수익률(mean-adjusted returns)
여기서는 각 주식마다 일정한 기대수익률이 존재한다고 본다. 따라서 어떤 기업의 과거 200일간의 평균 주식수익률이 0.025일 때 그 기업의 실제수익률이 0.085라면 초과수익률은 $0.085 - 0.025 = 0.060$이다.

(5) 규모조정수익률(size-adjusted returns)
선행연구에서 보고된 규모효과란 소규모기업의 위험조정수익률이 대기업에 비해 더 높다는 것이다. 따라서 이러한 규모효과로 인해 소규모기업은 별다른 사건이 없어도 양(+)의 초과수익률이 보고되는 경우가 많다. 이러한 문제를 해결하기 위해서 규모조정수익률은 해당주식의 수익률에서 해당주식이 속한 기업규모 포트폴리오의 수익률을 차감해서 구한다. 예를 들면 어떤 기업이 시가총액기준으로 10개의 포트폴리오 중 세 번째로 큰 포트폴리오에 속하며 그 포트폴리오의 수익률이 0.030일 때 어떤 기업의 수익률이 0.085라면 초과수익률은 $0.085 - 0.030 = 0.055$가 된다.

(권수영 외, 자본시장에서의 회계정보 유용성 : 분석, 평가, 활용〈제2판〉, 신영사, 2010, pp. 99~103 수정요약)

펀드매니저의 실적평가
CAPM vs Fama-French 3요인 모형

펀드매니저의 실적을 평가하기 위해 CAPM이나 Fama-French의 3요인 모형이 사용될 수 있다. 이에 따라 아래의 CAPM이나 Fama-French 모형에 실제 데이터를 적용하여 α_i, β_i 등을 추정할 수 있다. 각각의 모형에서 α_i는 펀드매니저의 능력, 즉 초과수익률을 의미하는 Jensen's alpha이다.

$$\text{CAPM}: \quad r_i - r_f = \alpha_i + \beta_i(r_m - r_f) + \epsilon_i$$

$$\text{Fama-French}: r_i - r_f = \alpha_i + \beta_i(r_m - r_f) + s_i SMB + h_i HML + \epsilon_i$$

실제로 어떤 펀드의 1982년 9월부터 1986년 12월까지의 월별 데이터를 회귀분석하여 아래의 결과를 얻었다.

Asset Pricing Model	Alpha (annual)	$r_m - r_f$	SMB	HML
CAPM	0.0046 (5.52%)	0.93		
t-value	2.37**			
3 Factor (FF)	0.0022 (2.64%)	0.99	0.36	0.22
t-value	1.1			

CAPM에서 펀드매니저의 능력을 의미하는 CAPM alpha는 0.0046이지만, 3요인 모형에서 Fama-French alpha는 0.0022로 줄어들었다. 그뿐만 아니라 그 통계적 유의도를 나타내는 t값도 CAPM에서는 2.37로 유의한 반면, 3요인 모형에서는 1.1로 더 이상 유의하지 않다. 이는 CAPM에 따르면 이 펀드매니저는 매달 0.46%(연이자율로 환산하면 0.0046×12=0.0552, 즉 5.52%)의 초과수익을 가져오는 능력 있는 사람으로 평가받는 반면, 3요인 모형에 따르면 실적도 못 올리면서 수수료만 챙긴 사람이 된다. 이 현상이 바로 동시검정(joint test)으로 인한 문제이다. 즉 시장효율성의 검정은 어쩔 수 없이 기대수익률 모형에 의존해야 하는바, 그 모형의 타당성과 실제 시장효율성이 혼재되어 적용되는 모형에 따라 초과수익률이 각각 다르게 나타나는 문제를 피할 수 없다.

(Understanding Risk and Return, the CAPM and the Fama-French Three-Factor Model)
(Case Note 03-11, Tuck School of Business, Dartmouth College, 2003 수정요약)

뮤추얼펀드의 실적평가
CAPM vs Fama-French 3요인 모형 vs 4요인 모형

Fama and French(2010)는 미국 뮤추얼펀드의 실적을 평가하기 위해 CAPM, Fama-French의 3요인 모형 및 모멘텀(MOM)을 추가한 4요인 모형을 이용하였다.

다음 각각의 모형에서 α_i는 펀드의 초과수익률을 의미하는 Jensen's alpha이다.

CAPM : $r_i - r_f = \alpha_i + \beta_i(r_m - r_f) + \epsilon_i$

Fama-French : $r_i - r_f = \alpha_i + \beta_i(r_m - r_f) + s_i SMB + h_i HML + \epsilon_i$

4요인 모형 : $r_i - r_f = \alpha_i + \beta_i(r_m - r_f) + s_i SMB + h_i HML + m_i MOM + \epsilon_i$

1984년 1월부터 2006년 9월까지의 월별 데이터를 이용하여 아래의 결과를 얻었다.

	$12 * \alpha$						
	Net	Gross	β	s	h	m	R^2
EW Returns							
$Coef$	−1.11	0.18	1.01				0.96
$t(Coef)$	−1.80	0.31	1.12				
$Coef$	−0.93	0.36	0.98	0.18	−0.00		0.98
$t(Coef)$	−2.13	0.85	−1.78	16.09	−0.24		
$Coef$	−0.92	0.39	0.98	0.18	−0.00	−0.00	0.98
$t(Coef)$	−2.05	0.90	−1.78	16.01	−0.25	−0.14	
VW Returns							
$Coef$	−1.13	−0.18	0.99				0.99
$t(Coef)$	−3.03	−0.49	−2.10				
$Coef$	−0.81	0.13	0.96	0.07	−0.03		0.99
$t(Coef)$	−2.50	0.40	−5.42	7.96	−3.22		
$Coef$	−1.00	−0.05	0.97	0.07	−0.03	0.02	0.99
$t(Coef)$	−3.02	−0.15	−5.03	7.78	−3.03	2.60	

위의 표에서 β가 1보다 크면 양의 t값을, 1보다 작으면 음의 t값을 보이며 이는 일반적인 회귀분석결과와 다르다. 또한 β는 거의 1에 가까운데 이는 미국 펀드가 일정 수 이상의 기업에 투자하여 시장움직임과 거의 같은 모습을 보이기 때문이다. 한편 h의 부호가 음(−)으로 나타나는 것은 이 펀드가 가치주보다는 성장주에 더 많이 투자하고 있음을 의미한다. 그러나 계수의 크기가 작아 실질적인 영향은 미미하다.

펀드매니저의 능력을 의미하는 Jensen's alpha(연간 초과수익률의 계산을 위해 월간 alpha에 12를 곱함)는 매우 낮고, 특히 펀드수수료를 공제한 후의 초과수익률을 의미하는 Net는 모두 음의 수치를 보여 이 기간 동안의 펀드운용실적은 매우 저조한 것으로 나타났다.

4. 발생액 이상현상과 동시검정 속성

Sloan(1996)이 최초로 보고한 발생액 이상현상(accrual anomaly)이란 주가가 발생액과 영업활동 현금흐름의 지속성을 정확하게 반영하지 못하는 현상을 말한다. 즉, 투자자는 이익이 공시되면 발생액에 대해서는 과대평가를, 영업활동 현금흐름에 대해서는 과소평가를 하는 경향이 있다. 그 결과 공시 이후 발생액이 높은 포트폴리오는 음(−)의 초과수익률을, 발생액이 낮은 포트폴리오는 양(+)의 초과수익률을 경험하게 된다.[57]

발생액 이상현상의 본질과 관련하여 지금까지 제기된 논쟁 중 중요한 것은 이러한 발생액 이상현상이 과연 CAPM이나 Fama-French 3요인 모형 등과 같은 표준화된 자본자산결정모형에서 아직까지 식별되지 않은 위험요인(risk factor)에 대한 보상인지 아니면 단순한 시장의 비효율성으로 인한 가격결정오류(mispricing)인지에 대한 논쟁이다. 만약 발생액의 수준이 위험요인이라면 발생액이 낮은 기업의 높은 수익률은 위험요인에 대한 보상이라는 것이다.

발생액이 기존 자산가격결정모형에서 식별되지 않은 위험요인이고 발생액

〈표 8-9〉 발생액 이상현상의 원인 및 의미

원인 대표연구	발생액 이상현상의 지속여부	발생액 이상현상을 이용한 헤지포트폴리오 초과수익률의 존속여부
위험요인 (risk factor) Khan(2008)	발생액 이상현상 자체는 지속되어야 한다. 왜냐하면 이는 위험요인에 대한 적절한 보상이기 때문이다.	발생액을 추가적 위험요인(risk factor)으로 고려하는 자산가격결정모형에서는 발생액 이상현상은 더 이상 이상현상이 아니라 균형가격이기 때문에 헤지포트폴리오의 초과수익률은 사라져야 한다. 즉, 발생액 이상현상은 정상수익이므로 더 이상 초과수익으로 분류하면 안 된다.
가격결정오류 (mispricing) Hirshleifer *et al.* (2012)	발생액 이상현상 자체는 사라져야 한다. 왜냐하면 이 현상을 이용하는 투자자가 많아질수록 경쟁이 심해지기 때문이다.	발생액 이상현상을 이용하는 헤지포트폴리오의 초과수익률은 사라져야 한다. 왜냐하면 발생액 이상현상 자체기 경쟁심화로 사라지기 때문이다.

57) 발생액과 미래수익률이 음(−)의 관계를 갖는 현상을 accrual anomaly라고 부른다. 지금까지 발생액 이상현상에 대한 원인으로 제기된 가설은 earnings fixation hypothesis(mispricing), growth explanation, risk factor 및 limit of arbitrage 등이다(Shi and Zhang, 2012).

이상현상이 이에 대한 보상이라면 시장은 효율적이라는 의미이며, 반대로 발생액 이상현상이 단순한 mispricing이라면 이는 시장이 효율적이지 않다는 의미이다. 이러한 각각의 상황에서 발생액 이상현상 자체의 지속성은 위험요인에 대한 보상일 경우에는 지속되어야 하고, 가격결정오류일 때에는 사라져야 한다. 또한 발생액 이상현상을 이용하는 헤지포트폴리오의 초과수익률은 두 경우 모두 사라져야 하는데, 이때 원인은 서로 다르다. 즉, 위험요인에 대한 보상인 경우에는 발생액 이상현상이 더 이상 이상현상이 아니라 균형가격이므로 초과수익으로 분류되지 않는다는 의미이며, 가격결정오류인 경우에는 발생액 이상현상 자체가 경쟁심화로 사라지기 때문이다. 〈표 8-9〉는 발생액 이상현상의 원인과 이에 따른 의미를 요약하고 있다.

5. 기타의 동시검정 사례

(1) 가치관련성 검정

가치관련성 연구에서는 회계수치의 목적적합성과 표현충실성을 동시에 검증한다. 즉, 어떤 회계수치가 주가와 예상되는 부호로 통계적으로 유의하게 연관되어 있으면 이때 이 회계수치는 주가에 반영될 만큼의 목적적합성과 표현충실성을 가지고 있다고 판단된다. 그러나 이러한 연관관계가 발견되지 않을 때에는 그 이유가 그 회계수치의 목적적합성에 문제가 있는지 표현충실성에 문제가 있는지 분간하기 쉽지 않다. 따라서 가치관련성 연구는 목적적합성과 표현충실성의 동시검정(joint test)이지만, 가치관련성 연구가 목적적합성과 별도로 표현충실성을 독립적으로 측정하는 것은 아니다. 아쉽게도 지금까지 표현충실성을 계량화해서 독립적으로 측정한 연구는 없었다.[58]

---

58) 2010년에 표현충실성이 신뢰성을 대체하기 이전의 과거 가치관련성 연구에서는 연관관계가 발견되지 않을 때 대체로 목적적합성보다는 신뢰성에 문제가 있기 때문인 것으로 해석하는 경향이 있다(Barth, 2000).

Empirical accounting researchers have accumulated considerable evidence, through correlation with changes in the market prices of entities' equity or debt instruments, supporting financial information that is relevant and provides a faithful representation. However, such studies have not provided techniques for empirically measuring faithful representation apart from relevance. Unfortunately, the Board and the FASB have not identified any way to quantify the faithfulness of the representations in a financial report. BC2.50~51.(수정요약) Basis for Conclusions on the Conceptual Framework for Financial Reporting, IFRS Foundation, March 2018.

(2) 발생의 질 추정

발생주의 회계에 필수적인 추정이나 판단은 적절히 활용되면 회계정보의 유용성에 기여할 수 있다. 그러나 경영자의 사적 동기에서 그러한 추정이나 판단을 남용하여 이익조정이나 분식회계의 수단으로 악용할 수도 있다. 발생의 질과 관련하여 재량적 발생(discretionary accruals)이란 발생주의 회계를 운용함에 있어 조작의 가능성이 높은 부분을 구분해내기 위한 개념이다. 따라서 재량적 발생을 추정하기 위한 모형을 이용하여 계산한 결과 이익조정의 의도가 있는데도 재량적 발생이 관찰되지 않거나 이익조정의 의도가 없는데도 재량적 발생이 유의하게 관찰될 가능성이 있다. 이는 재량적 발생을 추정하기 위한 모형의 문제인지 또는 이익조정동기의 실제 존재유무 때문인지 구분할 수 없다.

이상의 발생의 질을 계산하기 위해서는 발생의 예측모형이 사용되는데, 제10장에서 소개되는 발생의 예측모형에는 아래의 〈표 8-10〉과 같은 모형이 포함된다.

〈표 8-10〉 발생액 예측모형의 종류

- Jones Model(1991)
- 수정(Modified) Jones Model(1995)
- 성과 대응(Performance Matched) Model(2005)
- Dechow and Dichev Model(2002)
- McNichols Model(2002)

선행연구에서는 이들 발생의 예측모형에서 계산되는 잔차의 절댓값이나 표준편차를 발생의 품질을 나타내는 지표로 사용하였다. 고재민 등(2009)에 따르면 Dechow and Dichev모형과 McNichols모형에 의한 잔차의 절댓값은 0.969의 상관관계계수를 보였고,[59] 수정 Jones모형과 성과대응모형에 의한 잔차의 절댓값은 0.710의 상관관계계수를 보였다. 이들 모형에서 계산된 잔차의 기타 상관관계계수는 0.205~0.366의 범위에 있었고, 이들은 모두 1% 수준에서 유의하다.

59) 손성규 등(2009)에 따르면 Dechow and Dichev모형과 McNichols모형에 의한 잔차의 절댓값은 0.893의 상관관계계수를 보이고 있다.

(3) 보수주의의 측정

보수주의는 오랫동안 회계에서 일정한 역할을 수행해 왔다. 그런데 보수주의를 조작적 정의(operational definition)의 관점에서 모형화하는 것은 동시검정의 사례로 볼 수 있다. Basu(1997)의 보수주의 측정치나 Ball and Shivakumar(2005, 2006)의 측정치를 이용하는 연구는 분석결과의 해석뿐만 아니라 채택모형의 타당성에 대해서도 관심을 가져야 한다. 왜냐하면 보수주의를 측정하기 위한 모형을 이용하여 계산한 결과 보수주의가 있는데도 관찰되지 않거나 보수주의가 없는데도 유의한 결과가 관찰될 가능성이 있다. 이는 측정모형의 문제인지 또는 보수주의의 실제 존재유무 때문인지 구분할 수 없다.[60]

제7절 재무상태표와 손익계산서의 상대적 중요성

20세기 직후에는 재무상태표의 주요 목적이 재무정보를 채권자에게 제공하는 것이었다. 그 당시 정보이용자는 대출의 안정성에 대한 지표를 중요시하지 않을 수 없었다. 따라서 청산가치(liquidation value)의 개념이 다른 어떤 평가개념보다 중요시되었고 보수주의가 재무보고에서 강조되었다.[61] 이러한 전통에서 상법에서는 주주의 유한책임을 전제로 하는 주식회사에 대해 채권자보호의 시각에서 자본유지의 원칙이 매우 엄격하게 요구되고 있다.

그러나 자본시장의 발달로 직접금융의 비중이 높아지면서 투자자 중심의 회계관이 채권자 중심의 회계관을 지배하여 손익계산서의 중요성이 재무상태표를 능가하게 되었다. 그런 데다 자본시장의 효율성을 잠정적으로 수용하던 시절에는 기업가치평가 그 자체가 시장에 위임되어[62] 기업가치 자체의 평가를 시도하기보다는 그 변동을 야기하는 요인 중에서 가장 대표적인 회계변수인 회계이익의 측정이 회계기능의 중심에 서게 되었다. 이 경우에는 이익반응계

---

60) 최원욱 등(2011)은 Ball and Shivakumar(2006)에 의한 측정에서는 보수주의가 관찰되었으나 Basu(1997)의 모형에서는 보수주의를 확인할 수 없었다고 보고하고 이러한 현상은 Basu(1997)의 모형에서 계량적 문제와 더불어 기본 전제의 타당성에 의문이 들기 때문이라고 추정하였다.

61) 남상오 · 정운오(2002, p. 476).

62) 예를 들어 기업가치가 궁금하면 재무제표를 볼 것이 아니라 주식시장에서 형성되는 주가를 보라는 논리이다(Holthausen and Watts, 2001, p. 23).

수에 대한 관심이 커지게 된다. 왜냐하면 이러한 환경에서는 주가수준이 문제가 되는 것이 아니라 주가변동과 이익변동(그중에서도 비기대이익)의 관계가 중요한 관심사가 된다.

그러나 자본시장의 효율성에 대한 과거의 믿음에 대한 강도가 떨어지면서 가치평가기능을 시장에만 위임할 수 없다는 견해가 등장하고, 회계가 더 이상 가치평가기능을 방치할 수 없다는 논리가 설득력을 얻게 되었다. 이에 회계정보를 이용하여 주가수준을 설명하고자 하는 연구가 등장하고 회계정보와 주가수준의 관계가 회계정보의 유용성을 판단하는 하나의 기준으로 등장하는 계기를 마련하였다. 이러한 환경에서는 재무상태표의 중요성이 다시 부각되었다. 왜냐하면 기업가치평가의 기본에 장부가액이 있게 되는데, 이는 과거의 손익계산서 우위의 시절에 재무상태표를 수익·비용 대응의 부산물로 생각하던 것과는 다른 것이다. 즉 재무상태표에 무엇을 어떻게 보고하느냐에 따라 주가수준에 직접적인 영향을 미쳐 자원배분의 효율성에 회계가 공헌할 가능성이 있기 때문이다.

과거의 손익계산서 중심의 회계관에서는 공시하느냐 마느냐가 주가에 영향을 미치는 요인이었으나, 재무상태표의 중요성이 다시 부각된 시점에서는 재무상태표에 무엇을 어떻게 보고하느냐에 따라 주가수준에 영향을 미칠 수 있다는 시각이다. 이상의 내용을 정리하면 〈표 8-11〉과 같다.

〈표 8-11〉 재무상태표와 손익계산서의 상대적 중요성의 역사적 변천

	재무상태표 우위	손익계산서 우위	다시 재무상태표 우위
시 기	SEC 출범 이전	자본시장의 활성화 시기	자본시장의 효율성 후퇴 인식
주요 이용자	은행, 채권자	투자자	투자자
재무상태표의 성격	채무자의 재산상태표시	손익계산서의 부산물 (사례 : 이연자산)	기업가치평가의 기초
주요 회계원칙	자산의 담보가치평가	수익인식 및 수익·비용 대응의 원칙	자산의 정의가 평가나 측정보다 우선
자산평가	청산가치	역사원가	시가
자본시장의 효율성		상대적으로 높음	상대적으로 낮음
회계기능	계약기능 중시	가치평가기능 유보	가치평가기능 중시
실증연구의 주제		이익반응계수	가치관련성

Fama-French 3요인 모형으로 펀드실적 분석하기

어떤 펀드의 과거 5년 동안의 60개 월별수익률을 이용하여 아래의 회귀분석결과를 얻었을 때 이 결과의 의미를 풀이하면 아래와 같다.

$$r_i - r_f = 0.0057 + 0.8493(r_m - r_f) - 0.2144\,SMB + 0.2839\,HML + \epsilon_i$$

	A	B	C	D	E	F	G	H	I
1	SUMMARY OUTPUT								
2									
3	*Regression Statistics*								
4	Multiple R	0.982948405							
5	R Square	0.966187568							
6	Adjusted R Square	0.964376187							
7	Standard Error	1.31595514							
8	Observations	60							
9									
10	ANOVA								
11		*df*	*SS*	*MS*	*F*	*Significance F*			
12	Regression	3	2771.119321	923.7064403	533.3985149	3.87895E-41			
13	Residual	56	96.97732411	1.731737931					
14	Total	59	2868.096645						
15									
16		*Coefficients*	*Standard Error*	*t Stat*	*P-value*	*Lower 95%*	*Upper 95%*	*Lower 95.0%*	*Upper 95.0%*
17	Intercept	0.005730188	0.174430699	0.032850801	0.973910376	-0.343696491	0.355156868	-0.343696491	0.355156868
18	Mkt-TBill	0.849288845	0.023176091	36.64504247	7.98106E-41	0.802861555	0.895716134	0.802861555	0.895716134
19	SMB	-0.214376853	0.072801247	-2.944686543	0.004700559	-0.360215277	-0.06853843	-0.360215277	-0.06853843
20	HML	0.28385043	0.045753518	6.203903903	7.06792E-08	0.192195119	0.375505741	0.192195119	0.375505741

1. Adjusted R Square : 이 수치는 Fama-French 3요인 모형이 이 펀드성과의 96.44%를 설명한다는 의미이다.
2. t Stat & P value : 변수의 유의도를 나타내는 t값(상응하는 P값)은 양측검정에서 1.645(0.10), 1.96(0.05), 2.575(0.01)이므로 위의 사례에서는 절편(intercept)을 제외한 나머지는 모두 통계적으로 유의하다.
3. Intercept : 초과수익률을 나타내며, 월별수익률이기 때문에 12를 곱해 연간수익률을 구하면(0.005730188×12=0.06876) 약 6.9%이지만, 통계적으로 유의하지 않아(t값이 불과 0.03285) 경제적 의미는 없다.
4. Mkt-TBill : 베타라고 불리는 것으로 이것이 1보다 크면 시장지수에 비해 과대지분형(more equity like)이라고 불리고, 1보다 작으면 과소지분형(less equity like)이 라고 불린다. 위의 펀드는 베타가 0.8493으로 과소지분형이다.
5. SMB : 계수가 통계적으로 유의(t값은 −2.94)하고 마이너스이므로 이 펀드는 소형주가 아닌 대형주를 대상으로 하는 것으로 추정된다.
6. HML : 계수가 통계적으로 유의(t값은 +6.20)하고 플러스이므로 이 펀드는 성장주보다는 가치주를 대상으로 하는 것으로 추정된다.

(https://www.pwlcapital.com/en/Advisor/Toronto/Toronto-Team/Blog/Justin-Bender/November-2013/How-to-Run-a-3-Factor-Regression-Analysis)

제8절 회계가 문제인가? 시장이 문제인가?

1. 증가하는 PBR

전통회계모형의 한계는 주로 기술집약적 신경제시대에 필요한 정보를 제대로 제공해 주지 못한다는 것이었다. 예를 들면 다음의 [그림 8-2]에서 장부가액과 시장가치의 차이(높은 PBR)의 원인을 주로 회계모형이 제공해 주는 장부가액의 하자(한계)로 인식한다는 것이다. 그러나 관점을 바꿔보면 주가의 비합리성, 즉 자본시장의 비효율성이 장부가액과 시장가치 차이의 원인이 될 수도 있다. 장부가액과 기업가치에 차이가 나는 것은 여러 요인이 있을 수 있으나 회계적인 이슈와 관련된 것은 다음과 같다.63)

- 부외자산 또는 무형자산이 장부에 인식되지 않음
- 유형자산이나 금융상품이 시가로 평가되지 않음
- 보수적인 수익 인식 및 수익 · 비용 대응의 원칙 적용

이러한 문제의식은 시장가치와의 관련성이 높으면 그 회계수치를 목적적합성과 신뢰성이 있는 정보로 간주하는 가치관련성 연구의 한계로도 지적되는데, Holthausen and Watts(2001)는 시장의 합리성에 의문을 제기하는 증거가 있는 이상 기존의 가치관련성 연구는 내재적 한계가 있는 것이라고 비판하였다. 가치관련성 연구는 관심변수의 가치관련성을 주가와의 연관성으로 측정하는 것인데, 주가가 비합리적으로 형성되는 경우에는 한계가 있다. 왜냐하면 현실의 주가가 내재가치가 아닌 이상 현실의 주가와의 상관관계 여부 및 고저는 회계수치의 유용성 평가와 관계가 없기 때문이다. 또한 Penman(2003)은 자본시장의 거품(bubble) 논쟁과 관련하여 기존 가치관련성 연구에서는 회계수치가 거품과 관련이 높아도 정보유용성이 있는 것으로 결론내릴 수 있다고 하였다. 이는 [그림 8-2]에서 두 원의 격차는 회계상의 문제(장부가액)일 수도 있지만 시장의 문제(시장가치)일 수도 있다는 의미이다.

63) Garcia-Ayuso(2003).

[그림 8-2] 장부가액과 시장가치의 괴리

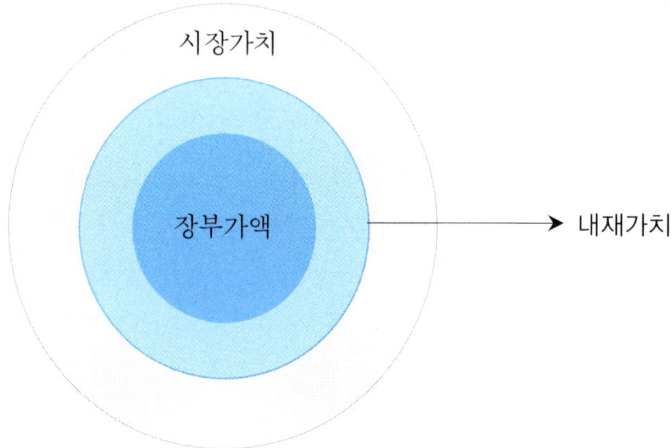

2. 주가형성과정의 문제

Penman(2003)은 [그림 8-2]에서 장부가액과 시장가치의 차이를 장부가액의 하자로 보기보다는 시장가치의 하자, 즉 비합리적 주가수준을 야기하는 거품의 역할로 보고 있다. 거품은 합리적 가치평가보다는 투기적 믿음(speculative beliefs)에 근거하는 것인데, 거품이 또 다른 거품을 야기하는 연쇄성(a pyramiding chain letter)의 속성을 가진다고 하였다. 그런데 거품을 야기하는 요인은 여러 가지를 지목할 수 있지만 GAAP도 거품생산의 연속성을 차단하는 기능을 하기보다는 거품생성을 방관하거나 오히려 조장하는 역할을 해온 것이 사실이다.

회계는 궁극적으로 기업 소유주인 보통주주를 위한 정보제공에 주력해야 하지만 이러한 기본 시각을 벗어난 경우가 흔하다. 예를 들면 이자, 세금 및 감가상각비 공제전 이익(earnings before interest, taxes, depreciation and amortization : EBITDA)의 개념은 보통주주의 시각을 벗어나 있다. EBITDA는 이자, 세금 및 감가상각비 등을 현금흐름과 관계없거나 주된 영업에서 발생한 것이 아니라는 이유로 이익에서 공제하지 않고 있기 때문에 비용을 자본처리하도록 유도하고, 증권회사나 투자자문회사는 pro-forma earnings(견적 이익)의 형식으로 실적 추정치로서의 EBITDA의 개념을 강조함으로써 기업실적을 부풀리고 부채차입을 촉발하여 과잉자본을 유도한다. 따라서 PER이 50을 넘어도 이를 있을 수 있는 일로 받아들이는 투기적 믿음을 조장하고 있다.[64]

역사적으로 볼 때, EBITDA가 갑자기 널리 사용되게 된 것은 2000년대 초반 닷컴 버블(dotcom bubble) 당시부터였다. 투자은행(investment bank, 한국의 증권회사에 해당됨)들이 이익이나 현금흐름이 모두 적자인 IT 기업들을 상장시키기 위해 투자자들에게 내세울 것을 찾다가 EBITDA 규모가 늘어나고 있다는 것을 적극 홍보하면서부터 이익이나 현금흐름이 아니라 EBITDA가 널리 사용되게 된 것이다. 이익이나 현금흐름의 적자규모가 계속 커져도 EBITDA는 얼마든지 증가할 수 있다. 기업을 상장시켜야만 투자은행들이 막대한 상장 수수료를 받을 수 있으므로 EBITDA 정보를 이용하여 회계에 무지한 다수의 투자자들을 유혹한 것이다. 그 결과 닷컴 버블이 꺼지면서 투자자들은 많은 피해를 보았다.[65]

3. 회계의 역할

전술한 장부가액과 시장가치의 차이를 줄이는 데 회계가 어떤 역할을 할 것이냐가 중요하다. 이에 대한 근본적인 해결책은 표현충실성의 추구로 가능하다는 것이다. 즉 회계는 먼저 장부가액의 표현충실성을 높이기 위해 측정의 불확실성을 극복하고 인식의 영역을 확대하는 것이 필요하다. 이는 앞의 [그림 8-2]에서 장부가액의 원이 외곽으로 확대되어야 함을 의미한다. 다음으로는 주가의 표현충실성을 높이는 데 기여하는 것이 중요한데, 이때 적어도 주가의 표현충실성을 해치는 행위(Penman의 지적대로 EBITDA의 지나친 강조라든가 스톡옵션의 비용처리반대[66] 등)는 자제하는 것이 바람직하다. 이는 [그림 8-2]에서 거품으로 인한 시장의 비효율성이 있다면 시장가치의 원은 축소되어야 함을 의미한다. 가치평가기능과 관련하여 회계와 시장은 각각의 문제를 극복하여 서로 접근하는 형태를 보여주는 것이 바람직하다. PBR이 높은 것은 적어도 회계와 시장 중 어느 하나는 표현충실성을 상실하고 있다는 반증이다. 그런데 시장의 비합리성 또는 가격오류(mispricing)는 회계의 역할 또는 기능 여하에 따라 상당부분 개선될 수 있다는 것이 평가적 관점의 입장이다. 따라서 회계는 장부가액과 주가의 표현충실성을 높이기 위한 노력을 병행해서 계속해야 한다.

---

64) GAAP earnings로 계산하면 50이 넘는 PER도 EBITDA를 적용하면 PER이 대폭 축소됨을 보여주며 아직도 이 회사 주식은 투자할 만하다고 부채질하는 행위를 일컫는다.

65) 백복현 등(2011, p. 158).

66) 미국에서는 첨단산업 및 이에 동조하는 일부 정치인의 로비에 밀려 스톡옵션을 손익계산서에 비용으로 인식하지 못하던 시절(2004년 이전)이 있었다.

EBITDA를 공시한다고?

EBITDA(에비타)라는 것이 있다. 풀어 쓰면 'Earnings Before Interest, Taxes, Depreciation and Amortization'이고, '이자비용, 세금, 감가상각비, 무형자산상각비를 빼기 전의 영업이익'이라고 불린다. EBITDA는 기업이 영업활동에서 창출한 현금수준을 보여주는 지표로 흔히 사용된다. 그런데 앞으로 기업들이 이 EBITDA를 반드시 공시해야 할지도 모르겠다. 최근 한 매체의 보도에 따르면 기업의 재무제표에 EBITDA 수치를 공시하는 방안을 회계기준원과 금융감독원이 논의중이라고 한다. 필자는 이 기사를 보고 어리둥절했다. 왜냐하면 EBITDA의 의무공시가 과연 필요한 것인가?라는 의문이 들기 때문이다.

일반적으로 EBITDA는 '영업이익+감가상각비(무형자산상각비 포함)'로 산출한다. 즉 손익계산서에 나타난 영업이익에다 감가상각비를 더해주면 된다. 그런데 이 EBITDA가 영업활동에 따른 현금창출수준을 보여주는 지표로서 얼마나 유용한 것일까? 영업활동에서 얼마만큼의 현금을 창출하였는지는 그 회사의 공식 재무제표인 '현금흐름표'에 정확하게 나온다. EBITDA는 대략적인 참고수치 정도로 간주하면 된다. 그런데 문제는 많은 기업에 있어 EBITDA와 현금흐름표에 나타난 '영업활동 현금흐름'(Operating Cash Flow : OCF)의 차이가 크다는 점이다.

EBITDA와 현금흐름표상의 영업활동 현금흐름에 차이가 큰 것은 구하는 방법 자체가 다르기 때문이다. 영업활동 현금흐름에는 매출채권, 재고자산, 매입채무 등 영업과 관련한 자산 및 부채의 증감이 반영된다. 예를 들어 매출채권이나 재고자산이 증가하였다면 증가액만큼 외상대금을 받지 못하거나, 물건에 돈이 묶인 것이 되므로 현금흐름에서는 (−)로 반영된다. 그러나 매입채무가 증가했다면 현금을 주지 않고 구매한 것이므로 증가액만큼이 현금흐름에서는 (+)로 반영되는 식이다. 그런데 EBITDA를 산출할 때에는 영업활동과 관련한 자산 및 부채, 즉 매출채권, 재고자산 및 매입채무 등의 증감을 전혀 반영하지 않는다. 즉 현금유출과 무관한 비용 가운데서도 오로지 감가상각비(무형자산상각비 포함)만을 더해줄 뿐이다. 따라서 영업활동 현금흐름을 따질 때에는 현금흐름표상의 영업활동 현금흐름이 제일 정확하다고 말할 수 있다.

굳이 EBITDA에 의미를 부여하자면, 손익계산서에서 산출된 영업이익을 현금으로 간편하게 환산해 본 수치 정도가 되겠다. 그런데도 일반적으로 영업활동 현금흐름을 따질 때 EBITDA를 많이 활용하는 데는 별다른 이유는 없어 보인다. 그저 계산하기 편하고, 예로부터의 관행이라는 이야기다.

그런데도 왜 금융당국이 이렇게 모호한 EBITDA를 의무공시하는 방안을 검토중인지 필자로서는 이해가 가지 않는다. 더구나 이를 공식 재무제표에 기입토록 하는 방안을 논의중이라고 하니 어리둥절할 따름이다.

(김수헌, 비즈니스워치, 2017.7.17 수정요약)

연습문제

1 재무상태표와 손익계산서의 상대적 중요성이 어떻게 변화하였는지 설명하라.

2 경험적 회계연구에서 동시검정의 사례를 설명하라.

3 가치평가기능의 입장에서 "좋은" 회계처리를 구분하는 근거는 무엇인가?

4 자본시장의 효율성과 관련하여 공시와 인식의 차이를 나타내는 사례를 소개하라.

5 자본시장의 비합리성(거품)과 회계의 역할과 관련하여
(1) 회계가 거품을 조장한다고 볼 수 있는 사례를 언급하라.
(2) 자본시장의 비합리성에 비추어 가치관련성 연구의 한계를 언급하라.
(3) PBR을 축소할 수 있는 회계기능을 언급하라.

6 Fama-French 3요인 모형의 회계적 의미를 언급하라.

7 EBITDA의 의미를 설명하고 이러한 개념이 활발하게 사용되게 된 배경을 설명하라.

8 공시만능주의를 설명하고, 이에 대한 IFRS의 입장을 설명하라.

9 이익반응계수 연구와 관련하여,
(1) 탄생배경은 무엇인가?
(2) 주요 연구주제는 무엇인가?

10 가치관련성 연구와 관련하여,
(1) 탄생배경은 무엇인가?
(2) 주요 연구주제는 무엇인가?
(3) 가치관련성 연구의 한계는 무엇인가?

11 정보적 관점에서 평가적 관점으로의 이동을 촉진하는 배경요인을 설명하라.

12 정보적 관점과 평가적 관점을 비교하라.

13 펀드매니저가 Fama-French의 3요인 모형보다는 CAPM을 업적평가기준으로 선호하는 이유가 있다면 무엇인지 설명하라.

14 Fama-French 3요인 모형과 관련하여, Penman의 입장은 무엇인가?

PART

Ⅳ

계약기능

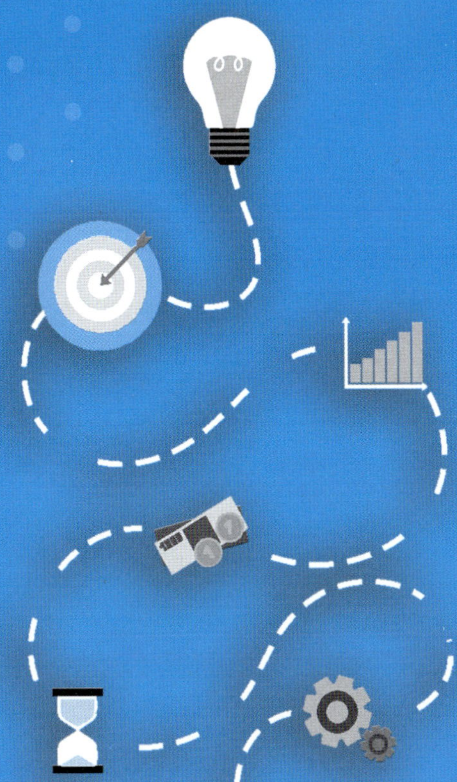

CHAPTER

9

실증회계이론

제 1 절 주인과 대리인이론

1. 대리인문제의 본질

실증회계이론(positive accounting theory)이란 경영자를 비롯한 이해관계자들의 회계처리방법의 선택 및 채택된 회계처리방법에 대한 반응 및 대응을 예측하는 것으로서 규범적 성격보다는 기술적 성격이 강한 주제이며, 이 이론의 배경에는 대리인이론(agency theory)이 자리 잡고 있다.

현대경영의 특징 중 하나인 소유와 경영의 분리가 이루어지는 과정에서 주인(principal)인 주주의 권한위임에 따라 대리인(agent)인 경영자(CEO)가 기업경영을 하는 데 있어, 언제나 주인을 위해 노력하거나 주인의 이익을 위한 의사결정만 하는 것은 아니다. 그들은 오히려 자기자신의 이익(self-interest)을 위한 의사결정 혹은 행동을 하거나 주인을 속이는 경우가 많다. 이때 대리인비용(agency cost)이 발생하는데, 이를 줄이기 위한 수단이 필요하다. 따라서 이 이론은 기업경영과 관련된 주인과 대리인의 관계에서 회계정보가 어떤 역할을 하는지에 관련되는 분야이며 주로 계약기능(contracting)과 관련된 회계의 역할을 다루고 있다.[1)]

대리인문제는 궁극적으로 인간의 이기심(self-interest)뿐만 아니라 정보비대칭(information asymmetry)이나 감시의 불완전성 등의 다양한 이유 때문에 나타난다. 따라서 경제환경뿐만 아니라 정치적 또는 사회적 현상에서도 관찰가능하다.[2)] 정보비대칭은 다음의 두 가지 형태로 나타난다.

- 역선택(adverse selection＝hidden information) : 의사결정에 필요한 정보가 상대방보다 적어서 불리한 선택을 하게 되는 것을 말한다. 예를 들면 주인이 대리인의 능력에 관한 정보가 부족하여 능력이 부족한 대리인을 선택하거나 능력에 비해 과도한 보수를 지급하는 것이다. 따라서 이는 대

1) 계약기능은 원래 수탁책임보고(stewardship)의 개념에서 출발하여 회계의 발생원인 중 하나로 평가된다(Watts and Zimmerman, 1986).

2) 대리인비용을 피하기 위하여 대리인의 고용 자체를 피할 수 있는 상황은 일반적인 경제환경이 아니다. 따라서 대리인비용은 없앨 수는 없지만, 줄일 수는 있는 것으로 판단하는 것이 현실적이다.

리인모형에서 주로 정보의 열세에 놓여 있는 주인이 당면하는 문제이다. 또한 회계의 기능과 관련지어 보면 역선택의 결과로 가치평가기능이 제대로 수행되지 못할 가능성이 존재한다. 따라서 시장가격이 정확하게 매겨지도록 유용한 정보가 충분히 공시되어 역선택을 방지하는 것이 가치평가기능의 주된 기능이 된다.[3]

- 도덕적 해이(moral hazard=hidden actions) : 한쪽 당사자는 관찰가능하지만 다른 당사자는 관찰이 불가능하거나 불완전한 상황에서 대리인이 주인을 기만하거나, 약속된 노력을 다하지 않거나 게을리하는 비윤리적 행동을 의미한다. 이는 대리인모형에서 주로 불완전한 관찰을 틈탄 대리인의 이기적 행동에 따른 문제이다. 따라서 도덕적 해이를 적절히 제어하기 위한 기능이 회계에 요구되는데, 이것이 바로 계약기능이다. 즉 대리인의 노력이나 마음가짐은 관찰이 불가능하지만 회계이익은 관찰가능한 변수이므로 이를 이용한 보수계약은 대리인의 행동을 일정한 방향으로 이끄는 효과가 있다. 이 상황에서 계약기능은 대리인에게 적절한 동기부여를 하고 그들의 업적을 적절하게 평가하기 위한 것이다.[4]

〈표 9-1〉은 주인과 대리인문제의 정의, 발생원인 및 대응체계 등을 요약한 것이다.

〈표 9-1〉 주인과 대리인문제의 정의, 발생원인 및 대응체계

	주 인	대리인
정 의	대리인에게 주인을 위해 노력할 것을 주문하면서 일정한 권한위임	주인의 이익을 위해 여러 가지 서비스를 제공하는 수탁책임자(steward)
정보비대칭	대리인이 정보가 더 많다는 점은 모두가 인정	
도덕적 위험	대리인의 행동 및 의사결정을 제어하기 위한 감시비용부담	근무태만 등의 비도덕적 행동으로 자기이익 추구가능성
감시비용	회계감사, 이익연계보수 및 스톡옵션 등으로 이해관계의 합치(interest alignment)를 도모	대리인도 자발적 감사 등을 통해 능력을 인정받거나 보수인상 등이 가능함을 인지

3) 경제학에서 말하는 악화가 양화를 구축한다는 Gresham's Law(Bad money drives out good)는 역선택의 한 예이다(Rasmusen, 1989, p. 199). 금화나 은화가 무게(함량)가 모자라는 상태에서도 별문제 없이 유통된다면 무게(함량)가 온전한 주화는 남아나지 않을 것이다.

4) 도덕적 해이는 도덕적 위험으로 불리기도 한다.

2. 게임이론 사례

〈표 9-2〉는 비협동(non-cooperative) 게임을 나타내는 죄수의 딜레마(prisoner's dilemma)로 알려진 사례이다.5)

〈표 9-2〉 죄수의 딜레마

	죄수 B 침묵	죄수 B 자백
죄수 A 침묵	6개월, 6개월	10년, 석방
죄수 A 자백	석방, 10년	5년, 5년

두 명의 범죄 용의자가 체포되어 각각 다른 장소에서 심문을 받으며 서로 간의 연락은 불가능하다고 가정하자. 이때 둘 중 하나가 죄를 자백하면 자백한 사람은 즉시 풀려나고 나머지 한 명이 10년을 복역해야 한다. 둘 다 죄를 자백하면 둘 모두 5년을 복역한다. 둘 모두 죄를 자백하지 않으면 각각 6개월을 복역한다. 이때 각자의 이익을 극대화하는 선택의 조합은 다음과 같다.

- 죄수 A 선택 : 죄수 B가 침묵할 것으로 생각되는 경우 자백하는 것이 유리하다. 또한 죄수 B가 자백할 것으로 생각되는 경우에도 자백이 유리하다. 따라서 죄수 A는 죄수 B가 어떤 선택을 하든지 자백을 선택한다.
- 죄수 B 선택 : 죄수 A와 동일한 상황이므로, 마찬가지로 죄수 A가 어떤 선택을 하든지 자백이 유리하다.
- 균형 : 죄수 A, B는 모두 자백을 선택하고 각각 5년씩 복역한다.

위 사례에서 두 사람 모두 자신은 침묵하고 상대방이 자백하면 엄한 가중처벌을 받게 된다는 사실을 알기 때문에 개인적인 차원에서는 자백이 최선의 선택이 된다. 이렇게 되면 둘 다 침묵해 약한 처벌을 받을 수 있는데도 불구하고 강한 처벌을 받는 결과를 초래해 이를 '죄수의 딜레마'라 부르며 이때 모든 참가자기 지백을 선택하는 상태를 내시균형(Nash equilibrium)이라고 부른다.6)

---

5) 표에서 앞은 죄수 A의 복역기간을, 뒤는 죄수 B의 복역기간을 나타낸다.

6) 내시균형이란 상대방의 전략이 예측가능하다는 가정 아래 나의 이익을 극대화시킬 수 있는 전략에 의해 형성된 균형상태를 의미하며, 게임이론에서 상대방의 대응에 맞춰 최선의 선택을 하면 서로가 자신의 선택을 바꾸지 않는 균형상태를 말한다. 즉 상대방이 현재 전략을 유지한다면 나 자신도 현재 전략을 바꿀 필요가 없는 상태를 의미한다. 이는 나의 선택이 상대방의 결정에 어떤 영향을 미치고, 반대로 상대방의 결정이 나에게 어떤 영향을 미치는

〈표 9-3〉은 투자자와 경영자의 전략선택에 관한 사례이다.[7] 이 사례에서는 모든 참여자가 상대방의 전략과 이에 따른 보상수준을 알고 있다고 가정한다.

〈표 9-3〉 투자자와 경영자의 전략선택

		경영자	
		진실보고	거짓보고
투자자	투자결정	60, 40 (A)	20, 80 (C)
	투자거부	35, 20 (B)	35, 30 (D)

위의 사례에서 B와 C는 전략선택에서 쉽게 배제될 수 있다. 왜냐하면 경영자가 진실보고를 채택하면 투자자가 투자를 하는 것(60)이 투자를 거부할 때(35)보다 보상이 높고, 마찬가지로 경영자가 거짓보고를 채택할 때에도 투자거부(35)가 투자결정(20)보다 보상이 높기 때문이다. 그렇다면 A와 D 중에서는 어떤 전략선택이 가능할까? 먼저 A의 경우 투자자가 투자결정을 채택하면 경영자는 거짓보고를 하는 것(80)이 정직보고(40)보다 보상이 높기 때문에 거짓보고를 채택한다. 따라서 A는 유지가능한 전략선택이 아니다. 남는 전략선택은 오로지 D뿐이고 이것이 내시균형이 된다. 내시균형이란 상대방의 전략선택을 주어진 상황이라고 할 때, 모든 참여자가 만족할 수 있는 전략선택이다.

3. 회계기능 및 규제에 대한 시사점

위의 사례가 회계에서 시사하는 바는 무엇인가? 첫째, 주주나 투자자에게 유익한 정책의 도입에 경영자가 언제나 적극적이지 않을 수 있다는 것이며, 둘째, 경영자와 투자자의 사례에서 보듯이 진실보고/투자결정의 전략선택이 내시균형인 거짓보고/투자거부보다 보상수준이 높다는 전제하에 두 이해관계당사자가 계약이나 협상을 통해 그들의 보상을 모두 증가시킬 수 있다는 점이다. 이는 회계의 계약기능에 대한 논리적 타당성을 부여한다. 즉 인간은 누구나 이기심에 따라 행동하고, 그에 따라 내시균형에 안주하려는 성향이 있으므로 적절

가를 감안해 각 참여자가 내리는 결정을 이론적으로 설명한다. 이에 따라 참여자 모두 상대방의 선택하에서 자신의 선택이 최선이라고 생각하는 단계에 이르면 이를 내시균형에 도달했다고 표현한다.

7) Scott(2009). 표의 앞 숫자는 투자자의 보상을, 뒤 숫자는 경영자의 보상을 나타낸다.

한 보상이나 유인 제공을 통하여 이해관계의 합치(interest alignment)를 도모하여 'my interests'보다는 'our interests'를 추구함으로써 사회전체적 효용(보상)을 증가시킬 수 있다는 것이다. 또한 이들 보상이나 유인의 합리적 평가를 위해 적절한 업적평가가 뒤따라야 한다는 것이다.[8)]

대리인이론은 대리인비용 및 규제(regulation)에 대해서도 시사하는 바가 많다. 대리인의 입장에서는 경쟁적 노동시장이나 경영자 평판(managers' reputation)을 의식하여 자발적으로 관련 정보를 공시할 유인을 갖는다. 왜냐하면 능력이 우월하거나 도덕성에 자신이 있는 경영자(대리인)는 시장에서 높은 평가를 받기 위하여 또는 부당한 저평가를 피하기 위하여 외부규제와는 관계없이 자발적으로 관련 정보를 공개하는 것이 더 유리할 것이다. 따라서 대리인이론에서는 외부규제가 꼭 필요한 것은 아니다. 즉 외부규제가 없더라도 계약당사자의 사적 동기에 의하여 얼마든지 필요한 정보의 공급과 배분이 가능하다는 것이다.

〈표 9-4〉 대리인모형

대리인비용	• 주인의 위임을 받은 대리인의 의사결정이나 행동이 주인의 이익을 위한 것이 아니라 대리인 자신을 위한 것일 때 발생
대리인비용을 줄이는 수단	• 감시 : 기업지배구조, 회계감사 • 유인제공 : 이해관계의 합치(interest alignment)를 가져오는 보상체계 마련(예 : 실적연계 보너스 계약 또는 스톡옵션)[9)]
회계적 영향	• 계약기능의 기초이론 제공
대리인비용의 발생원인	• 인간의 이기심 • 정보비대칭
정보비대칭의 유형	• 역선택(=hidden information) • 도덕적 해이(=hidden actions)
관련 주제	• 경영자보수, 부채계약, 이익조정, 기업지배구조

8) 죄수의 딜레마와는 달리 경영자와 투자자의 사례에서는 내시균형인 거짓보고/투자거부보다 신실보고/투자결정이 총체적 사회적 보상(효용)이 높으므로 회계의 계약기능을 통하여 효용극대화를 추구하는 것이 타당성이 있다. 그러나 분식회계를 자행하는 경영자와 이를 묵인하는 감사인의 결탁이나 공모는 자원의 효율적 배분을 왜곡하고 사회적 효용을 저감시키므로 실증회계이론에서 추구하는 협상과 계약의 대상이 아니다.

9) 실적연계 보너스 계약이 회계이익에 근거하는 경우 경영자의 장기적 성과는 잘 포착되지 않을 수 있다. 이때 보다 장기적인 성과지표인 일정기간 후의 주가를 이용하는 스톡옵션은 장기적 성과를 반영할 수 있다. 따라서 두 가지 방식을 함께 이용하는 것은 경영자의 성과를 보다 효과적으로 유도하는 수단이 될 수 있다.

제 2 절 실증회계이론의 연구주제

실증회계이론은 규범론과 달리 현상에 대한 설명과 이를 통한 미래현상의 예측을 목표로 한다. 따라서 귀납적 방법론(inductive approach)에 입각하여 다음과 같은 질문에 대한 해답을 목표로 연구를 진행한다.

- 특정 회계처리방법이 왜 채택되는가?
- 특정 회계처리방법에 왜 찬성/반대하는가?

이상의 연구관심은 주로 아래의 실증분석 가설을 검증함으로써 회계이론 발전에 기여해 왔다.

1. 경영자보수계약가설

경영자는 자기이익을 추구하는 당사자로서 주인(주주)의 이익을 증가시키기보다는 자기자신의 이익을 추구한다. 이러한 대리인비용을 저감시키고 이해관계의 합치(interest alignment)를 도모하기 위하여 경영자와 보수계약을 맺을 때 기업의 실적에 연동하는 조건으로 계약을 맺는 것이 보통이다. 왜냐하면 주주가 경영자의 노력여부를 관찰하는 것은 실질적으로 불가능한 데다가, 실적과 무관한 고정급(fixed salary)만으로는 경영자의 노력을 이끌어 내는 인센티브의 역할을 하는데 한계가 있기 때문이다.

경영자보수계약가설(management compensation hypothesis)

경영자의 보수가 회계이익에 연동되는 경우 경영자는 회계이익의 증가를 가져오는 회계방법을 선택할 것이다.

경영자보수계약가설은 여기에서 그치지 않고 일단 계약이 체결되면 경영자는 계약변수를 조작하여 개인적 이익을 극대화시켜 나갈 것으로 가정된다. 따라서 이러한 도덕적 해이를 제어하기 위해 회계감사 등의 모니터링이나 기업지배구조 등과 같은 통제시스템이 계속 필요하게 된다.

경영자보수계약의 궁극적인 목적은 대리인(경영자)과 주인(주주)의 이해합치이다. 이를 위해 현실에서는 적절한 형태의 보상방식이 혼합된 계약이 체결되는데, 대개 고정급, 성과연동 보너스, 스톡옵션 같은 형태이다. 이들 보수형태는 결국 회계이익과 주가에 의존함으로써 경영자가 주주의 이익을 위해 일하는 것이 경영자 개인을 위한 것이기도 하다는 점을 인식시켜 동기유발을 촉진한다.

2. 부채계약가설

채권자는 자금대여시 일정 부채비율의 유지와 같은 특정조건을 제시하는 경우가 많다. 그러나 기업, 주주 또는 경영자는 채권자의 이익보다는 자기자신의 이익을 우선적으로 추구한다. 이러한 대리인비용을 저감시키기 위하여 채권자는 차입계약을 체결할 때 일정수준 이상의 배당의 제한이나 부채비율의 일정비율 초과금지 등과 같은 조건을 포함시키는 것이 보통이다.

부채계약가설(debt contract hypothesis)

차입계약에 일정 부채비율유지가 조건으로 제시되는 경우 경영자는 부채비율이 낮게 나오는 회계방법을 선택할 것이다. 따라서 부채비율이 높을수록 경영자는 회계이익을 크게 하는 회계방법을 선호할 것이다.

부채계약가설은 여기에서 그치지 않고 일단 계약이 체결되면 기업/주주/경영자는 계약변수를 조작하여 사적 이익을 극대화시켜 나갈 것으로 가정한다. 특히 부채비율이 임계치에 도달한 기업은 추가차입을 위해 부채비율의 축소를 가져오는 회계방법을 채택하게 된다.

3. 정치적 비용가설

정치적 비용가설은 직접적인 당사자간의 계약내용은 아니지만 경영자는 정치적 비용을 줄이려는 행동을 하게 될 것이라는 의미이다. 이때 정치적 비용은

대체로 기업의 규모(size)에 비례하여 발생하는 것으로 가정한다.[10)]

정치적 비용가설(political cost hypothesis)

규모가 큰 기업의 경영자는 기업실적에 정치적 부담을 많이 느껴 회계이익을 줄이는 회계방법을 선택할 것이다.

정치적 비용가설은 여기에서 그치지 않고 경영자는 그들의 실적이나 보수가 노출되는 것을 피하려고 할 것이다. 따라서 각종 모니터링이나 지배구조 등과 같은 통제시스템이 계속 필요하게 된다.

제 3 절 EMH와의 차이

위의 게임이론 사례에서 경영자와 투자자 등 당사자의 이해관계를 조정하는 계약이나 협상이 양자에게 모두 이로울 수 있음을 살펴보았다. 이러한 관점에서 회계는 경제적 효과 또는 영향을 발휘할 수 있다. 경제적 효과 또는 영향(economic consequences)이란 회계가 기업가치에 영향을 미친다는 의미이며, 구체적으로 주가에 미치는 영향으로 나타나는 경우가 많다.

경제적 효과 또는 영향은 실증회계이론(positive accounting theory)에 의한 가설에 의해 포착된다. 주로 경영자보수계약이나 부채계약에서 이들 계약의 조건이나 이행에 회계이익이나 부채비율 등의 회계변수가 영향을 미친다면 당연히 경영자들도 이들 변수에 관심을 가지고 적극적으로 이들 변수의 창출과정에 개입한다. 결과적으로 실증회계이론은 경영자가 왜 특정 회계방법을 선택하는지 또는 왜 특정 회계방법의 도입에 대한 찬성 또는 반대의 로비(lobby)를 하는지에 대한 예측에 관심을 갖게 된다.

그런데 효율적 시장가설(EMH)에서는 오로지 기대현금흐름(expected cash flow)에 변동을 가져오는 회계처리방법이나 정책만이 경제적 효과 또는 영향, 즉 주가에 미치는 영향을 갖게 된다.[11)] 따라서 EMH에서는 현금흐름에 차이가

---

10) 예를 들면 총자산, 매출액, 시가총액, 종업원수 등의 변수로 측정된다.

11) 현금흐름에 차이가 없는 회계처리방법의 변경에 시장이 반응하면 안 된다는 것이다. 이를

없는 회계처리방법 중에서 경영자가 어떤 특정 회계처리방법을 선택하거나 변경하는 경우 이에 대한 원인설명이 불가능하다. 예를 들면 경영자가 특정 감가상각방법을 선택하거나 변경하면 EMH에서는 이에 대한 설명이 난감하다. 왜냐하면 감가상각방법은 현금흐름과 관련이 없기 때문이다. 그러나 실증회계이론에 의하면 경영자는 자신의 보수를 증가시키거나 유리한 대출조건을 위하여 회계이익의 증가를 가져오는 회계방법을 선호할 수 있다. 따라서 실증회계이론에서는 미래현금흐름에 대한 영향과는 상관없이, 또는 자본시장의 효율성과도 상관없이 경영자나 기업의 행동이나 의사결정을 예측하거나 설명할 수 있다. 따라서 EMH와 실증회계이론은 회계변수의 기능과 효과에 대해 서로 다른 방식으로 접근하는 것으로 볼 수 있다.[12)]

본서에서 회계기능을 가치평가기능과 계약기능으로 분류하는 것은 오랜 역사적 사실이기도 하지만 EMH와 실증회계이론에서 요구하는 회계의 질적 특성이 상반되는 점이 많은 데다, 어느 한쪽의 기능이 다른 한쪽의 회계기능을 장기간 지배할 만큼 독점적인 우위를 유지하기 어렵기 때문이다. 따라서 두 회계기능은 대립되는 개념이라기보다는 현실의 회계현상을 이해하고 예측하는 데 서로 도움을 주는 보완적인 개념으로 이해하는 것이 바람직하다.

제4절 실증회계이론의 기능

계약기능은 오래전부터 회계의 기본기능 중의 하나로 자리 잡고 있었다. 또한 실증회계이론이 계약기능의 관점에서 회계이론과 실무에 공헌한 바도 부인하기 어렵다. 그러나 실증회계이론을 공격하는 사람들은 실증회계이론이 회계학의 본질을 오도(misleading)하고 연구방법론상으로도 한계가 있다고 주장한다. 예를 들면 회계연구의 본질은 진실이익(true income)의 측정과 같이 "회계"의 본질을 규명하는 것이어야 하는데, 실증회계이론은 회계하는 "사람들"의 본질을

실천하는 투자자는 세련된 투자자(sophisticated investor)라고 불리는 반면 이를 위반하는 투자자는 순진한 투자자(naive investor)가 된다. 세련된 투자자는 substance over form을 실천하는 반면, 순진한 투자자는 form over substance에 집착한다.

12) Watts and Zimmerman(1990). 한편, 실증회계이론에 기반한 계약기능은 자본시장의 효율성과 관계없이 독자적인 역할을 수행한다. 이는 계약기능의 역사가 가치평가기능보다 훨씬 오래되었다는 점을 고려하면 쉽게 유추할 수 있다.

규명하는 것이라는 입장이다.[13] 이와 관련하여 실증회계이론은 science of accounting을 추구하는 것이 아니라 sociology of accounting을 추구한다고 말하는 사람도 있다.[14]

2001학년도 대학수학능력 제2외국어 독일어시험에 출제된 다음의 문제는 이와 관련하여 시사하는 바가 크다.

다음 대화에서 Hans가 언급한 사람들의 공통점은?

Gabi : Hans, magst du Musik?

Hans : Ja, ich höre gern Beethoven, Mozart und Bach

① 작가 ② 화가 ③ 음악가 ④ 물리학자 ⑤ 영화감독

이 문제의 정답을 고르는 능력은 독일어 실력과 전혀 관련이 없어 보인다. 따라서 이 문제는 교육학의 용어를 빌리자면 변별력에 문제가 있고, 회계학의 용어를 빌리자면 표현충실성에 문제가 있다.[15]

회계연구방법론에 비유하여 설명하면 규범론자들은 이러한 시험문제가 공교육의 본질에 맞지 않고 학문의 발전에 전혀 도움이 되지 않으므로 즉각 개선해야 한다고 주장하는 반면, positive accounting theorists는 이러한 문제를 출제하게 된 출제위원 및 검토위원의 주변 환경에 주목하여 그들의 motive, 즉 이런 문제를 출제할 수밖에 없는 이유를 실증회계이론에 근거한 계약기능의 논리와 관점에서 설명하려고 한다.[16]

13) Christenson(1983).

14) Sterling(1990).

15) 비슷한 논리로 회계학시험을 영어로 출제하는 경우에도 이 시험은 표현충실성에 문제가 있다. 왜냐하면 이 시험은 회계학실력과 영어실력의 동시검정(joint test)이기 때문이다.

16) 성분명처방에 대한 의사와 약사의 대립은 또 다른 사례이다. 성분명처방이란 의사가 발행하는 처방전에 특정 제약회사의 상품명 대신 제품에 함유된 성분을 기재하는 것이다. 따라서 약사는 의사가 발행한 처방전을 토대로 환자에게 동일성분 의약품 중 가성비가 가장 높다고 판단되는 약물을 조제할 수 있다. 이에 대해 의사협회는 절대반대의 입장을 표명한 반면, 약사협회는 절대찬성의 입장을 표명하였다(국민일보, 2009.7.10 ; 메디게이트뉴스, 2009.11.13 수정요약).

이 상황을 회계방법론에 비유하여 설명하면 EMH는 의사와 약사의 대립을 설명할 수 없다. 현금흐름에 변화가 없는 회계처리방법의 변경에 대해 시장이 반응하지 않아야 한다는 EMH의 논리는 생물학적 동등성(biological equivalence)이 보장된다면 성분명처방에 대한 의사의 반발이나 약사의 찬성이 있을 수 없다는 것과 같기 때문이다. 따라서 EMH는 이 경우 의사와 약사의 상반된 주장을 예측하거나 설명할 수 없다. 그러나 실증회계이론은 이러한 대립의 이유와 배경을 설명할 수 있다.

실증회계이론에 대한 비판은 학문의 본질상 또는 연구방법론적인 관점에서 수용가능한 부분도 있으나, 회계학은 여타의 학문과 달리 실무적용 또는 연구주제, 연구방법 및 연구결과의 해석에 있어 절대적 기준보다는 관련 당사자(stakeholders)의 개입(involvement)이나 그들의 합의가 필요한 인간이 만든 제도(man-made institution)이다. 따라서 실증회계이론을 자연과학의 시각에서 비판하는 것은 회계의 제도적 특성(institutional attributes)을 무시하는 측면이 있는 것으로 판단된다.[17)]

'의·약 갈등' 재연? 동일성분 조제권 충돌

대한약사회가 '2017 세계약사연맹 서울총회'를 계기로 동일성분 조제권을 되찾으려는 움직임을 보이자 대한의사협회가 즉각적인 반박 성명을 내놨다. 의협은 12일 성명서에서 "약사회는 의사의 면허권을 침해하는 성분명처방에 대한 망상을 버려야 한다"며 "약사 본분인 복약지도와 의약품부작용 모니터링에 전념해야 할 것"이라고 주장했다.

한편 대한약사회는 11일 코엑스에서 열린 세계약사회 서울총회에서 건보재정 절감과 중복처방, 불용재고 의약품 문제 해결 등의 이점을 강조하며 약사의 동일성분명 처방권한에 불을 댕겼다. 조찬휘 약사회장은 이날 "동일성분명 처방제도가 공공의 이익을 위한 장기적 차원에서 정착되도록 법제화를 강력하게 촉구할 것"을 천명한 바 있다.

(뉴스웍스, 2017.9.13 수정요약)

17) 실제로 Watts and Zimmerman(1990)은 화학실험은 어떤 화학자가 실험을 하느냐와 상관없이 그 결과가 동일해야 하지만, 회계는 누가 회계를 하느냐에 따라 결과가 얼마든지 다를 수 있으므로 실증회계이론에 대한 이러한 비판은 초점을 잃은 것이라고 역비판하였다. 또한 Christensen and Demski(2003)도 세상은 고요하고 경영자는 회계문제에 초연한 온실 속의 화초 같은 환경을 가정하여 회계이슈에 접근하는 것은 의미가 없는 것이라 하였다.

심장사상충약 2배 폭리… 수의사 · 제약사 '갑질' 제동

개 · 고양이 등을 기를 때 필요한 심장사상충 예방제를 동물병원에만 공급하도록 압력을 행사한 수의사 인터넷카페 대한민국수의사(DVM) 회원 수의사 5명이 공정거래위원회에 덜미를 잡혔다. 이들은 제약사와 판매업체를 대상으로 심장사상충 예방제를 동물병원에만 공급하고 동물약국에는 팔지 못하도록 강요한 것으로 드러났다.

심장사상충은 개 · 고양이의 심장이나 폐동맥 주위에 기생하면서 심각한 질환을 일으키는 기생충이다. 감염을 예방하려면 한 달에 한 번씩 예방제를 투약해야 한다. 그런데 심장사상충 예방제는 처방대상 약품이 아니어서 동물약국이나 도매상에서도 수의사의 처방 없이 자유롭게 판매가 가능하다. 그러나 이들은 심장사상충약을 동물약국에 공급해달라는 대한약사회의 요청을 거절하고 공급하지 않은 것으로 조사됐다. 이 같은 행위로 동물병원 공급가는 5,600~6,600원인 반면 소비자 판매가격은 그 2~3배인 14,000원으로 형성돼 반려동물을 키우는 소비자의 권익을 침해했다.

(연합뉴스, 2017.1.25 수정요약)

연습문제

1 대리인문제의 발생원인을 설명하라.

2 내시균형(Nash equilibrium)의 의미를 설명하라.

3 역선택과 도덕적 해이를 가치평가기능 및 계약기능과 관련지어 설명하라.

4 경영자의 이익조정동기를 보수계약과 관련지어 설명하라.

5 부채계약과 관련한 경영자의 이익조정동기를 설명하라.

6 대기업이 과다한 이익보고에 부담을 느끼는 이유를 설명하라.

7 실증회계이론에 대한 비판을 평가하라.

8 대리인이론이 회계규제에 시사하는 점은 무엇인가?

9 효율적 시장가설(EMH)과 실증회계이론(positive accounting theory)의 접근방식의 차이를 설명하라.

CHAPTER

10

이익조정

제 1 절 현금흐름과 발생

1. 발생주의 회계

발생주의 회계(accrual basis accounting)는 회계의 기본특징으로서 재무제표 기본요소의 인식시기와 관련이 있다.[1] 발생주의 회계는 발생기준에 따라 수익과 비용을 인식하는데, 발생기준이란 수익과 비용을 현금유출입이 아니라 당해 거래 또는 사건이 발생한 기간에 인식하는 것을 말한다. 따라서 발생주의에서는 수익과 비용의 인식은 현금의 수취 및 지급 시점과는 관계없이 발생시점에서 인식해야 한다는 것이고,[2] 그 이념적 기초는 수익의 실현을 위해 희생된 가치인 비용은 관련 수익이 인식된 기간에 같이 인식되어야 한다는 수익·비용 대응(matching)의 원칙이다.

[그림 10-1] 발생주의 vs 현금주의

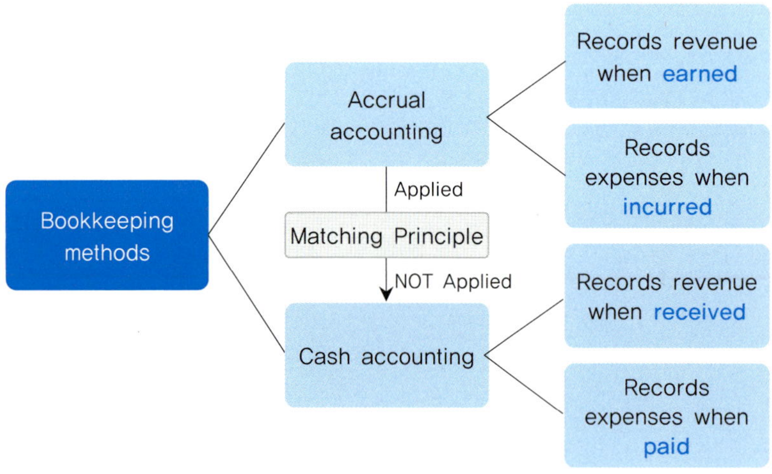

1) 인식이란 재무제표 본문에 숫자로 나타내는 것으로 이해하면 된다.

2) 수익과 비용의 발생은 모두 우리말에서는 발생이라고 표시되지만, 영어에서의 수익의 발생은 earned라는 표현이 사용되고, 비용의 발생은 incurred라는 용어가 사용된다.

2. 회계이익의 구성요소

발생주의는 현금주의보다 재무상태 및 경영성과를 표시하는 데 보다 합리적이라는 이유로 회계의 기본 시스템으로 채택되었는바, 회계이익은 수익에서 비용을 차감하여 결정되지만 영업활동 현금흐름(cash flow from operations : CFO)과 발생(accruals)의 두 가지 요소로 구분할 수 있다.

아시아나항공, 웅진에너지는 시작, 회계감사 리스크 더욱 커진다

“일본 미즈호은행이 작년(2018년 4월~2019년 3월) 점포통합 등을 손실로 반영하면서 순이익이 83.3% 급감했습니다. 한국에서도 회계기준이 점점 엄격해지면서 비영업자산이 많은 기업은 급격하게 이익이 감소할 수 있습니다.” 김상훈 신한금융투자 투자전략부 크레딧팀장은 최근 기자와 만나 “지난해 11월부터 시행된 ‘주식회사 등의 외부감사에 관한 법률 및 시행령 개정안’(신외감법)에 따라 회계사는 더욱 엄격한 잣대로 회사 재무상태를 들여다볼 수밖에 없다”며 이같이 밝혔다. 아시아나항공의 매각을 촉발한 한정의견 번복이나 얼마 전 법정관리를 신청한 웅진에너지의 의견거절 등과 같은 일이 다시 재발될 가능성이 높다는 지적이다.

김 팀장은 “신외감법 시행과 더불어 주기적 감사인 지정제가 내년부터 본격 시행되면서 이 같은 회계감사 리스크는 결코 끝이 아니다”며 “특히 주기적 감사인 지정제는 기업에 큰 리스크가 될 것”이라고 단언했다. 주기적 감사인 지정제는 6년 동안 외부감사인을 자유롭게 선임한 상장사에 대해 3년간 증권선물위원회가 감사인을 지정하는 것으로, 올해 11월 이후 시작하는 사업연도부터 적용된다. 삼성전자 등 220개사가 첫 대상이 될 예정이다.

김 팀장은 “감사인을 자유 선임했을 때는 ‘적정’ 감사의견이 100%에 가깝게 나온다”며 “감사인이 강제로 지정되면 회계사가 더욱 보수적으로 감사에 나서고 자연히 적정 의견도 떨어질 것”이라고 예상했다. 그러면서 “한국은행이 한계기업으로 지정한 기업은 물론이고, 비영업용자산을 많이 갖고 있는 업체나 감사인 지정 대상인 기업, 또 미청구공사가 많거나 현금흐름이 마이너스인 기업은 일단 주의하는 게 좋다”며 “건설사의 경우 지방공사 비중이 높은 기업도 유의해야 한다”고 설명했다.

신한금융투자는 신용평가 관련지표로 ‘분식가능지수’를 활용하고 있다. 분식가능지수는 당기순이익에서 영업활동으로 인한 현금흐름을 뺀 값을 매출액으로 나눈 수치다. 분식가능지수가 높다는 것은 현금흐름상 이익과 손익상 이익이 큰 차이를 보인다는 의미로 그만큼 대손상각을 소극적으로 한다는 뜻이다.

(아시아타임즈, 2019.7.15 수정요약)

회계이익 = 수익 − 비용 = 영업활동 현금흐름(CFO) + 발생(accruals)

여기서 회계이익을 발생주의 이익으로 본다면 CFO는 현금주의 이익으로 볼 수 있으므로, 발생이란 발생주의 이익과 현금주의 이익의 차이를 의미하며, 이는 곧 비현금이익(non-cash earnings)을 나타낸다.[3] 따라서 위 식은 회계이익이 다음 두 가지에 따라 얼마든지 조정될 수 있음을 시사한다. 첫째, 거래의 발생과 구조에 영향을 미침으로써 가능하다. 거래의 발생과 구조란 실제 기업활동(real activities)의 빈도, 수준 및 형태에 영향을 미침으로써 가능하다는 것이며, 이를 실제이익조정(real earnings management : REM)이라고 부른다. 둘째, 회계선택을 어떻게 하느냐에 따라 가능하다. 회계선택이란 발생주의를 적용하는 데 필요한 추정, 예측 및 판단에 있어 재량적 선택의 여지가 있음을 시사한다. 이는 회계적 이익조정을 의미하며 발생액 이익조정(accruals management)이라고 부른다.

3. 발생의 의의

회계에서 말하는 발생액(accruals)이란 기술적으로는 손익계산서상의 당기순이익에서 현금흐름표상의 영업활동 현금흐름(cash flow from operations : CFO)을 차감한 것이다. 따라서 발생액이란 영업활동 현금흐름과 함께 당기순이익을 구성하는 항목이지만 발생액은 현금흐름과는 관계없이 장부상으로만 이익에 영향을 미치는 항목이다.

발생주의 및 수익·비용대응의 원칙에서는 거래가 발생한 시점에 장부에 기록하지만 그 거래와 관련 있는 현금흐름이 실제로 나타나는 시점은 다를 수 있다. 따라서 발생액은 발생주의와 현금주의에서 서로 다른 수익 및 비용의 인식시점차이를 조정하는 시차조정기능(timing role of accruals)을 하게 되며, 발생액을 현금흐름에 더함으로써 발생주의 회계는 비로소 영업활동 현금흐름보다 잡음이 적은(less noisy), 즉 표현충실성(representational faithfulness)이 높은 당기순이익이라는 이익의 측정치를 제공하게 된다.

그런데 발생액은 발생주의 회계의 특성에 따라 추정, 예측 및 시기결정 등과 같은 경영자의 판단에 의해 그 크기와 인식시기가 결정될 가능성이 높은 항목이다. 예를 들면 매출원가의 경우 원가흐름의 가정 중에서 평균법을 채택

3) 따라서 발생(accruals)이란 현금흐름에 미치는 영향은 없지만 장부상으로 이익에 영향을 미치는 비현금이익(non-cash earnings)이라고 볼 수 있다.

하느냐 아니면 선입선출법을 채택하느냐에 따라 당기순이익이 달라질 수 있다. 또한 감가상각비를 어떤 방법으로 계산하느냐에 따라 당기순이익이 달라질 수 있다. 따라서 당기순이익 중 발생액의 비중이 높아질수록 이익조정의 가능성이 높아지는 반면 당기순이익의 지속가능성이나 예측가능성은 낮아질 것으로 전망된다.

당기순이익 = CFO + 발생

Case #1

어떤 기업이 이번 달에 창업하여 ₩1,000에 매입한 상품 2개를 ₩1,100에 모두 판매하였다. 이때 아래의 매매방식에 따라 각각 이번 달의 발생과 CFO를 따져보자.

매매방식	당기순이익	=	CFO	+	발생
모두 현금거래	200	=	200	+	0
모두 외상거래	200	=	0	+	200
하나는 현금거래, 하나는 외상거래	200	=	100	+	100

본 사례에서 발생=매출채권 증가−매입채무 증가

Case #2

어떤 기업의 9월 1일자 재고자산 및 9월중 상품매입내역이 아래와 같다. 이 회사는 실지재고조사법을 채택하고 모든 거래는 현금거래이다.

날 짜	구 분	수 량	단 가
9/ 1	기초	1	₩90
9/ 7	매입	1	₩120
9/24	매입	1	₩150

9월중 하나의 상품을 ₩200에 판매했을 때 아래의 원가흐름의 가정에 따라 이번 달의 발생과 CFO를 따져보자.

원가흐름의 가정	당기순이익	=	CFO	+	발생
선입선출법	110	=	(−70)	+	180
후입선출법	50	=	(−70)	+	120
총평균법	80	=	(−70)	+	150

본 사례에서 발생=재고자산 증가

Case #3
어떤 기업의 금년도 감가상각비는 계산방법에 따라 아래와 같고, 나머지 조건은 모두 같다고 가정한다.

감가상각방법	감가상각비
정액법	₩90
정률법	₩100
생산량비례법	₩110

정액법을 적용했을 때의 금년도 당기순이익이 ₩200이라면 아래의 관계가 성립한다. 단, CFO는 감가상각방법과는 무관하게 동일하며, ₩100이다.

감가상각방법	당기순이익	=	CFO	+	발생
정액법	200	=	100	+	100
정률법	190	=	100	+	90
생산량비례법	180	=	100	+	80

본 사례에서 발생=감가상각비를 제외한 발생−감가상각비
=₩190−감가상각비

4. 발생과 현금흐름의 관계변화[4)]

현금주의는 적용하기 편리하다는 장점이 있는 반면, 재무상태 및 경영성과를 나타내는 데 시차와 대응의 문제(timing and matching problem)를 야기하므로 비합리적이라는 비판을 받는다. 이를 개선하기 위해 발생주의를 적용하는데, 발생주의 회계의 핵심은 현금유출입과는 독립적으로 경제적 사건을 인식함으로써 현금흐름의 변동성을 완화(smooth out)하는 것이고, 이를 발생의 시차조정역할(timing role of accruals)이라고 부른다. 발생주의에서 회계이익은 CFO(영업활동 현금흐름 : cash flow from operations)와 발생(accruals)의 합으로 표시된다. 여기서 CFO는 현금주의 이익으로 볼 수 있으므로, 발생이란 발생주의 이익과 현금주의 이익을 구분하는 역할을 하고 이는 곧 비현금이익(non-cash earnings)을 의미한다.

그런데 발생주의가 그 목적을 달성하기 위해서는 발생과 CFO가 음(−)의

4) Bushman *et al.*(2016).

상관관계를 가질 필요가 있다(Dechow, 1994). 즉 발생과 CFO의 음(−)의 상관관계가 강화될수록 발생주의의 장점이 보다 잘 발휘될 수 있다. 예를 들어 조선업과 같은 장기공사를 가정하는 경우 현금흐름은 초기에 대규모 지출에 따라 음(−)의 수치를 보이다가 말기에는 공사대금 회수에 따라 양(+)의 수치를 보이는 것이 보통이다. 따라서 현금흐름의 자기상관(autocorrelation)은 보통 음(−)의 부호를 보이게 된다. 이러한 현금흐름의 변동성, 즉 시차와 대응의 문제를 개선하기 위해 발생주의에서는 미성공사(construction in progress : CIP)의 변동 같은 발생액(accruals)을 활용하여 현금흐름의 변동성에 대응한다. 따라서 발생은 초기에는 상대적으로 크다가 말기에는 상대적으로 작아지는 모습을 보이고, 이에 따라 발생의 자기상관 역시 음(−)의 부호를 보이게 된다. 그렇다면 공사 초기 또는 말기에서 공통적으로 현금흐름과 발생 사이에는 음(−)의 상관관계가 나타나게 된다. 왜냐하면 초기에는 현금흐름은 작지만 발생은 크고, 말기에는 현금흐름이 커지는 대신 발생이 작아지기 때문이다. 즉 현금흐름과 발생 사이에서 음(−)의 상관관계가 강하게 나타날수록 발생주의가 현금주의의 시차와 대응의 문제를 개선하는 효과가 크게 나타나고 이에 따라 회계이익뿐만 아니라 회계이익의 구성요소인 발생과 현금흐름의 가치관련성도 높게 나타날 것으로 기대된다. 〈표 10-1〉의 사례는 공사원가지출이 2016, 2017, 2018년에 각각 12, 8, 4이고 계약수익 유입은 최종연도인 2018년에 30이 한꺼번에 이루어져 전체이익은 6이 되는 사례이다. 현금주의 이익인 CFO는 연도별로 −12, −8, 26의 변동성을 보여주는데 이를 극복하기 위한 발생주의에서 진행기준을 적용하면 당기순이익은 연도별로 3, 2, 1의 안정적인 모습을 보여준다. 이때 연도별 발생(미성공사변동액)은 각각 15, 10, −25의 모습을 보여 발생과 CFO의 합이 당기순이익이 되고, 현금주의의 시차와 대응의 문제를 극복하기 위해서는

〈표 10-1〉 CFO vs Accruals

	2016년	2017년	2018년	합 계
공사원가지출	12	8	4	24
진척도	50%	33.3%	16.7%	100%
공사수익유입	0	0	30	30
진행기준수익	15	10	5	30
발생주의 당기순이익	15−12=3	10−8=2	5−4=1	6
현금주의 CFO	0−12=−12	0−8=−8	30−4=26	6
발생액(미성공사변동)	15	10	−25	0

CFO와 발생이 연도별로 음(−)의 상관관계를 보여야 함을 보여준다.

아래에서는 이 사례의 연도별 분개를 간단히 보여준다.

• 2016년

(차) 미 성 공 사	12	(대) 현 금	12
(차) 공 사 비 용	12	(대) 공 사 수 익	15
미 성 공 사	3		

• 2017년

(차) 미 성 공 사	8	(대) 현 금	8
(차) 공 사 비 용	8	(대) 공 사 수 익	10
미 성 공 사	2		

• 2018년

(차) 미 성 공 사	4	(대) 현 금	4
(차) 공 사 비 용	4	(대) 공 사 수 익	5
미 성 공 사	1		
(차) 현 금	30	(대) 미 성 공 사	30

그런데 Bushman *et al.*(2016)과 김정재(2017b)에 따르면 발생과 CFO의 음(−)의 상관관계는 과거에 비해 최근 들어 약화되고 있다. [그림 10-2]는 미국과 한국에서 아래의 Dechow(1994)의 발생(TACC)에 대한 영업활동 현금흐름(CFO)의 회귀분석모형에서 adjusted R^2(위쪽 그래프)와 계수 α_1(아래쪽 그래프)의 변화 추세를 보여준다.

$$TA_t = \alpha_0 + \alpha_1 CFO_t + \epsilon_t$$

여기서, TA_t=기업 i의 t년도 총발생(=당기순이익−영업활동 현금흐름)
CFO_t=기업 i의 t년도 영업활동 현금흐름

위의 회귀식에서 전통적으로 발생과 CFO의 음(−)의 상관관계는 높은 adjusted R^2 또는 절댓값이 큰 음(−)의 계수 α_1로 대변되어 왔다. 그런데 미국과 한국에서 공통적으로 adjusted R^2는 작아지고 있으며, 과거에 유의하고 절댓값이 큰 음(−)의 계수가 최근에는 절댓값이 작아지면서 통계적 유의도가 사라지는 모습을 보임으로써 발생의 시차조정역할이 점차 희미해지고 있음을 나타낸다. 이러한 변화의 원인으로 수익·비용대응의 약화, 일회성 항목과 비영업

[그림 10-2] 발생과 CFO의 관계변화추세5)

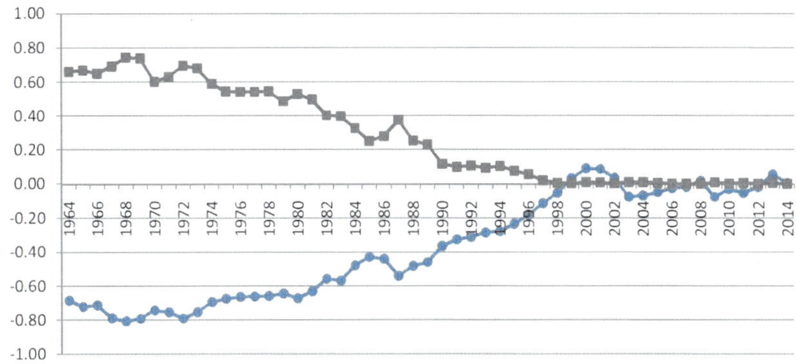

미국

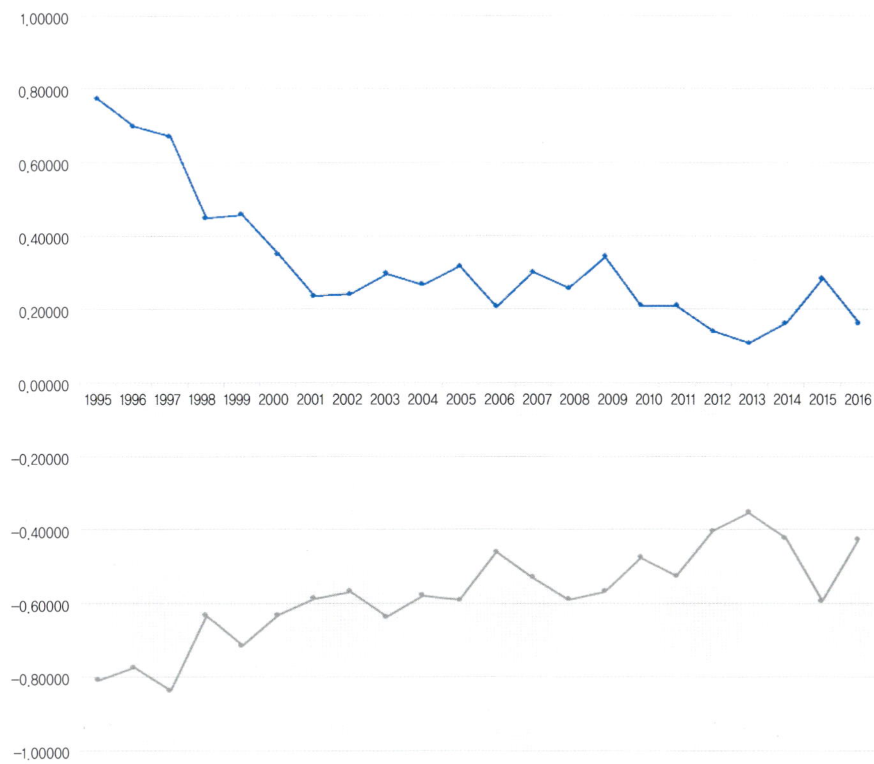

한국

5) 한국의 경우는 김정재(2017b)의 "발생액과 영업활동 현금흐름의 관계변화"의 자료에 의한 것이다.

항목의 증가, 적자기업의 빈도 증가 및 무형자산의 비중 증가 등이 지목되고 있으나 아직도 상당부분은 설명이 되지 않고 있다.[6]

발생과 현금흐름의 음(−)의 상관관계가 희박해진 환경에서 발생주의 회계가 우리에게 의미하는 것은 무엇인가? 회계이익의 가치관련성 감소, 발생액 이상현상의 소멸 및 부채계약에서 재무제표의 사용빈도 감소 등은 이러한 환경 변화와 무관하지 않을 개연성이 높다. 따라서 변화된 환경에서 발생주의 회계의 유용성을 재검토할 필요성이 높은 것으로 판단된다.

5. 발생과 현금흐름의 상관관계와 회계이익의 가치관련성

김정재(2019)에 따르면 발생액과 CFO의 음(−)의 상관관계의 강도가 강한 표본에서는 발생액과 CFO가 각각 크고 유의한 가치관련성 계수를 보이고 있으나, 약한 표본에서는 이들 변수의 가치관련성 계수가 현저하게 작아졌다. 이러한 분석결과는 발생액과 CFO의 음(−)의 상관관계가 약한 표본에서는 발생주의가 현금주의의 단점을 극복하는 역할을 적극적으로 수행하지 못해 회계이익 및 이의 구성요소의 가치관련성이 떨어지고 있음을 의미한다. 이 연구는 발생액과 CFO의 음(−)의 상관관계의 강도와 회계이익의 가치관련성을 연구한 선행연구가 전무한 것으로 알려져 있는 상황에서 발생주의가 어떤 조건에서 현금주의의 단점을 극복하는 역할을 제대로 수행하는지 보여주는 의의가 있을 뿐만 아니라 최근 들어 회계이익의 가치관련성이 저감되는 현상의 배경에는 발생액과 CFO의 음(−)의 상관관계의 약화가 자리 잡고 있음을 보여준다.

6. 경영자의 이익조정동기

경영자의 이익조정은 아래의 요인으로 가능성이 있다고 판단된다.

① 보수계약 : 실적(회계이익) 연계보상 또는 스톡옵션
② 부채계약 : 일정한 부채비율 초과금지조건
③ 자리유지 : 인수합병시장에서의 생존

6) 발생과 현금흐름의 음(−)의 상관관계가 약화된 것이 보수주의의 강화에 따른 것이 아닌지의 분석결과 보수주의 강화에 의한 것은 아닌 것으로 밝혀졌다. 제12장 제5절 참조.

④ 규제 회피 또는 완화
⑤ 주가관리 : 과다한 등락회피(방지)

한편, Big bath라는 방식으로 이익조정이 나타나는 경우도 있다. Big bath란 나쁜 실적을 더욱더 나쁘게 보이도록 조작하는 것이다. 이는 내년도 또는 그 이후의 실적을 인위적으로 좋게 보이도록 하기 위해 실적이 나쁜 연도에 미리 내년도 비용을 인식하는 것이다. 특히 신임경영자는 이 전략을 통해 지금까지의 나쁜 실적을 전임경영자의 탓으로 돌리고, 내년의 개선된 실적은 자기 업적으로 치부하곤 한다. 또한 어떤 경영자가 올해 목표이익을 달성할 가능성이 이미 사라지거나 매우 작다고 판단하면 미래의 실적을 위해 금년도 실적을 포기하는 전략을 취할 수 있다. 왜냐하면 이익목표를 아슬아슬하게 못 미치거나 크게 못 미치거나 금년도에 보너스를 받지 못하는 것은 마찬가지이기 때문이다. 이때 경영자가 쓸 수 있는 수단은 비용의 선지급, 필요 이상의 대손충당금 설정, 수익인식의 연기 등이 있다. 이러한 전략을 통해 경영자는 내년에 보다 많은 보너스를 기대할 수 있다.

제2절 회계적 이익조정

1. 회계적 이익조정의 정의

회계적 이익조정(earnings management)은 아래와 같이 정의된다.

- 이익조정이란 사적인 이득을 취할 의도를 가지고 재무보고과정에 인위적으로 개입하는 것이다.[7]
- 이익조정이란 이해관계자를 오도(misleading)할 목적이나 계약결과에 영향을 미치기 위한 목적에서 재무보고서를 변경하기 위하여 판단을 남용할 때 나타난다.[8]

---

7) Schipper(1989).
8) Healy and Whalen(1999).

경영자의 이익조정에는 여러 가지 방법이 동원될 수 있으나 경영자의 입장에서는 회계처리방법의 변경과 같은 눈에 잘 띄는 방법보다 발생조정(accrual management)을 이용하는 것이 나을 것이다. 따라서 현금흐름보다는 발생에서 이익조정이 나타날 확률이 크다.[9] 특히 회계이익에 기초한 경영자보수계약이 존재하거나 경영자의 임기가 종료되는 시기에는 이익조정의 가능성이 더 크다고 볼 수 있다.

프로농구 '고의 패배' 의혹… 제도 개선 절실

프로농구에서 다음 시즌 신인 드래프트 상위 지명권을 따내기 위한 일부 팀들의 고의 패배 의혹이 일어 제도 개선이 시급하다는 지적이 제기됐습니다. 다음 시즌 신인 드래프트에는 경희대를 대학 최강으로 이끈 김종규, 김민구, 두경민 등 '빅3'가 나오는데 이 선수들을 붙잡기 위해 일부 팀들이 6강 플레이오프 진출을 포기하고 김빠진 경기를 하고 있다는 비판의 목소리가 커지고 있습니다. 현행 신인 드래프트 방식에 따르면 정규리그 7위부터 10위까지 팀에게는 전체 1순위 선수를 지명할 확률이 23.5%씩 똑같이 주어집니다. 따라서 이번 시즌 중하위권 팀들은 당장 한 해를 쉬어 가더라도 다음 시즌에 국내 신인 및 외국인 선수 드래프트에서 상위 지명권을 얻어 우승을 노리겠다는 계산으로 남은 경기에 최선을 다하지 않는다는 지적입니다. 이에 대해 한국농구연맹(KBL)은 '프로농구 경기력 강화를 위한 입장'을 발표하고 "현행 드래프트 방식을 개선하는 등 다각적인 부분에서 경기제도를 보완하겠다"고 밝혔습니다.

(SBS, 2013.2.15)

2. 당기순이익과 CFO의 관계

현금흐름표에서 간접법으로 영업활동 현금흐름(CFO)을 구하는 방법을 정리하면 발생은 현금의 유출(입)이 없는 비용(수익), 투자와 재무 활동으로 인한 손실(이익) 그리고 영업활동과 관련 있는 자산·부채의 변동으로 구성된다. 〈표

9) 현금흐름보다는 발생에서 이익조정의 가능성이 높다는 것은 영업활동 현금흐름(CFO)에서 이익조정이 아예 불가능하다는 말이 아니다. Lee(2012)에 따르면 경영자는 대금지급은 늦추고 현금수금은 서두르는 방법 등을 이용해 CFO를 조정할 수 있다. 그러나 발생의 조작에는 분개만 필요하지만, 현금흐름을 조작하기 위해서는 거래 상대방과 짜고 거래와 시기를 조작해야 하므로 현금흐름보다는 발생이 이익조작에 훨씬 더 취약하다(Dechow and Schrand, 2004).

10-2⟩에서 발생이란 결국 영업활동 현금흐름을 구하기 위해 당기순이익에 더하거나 빼주어야 할 항목을 의미한다. 간접법에서는 일단 당기순이익만큼 현금수입이 있는 것으로 가정하여 당기순이익을 출발점으로 삼는다. 그런데 발생을 기록하는 데에는 현금흐름처럼 주어진 일정조건만 충족되면 비교적 기계적으로 이루어지는 것이 아니라 일정한 판단(judgment)과 추정(estimation)이 요구된다. 따라서 발생주의 회계를 운용하는 데에는 필연적으로 경영자의 판단이나 추정이 개입할 수밖에 없다. 이는 발생주의는 기간성과측정을 보다 합리적으로 할 수 있는 장점이 있는 반면, 이익조정 등을 염두에 둔 경영자의 자의적 조작가능성도 동시에 높다는 것을 의미한다. 따라서 발생은 이중적인 성격을 갖고 있다고 할 수 있다.[10)]

〈표 10-2〉 당기순이익과 CFO의 관계

당기순이익
\+ 현금의 유출이 없는 비용
- 감가상각비
- 단기매매금융자산평가손실

− 현금의 유입이 없는 수익
- 단기매매금융자산평가이익

\+ 투자와 재무 활동으로 인한 손실
- 투자자산, 유형자산 처분손실
- 고정부채상환손실

− 투자와 재무 활동으로 인한 이익
- 투자자산, 유형자산 처분이익
- 고정부채상환이익

\+ 영업활동으로 인한 자산(부채)의 감소(증가)
- 매출채권, 선급비용, 선급금, 미수수익, 재고자산 감소액
- 매입채무, 미지급비용, 선수금, 선수수익 증가액

− 영업활동으로 인한 자산(부채)의 증가(감소)
- 매출채권, 선급비용, 선급금, 미수수익, 재고자산 증가액
- 매입채무, 미지급비용, 선수금, 선수수익 감소액

= CFO

---

10) K-IFRS 제1007호(현금흐름표)에서는 이자, 배당금 및 법인세로 인한 현금흐름은 별도로 공시하도록 규정함에 따라 이자, 배당금 및 법인세를 영업활동으로 분류하는 경우 〈표 10-2〉에서 당기순이익 대신 법인세비용차감전순이익에서 출발하여 이자비용은 가산항목으로, 배당금수익은 차감항목으로 표시한 뒤 배당금수취, 이자지급 및 법인세납부액은 별도로 표시한다.

회계이익의 질(quality of earnings)도 이 같은 맥락에서 탄생한 개념이다. 즉 회계이익이 현금흐름이나 주가와 밀접한 상관관계를 가지면 회계이익의 질은 높은 것으로 판단되는데, 이는 회계이익이 경제적 가치의 변동을 충실히 나타내주는 표현충실성의 정도로 이해된다. 회계이익의 질이 낮은 것은 회계이익이 경제적 가치의 변동과는 상관없이 발생조작(accrual manipulation)에 의해 표현충실성이 낮아짐을 의미한다. 그런데 회계이익의 품질이 현금흐름과의 상관관계 여부나 그 고저에 의해 평가되는 것은 다분히 역설적(paradoxical)이다.

왜냐하면 발생주의는 현금주의보다 회계목적을 달성하기 위해 보다 합리적인 기법으로 인식되는데, 그 품질의 판단기준(benchmark)으로 정작 현금흐름을 이용하는 것은 역설적인 동시에 발생주의의 한계를 나타낸다. 일반적으로 발생은 양면적 특성을 가지고 있으므로 〈표 10-3〉에서와 같이 긍정적인 부분과 부정적인 부분으로 나누어 볼 수 있다.

〈표 10-3〉 발생의 양면적 기능

정(+)의 기능	부(−)의 기능
경영자의 사적 정보의 전달수단으로서 표현충실성의 향상을 통해 가치관련성에 기여하는 긍정적 역할	경영자의 기회주의적 이익조정수단으로서 표현충실성의 하락을 통해 가치관련성에 방해요인이 되는 부정적 역할

[그림 10-3]은 (주)NN의 당기순이익과 영업활동 현금흐름(CFO)의 모습을 보여준다. 이 회사는 실제로 1992년 상반기에 부도가 발생하였다. 그런데 부도 발생 이전의 당기순이익은 안정적인 모습을 보이는 데 반해 CFO는 1989년과 1990년에 들어 급격히 악화되는 모습을 보이고 있다. 이 그림이 시사하는 바는 발생주의에 의한 손익계산서상의 당기순이익보다는 CFO가 기업의 부도가능성을 미리 알려주는 예측기능이 높음을 의미한다.[11)]

당기순이익이 영업활동 현금흐름(CFO)과 발생(accruals)으로 구성된다는 논리에 따르면 〈표 10-2〉의 조정항목을 이항해야 한다. 이에 따라 〈표 10-5〉에서는 발생의 구성요소를 보여주는데, 이는 〈표 10-2〉의 조정항목이 부호가 바뀐 것이다.

11) 송인만 등(2009, p. 962). 1989년과 1990년에는 당기순이익과 영업활동 현금흐름의 괴리가 크다. 이는 "이익의 질"이 떨어지고 있으며 앞으로 흑자도산이 발생할 수 있다는 예측지표의 하나가 된다.

[그림 10-3] 부도발생 전의 당기순이익과 CFO의 모습

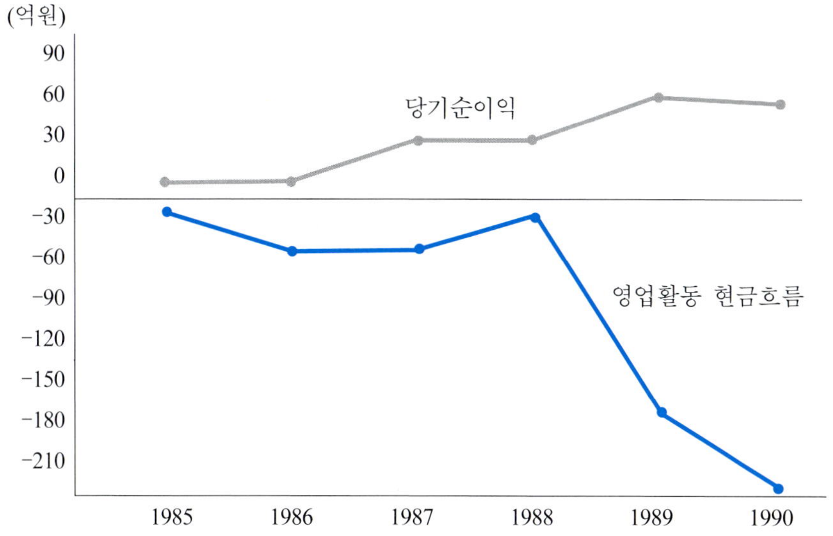

[투자전략] 회계 투명한 실적 우량주 20종목

27일 NH농협증권은 회계가 투명한 기업일수록 주가수익률이 높다며 이 중 최근 실적이 좋은 업체에 관심을 가져볼 것을 권했다. 박선오 NH농협증권 연구원은 "영업현금흐름과 재무제표상 순이익의 차이가 적정한 업체는 주가가 코스피지수 상승률보다 더 큰 폭으로 오르고, 증시가 하락할 때에도 충격을 덜 받는다"고 설명했다. 박 연구원은 이런 업체로 삼성전자·현대차·롯데쇼핑·삼성중공업·코오롱인더·신도리코·롯데삼강·오뚜기·대원강업·세방·광동제약·크라운제과·삼영전자·다우데이터·코텍·유니온·계양전기·유나이티드제약·에버다임·태경화학을 추천했다.

(매일경제신문, 2012.3.27)

외환위기 이후 국내기업의 분식회계가능성이 크게 줄었다는 연구결과가 나왔다. LG경제연구원에 따르면 12월 결산 상장업체를 대상으로 분식회계지수를 산정한 결과, 1999년 80에서 2000년 65, 2001년 55로 감소세를 보였다. 영업이익은 건물, 기계 등의 내용연수를 변경함에 따라 달라질 수 있지만 영업현금흐름에는 변화가 없다. 따라서 매출액 영업이익률과 매출액 대비 영업현금흐름 비율 간에 차이가 크면 클수록 경영자의 '이익관리'와 분식회계가능성이 커진다.

(연합뉴스, 2002.8.28)

3. 발생을 통한 이익조정

회계이익을 산출해내기 위해서는 담당자의 판단이나 추정이 필수적으로 개입되는데, 이때 현금흐름의 측정에서보다는 발생의 기록에 있어 담당자의 자의적인 판단이 문제가 된다. 그런데 발생도 자의적인 판단의 결과로 나타나는 재량적 발생(discretionary accruals)과 그렇지 않은 비재량적 발생(non-discretionary accruals)으로 나누어 볼 수 있는데, 재량적 발생은 이익조정(earnings management)과 동의어로 선행연구에서 사용되어 왔다.[12] 〈표 10-4〉에서는 회계이익과 발생의 재량성 구분을 보여주고 있다.

어떠한 판단기준을 이용하여도 재량성의 구분은 인위적이므로 회계이익을 재량적 부분과 비재량적 부분으로 나누는 것은 상대적이고 불완전한 개념이다. 따라서 모든 이익조정연구의 아킬레스건은 재량적 부분과 비재량적 부분을 구분하는 것이다.[13]

〈표 10-4〉 회계이익과 발생의 재량성 구분

발 생	재량적 발생
	비재량적 발생
회계이익	재량적 부분=재량적 발생
	비재량적 부분=CFO+비재량적 발생

4. 재량적 발생 추정모형

발생을 당기순이익－CFO로 정의하면 〈표 10-5〉로 표시된다. 이를 다시 표현하면 다음과 같다.

발생액＝＋현금유입 없는 수익－현금유출 없는 비용
＋투자 또는 재무 활동 이익－투자 또는 재무 활동 손실
＋영업 관련 순자산증가액－영업 관련 순부채증가액

12) Kothari(2001, p. 161).

13) Chamberlain(2002).

〈표 10-5〉 발생의 구성요소

- 현금의 유출이 없는 비용
  - 감가상각비
  - 단기매매금융자산평가손실
+ 현금의 유입이 없는 수익
  - 단기매매금융자산평가이익
- 투자와 재무 활동으로 인한 손실
  - 투자자산, 유형자산 처분손실
  - 고정부채상환손실
+ 투자와 재무 활동으로 인한 이익
  - 투자자산, 유형자산 처분이익
  - 고정부채상환이익
- 영업활동으로 인한 자산(부채)의 감소(증가)
  - 매출채권, 선급비용, 선급금, 미수수익, 재고자산 감소액
  - 매입채무, 미지급비용, 선수금, 선수수익 증가액
+ 영업활동으로 인한 자산(부채)의 증가(감소)
  - 매출채권, 선급비용, 선급금, 미수수익, 재고자산 증가액
  - 매입채무, 미지급비용, 선수금, 선수수익 감소액

그런데 현금유출입 없는 수익, 비용은 감가상각비 등을 제외하면 주로 외화평가손익 또는 자산평가손익 등과 같이 금융자산 등의 시장가격변화로 인해 발생하는 것이 대부분인바, 이러한 항목들이 향후 지속적으로 나타날 것으로 예측하기는 힘들다. 또한 투자 또는 재무 활동 이익이나 손실 등도 비경상적인 기업활동으로 인해 발생하는 것이 일반적인바, 향후 계속적으로 나타나지는 않을 것이다. 따라서 기업의 지속적인 영업활동에 의한 회계이익의 질을 평가할 때 현금유출입 없는 수익, 비용과 투자 또는 재무 활동 이익 또는 손실 등을 무시하더라도 중요한 정보를 감추거나 왜곡시킨다고 볼 수 없으므로 이들을 제외하고 발생액을 표시하면 아래와 같이 단순화된다.

발생액＝영업 관련 순자산증가액－영업 관련 순부채증가액

위의 공식에 따르면 발생액이 양(+)이라면 당기순이익이 영업활동 현금흐름보다 크게 계상된다는 것인데, 이는 영업 관련 순자산증가액이 영업 관련 순부채증가액보다 커졌기 때문이다. 영업 관련 순자산의 증가는 매출채권 및 재

고자산의 증가에 기인하므로 해당자산이 과대계상될 가능성이 있다. 즉, 당기순이익이 영업활동 현금흐름보다 크다는 것은 현재의 손익계산서상 이익이 과대계상되고 차기의 이익이 과소계상된 것인바 현재의 이익이 지속될 가능성이 낮아 미래 수익성에 대해서는 부정적인 신호로 해석할 수 있다. 즉 당기의 이익을 부풀리기 위해 매출(매출채권)과 기말재고자산을 과대계상하고 매입(매입채무)을 과소계상하여 현재의 이익을 장부상으로 조작하였다면 미래의 이익은 그 반전효과로 인해 현재의 이익수준보다 작아질 가능성이 크다. 왜냐하면 차기의 매출(매출채권)은 감소할 것이며, 매출원가는 기초재고자산의 증가로 늘어날 것이기 때문이다. 이에 따라 발생은 반전(reversal)하는 모습을 보이고 자기상관(auto-correlation)의 부호도 음(−)으로 기대된다.

발생을 재량적 발생과 비재량적 발생으로 구분하기 위한 모형은 비재량적 발생을 예측하기 위한 모형이고 이들 모형에 의해 예측되는 기대발생액과 실제발생액의 차이를 재량적 발생으로 부른다. 이 중 선행연구에서 많이 사용된 것은 Jones모형과 수정된 Jones모형이다.[14] Jones모형(1991)[15]은 발생액이 주로 매출액의 변동과 상각대상자산에 의해 결정된다는 논리에 따라 다음과 같이 표시된다.

$$\frac{TA_t}{A_{t-1}} = \alpha_0\left(\frac{1}{A_{t-1}}\right) + \alpha_1\left(\frac{\Delta REV_t}{A_{t-1}}\right) + \alpha_2\left(\frac{PPE_t}{A_{t-1}}\right) + \epsilon_t \qquad (10.1)$$

여기서, TA_t=기업 i의 t년도 총발생(당기순이익−영업활동 현금흐름)
A_{t-1}=기업 i의 $t-1$년도 총자산
ΔREV_t=기업 i의 t년도 매출액 변화분
PPE_t=기업 i의 t년도 상각대상자산
ϵ_t=기업 i의 t년도 오차항

위의 모형에서 발생액의 추정에 매출액의 변동과 상각대상자산을 포함시키는 것은 영업활동의 수준과 시설규모가 발생의 크기를 좌우하는 주된 요인으로 간주되기 때문이다. 매출액의 변동(ΔREV)은 기업활동이 활발할수록 매출채권의 증가 같은 회계이익 증가형 발생이 기대되는 동시에, 매입채무의 증가 같은 회계이익 감소형 발생도 동시에 기대되기 때문에 기대부호가 일정하

14) Kothari(2001, p. 162).

15) Jones(1991)는 수입품으로 인한 미국 내 피해기업의 실태를 조사하는 시점에서 기업들의 이익조정행태를 분석하였다. 수입품으로 인해 피해를 보았다고 주장하는 기업은 이익을 줄여서 보고하려는 동기가 강할 것이다.

지 않다. 반면에 상각대상자산(*PPE*)은 감가상각비가 회계이익의 감소를 가져오는 발생이므로 기대부호는 음(−)이다. 아울러 이분산성(heteroskedasticity)의 문제를 회피하기 위해 모형의 추정에 사용되는 모든 변수는 기초자산 총액으로 나누어 준다.16)

그런데 Dechow *et al.*(1995)에 의해 수정된 Jones모형(1995)에서는 매출액이 신용매출 조정에 의해 이익조정 대상이 될 수 있음에 주목하여 신용매출에 의한 이익조정을 반영할 수 있도록 매출액의 변동으로부터 매출채권의 변동을 차감하여 사용한다. 이는 매출채권의 변화가 경영자의 조작(manipulation)에 의한 것일 수도 있다는 논리에 따라 그 효과를 제외하려는 의도이며 다음과 같이 표시된다.17)

$$\frac{TA_t}{A_{t-1}} = \alpha_0\left(\frac{1}{A_{t-1}}\right) + \alpha_1\left(\frac{\Delta REV_t - \Delta REC_t}{A_{t-1}}\right) + \alpha_2\left(\frac{PPE_t}{A_{t-1}}\right) + \epsilon_t \qquad (10.2)$$

여기서, ΔREC_t=기업 i의 t년도 매출채권 변화분

위의 모형은 정상적인 (비재량적) 발생을 예측하기 위한 모형이며 위의 모형을 실제 표본집단18)에 적용하여 회귀계수 α_0, α_1, α_2의 추정치인 a_0, a_1, a_2를 구하고, 개별기업의 재량적 발생(discretionary accruals : DA)은 다음의 예측오차(회귀분석에서의 잔차)를 이용하여 계산한다.

$$DA_t = \frac{TA_t}{A_{t-1}} - \left[a_0\left(\frac{1}{A_{t-1}}\right) + a_1\left(\frac{\Delta REV_t - \Delta REC_t}{A_{t-1}}\right) + a_2\left(\frac{PPE_t}{A_{t-1}}\right)\right] \qquad (10.3)$$

여기서, DA_t=기업 i의 t년도 재량적 발생

이상의 절차로 계산된 재량적 발생은 발생액이 실질적 경제현상을 반영할 것으로 기대되는 수준보다 높거나 낮은 것을 나타내는데, 이 같은 재량적 발생은 경영자의 자의적 이익조정의 결과일 확률이 높다고 판단되는 부분이다. 재

16) 최종서(1998, p. 93).

17) 최종서(1998, p. 93), 배길수(1999). 한편, 재량적 발생을 추정하는 모형 자체의 타당성 때문에 동시검정의 사례로 꼽히는데 Jones-type모형의 단점은 정상적 발생이 비정상적 발생으로 잘못 분류될 가능성이 있다는 것이다(Bernard and Skinner, 1996).

18) 일반적으로 동일연도/동일산업 집단에 적용하여 회귀식을 추정한다. 이는 업종별/연도별 회계발생의 패턴에 차이가 있을 수 있음을 의식하여 이를 통제하기 위함이다.

량적 발생모형은 발생액과 관련 계정 사이에 어느 정도 안정적인 관계가 있다는 가정에 기초하고 있으며, 회계이익의 정보효과와 유용성에 영향을 미치는 요인으로 파악되고 있는데, 이는 선행연구에서 시장이 발생조정(accrual management)에 의한 회계이익의 신뢰성을 적절히 할인(discount)하는 것으로 나타나기 때문이다.

한편, Kothari *et al.*(2005)은 재량적 발생이 영업성과의 영향을 받기 때문에 기업실적지표인 총자산이익률(return on asset : ROA)을 추가한 성과대응모형(performance matched model, 2005)을 아래와 같이 제시하였다.

$$\frac{TA_t}{A_{t-1}} = \alpha_0 + \alpha_1\left(\frac{1}{A_{t-1}}\right) + \alpha_2\left(\frac{\Delta REV_t - \Delta REC_t}{A_{t-1}}\right) + \alpha_3\left(\frac{PPE_t}{A_{t-1}}\right) + \alpha_4 ROA + \epsilon_t \tag{10.4}$$

위의 모형은 앞에서 소개된 모형과 달리 상수항(α_0)을 포함하고 있는데, 이는 전기말 총자산으로 변수를 나누어 줌으로써도 통제되지 않는 이분산성(heteroskedasticity)의 문제를 추가적으로 통제하고, 생략된 규모(size)의 변수로 인한 문제를 완화하기 위한 것이다.[19] 또한 ROA는 금년도나 전년도의 수치를 모두 사용할 수 있으나, 본 모형은 실적(performance)이 이슈가 될 때에만 사용하는 것이 적절하다.[20]

이상의 내용을 종합하면 재량적 발생 추정모형이란 결국 발생액을 유발하는 변수를 나열한 후 그 변수에 의해서도 발생액의 설명이 불가능한 부분을 재량적 발생이라고 보는 것이다. [그림 10-4]는 이 관계를 보여준다. 선행연구에서 사용한 재량적 발생액은 절댓값과 부호값이 있다. 절댓값은 회계기준에서 이탈된 정도를 나타내는 반면, 부호값은 이익조정의 주된 경로가 이익증가(또는 손실감소)의 방향이라고 본다면 부호값이 양의 방향으로 증가할수록 발생액의 품질이 낮다고 볼 수 있다.[21]

---

19) Kothari *et al.*(2005, p. 173).

20) Dechow *et al.*(2010, p. 359). 그러나 Kothari *et al.*(2005)의 모형이 모든 상황에서 기존모형의 misspecification을 치료하는 것은 아니다. 예를 들면 Kothari *et al.*(2005) 모형은 극단적인 earnings-to-price나 book-to-market을 보이는 표본에서는 유효하지만, 극단적인 size나 operating cash flow를 보이는 표본에서는 오히려 문제를 악화시킬 수 있다(Dechow *et al.*, 2012).

21) 이재은 등(2018, p. 54).

[그림 10-4] 발생액 유발변수와 재량적 발생[22]

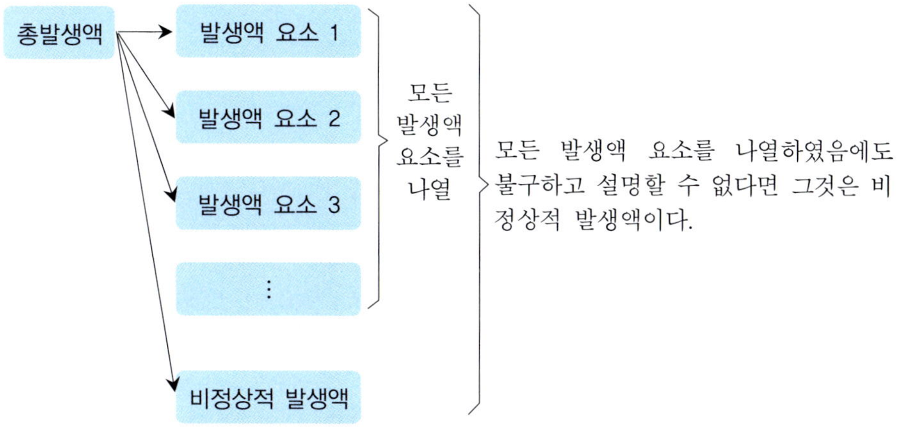

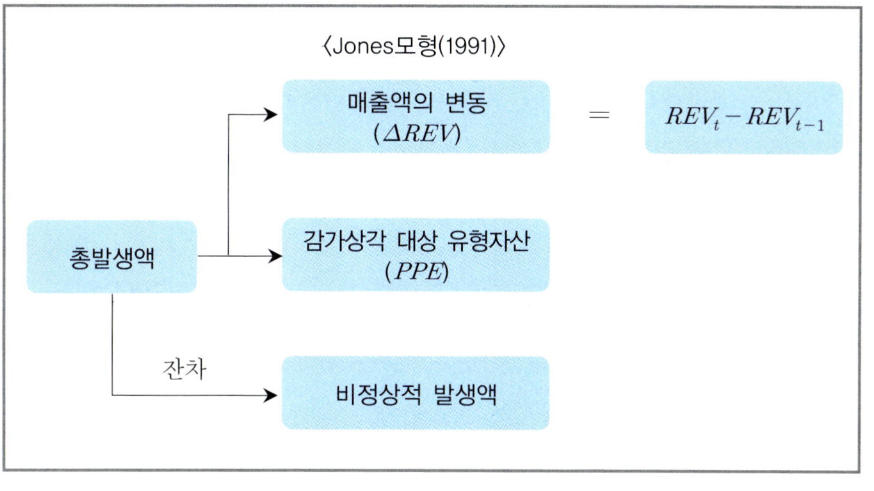

22) http://blog.naver.com/fnguide2/153259013

당기순이익 = CFO + 발생
= CFO + 비재량적 발생 + 재량적 발생

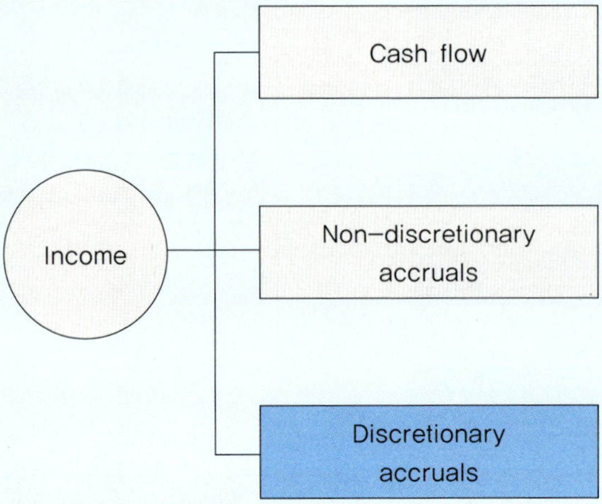

당기순이익의 구성(= CFO + 비재량적 발생 + 재량적 발생)

표본의 종류	당기순이익	CFO	총발생	
			비재량적 발생	재량적 발생
이익조정표본 (n=1,040)	0.037	−0.029	−0.028	0.094
非이익조정표본 (n=3,217)	0.061	0.100	−0.014	−0.025

CFO와 발생요소별 상관관계 계수

표본의 종류		총발생	비재량적 발생	재량적 발생
이익조정표본 (n=1,040)	CFO	−0.850	−0.474	−0.604
非이익조정표본 (n=3,217)	CFO	−0.681	−0.448	−0.489

발생은 종류를 불문하고 CFO와의 상관관계는 모두 음(−)의 부호를 보이고 1% 수준에서 유의하다. 그러나 이익조정표본에서 특히 CFO와 총발생의 상관관계 계수는 대부분 재량적 발생에서 나온 것으로 보인다.

(김지홍 · 고재민 · 김상일, 2008 수정요약)

5. 재량적 발생의 연구주제

재량적 발생의 개념을 이용한 선행연구는 〈표 10-6〉에서와 같이 대체로 가치평가기능과 계약기능의 두 가지 측면에서 이루어져 왔다. 계약기능 관점의 선행연구는 재량적 발생이 경영자의 이익조정과 밀접한 관계가 있음을 나타내는 반면, 가치평가기능 관점의 선행연구는 이익조정수단으로 전락한 재량적 발생은 시장에서 그 의미가 할인(discount)되어 주가에 반영됨을 나타낸다.

〈표 10-6〉 재량적 발생의 회계기능별 연구주제

가치평가기능	계약기능
재량적 발생의 수준에 따른 정보효과의 차등성 분석	재량적 발생을 통한 경영자의 기회주의적 이익조정

재량적 발생과 관련한 연구주제는 최근의 회계투명성에 대한 사회적 관심과 맞물려 매우 다양한 모습을 보이고 있다. 〈표 10-7〉에서는 재량적 발생과 관련한 회계품질에 관련된 연구주제를 보여준다.

〈표 10-7〉 재량적 발생의 연구주제

• 회계이익의 품질 • 재무보고의 품질 • 회계감사의 품질 • 지배구조의 품질

김정재(2001)는 회계이익의 가치관련성을 이익조정의 가능성 관점에서 살펴보았다. 연구결과에 따르면 회계이익의 가치관련성을 나타내는 주가배수는 재량적 발생의 절댓값이 높은 표본에서 상대적으로 낮은 것으로 나타났다. 즉 재량적 발생이 상대적으로 큰 표본에서 재량적 발생이 작은 표본보다 회계이익의 주가배수는 작은 것으로 나타났다. 이는 이익조정가능성이 높은 표본에 속한 기업의 회계이익은 이익조정에 의한 신뢰성 하락으로 이익조정가능성이 낮은 표본의 회계이익보다 가치관련성이 낮아진 것을 의미한다.

Balsam *et al.*(2002)도 사건연구(event study)의 방식으로 재량적 발생(이익조정)이 이익공표시의 주가반응에 미치는 영향을 살펴보았다. 연구결과에 따르면 비기대 재량적 발생과 누적 비정상수익률은 음(−)의 관련성을 보여 재량적 발생이 커질수록 투자자는 회계이익의 신뢰성을 의심하여 부정적인 반응을 보이는 것으로 판단된다. 이상의 연구결과는 재량적 발생이 이익조정수단으로 이용될 때 투자자는 회계이익의 신뢰성을 의심하여 정보효과나 가치관련성이 낮아지는 것을 의미한다.

이호영 등(2011)은 한국기업의 회계투명성을 평가하는 과정에서 Kothari *et al.*(2005)이 제안한 방식으로 수행된 성과조정 비정상 재량발생액이 상위 20%, 하위 80% 범위 밖에 있는 경우 추가 벌점을 부과함으로써 재량적 발생을 투명성을 훼손하는 지표의 하나로 간주하였다.

김임현(2017)은 세무조사 전후의 재무보고품질을 재량적 발생으로 측정하여 검증하였다. 분석결과에 따르면 세무조사 전보다는 후에 재량적 발생으로 측정된 재무보고의 품질이 향상된 것으로 나타났다. 이는 세무조사라는 강력한 감시 및 감독 수단에 따라 발생액의 조정을 통한 이익조정은 줄어들고, 복잡하고 불투명한 거래가 개선되어 재무보고의 품질이 향상된 것을 의미한다.

계약기능의 관점에서는 경영자의 이익조정동기를 재량적 발생의 변화로 측정하는 연구결과가 [그림 10-5]에 제시된다. 먼저 그림 1에서는 내부승진 CEO와 외부초빙 CEO의 이익조정모습의 차이를 보여준다. 내부승진 CEO에 비해 외부초빙 CEO는 임기초에 이익을 부풀리는(income-increasing) 이익조정을 하여 자신의 역량을 과시하려는 동기가 높은 것으로 보인다.[23] 그림 2에서는 임기별 CEO의 이익조정모습의 차이를 보여준다. 임기초에는 이익증가를 위한 이익조정으로 재량적 발생이 증가하다 중기에는 재량적 발생의 반전(reversal)으로 감소하지만 말기에는 다시 재량적 발생이 증가하는 모습을 보이고 있다.[24]

23) Kuang *et al.*(2014, p. 612).

24) Ali and Zhang(2015, p. 76).

[그림 10-5] CEO의 이익조정

그림 1 : 내부승진 vs 외부초빙 CEO의 이익조정

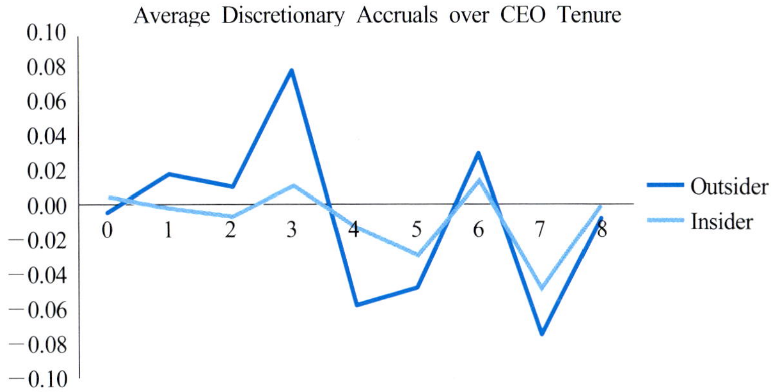

그림 2 : 임기별 CEO의 이익조정

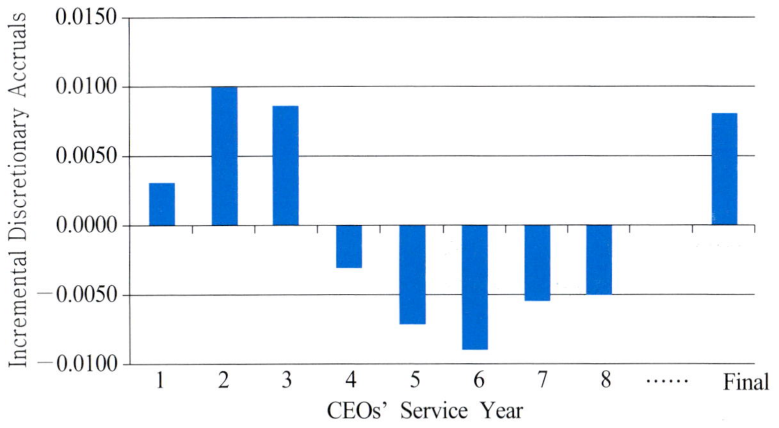

6. 기타 발생액의 질 측정방법

전술한 재량적 발생액 이외에도 발생액의 질은 아래의 두 가지 모형을 통해서도 추정이 가능하다. 먼저 Dechow and Dichev(2002)는 운전자본변동(ΔWC)을 종속변수로 하고 전기 · 당기 · 차기의 영업활동 현금흐름(CFO)을 독립변수로 포함시킨 아래 모형 (10.5)를 추정한다(DD모형). 또 다른 대안으로 McNichols(2002)는 모형 (10.5)의 독립변수에 매출액의 변동과 상각대상 유형자산을 추가하여 모형 (10.6)을 추정한다.

$$\frac{\Delta WC_t}{A_t} = \alpha + \beta_1\left(\frac{CFO_{t-1}}{A_t}\right) + \beta_2\left(\frac{CFO_t}{A_t}\right) + \beta_3\left(\frac{CFO_{t+1}}{A_t}\right) + \epsilon_t \quad (10.5)$$

$$\frac{\Delta WC_t}{A_t} = \alpha + \beta_1\left(\frac{CFO_{t-1}}{A_t}\right) + \beta_2\left(\frac{CFO_t}{A_t}\right) + \beta_3\left(\frac{CFO_{t+1}}{A_t}\right) + \beta_4\left(\frac{\Delta Sales}{A_t}\right) + \beta_5\left(\frac{PPE_t}{A_t}\right) + \epsilon_t \quad (10.6)$$

여기서, ΔWC_t = Δ매출채권 + Δ재고자산 − Δ매입채무 − Δ미지급법인세 + Δ기타자산(순액)

A = 기초자산

CFO = 영업활동 현금흐름

$\Delta Sales$ = (당기 매출액 − 전기 매출액)

PPE = 상각대상 유형자산

위의 모형 (10.5)와 (10.6)에서 얻은 잔차는 전기 · 당기 · 차기에 현금흐름으로 실현되지 않은 발생액을 의미하며, 이 잔차의 표준편차와 절댓값이 크면(작으면), 발생액의 질은 낮다(높다). 결국 Dechow and Dichev 모형(2002)의 기본정신은 언젠가 현금흐름으로 전환되는 발생은 발생의 질을 저하시키지 않는 반면, 현금흐름으로 전환되지 않는 발생이 문제라는 것이다.

7. 회계적 이익조정과 감사인의 역할

회계적 이익조정(accrual based earnings management)에서 말하는 재량적 발생은 감사의견 예측모형에서도 유용한 변수의 하나로 나타나고 있으며,[25] 감사인의 입장에서는 피감사회사의 선택(client screening), 감사위험의 평가 및 분석적 절차(analytical procedures)[26]의 도구로도 활용할 수 있다. 예를 들어 재량적 발생이 산업평균 또는 경쟁기업과 비교하여 지나치게 높거나 낮을 때 또는 과거의 수치에 비해 지나치게 증가 또는 감소할 때 감사인은 얼마든지 이익조정을 의심할 수 있다. 즉 감사인은 재량적 발생을 경영자의 이익조정가능성을 나타내는 대용변수(proxy variable)의 하나로 활용할 수 있다. 특히 감사인의 법률적 책임이 강조되는 환경에서 감사인은 재량적 발생을 분식회계의 개연성을 암시하는 지표로 활용할 경우 그 활용도가 높을 것이다.

Gul *et al*.(2003)에 따르면 재량적 발생과 감사보수(audit fee)가 유의한 정(+)의 관계를 보임으로써 감사인이 재량적 발생의 중요성을 인식하고 감사보수에 반영하는 것으로 나타났다. 또한 Gul *et al*.(2002)에 따르면 감사인의 품질이 경영자의 계약동기상의 재량적 발생조정(contracting driven accruals)을 완화하는 효과가 크다고 하였다. 이와 관련하여 Krishnan(2003)에 따르면 Big 6가 감사한 회사의 재량적 발생은 non-Big 6의 그것보다 작은 것으로 나타났으며 이는 감사품질이 높을수록 경영자의 자의적 회계운용을 제어하는 능력이 뛰어남을 의미한다. 이는 현금흐름이나 비재량적 발생보다는 재량적 발생에서 감사인의 경영자 제어능력에 따른 감사품질의 차이가 두드러지고 시장도 이를 반영한다는 의미로 해석된다. Boone *et al*.(2011)도 소송위험(litigation risk)과 재량적 발생의 관계를 살펴본 결과 소송위험이 높아질수록 감사인의 재량적 발생에 대한 억제력이 더 커짐을 발견하였다. 이는 미래의 소송을 피할 목적으로 감사인의 억제력이 더 커지는 것으로 해석된다. 그러나 이러한 노력에도 불구하고 재량적 발생이 커지는 경우 미래의 소송가능성은 높아지는 것으로 나타났다.

[그림 10-6]에서는 감사품질의 대용치가 제시된다. 그림에서는 재량적 발생뿐만 아니라 총발생액도 유용한 감사품질 측정을 위한 변수로 소개되고 있

---

25) Bartov *et al*.(2001).

26) 감사인은 계획단계와 감사의 전반적 검토단계에서 반드시 분석적 절차를 적용해야 한다. 감사인은 분석적 절차에 의해 중대한 변동, 다른 정보와의 불일치나 예측치와 다른 상관관계를 발견한 경우 이를 조사하고 이에 대한 적절한 설명과 이를 확인하는 증거를 입수해야 한다(회계감사준칙, 520 분석적 절차, 2, 17).

[그림 10-6] 감사품질의 대용변수(proxies)

Proxy name	Description of proxy	Predicted association
Five accruals proxies		
1) Disc. Accruals	Signed discretionary accruals	+
2) Abs (Disc. Accruals)	Unsigned discretionary accruals	+
3) DD Residual	Unsigned Dechow and Dichev model residuals	+
4) Abs (Accruals)	Unsigned total accruals	+
5) Abs (Accruals/CFO)	Unsigned (total accruals/Cash flow from operations)	+
Five non-accruals output proxies		
1) Restatement	Propensity to restate financial statements	+
2) Small Profit	Propensity to meet or beat zero earnings threshold	+
3) Prior ROA Meet	Propensity to meet or beat prior year's earnings	+
4) Going Concern	Propensity to issue a going concern opinion	−
5) Type I Going Concern	Going concern opinions that do not result in bankruptcy	−
Five input proxies		
1) Industry Specialization	Auditor industry specialization	−
2) Audit Fees	Logarithm of audit fees	−
3) Audit Hours	Logarithm of audit hours	−
4) New Client	first year clients	+
5) Office Size	Total Big 4 office audit fees	−

다. 한편 그림에서 +로 표시된 대용변수는 그 크기가 커질수록 감사품질은 낮아지는 것이고, −로 표시된 대용변수는 그 크기가 커질수록 감사품질이 높아지는 것이다.[27]

27) Aobdia(2019, p. 146).

제3절 실제이익조정

실제이익조정(real earnings management : REM)이란 실제 기업활동을 통해 이익을 조정하는 행위로서 목표이익에 도달하기 위해 정상적인 영업활동의 범위를 벗어난 비정상적인 영업활동을 통해 인위적으로 이익을 상향 또는 하향 조정하는 일련의 행위로 정의된다.[28] 경영자는 통상 회계적 이익조정과 실제이익조정을 동시에 수행할 수 있지만 이익조정의 초기 선행연구는 대부분 회계적 이익조정, 즉 재량적 발생을 중심으로 이루어져 왔다.[29] 그러나 회계투명성에 대한 관심이 고조되는 최근에는 경영자가 회계적 이익조정보다는 실제이익조정을 선호할 가능성이 더 높아졌다. 그 이유는 실제이익조정은 적절히 공시만 된다면 감사의견에 영향을 미치거나 규제기관의 관심을 유발하는 사안이 아니기 때문이다.

1. 실제이익조정의 측정

Roychowdhury(2006)는 재량적 발생액을 추정하는 모형을 근거로, 정상적인 영업활동과 관련된 금액을 추정하여, 정상적 영업활동모형에서 설명될 수 없는 부분을 REM의 결과로 간주하는 모형을 제안하였다. 이 모형에서는 구체적으로 영업활동 현금흐름(cash flow from operations), 제조원가(production costs) 그리고 재량적 비용(discretionary expenses)을 살펴보았다.

영업활동 현금흐름과 관련하여, 매출시기를 앞당기는 매출액조정과 판매가격 할인이나 신용판매 증가로 인한 매출액 증가를 측정하기 위한 변수로 비정상 영업활동 현금흐름(abnormal CFO)을 측정한다. 여기서 비정상 영업활동 현금흐름의 측정은 정상수준의 영업활동 현금흐름(CFO_t)을 t기말 매출액과 t기

28) Roychowdhury(2006), Cohen and Zarowin(2010).

29) 그 이유는 다음의 두 가지 때문으로 판단된다. 첫째, 실제이익조정은 엄밀한 의미에서 이익조정이 아니라는 반론이 가능하기 때문이다. 비정상적인 경영활동에 숨겨진 경영자의 의도를 파악하지 않는 이상 객관적으로 이익조정이라 단정 짓기는 어렵다. 둘째, 비정상적인 경영활동을 이익조정이라 인정하더라도 그중에서 이익조정으로 발생한 결과만을 분리하여 측정하기 어렵다. 이러한 한계에도 불구하고 Roychowdhury(2006)가 실제이익조정에 의한 이익조정 측정치의 추정모형을 제시한 이래 이 분야의 연구가 활발해지고 있다(김지홍 등, 2008).

말 매출액 변화분의 선형관계를 가정하여 다음의 모형 (10.7)과 같이 추정한 후, 실제치에서 추정치를 차감하여 계산한다. 즉, 모형 (10.7)에서 나타나는 잔차가 비정상 영업활동 현금흐름이 되는 것이다.

$$\frac{CFO_t}{A_{t-1}} = \alpha_0 + \alpha_1\left(\frac{1}{A_{t-1}}\right) + \alpha_2\left(\frac{S_t}{A_{t-1}}\right) + \alpha_3\left(\frac{\Delta S_t}{A_{t-1}}\right) + \epsilon_{it} \tag{10.7}$$

여기서, CFO_t : 기업 i의 t기말 영업활동 현금흐름
A_{t-1} : 기업 i의 $t-1$기말 총자산
S_t : 기업 i의 t기말 총매출액
ΔS_t : 기업 i의 t기말 매출액 변화분($S_t - S_{t-1}$)

제조원가와 관련하여, 경영자가 정상적인 생산수준 이상으로 과도하게 제품을 생산한다면, 생산량이 증가할수록 단위당 고정제조간접비는 감소하기 때문에 매출원가를 축소시켜 보고이익을 증가시킬 수 있다. 제조원가(PC_t)는 매출원가($COGS_t$)와 재고자산의 변화분($\Delta \in V_t$)의 합으로 나타낼 수 있는데, 매출원가는 t기말 매출액과 선형관계이며, 재고자산의 변화분은 t기말 매출액의 변화분과 $t-1$기말 매출액의 변화분으로 나타낼 수 있으므로, 결국 제조원가(PC_t)는 모형 (10.10)과 같이 측정된다. 이 모형을 이용하여 제조원가의 예측치를 구하고 이를 제조원가의 실제치로부터 차감하여 비정상 제조원가(abnormal production costs)를 측정한다. 즉, 모형 (10.10)에서 나타나는 잔차가 비정상 제조원가가 되는 것이다.

$$\frac{COGS_t}{A_{t-1}} = \alpha_0 + \alpha_1\left(\frac{1}{A_{t-1}}\right) + \alpha_2\left(\frac{S_t}{A_{t-1}}\right) + \epsilon_{it} \tag{10.8}$$

$$\frac{\Delta \in V_t}{A_{t-1}} = \alpha_0 + \alpha_1\left(\frac{1}{A_{t-1}}\right) + \alpha_2\left(\frac{\Delta S_t}{A_{t-1}}\right) + \alpha_3\left(\frac{\Delta S_{t-1}}{A_{t-1}}\right) + \epsilon_{it} \tag{10.9}$$

$$\frac{PC_t}{A_{t-1}} = \alpha_0 + \alpha_1\left(\frac{1}{A_{t-1}}\right) + \alpha_2\left(\frac{S_t}{A_{t-1}}\right) + \alpha_3\left(\frac{\Delta S_t}{A_{t-1}}\right) + \alpha_4\left(\frac{\Delta S_{t-1}}{A_{t-1}}\right) + \epsilon_{it} \tag{10.10}$$

여기서, $COGS_t$: 기업 i의 t기말 매출원가
$\Delta \in V_t$: 기업 i의 t기말 재고자산 변화분($\in V_t - \in V_{t-1}$)
PC_t : 기업 i의 t기말 생산원가($COGS_t + \Delta \in V_t$)

재량적 비용과 관련하여, 경영자는 이익을 상향조정하기 위하여 복리후생

비, 광고선전비, 경상연구개발비 등의 재량적 비용의 지출을 감소시킬 수 있다. 여기서 재량적 비용(DE_t)은 모형 (10.11)과 같이 기업 i의 $t-1$기말 매출액과 선형관계를 가정하여 측정한다. 이 모형을 이용하여 재량적 비용의 예측치를 구하고 이를 재량적 비용의 실제치로부터 차감하여 비정상 재량적 비용(abnormal discretionary expenses)을 측정한다. 즉, 모형 (10.11)에서 나타나는 잔차가 비정상 재량적 비용이 되는 것이다.

$$\frac{DE_t}{A_{t-1}} = \alpha_0 + \alpha_1\left(\frac{1}{A_{t-1}}\right) + \alpha_2\left(\frac{S_{t-1}}{A_{t-1}}\right) + \epsilon_{it} \tag{10.11}$$

여기서, DE_t : 기업 i의 t기말 재량지출액

이상의 비정상적인 경영활동을 측정하는 변수들의 의미는 다음과 같다. 첫째, 영업활동 현금흐름은 가격할인 및 신용매출의 증가 등으로 인해 정상적인 매출의 경우에 비해 그 크기가 작으므로 이익을 상향조정하는 기업의 경우 비정상 영업활동 현금흐름은 음(−)의 값을 가지며, 이익을 하향조정하는 경우 양(+)의 값을 가질 것이다. 둘째, 비정상 제조원가의 경우, 이익을 증가시키고자 하는 기업은 생산을 확대하여 고정제조간접비를 낮추고자 할 것이므로 양(+)의 값을, 이익을 감소시키고자 하는 기업은 음(−)의 값을 가질 것이다. 셋째, 재량적 비용은 이익을 증가시키고자 하는 기업의 경우 재량적 비용을 줄이고자 할 것이므로 비정상 재량적 비용은 음(−)의 값을, 이익을 감소시키고자 하는 기업은 양(+)의 값을 가질 것이다.[30]

그런데 전술한 세 개의 실제이익조정의 측정치는 이익의 상향조정과 하향조정에 있어 부호(sign)가 일치하지 않는 문제가 있다. 따라서 이를 통합하여 실제이익조정의 복합적 측정치(composite measure of REM)를 구성하기 위해 비정상 영업활동 현금흐름(abnormal CFO)과 비정상 재량적 비용(abnormal discretionary expenses)에 마이너스 1을 곱하여 세 개의 측정치를 합산한다. 이렇게 되면 모든 세 개의 측정치가 높을수록 이익의 상향조정동기가 크고, 낮을수록 이익의 하향조정동기가 큰 것으로 볼 수 있다.[31]

---

30) 조현연 · 김도원(2010), 전홍민 · 차승민(2011).

31) Cunningham *et al.*(2016).

2. 실제이익조정의 연구주제

Roychowdhury(2006)는 경영자가 가격할인을 통한 매출신장, 낮은 매출원가를 위한 과잉생산 및 재량적 비용의 감축을 통해 적자보고 회피 또는 재무분석가의 예측치를 달성하기 위한 실제 경영활동의 조작을 하고 있음을 보고하였다. 국내의 경우 김지홍 등(2008)은 이익을 상향조정했을 것으로 의심받는 기업의 경우 낮은 비정상 영업활동 현금흐름과 낮은 비정상 재량적 비용을 보이는 반면, 비정상 제조원가의 경우 높은 수준으로 나타나 이익의 상향조정을 위한 실제이익조정이 이루어지고 있음을 보고하였다. 또한 김지홍 등(2009)은 실제이익조정이 기업의 장기 영업성과 및 주가성과에 부정적인 영향을 미치고 있음을 보고하였다.

감사인의 품질과 관련하여 조현연과 김도원(2010)은 감사인의 규모가 크거나(Big 4), 산업전문감사인에게 감사받는 기업이 그렇지 않은 기업에 비해 실제이익조정의 수준이 낮게 나타나 감사품질이 높은 감사인은 경영자의 실제이익조정을 감시하는 역할을 수행하고 이를 제어하는 역할을 하고 있음을 보고하였다. 그러나 동일한 주제를 다룬 Chi *et al.*(2011)에 따르면 감사품질이 높은 감사인은 발생을 통한 회계적 이익조정을 억제하는 능력이 뛰어나므로 높은 품질의 감사인에게 감사를 받는 이익조정의 욕구가 높은 피감사기업은 오히려 대체적 이익조정수단인 실제이익조정을 더 많이 활용한다고 보고하였고, 이를 의도하지 않은 감사품질의 효과로 보았다. 또한 감사인의 임기(tenure)가 길어질수록 실제이익조정의 수준이 높아진다고 보고하였다.

이명곤 등(2011)은 경영자가 그들 자신의 예측정보의 신뢰성을 향상시키기 위해 실제이익조정을 수행하는 것으로 보고하였다. 양대천 등(2011)은 내부회계관리제도의 검토보고서상 취약점 공시는 실제이익조정과 유의한 양(+)의 관계를 보여, 이들 기업은 장기적인 성과를 저하시키는 실제이익조정을 수행할 가능성이 더 높다고 하였다. 손성규 등(2011)도 내부회계관리제도 도입 이후에 발생액을 통한 이익조정은 유의하게 감소하였지만 실제이익조정은 유의하게 증가하였음을 보고하였다. 이는 내부회계관리제도 도입 이전에 비해 경영자들은 발생액을 통한 이익조정은 실시하지 못하지만 대체적인 이익조정수단인 실제이익조정은 오히려 적극적으로 실시한다는 것을 의미한다. 전홍민과 차승민(2011)은 실제이익조정과 자기자본비용은 유의한 양(+)의 관계를 보여, 경영자가 실제이익조정의 수준을 높이면 투자자는 해당기업의 잠재적 위험을 인식하여 추가적인 위험프리미엄을 요구한다고 보고하였다.

3. 회계적 이익조정과 실제이익조정은 대체재인가?

Cohen *et al*.(2008)은 2002년에 시행된 Sarbanes-Oxley Act 이후 재량적 발생을 이용한 회계적 이익조정은 감소하였으나, 실제이익조정은 증가하고 있다는 결과를 보고하였다. Cohen and Zarowin(2010)은 유상증자를 앞둔 기업의 경우 회계적 이익조정보다 상대적으로 부담이 적은 실제이익조정을 더 많이 활용하고 있음을 보고하였다. 한편, Ipino and Parbonetti(2011)는 2005년에 IFRS를 강제적용한 유럽기업의 이익조정패턴을 비교분석하였다. 이를 위해 2005년 당시 IFRS를 강제적용하지 않은 국가의 기업을 통제집단으로 채택하고, IFRS 도입 이전(2000~2004)과 도입 이후(2006~2008)를 비교하였다. 분석결과 2005년에 IFRS를 강제적용한 유럽기업 중 법적 구속력이 강한 국가의 기업들은 IFRS 도입 이후에 도입 이전과 비교하여 발생을 통한 이익조정은 감소한 반면, 실제이익조정은 오히려 증가한 것으로 나타났다. 저자들은 이러한 결과가 IFRS를 적용하지 않은 통제기업에서는 나타나지 않았음에 주목하여, 이러한 분석결과는 IASB가 의도하지 않은 결과라고 하였다.

[그림 10-7] Comment Letter 이전 vs 이후 이익조정수단

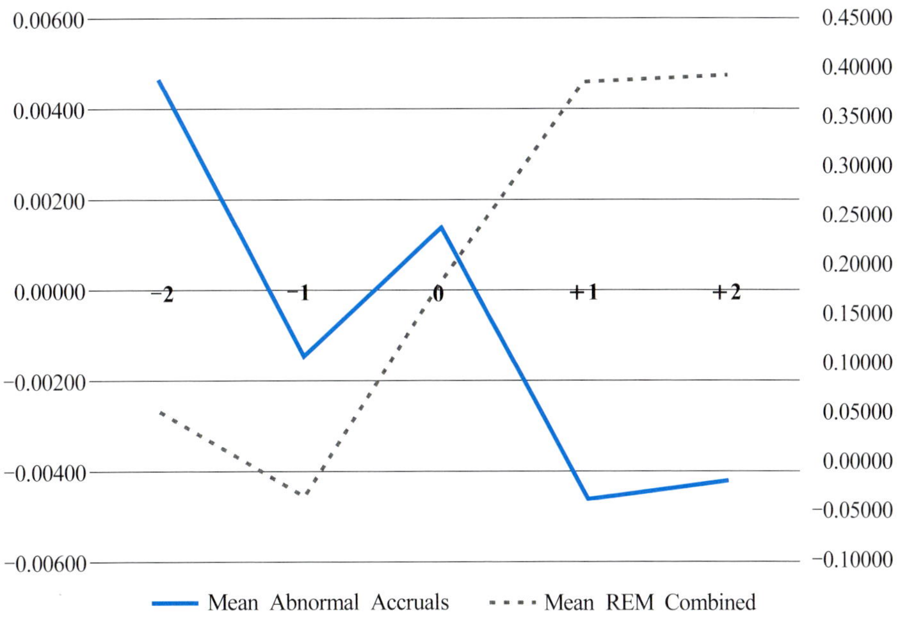

Cunningham *et al.*(2016)은 2007~2014년의 기간에 미국에서 회계처리 및 공시와 관련한 SEC의 comment letter를 받은 기업의 이익조정수단의 변화를 검증하였다. comment letter란 회계처리 및 공시내용에 대한 소명을 일정기간 이내에 해야 하기 때문에 기업의 입장에서는 SEC의 감시와 압력이 구체화된 것으로 간주되는 매우 부담스러운 사건이다. 분석결과에 따르면 [그림 10-7]에서 나타난 대로 comment letter의 수령(0) 이후 발생액 이익조정의 평균(Mean Abnormal Accruals)은 급감한 반면 실제이익조정의 평균(Mean REM Combined)은 급증함을 보이고 있다. 이는 SEC의 감시와 압력이 comment letter로 구체화된 이후 기업들은 발생을 통한 회계적 이익조정은 포기하는 대신 SEC의 눈에 잘 띄지 않는 실제이익조정으로 이익조정의 수단을 교체하는 것으로 해석된다.

4. 실제이익조정과 감사인의 역할

실제이익조정과 관련하여 이창섭 등(2012)은 감사시간과 감사보수를 이용하여 감사인이 경영자의 실제이익조정활동을 인지하는가에 대해 분석하였다. 실제이익조정활동은 기업의 장기성과에 부정적인 영향을 미치며 이익조정행위의 특성상 감사위험을 증가시키지만, 경영자의 영업활동상 의사결정의 결과로 나타나는 이익조정이라는 특성 때문에 감사인이나 감독기관이 이를 직접적으로 제재하기는 어렵다고 알려져 있다. 그러나 감사인은 감사계획수립시 감사위험 평가단계에서 피감사회사의 실제이익조정과 관련된 활동들에 대해 파악하여 감사위험을 낮추려는 노력을 할 것이라고 예상된다. 따라서 저자들은 감사인이 실제이익조정활동을 인지하여 감사시간과 감사보수에 반영하는지에 대한 실증적 분석을 실시하였다. 만약 감사인이 인지한 실제이익조정의 정도가 상대적으로 높았다면 감사수행시 이로부터 증가된 감사위험이 반영되어 감사투입시간이 증가할 것이고, 이에 따라 감사보수도 증가할 것이라 예상된다.

실증분석 결과, 전년도 실제이익조정이 클수록 당기의 감사투입시간 및 감사보수는 유의하게 증가하는 것으로 나타났다. 이러한 결과는 감사인이 실제이익조정활동의 증가를 감사위험의 증가로 인식하여 감사투입시간 및 감사보수를 증대시킨다고 해석할 수 있다. 본 연구는 감사시간과 감사보수를 근거로 감사인이 경영자의 실제이익조정 행위를 인지하는가에 대하여 실증분석을 시도하였다는 점에서 선행연구와 차별점이 있다. 본 연구에서는 감사인이 경영자의 실제이익조정에 대한 직접적인 제재 권한이 없음에도 불구하고, 이를 인식한 후 증가된 감사위험을 낮추려는 노력을 수행하고 있음을 보여주었다. 또한 본 연구결과는 최근 저가수임으로 인한 감사품질의 훼손현상을 감독하는 규제기관에 감사시간과 감사보수가 감사품질의 측정에 있어 중요한 지표임을 제시해 줄 수 있을 것으로 기대된다.

제4절 발생액 이상현상

1. 발생액 이상현상의 의의

Sloan(1996)이 최초로 보고한 발생액 이상현상(accrual anomaly)이란 주가가 발생액과 영업활동 현금흐름의 지속성을 정확하게 반영하지 못하여 발생액과 미래수익률이 음(−)의 관계를 갖는 현상을 말한다. 즉, 투자자는 재무제표가 공시되면 발생액에 대해서는 과대평가를, 영업활동 현금흐름에 대해서는 과소평가를 하는 경향이 있어 공시 이후 발생액이 높은 포트폴리오는 음(−)의 초과수익률을, 발생액이 낮은 포트폴리오는 양(+)의 초과수익률을 경험하게 된다. 만약 시장이 발생액의 정보특성을 충분히 이해할 만큼 효율적이라면 이러한 일은 나타나지 않는다.[32]

발생액 이상현상은 투자자들이 이익의 두 구성요소인 발생액과 현금이익(영업활동 현금흐름)의 지속성을 잘 파악하고 있지 못하며 따라서 이를 투자의사결정시에 반영하지 못한다는 것을 보여준다. 발생액은 상대적으로 지속성이 낮아서 이익에서 발생의 비중이 높은 기업은 미래에 이익이 감소할 확률이 높고, 따라서 주가가 하락할 가능성이 높다. 그럼에도 불구하고 투자자들은 표면적인 이익수치에만 집착(fixate)하여 투자의사결정을 내리는 것으로 분석됐다. 따라서 Sloan(1996)에 따르면 발생액/자산의 비율에 따라 포트폴리오를 구성하면 발생액이 제일 낮은 포트폴리오의 초과 투자수익은 1년 보유시 4.9%이고, 발생액이 제일 높은 포트폴리오는 −5.5%였다. 이는 투자자가 발생액의 지속

32) 남천현(2011, p. 164) 수정요약. 따라서 발생액과 미래수익률이 음(−)의 관계를 갖는 현상을 발생액 이상현상이라고 부른다. 그런데 발생액과 CFO(영업활동 현금흐름)는 음(−)의 상관관계를 갖는 것이 보통이므로 발생액이 높은 기업은 CFO가 낮고 이에 따라 차기의 주가와 수익률이 낮아진다는 논리도 성립한다.

[그림 10-8] Sloan(1996)의 헤지포트폴리오 초과수익률

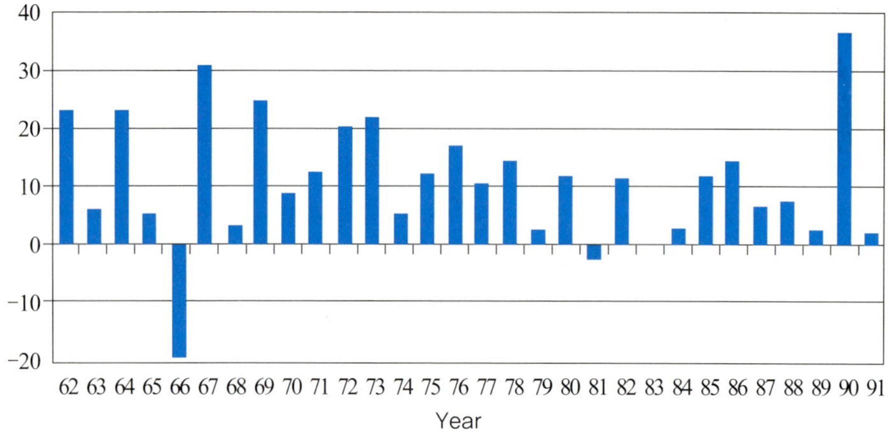

성을 제대로 인식하지 못하기 때문에 미래의 이익수준을 잘못 예측하였음을 보여준다. 따라서 발생액이 제일 높은 포트폴리오를 공매도(short sales)하여 취득한 자금으로 발생액이 제일 낮은 포트폴리오를 매입하면 자신의 자금을 사용하지 않고도 1년 보유시 10.4%[4.9%−(−5.5%)]의 초과수익을 얻을 수 있음을 의미한다.[33] Sloan(1996)의 연구결과는 학계와 실무계의 광범위한 관심을 끌었으며, 후속 연구들은 왜 투자자들이 발생액의 미래 이익과 주가에 대한 영향을 정확히 이해하지 못하는지를 규명하려 하였다. [그림 10-8]은 Sloan(1996, p. 309)의 헤지포트폴리오의 연도별 초과수익률을 보여준다.[34]

Pincus *et al.*(2007)은 1994~2002년의 기간에 전 세계 20개국의 자료를 이용하여 분석한 결과, 발생액 이상현상이 code law국가보다는 common law국가에서 나타나는 것으로 보고하였다. 즉 호주, 캐나다, 영국 및 미국에서만 발생액 이상현상이 나타나는바, 이들 국가는 모두 common law국가이기 때문이다.

우리나라에서도 고봉찬 · 김진우(2009)는 1987년부터 2006년까지 유가증권시장의 비금융업 기업을 대상으로 분석한 결과 발생액이 낮은 기업은 매수하고 발생액이 높은 기업은 매도하는 발생액 헤지포트폴리오의 초과수익률이 연평균 14~17%로 나타나 국내에서 발생액 이상현상의 존재를 확인하였다.

33) 백복현 등(2011, pp. 261~266) 수정요약.

34) 발생액 이상현상에서 헤지포트폴리오란 long/short 투자전략을 의미하며 이는 발생액이 높은 종목은 공매도(short)하고, 발생액이 낮은 종목은 매입(long)하는 전략이다.

2. 발생액 이상현상에 대한 반론

이상의 발생액 이상현상에 대한 반론도 있다. Kraft *et al.*(2006)은 발생액 이상현상을 부인하였다. 왜냐하면 1987~1999년의 기간에서 극단치(outlier)를 제거한 표본에 대해 분석결과 발생액 이상현상이 사라졌기 때문이다. [그림 10-9]는 이 결과를 보여준다.35)

[그림 10-9]에서 우하향선은 20,842개의 전체표본을 대상으로 한 회귀식이고, 거의 평평한 선은 잔차(residual)가 가장 큰 1%의 이상치(outlier) 208개를 제거한 나머지 20,634개의 회귀식이다. 이 그림에서 우하향선은 발생액과 수익률이 음(−)의 관계를 보인다는 발생액 이상현상의 전형적인 모습이다. 그러나 불과 1%의 극단치(전체 20,842개의 표본 중 208개)를 제거한 축소표본에서는 발생액 이상현상이 사라진다. 또한 Kraft *et al.*(2007)은 지금까지 선행연구에서 발생액 이상현상의 존재를 확인하는 수단으로 활용된 Mishkin test의 문제점을 지적하였다. 저자들은 Mishkin test에서 누락변수(omitted variables)의 문제는 심각하여 이를 무시

[그림 10-9] 전체표본 vs 축소표본 발생액 이상현상

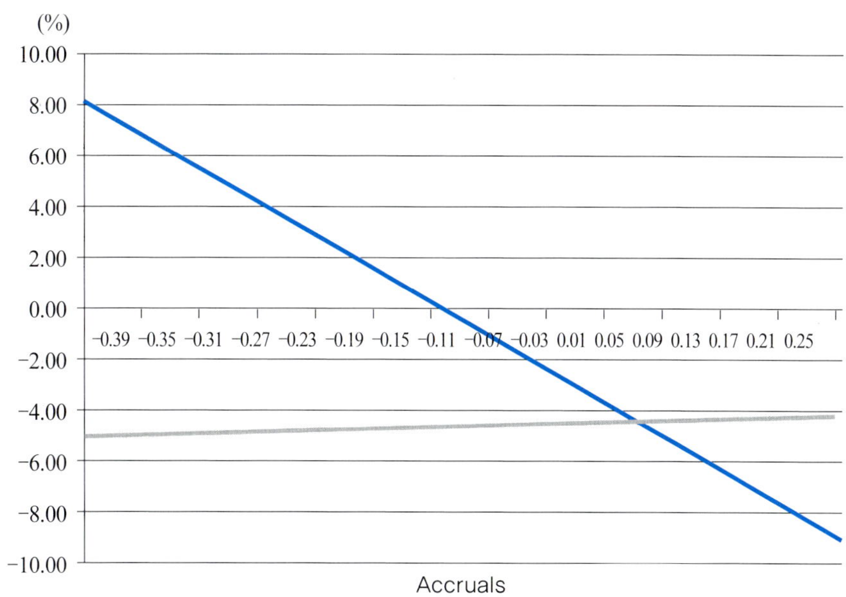

35) Kraft *et al.*(2006, p. 323). 이 그림에서 Accruals은 10개의 그룹(decile)이 아니라 개별기업의 실제치를 사용했다.

한 채 분석하면 잘못된 추론을 하게 된다고 주장하였다. 저자들은 Mishkin test에 추가변수를 포함하면 발생액 이상현상은 더 이상 나타나지 않는다고 하였다.

한편, 우리나라에서도 남천현(2009)에 따르면 전체표본에서는 발생액 이상현상의 정반대 현상이 발견되었다. 추세분석으로 보면 전반적으로 발생액 이상현상의 징후는 감지되나, 최저발생액기업의 이례적인 수익률급감이 발생액 이상현상을 압도하여 정반대 현상이 나타난 것으로 판단된다. 이에 따라 최저발생액기업을 제거한 표본에 있어서는 가장 명확한 발생액 이상현상이 발견되었다. 결론적으로 한국자본시장에서는 최저발생액기업이 발생액 이상현상을 교란하고 있으며, 이를 제거해야 진정한 발생액 이상현상이 나타난다. Soares and Stark(2009)도 영국시장에서 발생액이 높은 기업에서는 의미 있는 초과수익률이 나타나지만 발생액이 낮은 기업에서는 의미 있는 초과수익률이 나타나지 않는다고 보고하였다.

Taylor and Wong(2012)은 1992년부터 2005년까지 호주기업을 대상으로 발생액 이상현상에 관련된 방법론적인 이슈를 연구하였다. 분석결과에 따르면 Kraft *et al*.(2006)과 유사하게 극단치(outliers)의 처리가 어떻게 이루어지느냐에 따라 상반된 결과가 나올 수 있는 것으로 나타났다. 또한 헤지포트폴리오의 수익률 계산에 있어 단순평균(equal-weighted) 방식을 사용하느냐 가중평균(value-weighted) 방식을 사용하느냐에 따라서도 결론이 다를 수 있는 것으로 나타났다. 따라서 저자들은 "과연 발생액 이상현상이 존재하는가?"라는 질문에 대한 가장 확실한 대답은 "상황에 따라 다르다"라는 것이라고 주장한다. 여기서 상황이란 극단치가 어떻게 처리되었느냐와 헤지포트폴리오의 수익률을 어떻게 구하였느냐이다.[36]

3. 발생액 이상현상의 소멸

Sloan을 포함하는 Dechow *et al*.(2011)은 Sloan(1996)의 연구가 발표된 지 15년 만에 발생액 이상현상에 대한 연구결과를 종합하고 미래의 전망에 대해 언급했다. 저자들은 발생액 이상현상에 대한 대체적(alternative) 설명가능성으로 위험관련 요인, 연구설계관련 요인 및 성장(growth)관련 요인 등을 제시하고 있다.

저자들은 Green *et al*.(2011)[37]의 연구를 인용하여 발생액 이상현상이 2000

36) Sloan(1996)은 극단치(outliers)에 대해서는 전혀 언급하지 않고 있다.

37) Green *et al*.(2011)은 발생액 이상현상이 사라지게 된 배경으로 이 현상을 이용하여 초과수익을 추구하는 헤지펀드의 등장을 지목하고, 실제로 발생액 이상현상의 초기 연구수행자들이 나중에 헤지펀드에 스카우트되었다고 말했다. 이들에 따르면 애초의 연구자인 Richard

[그림 10-10] 발생액 이상현상 활용 헤지펀드규모 변화추이

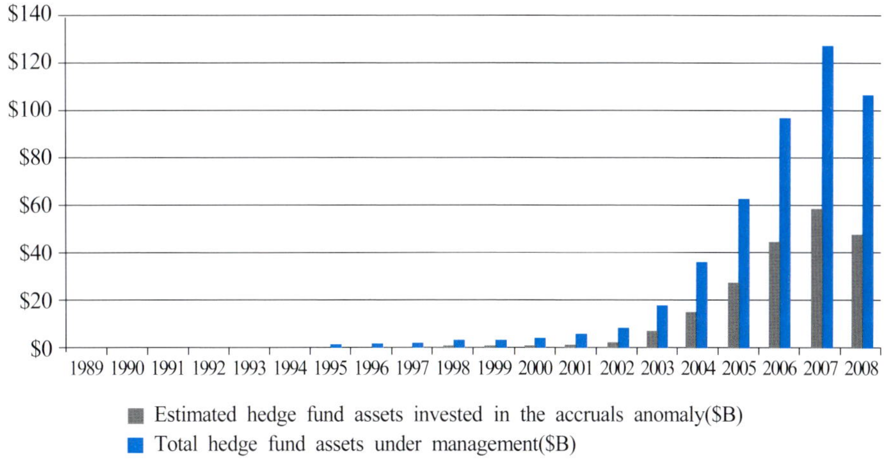

[그림 10-11] 발생액 이상현상을 이용한 수익률 변화추이

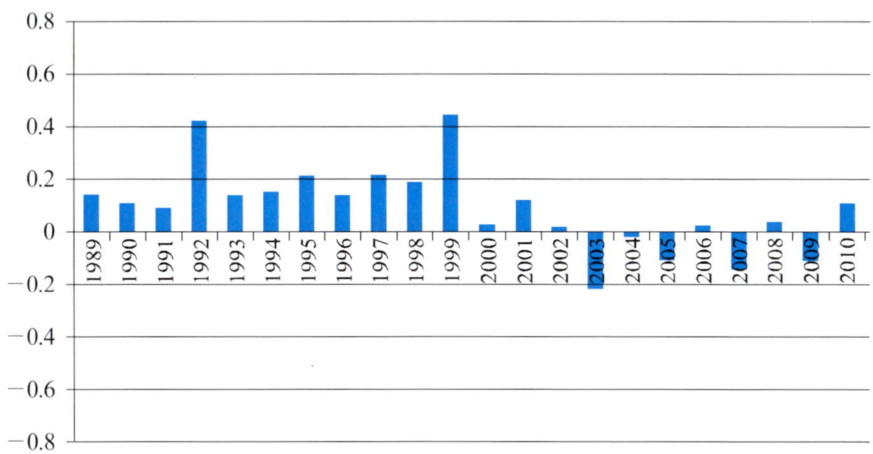

Sloan과 Charles Lee 같은 회계학자는 대형 헤지펀드인 BGI(Barclays Global Investors)에서 핵심적인 역할을 수행했다. 따라서 발생액 이상현상의 발견과 소멸에 모두 학자들이 기여한 사례라고 소개하고 학문적 연구가 주가결정 및 자본시장의 효율성에 기여할 수 있다고 언급했다. 또한 발생액 이상현상에 입각한 투자전략으로 더 이상 큰 재미를 볼 수 없다고 판단해서 투자자들이 이러한 투자전략을 포기할 때 발생액 이상현상이 다시 등장할 것인가?라는 흥미로운 질문을 던지고 있다.

년경(원래의 논문이 간행된 지 4년 후)부터 사라지고 있다는 점을 인정했다. [그림 10-10]은 발생액 이상현상에 입각한 투자전략을 구사하는 헤지펀드규모의 추정치를 연도별로 보여준다.[38] 최초의 연구가 발표되기 이전인 1996년 이전에는 거의 존재하지 않던 것이 그 후 크게 증가하는 모습을 보이고 있다. 이러한 모습은 헤지펀드성장의 상당부분은 발생액 이상현상을 이용한 투자규모의 급증에 기인하는 것임을 시사한다.

한편 [그림 10-11]은 발생액 이상현상을 이용한 헤지포트폴리오 수익률의 연도별 변화추이를 보여준다.[39] 그런데 2000년 이후의 모습은 그 이전 모습과 현저히 다른 양상을 보여주고 있다. 이는 전술한 대로 헤지펀드를 비롯한 많은 기관투자자들이 발생액 이상현상에 입각한 투자전략을 실행함으로써 이에 따른 초과수익이 사라지는 모습을 보여주는 것으로 평가된다.

발생(accruals)에 대한 투자자의 반응과 관련하여 Battalio *et al*.(2012)은 흥미롭고 중요한 사실을 보여주고 있다. 그들의 분석결과에 따르면 거래량 500주 미만의 투자자는 발생에 대해 올바르지 않게 반응하고, 거래량 5,000주 이상의 투자자는 올바르게 반응한다는 것이다.[40] Battalio *et al*.(2012)의 연구는 발생에 대한 투자자 반응이 투자자 규모 또는 유형별로 서로 다르다는 점을 보임으로써 발생액 이상현상이 왜 생겨났고, 왜 소멸하게 되었는지를 동시에 설명할 수 있는 단서를 제공하는 것으로 판단된다. 왜냐하면 발생에 올바르지 않게 반응하는 투자자가 많을수록 발생액 이상현상은 심화되고, 발생에 올바르게 반응하는 투자자가 많을수록 발생액 이상현상은 사라지게 된다.

Leippold and Lohre(2012)는 전 세계 26개국을 대상으로 1994년 5월부터 2008년 4월까지 발생액 이상현상을 이용한 투자전략의 수익률을 조사한바, 발생액 이상현상에 대한 원인이 그 무엇이든 관계없이 최근 들어 이 수익률이 현저하게 감소하였음을 재확인하였다. 한편 [그림 10-12]는 발생액 이상현상을 이용한 헤지포트폴리오 수익률의 기간별 변화추이를 보여준다.[41] Sloan(1996)의 연구 공표이전기간(1989~1995)과 공표직후기간(1996~2001)에는 발생액과 수익률이 대체로 음(−)의 관계를 보이는 데 비해 2002~2010의 기간에는 발생액과

---

38) Green *et al*.(2011).

39) Keskek and Tse(2013). Hirshleifer *et al*.(2012)도 발생액 이상현상이 세상에 알려진 1996년을 기점으로 이 현상을 이용한 헤지포트폴리오의 수익률은 하락한다고 하였다. 이는 1996년 이후 발생액 이상현상을 이용해서 초과수익을 추구하려는 헤지펀드의 활동이 활발해지고 있기 때문으로 해석된다.

40) 5,000주 이상의 거래를 하는 투자자는 대부분 기관투자자로 나타났다.

41) Keskek and Tse(2013).

[그림 10-12] 발생액 이상현상에 따른 기간별 수익률 변화추이

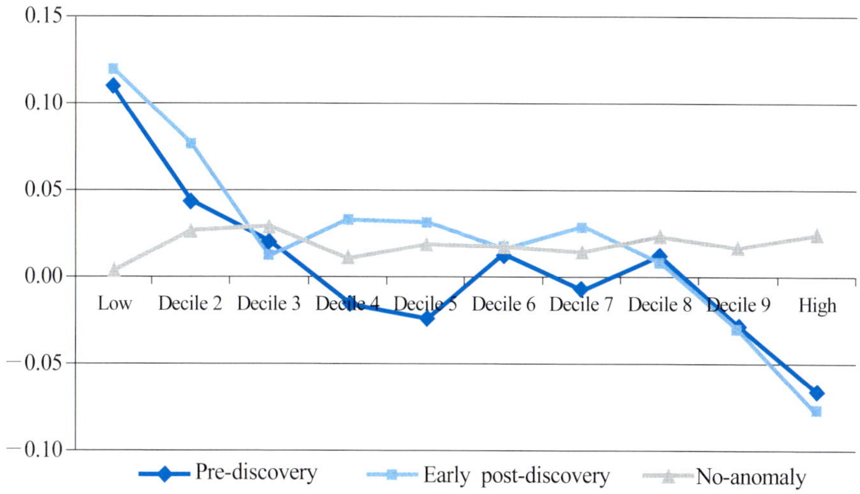

This figure reports size adjusted excess returns across accrual deciles for gain and loss firms in the pre-discovery(1989~1995), early post-discovery(1996~2001), and no-anomaly(2002~2010) periods.

수익률이 명확한 관계를 보이지 않음으로써 발생액 이상현상이 사라졌음을 보여주고 있다.

Mohanram(2014)은 발생액 이상현상이 2002년을 기준으로 실질적으로 사라졌다고 선언하고 이의 원인으로 analysts들의 현금흐름예측(cash flow forecasts) 증가를 들었다. 저자는 현금흐름에 대한 예측치의 제공은 간접적으로 발생에 대한 예측기능도 함께 하므로 현금흐름예측치의 제공은 발생액과 관련한 가격결정오류(mispricing)를 감소시키는 기능을 한다고 하였다. 더욱이 저자는 전술한 헤지펀드의 등장으로 발생액 이상현상이 사라지게 되었다는 논리에 대해 헤지펀드에 의한 거래량 증가는 비단 발생액이 크거나 작은 기업(extreme accruals firms)에만 국한되지 않았다는 근거를 제시함으로써 단지 헤지펀드의 규모가 증가함에 따라 발생액 이상현상이 사라졌다기보다는 현금흐름예측의 빈도증가가 발생액 이상현상의 소멸에 직접적인 영향을 주었다고 주장하였다.

[그림 10-13]은 헤지포트폴리오 수익률과 현금흐름에 대한 예측빈도의 연도별 변화추이를 보여준다. 이 그림에 따르면 2002년을 기점으로 발생액 이상현상을 이용하는 헤지포트폴리오의 수익률은 급감하고(2008년은 예외) 있는 반

[그림 10-13] 발생액 이상현상의 소멸과 현금흐름예측빈도

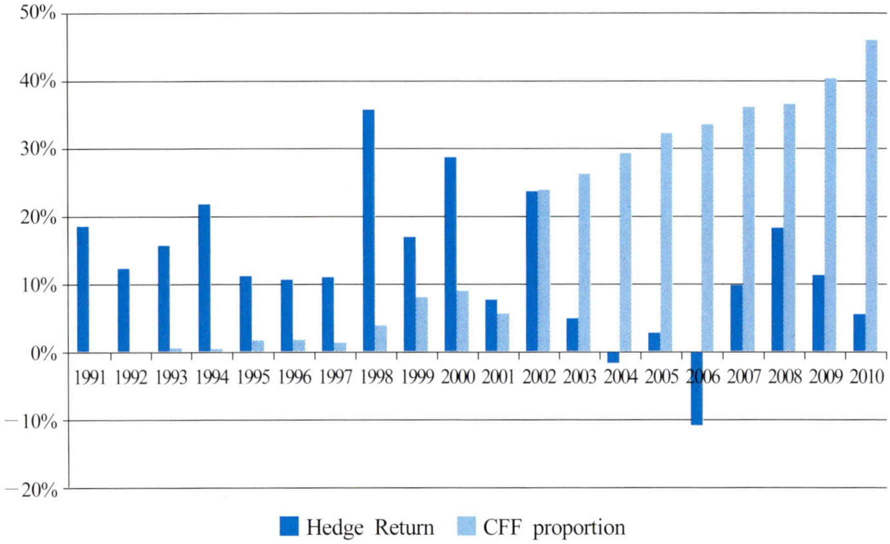

Figure 1 : Mohanram(2014)

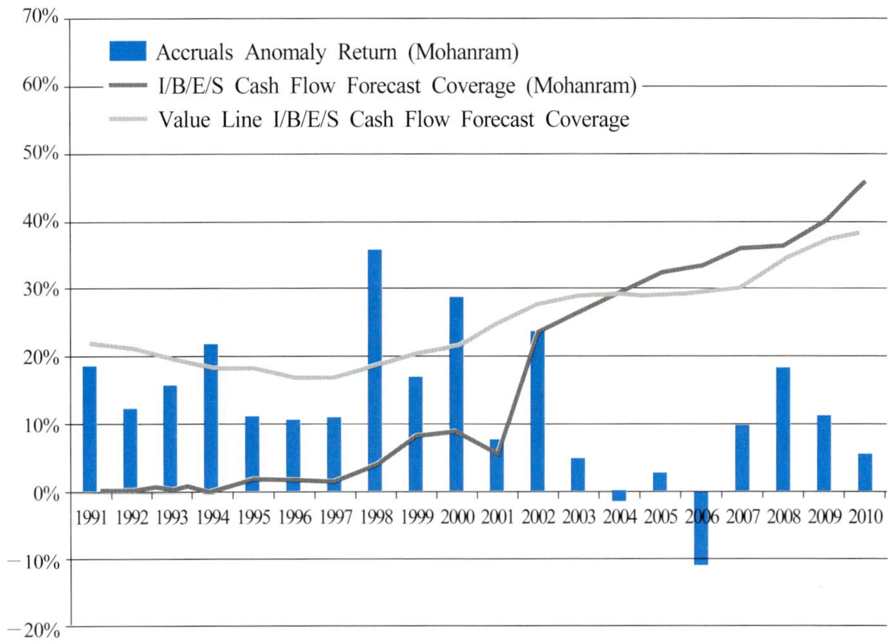

Figure 2 : Ecker and Schipper(2014)

면, 현금흐름예측의 빈도수는 급증하고 있음을 알 수 있다. 이러한 분석결과를 종합하면 발생액 이상현상은 발견 당시에는 지금까지 발견된 이상현상 중에서 가장 강건한(most robust) 것이었지만, 발견 이후 서서히 사라지기 시작하여, 현재는 더 이상 이상현상이 아닌 것으로 보인다.

한편, 미국을 비롯한 선진자본시장에서는 전술한 자본시장 이상현상의 대부분이 사라지거나 약화되는 것과는 달리 한국의 증권시장에서는 상당수의 이상현상이 최근까지 강건성(robustness)을 유지하고 있는 것으로 나타났다. 이러한 이상현상의 존재와 이에 따른 지속적인 초과수익률의 존재가능성은 한국증권시장의 효율성이 미국 등 해외자본시장의 효율성에 미치지 못함을 시사한다. 또한 이는 미국 등 해외자본시장에서 기관투자자를 중심으로 자본시장의 이상현상을 투자전략의 일환으로 과감히 이용하는 것과는 달리 한국의 투자실무업계에서 자본시장의 이상현상을 이용하려는 움직임이 상대적으로 소극적이기 때문으로 추정된다.[42] 그러나 1998~2007년의 기간에 우리나라의 유가증권시장을 대상으로 기관투자자의 거래비중에 따른 발생액 이상현상을 검증한 Kim and Yi(2015)에 따르면 기관투자자의 거래비중이 높은 기업에서 낮은 기업에 비해 발생액 이상현상을 활용한 헤지포트폴리오의 수익률이 유의하게 낮게 나타났다. 이러한 분석결과는 기관투자자의 발생액 정보처리능력이 우수하고 이들 기관투자자의 거래비중이 높을수록 발생액 이상현상은 완화되는 것을 의미하며, 외국에서 헤지펀드의 등장으로 발생액 이상현상이 소멸하였다는 연구결과와 유사한 의미를 제시하는 것으로 판단된다.[43]

42) Sonu and Choi(2011). 2008년부터 2011년까지의 기간에 유가증권시장 기업을 대상으로 한 최창환(2013)에 따르면 국내에서는 이 기간 중 발생액 이상현상의 존재가 재확인되었으나 이를 이용하는 공매도 차익거래는 미진한 것으로 나타났다.

43) 그러나 Kim and Yi(2015)의 대부분의 subsample에서 헤지포트폴리오의 수익률이 유의하게 나타나 발생액 이상현상의 존재 자체를 부인하는 것은 아니다.

헤지펀드란?

헤지펀드는 다양하게 정의된다. 보통은 금융감독기관의 규제를 덜 받는 사모펀드 형태이며, 투자자 이익을 위하여 레버리지를 사용한다. 수익과 위험에 대한 허용 범위가 넓고 기술에 근거한 다양한 투자전략으로 시장 방향과 상관없이 수익을 얻기 위해 투자 및 위험관리 기법을 사용한다는 것이 공통점이다.

헤지펀드의 기원

헤지펀드는 1949년 Alfred Winslow Jones가 최초로 설립했다. 그 이전에는 초기 형태의 합명회사 형태가 투자도구로 사용되었으나 현재의 헤지펀드 형태는 아니었다. 1907년 금융공황 및 1930년 대공황을 겪은 Jones는 상승가능 종목을 매입하면서 하락가능 종목은 공매도(주가 하락에서 생기는 차액을 노리고 실물 없이 신용거래로 주식을 파는 행위)를 활용하는 운용방법을 고안해낸 것이다. 이는 1950년대 들어서면서 '총체적인 시장 노출을 줄이면서 두 개의 기회를 획득하는 기초전략'으로 나타났다. 즉, 헤지펀드는 시장 위험을 줄이기 위해 나온 것으로, 시장 위험에 대해서는 중립적이면서 고수익을 추구하는 전략을 사용하는 펀드라고 할 수 있다.

헤지펀드의 전략

헤지펀드에서 사용하는 전략은 매우 다양하지만, 크게 네 가지로 분류한 특징을 다음 표와 같이 정리할 수 있다.

전 략	전략 설명
Relative Value	• 관련 자산간의 mispricing을 이용하여 수익을 거두려는 전략 • 자산의 가격이 정상 또는 예상가격에서 벗어나는 경우 그 가격의 차이를 확보
Event Driven/ Distressed	• Event driven : 회사의 가치에 영향을 주는 Event 발생시 그 Event를 활용해서 차익을 확보 • Distressed : 부실채권 거래를 통해서 수익 • 주요 Event : 부실채권 발생, 기업합병, 기업 개선작업
Long/short	Bottom-up 또는 펀더멘털 분석을 통해 개별 종목이나 시장에 대한 전망치를 설정하고 그 전망에 따라서 주식을 Long/Short 하여 수익을 확보
Macro/ Tactical Trading	• 대부분 Top-down 분석에 의해 글로벌 자산의 추세에 대한 배팅 • Marco : 경제분석의 결과를 다양한 자산에 대한 배팅을 통해서 수익으로 연결 • Managed Futures : 글로벌 시장에 대한 전망을 바탕으로 다양한 선물/옵션을 매수/매도(주로 system atic 방법 사용)

(Magazine Create, 2012.6 수정요약)

Green *et al.*(2011)의 저자 중 한 명인 Mark Soliman이 재직하는 University of Washington의 Michael G. Foster School of Business의 교수연구업적 소개란에 2011년 12월 16일 "Accrual Anomaly"에 대한 아래의 글이 실렸다.

본교 부교수 Mark Soliman이 공저한 최근 논문은 그동안 치열한 논쟁의 대상이었고, 투자전략으로 채택되어 시장이 알아차릴 때까지 헤지펀드에 막대한 이득을 가져다준 회계적 이상현상의 종말을 알리고 있다. 이 모든 이야기는 1996년 Michigan 대학 Richard Sloan 교수가 'accrual anomaly'라고 불리는 현상을 Accounting Review에 발표하면서 시작되었다. 이 논문에서 Sloan 교수는 발생액이 높은 기업이 나중에 이익이 작아지는 것을 발견하였다. 나중에 이익이 작아지는 기업이라면 현재의 주가는 떨어져야 하는데 시장은 그렇게 생각하지 않는 것으로 나타났다. 이 현상에 대한 학계의 초기 반응은 이 현상이 통계적 오류라든가 이익조정의 영향 때문에 나타났을 것이라는 회의적 시각이 대부분이었다. 그도 그럴 것이 만약 이 현상이 진짜라면 왜 시장은 이 기회를 이용하지 않겠느냐는 것이다.

학계의 회의적 시각과 달리 헤지펀드 관계자들은 발 빠르게 움직였다. 막대한 자금력을 배경으로 그들은 발생액이 높은 종목을 공매도하는 전략을 채택하고, 이를 위해 회계학교수와 박사과정학생들까지 스카우트하는 신속함을 보였다. 그들은 빨리 움직일수록 이익도 많다는 점을 알고 있었다. Soliman 교수는 2000년대 초반 Sloan 교수 밑에서 박사과정을 이수중이었고 후속연구에도 참여하였으며 특히 'accrual anomaly'를 이용한 투자전략의 개발로 미국회계학회에서 상까지 받았다. Soliman 교수도 예외가 아니어서 그는 Citadel Funds의 연구담당 부사장까지 지냈다. 그런데 너도나도 이 투자전략을 취하면서 이 전략으로 이익을 얻는 것이 현실적으로 어려워졌다.

"발생액은 아직도 미래 이익을 나타내주는 지표입니다. 문제는 이제는 모든 사람이 그 방법을 알고 있어, 숫자가 공표되면 헤지펀드가 달려들고 주가가 떨어지는 일이 불과 몇 초 만에 이루어진다는 거지요. 이게 효율적 시장입니다." Soliman 교수는 금융계를 떠나 2007년 본교에 부임했다. 그는 그동안 큰 부자는 못 됐지만 보람 있는 여정이었다고 회고한다.

"우리는 대학을 떠나 헤지펀드로 달려가 이익이 사라질 때까지 열심히 거래하다가 다시 대학으로 돌아왔어요. 멀리 돌아오면서 세상이치를 배웠지요. 역설적으로 accrual anomaly의 종말은 그동안 이를 통계적 오류라고 폄하하던 사람들의 의구심을 잠재우는 것입니다. 이 현상은 진짜였고 그것으로 돈을 번 사람은 헤아릴 수도 없어요"

Soliman 교수의 공저 논문은 Management Science 2011년 5월호에 실렸다. 이 논문은 accrual anomaly의 종말을 보여주지만, 동시에 학교에서 출발하여 금융계를 돌아 다시 학교에 돌아온 Soliman 교수의 여정도 끝났음을 보여준다. 또한 학자가 세상에 어떤 영향을 미치는지도 생생히 보여준다.

(http://www.foster.washington.edu/centers/facultyresearch/Pages/accruals-anomaly-demise.aspx 수정요약)

큰손들만 아는 한국형 헤지펀드

"벌써 올 수익 9% 올린 펀드 아시나요"
4개월 새 시중돈 1조 가까이 몰려
최저가입금 5억→1억 문턱 낮아져
펀드숫자만 88개… 운용방식 꼭 비교를

최근 신생 헤지펀드 운용사 중에는 시장에서 주목받는 '루키'들이 많다. 루키일수록 수익률만 볼 게 아니라 어떻게 수익률을 올렸는지가 더 중요하다. 헤지펀드는 기본적으로 주식이 오를 것 같을 때 사고 내릴 것 같을 때 파는 롱숏전략을 쓰고 있지만 공모주 투자나 메자닌 투자를 하는 사례도 많다. 대부분 이런 것을 다 합친 '멀티 스트래티지'를 구사한다고 하지만 일부에서는 비상장주식이나 유통주식수가 낮은 주식을 이용해 무리하게 수익률을 끌어올리는 예도 있으므로 반드시 수익내용을 살펴봐야 한다. 당장 성과가 중요한 게 아니라 안정적으로 수익을 낼 수 있는 운용방식을 채택했는지가 더 중요하기 때문이다. 조재영 NH증권 프리미어블루 강남센터 부장은 "최근 롱숏전략을 추구하는 헤지펀드뿐만 아니라 IPO주에 투자하는 헤지펀드 등 다양한 전략을 구사하는 펀드들이 늘고 있다"며 "헤지펀드는 절대수익을 추구하는 만큼 위험성이 크기 때문에 분산투자가 더욱 필요하다"고 조언했다.

늘어나는 한국형 헤지펀드 설정액(단위 : 억원)

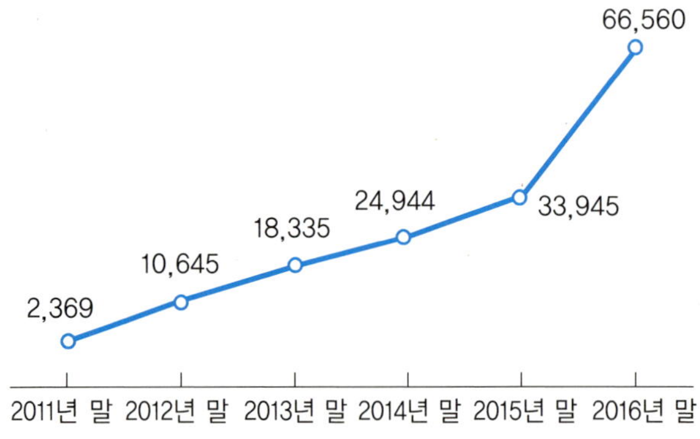

* 자료 : 금융투자업계(매일경제신문, 2017.1.5 그림요약)

(매일경제신문, 2016.5.6 수정요약)

'매도' 의견 등장은 '롱숏펀드 효과'

롱숏펀드의 붐을 증명하는 건 몰려드는 투자자금만이 아니다. 숏 운용전략을 취하는 이들이 늘어나면서 증권사 리서치센터에도 '매도의견'이 속속 등장하고 있다는 것이다. 이는 '매수의견' 일색이었던 증권사 보고서의 획기적인 변화다.

지난 18일 한화투자증권은 리서치센터의 투자의견 등급체계 개편을 알리며 '매도의견'의 비중을 40%로 끌어 올릴 것이라는 방침을 밝혔다. 이후 한화투자증권은 현대미포조선과 대우증권에 대해 '매도의견'을 내놓기도 했다. 매도의견을 늘리겠다고 공언한 증권사는 이뿐만이 아니다. 최근 리서치센터장이 교체된 유진투자증권의 경우 롱숏펀드 시장이 커지는 것을 고려해 '매도의견'을 적극적으로 내놓겠다고 밝혔다. 한 증권사 관계자는 "매수만 권하는 증권사 보고서에 대해 신뢰가 많이 약해졌는데 롱숏펀드로 인해 매도의견이 증가하는 것은 긍정적인 변화로 해석된다"고 말했다.

(뉴스웨이, 2014.4.1 수정요약)

Sloan(1996)에서 사용된 발생의 정의

$$\text{Accruals} = (\Delta CA - \Delta Cash) - (\Delta CL - \Delta STD - \Delta TP) - Dep$$

where ΔCA = change in current assets (Compustat item 4),
$\Delta Cash$ = change in cash/cash equivalents (Compustat item 1),
ΔCL = change in current liabilities (Compustat item 5),
ΔSTD = change in debt included in current liabilities (Compustat item 34),
ΔTP = change in income taxes payable (Compustat item 71), and
Dep = depreciation and amortization expense (Compustat item 14).

Phases	Formula
1. Current operating assets	Cash & Short-term investment + Accounts receivable + Inventories + Other current assets
2. Current operating liabilities	ST debt + Accounts payable + Taxes payable + Other current liabilities
3. Current net operating assets	Current operating assets − Current operating liabilities
4. Accruals	(ΔCurrent assets − ΔCash & Short-term investment) − (ΔCurrent liabilities − ΔShort-term debt − ΔTaxes payable) − Depreciation = ΔNon-cash current asset − (ΔCurrent liabilities − ΔShort-term debt − ΔTaxes payable) − Depreciation

4. 한국형 헤지펀드의 등장과 발생액 이상현상의 소멸

김정재(2017a)는 한국형 헤지펀드가 2011년 12월에 공식 도입되어 급속하게 성장하는 과정에 주목하여 그 이전까지 꾸준히 존재하는 것으로 선행연구에서 보고된 우리나라의 발생액 이상현상이 한국형 헤지펀드의 도입 이후인 2011~2014년의 기간에도 종전의 모습으로 계속 나타나는지 헤지포트폴리오의 초과수익률을 검증하는 방법으로 살펴보았다. 아래의 분석결과에 따르면 지금까지 우리나라에서 발생액 이상현상이 가장 확연히 드러났던 유가증권(KSE)시장의 흑자기업에서 2011년까지는 발생액 이상현상이 존재하였으나 그 이후, 즉 한국형 헤지펀드의 도입 이듬해인 2012년부터는 사라진 것으로 판단된다. 이러한 분석결과는 미국 등 선진자본시장이 일찍이 경험한 내용이 국내 자본시장에서도 그대로 재현되고 있음을 보여준다.

Year / decile	2011 (n=478)	2012 (n=471)	2013 (n=462)	2014 (n=479)	Total (n=1,890)
Low	0.0503 (1.038)	0.0217 (0.360)	−0.0078 (−0.097)	−0.0483 (−0.938)	0.0038 (0.124)
2	0.2131 (2.841)***	−0.0433 (−1.064)	0.0887 (1.180)	−0.0242 (−0.529)	0.0588 (1.881)*
3	−0.0163 (−0.295)	−0.0476 (−1.230)	0.0188 (0.204)	−0.0357 (−0.664)	−0.0205 (−0.659)
4	−0.0394 (−0.780)	0.0666 (1.188)	−0.0731 (−1.238)	0.0017 (0.032)	−0.0111 (−0.408)
5	−0.0050 (−0.088)	0.0623 (0.973)	0.0238 (0.293)	−0.0099 (−0.226)	0.0176 (0.566)
6	0.0360 (0.537)	0.0410 (0.699)	−0.1309 (−2.473)**	0.1118 (1.933)*	0.0165 (0.547)
7	0.0711 (1.172)	0.0177 (0.407)	0.0556 (0.720)	−0.0578 (−1.334)	0.0215 (0.743)
8	0.0033 (0.060)	−0.0648 (−1.479)	0.0008 (0.012)	0.1497 (2.305)**	0.0229 (0.782)
9	−0.1181 (−2.121)**	−0.0319 (−0.456)	−0.1052 (−2.053)**	−0.1237 (−3.111)***	−0.0948 (−3.440)***
High	−0.1979 (−3.977)***	−0.0227 (−0.353)	0.1296 (1.211)	0.0313 (0.434)	−0.0155 (−0.400)
Hedge (L−H)	0.2482 (3.344)***	0.0445 (0.453)	−0.1374 (−1.008)	−0.0796 (−0.846)	0.0192 (0.369)
Hedge (L&2−9&H)	0.2902 (5.000)***	0.0165 (0.286)	0.0283 (0.358)	0.0111 (0.187)	0.0872 (2.614)***

Note : ***, **, * denote significance level 1%, 5%, 10% respectively.

헤지포트폴리오의 초과수익률이 2011년에는 유의하게 나타나지만 2012년 이후에는 그 통계적 유의도가 사라져 우리나라에서도 발생액 이상현상이 소멸하였음을 보여준다(김정재, 2017a, p. 449).

5. 발생액 이상현상의 재등장

Chichernea *et al*.(2015)은 앞에서 사라진 것으로 언급된 발생액 이상현상이 2009~2011년의 기간에 재등장했다고 주장하면서 이에 대한 이유로 수익률편차(return dispersion)의 역할을 강조하였다. 수익률편차란 거시경제 변수로서 성장과 관련된 위험을 나타내며 불경기에 높아지는 성향이 있다. 한편 발생은 성장정보를 나타내는 변수로서 투자수준과 유의하게 관련되어 있다. 따라서 발생액과 투자증가수준이 낮은 기업은 고정자산의 수준이 높아 수익률편차가 높은 기업이며 특히 불경기에 이에 따른 수익률편차가 의미하는 성장관련 위험에 대한 보상으로 수익률은 높게 나타난다. 특히 2008년 이후 수익률편차가 커지는 경제환경에서 발생액 이상현상이 다시 모습을 드러내고 있는 것은 발생액 이상현상이 가격결정오류(mispricing)보다는 위험요인(risk)에 의한 것임을 강력히 시사한다.

[그림 10-14] 발생액 이상현상의 재등장

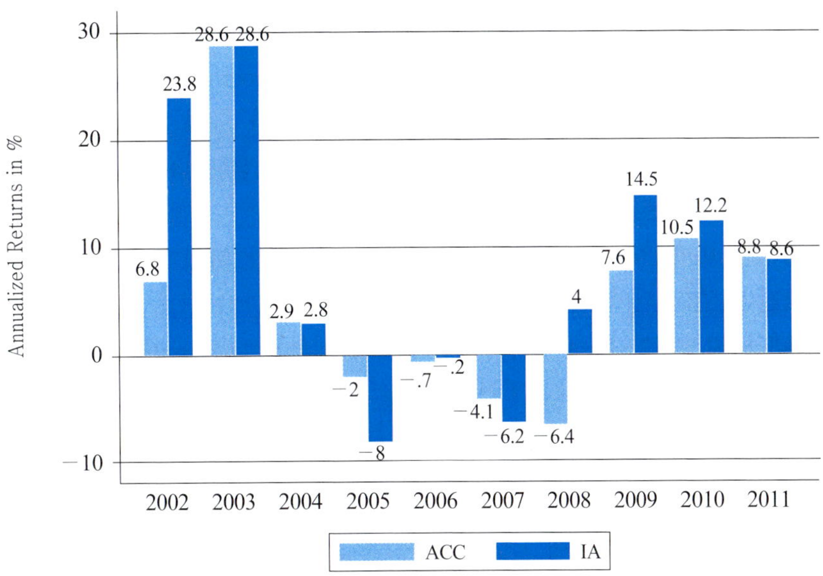

ACC(IA) : 발생액(투자액) 이상현상을 이용한 헤지포트폴리오 수익률

한국형 헤지펀드 1위 라임운용 '흔들'

6,200억 규모 펀드 환매 중단, 한국형 헤지펀드 신뢰 무너지나?

국내 헤지펀드 1위 업체인 라임자산운용의 대규모 환매 중단 조치로 지난 몇 년간 승승장구했던 '한국형 헤지펀드'에도 찬 바람이 불 것이란 전망이 나오고 있다.

한국형 헤지펀드 순자산(단위 : 조원)

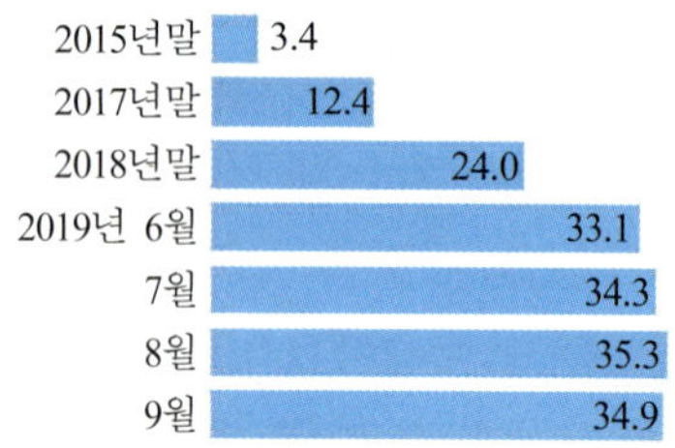

라임자산운용 순자산(단위 : 조원)

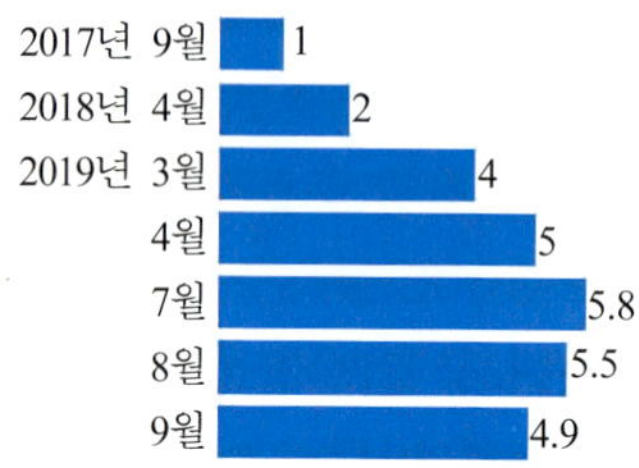

자료 : 금융투자업계

이번에 환매가 중단된 펀드는 각각 사모사채와 전환사채(CB)・신주인수권부사채(BW) 등 메자닌(주식과 채권의 중간성격을 지닌 상품) 자산을 주로 담고 있다. 사모사채는 공모사채와 달리 운용사가 채권 발행회사와 직접 인수계약을 맺기 때문에 수익률 등의 측면에서 상대적으로 유리하지만 유동성이 낮아 현금화가 쉽지 않다. 문제는 라임운용이 이처럼 유동성이 떨어지는 자산을 개인투자자에게 환매가 자유로운 개방형 펀드로 팔았다는 점이다. 업계 관계자에 따르면 환매가 중단된 상품은 주로 코스닥 CB에 투자한 것인데 최근 주가가 급락하면서 주식으로 전환한 CB는 손실이 커졌고 주식으로 전환하지 않은 CB는 만기까지 환매가 중단된 것이다. 이번 대규모 환매 중단 사태로 그동안 승승장구했던 한국형 헤지펀드에 대한 신뢰가 상당 부분 훼손될 수밖에 없다는 지적이 나온다.

한국형 헤지펀드

2011년말 처음 등장한 한국형 헤지펀드는 시황에 관계없이 안정적인 수익률을 달성할 수 있다는 점을 내세워 고액 자산가들 사이에서 인기를 끌었다. 주식, 채권, 부동산, 파생금융상품 등 다양한 자산에 투자해 시황과 관계없이 절대 수익을 추구하는 사모펀드, 저평가된 주식을 매수하고 동시에 고평가된 주식을 파는 '롱쇼트'나 기업공개(IPO), 메자닌 등 다양한 투자 기법을 활용한다.

(한국경제신문, 2019.10.10 수정요약)

제5절 회계이익의 범위

1. 가치평가기능 vs 계약기능

본서에서 회계기능을 가치평가기능과 계약기능으로 구분한 것은 회계이익의 범위에 대한 견해가 일치하지 않기 때문이기도 하다. 즉 가치평가기능에서는 소유주와의 거래를 제외하고 장부가액의 변동에 영향을 미치는 모든 항목이 이익에 포함되어야 한다고 보는 반면, 계약기능에서는 경영자나 종업원의 실적을 나타내는 부분만이 이익에 포함되어야 한다고 본다. 이러한 갈등을 부분적으로 해결하려는 방법이 포괄손익계산서의 등장이다. 즉, 가치평가에 관심 있는 사람은 총포괄이익을 이용하면 되고, 계약기능에 관심 있는 사람은 당기순이익을 이용하면 될 것이다. 왜냐하면 총포괄이익은 기업가치 평가(equity valuation)에 보다 밀접한 개념이고, 당기순이익은 경영자의 업적평가(management performance evaluation)에 보다 적합한 개념이기 때문이다.[44]

기타포괄손익(other comprehensive income : OCI)의 표시방법이 개정된[45] 주된 이유도 기타포괄손익 중에서 향후에 재분류(reclassified or recycled)가 불가능한 항목과 가능한 항목을 미리 구분하여 표시하라는 것이다. 이러한 개정취지는 현재는 기타포괄손익이지만 향후에 경영자의 실적지표로 간주될 수 있는 손익계산서로 옮겨갈 수 없는 항목과 옮겨갈 수 있는 항목을 미리 구분하여 정보의 유용성을 증가시키기 위한 조치로 판단된다.[46]

---

44) Huson *et al*.(2012)에 따르면 경영자 보상위원회(compensation committee)는 경영자의 임기 마지막 연도의 현금보상을 결정하는 데 있어 재량적 발생의 증가는 대체로 무시하고, 퇴임 직전의 투자에 따른 비용증가는 현금보상에 적극 반영함으로써 퇴임을 앞둔 경영자의 투자는 억제하고 이익조정동기에는 적극 대응하는 모습을 보이고 있다. 이는 경영자의 보상을 결정하는 데 있어 모든 이익구성항목이 동등한 대접을 받는 것은 아니라는 것을 보여준다.

45) On 16 June 2011, the IASB published amendments to IAS 1 Presentation of Financial Statements.

46) 개정된 내용은 마치 희석가능성을 고려하여 미리 희석 EPS를 공시하는 것과 같이 향후 재분류가 가능한 항목의 미래 당기순이익에 미치는 영향을 가늠할 수 있다.

2. 다양한 업적측정치의 사례

재무제표는 재무보고의 강력한 수단이지만 정보이용자는 재무제표 이외의 추가적인 업적측정치를 원한다. 이러한 측정치의 종류는 후술하는 GAAP에 의한 측정치부터 non-GAAP 측정치까지 다양하다. 일반적으로 GAAP 측정치는 엄격한 기준에 따라 후속적인 감사의 대상이 되기도 하지만 non-GAAP 측정치의 경우에는 일정한 기준이나 지침이 없고 감사의 대상도 아닌 경우가 많다. 따라서 이들 측정치의 경우에는 통일성과 계속성의 문제가 끊임없이 제기되고 있는 실정이다. [그림 10-15]에서는 다양한 업적측정치의 사례를 보여준다.

[그림 10-15] 다양한 Performance Measures의 범위 및 사례47)

	GAAP Financial Measures	Non–GAAP Financial Measures	Other Financial Measures	Non–financial/ Operational Measures
For–profit	Earnings per share	Adjusted earnings	Dollars of order backlog	Barrels of oil equivalent per day
Not–For–profit	Excess of revenue over expenses	Revenue by funding source	Cost per dollar raised	Number of clients served
Description	A financial measure presented in the financial statements	A financial measure not presented in the financial statements, that is an adjustment to a GAAP financial measure	A financial measure that is not a GAAP, or non–GAAP financial measure	A non–financial measure

3. 당기업적주의와 포괄주의

당기업적주의와 포괄주의란 회계이익에 포함시켜야 할 항목의 범위와 관련하여 제기되는 문제이다. 당기업적주의는 정상적인 영업활동과 관련한 경상적이고 반복적인 항목만 회계이익(손익계산서)에 포함시키고 나머지 항목은 재무상

47) Draft Framework for Reporting Performance Measures, Accounting Standards Board, 277 Wellington Street West, Toronto, Ontario, M5V 3H2, Canada, 2018.

태표의 자본(기타포괄이익)에서 표시하도록 하자는 것이고, 포괄주의는 자본거래를 제외하고는 항목의 성격에 관계없이 자본에 영향을 미치는 항목은 모두 손익계산서를 통해 반영하자는 것이다.

이는 앞서 언급된 포괄이익(comprehensive income) 및 순수잉여관계(clean surplus relation)와 유사하다. 이러한 논쟁은 회계이익의 용도와 관련하여 가치평가의 관점에서는 포괄주의가 보다 적합하고 업적평가 등을 위한 계약기능의 관점에서는 당기업적주의가 보다 적합한 개념으로 판단되어, 회계기능의 차이가 회계이익의 범위를 결정하는 데 관련이 있는 것으로 볼 수 있다.

그런데 당기업적주의와 포괄주의는 이익조정 및 자본시장의 효율성과 관련지어 살펴볼 수도 있다. 먼저 이익조정의 관점에서는 지금까지 포괄주의를 지지하는 이유 중의 하나는 회계이익의 구성요소 중에서 정상적인 부분과 비정상적인 부분의 구분이 현실적으로 어려워 당기업적주의가 경영자의 이익조정수단으로 사용될 가능성이 높다는 것이다. 즉 당기업적주의에서 경영자는 이익의 구성요소를 자기에게 유리하게 자의적으로 분류할 가능성이 있기 때문에 포괄주의가 오히려 바람직하다는 것이다.

그런데 이는 자본시장의 효율성과 관련된 문제이다. 자본시장이 효율적이라면 회계이익의 구성요소가 손익계산서에 나타나든 자본조정에 나타나든 차이가 없다. 그러나 전술한 불완전 현시가설(IRH)이 시사하는 바와 같이 공시장소에 따라 후속적인 정보처리비용이나 시간이 달라진다면 가치평가에 영향을 미칠 수 있다. 따라서 당기업적주의와 포괄주의의 구분도 회계기능의 종류에 따라 입장이 다르게 된다. 가치평가기능에서는 기업가치평가의 기초로 포괄주의를 선호하는 반면, 계약기능에서는 경영자의 업적평가지표로서 당기업적주의에 의한 회계이익을 선호하게 된다.

4. PER, PBR, EV/EBITDA[48)]

투자자들은 흔히 주당순이익(EPS)을 주가와 비교하여 기업을 평가한다. 주가이익비율(price-earnings ratio : PER)은 보통주 1주당 시가를 보통주 1주당 순이익, 즉 주당순이익으로 나눈 값이다.

48) 김호중 등(2005).

PER＝보통주 1주당 시가 / 주당순이익

“低 PER 투자전략”이니 “PER이 낮은 기업에 투자하라”는 전략은 현재의 이익에 비해 기업가치, 즉 미래이익의 현재가치가 과대평가되었을 때 PER이 높고, 현재의 이익에 비해 기업가치가 과소평가되었을 때 PER이 낮다는 점을 염두에 둔 것이다. 기업을 평가하는 데 있어 PER과 더불어 자주 사용되는 비율로 EV/EBITDA와 주가순자산비율(PBR)이 있다.

EV/EBITDA는 EV(Enterprise Value : 기업가치)를 EBITDA(Earnings Before Interest, Taxes, Depreciation and Amortization : 이자, 법인세비용, 감가상각비 및 무형자산상각비 차감전 이익)로 나눈 것이다. EV와 EBITDA는 흔히 다음과 같이 계산한다.

EV＝주식의 시가총액＋부채－현금
EBITDA＝이자비용 차감전 세전이익(EBIT)
＋제상각비(Depreciation & Amortization)

EV는 기업이 영업에 투입한 자산의 시가측정치이다. EBIT(이자비용 차감전 세전이익) 계산에는 감가상각비와 무형자산상각비가 차감되어 있다. 그런데 감가상각비와 무형자산상각비는 현금유출을 동반하지 않는 비용이므로 이를 다시 가산한 결과인 EBITDA는 영업활동 현금흐름의 추정치라 할 수 있다. 따라서 EV/EBITDA는 회계이익 대신에 영업활동 현금흐름을 사용한 PER의 개념이라고 할 수 있다.

주가와 주당순이익의 관계처럼, 주가를 주당순자산(BPS)으로 나눈 금액을 주가순자산비율(price-book ratio : PBR)이라고 한다.

PBR＝보통주 시가 / BPS

PBR이 1보다 높다는 것은 기 투자한 자본(즉 순자산 장부가액)에 비해 예상되는 미래이익의 현재가치(즉 주식의 시가)가 높다는 것을 의미한다. 투자자들이 기업의 미래 전망을 밝게 볼수록 PBR이 높아진다. 예를 들어, 부가가치가 높은 high-tech기업의 경우 PBR이 높을 것이며, 부가가치가 낮은 low-tech기업의 경우 PBR이 낮을 것이다.

5. GAAP vs Non-GAAP vs Pro Forma Earnings

Pro forma earnings란 GAAP earnings와는 달리 일부 비용항목을 영업활동과 직접적인 관련이 없다는 이유로 또는 미래에 대한 투자성격을 띤다는 공제하기 이전의 일종의 견적이익이다.[49] 이러한 pro forma earnings의 개념이 주목받는 근본적인 이유는 GAAP earnings에는 영업활동과 본질적인 연관이 없는 비반복적인(non-recurring) 항목이 포함되어 안정적이고 장기적인 미래현금흐름예측을 위한 지표로는 부적절하다는 평가에서 출발한다. 그러나 이러한 pro forma earnings의 개념 남용에 대해 우려하는 시각도 존재하고 있다.[50]

Pro forma earnings에 대한 실증연구는 이러한 논란과 관련하여 주가가 과연 어떤 이익개념(GAAP vs Pro Forma)에 보다 의미 있는 반응을 할 것인가에 대한 주제로 이루어져 왔으나 일치된 결과는 보여주지 못하고 있다. 다만 미국의 경우 2003년부터 non-GAAP 이익측정치를 공표하는 경우 경영진이 왜 non-GAAP 이익측정치가 투자자에게 유용한지를 설명하도록 요구함으로써 경영자가 자의적으로 이익의 개념을 정의하여 자기에게 유리한 정보를 일방적으로 제공한다는 우려에 대한 보완장치를 마련하고 있다.[51]

[그림 10-16]은 뉴욕증권시장의 DJIA(Dow Jones Industrial Average)를 구성하는 30개 우량주의 Non-GAAP vs GAAP EPS의 크기를 비교한 것이다. 그림의 내용에 따르면 2015년 1분기에는 DJIA를 구성하는 30개 기업 중 16개 회사가 Non-GAAP EPS를 공시하였는데 이를 GAAP EPS와 비교해 보니 평균에서는 19.7%의 차이가 나고 중위수에서는 8.7%의 차이가 났다. Non-GAAP EPS 공시기업 16개 중 14개 회사는 Non-GAAP EPS가 GAAP EPS보다 높았다. 한편 2016년 1분기에는 DJIA를 구성하는 30개 기업 중 19개 회사가 Non-GAAP EPS

---

49) "Non-GAAP" earnings란 용어는 경영자가 주로 공표하는 GAAP에 입각하지 않은 이익의 개념을 말하는데 "pro forma" earnings라고 불리기도 한다. 그러나 이 개념은 분석가들이 주로 공표하는 "Street" earnings라는 개념과는 대비되는 것이다. 물론 pro forma earnings와 Street earnings가 비슷하거나 공통적인 부분도 있지만 경영자와 분석가가 특정이익의 개념에서 특정항목을 제외하려고 하는 이유와 동기에는 차이가 있게 마련이다(Bentley et al., 2018).

50) 신경제체제하에서 널리 알려진 어느 기업은 마케팅을 미래에 대한 투자로 본다는 전제 아래 '마케팅 비용전 이익'을 보고하고 있다. 즉 미래에 대한 투자는 기업의 최근 성과평가에 포함되어서는 안 된다는 것이다. 이는 '이익으로부터 차감하고 싶지 않은 비용전 이익(Earnings Before Expenses We Don't Want To Deduct From Earnings : EBEWDWTDFE)'으로의 작은 첫걸음이다(에클스 등, 2001, pp. 158~159). 이러한 상황에서 SEC의 수석회계사가 pro forma earnings를 "나쁜 것을 공제하기 전의 이익(earnings before the bad stuff)"이라고 비꼬듯이 말하는 지경까지 이르렀다(Doyle *et al.*, 2003, p. 146).

51) Doyle *et al.*(2011).

[그림 10-16] Non-GAAP vs GAAP EPS의 크기비교[52]

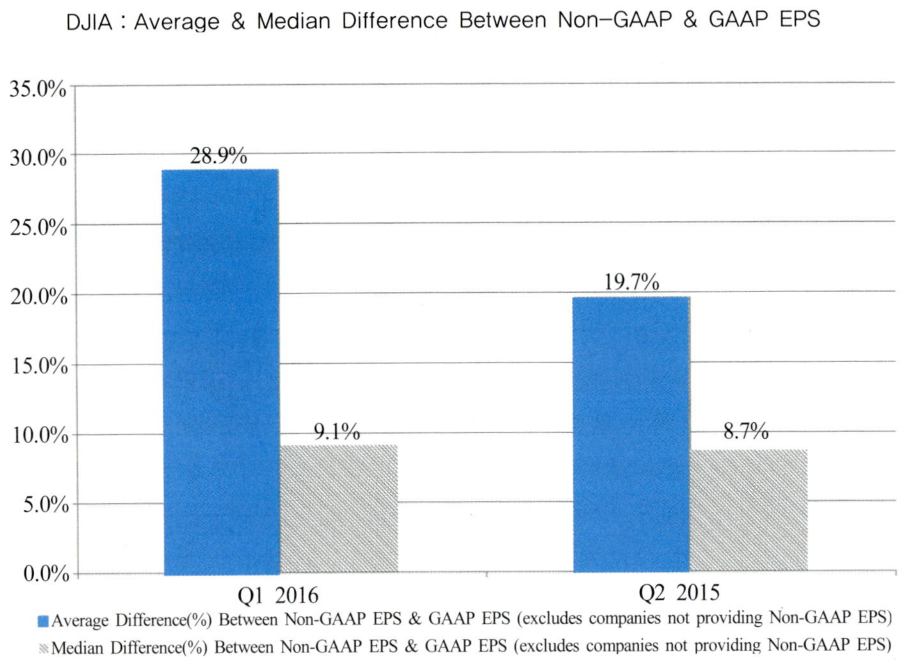

Source : FactSet

를 공시하였는데 이를 GAAP EPS와 비교해 보니 평균에서는 28.9%의 차이가 나고 중위수에서는 9.1%의 차이가 났다. Non-GAAP EPS 공시기업 19개 중 15개 회사는 Non-GAAP EPS가 GAAP EPS보다 높았다. 그런데 대부분의 기업에서 Non-GAAP EPS가 GAAP EPS보다 높았다는 분석결과는 Non-GAAP earnings의 대표주자가 EBITDA임을 상기하면 충분히 수긍할 수 있는 내용이다.

52) http://insight.factset.com/2016/05/earningsinsight_05.20.16

6. 영업이익 공시기준[53)]

2011년에 도입된 애초의 K-IFRS에서는 영업이익에 대한 정의가 없어 기업이 공시한 영업이익이 어떠한 원칙에 근거하여 산정되었는지를 파악하기 어려웠기 때문에 영업이익에 대한 기업간 비교가능성이 저하되었다는 문제가 제기된 바, KASB는 2012년 8월 31일에 이를 개정하였다.

개정의 주요 내용은 과거의 K-IFRS에서는 영업이익을 본문에 표시하지 않는 경우 주석으로 공시하도록 허용하였으나, 이 개정에서는 영업이익을 포괄손익계산서 본문에 반드시 표시하도록 요구하고, 그 영업이익을 수익에서 매출원가와 판매비와관리비를 차감한 금액으로 정의하였다. 본 개정에 따라 영업이익 정보의 비교가능성이 향상될 것으로 기대하였다.

영업이익을 살펴보면 IFRS와 K-IFRS는 기술적 문제를 제외하면 실질적으로는 동일한 것으로 간주되었으나 2012년부터는 실질의 관점에서도 일정한 차이를 나타내었다. 따라서 향후에는 IFRS와 IFRS as adopted by the Republic of Korea는 실질적으로 별도의 의미를 갖는 것이므로 구분이 필요한지 아니면 IFRS의 실질을 따라갈 것인지에 대한 판단이 필요하였다. 즉, IFRS는 강제하지 않는 영업손익의 포괄손익계산서 본문표시가 K-IFRS에서는 의무사항이기 때문이다.

한편, 국제회계기준위원회(IASB) 역시 영업이익의 중요성을 인식하고, 재무정보의 유용성을 높이기 위해 여러 프로젝트를 진행하고 있다. 2019년 12월에 '일반적 표시와 공시(General Presentation and Disclosures)'라는 제목의 공개초안을 발표하였는데, 이 공개초안의 주요 내용은 다음과 같다. 먼저, 손익계산서에 영업손익 등 중간합계(subtotals)를 표시하는 것이다. 영업손익을 명확하게 정의하고, 손익계산서에 이를 중간합계로 표시하도록 요구하고 있다. 다음으로, 영업비용과 비경상손익의 세분화 공시이다. 영업활동과 비경상적인 항목을 구분하여 공시함으로써, 재무제표 이용자들이 기업의 지속적인 수익성과 일회성 사건의 영향을 구별할 수 있게 한다. 아울러, 경영진 성과측정치를 정의 및 공시하도록 한다. 경영진이 내부적으로 사용하는 성과측정치를 공시하도록 요구하여, 재무제표 이용자들이 경영진의 성과평가방식을 이해하고 비교할 수 있도록 하고 있다. 마지막으로, 이자 및 배당 수취액과 지급액의 현금흐름표 내 선택적 분류 금지이다. 이자와 배당의 수취 및 지급에 대한 현금흐름을 일관되

53) 한국회계기준원 보도자료, 영업이익 공시기준 개정, 2012.9.4 수정요약.

게 분류하도록 하여 재무제표간 비교가능성을 높인다.

국제회계기준위원회의 공개초안은 재무제표의 투명성과 비교가능성을 높여 투자자와 이해관계자들에게 더욱 유용한 정보를 제공하는 것을 목표로 하고 있다. 만약, 영업이익에 대한 IFRS 기준서가 확정된다면 K-IFRS의 영업이익 기준에도 큰 변동이 생길 것으로 판단된다. K-IFRS에서의 영업이익을 그대로 갈 것인지 IFRS 기준처럼 변경할 것인지에 대한 판단도 필요하다.

Common investor concerns about 'Non-IFRS' numbers

- adjustments made by management are opportunistic;
- comparability across companies is compromised by different approaches to the adjustments even among peer companies;
- consistency across time is an issue(management suffers from 'moving the goalposts' syndrome);
- adjustments used to derive the 'non-IFRS' measure are not transparent ; and
- 'business as usual' expenses are treated as 'exceptional' or 'one timers'.

(IASB "Investor Update" July 2016)

금호타이어주식회사와 그 종속기업

연결포괄손익계산서

제11기 2013.1.1부터 2013.12.31까지

제10기 2012.1.1부터 2012.12.31까지

(단위 : 원)

과 목	제11기	제10기
Ⅰ. 매출액	3,698,541,595,678	4,070,643,977,953
Ⅱ. 매출원가	−2,719,712,116,016	−3,039,092,256,170
Ⅲ. 매출총이익	978,829,479,662	1,031,551,721,783
Ⅳ. 판매비와관리비	−632,893,653,239	−656,205,392,644
Ⅴ. 영업이익	345,935,826,423	375,346,329,139
Ⅵ. 영업외손익	−197,681,088,916	−288,985,830,909
1. 기타수익	107,331,253,513	65,874,953,465
2. 기타비용	−164,035,334,884	−172,643,546,052
3. 금융수익	33,095,817,233	41,238,542,842
4. 금융원가	−174,072,824,778	−223,455,781,164
Ⅶ. 법인세비용차감전순이익	148,254,737,507	86,360,498,230
Ⅷ. 법인세수익(비용)	−47,296,698,224	44,225,738,342
Ⅸ. 당기순이익	100,958,039,283	130,586,236,572
Ⅹ. 법인세효과차감후 기타포괄손익	3,445,717,173	20,738,092,785
후속적으로 당기손익으로 재분류되는 항목		
1. 매도가능금융자산평가이익	147,489,821	42,963,533,476
2. 해외사업장 외화환산차이	579,515,472	−6,050,985,839
후속적으로 당기손익으로 재분류되지 않는 항목		
1. 확정급여제도의 재측정요소	2,718,711,880	−16,174,454,852
Ⅺ. 총포괄이익	104,403,756,456	151,324,329,357
Ⅻ. 당기순이익의 귀속	100,958,039,283	130,586,236,572
지배기업의 소유주지분	95,440,648,969	123,666,892,906
비지배지분	5,517,390,314	6,919,343,666
XIII. 총포괄이익의 귀속	104,403,756,456	151,324,329,357
지배기업의 소유주지분	98,343,893,205	146,882,398,849
비지배지분	6,059,863,251	4,441,930,508
XIV. 지배기업 소유주지분에 대한 주당이익		
기본주당이익	695	1,031
희석주당이익	684	929

유리한 것만 영업이익 편입 : IFRS 틈새 노려 '흑자 포장'

만년적자 코스닥社 퇴출 모면, 거래소 퇴출규정 개선 필요

3년 연속 적자를 냈던 코스닥시장 상장사들이 지난해 흑자로 전환해 퇴출위기를 모면한 것은 국제회계기준(IFRS)을 잘 활용한 덕분이라는 분석이 많다. 영업이익 항목을 회사 임의로 정할 수 있어 코스닥 한계기업들도 흑자를 내는 것이 쉬워졌기 때문이다.

배당금 · 채무면제 등도 영업이익

자산처분이익은 종전 회계기준(K-GAPP)에 따르면 영업외이익으로 분류됐다. IFRS에서는 영업이익으로 잡을 수 있다. 3년 연속 적자를 내다가 지난해 흑자로 전환한 기업 중 상당수는 부동산 및 주식, 특허권 매각이익 등을 영업이익으로 귀속시켰다. 한국야쿠르트가 인수한 의료기기업체 큐렉소는 작년 11월말 자연분만유도기 특허권을 팔아 발생한 무형자산처분이익 약 23억원을 포함시켜 2억 8,900만원의 영업이익을 거뒀다. 배당금수익이나 채무면제이익도 영업이익에 포함시키는 기업들이 적지 않았다. 에이스하이텍이 순손실 152억원에도 영업이익 7억 1,200만원을 거둔 것은 대손충당금 5억 399만원 환입과 함께 배당금 수익 2억 9,317만원을 영업이익으로 분류한 영향이 컸다. 반대로 유형자산처분수익 등 기타수익을 영업이익에 포함시키지 않아 흑자를 낸 곳도 있다. 아이디엔은 매출총이익에서 판매관리비를 뺀 3억 6,800만원을 영업이익으로 확정했다. 기타수익이 7억원 수준으로 기타비용 22억원보다 크게 미치지 못했기 때문으로 추정된다.

코스닥 퇴출 규정 손봐야

IFRS로 영업이익 의미가 희석되면서 '4년 연속 영업손실을 내면 관리종목 지정, 5년 연속 영업손실을 내면 퇴출'이라는 한국거래소 규정은 사실상 효력을 잃었다. 영업이익의 의미가 제도 도입 당시와는 다르게 변질된 만큼 규정을 개정해야 한다는 지적이 많다.

금감원 관계자는 "영업이익으로 표기된 거래소 규정을 '매출총이익에서 판관비를 뺀 수익'이란 용어로 바꿔 본래 제도 도입의 취지를 살려야 한다"고 강조했다. 거래소 관계자는 "최근 몇 년 사이 상장폐지 실질심사 제도 도입 등으로 시장환경이 바뀐 점을 고려해야 한다"며 미온적인 반응을 보였다.

(한국경제신문, 2012.3.28 수정요약)

제6절 공매도와 발생의 관계

전절에서 헤지펀드의 발생액을 이용한 투자전략에 대해 살펴보았다. 그러나 사후적 투자수단으로서의 발생액과는 달리 공매도는 사전적(ex ante)으로 발생액을 이용한 이익조정을 억제하는 효과가 있는 것으로 알려져 있다. 이는 공매도가 기업지배구조 또는 M&A의 역할과 유사하게 경영자의 이익조정동기를 억제하는 규율적 효과(disciplining effect)가 있음을 의미한다.54) 이를 그림으로 표시하면 아래와 같다.

[그림 10-17] 공매도와 발생액의 순환관계

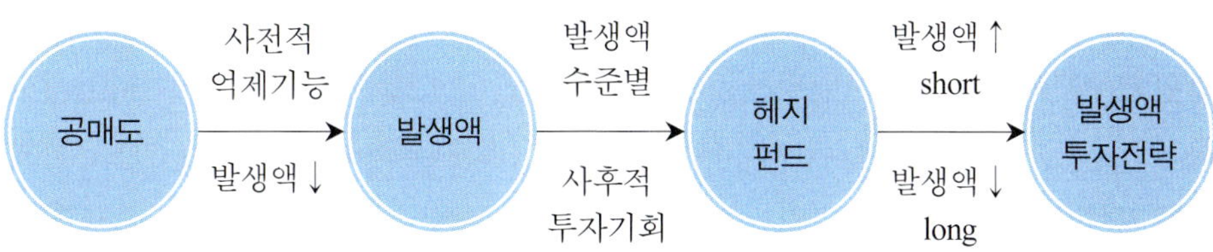

[그림 10-17]에서 공매도는 사전적으로 발생액을 억제하는 역할을 하는 것으로 나타난다. 그러나 사후적으로는 발생액이 높은 경우 공매도가 투자전략으로 활용된다. 이에 따라 헤지펀드는 발생액이 낮은 경우 매입(long)하고, 발생액이 높은 경우 공매도(short)하는 투자전략을 취한다. 따라서 발생액과 발생액에 따른 헤지펀드의 투자전략은 순환관계를 유지한다.

[그림 10-18]은 공매도와 이익조작의 관계를 보여준다. 먼저 Panel A에서는 언론보도비중, 규모, B/M비율, 수익률 등의 네 가지 변수에서 모두 이익의 왜곡표시(earnings misstatement)가능성이 높은 기업에 대한 공매도 수준이 왜곡표시가능성이 낮은 기업에 대한 공매도 수준보다 높게 나타나고 있다. 이는 이익의 왜곡표시가능성이 높은 기업이 향후 주가하락의 가능성이 높게 예상됨에 따라 공매도가 집중되는 것을 보여준다. 그러나 Panel B에서는 공매도의 비중이 높은 기업이 낮은 기업에 비해 향후(1년 후) 이익의 왜곡표시가능성이 낮아

54) Massa *et al.*(2013), Fang *et al.*(2016).

[그림 10-18] 공매도와 왜곡표시의 관계[55)]

Panel A : The Density of Short-Selling Attack on Firms with or without Earnings Misstatement.

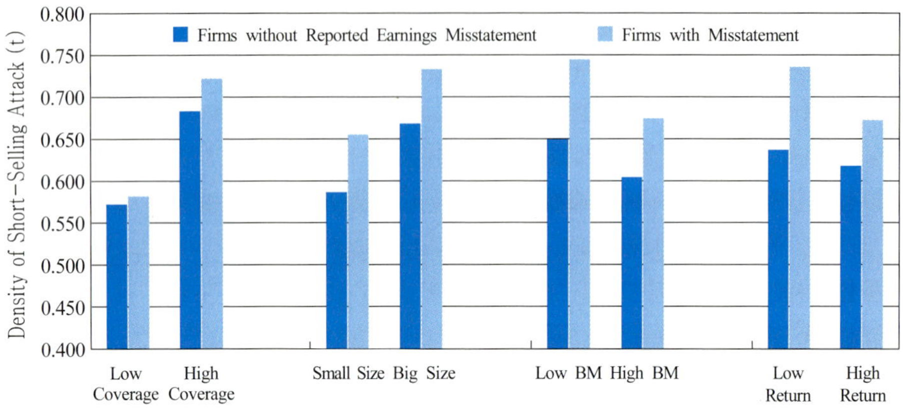

Panel B : The Probability of Future Misstatement on Firms with Low or High Short-Selling Potential.

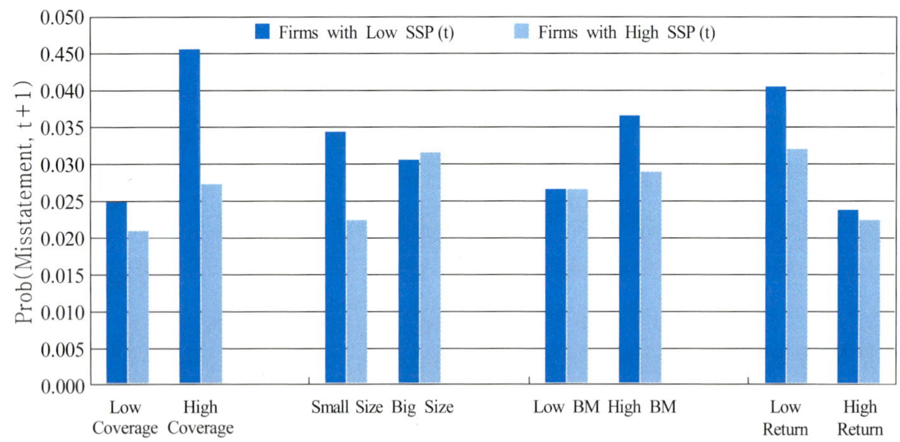

지고 있음을 보여준다. 이는 공매도의 사전적(ex ante) 왜곡표시 억제효과를 나타내는 것이다. 이상의 내용은 공매도가 시장효율성을 증가시킬 뿐만 아니라 경영자와 관련된 대리인비용을 줄여 기업지배구조에 기여함을 의미한다. Curtis and Fargher(2014)도 공매도가 주가하락을 촉진하고 시장을 교란한다는 부정적인 인식과는 달리 공매도가 주가와 내재가치의 일치를 촉진하여 시장효율성에

55) Massa *et al.*(2013, p. 54).

기여한다고 하였다.

국내에서도 장지인과 정준희(2014)에 따르면 이익의 상향조정(재량적 발생)이 높을수록, 이익의 변동성이 높을수록, 주식수익률의 변동성이 높을수록 공매도가 활발한 것으로 나타났다. 이는 Massa *et al.*(2013)에서 이익의 왜곡표시 가능성이 높은 기업일수록 공매도가 활발하다는 분석결과와 같이 향후 주가하락이 예상되는 기업에 공매도가 집중되는 것을 보여주는 것으로 해석된다. 또한 공매도가 활발한 기업일수록 회계수치의 가치관련성이 높게 나타나 공매도가 자본시장의 효율성에 기여하는 것으로 나타났다.

그런데 공매도는 본질적으로 주가가 떨어져야 이익을 챙기는 구조이므로 다른 투자자의 불행을 이용하여 이익을 챙긴다는 인식이 강해 여타 투자자들은 이를 곱지 않은 시선으로 보게 된다. 즉 공매도에 대한 정치적 비용이 높아지는 문제가 발생한다. 따라서 주가가 하락하여 손실을 본 투자자는 이를 감사문제로 돌려 감사인에 대한 소송위험이 증가하게 된다. 따라서 공매도의 비중이 높을수록 감사보수는 높아지는 보습을 보이게 된다(Cassell *et al.* 2011, Hope *et al.* 2017).

[그림 10-19]는 이익공시 전후의 long and short volume을 보여준다. 이익공시 전후에는 매입(long)이나 공매도(short)의 거래량이 비정상적으로 증가하여 회계정보에 대한 수요가 증가함을 시사한다.

[그림 10-19] 이익공시와 long/short 거래량56)

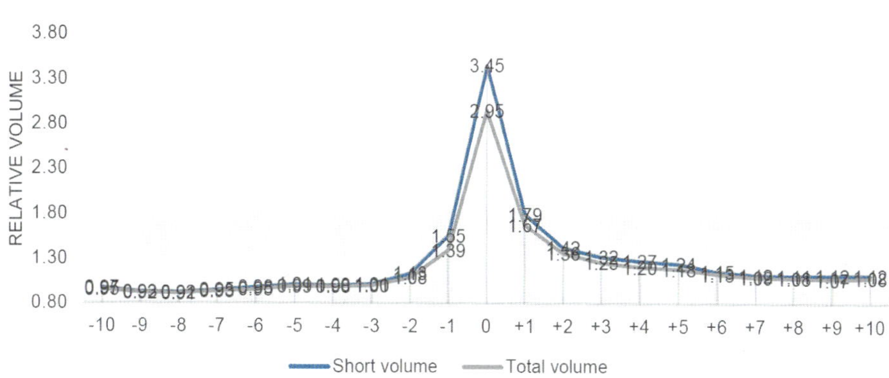

56) Rees and Twedt(2017).

제7절 이익의 질[57]

이익의 질(earnings quality)은 여러 관점에서 정의될 수 있지만 원론적인 차원에서 회계이익이 Hicks의 이익을 충실하게 표현(faithfully represent)하는 정도로 정의된다. Hicks의 이익이란 기말에도 기초의 부의 수준을 유지하면서 기중에 소비할 수 있는 최대금액으로 정의되는데, 경제학적 이익을 설명하는 데 있어서 가장 대표적인 견해로 여겨져 왔다.[58] 회계이익은 인식과 측정의 한계 때문에 Hicks의 이익과 동일할 수 없지만 포괄이익(comprehensive income)의 개념은 Hicks의 이익개념을 따르고 있다.

이익의 질 개념은 가치평가기능이나 계약기능 모두에게 유용한 개념이고, 이익의 질을 측정하기 위한 수단은 여러 관점에서 생각해 볼 수 있지만 대체로 다음과 같은 관점에서 측정해 볼 수 있다. 즉 이익이 현금흐름인지 아닌지, 반복적인지 아닌지, 정확한 측정치에 근거한 것인지 아니면 추정치에 근거한 것인지에 따라 판단될 수 있다.

1. 이익의 시계열적 속성

이익의 시계열적 속성(time-series properties)은 지속성, 예측가능성 및 변동성으로 구분되는데, 지속성 및 예측가능성이 높을수록 이익의 질은 높은 것으로 판단된다.

(1) 지속성

지속성(persistence)은 유지가능한(sustainable) 속성을 의미하며 일시적인 항목은 지속성이 낮음을 나타낸다. 지속성이 높은 이익은 이익반응계수나 가치관련성이 높아 투자자는 일시적 항목보다는 지속적인 항목에 보다 많은 의미를 부여하는 것으로 나타났다. 그러나 지속성이 높은 이익이 반드시 표현충실성이 높은 이익은 아니다. 왜냐하면 회계이익의 지속성은 회계기준뿐만 아니라 기업의 영업환경에 따라 본질적으로 다를 수 있기 때문이다.

---

57) Schipper and Vincent(2003), Dechow *et al.*(2010) 수정요약.

58) 정종암(2000).

(2) 예측가능성

예측가능성(predictability)은 과거이익이 미래의 이익을 예측하는 능력으로서 이익의 변동성이 클수록 예측가능성은 떨어진다. 예측가능성도 지속성과 마찬가지로 표현충실성과 직접적인 관계는 없다.

(3) 변동성

변동성(variability)은 보고이익의 변동폭을 의미하며 변동폭을 줄이기 위하여 유연화(smoothing) 정책이 채택되기도 한다. 그러나 인위적인 유연화는 표현충실성에 위배된다.

2. 이익, 발생, 현금흐름 간의 관계

표현충실성을 위반하는 인위적 발생(accrual)은 이익의 질을 저하시킨다.

(1) 현금흐름과 이익의 비율

회계이익이 현금흐름과 가까울수록 이익의 질이 높다는 주장이 있다. 그러나 회계이익과 현금흐름의 차이인 총발생(total accruals)을 모두 회계조작의 대상으로 보는 것은 무리가 있다. 따라서 앞서 소개된 재량적 발생의 개념이 필요하게 되었다.

회계이익과 현금흐름의 차이를 이익의 질의 지표로 보는 것은 근본적으로 발생주의를 운용함에 따른 회계담당자의 재량적 판단이 남용되었을 가능성에 따른 것이다. 발생주의는 제대로 적용하면 회계수치의 표현충실성을 제고하는 유용한 방식이나, 나쁜 의도에서 왜곡되면 오히려 적발하기 어려운 회계부정의 수단으로 전락하게 된다.

(2) 재량적 발생

재량적 발생모형은 수익이나 매출채권, 고정자산 등이 정상적인 발생(비재량적 발생)을 야기한다고 가정하고 그러한 정상적 발생으로부터의 편차를 재량적 발생(discretionary accruals)으로 정의한다. 재량적 발생은 일반적으로 이익조정을 의미하며 따라서 재량적 발생의 절대적 크기가 클수록 이익의 질을 저하시킨다.

그런데 재량적 발생에 의한 이익의 질 측정은 본질적으로 지속성이나 예측가능성에 의한 이익의 질 측정과 관련이 없다. 재량적 발생이 경영자의 이익조정동기로부터 출발하여 Hicks의 이익을 왜곡시킨다면 표현충실성이 훼손되는 것으로 평가되며 이는 이익의 질을 측정하는 하나의 수단이 된다.

3. 정보속성

정보유용성을 확보하기 위한 속성은 목적적합성, 신뢰성 그리고 비교가능성 등이다. 그러나 이들 속성은 상호 배타적이거나 상호 일치하지 않기 때문에 실증분석에서는 별도로 검증할 수 없는 어려움이 따른다. 따라서 대부분의 실증연구에서는 목적적합성과 신뢰성을 별도로 검증할 수 없으며 이는 이익의 질을 측정하는 데 한계로 작용한다.[59] 그러나 정보유용성을 위한 목적적합성과 신뢰성 그리고 비교가능성이 확보된 상황에서 이들 요소는 표현충실성을 확보하여 이익의 질을 증가시킨다.

4. 추정과 판단

회계기준을 적용하기 위하여 요구되는 추정과 판단이 많으면 많을수록 이익의 질은 떨어진다. 예를 들면 감가상각이나 공정가치에 의한 평가는 추정과 판단을 필요로 한다. 따라서 회계기준의 의도를 충실히 따르려는 회계담당자라 하더라도 추정과 판단이 많으면 많을수록 경제적 이익을 제대로 반영하지 못할 확률이 높기 때문에 이익의 질은 낮아진다.

---

59) 가치관련성 연구에서 가치관련성이 발견되면 이는 회계수치가 목적적합성과 신뢰성을 동시에 갖추고 있다고 판단되지만, 가치관련성이 나타나지 않을 때 목적적합성이 부족해서인지 아니면 신뢰성이 부족해서인지 구분하기 어렵다. 따라서 가치관련성 연구도 동시검정의 속성을 갖는다.

5. 이익분포상의 불연속성

이는 회계담당자가 회계기준의 정신을 무시하고 추정과 판단을 악용하는 경우에 나타날 수 있다. 예를 들면 [그림 10-20]에서 소규모 손실을 보이는 기업은 빈도수가 드문 반면, 소규모 이익을 보이는 기업은 상대적으로 흔한 분석결과는 적자보고를 피하기 위하여 회계상의 추정과 판단이 남용되었을 가능성을 시사한다. 아래 그림에서 위 부분은 Burgstahler and Dichev(1997)의 연구에 나타난 미국기업의 이익분포 모습이며, 아래 부분은 구정호(2011)의 연구에 나타난 우리나라 기업의 이익분포 모습이다.[60] 두 나라 사례에서 소규모 적자구간에

[그림 10-20] 미국과 우리나라 기업의 이익분포

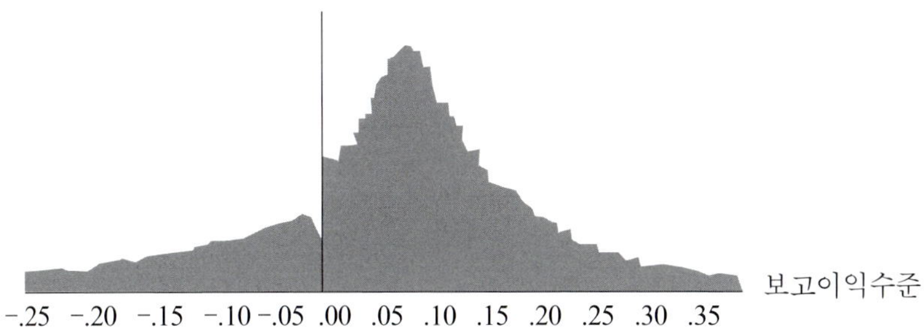

〈미 국〉

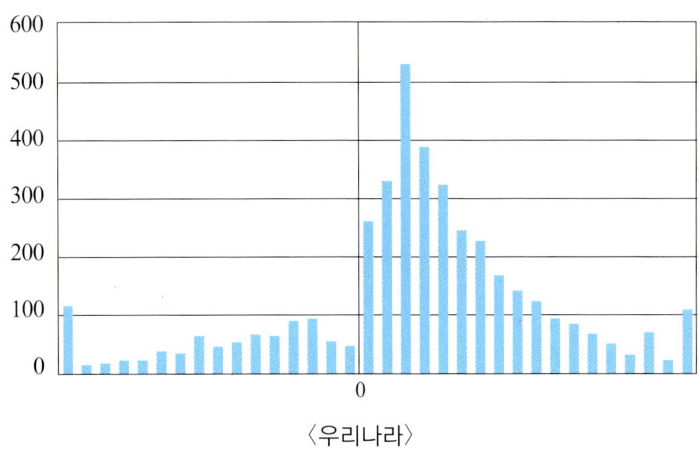

〈우리나라〉

60) 우리나라의 경우 대규모 이익과 손실을 보고하는 기업들이 양쪽 끝에 편중되어 있음을 알 수 있다.

비해 소규모 이익구간의 분포가 상대적으로 많은 것이 이익조정의 산물이라는 의혹을 제기할 수 있다.[61] Hayn(1995, p. 132)도 이와 유사한 이익분포의 행태를 통계적으로 검증한 결과 통계적으로 1% 수준에서 정규분포와 다르다고 하고 이는 아슬아슬하게 흑자가 된 기업들이 이익조정을 통하여 적자를 면했을 가능성을 시사한다고 하였다.

이러한 심증적 의혹을 넘어 Roychowdhury(2006)는 기업들이 적자를 피하기 위하여 할인제공을 통한 매출의 일시적 신장, 매출원가축소를 위한 과대생산 및 수익성 제고를 위한 재량적 지출의 축소를 행함으로써 실제이익조정(real earnings management)이 행해지고 있음을 보고하였다. 김지홍 등(2008)도 이익을 상향조정했을 것으로 의심받는 기업의 경우 낮은 비정상 영업활동 현금흐름과 낮은 비정상 재량적 비용을 보이는 반면, 비정상 제조원가의 경우 높은 수준으로 나타나 이익의 상향조정을 위한 실제이익조정이 이루어지고 있음을 보고하였다. 김진배 등(2009)도 0의 이익을 약간 초과한 그룹들은 다른 그룹에 비해 통계적으로 유의하게 낮은 비정상 영업활동 현금흐름과 비정상 재량적 지출을 보고하고, 높은 비정상 생산원가를 보고하고 있는 것으로 나타나 적자보고회피를 위한 실제이익조정이 발생되고 있음을 지적하였다.

박선오(2011)는 이상의 실제이익조정의 관점과 달리 회계적 이익조정의 관점에서 본 문제를 살펴보았다. 즉, 이익수준 구간별 발생액(총발생액, 비재량적 발생액, 재량적 발생액)의 크기를 분석한 결과 재량적 발생액은 이익수준이 0에 이를 때까지 빠른 속도로 상승하고 있음을 보여준다. 이익수준이 −0.03인 구간에 속한 기업부터 이미 재량적 발생액은 (+)를 보이고 있고 그 폭은 이익수준이 0.02에 이를 때까지 커지고 있다. 따라서 이 구간에 속한 기업 중 상당수가 적자폭을 줄이거나 흑자전환을 위해 보다 적극적으로 회계이익을 부풀렸을 가능성이 있는 것으로 추정된다고 보고하였다.

그러나 이익분포상의 비연속성만으로 이익조정을 단정할 수는 없다는 신중론도 만만치 않다. 이은철 · 손성규(2007)에 따르면 비재량적 이익을 기준으

---

61) Burgstahler and Dichev(1997)는 이러한 소규모 적자 탈피를 위한 이익소성의 가능성에 대한 이론적 근거로 제1장에서 소개된 프로스펙트이론을 들고 있다. 프로스펙트이론에서는 준거점을 기준으로 가치함수의 증가폭이 가장 크므로 경영자는 여러 이해관계자(stakeholders)가 인식하는 가치함수의 증가/감소 패턴을 고려하여 소규모 적자를 흑자로 전환시키는 이익조정의 동기가 충분하다고 하였다. 또한 경영자의 이러한 행위가 합리성(rationality)의 관점에서도 전혀 무리가 없는 행동이라는 것이다. 즉 손실을 보고하는 경우 기업의 거래비용(transaction cost)은 이익을 보고했을 때에 비해 급격히 커지므로 경영자가 손실을 회피하는 것은 매우 자연스럽다는 것이다.

로 0에 인접한 적자 표본들의 재량적 발생액이 이와 인접한 다른 구간과 차이가 있다는 증거를 발견하지 못하였다. 또한 당기순이익을 기준으로 0에 인접한 흑자 표본들의 재량적 발생액이 이와 인접한 다른 구간과 차이가 있다는 증거를 발견할 수 없었다. 이러한 연구결과는 횡단면적 분포도상에서 0을 기준으로 한 불연속적인 분포가 이익조정의 결과가 아닐 수도 있음을 시사하는 것이다. 또한 Durtschi and Easton(2005, 2009)도 이익분포의 불연속성이 이익조정의 결과라기보다는 이익의 표준화 방법(scaling)이나 표본선정(sample selection)에 있어서의 통계적 오류에 의한 것이라고 주장하였다.

그러나 Gilliam *et al.*(2015)은 Durtschi and Easton(2005, 2009)의 지적이 옳다면 동일한 이익의 표준화 방법이나 표본선정기법에 따라 2002년 이전과 이후의 표본에서 동일하게 이익분포의 불연속성이 나타나야 한다는 논리에 따라 실증분석을 실시하였다. 2002년을 중심으로 구분하는 이유는 Sarbanes-Oxley Act가 2002년에 도입되었기 때문이다. Sarbanes-Oxley Act란 2001년의 Enron Scandal에 의해 땅에 떨어진 미국회계의 신뢰성과 투명성을 회복하기 위한 법으로서 이 법의 주요 내용은 분식회계를 자행한 경영자에 대한 처벌강화, 외부감사인의 내부통제제도 평가 및 CEO와 CFO의 재무제표 인증을 강제한 것이다.

분석결과에 따르면 [그림 10-21]에서와 같이 2002년 이전(A)에 명확히 나타나던 이익분포의 불연속성(discontinuity)이 2002년 이후(B)에 사라졌다. 이러한 결과는 이익분포의 불연속성이 이익조정 때문이 아니라 단지 이익의 표준화 방법이나 표본선정 등의 통계적 오류에 의한 것이라는 Durtschi and Easton (2005, 2009)의 주장에 심각한 의문을 제기하는 것이다. 왜냐하면 이익분포상의 불연속성이 이익조정의 결과라기보다는 이익의 표준화 방법이나 표본선정에 있어서의 통계적 오류에 의한 것이라면 동일한 기법을 사용한 2002년 이후의 표본에서도 2002년 이전과 같이 이익분포의 불연속성이 나타나야 하기 때문이다. 따라서 [그림 10-21]의 실증분석결과는 2002년을 기점으로 Sarbanes-Oxley Act의 의도대로 이익조정이 약화되어 이익분포의 불연속성이 사라졌다는 주장에 힘을 실어주는 것이다. 또한 2002년 Sarbanes-Oxley Act의 도입 이후 발생액을 이용한 이익조정(accrual-based earnings management)은 약화된 반면 실제이익조정(real earnings management)은 증가했다는 선행연구결과에 비추어 보면 실제이익조정의 강화가 발생액을 이용한 이익조정의 감소를 상쇄할 만큼 강력한 것은 아니었다는 추론을 가능하게 한다. 왜냐하면 실제이익조정의 강화가 발생액을 이용한 이익조정의 감소효과를 상쇄할 만큼 강력한 것이었다면 2002년 이후에도 이익분포의 불연속성이 계속 나타나야 할 것이기 때문이다.

[그림 10-21] 2002년 이전(A)과 이후(B)의 이익분포62)

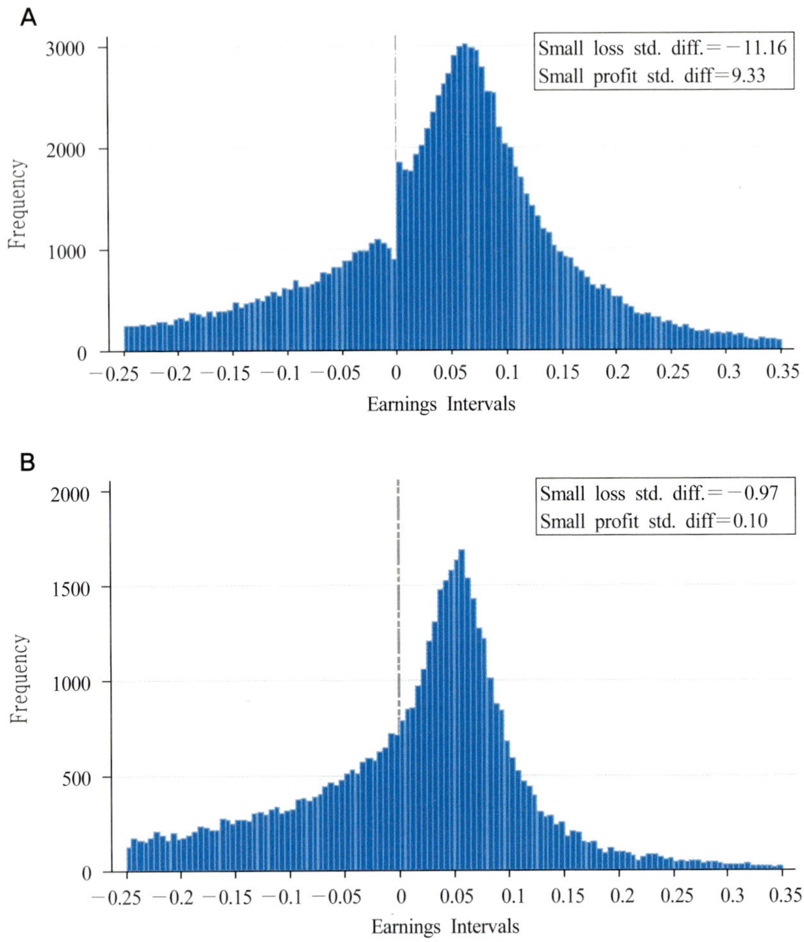

한편 이러한 이익분포상의 비대칭성이 이익을 어떻게 측정(metric)하느냐에 따라 달라지기도 한다는 분석결과가 있다. [그림 10-22]의 Figure 1에서는 이익을 1cent의 간격으로 표시한 금전으로 표시한 EPS를 의미하며 Figure 2에서는 이익을 전년도 장부가액으로 나눈 비율로 표시하였다. 분석결과에 따르면 Figure 1에서는 0을 중심으로 재량적 발생이 급격한 수준차를 보이고 있으며 이는 경영자들이 금전적으로 표시된 마이너스 EPS를 플러스로 전환하기 위하여

62) Gilliam *et al.*(2015).

[그림 10-22] 이익측정 metric에 따른 재량적 발생 차이

Figure 1
Discretionary accruals across EPS bins over the range $－0.50 to $0.50(tails truncated). Series 1 shows forward-looking discretionary accruals. Series 2 shows performance-matched discretionary accruals.

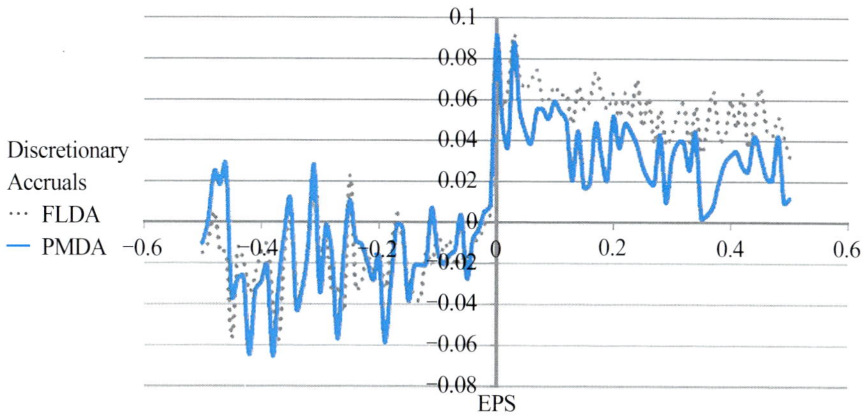

Figure 2
Discretionary accruals across E/MV bins over the range −0.50 to 0.50(tails truncated). Series 1 shows forward-looking discretionary accruals. Series 2 shows performance-matched discretionary accruals.

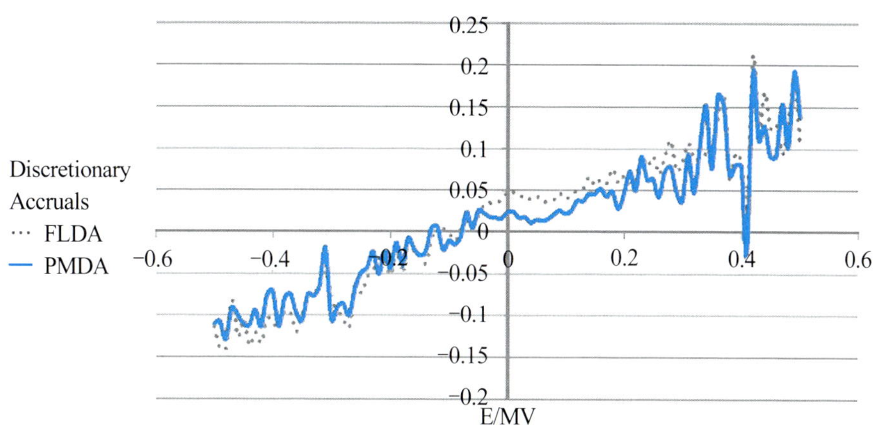

재량적 발생을 이용하고 있다는 증거로 해석된다. 그러나 Figure 2에서는 이익을 전년도 장부가액으로 나눈 비율을 사용하였는데, 여기서는 재량적 발생의 차이가 0을 중심으로 명확히 드러나지 않는다.[63] 즉 0을 기준으로 재량적 발생이 대비되는 모습을 보이기보다는 실적에 따라 재량적 발생이 비례하는 모습을 보임으로써 0을 중심으로 재량적 발생을 통한 이익조정의 증거가 Figure 1에서와 같이 명확하게 나타나지 않는다.

이상의 다섯 가지 영역에서의 이익의 질 평가는 상호간에 일관성이 결여되거나 중복되는 경우도 있고, 의도적인 부분과 비의도적인 부분을 정확하게 구분하지 못할 위험도 있다. 또한 이익의 질 개념이 표현충실성의 정신과 언제나 일치하는 것도 아니다. 그럼에도 불구하고 위에 언급한 이익의 질 측정요소는 기본적으로 경제적 이익을 충실히 표현하여 가치평가기능이나 계약기능에서 유용한 정보를 제공하기 위한 다양한 시도의 결과로서 이익의 질을 측정하기 위한 대용수단(proxies)으로 활용된다.

제8절 이익의 질 : 대용변수, 결정요인 및 파급효과

Dechow *et al.*(2010)은 이익의 질과 관련된 광범위한 선행연구를 분류, 정리하여 이익의 질에 대한 대용변수, 결정요인 및 파급효과를 〈표 10-8〉과 같이 제시하였다. 대용변수란 이익의 질을 나타내는 척도이고, 결정요인이란 이익의 질 또는 대용변수에 영향을 미치는 요소이다. 파급효과란 이익의 질이 가져올 효과 및 영향을 의미한다.

그러나 이상의 세 가지 영역에서의 요인은 경우에 따라서는 인과관계가 명확하지 않은 경우도 있다. 예를 들면 경영자보수는 결정요인으로도 작용하지만 파급효과에도 나타나고 있다. 이는 경영자보수의 형태가 이익조정 동기를 자극하여 이익의 질에 영향을 미치는 결정요인이기도 하지만, 이익의 질에 따라 경영자보수가 영향을 받을 수도 있다는 의미이다. 다음에서는 이익의 질에 대한 실증적 대용변수(empirical proxies)의 의미를 살펴본다.

63) Xu(2016).

〈표 10-8〉 이익의 질 : 대용변수, 결정요인 및 파급효과

대용변수	결정요인	파급효과
• 이익의 속성 지속성 재량적 발생 이익유연화 수익/비용 인식속도 차이 소규모 이익시현 • 이익반응계수 회계방법 기업특성 정보환경 • 외부지표 감리지적 재무제표 재작성 내부통제제도	• 기업특성 기업실적 성장과 투자 자본구조 기업규모 • 회계방법 • 지배구조 이사회구성[64)] 경영자지분 경영자보수 경영자변동 • 회계감사 감사인규모 감사수수료 • 인센티브 추가자금조달 이익목표치 설정 • 외부요인 정치적 요인 시장/세무 규제 법률적 환경	• 자본시장 수익률 시장가치 자본조달비용 부채평가 • 기타분야 소송가능성 경영자보수 경영자변동 감사의견 재무분석가 평가

- **지속성**: 지속성이 높은 이익은 초과이익모형에서 보다 정확한 가치평가 결과를 가져온다.
- **발생의 크기**: 극단적인 발생은 이익의 지속성을 낮추고, 이익의 질을 낮게 한다.

---

64) Srinidhi *et al.*(2011)은 미국기업을 대상으로 이사회에 여성의 참여가 많으면 많을수록 이익의 질이 높아지는지를 분석하였다. 여기서 이익의 질을 측정하는 변수는 두 가지이다. 하나는 재량적 발생이고, 다른 하나는 목표이익의 benchmark가 되는 전년도 이익이나 애널리스트의 이익예측치를 간신히 달성하는 정도이다. 분석결과에 따르면 여성의 이사회 참여가 높은 기업일수록 재량적 발생의 수준과 목표이익을 간신히 달성하는 성향이 낮아진다. 이러한 분석결과는 회계투명성과 감시가능을 담당하는 기업지배구조의 순기능을 여성의 이사회 참여를 확대함으로써 증진시킬 수 있음을 시사한다. 다만 여기서 말하는 이익의 질은 기업의 실적을 의미하는 것은 아니며, 따라서 이익의 질과 기업실적은 구분해야 하는 개념이다.

- 재량적 발생 : 재량적 발생은 경영자의 재량성을 의미하며, 이익의 질을 낮게 한다.
- 이익유연화 : 지나친 이익유연화는 인위적인 조작으로 간주되고 이익의 질은 낮아진다.[65]
- 손실의 조기인식 : 경영자의 낙관주의를 견제하기 위한 보수주의에서 손실의 인식속도는 빠르다. 따라서 보수주의하의 이익은 상대적으로 질이 높은 것으로 간주한다.
- 소규모 이익시현 : 소규모 손실 기업보다 소규모 이익 기업이 많다면 이는 인위적인 조작의 결과일 가능성이 높다. 또한 간신히 이익을 시현한 기업의 이익의 질은 낮다.
- 이익반응계수(ERC) : 높은 ERC는 이익의 정보속성이 더 높다는 것으로, 이익의 질이 높다.
- 높은 가치관련성계수 : 높은 가치관련성계수는 이익의 정보속성이 더 높다는 것으로, 이익의 질이 높다.
- 감리지적 및 재무제표 재작성 : 이익의 질에 문제가 있음을 시사하고 이익은 질은 낮게 평가된다.

[그림 10-23]은 광범위한 선행연구에서 진행된 대용변수간의 검증관계를 시각적으로 제시한다. 그림의 내용이 보여주는 것은 이익의 질을 나타내는 대용변수 상호간의 관계를 살펴본 선행연구가 많음을 나타내고, 특히 재량적 발생은 거의 모든 이익의 질 연구의 구심점 역할을 하는 것을 알 수 있다.[66]

---

65) 이익조정이나 이익유연화가 언제나 부정적인 것만은 아니다. 이익관리의 역기능을 주장하는 관점은 경영자의 기회주의적 동기에 논거를 두고 있으며 경영자에 의한 회계적 재량의 행사가 회계정보에 잡음을 초래하여 주식수익률과 회계수치의 동시적 상관관계를 약화시키는 것으로 추론한다. 반면에 이익관리의 순기능을 지지하는 관점은 이익관리가 경영자의 사적 정보를 전달하는 구실을 하여 회계정보의 목적적합성을 제고시키고 이익수치의 시계열 변동을 완화시켜 미래예측능력을 제고할 수 있을 것으로 추론한다. 두 가지 견해를 지지하는 실증연구결과가 병존하는 것이 현실이다(최종서 · 송동건, 2004).

66) Dechow *et al.*(2009) 수정요약. 재량적 발생과 실제이익조정(real earnings management)의 관계와 관련하여 Chi *et al.*(2011)은 감사품질이 높은 감사인은 발생을 통한 회계적 이익조정을 억제하는 능력이 뛰어나므로 높은 품질의 감사인에게 감사를 받는 이익조정 욕구가 높은 피감사기업은 오히려 대체적 이익조정수단인 실제이익조정을 더 많이 활용한다고 보고하였고, 이를 의도하지 않은 감사품질의 효과로 보았다.

[그림 10-23] 이익의 질 대용변수간의 검증관계분석

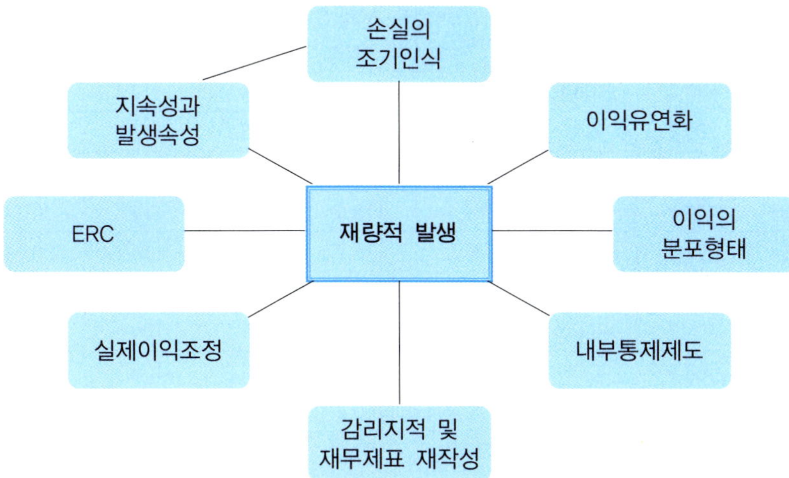

2015년은 자연성비(自然性比) 복원의 元年입니다

연 도	총출생아 (천명)	女	男	전체 성비	첫 째	둘 째	셋째 이상
1990	649.7	300.1	349.6	116.5	108.5	117.1	193.3
1991	709.3	334.0	375.3	112.4	105.7	112.5	182.5
1992	730.7	342.1	388.6	113.6	106.2	112.4	195.0
1993	715.8	332.5	383.4	115.3	106.4	114.8	207.3
1994	721.2	335.1	386.1	115.2	106.0	114.1	205.4
1995	715.0	335.4	379.6	113.2	105.7	111.7	180.1
1996	691.2	326.8	364.4	111.5	105.1	109.8	166.0
1997	668.3	320.9	347.5	108.3	105.2	106.3	136.1
1998	634.8	302.0	332.8	110.2	106.0	108.1	146.0
1999	614.2	293.0	321.2	109.6	105.6	107.5	143.3
2000	634.5	301.9	332.6	110.2	106.3	107.4	144.2
2001	554.9	265.4	289.5	109.1	105.5	106.4	141.5
2002	492.1	234.3	257.8	110.0	106.5	107.3	141.4
2003	490.5	235.0	255.5	108.7	104.9	107.0	136.9
2004	472.8	227.1	245.7	108.2	105.1	106.2	133.0
2005	435.0	209.3	225.7	107.8	104.8	106.5	128.5
2006	448.2	216.0	232.2	107.5	105.7	106.0	121.9
2007	493.2	239.2	254.0	106.2	104.5	106.0	115.7
2008	465.9	225.8	240.1	106.4	104.9	105.6	116.7
2009	444.8	215.5	229.4	106.4	105.1	105.8	114.3
2010	470.2	227.3	242.9	106.9	106.4	105.8	110.9
2011	471.3	229.1	242.1	105.7	105.0	105.3	109.5
2012	484.6	235.6	249.0	105.7	105.3	104.9	109.2
2013	436.5	212.6	223.9	105.3	105.3	104.5	108.1
2014	435.4	212.1	223.4	105.3	105.6	104.6	106.7
2015	438.7	213.6	225.1	105.3	105.9	104.5	105.5

최근 들어 출생아수가 줄어 국가적으로 큰 걱정이지요. 그러나 긍정적인 변화도 있네요. 바로 성비(性比)의 개선입니다. 셋째 이상의 성비는 인간의 개입을 보여주는 결정적 증거입니다. 1990년대 초중반을 보세요. 이때는 인간의 개입이 확실히 눈에 띕니다. 그러나 2015년은 통계작성 이후 최초로 셋째 이상의 성비가 첫째 또는 둘째보다 작아진 최초의 연도가 되어 自然性比 복원의 元年으로 기록되었습니다.

연습문제

1 발생(accruals)의 긍정적인 면과 부정적인 면을 구분하여 설명하라.

2 Jones모형을 추정할 때 동일연도/동일산업에 속하는 기업들을 대상으로 하는 이유는 무엇인가?

3 발생액 이상현상(accrual anomaly)과 관련하여
(1) 의미를 언급하라.
(2) 이 전략을 이용한 수익률이 시간이 지남에 따라 사라지는 것이 자본시장의 효율성에 시사하는 점을 언급하라.

4 실제이익조정과 관련하여
(1) 의의를 언급하라.
(2) 이용가능한 수단을 언급하라.
(3) 측정방법을 언급하라.

5 이익의 질(quality)과 관련하여, 대용변수, 결정요인 및 파급효과를 언급하라.

6 재량적 발생의 개념을 설명하고 재량적 발생을 회계감사에서 분석적 절차(analytical procedures)의 도구로 사용할 수 있는지 언급하라.

7 발생주의의 한계를 이익조정의 관점에서 설명하라.

8 당기업적주의와 포괄주의를 회계기능의 종류와 관련지어 설명하라.

9 재량적 발생을 추정하는 모형의 기본적인 한계는 무엇인가?

10 Pro forma earnings의 유용성을 설명하라.

11 Hicks의 이익개념을 회계이익의 개념으로 채택할 수 있는 가능성과 관련하여 가치평가기능과 계약기능의 입장에서 각각 논하라.

12 PER, PBR, EV/EBITDA의 개념을 구분하여 설명하라.

13 회계기능별 이익의 질 개념이 어떻게 다른지 설명하라.

14 이익조정의 정의를 제시하라.

15 경영자의 이익조정동기를 설명하라.

16 손실과 이익 기업의 구분점에서의 이익조정가능성을 언급하라.

17 이익조정에서 감사인의 역할을 언급하라.

18 한국형 헤지펀드의 도입 이후 우리나라의 발생액 이상현상이 어떤 변화를 보이고 있는가?

CHAPTER

11

주식기준보상

제 1 절 스톡옵션의 의의

1. 스톡옵션의 기능

스톡옵션(주식선택권)이란 회사의 임 · 직원이 일정기간이 경과한 후 일정가격(행사가격)으로 주식을 매입하거나, 보상기준가격과 행사가격의 차액을 현금 등으로 받을 수 있는 권리를 말한다. 스톡옵션의 소유자는 옵션을 행사해서 얻을 수 있는 이익이 있다면 옵션을 행사하겠지만 기대이익이 없다면 행사하지 않을 것이다.

스톡옵션은 주주와 경영자 또는 경영자와 종업원 사이의 대리인문제(agency problem)를 해결하는 수단이 된다. 주주와 경영자 사이의 대리인문제를 해결하기 위한 수단으로서 경영자에 대한 보수를 기업의 실적에 연계하는 제도가 활용되고 있는바, 회계실적에 연계하는 방법과 더불어 주가에 연계하는 스톡옵션은 현대 기업의 주요한 보상수단으로 자리매김하고 있다. 그런데 이때 미래의 주가를 단순히 이용한다면 업적지표로서 문제가 있을 수 있다. 왜냐하면 시장 전체의 주가상승에 편승하는 개별기업의 주가상승은 경영자의 실적이라기보다는 시장의 전반적인 움직임에 따른 것이기 때문이다. 이 문제를 해결하기 위하여 스톡옵션의 부여조건에 업적관련조항을 추가할 수 있다.[1] 이를 업적조건부 스톡옵션(performance-vested stock option)이라 부른다. 연구결과에 따르면 업적과 관련 없는 스톡옵션보다 업적조건부 스톡옵션이 경영자와 주주의 이해관계를 합치시키는 효과가 보다 큰 것으로 나타났다. 그러나 업적조건이 현실과 동떨어져 달성가능성이 희박할 경우에는 오히려 역효과를 가져오는 것으로 나타났다.[2]

---

1) 예를 들면 동종산업의 평균주가상승률을 상회하는 경우에만 스톡옵션의 행사가 가능하도록 하는 것이다. 실제로 국민은행의 스톡옵션은 행사조건이 매우 까다로워 우리금융, 신한지주, 하나금융 등 다른 경쟁사보다 40% 이상 주가가 더 오른다는 가정하에 책정되었다. 이에 따라 2001년부터 2007년까지 국민은행 임원에게 지급된 스톡옵션 주식은 총 308만7,136주나 되지만 실제로 행사된 스톡옵션은 9만4,918주에 불과하다(이투데이, 2011.8.30).

2004~2005년의 기간 동안 런던증권시장에 상장된 제조업체의 경영자보수를 조사한 Voulgaris *et al.*(2014)에 따르면 업적조건으로 회계목표(accounting target)를 채택한 기업은 23%, 목표주가(market target)를 채택한 기업은 35%, 두 가지 모두 채택한 기업은 26%로 나타났으며, 실적목표를 채택하지 않은 기업은 불과 16%로 나타났다.

2) Kuang and Qin(2009).

한편 스톡옵션을 통하여 기업가치증진을 도모하는 경우 기업특성에 따라 차등적 성과가 있는 것으로 보인다. 즉, 첨단산업일수록, 연구개발 투자성향이 높을수록, 성장성이 높을수록, 위험수준이 높을수록, 전문경영자가 경영할수록 스톡옵션이 대리인비용을 감소시키고 기업가치를 증진시키는 효과가 큰 것으로 나타났다.[3)]

2. 회계이슈

스톡옵션을 둘러싼 회계이슈는 크게 다음 두 가지로 볼 수 있다.

- 스톡옵션을 비용으로 손익계산서에 인식할지의 여부
- 인식한다면 스톡옵션비용을 어떻게 측정/계산할 것인가?

현재 IASB와 FASB는 모두 스톡옵션의 비용인식을 강제하고 있으며, 공정가치로 보상원가를 측정하도록 하고 있다.

제2절 스톡옵션 회계처리 비교

1. 미국회계기준

FASB는 1995년 10월에 APB Opinion 25의 일부를 대체하는 기준서로 SFAS No. 123 “Accounting for Stock-Based Compensation”을 발표했는데 이 기준은 공정가치접근법에 따라 보상원가를 측정할 것을 권고하고 있다. 그러나 이 기준은 기업들이 과거부터 사용해오던 APB Opinion 25도 계속 사용할 수 있도록 허용하고 있다.

SFAS No. 123의 공정가치접근법에서는 옵션가격결정모형 등에 의해 계산된 주식선택권의 공정가치를 보상원가로 보며, 이를 약정근로제공기간 동안

3) 이경태 등(2004).

비용으로 인식한다. 그러나 APB Opinion 25에서는 행사가격이 현재주가를 밑도는 경우에만 비용으로 인식할 것을 요구하고 있다. 그런데 대부분의 스톡옵션에서는 행사가격이 현재주가를 상회하고 있다. 따라서 실제로 손익계산서에 비용으로 인식하는 기업은 거의 없었던 것이 현실이다. 이처럼 미국기업들은 경제적 실질이 동일한 거래에 대하여 상이한 회계처리방법 중 하나를 선택할 수 있었고,[4] 대부분의 기업은 손익계산서에 스톡옵션비용을 인식하지 않는 회계처리방법을 선택했다. 그러나 FASB는 2004년 12월 SFAS No. 123의 개정을 통해 스톡옵션의 비용인식을 의무화하면서 공정가치로 보상원가를 측정하도록 하였다.

2. 국제회계기준

IASB는 IFRS 2 "Share-based Payment"를 2004년 2월 공표하여 스톡옵션 회계처리에 대한 규정을 마련하였다. 이 규정에 따르면 "스톡옵션은 공정가치로 측정되어 비용으로 인식되어야 한다"고 규정하고 있다. 이는 스톡옵션으로부터 발생되는 비용은 손익계산서 본문에 반영되어야 하며, 주석으로 대체되어서는 안 된다는 것이다.

제3절 미국의 스톡옵션 논쟁

1. 기업의 입장

과거 미국에서는 스톡옵션을 손익계산서에 비용으로 처리하든, 관련 내용을 주석으로만 공시하든 회사가 선택할 수 있었다. 그러나 일부 기업(Coca-Cola, General Motors, General Electric)은 2003년부터 자발적으로 비용으로 인식하겠다고 발표하고 있으나 일부 첨단기업(high-tech)은 여전히 비용처리에 반대하고 있다.[5] 이들의 반대이유는 주가하락과 자본조달비용의 상승으로 인한 경영압박

4) 손익계산서 본문 인식과 주석공시 중 선택할 수 있음을 의미하며, 제13장에서 말하는 퇴행적 통일성의 사례가 된다.

등의 재무적 요인 이외에 성장산업분야에서 유능한 인재를 확보하는 수단으로서의 스톡옵션의 순기능이 비용처리로 인해 중대한 제약을 받는다는 것이다. 즉 스톡옵션의 회계처리가 어떻게 이루어지는지에 따라 스톡옵션의 이용빈도가 실제로 결정될 수 있다는 의미이다.[6]

FASB가 기업의 입장을 두둔한 것은 기업과 의회 등으로부터의 압력 때문이었다. FASB는 일찍이 스톡옵션을 비용처리하는 방안을 제시하였으나 실리콘 밸리의 IT기업 등의 거센 반발에 부딪쳤다. 결국 FASB는 외압에 못 이겨 스톡옵션 관련사항을 주석공시로 허용하는 선에서 타협하였다. 그러나 Espahbodi *et al*.(2002)의 분석결과에 따르면 스톡옵션비용이 손익계산서 본문에 인식될 때와 주석에 공시될 때의 시장반응은 다르다.[7] 이러한 연구결과는 2004년 이전의 미국 스톡옵션 회계처리방법이 US-GAAP의 대표적인 문제점으로 간주되어 전 세계 회계인들로부터 공격받았던 이유를 보여준다.

2. FASB의 입장

FASB는 예나 지금이나 스톡옵션을 비용으로 처리해야 한다는 입장에 변함이 없다. 위원들도 대체로 비용처리원칙에 찬성하는 분위기이고 여론도 이들에게 힘을 실어주고 있다. 특히 투자자단체들은 경영자들에 대한 다른 보상과 마찬가지로 스톡옵션도 '원칙대로' 비용처리할 것을 주장하고 있다.[8] 다만 실리콘 밸리의 기술주도 및 IT 업체들이 정치인들을 등에 업고 강력히 반대하는 바람에 뜻을 이루지 못했을 뿐이다. 지난 1993년에도 FASB는 스톡옵션의 비용처리를 의무화할 방침이었으나 기업과 정치인의 로비에 밀려 결국 손익계산서에 비용으로 인식하는 것과 주석에의 공시 중 택일하도록 하는 기준을 만들었다. 그러나 FASB는 2004년 12월 SFAS No. 123의 개정을 통해 스톡옵션의 비용인식을 의무화하고, 공정가치로 보상원가를 측정하도록 하고 있다. 이는 종전의 규정이 스톡옵션에 대한 회계처리를 비용인식과 주석공시 중 택일할 수 있게 한 불합리성을 개선하기 위한 것이다.

---

5) 2004년 현재 약 500개의 미국기업이 자발적으로 스톡옵션의 비용처리를 하고 있다(Scott, 2012, p. 523)

6) 실제로 2004년 이전에는 미국기업 중 스톡옵션의 비용처리가 의무화된다면 더 이상 스톡옵션을 시행하는 것이 어렵다는 기업이 많았다.

7) 자본시장이 완전히 효율적이라면 이러한 현상이 나타나지 않을 것이다.

8) edaily, 2003.3.6 수정요약.

제4절 IFRS의 스톡옵션 관련용어[9)]

- 가득 : 자격의 획득. 주식기준보상약정에 따라 거래상대방의 자격획득이 더 이상 가득조건의 충족 여부에 좌우되지 않을 때 가득된다.
- 가득기간 : 주식기준보상약정에서 지정하는 가득조건이 충족되어야 하는 기간
- 가득조건(vesting conditions) : 주식기준보상약정에 따라 거래상대방이 현금, 그 밖의 자산 또는 기업의 지분상품을 받을 자격을 획득하게 하는 용역을 기업이 제공받는지를 결정짓는 조건. 가득조건에는 용역제공조건과 성과조건이 있다. 용역제공조건은 거래상대방이 특정기간 동안 용역을 제공할 것을 요구한다. 성과조건은 거래상대방이 특정기간 동안 용역을 제공하고, 특정 성과목표를 달성(예 : 특정기간 동안 기업이익의 증가)할 것을 요구한다. 성과조건에는 시장조건이 포함될 수 있다.
- 공정가치 : 합리적인 판단력과 거래의사가 있는 독립된 당사자 사이의 거래 금액
- 내재가치 : 거래상대방이 청약할(조건부 또는 무조건부) 권리를 갖고 있거나 제공받을 권리를 갖고 있는 주식의 공정가치와 거래상대방이 당해주식에 대해 지불해야 하는 가격의 차이. 예를 들어, 주식선택권의 행사가격이 15원이고 기초주식의 공정가치가 20원이라면 내재가치는 5원(20원－15원)이다.
- 부여일 : 기업과 거래상대방(종업원 포함)이 주식기준보상약정에 합의한 날. 주식기준보상거래가 유효하기 위해 일정한 승인절차(예 : 주주총회)가 필요한 경우 부여일은 승인이 이루어진 날로 한다.
- 부여한(된) 지분상품 : 기업이 주식기준보상약정에 따라 거래상대방에게 (조건부 또는 무조건부로) 넘겨준 지분상품에 대한 권리
- 시장조건 : 지분상품의 행사가격, 가득 또는 행사가능성을 좌우하는 것으로 기업 지분상품의 시장가격에 관련된 조건. 시장조건에는 목표주가의 달성, 주식선택권의 목표내재가치 달성, 기업의 지분상품 시장가격을 다른 기업의 지분상품 시장가격의 지수와 비교하여 지정한 목표의 달성

---

9) K-IFRS 제1102호 “주식기준보상” 수정요약.

등이 포함된다.

- 주식결제형 주식기준보상거래(equity-settled share-based payment transaction) : 기업이 재화나 용역을 제공받는 대가로 기업의 지분상품(주식 또는 주식선택권 등)을 부여하는 주식기준보상거래
- 주식기준보상거래 : 기업이 재화나 용역을 제공받는 대가로 기업의 지분상품(주식 또는 주식선택권 등)을 부여하거나 기업이 재화나 용역을 제공받는 대가로 기업의 주식이나 다른 지분상품의 가격에 기초한 금액만큼의 부채를 부담하는 거래
- 주식기준보상약정 : 주식기준보상거래를 하는 기업과 거래상대방(종업원 포함) 사이의 계약. 주식기준보상약정에 따라서 특정 가득조건이 있는 경우 그 가득조건이 충족되면 거래상대방은 기업의 지분상품을 받거나, 기업의 주식이나 다른 지분상품의 가격에 기초하여 결정되는 금액만큼 현금이나 그 밖의 자산에 대한 자격을 획득할 수 있다.
- 주식선택권(주식옵션) : 보유자에게 특정기간 확정되었거나 결정가능한 가격으로 기업의 주식을 매수할 수 있는 권리(의무는 아님)를 부여하는 계약
- 측정기준일 : 부여된 지분상품의 공정가치를 측정하는 기준일. 종업원 및 유사용역제공자와의 주식기준보상거래에서는 부여일을 측정기준일로 한다. 종업원 및 유사용역제공자가 아닌 자와의 주식기준보상거래에서는 기업이 거래상대방으로부터 재화나 용역을 제공받는 날을 측정기준일로 한다.
- 현금결제형 주식기준보상거래(cash-settled share-based payment transaction) : 기업이 재화나 용역을 제공받는 대가로 기업의 주식이나 다른 지분상품의 가격(또는 가치)에 기초한 금액만큼 현금이나 그 밖의 자산을 지급해야 하는 부채를 재화나 용역의 공급자에게 부담하는 주식기준보상거래

제5절 옵션가격결정모형

1. 옵션가격결정모형의 종류

옵션가격결정모형이란 주가, 주가변동성 및 행사가격 등의 정보를 이용하여 옵션의 공정가치를 계산하는 모형으로 이항모형(binomial model) 또는 블랙-숄즈 모형(Black-Scholes model)이 있다. 두 모형 모두 주가의 브라운 운동(Brownian motion)을 가정한다는 점에서 공통점이 있으나 일정한 차이도 있다.

(1) 이항모형(binomial model)

이항모형은 기초자산의 가격이 이항확률분포를 따른다는 가정하에 도출된 옵션가격결정모형이다. 예를 들어, 현재 ₩10,000인 주가가 옵션만료일에는 ₩15,000으로 상승하거나(+50%), 또는 ₩5,000으로 하락(−50%)하는 두 가지 현상 중에서 어느 한쪽만 발생한다는 것이 이항모형의 기본이다.

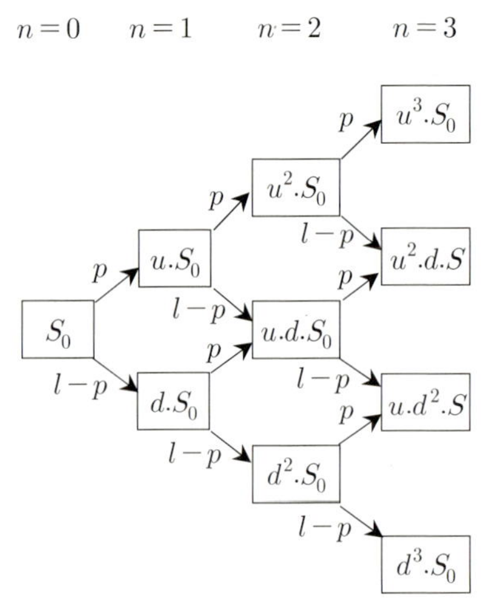

$$p=\frac{e^{rt/n}-d}{u-d}$$

$$u=e^{\sigma\sqrt{t/n}}$$

$$d=e^{-\sigma\sqrt{t/n}}$$

이항모형에서는 만기까지의 시간을 스텝(step)이라고 불리는 시간단위로 나눈다. 그러면 스텝의 개수에 따라 트리(tree)라고 불리는 일련의 주가연결고리가 옵션의 시작시점부터 만기까지 형성된다. 모든 스텝에서 주가는 변동성과 만기까지 남은 기간을 이용해서 계산된 만큼 상승하거나 하락한다. 이 단계가 기초 주가의 이항분포를 형성하고 트리는 옵션의 존속기간 동안 모든 가능한 주가의 변동경로를 보여준다. 모든 스텝에서의 옵션가격은 내재가치와 일치한다. 그 다음에는 거꾸로 만기부터 현재까지 옵션의 공정가치를 계산하는데, 그 이전 단계의 옵션가치를 기초로 주가의 상승 및 하락 확률, 무위험이자율, 스텝의 간격(기간) 등이 옵션가치의 계산에 사용된다.

이항모형의 장점은 조기행사가 허용되는 아메리칸 옵션을 평가하는 데 적절하다는 것이다. 왜냐하면 이항모형에서는 매 스텝에서 옵션을 평가할 수 있기 때문에 만기 이전의 모든 조기행사시점에서 계산이 가능하다는 것이다. 그러나 계산이 복잡하고 시간이 많이 소비된다는 단점이 있다.

(2) 블랙-숄즈 모형(Black-Scholes model)

$$C = S \cdot N(d_1) - X \cdot e^{-R_f T} \cdot N(d_2)$$
$$d_1 = [\ln(S/X) + (R_f + \sigma^2/2)T]/\sigma\sqrt{T}$$
$$d_2 = [\ln(S/X) + (R_f - \sigma^2/2)T]/\sigma\sqrt{T} = d_1 - \sigma\sqrt{T}$$

여기서, C = 콜옵션(주식선택권)의 가치
S = 기초자산인 주식의 현재가격
X = 옵션의 행사가격
e = 2.71828⋯로 표시되는 자연대수의 밑
R_f = 무위험이자율
T = 만기까지의 기간(연단위)
σ = 예상주가변동성
$N(d)$ = d 값까지의 정규분포의 누적확률

블랙-숄즈 모형은 배당은 무시하고 주가, 행사가격, 변동성, 만기까지의 기간 및 무위험이자율의 다섯 가지 요인에 의해 콜옵션의 가치를 계산한다. 블랙-숄즈 모형은 연속형(continuous) 모형인 데 비해 이항모형은 이산형(discrete) 모형이고 따라서 배당이 없는 유럽형 옵션에서 이항모형에 의한 계산결과는 스텝의 수가 증가함에 따라 블랙-숄즈 모형의 결과에 수렴한다. [그림 11-1]과 [그림 11-2]에서는 이항모형에 의한 옵션의 공정가치 계산절차를 보여준다.

[그림 11-1] Binomial Tree Option Calculation[10]

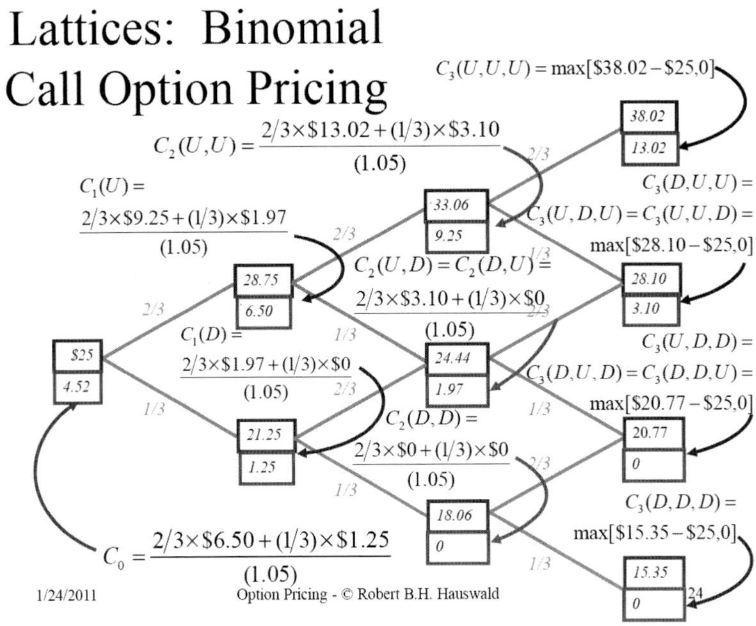

이 그림에서 옵션의 공정가치는 그 이전 단계에서 나타날 수 있는 상승과 하락의 옵션의 공정가치의 기댓값(2/3 × \$6.50 + 1/3 × \$1.25)을 구한 후 이를 현재가치로 환산하기 위하여 할인하는 절차(1.05로 나눔)를 거쳐 4.52라는 옵션의 공정가치가 산출된다. 결국 그 이전 단계에서 나타날 수 있는 상승과 하락의 옵션가치, 주가의 상승 및 하락 확률, 무위험이자율, 스텝의 간격(기간) 등이 옵션의 공정가치 계산에 사용된다.

---

10) Robert B.H. Hauswald(2011), FIN 673, Kogod School of Business, AU.

[그림 11-2] Binomial Tree Option Calculator[11)]

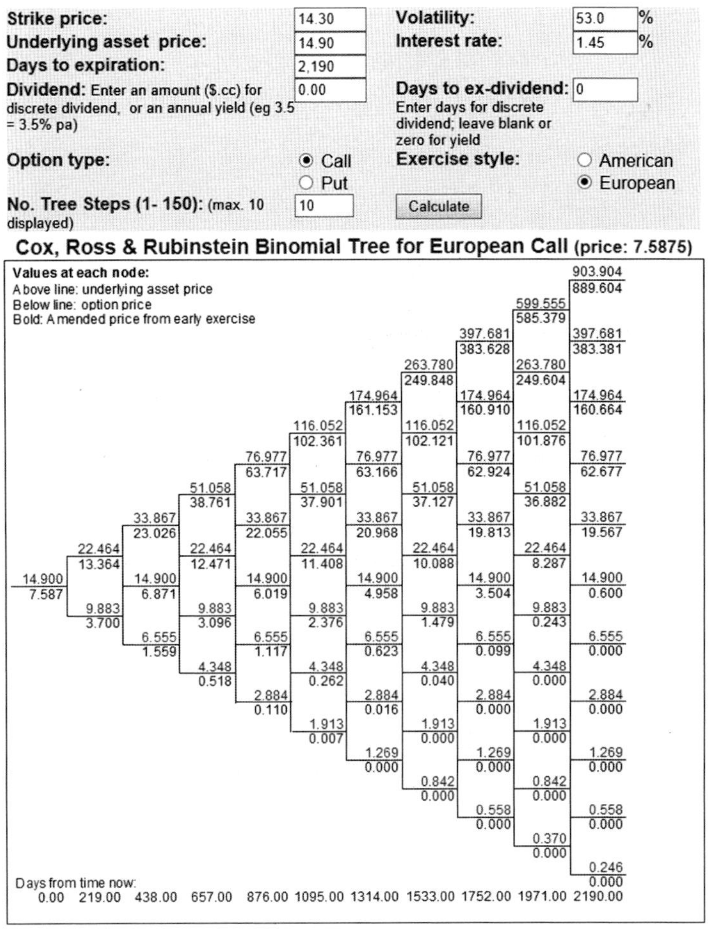

여기서 첫 번째 스텝 기말의 주가를 계산해 보면

상승 : $14.9\times e^{\sigma\sqrt{\Delta T}}=14.9\times e^{0.53\times\sqrt{219/365}}=14.9\times 1.507626=22.464$

하락 : $14.9\times e^{-\sigma\sqrt{\Delta T}}=14.9\times e^{-0.53\times\sqrt{219/365}}=14.9\times 0.663295=9.883$

옵션의 공정가치 $=[13.364\times 0.40912+3.700\times(1-0.40912)]/[1+0.0145\times(219/365)]$

$=7.6537/1.0087=7.587$

여기서, $0.40912=[e^{0.0145\times(219/365)}-e^{-0.53\times\sqrt{219/365}}]/[e^{0.053\times\sqrt{(219/365)}}-e^{-0.53\times\sqrt{219/365}}]$

는 주가의 상승확률이고 $(1-0.40912=0.59088)$는 하락확률이다.

11) http://www.hoadley.net/options/binomialtree.aspx?tree=B

옵션의 조기행사가능성이 있는 아메리칸 옵션의 경우에는 블랙-숄즈 모형이 적절하지 않다. 왜냐하면 이 모형은 옵션이 만기 이전에 행사될 가능성을 배제하여 조기행사의 효과를 적절히 반영하지 못하기 때문이다.[12)]

한편 전환사채(CB)에서 리픽싱(refixing)이라고 불리는 전환권조정이 가능한 경우에는 전환권대가를 파생상품금융부채로 인식하고 공정가치로 평가하여 평가손익을 인식해야 한다. 이때 이항모형 등이 공정가치평가를 위해 사용될 수 있다.

2. 옵션가격결정모형의 결정요소

자산의 가치를 평가하는 표준화된 과정은 (1) 기대현금흐름을 추정하고, (2) 기회자본비용으로 현금흐름을 할인하는 것이다. 불행히도 이 방법이 옵션에는 적용되지 않는다. 첫 번째 과정은 번잡하지만 그래도 가능하기는 하다. 그러나 옵션의 위험은 주가가 움직일 때마다 변하기 때문에 단 하나의 기회자본비용을 찾기가 불가능하다.[13)]

옵션가격결정모형에서 옵션의 공정가치를 계산하기 위해서는 최소한 다음의 요소를 고려해야 한다.

① 행사가격
② 현재가격
③ 기대행사기간
④ 변동성
⑤ 무위험이자율
⑥ 배당수익률[14)]

---

12) 만기 전에 행사할 수 없는 옵션을 유럽형 옵션이라 부른다. 원래 블랙-숄즈 모형은 유럽형 옵션을 평가하기 위한 모형이므로 옵션의 조기행사가능성을 염두에 두지 않았으나 현재는 옵션의 기대존속기간(행사기간)의 추정치를 이용하여 조기행사의 효과를 고려할 수 있다.

13) 브릴리 등(2013, p. 602).

14) 원래의 블랙-숄즈 모형에는 배당금에 대한 내용이 없으나 머튼(Merton)이 이를 도입하여 일반화시켰다(Boyle and Boyle, 2001).

(1) 예상되는 조기행사

주식선택권을 부여받은 종업원은 여러 가지 이유로 주식선택권을 조기에 행사하기도 한다. 그런데 조기행사의 효과를 고려하는 방법은 옵션가격결정모형에 따라 다르다. 예를 들어 블랙-숄즈-머튼 모형에서는 옵션의 기대존속기간(부여일부터 주식선택권이 행사될 것으로 예상되는 날까지의 기간을 말함)의 추정치를 옵션가격결정의 한 요소로 사용하여 조기행사의 효과를 고려할 수 있지만, 옵션가격결정요소로 옵션의 계약기간을 사용하는 이항모형에서는 조기행사의 효과를 모형 자체에서 고려해야 한다.

(2) 주가변동성

주가변동성은 일정한 기간에 주가가 등락하는 정도에 대한 추정치로서 연속복리투자수익률의 연환산 표준편차를 말한다. 주가변동성은 계산에 사용되는 기간(예 : 일, 주, 월)에 관계없이 일반적으로 비교가능한 연환산치로 표시한다.

(3) 기대배당금

일반적인 옵션가격결정모형은 기대배당수익률을 가격결정요소로 한다. 그러나 그러한 모형도 기대배당수익률이 아닌 기대배당금을 가격결정요소로 하도록 수정될 수 있다. 기업은 옵션가격결정모형에 따라 주식선택권의 가치를 추정할 때 기대배당수익률 또는 기대배당금을 사용할 수 있는데, 만약 기대배당금을 사용한다면 과거의 배당금 증가형태를 고려한다.

(4) 무위험이자율

무위험이자율로는 잔여만기가 주식선택권의 기대존속기간(주식선택권의 잔여만기에 기초하되 조기행사 효과를 고려함)과 같거나 비슷한 무이표국공채의 이용가능한 현행의 내재수익률을 사용하는 것이 일반적이다.

제6절 스톡옵션 사례

1. 블랙-숄즈-머튼 모형에 의한 계산사례[15)]

- 행사가격(X) 100
- 현재가격(S) 100
- 기대행사기간 5년
- 변동성(σ) 30.0%
- 무위험이자율(r) 3.0%
- 배당수익률(y) 1.0%

위 조건에 따라 공식을 이용하여 옵션의 공정가치를 구하면 아래와 같다.

$$C = S \cdot e^{-yt} \cdot N(d_1) - X \cdot e^{-rt} \cdot N(d_2)$$
$$= 100 \cdot (2.71828^{-0.01\times5}) \cdot N(0.484) - 100 \cdot (2.71828^{-0.03\times5}) \cdot N(-0.186)$$
$$= 100 \cdot 0.9512 \cdot 0.686 - 100 \cdot 0.8607 \cdot 0.426$$
$$= 65.25 - 36.67 = 28.58$$

여기서, C=콜옵션(주식선택권)의 가치
S=기초자산인 주식의 현재가격
X=옵션의 행사가격
e=2.71828…로 표시되는 자연대수의 밑
r=무위험이자율
y=배당수익률
t=기대행사기간(연단위)
σ=예상주가변동성
$N(d)$=d값까지의 정규분포의 누적확률

15) Share-based Payment, A Guide to IFRS 2, Deloitte Touche Tohmatsu, 2004.

$$d_1 = \frac{\ln\left(\frac{S}{X}\right) + \left(r - y + \frac{\sigma^2}{2}\right)t}{\sigma\sqrt{t}}$$

$$= \frac{\ln\left(\frac{100}{100}\right) + \left(0.03 - 0.01 + \frac{0.3^2}{2}\right)5}{0.3\sqrt{5}}$$

$$= \frac{0 + 0.325}{0.3 \times 2.236}$$

$$= 0.484$$

$$d_2 = d_1 - \sigma\sqrt{t}$$

$$= 0.484 - 0.3 \times \sqrt{5}$$

$$= 0.484 - 0.3 \times 2.236$$

$$= -0.186$$

계산결과에 따르면 위 옵션의 공정가치는 28.58이다. 그런데 블랙-숄즈 모형이 산출하는 옵션의 공정가치는 대체로 현재주가의 20~40%가 보통이다. 이때 기대행사기간과 변동성은 전문적 판단을 요하는 것으로서 결과에 중요한 영향을 미치고, 아래의 〈표 11-1〉은 위 사례에서 이들 변수와 관련된 민감도분석(sensitivity analysis)을 보여준다.

〈표 11-1〉 기대행사기간과 변동성이 공정가치에 미치는 영향

		기대행사기간			
		1.50	3.00	7.00	10.00
변동성	24.0	10.81	17.26	29.62	36.74
	40.0	18.15	27.15	42.90	51.16
	50.0	22.65	33.11	50.59	59.26
	69.0	30.94	43.82	63.43	72.07

그런데 위의 사례에서 블랙-숄즈 옵션계산기를 이용하여 공정가치를 구하면 다음과 같이 간편하게 구할 수 있다.

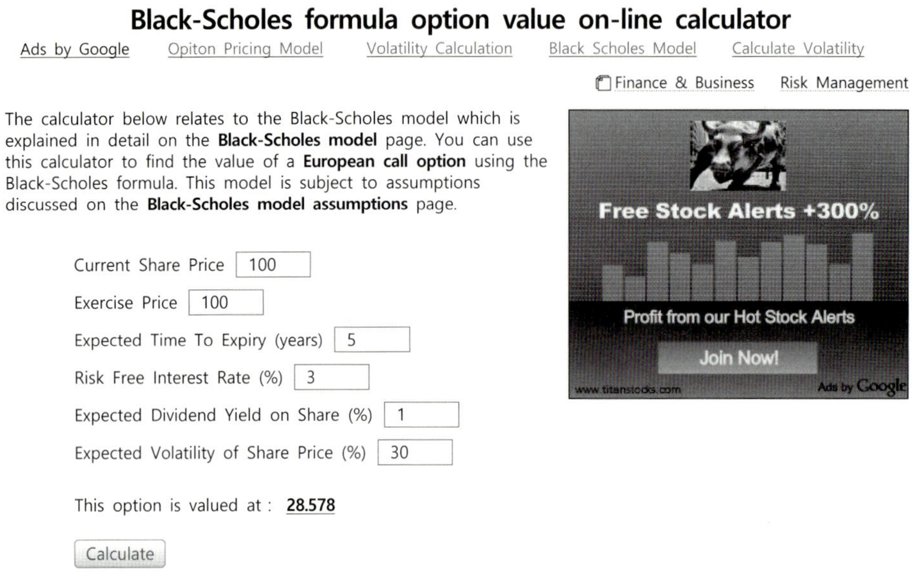

2. 블랙-숄즈-머튼 모형에 의한 계산사례와 회계처리

회사는 20×1년 1월 1일 신주발행 형태의 주식선택권 900,000개를 임·직원에게 부여하였으며, 동 주식선택권의 권리행사 만료일은 20×9년 12월 31일이다. 기본조건으로 20×3년 12월 31일까지 의무적으로 근무해야 하고, 기대권리소멸률은 3%로 예상되며, 기타 조건은 아래와 같다.

- 행사가격 : ₩5,000
- 현재가격 : ₩5,000
- 기대행사기간 : 6년
- 변동성 : 30%
- 무위험이자율 : 7.5%
- 배당수이률 : 2.5%

20×1년에 권리가 소멸된 주식선택권의 실제비율이 5%임에도 불구하고 회사는 기대권리소멸률을 조정하지 않았으나 20×2년말에 기업의 구조조정 등의 사유로 인하여 20×3년도에 주식선택권의 권리가 많이 소멸될 것으로 예상하여 기대권리소멸률 6%(권리행사가능기간의 연평균 기대권리소멸률)로 상향조정하였으

며, 실제 권리소멸률도 6%이었다. 한편, 임・직원은 20×5년 12월 31일에 747,526개의 권리를 행사하였다. 주식선택권의 보상비용과 관련된 법인세효과는 고려하지 않는 것으로 가정한다.

먼저 구체적인 회계처리에 앞서 위 옵션의 공정가치 ₩1,715은 어떻게 결정된 것인지 살펴보자.

$$C = S \cdot e^{-yt} \cdot N(d_1) - X \cdot e^{-rt} \cdot N(d_2)$$
$$= 5{,}000 \cdot (2.71828^{-0.025\times6}) \cdot N(0.776) - 5{,}000 \cdot (2.71828^{-0.075\times6}) \cdot N(0.0412)$$
$$= 5{,}000 \cdot 0.8607 \cdot 0.781126 - 5{,}000 \cdot 0.6376 \cdot 0.516432$$
$$= 5{,}000 \cdot (0.672315148 - 0.329277043)$$
$$= 1{,}715$$

여기서, C=콜옵션(주식선택권)의 가치
S=기초자산인 주식의 현재가격
X=옵션의 행사가격
e=2.71828…로 표시되는 자연대수의 밑
r=무위험이자율
y=배당수익률
t=기대행사기간(연단위)
σ=예상주가변동성
$N(d)$=d값까지의 정규분포의 누적확률

$$d_1 = \frac{\ln\left(\frac{S}{X}\right) + \left(r - y + \frac{\sigma^2}{2}\right)t}{\sigma\sqrt{t}}$$
$$= \frac{\ln\left(\frac{5{,}000}{5{,}000}\right) + \left(0.075 - 0.025 + \frac{0.3^2}{2}\right)6}{0.3\sqrt{6}}$$
$$= \frac{0 + 0.57}{0.3 \times 2.4495}$$
$$= 0.776$$
$$d_2 = d_1 - \sigma\sqrt{t}$$
$$= 0.776 - 0.3\times\sqrt{6} = 0.776 - 0.3 \times 2.4495$$
$$= 0.0412$$

위의 사례에서 블랙-숄즈 옵션계산기를 이용하여 공정가치를 구하면 다음과 같이 간편하게 구할 수 있다.

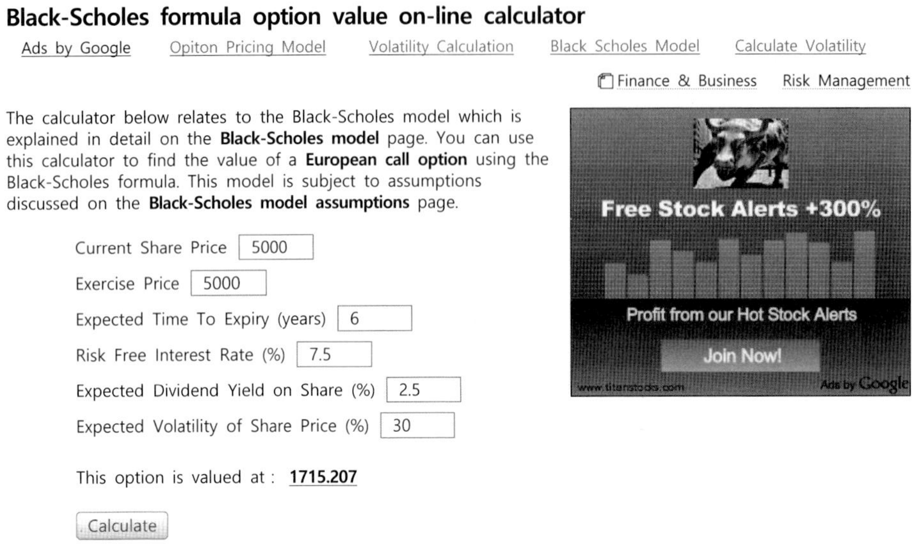

〈회계처리〉

20×1.12.31

(차) 주식보상비용	469,570,430*	(대) 주식선택권 (자본조정)	469,570,430

* 1,408,711,290(=821,406‡ × 1,715) × 1/3 = 469,570,430
‡ 900,000 × $(1-0.03)^3$ = 821,406개

20×2.12.31

(차) 주식보상비용	469,570,430*	(대) 주식선택권 (자본조정)	469,570,430

* 1,408,711,290(=821,406 × 1,715) × 1/3 = 469,570,430

(차) 주식선택권 (자본조정)	84,469,467*	(대) 주식보상비용	84,469,467

* 기대권리소멸률의 변동에 따른 보상비용 조정

수정후 누적보상비용 : 1,282,007,090‡ × 2/3(a)	= 854,671,393
수정전 누적보상비용 : 1,408,711,290 × 2/3(b)	= 939,140,860
보상비용 조정액(a−b)	(84,469,467)

‡ 747,526‡‡ × 1,715 = 1,282,007,090
‡‡ 900,000 × $(1-0.06)^3$ = 747,526개

20×3.12.31

(차)	주식보상비용	427,335,697*	(대) 주식선택권 (자본조정)	427,335,697

* 1,282,007,090(=747,526 × 1,715) × 1/3 = 427,335,697

20×5.12.31

(차)	현 금	3,737,630,000*1)	(대) 자 본 금	3,737,630,000*2)
	주식선택권 (자본조정)	1,282,007,090*3)	주식발행초과금	1,282,007,090*4)

*1) 747,526 × 5,000 = 3,737,630,000

*2) 747,526 × 5,000 = 3,737,630,000

*3) 469,570,430 + 469,570,430 − 84,469,467 + 427,335,697 = 1,282,007,090

*4) 3,737,630,000 + 1,282,007,090 − 3,737,630,000 = 1,282,007,090

3. SM엔터테인먼트의 계산사례

SM엔터테인먼트의 2008년 부분재무상태표, 자본변동표와 주식기준보상과 관련한 주석(20번)은 다음과 같다.

부분자본변동표

과 목	자본조정	기타포괄손익누계액	이익잉여금
2007.1.1(전기초)	781,694	−127,415	−9,307,524
회계정책변경누적효과	−	234,949	−
유상증자	−	−	−
매도가능증권평가손실	−	−1,864,772	−
부의지분법자본변동	−	−26,413	−
지분법자본변동	−	7,012	−
주식보상비용(주20)	826,664	−	−
당기순손실	−	−	−7,630,119
2007.12.31(전기말)	1,608,358	−1,776,638	−16,937,643
2008.1.1(당기초)	1,608,358	−1,776,638	−16,937,643
자본잉여금이입액	−	−	16,937,643
매도가능증권평가손실	−	−5,834,163	−
지분법자본변동	−	603,449	−
부의지분법자본변동	−	134,508	−
주식보상비용(주20)	744,897	−	−
당기순이익	−	−	4,277,180
2008.12.31(당기말)	2,353,255	−6,872,844	4,277,180

부분재무상태표

	제14(당)기 2008.12.31		제13(전)기 2007.12.31	
자 본				
Ⅰ. 자본금(주1,17)		8,039,020		8,039,020
보통주자본금	8,039,020		8,039,020	
Ⅱ. 자본잉여금(주17)		50,627,702		67,565,345
주식발행초과금	50,627,702		67,563,921	
기타의자본잉여금	—		1,424	
Ⅲ. 자본조정		2,353,255		1,608,358
주식선택권(주2,20)	2,353,255		1,608,358	
Ⅳ. 기타포괄손익누계액		−6,872,844		−1,776,638
매도가능증권평가손실(주3)	−7,483,305		−1,649,142	
지분법자본변동(주4,18)	610,461		7,012	
부의지분법자본변동(주4,18)	—		−134,508	
Ⅴ. 이익잉여금(주17)		4,277,180		−16,937,643
미처분이익잉여금(미처리결손금)	4,277,180		−16,937,643	
자본총계		58,424,313		58,498,442

20. 주식기준보상

(1) 당기말 현재 당사가 보유하고 있는 주식기준보상약정은 다음과 같습니다.

결제방식	주식결제형			
약정유형	주식선택권부여			
	2005년(2차)	2006년(3차)	2007년(4차)	2008년(5차)
부여일	2005.3.28	2006.3.29	2007.3.26	2008.3.28
부여수량	140,000주	205,000주	281,000주	288,000주
만기	4년	4년	4년	4년
가득조건	용역제공 조건 : 3년	용역제공 조건 : 3년	용역제공 조건 : 3년	용역제공 조건 : 3년
행사가능기간	2008.3.28~ 2009.3.27	2009.3.29~ 2010.3.28	2010.3.26~ 2011.3.25	2011.3.28~ 2012.3.27
행사가격	4,351원(*1)	10,232원(*1)	5,727원	2,510원
행사가격변동으로 인한 주당 증분공정가치(2006.5.10)	—	2.16원	—	—
행사가격변동으로 인한 주당 증분공정가치(2006.5.17)	—	3.36원	—	—
행사가격변동으로 인한 주당 증분공정가치(2006.12.13)	—	3.50원	—	—
행사가격변동으로 인한 주당 증분공정가치(2007.1.29)	—	105.32원	—	—

(*1) 유·무상증자, 주식배당, 주식분할 및 주식병합 등으로 인하여 행사가격이 조정될 수 있습니다. 2차 부여분과 3차 부여분은 각각 무상증자와 유상증자로 인하여 행사가격이 조정되었습니다.

(2) 당사는 임·직원에게 부여한 주식선택권에 대하여 블랙-숄즈 모형을 적용하여 공정가액접근법에 의해 보상원가를 산정하였습니다. 보상원가 산정에 사용된 가정(행사가격변동으로 인하여 증분공정가치를 산정한 주식선택권에 대하여는 최종 행사가격변동에 따른 증분공정가치 산정시 적용된 가정)은 다음과 같습니다.

구 분	2005년(2차)	2006년(3차)	2007년(4차)	2008년(5차)
무위험이자율(*1)	4.07%	5.09%	4.76%	5.16%
기대행사기간(*2)	3년	2.16년	3년	3.5년
기대주가변동성	69.14%	80.28%	70.18%	55.53%
측정기준일의 주가	12,850원	6,220원	5,390원	2,120원
기대배당수익률	0%	0%	0%	0%

(*1) 무위험이자율은 기대행사기간(행사가격변동으로 인하여 증분공정가치를 산정한 주식선택권의 경우 잔여기대행사기간)과 가장 유사한 만기의 국공채 유통수익률입니다.
(*2) 3차 부여분의 경우 증분공정가치 산정 후 잔여기대행사기간을 의미합니다.

(3) 당기말 현재 당사가 부여하고 있는 주식선택권에 관한 자세한 내역은 다음과 같습니다.

구 분	2005년(2차)	2006년(3차)	2007년(4차)	2008년(5차)
최초부여수량	140,000주	205,000주	281,000주	288,000주
전기말 누적소멸수량	26,400주		2,000주	–
기초	113,600주	205,000주	279,000주	–
부여	–	–	–	288,000주
상실	–	–	–	7,000주
행사	–	–	–	–
당기말	113,600주	205,000주	279,000주	281,000주
당기말 현재 행사가능	113,600주	–	–	–

(4) 당사가 주식선택권의 부여로 인하여 당기에 비용으로 인식한 금액과 당기 이후에 비용으로 인식할 보상원가는 다음과 같습니다.

(단위 : 천원)

구 분	2005년(2차)	2006년(3차)	2007년(4차)	2008년(5차)
총보상원가	836,403	1,119,661	720,271	238,332
전기말 현재 누적인식분	769,949	652,910	185,499	–
당기 인식된 보상비용	66,454	377,132	240,748	60,563
당기말 누적 보상원가	836,403	1,030,042	426,247	60,563
당기말 잔여보상원가	–	89,619	294,024	177,769

(5) 당기 및 전기 중 발생한 보상원가의 내역은 다음과 같습니다.

(단위 : 천원)

	당기(2008)	전기(2007)
총보상원가	744,897	826,664
① 매출원가	279,674	320,913
② 판매비와관리비	465,223	505,751

[문제 1] 당기발생 보상원가의 내역을 구하라.

〈풀이〉 2008년 744,897=66,454+377,132+240,748+60,563

[문제 2] 2008년초의 자본조정액의 내역을 구하라.

〈풀이〉 2008년초 1,608,358=769,949+652,910+185,499

[문제 3] 2008년말의 자본조정액의 내역을 구하라.

〈풀이〉 2008년말 2,353,255=836,403+1,030,042+426,247+60,563

[문제 4] 2008년(5차)의 총보상원가를 구하라.

〈풀이〉 블랙-숄즈 옵션계산기를 이용하여 공정가치를 구하면

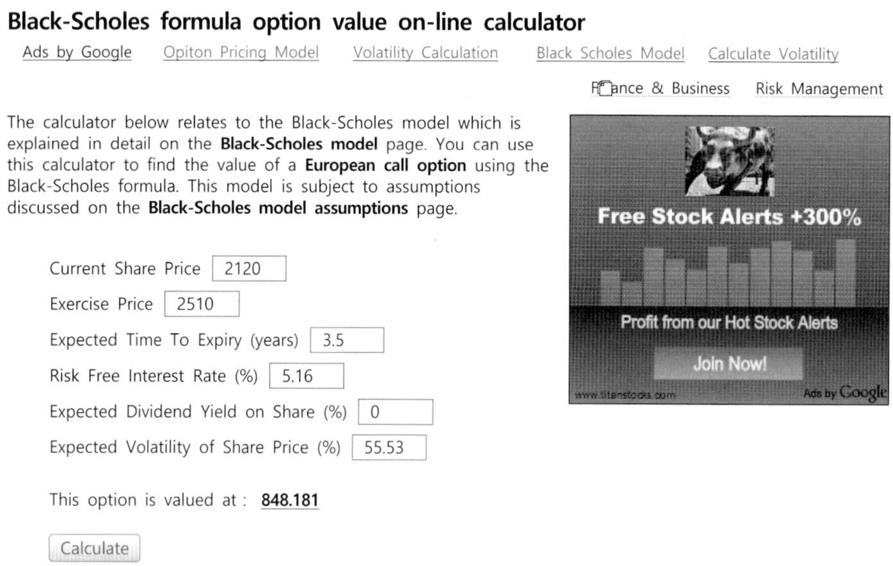

단위원가 848.181×281,000주=238,338,861로서 주석의 238,332,000과 거의 유사하다.

[문제 5] 2007년(4차)의 총보상원가를 구하라.

〈풀이〉 블랙-숄즈 옵션계산기를 이용하여 공정가치를 구하면

Black-Scholes formula option value on-line calculator

Ads by Google　Opiton Pricing Model　Volatility Calculation　Black Scholes Model　Calculate Volatility

Finance & Business　Risk Management

The calculator below relates to the Black-Scholes model which is explained in detail on the **Black-Scholes model** page. You can use this calculator to find the value of a **European call option** using the Black-Scholes formula. This model is subject to assumptions discussed on the **Black-Scholes model assumptions** page.

Current Share Price 5390

Exercise Price 5727

Expected Time To Expiry (years) 3

Risk Free Interest Rate (%) 4.76

Expected Dividend Yield on Share (%) 0

Expected Volatility of Share Price (%) 70.18

This option is valued at : **2581.671**

Calculate

단위원가 2,581.671×279,000주=720,286,209로서 주석의 720,271,000과 거의 유사하다.

[문제 6] 위 사례와 관련하여 아래의 신문기사가 보도되었다. 관련 분개를 표시하라.

SM 김영민 대표, 스톡옵션으로 대박 친 사연

동방신기, 소녀시대, 에프엑스, 보아 등이 소속되어 있는 SM엔터테인먼트의 김영민 대표이사가 스톡옵션으로 대박을 터뜨렸다. 김 대표이사는 8일 보유중인 SM 주식 3만주(지분 0.18%)를 장내에서 전량 처분했다고 공시했다. 이날 금융감독원 전자공시시스템에 따르면, 김 대표이사는 지난 1일 자신이 보유 중인 SM 주식 3만주(지분 0.18%)를 전량 처분했다. 지난 2008년 3월 29일 스톡옵션을 통해 취득단가 2510원에 3만주를 부여받은 김 대표이사는 지난 8월 23일 주식매수선택권을 통해 3만주를 취득했다. 이후 지난 1일 주당 3만 7458원에 매도했으며, 이를 통해 10억 4844만원의 시세차익을 봤다. 수익률은 자그마치 1392%다.

(매일경제신문, 2011.9.8)

〈풀이〉 2008년, 2009년 및 2010년의 재무제표와 2011년 1분기보고서의 관련주석공시에 의하면 5차(2008년 부여) 주식기준보상과 관련하여 아래와 같은 보상비용의 인식이 확인되었다.

시 점	보상비용
2008.12.31	60,563,000
2009.12.31	75,804,000
2010.12.31	59,222,000
2011. 3.31	15,697,000
합 계	211,286,000

〈회계처리〉

2008.12.31

(차) 주식보상비용	60,563,000	(대) 주식선택권(자본조정)	60,563,000

2009.12.31

(차) 주식보상비용	75,804,000	(대) 주식선택권(자본조정)	75,804,000

2010.12.31

(차) 주식보상비용	59,222,000	(대) 주식선택권(자본조정)	59,222,000

2011. 3.31

(차) 주식보상비용	15,697,000	(대) 주식선택권(자본조정)	15,697,000

2011. 8.23

(차) 현 금	75,300,000*1)	(대) 자 본 금	15,000,000*2)
주식선택권(자본조정)	25,253,307*3)	주식발행초과금	85,553,307

*1) 30,000주×2,510(행사가격)=75,300,000

*2) 30,000주×500(액면가액)=15,000,000

*3) 211,286,000×(30,000주/251,000주[16])=25,253,307

한편 김영민 대표이사의 경우

주식매각대금 : 37,458×30,000	=	1,123,740,000
(−)스톡옵션 취득단가 : 2,510×30,000	=	75,300,000
시세차익	=	1,048,440,000

따라서 수익률은 1,048,440,000÷75,300,000=13.92(1,392%)

16) 2008년에 부여된 5차 주식기준보상은 부여 당시 288,000주가 부여되었으나 그동안 상실된 부분을 제외하면 최종적으로 251,000주가 행사가능하게 되었다.

이항모형으로 옵션의 공정가치 계산하기

(주)청담러닝(096240)은 2016년 3월 30일 아래의 스톡옵션을 부여했다.

1. 공정가치=7,715(단, 공정가치는 해당주식의 시가가 아닌 주식매수선택권에 대한 공정가치임)
2. 산정방법 : 공정가액접근법(옵션가격결정모형 중 이항옵션가격결정모형 적용)
3. 주요 가정
   가. 권리부여일의 주가 : 14,900(권리부여일 전일 종가)
   나. 행사가격 : 14,300(권리부여일 시점의 행사가격)
   다. 무위험이자율 : 1.449%(2016년 3월 29일 기준 3년 만기 국고채 수익률)
   라. 행사기간 종료일 : 2022년 3월 31일
   마. 예상주가변동성 : 0.530452

위의 조건을 이항모형계산기에 입력하여 아래의 결과를 얻었다.

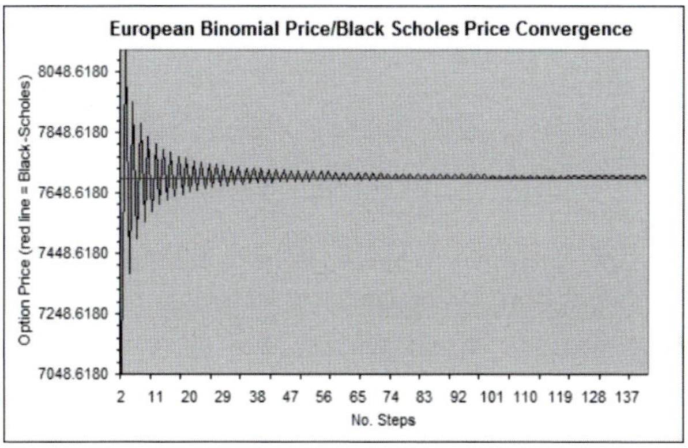

Analysis	
Black-Scholes price	7,698.6437
Range of steps considered	2 - 142
For steps in the range 139 - 142:	
Maximum binomial price	7,704.7441
Average binomial price	7,702.0391
Minimum binomial price	7,699.3691

Strike Price:	14,300.00	**Volatility:**	53 %
Stock Price:	14,900.00	**Interest rate:**	1.45 %
Days to expiration:	2,190	**Option Type:**	◉ Call ○ Put
Minimum number of binomial steps (2-30)	2		

위의 그림에서 7,715와 대체로 유사한 7,702라는 결과를 얻었다. 이러한 결과는 블랙-숄즈 모형의 7,698.6과도 유사한 모습을 보인다. 이는 step수가 증가하면 이항모형과 블랙-숄즈 모형의 결과가 실질적으로 같아진다는 의미다.

(주식매수선택권 부여에 관한 신고, 2016.3.30 수정요약)

SM, 스톡옵션 풀렸다 "임직원 2,400% 대박"

SM엔터와 YG엔터 직원들이 스톡옵션행사로 최고 2,400%의 '대박'을 터트리게 됐다. 27일 금융감독원에 따르면 SM 직원 81명은 이날부터 2009년에 받은 스톡옵션을 행사하게 됐다. 행사가인 1,880원을 내면 현재 주가의 SM 주식 1주를 받을 수 있는 것. SM의 이날 종가는 4만7,350원으로 행사가 대비 2,400%의 수익을 올리게 됐다.

스톡옵션 4만7,000주를 받은 김영민 대표는 이날 종가에 팔았다고 가정하면 21억3,700만원의 차익을 거두게 된다. 'SM 신인 발굴팀'에서 차세대 소녀시대를 발탁하고 있는 강정아 실장은 스톡옵션을 1만5,500주 가지고 있어 4만7,000원대에 행사했다고 가정하면 약 6억7,000만원의 수익을 얻게 됐다.

YG엔터의 임직원도 1,400%의 시세차익(27일 종가기준)을 올릴 전망이다. 지난해 11월 상장한 YG엔터는 2006~2010년 동안 세 차례에 걸쳐 스톡옵션을 부여했다. 총부여주식수는 23만1,972주, 행사가는 6,429원이다. 주식매수청구권 행사로 과거 지누션의 멤버로 활동했던 지누(본명 김존)도 '대박'을 터뜨리게 됐다. 현재 YG엔터의 대외협력실 이사를 맡고 있는 김존 씨는 당시 주식매수선택권 4만6,667주를 부여받았다.

SM은 최근 운영자금 조달을 위해 소속 연예인들을 대상으로 9억7,800만원 규모의 제3자 배정 유상증자를 실시한다고 발표했다. 유상증자 대상에는 강타, 보아를 비롯해 동방신기, 슈퍼주니어, 소녀시대뿐 아니라 샤이니, f(x), 고아라, 이연희 등 47명의 소속 아티스트들이 포함됐다. 업계는 이들의 유상증자 참여가 엔터 기업의 투자위험도로 꼽히는 연예인 이적에 대한 불안을 해소시킬 것으로 보고 있다. SM도 회사와 소속 아티스트 간의 파트너십 관계를 강화하고 소속 연예인의 증자 참여로 회사의 비전과 성장을 공유하기 위한 결정이라고 설명했다. 김민국 VIP투자자문 대표는 "아티스트를 장기간 길러낸 뒤 수익을 창출하는 엔터 기업은 구성원이 기업의 비전을 공유할 수 있도록 스톡옵션을 나눠준 것으로 보인다"며 "이번 유상증자도 동방신기에서 탈퇴한 JYJ(김재중, 박유천, 김준수) 같은 사태를 미연에 방지하기 위한 소속감 부여로 해석될 수 있다"고 설명했다. 김시우 한국투자증권 연구원은 "엔터 기업은 수익을 낼 수 있는 가장 중요한 자원이 아티스트이기 때문에 동기부여 형태로 스톡옵션이나 유상증자를 실시하는 것"이라며 "성공에 대한 공감대가 있어 이번 유상증자가 가능했을 것"이라고 설명했다.

(머니투데이, 2012.3.27 수정요약)

대박 날 줄 알았던 SM · YG 스톡옵션, 뚜껑 열리자 쪽박

대형 연예기획사가 3년 전 지급한 스톡옵션(주식매수선택권)이 휴지조각이 될 처지다. 중국의 한류열풍이 한창이던 시기에 지급된 스톡옵션이 대박의 꿈은커녕 휴지가 될 처지에 놓였다. 24일 증권가에 따르면 SM이 지난 2014년 3월 김영민 총괄사장, 한세민 대표, 남소영 대표, 가수 보아, 가수 안칠현(강타) 등 6명에게 지급한 스톡옵션 52,000주의 행사기간이 지난달 21일 시작됐다. 행사기간은 1년인데 현재로서는 스톡옵션을 행사할 수가 없다. 왜냐하면 요즘 SM의 주가가 행사가격을 한참 밑돌고 있기 때문이다.

SM이 2014년 지급한 스톡옵션의 행사가격은 48,334원이다. 그러나 SM의 요즘 주가는 25,400원에 그치고 있다. 장내에서 25,000원이면 살 수 있는 주식을, 굳이 스톡옵션까지 행사해서 주당 48,000원에 살 이유가 없다는 의미다. 따라서 현 시점에서는 스톡옵션이 휴지조각이나 마찬가지이다. 2013년에 지급된 스톡옵션도 주가가 행사가격 45,109원을 넘지 못해 폐기 처분됐다.

SM의 스톡옵션이 이처럼 휴지조각이 돼버린 이유는 일단 스톡옵션이 주가 고점기에 지급됐고 지난해부터 사드 관련 중국의 경제 보복으로 주가가 반토막 났기 때문이다. 2013년 SBS 드라마 '별에서 온 그대'가 중국에서 대흥행을 기록하면서 2013~2014년 SM의 시가총액은 1조원을 웃돌았다. 당시 기준으로 스톡옵션이 지급됐는데 4만원을 웃돌던 주가가 2만원선 초반으로 하락한 것이다.

와이지엔터테인먼트의 상황도 마찬가지다. YG도 2014년 3월 황보경 경영지원본부장, 최성준 사업기획본부장 등 주요 경영진과 지누션 멤버 션 등에게 총 412,100주의 스톡옵션을 부여했다. 이 스톡옵션의 행사기간도 지난달 13일 시작됐지만 행사가격(46,582원)이 현 주가(31,100원)를 크게 웃돌고 있다.

스톡옵션이 지급된 3년 전 YG의 주가는 5만원선 초반이었다. 향후 3년 동안 주가가 50% 이상 오를 것으로 가정하고 스톡옵션을 지급했는데 실제로는 주가가 오히려 절반 수준으로 빠진 것이다.

JYP Ent.의 상황은 이들 두 회사보다 훨씬 나은 편이다. 주가가 2013년 지급된 스톡옵션의 행사가격을 넘어섰기 때문이다. JYP는 2013년 두 차례에 걸쳐 행사가격이 각각 4,739원, 5,231원인 스톡옵션을 총 162,100주 지급했다. 현 주가는 6,700원선이다. 현 주가 기준으로 표종록 부사장이 8,700만원, 정욱 대표가 4,400만원, 변상봉 대표가 6,400만원 등의 평가차익을 보고 있다.

(매일경제, 2017.4.24 수정요약)

연습문제

1 스톡옵션의 회계처리가 기술집약적 산업에 미치는 영향을 논하라.

2 스톡옵션의 회계논쟁(비용처리 vs 주석공시)과 관련하여 이 논쟁이 자본시장의 효율성과 어떻게 관련되어 있는지 설명하라.

3 옵션가격결정모형으로 스톡옵션의 보상원가를 구할 때,

(1) 어떤 요소를 기본적으로 고려해야 하는가?

(2) 블랙-숄즈-머튼 모형(Black-Scholes-Merton Formula)에서 옵션의 조기행사효과는 어떻게 고려하는가?

4 업적조건부 스톡옵션과 전통적 스톡옵션을 구별하라.

5 이항모형과 블랙-숄즈 모형을 구분하여 설명하라.

PART

V

재무회계이론의 기타주제

CHAPTER

12

회계정보의 질적 특성

제 1 절 자산 · 부채의 정의

1. 자산의 정의

재무제표는 회계실체의 재무상태, 경영성과, 자본변동 및 현금흐름을 나타내는 회계보고서이다. 이러한 재무제표의 목적은 개별적 수준에서는 합리적 의사결정을 위한 유용한 정보제공이며 총체적 수준에서는 경제적 자원의 합리적 배분을 가능하게 하는 것이다.[1] 따라서 가치평가기능이든 계약기능이든 회계기능이 그 어떤 것이든지 의사결정에 도움을 줄 유용한 정보가 되기 위해 재무제표에 포함될 정보는 일정한 요건을 충족해야 한다. 이러한 역할을 담당하는 재무제표 인식(recognition)의 기초가 되는 자산의 정의를 살펴보자. 〈표 12-1〉에서는 자산의 정의를 형성하는 구성요소를 보여주고 있다.

〈표 12-1〉 자산의 정의 구성요소

과거 : 거래나 사건의 결과일 것
현재 : 통제하고 있을 것
미래 : 경제적효익을 가져올 것

자산의 정의가 중요한 이유는 나머지 재무제표 요소가 모두 자산의 개념에서 파생되기 때문이며,[2] 가치평가기능 측면에서는 재무상태표의 장부가액이 기업가치평가의 기본이 되는 대용변수(proxy)의 하나로 인식되기 때문이다. 따라서 가치평가기능에서는 자산의 정의를 측정보다 우선해서 고려하고 있다. 즉 측정상의 불확실성 때문에 자산의 속성을 가지고 있으면서도 자산으로 인식하지 못하고 비용으로 인식하는 전통회계모형은 “나쁜” 회계처리에 해당된다.[3] 따라서 가치평가기능에서는 측정상의 불확실성 여부에 앞서 자산의 정의에 부합하면 자산으로 인식할 수 있는 가능성을 열어두고 있다. 또한 자산의 성격에 부합되지 않는 항목은 과감히 재무상태표에서 배제한다. 예를 들면 과

1) Wallman(1997, p. 106).
2) Samuelson(1996, p. 148).
3) 본서 제8장 참조.

거에 존재하던 이연자산(deferred charges)이 자산항목에서 삭제된 것이 하나의 사례가 된다. 이연자산은 자산의 속성을 가지고 있기 때문에 자산으로 인식된 것이 아니라 수익과 비용의 대응을 보다 잘하기 위해 불가피하게 발생하는 부산물(by-product)의 성격이 더 짙었기 때문에 자산의 속성 및 정의에 비추어보면 문제가 많은 항목이었다. 회계기준제정기관이 그들의 초점을 수익과 비용의 대응으로부터 자산과 부채의 측정으로 돌린 이유는 재무상태표를 강조하는 논리와 유사한데, 이는 궁극적으로 수익이 자산의 유입이나 증가로 정의되기 때문이다.[4]

2. 부채의 정의

부채의 정의도 자산과 유사하여 과거의 거래나 사건의 결과로, 현재 기업실체가 부담하고 있고, 미래에 자원의 유출 또는 사용이 예상되는 의무이다. 그런데 퇴직급여회계에서 의미하는 퇴직급여 연금부채(pension liabilities)의 경우 미래 예상되는 의무금액으로 표시하는 것이 현재시점에서의 부담 추정액보다 가치관련성이 높은 것으로 나타났다.[5] 그러나 현재의 경영자로부터는 반발이 예상된다. 왜냐하면 미래의 예상 연금부담액은 현재의 경영진이 통제할 수 없는 기타요인(평균수명, 물가 및 임금 상승률 등)에 의해서 결정될 가능성이 높은 항목이기 때문이다. 현재의 경영진이 자신들의 통제권 밖의 요인에 의해 결정되는 부채를 재무상태표에 인식하는 것을 환영할 리 없다. 이 경우도 가치평가기능과 계약기능의 갈등이 표출되는 한 사례가 된다.[6] 이러한 사례는 자산·부채의 정의도 어떤 회계기능의 시각에서 보느냐에 따라 주요 강조점이 달라질 수 있다는 점을 보여주고 있다.

IASB는 2018년 3월 기존의 자산의 정의를 개정하는 재무보고를 위한 개념체계(Conceptual Framework for Financial Reporting)를 공표하였다. 〈표 12-2〉에서는 자산과 부채의 정의가 어떻게 변화하는지 보여주고 있다.

---

4) Solomons(1995, p. 46).

5) Barth(1991). K-IFRS도 퇴직급여채무를 측정함에 있어 예측급여채무개념을 기반으로 보험수리적 가정에 따라 계산된 미래 퇴직금의 현재가치를 부채로 인식한다.

6) 기타포괄손익항목 중에서 재평가잉여금의 변동과 확정급여제도의 보험수리적손익은 재분류의 대상이 되지 않는 것도 비슷한 맥락의 하나이다. 재분류란 기타포괄손익으로 인식된 항목을 당기손익항목으로 전환하는 것을 의미한다.

〈표 12-2〉 자산 및 부채의 정의비교[7)]

	2011년 개념체계	2018년 개념체계	
	정 의	정 의	보충적 개념
자 산	과거 사건의 결과로 기업이 통제하고 있고 미래경제적 효익이 기업에 유입될 것으로 기대되는(expected) 자원 (문단 4.4(a))	과거 사건의 결과로 기업이 통제하는 현재의 경제적 자원 (문단 4.3)	
경제적 자원	[없음]	경제적효익을 창출할 잠재력(potential)을 지닌 권리 (문단 4.4)	
부 채	과거 사건으로 생긴 현재의 무로서, 기업이 가진 경제적효익이 있는 자원의 유출을 통해 그 이행이 예상되는(expected) 의무 (문단 4.4(b))	과거 사건의 결과로 기업이 경제적 자원을 이전해야 하는 현재의무 (문단 4.26)	의무에는 기업이 경제적 자원을 다른 당사자(또는 당사자들)에게 이전하도록 요구받게 될 잠재력(potential)이 있어야 함 (문단 4.37)

3. 자산·부채의 정의와 인식의 임계치 차이[8)]

자산 및 부채의 정의가 정보이용자의 인식에 어떤 영향을 미치는지 조사한 결과 인식의 임계치(threshold)에 일정한 차이가 있는 것으로 나타났다. 분석결과에 따르면 자산의 인식에 적용되는 발생 및 실현 가능성의 임계치는 부채의 인식에 필요한 임계치보다 높게 나타나 정보이용자들이 자산의 인식에 있어 부채에 비해 높은 수준의 확실성을 요구하고 있는 것으로 나타났다. 이는 다른 조건이 일정하다면(ceteris paribus) 부채가 자산보다 더 자주 재무상태표에 등장할 수밖에 없다는 의미이므로 회계에서 말하는 보수주의는 인간의 본성에 부합하는 자연스러운 것이다. 특히 이러한 현상은 자산과 부채의 정의를 구성하는 단어나 문구와는 독립적으로 나타나는 현상으로서 이는 재무상태표상의 보

7) IASB 공개초안 '개념체계 참조' IASB Exposure Draft Reference to the *Conceptual Framework* Proposed amendments to IFRS 3, 2019.7.8, 한국회계기준원 조사연구실.

제1장에서 전술한 바와 같이 IASB는 2010년에 개념체계를 공표하였으나 KASB는 이를 한국채택국제회계기준의 도입시기인 2011년에 맞춰 공표함으로써 개념체계 2011로 불리게 되었다.

2018년 개념체계의 주요 변경사항은 자산과 부채의 정의가 개정되고 보충적 개념을 명확히 하는 등 상세 지침이 추가되었다는 점이다.

8) Cade *et al.*(2016).

수주의가 자산과 부채를 어떻게 정의하느냐와는 관계없는 선험적(transcendental) 현상이라는 점을 의미한다.

한편 과거 자산 및 부채의 정의에서 인식에 필요한 발생 및 실현 가능성을 나타내는 단어로 IASB는 "expected"를, FASB는 "probable"을 사용한 바 있다.[9] 그런데 이러한 용어차이가 불필요한 혼란을 유발한다는 지적에 따라 2015년의 IASB의 Conceptual Framework 공개초안(exposure draft)[10]부터 이들 단어를 모두 포기하고 "potential"이라는 단어로 통일하였다. 이에 따라 자산은 "potential to produce economic benefits"가 자산 정의의 핵심이 되고, 부채는 "potential to require the entity to transfer an economic resource to another party"가 부채 정의의 핵심이 된다. 이러한 개선은 기존의 단어가 주는 혼란을 완화하는 효과와 기존 정의에 등장하는 임계치를 현저히 낮추는 효과는 분명히 있지만 전술한 대로 자산과 부채의 정의가 어떤 단어와 문장으로 어떻게 구성되든 관계없이 인간의 자산에 대한 인식의 임계치는 부채의 그것보다는 높게 나타나 회계에서 말하는 보수주의는 지극히 인간적인 현상으로 보인다. 이상의 현상은 결국 손실회피(loss aversion)나 위험회피(risk aversion) 성향은 인간의 기초적인 보편적 심리현상이며 따라서 회계에서 말하는 보수주의는 다른 그 어떤 요인보다도 인간의 본성에 충실한 자연스러운 현상으로 인식하는 것이 필요하다.

제2절 2010년 이전의 질적 특성[11]

1. 목적적합성과 신뢰성의 구성요소

SFAC No.2[12]는 회계정보의 질적 특성으로 목적적합성(relevance)과 신뢰성(reliability)을 제시하고 있다. 목적적합성은 다시 예측가치(predictive value), 피드백 가치(feedback value) 및 적시성으로 구성되며, 신뢰성은 검증가능성(verifiability),

---

9) "probable"이라는 단어에 대한 IFRS와 US-GAAP에서의 해석차이는 제13장 제5절 참조.

10) IASB(2015), Exposure Draft: Conceptual Framework for Financial Reporting.

11) 2010년 IASB/FASB의 공동프로젝트에서 제정된 현재의 질적 특성 이전에 사용되던 질적 특성을 의미한다.

12) FASB(1980), "Qualitative Characteristics of Accounting Information," *Statement of Financial Accounting Concepts No. 2.*

중립성 및 표현충실성(representational faithfulness)으로 구성된다.

목적적합성의 구성요소인 예측가치는 미래 예측에 도움이 되거나, 미래현금흐름이나 수익력을 예측하는 요소로 사용할 수 있을 때 유용하다는 의미이다. 반면에 피드백가치는 과거 예측치를 확인하거나 수정하는 기능을 할 때 유용하다는 것이며, 이러한 피드백가치는 회계책임(accountability)과 밀접한 관계에 있고 과거지향적이다.

신뢰성의 구성요소인 검증가능성은 기본적으로 측정자(measurers) 사이의 의견일치(consensus)를 의미한다. 즉 동일하거나 유사한 회계현상에 대하여 일정한 능력을 갖춘 측정자들이 측정하는 경우 그 측정치의 편차가 작을수록 검증가능성이 높다고 본다. 반면 표현충실성은 측정하고자 하는 속성(attributes)과 측정치의 일치도(correspondence)를 의미한다. 즉 이해관계자가 알고 싶어 하는 속성을 "있는 그대로" 나타내주는 것이다. 예를 들어 회계원리 과목의 시험문제가 영어로 출제되어 어떤 학생이 문제해석을 못하거나, 잘못 해석하여 답을 못쓰거나 엉뚱한 답을 썼다면 그 회계원리 시험문제의 표현충실성이 크다고 할 수 없다. 왜냐하면 회계원리 시험문제가 진정으로 테스트하고자 하는 학생의 속성이 영어실력이 아니라 회계원리에 대한 지식이라면 영어로 출제된 회계원리 시험문제는 학생의 영어실력과 회계원리 지식을 동시에 테스트하는 joint test가 되기 때문이다. 이와 같이 정보이용자가 필요로 하는 측정대상 속성을 있는 그대로 나타내줄 수 있는 능력이 표현충실성이기 때문에 회계투명성과 신뢰성이 주요 쟁점으로 부각된 현실에서 회계기능의 종류를 불문하고 적용할 수 있는 개념으로 표현충실성의 의미와 중요성은 과거보다 증대되었다고 판단된다.

2. 상충관계

질적 특성은 동시에 추구하기 어려워 어느 한쪽을 희생하지 않으면 다른 한쪽을 추구하기 힘든 경우가 보통이다. 이것이 상충관계(trade-off)이다. 질적 특성은 정보이용자가 원하는 정보의 속성이 달라지면 변화될 수 있는 개념이다. 예를 들어 신뢰성의 하위구성요소 중에는 대표적으로 표현충실성과 검증가능성이 있는데, 이 두 요소가 신뢰성을 나타내는 데에는 일정한 차이가 있다. 즉, 표현충실성은 있는 그대로 나타내주는 것이라면 검증가능성은 나타내주는 데 차이(편차)가 많으면 곤란하다는 속성이다. 가치평가에 관심이 있는 이용자에게는 원가보다는 시가가 알고 싶은 속성을 보다 더 잘 나타내주는 것이 되나

(높은 표현충실성), 시가에 의한 측정은 원가에 의한 측정보다 측정상의 편차가 커서 검증가능성은 작은 것이 보통이다. 따라서 신뢰성의 하위구성요소 상호간에 상충관계가 존재할 수 있는데, 특히 가치평가에 중점을 둘 때 이러한 사태가 현실로 등장할 수 있다.

이를 정리하여 표시하면 다음과 같다. 가치평가에 관심 있는 이용자의 시각에서는

시가에 의한 평가 ⇒ 표현충실성 ↑, 그러나 검증가능성 ↓
원가에 의한 평가 ⇒ 표현충실성 ↓, 그러나 검증가능성 ↑

위 상황에서 시가로 평가하는 것이 신뢰성이 높은 것일까 아니면 원가로 평가하는 것이 신뢰성이 높은 것일까? 이러한 경우 정보속성의 상대적 중요도에 따라 결정될 수 있겠으나 표현충실성과 검증가능성 중 어느 하나는 희생해야 하는 상황이 나타나게 된다. 이것이 신뢰성의 하위요소간의 상충관계의 예가 된다.[13] [그림 12-1]은 두 개념의 관계를 잘 보여준다.[14]

[그림 12-1] 검증가능성과 표현충실성

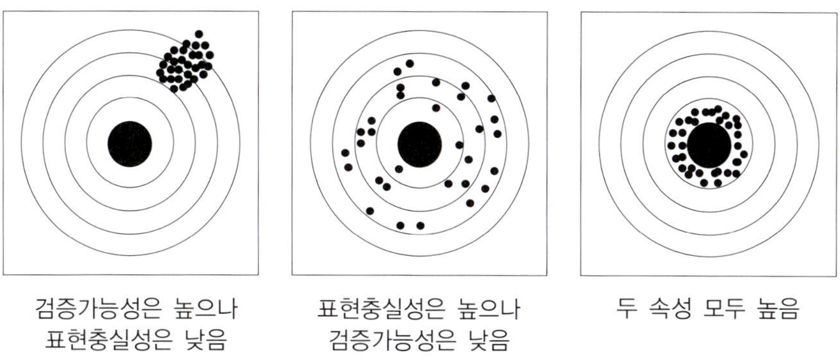

정보속성의 상충관계(trade-off)는 지금까지 대부분 목적적합성과 신뢰성 사이에서 존재하는 것으로 인식되어 왔으나 회계정보의 용도와 기능을 가치평가

13) 남상오 · 정운오(2002, p. 260)도 원가와 시가에 의한 평가를 하는 경우, 검증가능성과 편의 사이에는 얼마간의 상충관계(trade-off)가 존재한다고 언급하고 있다.

14) Babbie(1992, p. 134) 수정인용.

기능과 계약기능으로 분리하면 목적적합성과 신뢰성의 하위구성요소 상호간에도 상충관계가 존재할 수 있다. 예를 들면 표현충실성은 어느 특정 이용자를 중심으로 보면 신뢰성의 구성요소임이 분명하지만 이용자가 원하는 정보의 속성이 다른 경우에는 목적적합성의 구성요소로 평가받는 것이 합리적이다. 예를 들면 가치평가기능에서는 신뢰성의 주된 구성요소가 표현충실성이 되는데, 그 이유는 가치평가에 주목하는 이용자의 입장에서는 가치평가에 도움이 되는 시가에 의한 평가치가 이용자가 원하는 정보속성이므로 시가에 의한 평가치가 표현충실성이 높고 목적적합성이 있는 회계정보로 간주된다. 그러나 가치평가 이외의 회계기능, 즉 계약기능의 측면에서는 검증가능성이 신뢰성의 주된 구성요소가 된다. 그 이유는 보수계약이나 부채계약에서 측정치의 편차가 심한 정보는 계약체결이나 체결된 계약이행에 부정적인 영향을 미쳐, 경영자의 업적평가(management performance evaluation)에 적절하지 않기 때문이다.

3. 표현충실성의 재조명

신뢰성의 구성요소에 대한 상대적인 비중이 회계정보의 용도에 따라 바뀌는 현상이 발견된다. FASB(1998)[15]의 신뢰성에 대한 언급은 표현충실성을 신뢰성의 중심요소로 해석하고 검증가능성은 표현충실성을 보완하는 개념으로 인식하고 있다. 또한 가치관련성 연구에서도[16] 신뢰성을 대표하는 개념으로 표현충실성을 들고 있다. 이는 자본시장의 효율성이 보장되는 환경에서는 표현충실성보다는 검증가능성이 신뢰성의 중심구성요소로 기능하지만, 자본시장의 효율성이 의심받는 환경에서는 검증가능성보다는 표현충실성이 신뢰성의 중심구성요소로 취급받을 가능성이 높다는 의미이다.

회계의 신뢰성과 투명성(transparency)이 관심사가 되고 있는 상황에서 표현충실성의 의미가 새롭게 해석되는 것으로 판단된다. 표현충실성은 정보수요자가 필요로 하는 정보를 "더도 말고 덜도 말고 있는 그대로" 나타내줄 것을 요구하는 속성이다. 따라서 표현충실성을 회계이익의 질을 평가하는 기본속성으로 간주할 수 있다. 즉 회계이익이 힉스(Hicks)의 이익을 충실하게 표현하는 정

---

15) "reliable information faithfully represents what it purports to represent, and that quality of representational faithfulness is verifiable using independent measures," FASB(1998).

16) Barth *et al.*(2001a, an accounting amount is reliable if it represents what it purports to represent, p. 80).

도를 회계이익의 질로 정의할 수 있다.[17]

IASB와 FASB는 2004년부터 Conceptual Framework을 개정하는 작업을 공동으로 추진하여, 회계정보의 질적 특성과 관련한 부분은 2010년에 완성하였다.[18] 이에 따르면 그동안 사용되어 오던 신뢰성(reliability)이라는 용어 대신에 충실한 표현(faithful representation)이라는 용어를 사용하고 있다. 이는 그동안 신뢰성이라는 용어에 오해와 혼동이 많았기 때문이다. 또한 자본시장의 효율성이 후퇴함에 따라 회계기능이 보다 적극적으로 전개되는[19] 현실에서 표현충실성은 회계신뢰성과 투명성 확보를 위한 기본적이고 궁극적인(basic and overriding) 정보속성으로 취급될 필요가 있기 때문이다. 환언하면 과거에는 표현충실성과 검증가능성이 신뢰성을 구성하는 요소로서 동급이었으나, 현재에는 표현충실성이 목적적합성과 대응되는 속성으로 승격된 반면 검증가능성은 보강적 질적 특성으로 격하되었다.

제3절 2010년 이후의 질적 특성

1. 바람직한 회계기준의 조건

이해관계의 상충이 발생하는 경우 여러 이해당사자의 공통 이익을 최대한 확보하고 공통 손실을 최소화하는 방향으로 이를 조정한다. 이 과정에서 공통의 이익을 확보하려는 수단으로 규범이 등장하는데, 재무회계의 경우에는 일반적으로 인정된 회계원칙(GAAP)이 이것이 된다. 좋은 회계기준이 되려면 다음과 같은 조건을 갖춰야 한다.[20]

---

17) Schipper and Vincent(2003). 이 상황에서는 공정가치에 의한 평가가 투자자에게는 표현충실성이 높은 회계정보가 된다.

18) 그러나 IASB는 2010년에 미국의 IFRS 도입이 물 건너갔다는 현실적 판단에 따라 FASB와의 Conceptual Framework 공동프로젝트를 중지하고 2012년에는 Conceptual Framework 프로젝트를 단독으로 재개하게 된다.

19) 준강형 효율성에서 공시여부가 주요 이슈가 되다가 준강형 효율성이 의심받는 상황에서는 공시여부를 뛰어넘어 구체적인 회계처리절차에 따라 기업가치에 영향을 미친다는 점을 감안하면 자본시장의 효율성과 회계영역은 반비례관계에 있다고 볼 수 있다.

20) FASB(1998).

첫째, 개념체계가 제시하는 지침과 일관성을 가질 것

둘째, 대체적인 회계처리방법을 피하거나 최소화할 것 : 왜냐하면 비교가능성과 계속성이 정보의 유용성을 높이기 때문이다.

셋째, 명확하고 이해가능할 것 : 작성자, 감사인, 규제기관, 이용자 모두에게 명확하게 이해될 것

넷째, 엄격한 해석과 적용이 가능하여, 유사한 거래나 사건이 기간별, 업체별로 유사하게 회계처리될 수 있도록 할 것

〈표 12-3〉 바람직한 회계기준의 조건

- 개념체계와의 일관성
- 대체적 회계처리의 최소화
- 명확성 및 이해가능성
- 통일성을 위한 엄격한 해석 및 적용 가능성

2. 2010년 이후의 질적 특성[21)]

유용한 재무정보가 되기 위한 근본적 질적 특성은 목적적합성과 충실한 표현이다.

① 목적적합성(relevance) : 목적적합한 재무정보는 정보이용자의 의사결정에 차이가 나도록 할 수 있다. 재무정보에 예측가치, 확인가치 또는 이 둘 모두가 있다면 의사결정에 차이가 나도록 할 수 있다.

② 충실한 표현(faithful representation) : 재무정보가 유용하기 위해서는 나타내고자 하는 현상을 충실하게 표현해야 한다. 충실한 표현을 하기 위해서 서술은 완전하고(complete), 중립적이며(neutral), 오류가 없어야 한다(free from error).[22)]

---

21) The IASB and FASB completed the first phase of their joint project to develop an improved and converged conceptual framework with the issue of Chapter 1 : *The objective of general purpose financial reporting* and Chapter 3 : *Qualitative characteristics of useful financial information* (September 28, 2010).

22) Paragraph 2.14 of the Conceptual Framework Exposure Draft(2015) states that a faithful representation depicts the substance of an economic phenomenon rather than just its legal form.

정보가 유용하기 위해서는 목적적합하고 충실하게 표현되어야 한다. 목적적합하지 않은 현상에 대한 충실한 표현과 목적적합한 현상에 대한 충실하지 못한 표현 모두 정보이용자가 좋은 결정을 내리는 데 도움이 되지 않는다.

비교가능성, 검증가능성, 적시성 및 이해가능성은 목적적합하고 충실하게 표현된 정보의 유용성을 보강시키는 질적 특성이다. 보강적 질적 특성은 만일 어떤 두 가지 방법이 현상을 동일하게 목적적합하고 충실하게 표현하는 것이라면 이 두 가지 방법 가운데 어느 방법을 현상의 서술에 사용해야 할지를 결정하는 데에도 도움을 줄 수 있다.[23]

① 비교가능성(comparable) : 정보이용자가 항목간의 유사점과 차이점을 식별하고 이해할 수 있게 하는 질적 특성이다.
② 검증가능성(verifiable) : 합리적인 판단력이 있고 독립적인 서로 다른 관찰자가 어떤 서술이 충실한 표현이라는 데 대체로 의견이 일치할 수 있다는 것을 의미한다.
③ 적시성(timely) : 의사결정에 영향을 미칠 수 있도록 의사결정자가 정보를 제때에 이용가능하게 하는 것을 의미한다.
④ 이해가능성(understandable) : 정보를 명확하고 간결하게 분류하고, 특징지으며, 표시하면 이해가능하게 된다.[24]

현재(2010년 이후)의 질적 특성이 과거의 질적 특성에서 신뢰성의 구성요소로 동급이었던 표현충실성과 검증가능성을 분리하여 표현충실성은 근본적 질적 특성으로 격상시켜 배치한 반면, 검증가능성은 보강적 질적 특성이라는 하위개념으로 격하시켜 배치한 것은 계약기능보다는 가치평가기능을 중시하는 현대회계의 패러다임을 반영하는 것이다. 이에 따라 역사적 원가에 의한 평가보다는 시가(공정가치)에 의한 평가가 가치평가기능에 보다 더 적절하다는 점을 보여주는 것이다.[25]

---

23) 회계기준위원회(2011).

24) 영국 상장기업의 경우 IFRS 도입연도인 2005년에 비해 2010년의 경우 재무제표의 분량이 평균 44% 증가한 것으로 조사됐다. 이에 따라 정작 중요한 정보가 자료의 홍수에 밀려 그 정보가치를 제대로 전달하지 못할 것이라는 이용자집단의 우려가 현실화될 가능성이 나타나고 있다(www.icas.org.uk, July 2011 : Companies should cut financial statements by 30%).

25) 이렇게 계약기능을 등한시하게 된 이유가 미국의 영향 때문이라고 생각하는 유럽에서는 미국의 IFRS 도입이 물 건너갔다는 판단이 지배하는 최근에는 계약기능을 보다 더 명시적으로 회계기능의 하나로 표시할 필요가 높아지고 더욱이 계약기능을 중시하는 것이 반드시 역사적 원가에 의한 평가를 지지하는 것이 아니라는 입장이 힘을 얻고 있다.

[그림 12-2] 현재(2010년 이후)의 질적 특성[26]

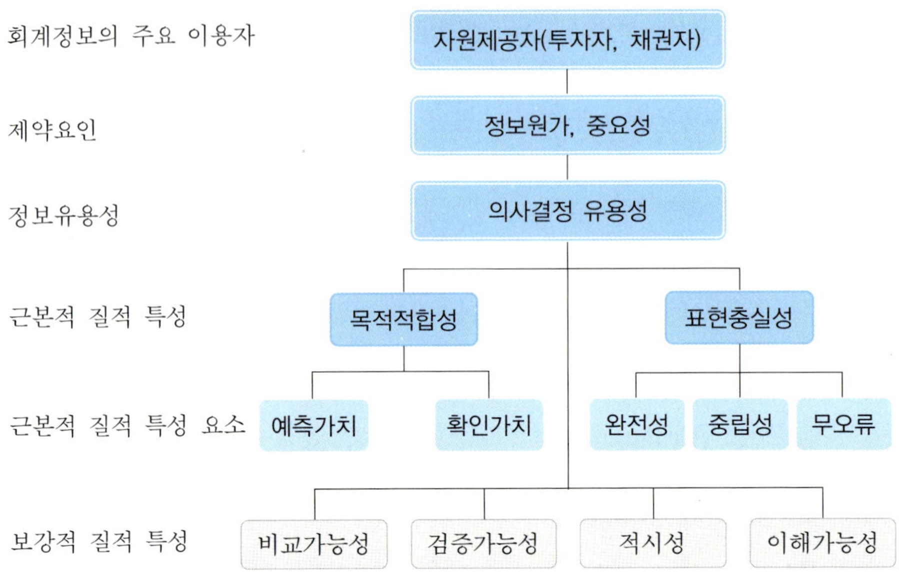

3. 비교가능성

비교가능성이란 회계정보의 기간별, 업체별, 국가별 비교가능성을 의미하며 따라서 의사결정자로 하여금 경제현상 사이의 유사점과 차이점을 식별할 수 있도록 하는 속성이다. XBRL은 정보이용자의 관점에서 비교가능성을 제고할 수 있는 표준화된 정보시스템을 가능하게 한다.

기간별 비교가능성을 유지하는 방법으로 계속성(consistency)을 요구하며, 업체별 또는 국가별 비교가능성을 유지하기 위하여 통일성(uniformity)을 적용한다. 그러나 계속성과는 달리 통일성은 강제규정으로서의 구속력이 계속성보다 낮은 것이 일반적이다. 따라서 통일성의 논의는 회계기준제정기관에서 회계기준 운용의 기본방침으로 작용할 가능성이 높다. 통일성에 대한 논의는 제13장에서 진행한다.

---

26) 송인만 등(2012, p. 46).

4. 중립성

중립성(neutrality)이란 회계정보가 특정 의사결정이나 그로 인한 결과에 영향을 미치려는 편의(bias)가 없어야 한다는 것이다. 미리 의도된 결과나 성과를 유도할 목적으로 재무제표상에 특정정보를 선택하여 표시하거나 생략함으로써 정보이용자의 의사결정이나 판단에 영향을 미친다면 그 재무제표는 중립적이라 할 수 없다. 또한 회계정보는 효율적인 자원배분을 유도할 수 있어야 하므로 회계정보를 이용함으로써 발생되는 경제적 효과가 특정 이용자에게 편향되는 회계정보를 제공하는 회계기준은 중립적이라 할 수 없다. 따라서 회계정보의 중립성이란 측정방법의 편의를 감소시킬 뿐만 아니라 회계기준 자체의 신뢰성을 유지하기 위한 중요한 질적 특성이다.[27] 아래에서는 회계기준의 중립성이 훼손된 사례를 살펴본다.

(1) 우리나라의 외화환산손익

우리나라의 회계역사에는 특정 회계기준이 정보이용자보다는 기업의 입장을 두둔하는 예가 적지 않다. 그중의 하나로 외화환산손익에 대한 회계처리를 들 수 있다. 외화환산에 관한 회계처리는 1990년 이후 1998년말까지 4번이나 개정되었다. 〈표 12-4〉에서 볼 수 있듯이 원화가치가 하락하면 외화환산손실을 자산 또는 자본조정으로 처리하고 원화가치가 상승하면 외화환산손익을 손익으로 인식하는 회계처리를 인정함으로써 기업들의 기회주의적 손익보고를 허용 또는 조장하였다.[28]

1996년 12월 27일 개정된 기업회계기준에서는 장기화폐성외화자산·부채로부터 발생하는 외화환산손익을 자본조정으로 계상할 수 있도록 허용하였다. 그러나 IMF 금융위기가 발생하고 원화의 가치가 폭락함에 따라 많은 기업들

〈표 12-4〉 외화환산손익회계의 역사적 변화

	1990	1991	1992	1993	1994	1995	1996	1997	1998
원/달러환율	716	760	788	808	788	774	844	1,415	1,209
회계방법	이연자산			당기비용			자본조정	이연자산	당기비용

27) 회계기준심의위원회(1999, par. 40).
28) 윤순석 등(1999, p. 178).

이 외화환산손실로 인하여 자본잠식을 면할 수 없게 되자 1997년 12월 24일 개정에서는 장기화폐성외화자산·부채로부터 발생하는 외화환산손익을 이연하고 관련된 자산·부채를 내용연수 동안 상각하도록 허용하였다. 그러나 외환위기의 급한 불은 껐다고 판단되는 1998년 12월 11일의 기업회계기준 개정에서는 장기화폐성외화자산·부채로부터 발생하는 모든 외화환산손익을 종전과 같이 당기비용화하도록 규정하고 있다.

이러한 회계기준의 개정에는 분명히 외화부채의 비중이 높은 기업의 어려운 사정을 감안한 모습이 보인다. 따라서 중립성의 관점에서는 문제가 있는 개정이다. 그러나 회계기준의 제정에 이러한 요인이 완전히 배제될 수는 없는 것이 현실이다. 이런 점에서 회계기준의 제정을 정치적 과정(political process)으로 해석하는 것도 이해할 만하다.

(2) 우리나라의 리스회계처리

회계기준의 중립성과 관련된 또 다른 사례는 리스회계처리기준이다. 리스를 자본화하도록 요구하는 회계기준을 제정하면 리스이용자의 입장에서 누릴 수 있는 부외금융(off-balance sheet-financing) 효과가 사라지기 때문에 리스이용자들의 리스에 대한 선호도가 떨어지게 되고, 이에 따라 1986년 1월 1일자로 제정된 리스회계처리기준은 리스자본화의 폭을 줄이는 방향, 즉 운용리스로 분류될 가능성을 높여주는 방향으로 제정되었다. 그 결과 리스회계정보는 리스회사간의 비교가능성은 물론 동일 리스회사의 시계열분석에조차 사용할 수 없는 무용지물이 되었다. 이에 따라 대부분의 국내 리스회사들은 모든 리스거래를 금융리스방식으로 통일시킨 별도의 재무제표를 작성해온 실정이다. 이러한 실정은 회계기준 자체의 중립성 상실은 물론, 이 기준을 적용하여 산출된 회계정보의 표현충실성 상실로 이어지며, 종국에는 회계의 투명성 상실로 이어진다.

이와 같이 회계기준의 중립성보다 리스산업의 육성이라는 국가의 정책적 목적을 우선적으로 고려함으로써 당초의 정책목적을 달성하지 못하는 결과를 초래하였다. 다시 말하면, 운용리스로 분류되는 폭을 넓혀 줌으로써 리스산업을 육성하겠다는 정책적 의도는 리스산업을 육성한다는 당초의 목적과 달리 리스산업을 나약하게 만드는 결과를 초래하였다. 즉, 리스회사들이 리스거래의 경쟁력을 강화하기 위해 노력하기보다는 회계기준의 왜곡을 통하여 영업을 확대하는 손쉬운 방법을 선택함으로써 위기에 적응할 능력을 배양하지 못하였다. 이러한 결과는 IMF 금융위기시절 리스산업이 가장 취약한 금융기관이라는

오명하에 리스산업의 급속한 쇠퇴와 무관하지 않을 것이다.[29)]

글로벌 기업들이 리스회계기준 변경으로 부채가 눈덩이처럼 불어날 위기에 처했다

17일 파이낸셜타임스(FT)에 따르면 글로벌 소매업체, 항공사 및 해운사들은 IASB와 FASB가 리스회계에 대한 기준을 바꾸면 재무제표상 부채가 수십억달러 늘어날 것으로 예상했다. 현행 회계기준에 따르면 기업들은 일부 리스를 재무제표에 나타나지 않는 운영리스로 분류할 수 있다. 그러나 IASB와 FASB가 새롭게 제안한 회계기준은 운영리스를 폐지하고 이를 재무제표에 표기하도록 규정하고 있다. 또한 부채에 추후 리스 납입금도 반영된다.

새로운 회계기준이 적용되면 항공기, 선박, 점포뿐만 아니라 심지어 복사기까지 임대자산이 재무제표에 포함되기 때문에 기업들의 부채가 급증할 것으로 보인다. 회계법인 PwC와 에라스무스대학은 새로운 회계기준이 적용되면 기업 부채가 평균 58% 늘어날 것으로 추산했다.

컨설팅업체 딜로이트의 베로니카 풀 수석 파트너는 "회계기준 변경으로 일부 기업들이 대출계약을 불이행하는 상황이 발생할 것"이라고 말했다. 그는 "특히 시장이 불안한 상황이라 많은 기업들이 대출계약을 이행하는 데 어려움을 겪을 것"이라고 예상했다. 그러나 일각에서는 현행 리스회계의 문제점을 지적하며 회계기준 변경을 촉구했다. 데이비드 트위디 IASB 위원장을 비롯한 비평가들은 "현행 리스회계기준이 리스를 재무제표에서 제외함으로써 기업들이 부채를 축소할 수 있다"며 비난했다.

(아시아경제, 2010.8.19 수정요약)

(3) 일본은행의 이연법인세자산 문제

일본은행은 일본경제가 1980년대 말까지의 호황을 마무리하고 불황기에 접어든 시절, 수익성 악화에 따른 영업실적 하락에 직면하여 BIS(Bank for International Settlements)의 자본유지 문제를 타결하기 위하여 여러 가지 회계적 편법을 동원하게 되었다. 우선 영업실적 하락을 만회하기 위하여 보유유가증권의 매각을 통해 실적호전을 노리게 되었다. 그러나 증권시장의 장기적 침체로 더 이상 유가증권매각이익을 기대할 수 없게 되자 이번에는 유가증권평가손실의 인식을 피하기 위하여 보유유가증권에 대해 그동안 적용하던 저가법을 폐지하고 원가

29) 정기숙 등(2002, pp. 334~335).

법을 허용하였다. 이는 시장성이 높은 주식에 대해 결코 적용하기 곤란한 회계적 편법으로서 시가평가확대의 세계적 추세에도 역행하는 것이다.[30] 그러나 이러한 수단으로도 은행의 영업실적이 결코 개선될 기미가 보이지 않자 1999년 4월 1일에 이연법인세제도를 은행회계에 도입하기에 이른다. 즉 부동산 거품제거와 장기불황에 따라 그동안 누적된 부실채권 및 이에 따른 막대한 대손충당금과 유가증권평가손실 및 이월결손금을 근거로 이연법인세자산을 인식하도록 함으로써 자본유지를 도모하였다. 이는 분명히 적정자본유지가 어려워진 자국의 은행을 염두에 두고 인위적으로 자본을 유지하기 위한 조치로서 중립성의 관점에서 문제가 있다.

그러나 감사인 단체에서 이연법인세자산 인식에 보다 엄격한 감사기준을 제시하고, 환금성이 부족하고 자산으로서의 성격이 모호한 자산(이연법인세자산)이 자본에서 막대한 비중을 차지한다는 부정적 여론에 따라 이후 이연법인세자산의 비중과 의존도가 감소하는 추세에 있다.[31]

Skinner(2005)에 따르면 일본의 이연법인세제도는 금융당국을 포함한 일본정부가 은행이 재무적 곤경에 빠져 있음에도 겉으로 건강하게 보이도록 도와준 조치이며, 은행경영자는 이 제도를 적정자본유지를 위하여 편법적으로 이용한 사례가 된다.

30) 회계투명성이 가장 높은 나라에는 미국, 이탈리아, 칠레, 멕시코 및 싱가포르 등이 포함된 반면 불투명성이 가장 높은 나라에는 한국, 중국, 일본, 러시아 및 터키 등이 포함되어 있다. 경제선진국이라고 여겨지는 일본의 회계투명성이 높지 않은 것은 충격적이다(최종서, 2004). 이는 제조업에 비해 일본 금융업의 경쟁력이 상대적으로 취약하다는 세평과 관련있어 보인다.

31) Skinner(2005). 이연법인세자신은 향후 과세소득의 발생이 거의 확실하며 이연법인세자산의 법인세 절감효과가 실현될 수 있을 것으로 기대되는 경우에만 인식해야 한다. 그러나 일본의 이연법인세자산은 이러한 규정과 동떨어진 행태를 보이고 있다. 왜냐하면 대부분의 일본은행들은 물론이고 일본의 우량기업들조차 엄청난 규모의 이연법인세자산으로 재무구조를 포장해 놓고 있기 때문이다. 문제는 이러한 이연법인세자산의 비중이 지나치게 크고 자산성이 떨어지는(미래의 세금부담을 정말로 줄일지 확신할 수 없는) 경우가 많다는 것이다. 예를 들면 NEC의 자기자본 대비 이연법인세자산의 비중은 99.3%에 달하고 도시바도 81.1%를 차지한다(edaily, 2003.5.23 수정요약).

제4절 제약조건

1. 보수주의

후술하는 대로 적시성과 보수주의는 유사점과 차이점을 보이고 있다. 보수주의는 회계처리의 조직적 비대칭성을 의미하므로 회계인식의 부분적 제약요인이다. 적시성이 가치평가기능의 시각에서 회계인식의 촉진을 추구하는 속성이라면 보수주의는 계약기능의 관점에서 불확실성에 대응하는 방법의 하나로 회계인식에 비대칭적인 제한을 가하는 속성이라고 볼 수 있다. 따라서 보수주의는 회계정보의 질적 특성이나 개념체계에서 다루어질 규범적 성질은 아니다. 그러나 불확실성에 대한 대처방식은 계약기능의 관점에서 일정부분 필요하기 때문에 기술적 성격의 관점에서 유용성을 갖는다. 재무보고 개념체계(conceptual framework : CF)에서는 보수주의를 아래의 신중성(prudence)이라는 개념으로 나타내고 있다.

> The exercise of caution when making judgements under conditions of uncertainty. The exercise of prudence means that assets and income are not overstated and liabilities and expenses are not understated. Equally, the exercise of prudence does not allow for the understatement of assets or income or the overstatement of liabilities or expenses.
>
> (prudence, CF.2.16)

그런데 전술한 대로 보수주의는 그동안 이론적 근거가 없거나 약하다는 비판을 받아왔으나 prospect theory 또는 cumulative prospect theory에 비추어 보면 이론적 근거가 전혀 없는 것도 아니다. 즉, 인간의 기본속성에 손실회피성향이 존재한다는 사실에 비추어 보면 보수주의는 사실상 이론적 토대에 근거한 것이라고 해석해도 무방하다.

2. 중요성

회계정보의 중요성(materiality)은 회계정보가 정보이용자의 의사결정에 영향을 미치는지의 여부에 따라 결정된다. 즉, 특정 회계정보가 의사결정에 영향을 미친다면 이는 중요한 정보이다. 따라서 중요한 항목은 회계기준을 준수하여 회계처리 또는 보고해야 하나, 중요하지 않은 항목은 회계기준을 무시하고 임의로 회계처리할 수도 있다.

중요성은 의사결정에 영향을 미치거나 의사결정 결과에 차이를 발생시킬 수 있는 능력과 관련하여 정의된다는 점에서 목적적합성과 유사하다. 그러나 이 두 개념은 상이한 것으로서, 중요성의 핵심은 어떤 금액이 의사결정에 차이를 발생시킬 만큼 큰 것인가의 여부인 반면, 목적적합성은 의사결정에 영향을 미치는지의 여부가 기준이 된다. 예를 들면 특정정보를 공시하지 않기로 결정한 경우 그 원인이 투자자들이 그러한 종류의 정보에 관심이 없기 때문이라면 그 정보는 목적적합하지 않은 것이지만, 관련 금액이 의사결정의 차이를 가져오기에는 너무 작아서 공시가 생략되었다면 그 금액은 중요하지 않다고 할 수

Information is material if <u>omitting, misstating or obscuring</u> it could reasonably be expected to influence the decisions that the primary users of general purpose financial statements make on the basis of those financial statements, which provide financial information about a specific reporting entity.

31 October 2018

IASB clarifies its definition of 'material'.

The definition of material, an important accounting concept in IFRS Standards, helps companies decide whether information should be included in their financial statements. The updated definition amends IAS 1 Presentation of Financial Statements and IAS 8 Accounting Policies, Changes in Accounting Estimates and Errors.

전술한 obscuring은 아래의 하나로 나타날 수 있다.

(a) 중요한 정보를 중요하지 않은 정보에 섞어버리기
(b) 다른 속성의 정보를 하나로 묶어버리기
(c) 같은 속성의 정보를 여러 개로 나누기
(d) 불명확한 단어나 개념 사용하기
(e) 찾아보기 어려운 곳에 공시하기

있다.[32)]

정보가 누락되거나 잘못 기재된 경우 특정 보고기업의 재무정보에 근거한 정보이용자의 의사결정에 영향을 줄 수 있다면 그 정보는 중요한 것이다. 즉, 중요성은 개별기업 재무보고서 관점에서 해당정보와 관련된 항목의 성격이나 규모 또는 이 둘 모두에 근거하여 해당기업에 특유한 측면의 목적적합성을 의미한다. 따라서 회계기준위원회는 중요성에 대한 획일적인 계량 임계치를 정하거나 특정한 상황에서 무엇이 중요한 것인지를 미리 결정할 수 없다.[33)]

제5절 질적 특성과 회계기능

본절에서는 적시성과 검증가능성의 문제를 회계기능의 종류와 관련지어 살펴보는데, 먼저 가치평가기능의 관점에서 적시성에 대한 수요를 파악하고, 적시성과 보수주의의 유사점과 상이점을 살펴본 후, 계약기능과 보수주의의 관련성을 살펴본다.

1. 가치평가기능과 적시성

정보기술의 발전은 공시수단에도 많은 영향을 미치고 있다. 정보를 제공하는 기업이나 정보를 이용하는 이용자에게 인터넷은 유용한 수단이 되고 있다. 특히 회계정보의 적시성을 강조하는 상황에서 실시간(real time)으로 전달되는 회계정보는 자본시장의 효율성에 이바지하고 정보전달비용도 비교적 저렴하다. 그러나 적시성에 입각하여 다양한 정보를 제공하는 인터넷상의 회계공시는 신뢰성의 차원에서 여러 가지 문제가 있는 것도 사실이다.

웹사이트의 재무공시는 두 가지 측면에서 신뢰성이 떨어진다. 첫째, 비록 검증(감사)된 재무정보를 웹에 올렸더라도 원래의 문서정보와 웹사이트상의 정보가 일치하는가에 대한 검증이 없다. 기업은 규제기관에 전자제출하는 정보에 대하여는 하이퍼링크를 통하여 정보의 중복성을 피하고 신뢰성도 유지할

32) 김성기(2002, pp. 5, 13, 95).
33) 회계기준위원회(2011).

수 있으나, 전자공시의 진위와 관련한 책임도 전적으로 작성자인 기업에 있다. 대부분의 정보이용자는 실제의 정보와 웹정보에 차이(오류)가 없다는 가정하에서 의사결정을 하기 때문에, 재무공시분야에도 웹정보의 신뢰성을 제고할 수 있는 인증제도 등이 필요하다. 둘째, 웹정보의 생명이라 할 수 있는 적시성을 지나치게 강조한 나머지 기업은 검증하지 않은 정보(특히 비재무적 정보)를 웹사이트에 미리 공개할 수 있다. 물론 책임관계를 명시하는 문구(감사를 받지 않았음을 명시함)와 함께 공개되지만, 이용자는 이러한 경고를 간과하기 쉽다.[34]

근본적으로 과거지향적인 재무제표에 미래지향적인 정보를 포함하는 모형으로 전환하기 위해 필요한 속성은 적시성이다. 적시성은 목적적합성의 기본속성으로 가치평가기능에서 요구하는 속성이다. 따라서 적시성은 목적적합한 정보를 그때그때 공급하여 가치평가에 도움을 주는 속성으로 이해할 수 있다. 그러나 전술한 대로 신뢰성의 차원에서는 문제가 나타날 수 있다.

2. 적시성과 보수주의

(1) 유사점과 상이점

적시성과 관련하여 보수주의와의 유사점과 차이점을 살펴본다. 먼저 유사점으로는 두 개념 모두 경제적 이익의 변동을 회계인식의 대상으로 삼는 속도와 관련이 있다는 점이다. 예를 들면 두 개념 모두 경제적 이익의 변동을 되도록 빨리 회계인식의 대상으로 삼으려 한다는 것이다. 그러나 두 개념은 회계인식의 대상이 무엇이냐에 따라 분명한 차이가 있다. 즉 적시성은 회계인식의 대상과 관련하여 원론적으로 차별을 두지 않으나 보수주의는 경제적 이익의 증가는 무시하고 그 감소에만 신경을 쓴다. 따라서 적시성과 보수주의는 경제적 이익의 변동에 대한 회계반응(accounting response)의 속도와 관련된 점에서는 유사하지만 그 적용대상에서 보수주의는 차별적 적용을 한다는 점이 다르다. 이를 자본시장의 효율성과 관련지어 살펴보면, 주가는 좋은 소식이니 나쁜 소식이나 차별 없이 즉각 반영하므로 회계인식도 경제적 이익의 변동방향에 관계없이 즉각 이루어져야 한다고 주장하면 이는 적시성의 논리이고, 회계이익은 좋은 소식보다는 나쁜 소식을 더 빨리 반영해야 한다고 주장하면 이는 보수주

34) 오준환(2000).

의의 논리이다.

보수주의는 전통적으로 논리적 근거가 빈약하다는 지적을 받아왔으나 행동경제학이 의존하는 prospect theory의 논리에서 보면 근거가 없는 것도 아니다. 즉 같은 크기의 이익과 손실이라도 이익에 따른 가치증가보다는 손실에 의한 가치감소를 크게 느끼는 상황에서 이익보다 손실에 대해 보다 적극적으로 빨리 인식하려는 보수주의는 당연하다고 볼 수도 있다. 또한 우발자산보다는 우발부채가 재무제표에 인식되지 않았을 때 나타나는 후속적인 영향 및 파급효과가 더 크다면 보수주의를 비논리적이라고 부르는 것에도 한계가 있다. 따라서 보수주의에 대한 궁극적 평가는 정보이용자의 가치함수(효용함수) 등에 따라 결정되어야 할 문제라고 판단된다.[35]

(2) 실증적 연구주제

적시성과 보수주의는 실증연구의 주제로도 이용되어 왔는데, 수익률-이익의 관계를 규명하는 전통적 연구주제의 확장에서 그 역할 및 영향이 연구되어 왔다.[36] Ryan and Zarowin(2003)에 따르면 수익률-이익의 관계가 하락하는 추세에 있는 것은 회계이익이 경제적 이익을 제때 반영하지 못하는 적시성의 문제(lags)와 회계이익이 좋은 소식과 나쁜 소식을 차별적으로(asymmetrically) 반영하는 보수주의 때문이라고 하였다. 적시성을 회계이익이 경제적 이익을 반영하는 속도로 정의하면 보수주의도 본질적으로 유관(associated) 현금흐름에 대하여 수익과 비용을 인식하는 시점(timing)과 연결(sequencing)에 관련된 문제이다.[37]

1) Basu(1997)의 보수주의 측정

Basu(1997)에 따르면 보수주의에 따른 회계이익은 좋은 소식보다는 나쁜 소식을 더 빨리 반영하므로 보수주의는 당기 회계이익이 경제적 이익에 비해 경제적 손실을 얼마나 더 빨리 반영하느냐의 비대칭성의 정도로 정의된다. 따라서 실증적 관점에서 보수주의의 측정은 좋은 뉴스(good news)와 나쁜 뉴스(bad news) 사이에 회계이익변동과 주가변동의 연계성(association)에 어떤 차이가 있느냐로 요약될 수 있는데, 수익률이 하락할 때가 상승할 때보다 회계이익변동과 주식수익률의 상관관계가 높음으로써 회계이익은 좋은 소식보다는 나쁜

35) 본서 제1장 참조.

36) Ryan and Zarowin(2003).

37) Givoly and Hayn(2000, p. 290).

소식을 더 빨리 반영한다는 보수주의의 자본시장 관점에서의 해석을 지지하고 있다. 〈표 12-5〉와 [그림 12-3]에서는 수익률과 이익변동의 관계에서 보수주의가 나타나는 사례를 보여준다.

〈표 12-5〉 수익률-이익의 관계와 보수주의

경제적 이익이 증가할 때, 즉 수익률 > 0	경제적 이익이 감소할 때, 즉 수익률 < 0
수익률 ↔ 이익변동 └→ 상관관계가 낮다.	수익률 ↔ 이익변동 └→ 상관관계가 높다.
그 이유는 경제적 이익의 증가를 회계이익이 미처 반영하지 못하여 두 변수간의 괴리가 커지기 때문	그 이유는 경제적 이익의 감소를 회계이익이 보수주의에 의하여 즉시 반영하여 두 변수의 관련성이 커지기 때문

[그림 12-3] 수익률-이익변동의 관계와 보수주의

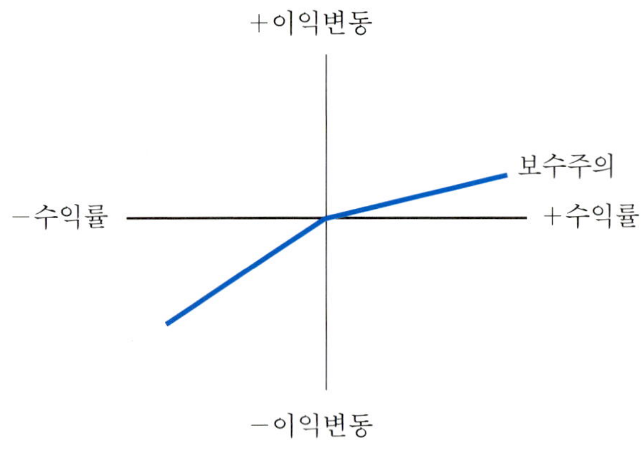

2) Ball and Shivakumar(2005, 2006)의 보수주의 측정[38]

Basu(1997)의 보수주의 측정은 악재와 호재라는 기업 관련 소식에 의존하며 수익과 비용을 차별적으로 인식하기 때문에 음(−)의 주가수익률에 대한 이익의 민감도가 양(+)의 주가수익률의 경우보다 높아서 비대칭적인 계수값을 나타낸다. 그러나 이때의 비대칭적인 계수값은 계량적인 문제 때문에 발생하는 것으로 이를 보수주의적 회계처리의 결과로 볼 수 없다는 선행연구도 있

38) 최원욱 등(2011, pp. 235~237) 수정요약.

다.[39] Basu(1997)의 모형은 흔히 역회귀분석(reverse regression) 방법이라고 일컫는데, 이 방법이 제대로 기능하기 위해서는 주식수익률에 기업의 모든 정보가 내포되어 있어야 한다는 매우 중요한 가정이 전제되어야 한다. 그러나 주식수익률에 기업의 정보가 모두 내포되어 있는 효율적 시장가설이 일반적으로 성립하지 않는다는 점에서 Basu(1997)의 모형을 보수주의의 측정치로 활용하기에는 무리가 따른다. 즉, 수익률이 회계이익을 발생시키는 원인이 되어야 하는데 만일 주식수익률에 기업관련 정보가 모두 포함되어 있지 않다면 수익률이 이익을 변동시키는 관계보다 이익이 수익률을 변동시키는 관계가 더 명확해진다.

이와 같은 Basu(1997)의 단점을 보완한 연구로는 Ball and Shivakumar(2005, 2006)의 연구를 들 수 있다. 이들은 선행연구에서 전제한 발생액과 현금흐름의 관계를 논의의 출발점으로 하고 있다. 즉, 원래 현금흐름과 발생액 사이에는 현금흐름의 반전현상으로 인해 음(−)의 관계가 존재한다(Dechow *et al.*, 1998). 그러나 기업의 적시성 있는 이득과 손실의 인식으로 인하여 현금흐름과 발생액 사이에는 양(+)의 관계가 존재하며, 이러한 양(+)의 관계가 현금흐름의 반전현상 때문에 나타나는 현금흐름과 발생액의 음(−)의 관계를 희석시키게 된다.

이들의 모형에서 발생액과 현금흐름의 관계를 나타내는 기초 모형은 선행연구에서 나타난 아래의 각 식으로 표시된다. 첫째, 단순히 현금흐름과 발생액 사이의 음(−)의 관계를 가정한 모형(12.1), 둘째, Dechow and Dichev(2002)와 같이 현금흐름을 전기, 당기, 차기로 구분하여 발생액과의 관계를 살펴본 모형(12.2), 셋째, Jones(1991)의 발생액 모형에 따른 모형(12.3)으로 구분된다.

$$TACC = \alpha + \beta_1 CFO + \beta_2 D + \beta_3 D \times CFO + \epsilon \tag{12.1}$$

$$TACC = \alpha + \beta_1 CFO + \beta_2 CFO_{-1} + \beta_3 CFO_{+1} + \beta_4 D + \beta_5 D \times CFO + \epsilon \tag{12.2}$$

$$TACC = \alpha + \beta_1 \Delta REV + \beta_2 PPE + \beta_3 CFO + \beta_4 D + \beta_5 D \times CFO + \epsilon \tag{12.3}$$

여기서, $TACC$=총발생액, (당기순이익−영업활동 현금흐름)/총자산 평균
CFO=당기 영업활동 현금흐름, 영업활동 현금흐름/총자산 평균
D=영업활동 현금흐름 더미변수, $CFO<0$이면 1, 그렇지 않으면 0[40]
CFO_{-1}=전기 영업활동 현금흐름
CFO_{+1}=차기 영업활동 현금흐름

39) Dietrich *et al.*(2007).

40) 이들 모형에서는 경제적 이익/손실의 구분을 위한 대리변수(proxy)로 여러 변수를 활용하고 있으나 본서에서는 *CFO*의 부호를 사용한 경우를 소개한다.

ΔREV=매출액 증가율[=(당기 매출액−전기 매출액)/총자산 평균]
PPE=유형자산/총자산 평균

전술한 바와 같이 기업이 경제적 사건을 적시에 인식한다면 당기의 발생액과 당기의 현금흐름 간에는 양(+)의 관계가 나타날 것이다. 그런데 이때 보수주의가 작동한다면 경제적 이득보다는 경제적 손실의 경우에서 발생액과 현금흐름의 양(+)의 관계가 더욱 크게 나타날 것이므로 위의 각 모형에서 $D \times CFO$의 계수값, 즉 모형 (12.1)의 β_3, 모형 (12.2)의 β_5 및 모형 (12.3)의 β_5는 양(+)의 값을 가질 것으로 기대되며, 이 계수값이 클수록 보수적 회계처리 성향이 강하다고 볼 수 있다.

3) Bushman *et al.*(2016)의 후속연구

Bushman *et al.*(2016)은 전통적인 발생과 현금흐름 사이의 음(−)의 상관관계가 최근에 사라지고 있음을 밝혀내고 이에 대한 원인 분석과정에서 전술한 Ball and Shivakumar(2006)의 보수주의가 강화되었기 때문에 이러한 현상이 나타난 것이 아닌지 검증하였다. 검증결과에 따르면 전술한 모형 (12.1)에서 β_3가 커지고 있으나 동시에 모형 (12.1)의 adjusted R^2은 지속적으로 감소하고 있음을 밝혀냈다. 이에 따라 발생과 현금흐름의 음(−)의 상관관계가 최근에 약

[그림 12-4] 모형 (12.1)의 adjusted R^2의 변화추이

Panel A : Adjusted R^2 from $TACC_{i,t} = \beta_0 + \beta_1 CFO_{i,t} + \beta_2 D + \beta_3 D * CFO_{i,t} + e_{i,t}$, where $D=1$ if $CFO<0$.

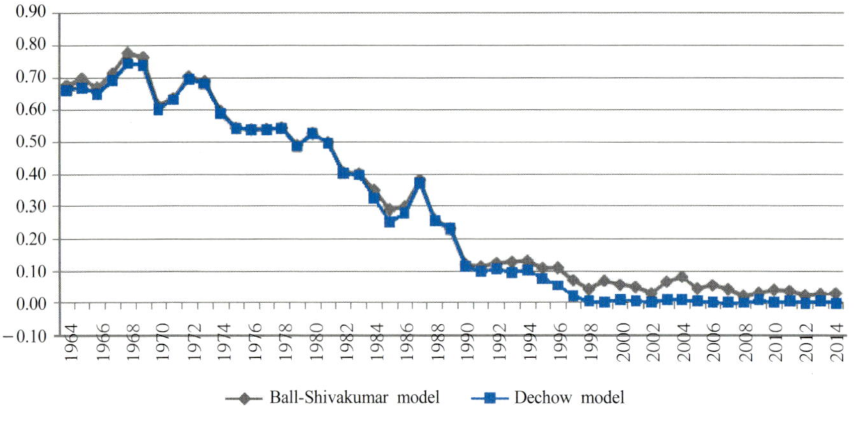

화된 것은 Ball and Shivakumar(2006)의 보수주의가 강화되었기 때문에 나타난 것이 아니라고 결론지었다. 왜냐하면 Ball and Shivakumar(2006)의 측정치에 의한 보수주의가 강화되었기 때문에 발생과 현금흐름의 음(−)의 상관관계가 사라졌다면 모형 (12.1)에서 adjusted R^2은 작아지기보다는 일정한 수준을 유지해야 하기 때문이다. [그림 12-4]는 모형 (12.1)의 adjusted R^2의 연도별 변화모습을 보여준다.

3. 보수주의와 계약기능

(1) 보수주의의 탄생배경

보수주의(conservatism/prudence)[41]란 불확실한 상황에서 판단할 때 신중한 주의력을 발휘하는 것이다. 이의 탄생배경에 대해서는 여러 가지 설명이 가능하지만, 먼저 채권자의 입장에서는 그들의 채권가격이 채무기업의 가치가 증가할 때보다는 감소할 때 더욱 민감하게 반응한다는 옵션가치(option value)의 속성상 좋은 소식보다는 나쁜 소식을 보다 적시에 제공하는 보수주의에 대한 수요가 존재하며 이를 요구한다는 것이다. 따라서 전통적으로 채권자를 중시하는 회계관으로부터 보수주의가 탄생했다는 주장을 할 수 있다.[42] 또한 계약기능 측면에서는 경영자의 보수가 회계이익에 연계될 때 경영자의 지나친 낙관주의나 경영자에게 상대적으로 유리한 정보비대칭을 견제하기 위한 대응수단으로 등장하였다는 것이다. 또한 최근에는 경영자나 감사인집단에 대한 소송의 증가 등이 보수주의를 강화하는 요인의 하나로 지목되고 있다. 이는 회계관련자의 정치적 비용이 증가하였음을 의미하며 보수주의는 그들의 자구책적인 성격을 갖는다고 볼 수 있다.

Ball *et al.*(2000)은 대부분의 국가에서 보수주의가 존재함을 보이고 독일과 같은 성문법국가에서는 미국과 같은 관습법국가보다 보수주의가 심하지 않을 것이라는 가설을 설정하였다. 이는 독일에서는 은행이나 노동조합 같은

---

41) 전술한 대로 보수주의는 prospect theory 등에서 말하는 소위 손실회피성향에 의해 나타나는 매우 자연스러운 인간의 본성에 부합하는 현상이라고 볼 수 있다. 한편 보수주의는 IASB나 FASB의 문헌에서는 신중성(prudence)이라는 단어로 표시되고 있다.

42) 보수주의 원칙은 채권자와의 계약체결을 촉진시켜 상업과 경제의 발전을 추진하는 역할을 한다고 볼 수 있다(백복현 등, 2011, p. 46).

계약주체와 경영자의 관계가 상당히 밀접하여 기업지배와 관련한 정보비대칭(information asymmetry) 문제가 미국만큼 심각하지 않기 때문이다. 그들의 검증결과는 연구가설을 지지하여 보수주의가 계약기능의 관점에서 필요한 속성이라는 점을 시사하고 있다. 이상의 내용을 정리하면 〈표 12-6〉과 같다.

〈표 12-6〉 보수주의

발생원인	• 전통적으로 채권자보호의 관점에서 출발(부채계약의 관점) • 경영자의 낙관주의/정보우월에 대한 대응수단(경영자보수계약의 관점) • 소송(litigation)의 영향(정치적 비용가설의 영향)
발생정도	• 독일의 정보비대칭 < 미국의 정보비대칭 • 독일의 보수주의 < 미국의 보수주의

결과적으로 보수주의의 발생원인은 실증회계이론에서 의미하는 계약내용 및 정치적 비용과 관련이 있다. 따라서 보수주의는 가치평가기능보다는 계약기능에 그 존재기반을 두고 있으며, 보수주의의 기능 및 유용성은 계약기능에서 강조되고 있다.[43] 한편 Defond and Zhang(2014)에 따르면 사채가격(bond price)도 좋은 소식보다는 나쁜 소식을 더 빨리 반영하고 있는 것으로 나타났다. 게다가 이러한 움직임은 주가보다 빠르며 초기에 과잉대응하다가 이익공표시에 일부가 반전(reverse)됨으로써 계약기능의 관점에서 보수주의의 유용성을 확인하고 있다.

(2) 보수주의의 종류[44]

보수주의는 크게 두 가지로 분류할 수 있다. 먼저 conditional conservatism이란 Basu(1997)에서와 같이 악재와 호재라는 미래 기업관련소식에 의존하며 수익의 인식보다는 비용의 인식이 보다 적시에 이루어지기 때문에 음(−)의 주가수익률에 대한 이익의 민감도가 양(+)의 주가수익률의 경우보다 높다는 것이며, unconditional conservatism이란 미래의 기업관련소식과는 별개로 자산취득시점

43) 제8장에서 살펴본 바와 같이 기업가치평가모형의 도출에서 보수주의는 실제 영향을 미치지 못하고 회계이익의 기간별 전이(transfer)에만 관련된다. 따라서 가치관련성의 관점에서 보수주의의 경제적 의미는 제한적이다.

44) Ryan(2006) refers to earnings reflecting bad news more quickly than good news as *conditional conservatism* and distinguishes it from the practice of reporting unconditionally low earnings or book value of equity(*unconditional conservatism*).

〈표 12-7〉 보수주의의 종류[45]

	조건부 보수주의 conditional conservatism	무조건 보수주의 unconditional conservatism
정 의	손실보다는 이익의 인식에 더 높은 수준의 검증을 요구함에 따라 손실의 인식이 보다 빨리 이루어짐. 이 개념이 conditional conservatism으로 불리는 이유는 미래 경제적 뉴스의 종류에 따라 회계인식의 속도가 달라지기 때문이며, income conservatism이라고 부르기도 한다.	장부가액이나 회계이익의 지속적인 과소계상. 이 개념이 unconditional conservatism으로 불리는 이유는 미래 투자자산의 성과 및 경제적 뉴스의 종류에 상관없이 사전에 미리 결정되기 때문이다. 따라서 이를 ex-ante conservatism 또는 balance sheet conservatism이라고 부르기도 한다.
사 례	• 재고자산의 저가주의 평가 • 영업권의 손상차손인식 • 우발이익은 무시하고 우발손실만 인식	• 무형자산의 무시(예를 들면 R&D와 광고비의 100% 비용처리) • 가속상각법 • 후입선출법(LIFO)의 적용
의존정보	미래의 정보에 의존	자산도입 때 정보에 의존
계약기능에 의 적합도	지배구조의 개선, 정보비대칭의 완화 및 대리인비용의 감소에 기여[46]	지배구조의 개선, 정보비대칭의 완화 및 대리인비용의 감소에 무관하거나 부적합

부터 이미 체계적으로 장부가액과 회계이익을 과소계상하는 것을 의미한다. 〈표 12-7〉은 보수주의의 두 종류를 설명하고 있다.

45) Cheng *et al.*(2015), Mora and Walker(2015).

46) Kravet(2014)에 따르면 조건부 보수주의는 회계변수에 기초하는 부채계약이 존재할 때 경영자들이 음(−)의 순현재가치를 보이는 인수합병을 못하도록 하는 견제효과가 있다. 이는 조건부 보수주의가 경영자로 하여금 덜 위험한(less risky) 인수합병을 추진하도록 하는 유도효과가 있음을 의미한다. 이에 따라 채권자는 경영자의 위험전가행위를 제어하는 효과가 있는 보수주의를 선호한다.

연습문제

1 재무제표 인식의 조건을 설명하라.

2 2010년 이전의 질적 특성에서 목적적합성과 신뢰성의 구성요소를 언급하고 그 구성요소 중에 가치평가기능에 보다 적합한 요소와 계약기능에 보다 적합한 요소를 설명하라.

3 2010년 이후의 질적 특성은 2010년 이전의 질적 특성에서 신뢰성의 구성요소로서 동급이었던 충실한 표현은 격상시키고, 검증가능성은 격하시키는 조치를 취했다. 이의 배경을 설명하라.

4 보수주의와 관련하여,
(1) 탄생배경을 설명하고,
(2) 보수주의와 적시성의 공통점과 차이점을 설명하라.
(3) 보수주의를 자본시장의 효율성과 관련하여 설명할 수 있는 근거는 무엇인가?
(4) conditional conservatism과 unconditional conservatism을 비교하여 설명하라.
(5) prospect theory로 보수주의를 설명하라.

5 중립성의 의미를 설명하고 아래의 사례에서 어떤 문제가 나타났는지 설명하라.
(1) 우리나라의 외화환산손익 회계처리
(2) 일본의 이연법인세자산 회계처리
(3) 미국의 스톡옵션 회계처리

6 2010년 이전의 회계정보속성의 상충관계와 관련하여
(1) 목적적합성과 신뢰성의 상충관계를 설명하라.
(2) 신뢰성의 구성요소인 표현충실성과 검증가능성의 상충관계를 설명하라.
(3) 회계기능의 구분이 회계정보의 질적 특성과 그들의 상충관계에 미치는 영향을 설명하라.

7 표현충실성이 궁극적이고 포괄적인 회계정보의 질적 특성이 될 수 있다는 말은 무슨 의미인지 설명하라.

CHAPTER

13

통일성

제1절 규제기관 관점의 기준

통일성(uniformity)이란 기본적으로 동일한 경제현상에 대하여 동일한 회계처리를 해야 한다는 원칙이다. 그러나 개별기업의 회계처리 선택가능성도 인정되는 현실이므로 통일성의 해석과 적용은 규제기관에서 회계정책(accounting policy)의 일환으로 검토할 성질의 것이다. 즉 통일성이란 업체별로 회계기준을 통일적으로 적용하는 것을 의미하나 개별기업의 회계처리에 대한 강제력 및 구속력에는 한계가 있기 때문에 통일성을 어느 정도 수준까지 적용할 것인가는 국가나 규제기관의 입장에서 회계철학 및 회계정책의 하나로 채택할 수 있는 개념이라는 것이다.

규제기관 입장에서의 통일성은 업체별 비교가능성을 확보하기 위한 것이나, 통일성이 자의적인 회계처리의 가능성을 원천적으로 배제하는 기능도 함께 하므로 회계투명성을 위한 유효하고도 궁극적인 회계규제의 수단으로 활용될 수 있다. 또한 자본시장의 효율성과도 밀접하게 연관되어 있어 회계정보가 유용하기 위한 조건으로서 그 개념 적용의 범위는 확대될 것으로 전망된다.

제2절 통일성의 종류

1. 범위별 통일성 vs 획일적 통일성

원론적으로 회계정보의 비교가능성은 유사한 경제현상은 유사한 방법으로, 다른 경제현상은 다른 방법으로 측정하고 분류하여 보고할 때 가능하다. 이런 의미에서 통일이라는 말은 각 기업간에 획일적인 측정방법을 적용하는 획일성과는 구별되는 개념이다. 획일적인 통일을 강요하면 각기 다른 사업활동과 각기 다른 환경에 처해 있는 각 기업의 경제현상을 무시함으로써 그 정보는 오히려 비교가능성을 잃게 된다.[1] 본서에서는 Wolk *et al.*(1992)의 개념을 중심으로 통

1) 김영청(1996, p. 243).

일성의 개념을 살펴보되 필요한 부분은 수정보완하여 설명한다. 예를 들어 〈표 13-1〉과 같은 상황을 가정해 보자.

〈표 13-1〉 통일성의 종류

System A 범위별 통일성(Finite Uniformity)	System B 획일적 통일성(Rigid Uniformity)
한국인 → 한국인	한국인　　동양인
일본인 → 일본인	일본인 →　　+
중국인 → 중국인	중국인　　주석공시

System A는 한국인, 일본인 및 중국인이 모여 있는 회계현상(pool)에 대해 각각의 관련 특성을 식별・측정하여 한국인, 일본인 및 중국인으로 정확하게 구분해서 표시(회계처리)할 것을 요구하고 있다. 그러나 System B에서는 관련 특성은 무시하고 동양인이라는 포괄적인 표시(회계처리)만을 요구하되 관련 특성은 공시(disclosure)할 것을 요구하고 있다. 이러한 두 가지 개념의 회계처리기준은 한 국가(사회)의 회계규제의 기본지침으로 이용될 수 있다. 이때 System A와 같은 회계처리방법을 범위별 통일성(finite uniformity)이라 부르고, System B와 같은 회계처리방법을 획일적 통일성(rigid uniformity)이라 부른다. 범위별 통일성은 외관상으로는 유사하게 보이는 환경에서 관련 상황(relevant circumstances)의 차이를 개별적으로 식별/파악하여 그에 맞는 개별적 회계처리방법을 처방하는 개념이다. 반면에 획일적 통일성은 일반적으로 유사한 상황에서 회계처리방법의 차이를 야기할 수 있는 만큼의 관련 상황의 차이가 존재하는데도 불구하고 획일적으로 한 가지 방법으로 회계처리하되 관련 상황에 대한 공시를 추가적으로 유도하는 것이다.

범위별 통일성은 획일적 통일성보다 정보유용성 측면에서 우수한 개념이다. 그러나 범위별 통일성을 적용하자면 시간과 비용이 많이 드는 만큼 두 가지 개념의 득과 실은 상대적이며 궁극적으로는 선택의 문제(matter of choice)이다. 그런데 그 선택은 회계보고대상의 변화 및 자본시장의 효율성과 관련된 회계보고결과의 인식변화와 밀접하게 관련되어 있다.

Wolk *et al.*(1992)은 범위별 통일성과 획일적 통일성의 특성을 여러 가지 관점에서 구분하여 〈표 13-2〉와 같이 표시하였다.[2] 범위별 통일성은 검증가능

2) 본 표는 Wolk *et al.*(1992)의 p. 236의 표를 수정보완한 것이다.

〈표 13-2〉 통일성의 유형과 관련 회계속성의 비교

	질적 속성	회계감사	자본시장의 효율성 및 핵심과제
범위별 통일성	표현충실성 ↑ 검증가능성 ↓	감사 범위 및 비용 ↑	자본시장의 효율성이 낮은 상황에서 적합하고, 고품질 정보의 제공을 추구한다.
획일적 통일성	표현충실성 ↓ 검증가능성 ↑	감사 범위 및 비용 ↓	자본시장의 효율성이 수용되는 상황에서 적합하고, 공시 확대를 추구한다.

성보다는 표현충실성을 보다 우선적으로 추구하기 때문에 감사인의 입장에서는 감사범위가 넓어지고 감사비용도 많이 발생한다. 또한 범위별 통일성은 자본시장의 효율성이 떨어지는 상황에서 보다 적합하여 측정 및 회계처리의 적정성을 통해 제공되는 정보의 질을 높이는 것이 중요하다.

반면에 획일적 통일성은 표현충실성보다는 검증가능성을 보다 우선적으로 추구하기 때문에 감사인의 입장에서는 감사범위가 좁아지고 감사비용도 절약되는 상황이 나타난다. 또한 획일적 통일성은 자본시장의 효율성이 수용되는 상황에서 보다 적합하여 측정 및 회계처리의 적정성보다는 관련 정보의 공시 그 자체가 더 중요한 이슈가 된다.

2. 퇴행적 통일성

본서에서는 범위별 통일성과 획일적 통일성에 추가하여 퇴행적 통일성(regressive uniformity)의 개념을 도입하고, 이해의 도움을 위해 스포츠경기를 예로 들어 통일성에 관한 논의를 계속하고자 한다. 다음의 사례에서 한국, 중국 및 일본의 국가대표팀이 각각 운동경기를 하는 상황이고 회계처리 결과는 각국 선수들의 운동복(uniform) 색깔을 결정하는 것이라고 생각해 보자.

퇴행적 통일성은 한국선수들에게 빨간색이나 파란색 운동복을 입힐 수 있고, 중국선수에게는 빨간색이나 노란색 운동복을 입힐 수 있으며, 일본선수에게는 빨간색이나 흰색 운동복을 입힐 수 있는 시스템이다. 범위별 통일성은 한국선수들에게 파란색 운동복을 입히고, 중국선수에게는 노란색 운동복을 입히며, 일본선수에게는 흰색 운동복을 입히는 시스템이다. 획일적 통일성은 한국, 중국 및 일본 선수 모두에게 빨간색 운동복을 입히는 시스템이다. 이때 운동경기를 관전하는 관중 및 시청자는 회계정보 이용자이고 각국 선수의 운동복 색깔은 각국 선수의 식별을 통한 관중 및 시청자들의 관전 편의를 위한 것이라

〈표 13-3〉 통일성의 종류 및 사례

퇴행적 통일성	범위별 통일성	획일적 통일성
한국 → 빨간색 or 파란색 중국 → 빨간색 or 노란색 일본 → 빨간색 or 흰 색	한국 → 파란색 중국 → 노란색 일본 → 흰 색	한국 중국 } → 빨간색 일본

고 가정하자. 관중의 입장에서는 범위별 통일성에 따른 회계처리(운동복 색깔결정)가 가장 바람직한 방법이다. 특히 한국, 중국 및 일본 선수들이 외관상으로 쉽게 식별되지 않는 상황에서는 더욱더 그렇다.

퇴행적 통일성이나 획일적 통일성은 관중의 입장에서 혼란스러운 방법이다. 퇴행적 통일성은 회계처리담당자의 자의적인 선택(같은 나라 선수에게 서로 다른 색깔의 운동복을 입힐 수 있는 것)마저 가능하여 혼란의 극치를 이루는 비합리적인 방법이다. 획일적 통일성은 회계처리담당자의 자의성은 배제되나 관중이나 시청자의 입장에서 혼란스럽기는 마찬가지이다.

3. 통일성의 결정요인

획일적 통일성이냐 범위별 통일성이냐의 선택은 두 가지 시스템 자체에 달려 있는 것이 아니라 두 가지 시스템을 이용해서 보고해 주려고 하는 생산 및 가치창조 환경이나 자본시장 효율성에 달려 있다.

한국과 미국이 배구경기를 하는 상황을 생각해 보자. 배구경기는 상대적으로 작은 경기장에서 네트를 사이에 두고 일정한 자기영역(코트)에서만 플레이가 가능하다. 관중의 입장에서는 한국과 미국 선수가 같은 색깔의 운동복을 입어도 관전상에 결정적인 어려움은 없다. 따라서 이러한 환경에서는 획일적 통일성이 합리적일 수 있다. 즉 획일적 통일성이 바람직해서가 아니라 비용절감 차원에서 용인될 수 있다.[3]

그러나 축구 한·일전은 다르다. 한국선수와 일본선수는 신체상의 특징 등으로 쉽게 구분할 수 없는 데다 축구라는 경기의 속성상 많은 선수가 어울려 운동장 전부를 이용하는 동태적인(dynamic) 경기이기 때문에 관중의 입장에서는 혼란과 불편이 극심할 것이다. 이러한 환경에서는 획일적 통일성의 유용성은 제한될 수밖에 없고 범위별 통일성이 요구된다.

---

3) 비용을 고려하지 않으면 획일적 통일성보다는 범위별 통일성이 여러 가지 측면에서 우월하다.

〈표 13-4〉 통일성과 회계환경

경기종류 / 상대방	축 구	배 구
한국 vs 일본	범위별 통일성 필수 • 동태적 생산환경 • 간접비의 비중 높음 • 투입/산출의 인과관계 규명이 어려움 • 무형자산의 비중 증가	범위별 통일성 선호
한국 vs 미국	범위별 통일성 선호	획일적 통일성 무방 • 정태적 생산환경 • 간접비의 비중 낮음 • 투입/산출의 인과관계 규명이 비교적 용이함 • 무형자산의 비중 미미

〈표 13-4〉에서 스포츠경기로 비유한 내용을 기업의 제조 및 생산 환경과 관련하여 설명하고자 한다. 배구 한·미전은 마치 전통적 생산환경과 유사하다. 즉 정태적 생산환경에서 간접비의 비중과 무형자산의 역할은 미미하다. 따라서 투입/산출의 인과관계 규명은 상대적으로 쉽다. 이러한 환경에서는 획일적 통일성도 무방하다. 이에 비해 축구 한·일전은 현대적 생산환경과 유사하다. 즉 동태적 생산환경에서 간접비의 비중과 무형자산의 역할은 중요하다. 따라서 투입/산출의 인과관계 규명은 상대적으로 어렵다. 이러한 환경에서는 범위별 통일성이 필수적으로 요구된다.

이상의 기업의 생산 및 가치창조 활동 측면과는 별도로 자본시장의 효율성도 통일성에 영향을 미칠 수 있다. 즉 획일적 통일성은 자본시장의 효율성이 인정되는 상황에서 용인될 수 있다. 왜냐하면 획일적 회계처리를 하더라도 관련 상황을 공시를 통해 알려주기만 하면 주가는 합리적으로 정보를 반영한다고 믿기 때문이다.[4] 그러나 공시된 정보마저 효율적 방식으로 반영하지 못한다는 자본시장의 효율성 퇴조를 감안하면 획일적 통일성의 입지는 좁아진다.[5] 이러한 현실에서는 결국 범위별 통일성으로의 이동이 요구된다.

4) 사실 자본시장이 효율적이라면 퇴행적 통일성에 의한 회계처리도 무방하다. 왜냐하면 시장은 회계처리의 자의성 이면에 있는 경제적 의미를 정확하게 파악하여 합리적으로 반영하기 때문이다.

5) Upton(2001). 또한 SFAC No. 5(1984, para. 9)에서도 공시와 인식의 구별을 다음과 같이 하고 있다. “Disclosure is not a substitute for recognition in financial statements...”

〈표 13-5〉 통일성의 조건

획일적 통일성의 용인조건	범위별 통일성으로의 이동조건
• 생산 및 가치창조 활동의 상대적 안정성 • 자본시장의 효율성 수용	• 생산 및 가치창조 활동의 역동성 • 자본시장의 효율성 후퇴

이상의 논의를 종합하면 통일성은 결국 선택의 문제로 귀결되지만 그 선택에 영향을 미치는 요인은 다음의 두 가지로 요약된다.

- 생산 및 가치창조 활동의 복잡성
- 자본시장의 효율성

4. 통일성의 사례

〈표 13-6〉에서는 관련 상황의 차이 여부와 회계처리방법의 숫자에 따른 조합(combination)별 통일성의 종류를 보여준다. 범위별 통일성은 관련 상황의 차이가 존재하면 복수 이상의 회계처리를 규정하고, 관련 상황의 차이가 없으면 하나의 회계처리를 규정하는 것이다. 획일적 통일성은 관련 상황의 차이가 있는데도 불구하고 하나의 회계처리를 규정하는 것이다. 퇴행적 통일성은 관련 상황의 차이가 존재하지 않음에도 복수 이상의 회계처리를 규정하는 것이다.

관련 상황의 차이가 없을 때 복수 이상의 회계처리방법을 규정한 퇴행적 통일성은 회계투명성을 위해 반드시 극복되어야 하며 관련 상황의 차이가 있을 때 하나의 회계방법을 규정한 획일적 통일성은 〈표 13-5〉에서와 같이 일정 조건하에서 용인될 수 있다.

〈표 13-6〉 관련 상황과 통일성의 종류

관련 상황의 차이 / 회계처리 방법의 숫자	유	무
다 양	범위별 통일성 • 보유동기에 따른 회계처리 구별 • IFRS의 R&D 회계처리 • 전환사채의 전환권을 리픽싱이 없으면 자본으로 분류하고, 있으면 부채로 분류(현재)	퇴행적 통일성 • 원가모형이나 재평가모형 중 하나를 선택 • 유·무형자산의 재평가이익은 기타포괄손익으로, 재평가손실은 당기손익으로 처리 • 인수/합병의 본질에는 취득법이 적합하나 지분풀링법도 허용(과거) • 리스의 본질에는 자본리스가 적합하나 운용리스도 허용(과거)
단 일	획일적 통일성 • 미국의 R&D 비용처리 • 전환사채의 리픽싱 유무에 관계없이 전환사채의 전환권을 자본으로 분류(과거)	범위별 통일성 • 인수/합병의 본질에 부합하는 취득법만 허용(현재) • 리스의 본질에 부합하는 자본리스만 허용(현재)

제3절 통일성의 종류별 실제 사례

1. 원가모형 vs 재평가모형

K-IFRS 제1016호에 따르면 원가모형(cost model)이나 재평가모형(revaluation model) 중 하나를 회계정책으로 선택하여 적용한다. 또한 재평가는 보고기간말에 자산의 장부가액이 공정가치와 중요하게 차이가 나지 않도록 주기적으로 수행한다. 이는 자산재평가의 자의적 실시의 폐단을 억제하기 위한 것으로 평가된다. 그러나 관련 상황의 차이를 명시하지 못한 가운데 일방적으로 기업의 선택을 보장함으로써 퇴행적 통일성의 사례로 판단된다.

〈표 13-7〉 통일성의 종류별 사례

사 례	퇴행적 통일성	획일적 통일성	범위별 통일성
연구개발비 (R&D)		비용처리(미국)[6]	일정조건이 충족되면 자산인식 가능(IFRS)
스톡옵션	손익계산서 비용인식과 주석공시 중 택일가능(2004년 이전 미국)		손익계산서에 반드시 비용인식(2004년 이후 미국)
리스회계	운용리스도 허용(과거)		자본리스만 허용(현재)
유·무형자산의 취득 이후 회계처리	IFRS의 원가모형 또는 재평가모형의 선택 가능		
인수·합병	취득법/지분풀링법 모두 사용가능(과거)		취득법만 허용(현재)
수익의 인식		대리인 판매나 일반 판매를 구분하지 않음 (과거의 기업회계기준)	대리인에 의한 판매는 판매수수료만 매출로 인식 (IFRS)
보험회계	IFRS 4 Insurance Contracts 원가로 측정 화폐의 시간가치 무시		IFRS 17 Insurance Contracts 시가로 측정 화폐의 시간가치 중시
재분류조정		모든 기타포괄이익은 재분류조정의 대상(미국)	재평가잉여금과 보험수리적손익은 제외(IFRS)
전환사채에서 전환권의 refixing		리픽싱 유무에 관계없이 자본으로 분류(과거)[7]	리픽싱이 없으면 자본이지만, 리픽싱이 있으면 부채(현재)
기타	대체적 방법이나 해석의 가능성 허용, 예를 들면 "~할 수 있다"		

2. 전환사채의 전환권 : 자본 vs 부채

전환사채에서 전환권이란 사채를 주식으로 전환할 수 있는 권리를 의미하며 리픽싱(refixing)이란 계약초기에 설정된 전환가액의 수정이 일정기간 후에 가능

6) R&D의 무조건적인 비용처리는 무조건 보수주의(unconditional conservatism)의 대표적 사례가 된다.

7) 현재 비상장기업에게 적용되는 K-GAAP(일반기업회계기준 제15장 문단 15.18)에서도 리픽싱 조항의 포함 여부와 무관하게 전환사채의 전환권을 자본으로 분류한다(김영준 등, 2019, p. 121).

한 계약내용을 의미한다. 최근 우리나라, 특히 코스닥시장에서는 리픽싱이 보편화된 모습을 보이고 있는데, 이의 유무가 회계처리에 커다란 차이를 야기하고 있다. 즉 전환사채에서 전환가액의 조정을 의미하는 리픽싱(refixing) 조항이 있느냐 없느냐에 따라 전환사채발행자는 전환권을 부채로 분류할 수도 있고, 자본으로 분류할 수도 있기 때문이다.

현행 K-IFRS가 도입되기 전까지는 전환권은 자본으로 분류됐다. 그런데 K-IFRS에서는 전환사채에 리픽싱(refixing)이 부여돼 있다면 주가추이에 따라 전환권의 가치가 달라지기 때문에 부채로 봐야 한다고 규정하고, 리픽싱이 없다면 자본으로 분류하도록 하고 있다. 즉, 리픽싱이 없는 경우에는 채권의 주식전환수량이 이미 정해졌기 때문에 자본이지만, 리픽싱이 있는 경우에는 주가의 변동추이에 따라 주식전환수량이 달라질 수 있기 때문에 파생상품부채(옵션)로 봐야 한다는 것이다.

리픽싱이란 전환가액을 최근의 주가추세 등에 따라 조정할 수 있는 계약내용이므로 전환사채권자의 선택에 의해 자본으로 전환될 수 있는 주식수가 주가에 따라 변동될 수 있다. 따라서 리픽싱 조건이 부여된 전환사채 발행기업은 전환사채를 일반사채와 전환권으로 분리하여 일반사채는 발행시점의 유효이자율에 따라 사채발행차금을 상각 또는 환입하여 이자비용을 인식하고, 전환권은 파생상품부채로 분류하여 매 보고기간에 공정가치로 평가하여[8] 가치변동분을 당기손익인 파생상품평가손익으로 인식해야 한다.

[그림 13-1] 코스닥기업의 CB파생금융부채평가손실[9]

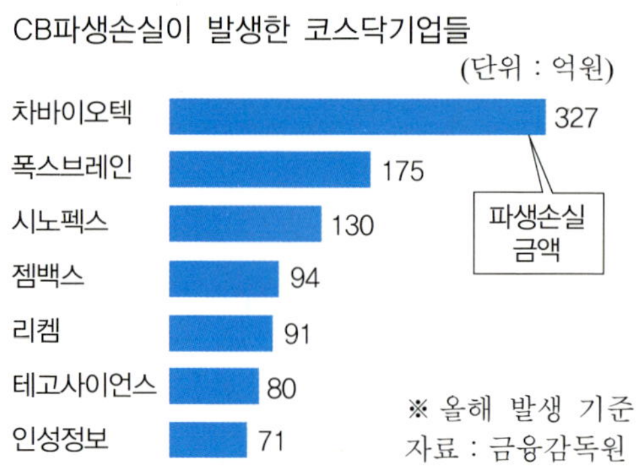

8) 이항모형이나 블랙-숄즈 모형 등의 옵션가치평가모형을 이용할 수 있다.

9) 한국경제신문, 2018.5.25.

전환사채에서 전환권의 조정(refixing)이 있는 경우 주가가 상승하면 전환권 가치가 상승하여 파생상품부채의 가치가 커지므로 이를 파생상품평가손실로 인식하고, 주가가 하락하면 파생상품평가이익으로 인식한다. 만약 리픽싱조건이 없다면 전환권이 자본으로 분류되기 때문에 주가변동 자체가 회계에 영향을 미치지 않는다. [그림 13-1]은 코스닥기업의 CB파생금융부채평가손실 사례를 보여준다.

CB로 자금조달하지 마라? 주가 오르면 손해 보는 K-IFRS
–리픽싱(전환가조정) 있으면 부채로 분류–

코스닥기업 시노펙스는 지난해 매출액 1,811억원, 영업이익 248억원의 양호한 실적을 보였다. 그런데 이 회사는 바텀라인(Bottom line), 즉 최종결산에서는 '당기순손실 225억원'을 공시했다.

주된 이유는 이 회사의 주가가 상승하면서 지난해 6월 발행한 전환사채(CB)에서 파생상품평가손실 130억원이 발생했기 때문이다. 이 회사는 지난해 6월 30일 전환사채(CB) 100억원을 발행하면서 전환가액은 1,944원, 전환청구가능기간은 2020년 6월 29일까지로 하고, 전환가능주식수는 514만주로 정했다. 그런데 전환가액의 조정과 관련하여 사채발행일로부터 매 3개월마다 시세 등을 반영하여 전환가액을 조정할 수 있다는 이른바 리픽싱(Refixing) 조항을 삽입했다. 그런데 K-IFRS에서는 CB에 리픽싱 조건이 있다면 전환권을 부채로 보고 공정가치로 평가한다. 그러나 현재의 K-IFRS가 도입되기 전까지는 전환권은 자본으로 분류됐다. 문제는 지난해 12월 이 회사 주가가 CB 발행 당시보다 두 배가량 상승하면서 발생했다. 이에 따라 회사는 주가와 전환가액의 차이를 파생상품평가손실로 인식한 것이다.

이처럼 지난해 CB를 발행했다가 주가 상승으로 파생상품평가손실이 발생한 기업은 시노펙스를 비롯해 엠젠플러스, 테고사이언스, 동양네트웍스, 씨티씨바이오, 씨티엘, 파티게임즈 등이 있다.

코스닥기업에게 CB 발행은 인기 높은 자금조달수단이다. 이에 따라 CB 발행 후 주가가 상승하는 경우 리픽싱에 따른 파생상품평가손실은 비록 현금이 유출되지 않고 장부상으로만 발생하는 손실이라고는 하지만 시장참여자들에게 혼란을 주고 있다.

한 회계법인의 임원은 "회계사들조차 주가가 상승하면 미전환 CB를 파생상품평가손실로 인식해야 한다는 사실을 모르는 경우가 적지 않다"며, "기업이 주석이나 공시를 통해 투자자에게 충분히 설명할 필요가 있다"고 말했다.

(뉴스핌, 2018.8.7 수정요약)

리픽싱 이야기

우리나라에서 리픽싱옵션은 발행 후 주가가 하락하면 최초 행사가격의 70%까지 행사가격을 낮출 수 있는 옵션으로, 주가가 하락하는 경우에만 적용되고 주가가 상승하는 경우에는 조정이 이루어지지 않았다. 우리나라의 리픽싱옵션은 1999년 10월 외환위기 이후 상장기업의 자금조달 애로를 해소하고자 한시적으로 허용되었으나 이후 시장상황이 변했음에도 불구하고 그대로 정착된 제도이다.

리픽싱(Refixing, 전환가조정)옵션은 전 세계적으로 사용되는 사례가 거의 없다. 예외적으로 일본의 경우에도 전환사채에만 사용되고 신주인수권부사채에 리픽싱옵션을 사용하는 나라는 우리나라가 유일하다. 이 제도는 자본시장이 성숙되지 못했던 시절에 상장기업의 로비에 의해 도입된 제도로 지나치게 투자자만을 보호하는 제도이므로 폐지함이 마땅하나 일시적으로 폐지가 어렵다면 축소하거나 차등적용이 이루어져야 한다.

윤평식(2019), 한국증권학회지, 제48권 2호
"리픽싱옵션과 사모 분리형 BW 신주인수권 수익률의 추정" 수정요약

리픽싱이란 결국 전환사채(convertible bond : CB)나 신주인수권부사채(bond with warrant : BW)의 전환가격이나 인수가격을 조정하는 것인데 CB나 BW를 사는 신규 투자자에게는 유리하지만 기존 주주에게는 불리한 조항이다. 왜냐하면 CB나 BW는 높은 가치의 주식을 낮은 가격에 얻을 수 있을 때 유리한데, 주가가 떨어지면 전환이나 인수를 포기한 채 만기까지 기다려야 하는 골치 아픈 채권의 모습만 남기 때문이다. 이를 방지하고 투자자를 유인하기 위해 리픽싱을 도입하여 주가가 떨어져도 최초전환가의 70%까지는 전환가격도 같이 낮출 수 있는 옵션을 도입함으로써 전환권가치 하락위험의 상당부분을 발행사에 부담시키는 것이다. 따라서 기존 주주는 불리하고 신규 투자자는 유리하다. 그렇다면 왜 이런 방식의 메자닌투자[10]가 특히 코스닥시장에서 성행할까? 결론

10) 메자닌(mezzanine)이란 원래 지중해지방에서 1층과 2층 사이의 공간을 말하는데, 투자업계에서는 자본과 부채의 중간성격을 의미한다. 금융감독원 전자공시시스템에 따르면 2019년 상반기 감사인 의견거절을 받은 기업들 중 대다수가 지난해와 올해 CB와 BW를 계속 발행하고 있는 것으로 나타났다. 관리종목 지정을 받은 35개사 중 21곳에서 CB와 BW로 자금조달을 진행했고 하반기에 추가 발행을 실시한 곳도 있다. 메자닌(CB, BW 등)투자가 유행하면서 자금조달이 용이하지 않던 한계기업들까지 발행을 추진해도 물량이 다 소화될 정도였다. 그 결과 자금흐름과 내부통제 미비 등 특수관계인에 대한 자금 이동이 투명하지 않다는 지적을 받은 감사보고서 의견거절 내용이 많았다(내일신문, 2019.9.10). 한편 제10장에서 언급한 국내 헤지펀드 1위 라임자산운용의 대규모 환매 중단 조치도 결국에는 주로 메자닌투자와 관련된 것이다.

적으로 이는 코스닥기업이 일반적인 회사채를 발행할 정도의 신용도를 갖추지 못했기 때문이다. 또한 국내 메자닌채권의 경우에는 사모발행이 주류를 이루다 보니 일부 기관투자자와 사모펀드운영자가 이를 부추기는 측면도 있는 것으로 판단된다.

3. 당기손익 vs 기타포괄손익의 구분

일반적으로 당기손익항목과 기타포괄손익항목은 지속성, 예측능력 및 반복성 등에서 일정한 차이를 보이는 것으로 나타났다. 그러나 IFRS나 US GAAP를 들여다보면 당기손익(profit or loss)과 기타포괄손익(other comprehensive income)의 구분이 이러한 성격차이에 따라서 항상 논리적으로 이루어지는 것은 아니다. 즉, 비슷한 성격을 가진 항목이 어떤 것은 당기손익항목으로 처리되고 어떤 것은 기타포괄손익항목으로 처리되는 사례가 있다. 예를 들면 과거 US GAAP에서 말하는 특별항목(extraordinary items)도 기타포괄손익과 비슷하게 일시적(transitory)이고 비반복적(non-recurring)인 성격을 가지고 있지만 기타포괄손익이 아닌 당기손익항목으로 처리되었다. 따라서 이는 동일하거나 유사한 항목에 대해 서로 다른 회계처리를 허용하는 퇴행적 통일성의 사례였다.[11]

그러나 미국은 2015년 1월 손익계산서에서 특별항목(extraordinary items)의 식별, 구분 및 별도공시 제도를 폐지하여 IFRS와 유사한 행보를 보이고 있다(FASB, Accounting Standards Update, 2015-01, January 2015). 특별항목이란 비정상적 성격(unusual nature)과 드물게 발생하는 성격(infrequency of occurrence)으로 대표되는 항목이다. 한편 IFRS에서는 수익과 비용의 어느 항목도 포괄손익계산서 또는 주석에 특별손익항목으로 표시할 수 없도록 명시하고 있다(K-IFRS 제1001호, 87).

4. US GAAP vs IFRS의 재분류조정차이

기타포괄손익(other comprehensive income)항목의 선정이 언제나 논리적 타당성이나 일관성이 있는 것은 아닌 상황에서 FASB와 IASB의 기타포괄손익 재분류

11) Gordon *et al.*(2015).

조정(reclassification or recycling)에도 차이가 있다. 즉, FASB는 모든 기타포괄손익에 대해 재분류조정을 요구하는 반면, IASB는 재평가잉여금과 보험수리적손익에 대해서는 재분류조정을 금지하고 있다.

이러한 차이는 IFRS가 경영자의 업적평가지표로는 자산재평가이익이나 보험수리적손익이 적절치 않다는 판단에 따른 반면, US GAAP는 이러한 구분을 하지 않는 것이다. 따라서 IFRS의 입장은 기타포괄손익의 성격에 따라 재분류조정 여부를 결정하는 범위별 통일성을 취한 반면, US GAAP는 기타포괄손익의 성격에 관계없이 모두 재분류조정을 요구하는 획일적 통일성을 나타낸다.[12)]

5. 취득법 vs 지분풀링법

기업인수·합병의 회계처리기준으로 사용되던 지분풀링법(pooling of interest)이 폐지되었다. 이러한 배경에는 기업합병의 본질이 지분풀링법에서 의미하는 관련 속성보다는 취득법(purchase method)에서 의미하는 관련 속성에 본질적으로 더 부합된다는 판단에 따른 것이다. 즉 기업합병의 일반적 속성은 인수가격결정을 통한 가치재평가과정(revaluation)이 필수적인 절차라는 것이다. 이러한 관점에서 보면 취득법과 지분풀링법을 선택적으로 사용하도록 한 과거 규정은 실질적으로 동일한 현상에 대해 대체적인 처리방법을 허용함으로써 퇴행적 통일성의 사례로 볼 수 있다. 즉 지분풀링법을 폐지한 것은 관련 상황과 부합되지 않는 회계처리방법을 배제함으로써 인수·합병거래의 본질을 취득법으로 더 잘 나타내주자는 판단에 의한 것이다. 따라서 이는 퇴행적 통일성에서 범위별 통일성으로의 개선을 의미하는 것이다.

지분풀링법이 과거에 취득법보다 인기가 많았던 이유는 영업권이 인식되지 않아 그에 따른 영업권상각이 없음으로써 합병 후의 이익이 높게 나타났기 때문이다. 그러나 현금흐름에 차이가 없는 단순한 대체적 회계처리를 허용함으로써 미국에서는 SEC 직원들이 지분풀링법의 회계처리가 적정한지 또는 사

12) 미국은 아직도 원가에 의한 평가를 고수하기 때문에 현재 FASB의 기타포괄손익에는 재평가잉여금이 없다. 그러나 재평가이익은 당기손익에 영원히 포함되지 않는 반면, 재평가손실은 실현도 되기 전에 당기손익에 포함되는 현행 IFRS규정에 대해 실적연계보수가 일반화된 미국의 경영자가 반대 입장에 있을 개연성이 높다는 것은 실증회계이론에 비추어 충분히 예상가능한 일이다.

후조건이 제대로 이행되는지를 감사 · 감시하는 데 막대한 시간과 예산을 낭비하고 있었다.[13] 게다가 경영자들은 인수 · 합병거래의 본질적 차이에 따라 두 방법 중의 하나를 선택하는 것이 아니라 두 방법이 가져다주는 회계보고상의 차이에 따라 기회주의적 선택을 한다는 연구결과는 막대한 비용이 소요되는 지분풀링법의 유용성에 대한 본질적 의문을 증폭시켰다.[14] 이러한 배경에서 지분풀링법은 폐지되었고, 지금까지의 인수 · 합병의 본질에 비추어 볼 때 가치재평가 없이 단순한 지분 통폐합만 강조하는 인수 · 합병이란 사실상 없으며, 따라서 취득법이 지분풀링법보다 인수 · 합병에 대한 표현충실성이 높은 방법으로 평가된다.

6. R&D

연구개발비(R&D cost)는 기술집약적 기업의 가치창조에 핵심적인 역할을 할 수 있는 활동이지만 미국의 회계처리는 이를 무시하고 발생시에 모두 비용처리한다. 따라서 이는 획일적 통일성의 예이다. 그러나 IFRS는 연구단계에서 발생한 모든 지출은 발생한 기간의 비용으로 인식하지만 개발단계에서 발생한 지출은 무형자산의 인식기준을 모두 충족할 경우에는 자산으로 인식하고, 그 외에는 발생한 기간의 비용으로 인식한다. 따라서 미국의 기준이 획일적 통일성으로 간주되는 반면 IFRS의 규정은 범위별 통일성에 보다 가까운 것으로 평가된다.

연구개발비가 비용으로 처리되든 자산으로 처리되든 자본시장의 효율성이 확보된다면 기업가치(주가)에는 차이가 없다. 즉 시장은 회계처리 이전의 경제적 실질에 따라 합리적으로 반응하기 때문에 기대현금흐름에 차이가 없는 외관상의 회계처리 차이는 주가에 차이를 가져오지 못한다. 그러나 자본시장의 효율성이 후퇴한 상황에서는 연구개발비의 회계처리 차이가 기업가치에 영향을 미칠 수 있는 가능성이 열린다. 따라서 가치평가기능의 관점에서는 연구개발비가 가치창조에 기여하는 항목이라면 자산으로 인식하여 장부가액을 증대시켜 주는 방법이 획일적으로 비용처리하는 것보다 바람직한 회계처리방법이 된다는 것이다.[15]

---

13) Briner and Fulkerson(2001, p. 9), Moehrle *et al.*(2000, p. 45).

14) Aboody *et al.*(2000).

15) Healy *et al.*(2002). 정혜영 등(2003)은 우리나라에서 자산화된 개발비 정보는 물론 비용처리된 경상개발비 정보 역시 R&D 비중이 높은 산업에서 가치관련성이 관찰된다고 보고하고 있다.

아래의 표는 최근의 IFRS 개정내용을 요약한 것이다.

Standard	Big change	Effective date
IFRS 9 *Financial Instruments*	Expected loss model replaces incurred loss model	2018
IFRS 15 *Revenue from Contracts with Customers*	Global Standard – IASB and FASB converged	2018
IFRS 16 *Leases*	All leases onto balance sheet	2019
IFRS 17 *Insurance Contracts*	Truly international, current measurement	2021

7. 금융상품

IAS 39 'Financial Instruments'는 IFRS 역사상 가장 논란이 많았던 기준으로서 IFRS as adopted by the EU의 탄생을 가져오게 한 장본인이다. 따라서 IASB는 IAS 39를 대체하기 위한 프로젝트를 3단계로 구분하여 시행했는데, 1단계는 분류와 측정, 2단계는 상각과 손상차손, 3단계는 헤지회계이다. IASB는 1단계의 완료와 더불어 IFRS 9 'Financial Instruments'를 2009년 11월에 공표하고 이의 시행일을 2013년 1월 1일로 예고한 바 있다. 그런데 위의 3단계를 동시에 완료하여 IAS 39를 통합대체하는 것이 바람직하다는 판단하에 IFRS 9의 시행일을 다시 2015년 1월 1일로 연기한 바 있으며, 2018년 1월 1일부터 시행되고 있다.

한편 IFRS 9 Financial Instruments에서는 최초 인식시점에 단기매매목적(trading)이 아닌 주식(지분상품에 대한 투자주식)에 대해서는 취소불능선택에 의해 기타포괄손익인식금융자산(fair value through other comprehensive income : FVOCI)으로 분류할 수 있도록 하고, 이를 재분류가능항목에서 아예 제외함으로써 종전의 IAS 39에서 매도가능금융자산의 평가손익은 기타포괄손익항목이지만 처분시점에 당기손익으로 재분류되는 것을 허용함으로써 나타나는 혼란과 단점을 극복하고자 하였다. 한편 IFRS 9 'Financial Instruments'에서는 과거의 발생손실모형(incurred loss model) 대신 기대손실모형(expected loss model)이 다시 도입되었다.

8. 수익인식

2010년에 IASB와 FASB가 공동으로 공표한 수익인식에 관한 공개초안(revenue recognition exposure draft)[16]에 따르면 그동안 원칙중심의 회계에서 동떨어진 것으로 비판받던 미국도 원칙중심의 회계를 추구하고 있는 것으로 판단된다. 왜냐하면 그 당시 US GAAP에서는 100개가 넘는 각종 수익인식관련 기준이 있었는데, 대부분 특정산업에 관련된 것(industry specific)이었고 이 공개초안의 내용은 이러한 산업별 규정과는 달리 모든 업종에서 일관되게 적용될 수 있는 원칙으로만 구성되어 있기 때문이다. 이 공개초안이 확정되면 산업별 수익인식기준은 미국에서 모두 사라질 것이다. 이러한 움직임에 대해 미국의 회계정보이용자의 반발도 예상되지만 FASB 의장은 수익인식과 관련하여 과거와 같은 세세한 보완규정(detailed implementation guidance)은 더 이상 만들지 않을 것임을 분명히 밝히고 있다.[17]

전술한 공개초안은 장기간의 의견수렴과 토론을 거쳐 드디어 2014년 5월 28일 IASB는 IFRS 15 Revenue from Contracts with Customers의 이름으로, FASB는 Accounting Standards Codification(Topic 606) Revenue from Contracts with Customers라는 이름으로 각각 공표하였다. 이렇게 동일한 회계기준을 두 기관이 같은 날짜에 각각 공표하는 협력관계의 모습을 보인 것은 IASB와 FASB가 2010년에 Conceptual Framework 공동프로젝트를 중지하고 2012년에 이 프로젝트를 각각 단독으로 재개한 현실을 감안할 때 이례적인 일로 평가된다. 동시에 이는 역설적으로 수익의 인식기준만큼은 미국에서도 원칙중심의 회계를 따라야 할 만큼 그동안 수익인식에 관한 기준을 남발했다는 사실도 반증하는 것이다. 아래의 〈표 13-8〉에서는 IASB와 FASB가 동시에 공표한 수익인식의 핵심 5단계를 표시한다. 이 기준의 핵심은 수행의무를 만족시켰을 때 만족시킨 금액만큼 수익으로 인식하라는 것이다. 이 기준을 IASB는 2018년 1월 1일부터 적용하고, FASB는 2017년 12월 15일 이후에 시작하는 회계연도부터 적용한다.

---

16) FASB, 2010, Proposed Accounting Standards Update, Revenue Recognition(Topic 605): Revenue from contracts with customers(June 24).
IASB, 2010, Exposure draft ED/2010/6, Revenue from contracts with customers.

17) Kadous and Mercer(2012).

〈표 13-8〉 수익인식의 5단계

단 계	내 용
1	Identify the contract(s) with a customer. 고객과의 계약을 식별하라.
2	Identify the performance obligations in the contract. 계약상의 수행의무를 식별하라.
3	Determine the transaction price. 거래가격을 결정하라.
4	Allocate the transaction price to the performance obligations in the contract. 거래가격을 계약상의 수행의무에 따라 할당하라.
5	Recognise revenue when (or as) the entity satisfies a performance obligation. 수행의무를 만족시킨 만큼 수익으로 인식하라.

수익인식기준의 개선[18)]

과거 기준	재화의 판매, 용역의 제공, 로열티수익, 배당수익, 건설계약 등 거래유형별로 수익인식기준을 제시해 일관성 부족
새로운 기준	모든 유형의 계약에 적용되는 5단계 수익인식모형(계약 식별-수행의무 식별-거래가격 산정-거래가격을 수행의무에 배분-수행의무 이행시 수익인식)을 제시해 일관성 제고

IFRS 15는 아래의 기준과 해석서를 모두 대체한다.

- IAS 11 Construction contracts
- IAS 18 Revenue
- IFRIC 13 Customer Loyalty Programmes
- IFRIC 15 Agreements for the Construction of Real Estate
- IFRIC 18 Transfers of Assets from Customers
- SIC-31 Revenue-Barter Transactions Involving Advertising Services

1. Removes inconsistencies and weaknesses in existing revenue requirements.
   기존 수익인식기준의 비일관성과 약점을 제거
2. Provides a more robust framework for addressing revenue issues.
   수익인식의 쟁점을 해결하기 위해 보다 강건한 틀 제공
3. Improves comparability of revenue recognition practices across entities, industries, jurisdictions, and capital markets.

업체별, 산업별, 국가별 차이를 제거하여 비교가능성 제고

4. Provides more useful information to users of financial statements through improved disclosure requirements.
   공시내용의 개선을 통해 보다 유용한 정보제공
5. Simplifies the preparation of financial statements by reducing the number of requirements to which an organization must refer.
   요구사항의 축소를 통한 재무제표작성과정의 단순화 추구

진행기준 vs 완성기준

IFRS 15에서는 일정조건에서만 진행기준을 허용하므로 이를 충족하지 못하는 경우에는 인도기준으로 수익을 인식해야 한다. 보다 구체적으로 IFRS 15:35에 따르면 아래의 하나를 충족하는 경우에만 기간에 걸쳐, 즉 진행기준으로 수익을 인식한다.

(1) 고객은 기업이 수행하는 대로 기업의 수행에서 제공하는 효익을 동시에 얻고 소비한다.
(2) 기업이 수행하여 만들어지거나 가치가 높아지는 대로 고객이 통제하는 자산(예 : 재공품)을 기업이 만들거나 그 자산가치를 높인다.
(3) 기업이 수행하여 만든 자산이 기업 자체에는 대체 용도가 없고, 지금까지 수행을 완료한 부분에 대해 집행가능한 지급청구권이 기업에 있다.

그런데 국내 건설업체의 운영실태에 비추어 보면 (1)과 (2)를 충족할 가능성은 거의 없다. 따라서 국내 건설업체가 앞으로 IFRS 15에서 진행기준으로 수익을 인식하려면 (3)에 나오는 지급청구권 조항을 만족해야 한다. 만약 (3)의 지급청구권 요건을 충족하지 못하는 아파트 및 상가 분양계약에 대해서는 기간에 걸쳐 이행되는 수행의무라고 볼 수 없으므로, 종전의 진행기준과 달리 인도기준을 적용하여 공사가 완공되는 시점에 수익으로 인식해야 한다.

18) 금융감독원, www.fasb.org

'착시효과'에 빛바랜 건설사 사상 최대 실적

부동산 경기가 빠르게 식고 있는 가운데 한쪽에서는 사상 최대 이익을 낸 건설사들이 속출하고 있다. 국내 상위 9개 건설사의 올 3분기 누적영업이익 합은 4조 4,103억원으로 지난해 같은 기간 3조 4,016억원보다 30%가량 증가했다. 영업이익 1조원 달성이 무난한 GS건설이 단연 돋보인다. 한신공영 등 중견 건설사들도 사상 최대 이익 대열에 합류하고 있다. 최대 실적을 내고 있는 건설사들의 특징은 주택부문 비중이 높은 곳이다. 아파트사업은 재건축이나 재개발, 단순도급, 자체개발 사업 등으로 분류된다. 그중 마진이 가장 높은 게 자체사업으로 마진율은 보통 20%가 넘는다.

그런데 자체사업을 크게 늘린 건설사들의 실적에는 착시효과가 있다는 걸 아는 사람이 많지 않다. 업계와 전문가들은 익히 알고 있으나 새로운 회계기준(IFRS) 적용으로 인해 이미 과거에 반영했던 실적을 올해 다시 반영하는 기술적 요인이 발생했다. 지난해까지만 해도 아파트 공사는 공정률에 따라 매출을 분산해서 잡았다. 하지만 새로운 회계기준에 따라 자체사업은 완공시점에만 매출을 인식한다. 때문에 수년전 분양을 시작해 올해 준공이 된 아파트사업장의 매출이 올해 실적에 한꺼번에 반영됐다.

문제는 올해 한꺼번에 잡힌 실적을 이미 분양시점부터 과거 매출로 인식하고 있었다는 점이다. 아파트가 분양에서 준공까지 대략 3년 정도 걸린다는 걸 가정하면 건설사 자체사업의 실적은 2016년과 2017년에도 잡혀 있었고 올해에는 그 두 해의 실적 반영과 무관하게 전체 매출을 통으로 잡았다는 뜻이다. 올해의 사상 최대 실적 일부에는 지난 3년간의 실적이 더블카운팅된 부분이 있다는 뜻이다.

이 같은 이유로 일부 증권사는 자체사업 비중이 높은 모 주택전문건설사의 올해 실적을 신뢰할 수 없다며 리서치 대상에서 아예 제외하기까지 했다. 아쉬운 건 회계기준 변경에 따른 착시효과를 제대로 설명하고 있는 회사들이 많지 않다는 점이다. 비중 혹은 경중이 다르겠지만 그 어느 건설사의 실적자료에도 과거 3년치 매출을 끌어 썼다는 표현은 찾을 수 없다.

(자본시장 미디어 'thebell', 2018.12.14 수정요약)

9. 리스회계[19)]

Listed companies using IFRS Standards or US GAAP are estimated to have around US $3.3 trillion of lease commitments; over 85 per cent of which do not appear on their balance sheets. That is because leases to date have been categorized as either 'finance leases' (which are reported on the balance sheet) or 'operating leases' (which are disclosed only in the notes to the financial statements). This somewhat arbitrary distinction made it difficult for investors to compare companies.

IFRS 16 *Leases* solves this problem by requiring all leases to be reported on a company's balance sheet as assets and liabilities. IFRS 16 is effective 1 January 2019.

Applying IFRS 16, a lessee will:

(a) recognize lease assets (as a separate line item or together with property, plant and equipment) and lease liabilities in the balance sheet;
(b) recognize depreciation of lease assets and interest on lease liabilities in the income statement; and
(c) present the amount of cash paid for the principal portion of the lease liability within financing activities, and the amount paid for the interest portion within either operating or financing activities, in the cash flow statement.

19) IASB Press Release, 13 January 2016. 수정요약. 밑줄은 저자가 추가.

K-IFRS 新리스기준 도입 효과

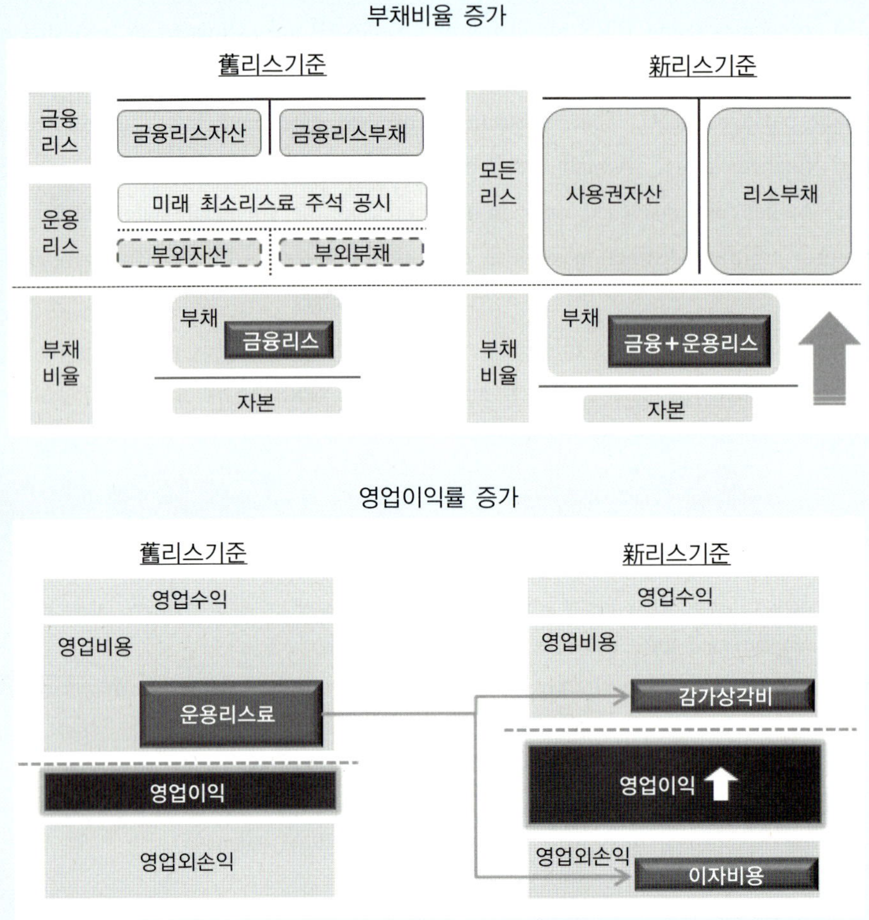

(금융감독원 보도자료, 2019.8.2)

대한항공 · 아시아나항공, '환율 · 회계기준' 직격탄

대한항공과 아시아나항공이 1분기에 나란히 순손실을 기록했다. 대한항공은 1분기 최대 매출을 기록하고 영업이익도 선방했지만 순손실을 기록했다. 아시아나항공은 이익률이 급격히 감소하면서 큰 폭의 손실을 냈다. 달러 강세와 함께 회계기준 변경 영향으로 이자비용 등이 증가하면서 손실 폭을 키웠다.

IFRS 16 Leases 적용 변화

(단위 : 억원)

구 분		2018.1Q	2019.1Q	증 감
대한항공	감가상각비	4,283	5,187	903
	임차료	867	66	−801
	이자비용	1,216	1,610	394
	리스부채	−	155	155
아시아나항공	감가상각비	1,342	2,665	1,322
	임차료	1,627	361	−1,265
	이자비용	435	662	227
	리스부채	98	405	307
	복구충당부채	9	15	6

환율 변동에 더해 양사의 순손실을 키운 배경에는 회계기준 변경이 있었다. 특히 아시아나항공이 받는 영향이 큰 것으로 나타났다. 아시아나항공은 운용리스를 많이 활용하는 만큼 운용리스부채를 새롭게 계상하면서 발생하는 이자비용과 감가상각비용의 영향을 크게 받았다. 부채를 산정하지 않는 이점이 있던 운용리스는 올해부터 변경된 회계기준을 적용하면서 사실상 금융리스와 차이가 없어졌다.

('thebell', 2019.5.17)

새 회계기준 적용 첫 성적표 항공업계 '비상'
부채비율 최대 3배 늘었다

올해부터 리스(임대)를 부채로 인식하는 새 회계기준(IFRS-16)이 도입되면서, 1분기 첫 성적표를 받은 항공업계에 비상이 걸렸다. 올해부터 새롭게 적용되는 국제회계기준은 항공사 운용리스를 재무제표상 부채로 인식한다. 기존에는 '금융리스'만 부채로 평가됐다면 이제는 운용리스까지 모두 빚으로 책정된다는 의미다. 16일 올 1분기 보고서를 제출한 6개 국내 항공사들의 재무상태표에 따르면, 연결재무제표 기준 부채비율이 가장 많이 증가한 곳은 에어부산으로 새 회계기준이 적용되지 않은 전 분기(99%) 대비 무려 198%포인트 증가한 297%를 기록했다.

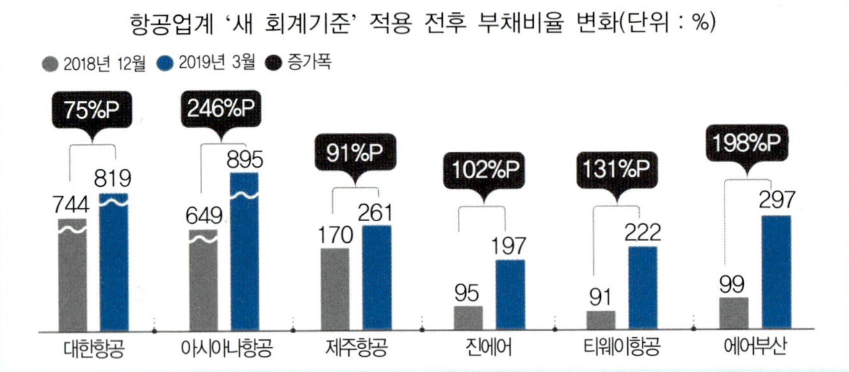

항공사 운용리스는 빌린 자동차(렌터카)와 같이 임대회사로부터 일정 계약기간 항공기를 빌려 쓰는 방식이며 금융리스의 경우 임대계약기간이 종료되면 항공사에게 소유권이 생긴다. 이처럼 변경된 회계기준으로 항공업 부채비율이 큰 폭으로 증가할 것으로 예상했지만 실제로 뚜껑을 열어보니 최대 3배까지 오른 곳이 나왔다.

(이투데이, 2019.5.16 수정요약)

10. 보험회계

IFRS 17 *Insurance Contracts*는 과거의 IFRS 4 *Insurance Contracts*를 대체하는 진정한 의미의 글로벌 보험업 회계처리기준이다. 2004년에 도입된 IFRS 4 *Insurance Contracts*는 임시기준이었기 때문에 기존의 보험업 회계처리기준의 상당부분을 그대로 용인하여 유사한 보험계약을 서로 다른 회계처리방법으로 처리할 수 있도록 허용함으로써 비교가능성과 통일성을 저해하였다. 그러나 2021년부터 의무사용되는 IFRS 17 *Insurance Contracts*는 모든 보험계약을 시가(current value) 개념과 화폐의 현재가치(time value of money) 개념에 입각하여 통일된 방법으로 표시한다. 이에 따라 과거의 불일치나 모순을 극복하여 투자자나 계약자에게 보다 의미 있고 비교가능한 정보를 제공할 것으로 기대된다.

IFRS 17에서 바뀐 주요 내용

(1) 보험부채 평가방식 변경

- (IFRS 4) 원가법으로 보험부채 평가 : 보험계약의 수입보험료 중 일부를 판매 당시에 정한 보험상품별 적립이율에 따라 부채로 적립
- (IFRS 17) 시가법으로 보험부채 평가 : 보험계약의 미래 현금흐름 및 보험서비스 제공의무를 현재시점의 할인율로 평가

(2) 보험계약 수익인식범위 변경

- (IFRS 4) 수입보험료 전체를 수익(매출)으로 인식(투자요소 포함)
- (IFRS 17) 당해연도에 제공된 보험서비스에 상응하는 보험료만 수익으로 인식(투자요소 제외)

과거 VS IFRS 17 비교[20)]

과거 보험회계의 문제점

- **(투자자 등 재무정보이용자)**
  "보험사 재무제표, 이해하기 너무 어렵다"
  - ✔ 국가별로 다른 회계기준
  - ✔ 보험산업의 특수한 회계처리
  - ✔ 과거 정보를 이용한 보험부채 측정
    - 장기계약의 추정치가 업데이트되지 않음
    - 측정 할인율이 경제적 위험을 반영하지 않음
    - 내재 옵션 및 보증을 완전히 반영하지 않음
  - ✔ 알기 어려운 이익정보
    - 수익인식시 현금주의 적용

IFRS 17 보험회계기준

- 국제적으로 통일된 회계기준
- 회계정보의 유용성 증대
  - ✔ 보험사의 경제적 실질을 충실히 표시
    - 현행시장정보를 반영하여 측정, 현금흐름의 특성을 반영한 할인율, 시간가치 반영
    - 옵션 및 보증 반영
  - ✔ 미래 이익의 예측가능성 증가
    - 재무성과, 위험의 특성과 정도, 언더라이팅 활동과 투자활동으로 인한 손익
  - ✔ 다른 산업과 비교가능성 증가
    - 보험 보장 제공에 따라 수익인식

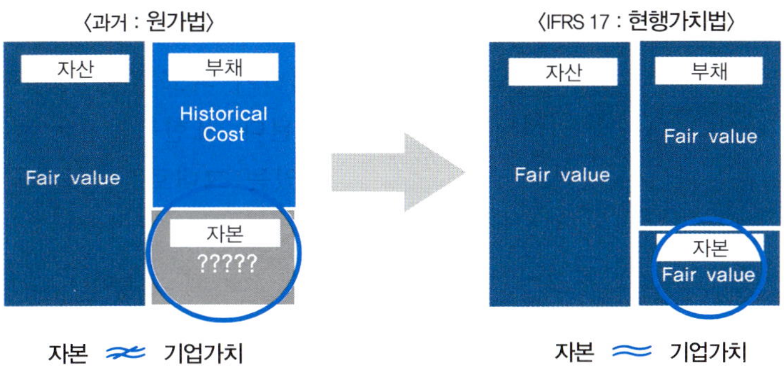

20) IFRS 17 "보험계약"의 주요 내용 및 영향, 한국회계기준원, 2017.6.16.

제4절 회계규제의 개념적 차원

1. 공시에 의한 유용성 확보

공시에 의한 유용성 확보는 자본시장의 효율성을 담보로 추구할 수 있는 정책이다. 그러나 기업거래 및 환경의 복잡화와 이에 따른 공시내역의 복잡화로 공시 자체의 기능에 대한 시각은 변화하게 되었다. 따라서 획일적 통일성의 보완장치로 요구되던 공시의 기능은 자본시장의 효율성 후퇴와 더불어 한계를 나타내게 되었다. 특히 공시는 결코 측정을 대체할 수 없다는 점을 감안하면 변화된 기업환경에서 공시만능주의는 그 유용성이 감소된다. 이에 따라 시장효율성의 저감으로 상징되는 현실에서 공시에 의한 유용성 확보는 근본적인 한계에 봉착한 것으로 판단된다.

2. 절차에 의한 유용성 확보

절차에 의한 유용성 확보는 공시만능주의에서 탈피하여 범위별 통일성의 중요성을 강조하는 것이다. 특히 공시가 측정이나 평가를 대체할 수 없다는 관점에서 회계기준의 정밀화(sophistication) 과정이 지속적으로 요구되는 속성이며 공시의 장소선택(주석 vs 본문)뿐만 아니라 측정속성(역사적 원가 vs 공정가치)의 선택에도 관련된 문제이다. 그러나 정보생산비용의 측면이나 감사인에 대한 책임이 강조되는 분위기에서 감사인은 될 수 있는 대로 전문가적 판단의 영역을 줄이거나 회피할 수 있는 단순하고 명확한(simple and unambiguous) 회계기준을 선호하기 때문에 현실적 어려움이 예상된다.

제5절 통일성의 한계

본절에서는 통일성을 적용하는 데 제약요인으로 작용하는 요인을 정치·경제·사회·문화적 관점에서 살펴본다.

1. 국가별 회계환경의 차이

회계측정치에 대한 사회적 기대와 유용성을 확보하기 위한 기준은 법적 체계, 회계정보 수요의 종류, 투자자(market-oriented) 우선이냐 채권자(bank-oriented) 우선이냐에 따라 다를 수 있다. 〈표 13-9〉에서 볼 수 있듯이 미국형은 분산투자자의 비중이 높아 정보비대칭 및 대리인문제가 보다 심각하고 이에 대응하는 수단, 예를 들면 보수계약, 인수·합병의 활성화 및 투자자보호가 잘 발달되어 있는 반면, 유럽형은 채권자와 노동조합 등을 망라하는 이해관계자(stakeholders)와의 관계가 비교적 안정적이고 정보의 편재와 대리인문제가 그리 심각하지 않으며 따라서 이를 완화하기 위한 조치, 예를 들면 실적 및 주가 연계 보수계약 및 인수·합병도 상대적으로 덜 활성화된 환경이다. 환언하면 미국은 경영자의 자기이익 추구가 그 견제수단의 발달이 시사하는 바와 같이 정도가 심한

〈표 13-9〉 미국과 유럽의 회계환경 비교[21]

	미국형	유럽형
이익조정동기	크다	작다
경영자 보수	성과/주가 연동형 비중 큼	성과/주가 연동형 비중 작음
인수·합병	more active	less active
정보비대칭	크다	작다
대리인비용	크다	작다
경영자의 법적 책임	크다	작다
회계정보에 대한 수요	크다	작다
일반원칙	규정중심(많은 시행세칙)	원칙중심(적은 시행세칙)
회계선택의 범위	좁다	넓다

21) Brown and Higgins(2001)와 Deloitte Touche Tohmatsu(2002)에서 발췌.

반면, 유럽은 그 정도가 미국보다 약하고, 또한 기업지배구조의 여러 측면에서 유럽보다는 미국에서 회계정보에 대한 관심 및 수요가 높다는 것이다. 따라서 통일성과 같은 개념은 한 국가단위의 회계범위에서는 강제적 이행의 가능성을 높이지만 국제적 이행을 강제하기에는 현실적 제약과 한계가 있음을 시사한다.

2. 미국형 회계 vs 유럽형 회계

(1) 양 회계모형의 배경

영국과 미국의 투자자 및 채권자 집단은 거대해지고 다양화되었으며 기업의 소유권은 분산되어 전문경영인(CEO)에 의해 경영됨으로써 소유와 경영이 분리되는 현상을 낳았다. 이러한 환경에서 회계정보는 자연스럽게 경영자의 경영성과에 대한 정보를 자본공급자에게 제공하는 수단으로서의 역할을 담당하게 되고 재무회계는 기업 외부에 존재하는 수많은 투자자 및 채권자의 정보수요를 충족하는 기능을 강조하게 되었다.

그러나 스위스, 독일, 일본 같은 나라는 소수의 거대은행이 기업의 자금수요를 대부분 충족시키고 기업의 소유권도 집중되어 있다. 이 경우 자본공급자의 정보수요는 개인적인 접촉이나 방문을 통해 충족될 수 있으므로 소수의 채권은행에는 직접적인 접촉이 더 효율적인 정보전달수단이 된다. 따라서 규제기관의 공시요구로 인해 재무제표를 작성하기는 하지만 그 내용은 영미기업에 비해 매우 단순하다. 또한 채권은행의 영향으로 재무회계는 채권자보호 측면을 강조하여 보수적인 모습을 보인다.[22]

(2) US GAAP vs IFRS

미국의 회계기준은 가장 상세하고 엄격하다고 평가되면서 글로벌 스탠더드로서의 입지를 굳혀왔다. 그러나 Enron과 WorldCom의 분식회계 스캔들을 통해 미국식 회계제도는 신뢰성 하락에 따른 시련을 겪게 된다. 유럽 주요 국가들은 허점이 많은 미국식 회계제도보다 자신들이 주도해온 IFRS로 대체되어야 한다는 주장을 하고 있다. 미국의 GAAP가 객관적으로 검증가능한 손익계산을 중

22) 장지인 · 정운오(2001, p. 151).

시해 원가를 중심으로 자산과 부채를 평가하고 이익도 원가주의에 의해 실현된 이익을 계산해왔다면, IFRS는 공정가치를 근간으로 하는 시가주의를 채택하고 있기 때문에 전 세계 투자자는 누구든지 쉽게 재무제표를 비교 분석해 그들의 목적에 맞는 회계정보를 얻을 수 있도록 되어 있다. 따라서 적어도 이론적으로는 미국의 GAAP보다 유럽중심의 IFRS가 더 낫다는 평가도 나오고 있다.23) 그러나 회계기준의 운용방식이나 제도적 배경에서 두 회계시스템은 일정한 차이를 보인다. 〈표 13-10〉에서는 IFRS와 US GAAP의 주요 차이를 요약해서 제시하고 있다.

〈표 13-10〉 IFRS와 US GAAP의 주요 차이

내 용	IFRS	US GAAP
기본 접근법	원칙중심	규정중심
회계기준에서의 이탈	예외적인 경우에 true and fair view override 가능	금지
유동성/고정성 배열	언급 없음. 그러나 유럽은 관습적으로 고정성 배열	유동성 배열
재고자산 평가방법	LIFO 금지	LIFO 허용24)
감사보고서의 적정의견	give a true and fair view	present fairly
유/무형자산의 평가	원가모형 또는 재평가모형	역사원가
R&D	자산 또는 비용	모두 비용처리
기타포괄손익의 재분류조정(recycling)	재평가이익과 보험수리적 손익은 제외	모든 항목이 대상
"probable"의 해석	발생가능성이 50% 이상(more likely than not), 즉 단순 과반수의 개념과 유사	발생가능성이 70% 이상(likely to occur=higher than "more likely than not"), 즉 단순 과반수를 뛰어넘는 수준의 확률을 의미

23) 머니투데이, 2003.7.17 수정요약. IASB와 FASB는 글로벌 회계기준의 정합성(convergence)을 위해 서로 노력하는 차원에서 2004년부터 Conceptual Framework의 개정작업을 공동으로 추진하여, 회계정보의 질적 특성과 관련한 부분은 2010년에 완성하였다. 그러나 IASB는 2010년에 미국의 IFRS 도입이 물 건너갔다는 현실적 판단에 따라 FASB와의 Conceptual Framework 공동프로젝트를 중지하고 2012년에 이 프로젝트를 단독으로 재개하였다(본서 제1장 참조).

24) 미국에는 세금목적으로 LIFO를 사용하면 재무보고목적에도 LIFO를 사용해야 한다는 일치성원칙(conformity rule)이 있다. 2010년 Exxon Mobil의 재고자산은 LIFO로 측정되었으나 이를 대체원가로 표시하면 LIFO에 의한 장부가액보다 213억 달러가 높게 측정된다. 만약 Exxon Mobil이 IFRS로 회계기준을 바꾸면서 FIFO를 채택한다면 주석 18번의 유효세율

2012년 7월 13일 미국의 SEC는 미국의 IFRS 채택과 관련하여 전 세계 회계인의 관심이 집중되어 왔던 Final Staff Report를 공표하였다.[25] 그러나 이 보고서에는 미국이 IFRS를 채택해야 한다는 그 어떤 추천의 내용이 없다. 또한 US GAAP와 IFRS가 IASB와 FASB의 공동노력에 따라 동조화된 모습을 보이는 부분도 많지만 극복하기 힘든 결정적 차이도 있음을 명시하고 있다.

특히 가장 중요한 차이로 후입선출법(last in first out) 및 우발채무(loss contingency)와 관련한 인식기준의 차이를 언급하고 있다.[26] 전술한 대로 IFRS는 LIFO를 인정하지 않지만 미국의 상당수 기업은 세금효과를 의식하여 LIFO를 사용하는 것이 현실이다. 또한 loss contingency와 관련하여 US GAAP나 IFRS 모두 "loss contingencies are recognized when a future economic outflow is probable"이라고 규정하여 겉으로는 동일한 것으로 보인다. 그러나 여기서 "probable"이라는 단어에 대한 커다란 해석차이가 있다.

IFRS에서는 "probable"을 "more likely than not to occur"로 정의하여 50% 이상, 예를 들면 51%의 가능성도 이 정의를 충족한다고 본다. 그러나 US GAAP에서는 "probable"을 "the future event or events are likely to occur"로 정의하여 50%를 훨씬 초과하는 가능성(예를 들어 70%)이 이 기준을 충족하는 것으로 이해된다. 또한 일부에서는 loss contingency와 관련한 현행 IFRS의 공시요구사항이 진행중인 소송사건의 재판결과에 불리하게 작용할 수 있다고 주장한다.

Loss contingency와 관련한 IFRS의 이러한 낮은 수준의 인식기준(lower threshold of recognition)과 공시기준(disclosure requirements)은 미국의 법률시장 환경에서 결코 수용할 수 없는 것으로 보인다. 따라서 미국의 법률시장에서 전술한 loss contingency를 규정한 IAS 37(Provisions, Contingent Liabilities and Contingent Assets)이 도입되면 큰 혼란이 있을 것이라는 의견이 많다. 결론적으로 미국이 IFRS를 채택하는 데 가장 큰 걸림돌은 첫째, 재고자산의 후입선출법(LIFO)을 금지하는 IFRS가 채택되었을 때의 세금관련 문제와 둘째, 소송 빈도가 상대적으로 높은 미국의 입장에서 IFRS의 지나치게 낮은 우발채무의 인식기준 및 민감한 내용까지 공개를 요구하는 데서 오는 소송관련 문제로 귀결된다.

45%에 따라 추가세금부담은 96억 달러가 된다. 따라서 미국이 IFRS를 채택하려면 우선 미국국세청(IRS)이 일치성원칙을 폐지하여 세금목적으로 LIFO를 선택하더라도 재무보고목적으로는 FIFO나 평균법을 허용해야 한다는 주장이 많다(Krishnan and Lin, 2012).

25) Work Plan for the Consideration of Incorporating International Financial Reporting Standards into the Financial Reporting System for U.S. Issuers, Final Staff Report, Office of the Chief Accountant, United States Securities and Exchange Commission, July 13, 2012.

26) US SEC, Final Staff Report(July 13, 2012, pp. 116~117).

[그림 13-2] "probable"에 대한 IFRS와 US GAAP의 차이[27]

accounting for contingencies와 관련하여

IFRS Standards (IAS 37)	U.S. GAAP (ASC 450, ASC 410, ASC 420)
A loss must be probable to be recognized. "Probable" is interpreted as "more likely than not." In practice, "more likely than not" refers to a probability of greater than 50 percent.	A loss must be probable to be recognized. "Probable" is interpreted as "likely to occur." No percentage is ascribed to "probable." In practice, "probable" is interpreted as connoting a higher percentage than that under IFRS Standards (e.g., 70 percent or higher).

수익인식의 대상이 되는 계약을 식별하기 위한
step 1의 collectibility threshold와 관련하여
It is probable that the consideration to which the entity is entitled to in exchange for the goods or services will be collected.
고객에게 이전할 재화나 용역에 대하여 받을 권리를 갖게 될 대가의 회수 가능성이 높다.

IFRS Standards (IFRS 15)	U.S. GAAP (ASC 606)
Establish a *probable* collectibility threshold, meaning "more likely than not."	Establish a *probable* collectibility threshold, meaning "likely to occur" (a higher threshold than "more likely than not").

다음의 [그림 13-3]은 IFRS에서 등장하는 가능성(likelihood)을 나타내는 다양한 영어표현에 대한 호주와 한국의 회계전문가의 인식차이를 보여준다.[28] 영어를 모국어로 사용하는 호주에서는 가능성의 정도를 나타내는 다양한 용어에 대한 연속성이 비교적 안정적으로 유지되는 반면(왼쪽), 영어를 외국어로 사용하는 한국에서는 연속성이 파괴되는 사례(오른쪽)가 많다. 이는 앞의 "probable"이라는 말에 대한 유럽과 미국의 인식차이에서와 같이 회계기준을 영어로 작성할 때 그 의미를 받아들이는 사용자집단에서 체계적이고 일정한 차이가 존재할 가능성을 시사한다. 따라서 회계기준제정자는 될 수 있으면 동일한 의미를 가지는 단어를 사용해야 하지만 동일한 단어에 대해서도 이용자에

27) A Comparison of IFRS Standards and U.S. GAAP: Bridging the Differences, 2019, Deloitte Development LLC. All rights reserved.

28) KASB Research Report No.39 / AASB Research Report No.2, July, 2016.
Accounting Judgments on Terms of Likelihood in IFRS: Korea and Australia

[그림 13-3] 호주(왼쪽) vs 한국(오른쪽)의 해석차이[29)]

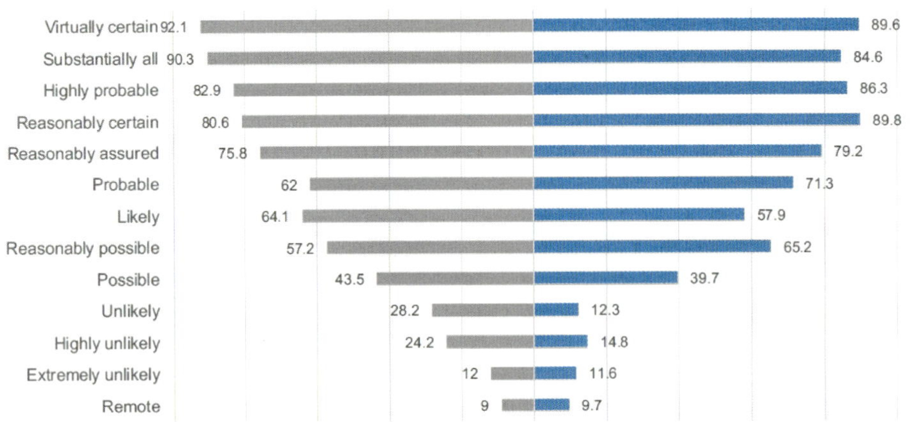

따라 일정한 차이를 보이는 것도 사실이다. 따라서 이러한 번역 및 해석 차이는 IFRS의 과제이자 분명한 한계로 생각된다.

3. 사회제도적 차이

회계환경의 발전에 밀접한 관련이 있는 대리인제도는 중세유럽에서의 코멘다(commenda)의 탄생과 관련이 있다.[30)] 코멘다는 당시의 교회가 이자지급을 인정

---

29) 영어를 배워서 익힌 사람은 모국어로 영어를 사용하는 사람과 차이가 있게 마련이다. 그러한 사실을 감안하더라도 이 그림에서 저자가 이해하기 힘든 부분은 한국의 회계종사자들이 "virtually certain"(89.6)보다 "reasonably certain"(89.8)에 더 높은 수치를 부여했다는 사실이다. 이러한 결과가 나온 이유는 이 그림에서 한국 회계종사자의 응답결과는 영어 버전이 아닌 한국어 버전의 설문지에 대한 응답결과이기 때문인데, 이 한국어 버전의 설문지에 "virtually certain"과 "reasonably certain"이 모두 "가능성이 거의 확실한"으로 똑같이 번역되었기 때문으로 보인다. "virtually certain"을 "가능성이 거의 확실한"으로 번역한 것은 이해가 되지만 "reasonably certain"을 "가능성이 거의 확실한"으로 번역한 것은 분명한 오역으로 판단된다. 왜냐하면 reasonable이란 단어는 reasonable assurance(합리적 확신)라는 개념에서와 같이 의도한 일이 발생하지 않을 수도 있고, 의도하지 않은 일이 나타날 가능성도 포용하는 개념인데 이를 마치 absolute assurance(절대적 확신)에 근접한 의미와 확률수준으로 번역하였기 때문이다. 참고로 불어에서는 "virtually certain"은 "Quasiment certaine"으로, "reasonably certain"은 "Certitude raisonnable"으로 서로 다르게 번역하였다.

30) 익명조합제도는 중세의 코멘다(commenda)제도에서 유래하고 있다. 코멘다계약은 영업자와 자본가가 협력하여 그 영업성과를 자본가에게 분배하는 관계였는데, 약 15세기경부터는 이

하지 않자 이를 회피하기 위한 조치로 탄생한 일종의 익명조합(silent partnership)인데, 이는 익명조합원이 현명조합원에게 돈을 빌려주는 것과 같다. 그럼으로써 직접적으로 금전대부에 따른 이자수취가 아니라 형식적으로 동일한 조합원끼리의 자원제공에 따른 성과배분에 참여하는 형식을 취한 것이다. 이러한 조합형식은 훗날의 회계사고에도 적지 않은 영향을 미쳤는데, 이를테면 회계실체의 독립성(separate entity)이라든지 대리인관계에 기초한 책임 및 책임보고(accountability)의 문제, 그리고 익명조합원의 책임이 투자금액에만 한정되는 것에 착안하여 주주의 유한책임을 강조하는 주식회사 형태의 개발을 들 수 있다.[31]

현재도 이슬람권 은행(Islamic banks)은 금전대부에 따른 이자 지불 및 수취가 엄격하게 금지되어 있어 앞서 언급된 코멘다와 매우 유사한 형식의 계약을 이용하여 투자자(예금자)의 수익이 투자자(예금자)의 자금으로 조성된 기금의

이슬람 금융의 기본원칙

- **이자금지**: 이슬람은 이윤추구를 장려하지만 이자는 금지하고 있다. 그 이유는 이윤은 사후적(ex post)으로 결정되지만 이자는 사전적(ex ante)으로 결정되어 손실이 난 상황에서도 고정이자를 주고받는 것은 사회정의상 용납되지 않는다. 이익이 나건 손실이 나건 자금 제공자와 이용자 사이에 동일한 방식의 위험공유가 요구된다.
- **위험공유**: 이자가 금지되기 때문에 순수한 의미의 채무는 사라지고, 채권자는 투자자가 된다. 따라서 투자자와 사업가 사이에 이익이나 손실의 공정한 분배가 요구된다.
- **금융부문과 실물부문의 일치**: 순수한 채무가 사라지고 위험공유가 장려되기 때문에 금융부문과 실물부문의 연계성이 강조된다. 따라서 어떠한 금융활동도 실물부문의 기초자산과 명확히 연계되어야 한다. 이에 따라 화폐와 자본은 교환수단이지 거래대상이 아니다.
- **화폐는 잠재적 자본**: 화폐는 다른 자원과 결합되어 실질 생산 활동에 투입되기 전까지는 진정한 자본이 아니라 잠재적 자본일 뿐이다. 이슬람에서도 화폐의 시간가치를 인정하지만 이는 화폐가 진정한 자본의 역할을 할 때에만 해당되고, 잠재적 자본에 머무를 때에는 인정하지 않는다.
- **투기적 행동의 금지**: 이슬람에서는 극도의 불확실성, 도박 또는 과도한 위험이 수반되는 거래는 금지된다. 이에 따라 short selling은 금지된다.

(Iqbal and Mirakhor, 2011, p. 10 수정요약)

중 자본가가 표면에 등장하여 외부채권자에 대해서도 책임지는 형태와 자본가가 대외적으로 전혀 등장하지 않는 형태로 분화하였다고 한다. 전자를 공연조합, 후자를 익명조합이라 불렀으며 전자는 합자회사의 형태로 발전하였고, 후자는 오늘날의 익명조합제도로 발전되었다고 한다(김정호, 2001, p. 241).

31) Hendriksen and van Breda(1992, p. 42).

수익률에 실질적으로 의존하게 된다거나, 은행도 고정이자를 받고 돈을 빌려주는 것이 아니라 차입자의 수익에 따라 결정되는 이윤에 함께 참여하는 형식을 띠게 된다.[32] 따라서 이자를 금지하는 이슬람 금융에서는 투자에 대한 보상은 실물자산을 매개로 수수료를 받는 형태이거나 직접 투자에 따른 손익을 분담하는 형태(profit-sharing contracts)로 나타난다.[33] 또한 파생상품(derivatives) 등을 이용한 제로섬 형식의 전통적인 위험관리방식은 일종의 도박으로 간주되어 이슬람법에서는 엄격히 금지된다. 따라서 전통적인 파생금융상품은 이슬람국가에서 금지되고, 이슬람법에서 허용하는 대체적인 방식이 강구되고 있다.[34]

4. IFRS의 한계

IFRS는 그 중요성과 비중이 증대하여 국제증권기구(International Organization of Securities Commissions : IOSCO)가 2000년 5월 IFRS를 인정하고, 2005년 이후에는 모든 EU(European Union) 상장기업이 IFRS에 의거하여 재무제표를 작성하게 됨으로써 강제성도 갖추게 되었다.[35] 그러나 많은 나라에서 국제회계기준의 필요성과 통일성에 대한 공감을 표명하고 있다 할지라도 현실적 제약요인의 극복이 언제나 용이한 것은 아니다. 왜냐하면 회계라는 제도는 정치, 경제, 사회, 문화, 종교, 법률상의 특색에 따라 국가별 또는 기능별로 차이가 있기 때문이다.

예를 들면 2011년 12월 말레이시아 회계기준위원회(Malaysian Accounting Standards Board : MASB)는 이슬람권의 금융거래형태와 관련하여 세 가지의 토의서(discussion papers)를 공표하였다. 이는 전통적 보험(insurance)과 유사한 Takaful, 전통적 사채(bond)와 유사한 Sukuk 및 이슬람방식의 이익공유제도(Shariah Compliant Profit-sharing Contracts)이다.[36] 또한 MASB는 Islamic Finance Products에 대해 적극적인 입장을 취해줄 것을 IASB에 주문했다.[37] 그러나 유럽증권시장위원회(European Securities and Markets Authority : ESMA)는 2011년 11월 IASB에 대

32) Karim(2001), Lewis(2001). 여기서 유의할 점은 이슬람국가에서 금지하는 것은 화폐의 시간가치가 아니라, 돈을 빌려간 사람의 노력, 결심 및 위험에 동참하지 않고 고정이자를 정기적으로 수취하는 것이다(www.islamic-accounting.com).

33) 남명수 · 곽용신(2009).

34) Danila *et al.*(2011).

35) Stolowy and Jeny-Cazavan(2001).

36) www.iasplus.com(19 December, 2011).

37) Malaysian Accounting Standards Board, 30 November 2011, IASB Request for Views - Agenda Consultation 2011.

해 이슬람 금융거래형태를 고려해서는 안 된다고 주문하고, 개별국가의 회계 이슈를 일일이 IASB가 고려하는 것은 적절치 않다는 의견을 제시하였다.[38] 이러한 사례는 IFRS가 극복해야 할 도전과제가 만만치 않음을 보여주는 사례로 평가된다. 게다가 회계기준의 내용이 국제적 수준으로 갖추어졌다고 회계정보의 국제적 비교가능성이 자동적으로 이루어지는 것은 아니다. 그보다는 회계 인프라, 즉 담당자의 신의성실, 감사인의 독립성 및 적절한 규제와 감독 등이 보다 실질적인 요인으로 평가된다.

Zeff(2012)는 한국의 재벌, 일본의 keiretsu(계열)처럼 지배회사가 없을 수도 있는 상황에서 연결재무제표기준이 어떤 역할을 할 것인가? 이슬람기업관행에 대해 어디까지 회계기준이 명시적으로 이를 수용해야 하는가? 등을 IFRS의 당면과제로 예시했다. 또한 그는 회계정보의 비교가능성은 개별국가에서 달성하는 것과 국제적인 관점에서 달성하는 것이 근본적인 차이가 있다고 하였다. 왜냐하면 개별국가에서는 조세정책과 기업관행의 공통성이 확보되는 반면, 국제적으로는 그렇지 않기 때문이다.

제6절 IAS 39 Carve-Out

1. IAS 39 Carve-Out의 의미

IFRS의 역사상 가장 첨예한 이해관계의 대립은 IAS 39(Financial Instruments : Recognition and Measurement)가 보여주고 있다. IAS 39는 1998년 주요 금융자산에 대한 공정가치평가를 기조로 공표되었는데, 이는 미국의 회계기준과 유사한 모습을 보이고 있어 회계기준의 세계적 동조화(international harmonization)의 표본으로 간주되기도 하였다. 그러나 유럽의 은행, 특히 프랑스를 중심으로 극심한 반대에 부딪쳐 2003년 Jacques Chirac 프랑스 대통령이 IAS 39는 유럽경제의 안정에 위협이 된다는 발언을 하기도 하였다.[39]

---

38) European Securities and Markets Authority, 9 November 2011, RE: Request for Views - Agenda Consultation 2011.

39) On July 4, 2003, Jacques Chirac, President of France, wrote a letter to Romano Prodi, President of the EC, to express concern that adopting IFRS, particularly IAS 39, would not be in the best

IAS 39에 대한 반대의 요점은 이 규정이 유럽 금융기관의 위험관리(risk management)방식을 고려하지 않은 채 미국과의 공조를 의식하여 무리하게 추진되었다는 점과 이 규정이 불필요하게 손익의 변동성(volatility)을 증폭시킨다는 것이다. IASB는 부분적으로 이해관계를 조정한 수정안을 2004년 3월에 제출하였으나 핵심적인 부분에서는 물러나지 않았다. 결과적으로 EU는 2005년의 전면적인 IFRS 도입에 앞서 IAS 39의 중요 부분인 공정가치옵션(fair value option)과 일부 hedge accounting 규정의 효력을 삭제한 채(carve-out) 부분적으로 승인하였다.[40] 이것을 EU가 채택한 IFRS라고 하여 "IFRS as adopted by the EU"라고 부르며 이는 IASB가 공표한 대로의 IFRS를 의미하는 "IFRS as issued by the IASB"와 구별된다.[41] 또한 EU는 IASB가 필요한 부분을 조속히 개정해 줄 것을 요구하였다.

IASB는 유럽은행의 반대에 따라 2005년 6월 공정가치옵션(fair value option : FVO)을 매우 제한적인 경우에만 허용하는 수정안을 제시하고 EU가 이를 승인

위험회피회계의 의의

위험회피회계란 일반적인 인식 및 측정의 요구사항에 대한 예외규정이다. 예를 들면, IAS 39의 위험회피회계에서는 아래의 내용을 허용하고 있다.

(1) 위험회피회계를 적용하지 않는다면 인식할 수 없는 항목(예 : 확정계약)의 인식
(2) 일반적으로 요구되는 측정기준과는 다른 기준에 의한 측정
(3) 현금흐름위험회피에서 위험회피수단의 공정가치 변동을 기타포괄손익으로 인식. 이러한 공정가치 변동은 위험회피회계를 적용하지 않는다면 당기손익으로 인식

(기업회계기준서 제1109호, BC6.76)

---

interest of Europe. Chirac's interest in the debate arose at least in part because French banks were among the most critical of IAS 39(Armstrong *et al.*, 2010, p. 38).

40) fair value option(FVO)이란 기업이 금융상품에 대해 공정가치로 평가(평가손익은 손익으로 인식)하도록 지정할 수 있는 선택권을 의미한다. IASB가 FVO를 주장했던 이유는 여러 가지 금융상품에 대해 측정기준이 서로 다른 문제, 즉 accounting mismatch를 해결할 수 있으며, 그로 인한 손익의 변동성을 줄일 수 있다는 판단에서였다. 그러나 유럽의 은행감독기구들은 FVO가 부적절하게 사용되어 IASB의 기대와는 반대로 이익의 변동성을 오히려 증폭시킬 것이라며 반대하였다.

41) 따라서 EU의 IFRS 적용은 공식적으로 다음과 같이 표시된다.
All member states of the EU are required to use IFRSs as adopted by the EU for listed companies since 2005.

함으로써 이 문제는 더 이상 carve-out의 대상이 아니다. 그러나 hedge accounting의 문제는 그대로 남아 있다. 본서의 부록에는 2008년 1월 1일 현재의 IAS 39 Carve-Out, 즉 hedge accounting에 관련된 조항이 제시되어 있다.

2. IAS 39 Carve-Out의 예시

유럽은행의 불만은 IAS 39를 따르게 되면 핵심예금(core deposits)에 대해 포트폴리오 기준으로 공정가치위험회피회계를 적용할 수 없는 데다, 위험회피효과의 평가기준이 지나치게 엄격해서 손익의 변동성이 증폭된다는 것이다.[42] 이에 따라 EU가 IAS 39의 특정부분을 삭제(carve-out)함으로써 핵심예금에 대해 포트폴리오 기준으로 공정가치위험회피회계를 적용할 수 있게 되었고, 위험회피효과의 평가기준도 완화되었다.[43] 〈표 13-11〉은 IAS 39 Carve-Out의 주요 내용을 정리한 것이다.[44]

먼저 목적 1에서 요구불 예금(demand deposits)은 공정가치평가가 매우 어려운 항목이다. 더구나 핵심예금을 포함하는 요구불 예금에 대한 공정가치평가를 허용한다면 이와 밀접한 관련을 갖는 핵심예금 무형자산(core deposit intangibles : CDI)도 공정가치로 평가해야 한다. 따라서 IAS 39와 US GAAP(ASC 942-470-50)는 핵심예금을 포함하는 모든 요구불 예금에 대해 공정가치평가를 허용하지 않는다.[45] 이는 핵심예금의 공정가치가 결코 액면가액 이하일 수 없다는 논리이기도 하다.[46] 또한 자산 또는 부채가 위험회피대상이 되기 위해서

---

42) 핵심예금(core deposits)이란 예금주들이 해당은행에 대한 호의적 관계 때문에 장기적으로 예금계좌를 유지하는 예금을 말한다. 예금은 은행의 중요한 자금조달원천이 되며, 핵심예금은 안정적·지속적 예금으로서 다른 자금조달원천보다 저렴한 조달비용만 부담해도 되기 때문에 부채임에도 불구하고 무형자산적 가치를 갖는다. 이를 핵심예금 무형자산(core deposits intangibles : CDI)이라고 부른다. 유럽 및 미국 금융기관들은 매수기업 회계처리를 위하여 피인수 금융기관의 무형자산 평가시 핵심예금 무형자산의 가치를 영업권과 구분하고 이를 상각가능한 무형자산으로 회계처리한다(이재은, 2010). 예컨대 법원공탁금을 특정은행에 예탁하도록 되어 있는 경우 해당은행으로서는 무이자로 활용할 수 있는 자금원이 되기 때문에 핵심예금에 해당한다(윤순석, 2010, p. 78).

43) Staff Paper : An Analysis of IFRS in Practice, US SEC, November 16, 2011. 한편, asset liability management란 은행이 예금과 대출 사이의 비대칭적 조건이나 구조에 따른(mismatch) 위험을 관리하는 방식을 의미한다.

44) 〈표 13-11〉에서 소개된 것은 일부의 내용이며, 본서의 부록에 2008년 1월 1일 현재의 IAS 39 Carve-Out 전체내용이 제시되어 있다.

45) ASC는 FASB의 Accounting Standards Codification을 의미한다. Scott(2012, p. 247).

46) Ernst & Young(2006, p. 47).

〈표 13-11〉 IAS 39 Carve-Out의 핵심목적

목 적	삭제 대상
1. 핵심예금의 헤지를 위하여 To allow the hedging of a portion of core deposits	AG118의 (b) AG122
2. 위험회피효과의 평가기준완화를 위하여 To relax the effectiveness test	81A AG107A AG121 AG124 AG126 AG127

는 이미 자산 또는 부채로 인식되어 있어야 한다. 따라서 내부적으로 창출된 핵심예금 무형자산은 위험회피대상항목으로 지정할 수 없다. 이상의 논리에 따라 AG118의 (b)가 살아 있다면 핵심예금에 대한 포트폴리오 차원의 위험회피가 불가능하기 때문에 EU는 이 조항을 삭제(carve-out)하였고, 유럽은행은 핵심예금의 위험회피를 계속할 수 있게 되었다.[47]

목적 2에서 위험회피효과(hedge effectiveness)란 위험회피대상항목의 공정가치 또는 현금흐름의 변동이 위험회피수단의 공정가치나 현금흐름의 변동으로 상쇄되는 정도를 나타낸다. 위험회피효과의 측정은 그 효과성에 따라 회계처리가 달라지기 때문에 중요성을 가진다. 예컨대 현금흐름위험회피에서 효과적인 부분은 기타포괄손익(other comprehensive income : OCI)으로 회계처리하고 비효과적인 부분은 당기손익(profit and loss)으로 회계처리하는 등 회계처리가 달라진다.[48] 그런데 EU는 이 중 AG107A를 삭제(carve-out)하였다. 왜냐하면 AG107A는 위험회피대상항목과 위험회피수단이 1 : 1의 비율이 아닌 다른 비율일 때 위험회피효과를 극대화할 수 있다고 보았다. 그런데 1 : 1이 아닌 비율은 위험회피기간에 당기손익으로 인식해야 하는 비효과적인 부분(hedge ineffectiveness)을 발생시킬 수 있다.[49] 따라서 EU는 AG107A를 삭제(carve-out)함으로써 공정가치위험회피회계에서 과소위험회피(underhedge)로[50] 인해 비효과적인 부분이 나타

47) 역사적으로 유럽은행, 특히 프랑스은행은 변동금리보다는 고정금리에 의한 대출을 선호하며 이에 따른 이자율위험은 각종 파생금융상품, 주로 이자율스왑을 이용하여 헤지함으로써 변동성을 줄여왔다. 그런데 이러한 헤지행위는 주로 경비절감 등을 이유로 개별적으로 이루어지지 않고 집단으로(portfolio) 이루어진다. 따라서 이를 macro hedge라고 부르기도 한다.

48) 윤순석(2010, p. 53).

49) 윤순석(2010, pp. 74~75).

날 가능성을 차단하였고, 이에 따라 손익의 변동성을 줄일 수 있게 되었다.

결론적으로 유럽은행의 기본입장은 그들의 요구불 예금(demand deposits)에 대해 계속해서 공정가치위험회피회계를 적용하고 싶다는 것이고, 더욱이 비효과적인 부분을 될 수 있으면 줄이자는 것이다. 특히 과소위험회피로 인한 비효과적인 부분을 차단하고자 한다. 왜냐하면 공정가치위험회피회계에서는 현금흐름위험회피회계와는 달리 과소위험회피로 인한 비효과적인 부분도 당기손익에 반영되어 손익과 자본의 변동성(volatility)을 증폭시키기 때문이다. 따라서 위험회피수단(파생상품)과 위험회피대상의 평가손익을 정확하게 상계시켜 당기손익에 인식해야 할 비효과적인 부분을 제거하거나 줄임으로써 손익과 자본의 변동성도 줄일 수 있다.

3. Macro Hedging

IAS 39 Carve-Out과 관련된 대부분의 논란은 매크로헤징과 관련된 것이다. 매크로헤징(macro hedging)이란 'open portfolio'의 이자율 위험을 축소하기 위한 위험관리기법을 의미한다. open portfolio란 closed portfolio와 달리 포트폴리오에 증액과 감액이 수시로 발생하기 때문에 포트폴리오의 가치와 위험노출도 매우 가변적이다. 유럽의 은행은 그들의 매우 다양한 금융자산과 부채의 이자율위험을 이러한 open portfolio방식으로 관리하고자 한다. 왜냐하면 다양한 금융자산과 부채를 개별항목으로 관리하고 문서화하는 데 막대한 시간과 비용이 소

---

50) 현금흐름위험회피에서는 위험회피수단인 파생상품평가손익이 110백만원이고 위험회피대상의 현금흐름 변동액 현가는 100백만원일 경우 해당기간에 파생상품평가손익 중 100백만원은 기타포괄손익누계액으로 계상하고 위험회피에 효과적이지 못한 부분에 해당하는 차액 10백만원을 당기손익으로 인식하는 것이다. 그런데 반대로 파생상품평가손익이 100백만원이고 위험회피대상의 현금흐름 변동액현가는 110백만원일 경우에는 그 차액 10백만원을 당기손익으로 인식하지 않는다. 왜냐하면 이때의 차액 10백만원은 위험회피에 효과적이지 못한 부분이기는 하지만 이를 당기손익으로 인식하게 되면 이에 대응하여 파생상품평가손익을 기타포괄손익누계액으로 110백만원만큼 계상해야 함으로써 가공의 평가손익 10백만원을 기타포괄손익누계액으로 인식하게 되는 문제가 발생한다. 따라서 이러한 문제점을 해결하기 위해 기타포괄손익누계액으로 계상해야 할 파생상품평가손익은 예상거래의 누적현금흐름 변동액현가와 상계가능한 금액으로 하도록 한 것이며 결과적으로 이는 파생상품평가손익이 위험회피대상 예상거래의 현금흐름 변동액현가보다 큰 경우(overhedge, 과대위험회피)에만 그 차액을 위험회피에 효과적이지 못한 부분으로서 당기손익으로 인식한다(정운오 등, 2009, p. 21). 그러나 이상의 현금흐름위험회피와는 달리 공정가치위험회피에서는 과소위험회피(underhedge)에서 나타나는 비효과적인 부분도 당기손익으로 인식한다.

요되기 때문이다. 그런데 IAS 39는 이러한 유럽은행의 매크로헤징을 어렵게 하는 조항을 포함하고 있어 유럽은행의 반발을 가져왔다. 다음의 〈표 13-12〉는 매크로헤징에 대한 유럽은행의 관행 및 희망사항과 IAS 39의 입장차이를 비교한 것이다.

〈표 13-12〉 매크로헤징에 대한 유럽은행과 IAS 39의 입장차이 비교

유럽은행의 관행 및 희망사항	IAS 39의 입장
• 'open portfolio'방식의 헤징 희망	• 'open portfolio'방식의 헤징은 불가능. 왜냐하면 모든 위험회피대상(hedged items)은 개별적으로 관리/기록되어야 하기 때문
• 'net risk'에 대한 헤징 희망	• 'net risk'에 대한 헤징 불가능. 왜냐하면 IAS 39에서 위험회피대상으로 지정할 수 있는 것은 자산총액 또는 부채총액이기 때문. 따라서 자산과 부채의 차이인 'net risk'는 위험회피대상으로 지정할 수 없음
• '요구불 예금'에 대해서도 이자율위험에 대해 이자율스왑을 통한 헤징 희망	• '요구불 예금'의 이자율위험에 대해 이자율스왑을 통한 헤징 불허
• '요구불 예금'에 대한 공정가치위험회피회계에서 과소위험회피에 의해 비효과적인 부분이 나오는 것을 바라지 않음	• '요구불 예금'에 대한 공정가치위험회피회계에서 과소위험회피로 인해 비효과적인 부분이 나타남
• bottom layer approach를 통해 공정가치위험회피회계에서 과소위험회피에 의한 비효과적인 부분의 인식을 원하지 않음	• bottom layer approach는 인정하지 않고, percentage approach는 인정함

4. IAS 39 후속조치

2007년부터 2008년까지 세계적 금융위기를 겪으면서 IASB는 IAS 39를 대체할 IFRS 9를 2009년 공표하였다. 개정의 핵심은 기업의 사업모형(business model)에 따라 원리금을 수취할 의도가 있는 예측가능한 현금흐름을 가신 금융자산의 경우에는 공정가치 대신 상각원가(amortized cost)로 평가하고 손상차손검사를 실시하는 것이다. 이러한 개정의 배경은 변동성을 완화(smooth)하자는 것이지만, 파생상품과 같은 예측가능하지 않은 현금흐름을 가진 금융자산은 계속 공정가치로 평가하게 된다. 일부 반대론자들은 이것으로는 아직도 부족하다고 평가하는 분위기도 여전히 존재하지만 시간이 많이 소요되는 macro hedging을

IFRS 9 프로젝트에서 제외함에 따라 IFRS 9는 2018년 1월 1일부터 시행되었다.

이상의 사례는 IFRS의 미래에 대한 중요한 시사점을 제공한다. 유럽 내부에서도 국가별 입장차이가 있고, 미국의 경우에는 자국의 GAAP와 유사한 IAS 39가 유럽에서 대규모 반발에 직면하여 핵심조항이 삭제됨으로써 IFRS의 채택에 대한 부담이 현실적으로 커진 데다,[51] 미국기업의 1/3을 초과하는 기업이 IFRS가 더 이상 인정하지 않는 후입선출법(last in, first out)을 사용하는 현실을

〈표 13-13〉 Three Versions of IFRS

IFRS as adopted by the Republic of Korea	IFRS as issued by the IASB	IFRS as adopted by the EU
• 영업이익의 계산방법 수익 (−) 매출원가 (−) 판매비와관리비 • 영업이익은 포괄손익계산서의 본문에 반드시 공시	• 영업이익의 계산방법과 공시장소에 대한 명시적 규정 없음	
• 상장기업 및 금융업은 연결, 별도 및 개별 재무제표 모두에 적용	• 상장기업의 연결재무제표에 대해서만 의무적용. 별도 및 개별재무제표에 대해서는 선택사항으로 기업에 위임	
• 이익잉여금처분계산서를 상법규정에 맞춰 주석으로 공시		
• 수주산업에서 원가기준 투입법에 따라 진행기준에 의해 수익을 인식할 때 추가정보공시		
		• IAS 39 Carve-Out

51) 미국의 SEC는 외국기업이 IFRS as issued by the IASB에 따라 재무제표를 작성한 경우 2007년 11월 15일 이후에 종료되는 결산연도부터는 US GAAP로의 재무제표 전환의무(reconciliation requirement)를 면제하였다. 그러나 이 규정은 외국기업이 IFRS as issued by the IASB를 따랐을 경우에만 적용된다. 따라서 유럽기업이 IAS 39 Carve-Out에 따라, 즉 IFRS as adopted by the EU에 따라 재무제표를 작성한 경우, 이들 기업은 2007년 11월 15일 이후의 2개 결산연도에 한해 특별히 IFRS as issued by the IASB로의 전환이 허용되지만 그 이후의 결산연도부터는 종전대로 US GAAP로의 재무제표 전환의무(reconciliation requirement)가 부과된다(KPMG LLP, 2007). 이러한 미국의 조치는 US GAAP와 유사한 IAS 39를 거부한 유럽에 대한 일종의 보복성 조치로 판단되며, 이는 미국과 유럽의 헤게모니싸움으로 해석된다.

고려하면 "a single set of high quality globally accepted accounting standards"를 표방하는 IFRS의 채택이 선언적 입장과는 다르게 현실에서는 보다 어렵고 예상보다 긴 시간이 필요한 도전과제가 될 수 있음을 시사하기 때문이다.[52)]

〈표 13-13〉은 지금까지 언급된 IFRS의 종류와 차이를 요약하여 비교한 것이다.

5. IFRS 9 이후의 IAS 39 Carve-Out[53)]

2013년 11월에 IASB는 위험회피회계에 관한 요구사항을 IFRS 9에 추가하여 IAS 39의 위험회피회계의 비일관성과 단점을 보완하고자 하였다. 그러나 IASB는 이 단계에서 개방형 포트폴리오 또는 매크로 위험회피에 대한 문제는 아예 다루지 않았다. 따라서 IASB가 매크로 위험회피회계 프로젝트를 완료할 때까지 기업들은 이 부분에 대해서만큼은 IFRS 9와 IAS 39 중에서 선택할 수 있다. 이는 IASB가 매크로 위험회피에 대한 회계처리를 아직 완성하지 못했기 때문에 잠정적으로 기업의 선택권을 인정한 것이다. 이에 대한 IFRS 9의 관련규정은 다음과 같다(밑줄은 저자가 추가한 것임).

> 6.1.3 금융자산이나 금융부채 포트폴리오의 이자율 익스포저에 대한 공정가치위험회피의 경우에만, 이 기준서의 규정 대신 <u>기업회계기준서 제1039호</u>의 위험회피회계 요구사항을 적용할 수 있다. 이 경우에는 포트폴리오의 이자율위험에 대한 공정가치위험회피에 대해 특정 요구사항을 적용해야 하며 통화금액으로 일부를 위험회피대상항목으로 지정해야 한다<u>(기업회계기준서 제1039호 문단 81A, 89A, AG114~AG132 참조)</u>.

그런데 본서의 부록에서 볼 수 있듯이 기업회계기준서 제1039호 문단 81A, 89A, AG114~AG132의 상당부분은 삭제된 상태(carve-out)이다. 따라서 IAS 39 Carve-Out은 IFRS 9가 시행되는 2018년 이후에도 여전히 유효한 예외조항이다.

52) Scott(2012), Zeff(2008).

53) IFRS 9 IN10 참조.

IFRS Carve-Ins

EU는 향후 IASB가 공표한 IFRS를 EU가 독자적으로 수정할 수 있는 권한(Carve-Ins)을 계속 유지할지에 대한 여론을 조사한바 프랑스에서는 75%가 찬성인 반면, 영국, 독일, 네덜란드에서는 불과 15%만이 찬성하고 있다. 이는 향후 IAS 39 Carve-Out과 같은 이슈가 발생할 때 EU 내의 갈등요소를 시사하고 있다.

K-IFRS vs IFRS as adopted by the Republic of Korea

현재 사용하고 있는 한국채택국제회계기준의 영문 명칭인 'K-IFRS'에 대한 국제사회의 시각을 점검하고 이에 대한 개선방안에 대해 이한상 고려대 교수가 발표한바 아래와 같은 문제와 이슈가 제기되었다.

한국채택국제회계기준의 영문 명칭(K-IFRS)에 대한 국제사회의 시각

- 한국어 사용에 따른 번역 및 국내 제정 절차 등에 따른 차이에도 불구하고 K-IFRS는 인식 및 측정에서 IFRS와 동일하며 IFRS가 요구하는 모든 표시를 포함하고 있어 IFRS와 실질적으로 다르지 않음
  - 그러나 'K-'가 IFRS에 접두어로 사용되는 현재의 영문 명칭(K-IFRS)으로 인해 해외의 관계자들이 K-IFRS가 IFRS와 다르다고 오해할 가능성이 지적되었으며, 이는 해외의 정보이용자들에 대한 설문조사 결과 단순한 기우가 아님을 확인
- 발표자는 이러한 문제점을 가장 효율적으로 해결할 수 있는 방안으로 K-IFRS의 명칭을 IFRS (as adopted by Korea) 등으로 변경할 것으로 제안
  - 명칭을 변경할 경우 K-IFRS 번호체계 개정, 추가 공시사항의 영문 명칭, 교육 및 전파 등의 실무적인 문제들을 함께 고려해야 함

(한국회계기준원 개원 17주년 기념세미나 보도자료, 2016.9.5)

그러나 이 문제와 관련하여 회계법인들은 영문감사보고서를 작성할 때 이미 오래전부터 K-IFRS를 IFRS as adopted by the Republic of Korea로 표기하여 왔음을 인식할 필요가 있다. 이는 K-IFRS라는 용어를 공식적인 영문감사보고서에서 IFRS as adopted by the Republic of Korea라는 reference 없이 독자적으로 사용한 적이 없음을 의미한다(본장에 표시된 LG전자와 삼성전자의 영문감사보고서 참조).

또한 K-IFRS는 IFRS as issued by the IASB와 비교하여 완벽히 똑같은 것은 아님을 해외투자자들에게도 홍보할 필요가 있는 것으로 판단된다. 예를 들면 K-IFRS는 영업이익의 공시방법 및 공시장소와 관련하여 영업이익을 수익에서 매출원가와 판매비와관리비를 차감한 금액으로 정의하고, 그 영업이익을 포괄손익계산서 본문에 반드시 표시하도록 요구하고 있기 때문이다.

제7절 조선업 회계처리이슈[54)]

1. 조선업 회계처리 전개과정

우리나라의 대다수 조선업체는 2008년 당시의 환율불안정기에 선박도급계약의 환율변동위험에 대한 헤지를 위해 통화선도 매도계약을 체결하고 있었으며, 위험회피회계 중 '현금흐름위험회피'를 이용하여 통화선도 매도로 인한 미실현평가손실을 자기자본에서 차감처리하고 있었는데, 이는 선박도급계약을 예상거래로 인식하여 현금흐름위험회피회계를 적용한 것이다. 이에 따라 그 당시의 급격한 환율상승으로 미실현평가손실금액이 증가하여 일부 회사의 경우 경제적 실질과 달리 회계상으로 자본이 크게 감소하여 자본잠식이 우려되는 상황이었다.

이에 따라 정부는 환율상승으로 발생한 통화선도의 환차손을 상쇄할 수 있도록 선박의 외화도급계약에서 발생한 환차익을 재무제표에 동시에 반영하는 회계처리방법, 즉 공정가치위험회피회계를 적용할 수 있도록 2008년 10월 규정을 개정하였다. 즉, 아래의 그림에서와 같이 환율변동에 따른 효과를 상쇄하기 위하여 요건을 갖춘 경우 선박도급계약을 예상거래가 아닌 확정계약으로 인식하여 기존의 '현금흐름위험회피회계' 대신에 '공정가치위험회피회계'를 적용하도록 하였다.

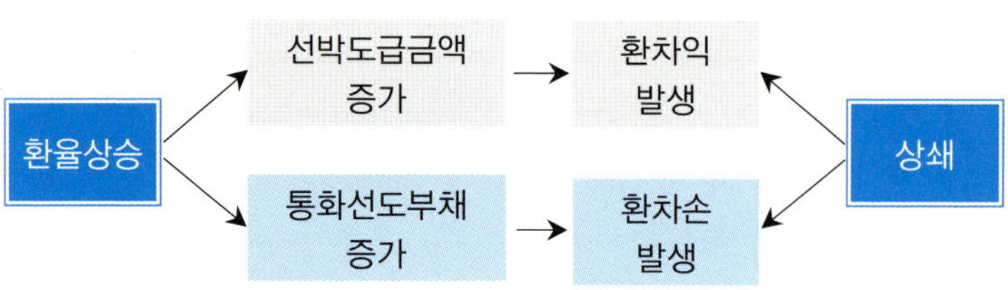

위의 사례는 예를 들면, 1억달러의 외화도급계약의 환위험을 회피하기 위하여 1억달러의 통화선도계약을 체결하고, 환율 100원 상승을 가정할 경우 통

54) 금융위원회 보도자료, 2008.10.22 및 파이낸셜뉴스, 2014.3.20, 장지인 한국회계기준원 원장 인터뷰 수정요약.

화선도에서 100억원의 환차손이 발생할 때 외화도급계약의 예상 환차익 100억원도 재무제표에 반영하여 환율변동이 당기손익 및 자기자본에 영향이 없도록 하는 것으로서 공정가치위험회피회계에서 가능한 것이다. 그러나 기존의 회계처리방법인 현금흐름위험회피회계에서는 통화선도에서 발생한 100억원의 환차손만 자본에 차감표시하였다가 외화도급계약으로 외화가 입금될 때 상계하는 방법으로 처리함으로써 일시적으로 자기자본이 감소하는 현상이 발생한다.

2. IASB의 움직임과 한국의 대응

2010년 9월 IASB는 확정계약에 대한 공정가치위험회피회계를 현금흐름위험회피회계와 유사한 방법으로 변경하기로 잠정결정했다. 이는 전술한 국내 조선업계의 부채비율급상승과 관련하여 2008년 10월 개정한 국내 회계기준의 개정취지를 무력화시키는 중대한 이슈로서 국내 조선업계에 커다란 충격을 주었다.[55]

확정계약은 선박 수주계약처럼 계약 가격과 수량, 시기 등이 확정돼 있고 계약이행을 담보할 수 있는 수단이 마련돼 있는 계약이다. 선박 수주 후 건조기간에 벌어질 환율변동위험을 회피하기 위해 선물환 매도 등 방식으로 환헤지 계약을 체결하는 국내 조선사는 IASB의 잠정결정안이 확정될 경우 2008년 이전과 마찬가지로 부채비율이 급등하여 자본잠식까지 우려됐다. 회계기준원 관계자들은 그해 10월 IASB 본부가 있는 영국 런던으로 급히 날아가 "세계 조선업계 상위 5위 기업을 보유하고 있는 한국 조선사들의 특수성을 고려해야 한다"고 설득했다. 이에 따라 결국 IASB는 그들의 잠정결정을 철회하고 평가자산도 동시에 인식하는 방식을 인정하는 현행 기준을 유지하게 됐다.

55) 이 방안이 확정되면 환율상승시 위험회피대상인 선박수주확정계약에서 발생하는 환율변동이익은 자산으로 인식되지 않고 위험회피수단인 파생상품에서 발생하는 손실만 부채로 인식되며 파생상품평가손실은 기타포괄손실로 기록된다(박종찬, 2011, p. 439).

미국, IFRS 도입 무산가능성 : SEC, 부정적 보고서 발표

미국이 미국기업회계기준(US GAAP)을 대신해 국제회계기준(IFRS)을 도입하려는 방안을 사실상 유보한 것으로 알려지면서 국내기업에 미칠 영향에 관심이 쏠리고 있다. 전문가들은 "미국 증시에 상장된 국내기업들은 IFRS를 기준으로 작성한 재무제표를 공시할 수 있어 미국의 IFRS 도입 지연으로 큰 영향을 받지는 않을 것"으로 전망했다.

23일 영국 경제전문지 이코노미스트 등 외신과 회계업계에 따르면 미국증권거래위원회(SEC)는 최근 미국의 회계기준 전환에 대한 실무진 최종 검토 보고서(final staff report)를 발표했다. 이 보고서는 US GAAP를 IFRS로 전환해야 한다고 추천하지 않았다. 또한 보고서는 IFRS를 도입할 경우 미국기업들에 상당한 부담이 될 수 있으며, IFRS 도입을 찬성하는 SEC 내부 직원도 예상보다 적었다는 내용을 담았다.

앞서 미국 회계기준위원회(FASB)는 "SEC의 의견을 적극 수용하겠다"는 입장을 밝혔기 때문에 SEC의 이번 보고서로 미국의 IFRS 도입이 장기 표류하거나 자칫 무산되는 것 아니냐는 전망이 나온다. 이코노미스트는 "올 연말 미국 대선까지 미국의 IFRS 도입에 대한 결정이 나오지 않을 것"으로 내다봤다. 국내 전문가들은 "미국이 IFRS 도입을 전면적으로 거부한 것은 아니기 때문에 좀더 상황을 지켜볼 필요가 있다"며 "미국의 IFRS 도입이 지연되더라도 미국에 상장한 국내 기업 등에 미칠 영향은 크지 않을 것"이라고 분석했다.

(한국경제신문, 2012.7.23 수정요약)

파생상품(derivatives)

(1) 파생상품이란?

그 가치가 기본대상자산(underlying variables)의 가치에 의하여 결정되는 것으로 조건부 청구권(contingent claim)으로 불리기도 한다.

(2) 기본요건

- 기초변수와 계약단위수량 또는 지급규정의 존재
- 순투자금액이 없거나 적은 순투자금액
- 차액결제

(3) 기본형태

- 선도(forward) : 미래의 특정날짜에 특정한 자산을 일정가격으로 일정수량만큼 매입/매도하겠다는 비표준화된 사적 계약
- 선물(future) : 미래의 특정날짜에 특정한 자산을 일정가격으로 일정수량만큼 매입/매도하겠다는 표준화된 공적 계약
- 옵션(option) : 미래의 특정날짜에 특정한 자산을 일정가격으로 일정수량만큼 매입/매도할 수 있는 권리
- 스왑(swap) : 두 거래당사자간에 각각의 지급의무를 일정기간 동안 서로 교환하여 부담하는 거래 또는 두 거래당사자간에 현금흐름 자체를 서로 교환하는 거래

(4) 기초변수에 따른 위험회피파생상품의 주요 형태

- 기초변수가 주가인 경우 : 옵션
- 기초변수가 상품가격, 환율인 경우 : 선물, 선도
- 기초변수가 이자율인 경우 : 이자율스왑

Independent Auditor's Report to the Members of Celtic PLC

We have audited the financial statements of Celtic plc for the year ended 30 June 2011 which comprise the consolidated statement of comprehensive income, the consolidated balance sheet, the company balance sheet, the group and parent company statements of changes in equity, the consolidated cash flow statement, the company cash flow statement and the related notes.
The financial reporting framework that has been applied in their preparation is applicable law and International Financial Reporting Standards(IFRSs) as adopted by the European Union and, as regards the parent company financial statements, as applied in accordance with the provisions of the Companies Act 2006.

This report is made solely to the company's members, as a body, in accordance with Chapter 3 of Part 16 of the Companies Act 2006. Our audit work has been undertaken so that we might state to the company's members those matters we are required to state to them in an auditor's report and for no other purpose. To the fullest extent permitted by law, we do not accept or assume responsibility to anyone other than the company and the company's members as a body, for our audit work, for this report, or for the opinions we have formed.

Respective responsibilities of directors and auditor
As explained more fully in the directors' responsibilities statement, the directors are responsible for the preparation of the financial statements and for being satisfied that they give a true and fair view. Our responsibility is to audit and express an opinion on the financial statements in accordance with applicable law and International Standards on Auditing(UK and Ireland). Those standards require us to comply with the Auditing Practices Board's Ethical Standards for Auditors.

Scope of the audit of the financial statements
An audit involves obtaining evidence about the amounts and disclosures in the financial statements sufficient to give reasonable assurance that the financial statements are free from material misstatement, whether caused by fraud or error. This includes an assessment of: whether the accounting policies are appropriate to the group's and the parent company's circumstances and have been consistently applied and adequately disclosed; the reasonableness of significant accounting estimates made by the directors; and the overall presentation of the financial statements. In addition, we read all the financial and non-financial information in the annual report to identify material inconsistencies with the audited financial statements. If we become aware of any apparent material misstatements or inconsistencies we consider the implications for our report.

Opinion on financial statements
In our opinion;

- the financial statements give a true and fair view of the state of the group's and the parent company's affairs as at 30 June 2011 and of the group's profit for the year then ended;
- the group financial statements have been properly prepared in accordance with IFRSs as adopted by the European Union;
- the parent company financial statements have been properly prepared in accordance with IFRSs as adopted by the European Union as applied in accordance with the provisions of the Companies Act 2006; and
- the financial statements have been prepared in accordance with the requirements of the Companies Act 2006.

Opinion on other matter prescribed by the Companies Act 2006
In our opinion the information given in the directors' report for the financial year for which the financial statements are prepared is consistent with the financial statements.

Matters on which we are required to report by exception
We have nothing to report in respect of the following matters where the Companies Act 2006 requires us to report to you if, in our opinion:

- adequate accounting records have not been kept by the parent company, or returns adequate for our audit have not been received from branches not visited by us; or
- the parent company financial statements are not in agreement with the accounting records and returns; or
- certain disclosures of directors' remuneration specified by law are not made; or
- we have not received all the information and explanations we require for our audit.

Charles Barnett(Senior statutory auditor)
for and on behalf of PKF(UK) LLP, Statutory auditor

Glasgow, UK
15 August 2011

Report of Independent Auditors

To the Board of Directors and Shareholders of
LG Electronics Inc.

We have audited the accompanying consolidated statements of financial position of LG Electronics Inc. and its subsidiaries (collectively the "Group") as of December 31, 2011 and 2010, and the related consolidated statements of operations, comprehensive income, changes in equity and cash flows for the years then ended, expressed in Korean won. These financial statements are the responsibility of the Group's management. Our responsibility is to express an opinion on these financial statements based on our audits. We did not audit the financial statements of certain consolidated subsidiaries, whose financial statements represent 33% and 35% of the Group's consolidated total assets as of December 31, 2011 and 2010, respectively, and 57% and 56% of the Group's consolidated total sales for the years then ended, respectively. These statements were audited by other auditors whose reports have been furnished us and our opinion, insofar as it relates to the amounts included for those subsidiaries, is based solely on the reports of other auditors.

We conducted our audits in accordance with auditing standards generally accepted in the Republic of Korea. Those standards require that we plan and perform the audits to obtain reasonable assurance about whether the financial statements are free of material misstatement. An audit includes examining, on a test basis, evidence supporting the amounts and disclosures in the financial statements. An audit also includes assessing the accounting principles used and significant estimates made by management, as well as evaluating the overall financial statement presentation. We believe that our audits provide a reasonable basis for our opinion.

In our opinion, based on our audits and the reports of the other auditors, the consolidated financial statements referred to above present fairly, in all material respects, the financial position of the Group as of December 31, 2011 and 2010, and their financial performance and cash flows for the years ended December 31, 2011 and 2010, in accordance with International Financial Reporting Standards as adopted by the Republic of Korea("Korean IFRS").

Auditing standards and their application in practice vary among countries. The procedures and practices used in the Republic of Korea to audit such financial statements may differ from those generally accepted and applied in other countries. Accordingly, this report is for use by those who are informed about Korean auditing standards and their application in practice.

Samil PricewaterhouseCoopers

Seoul, Korea
March 7, 2012

INDEPENDENT AUDITOR'S REPORT

To the Board of Directors and Shareholders of
Samsung Electronics Co., Ltd.

We have audited the accompanying consolidated financial statements of Samsung Electronics Co., Ltd. and its subsidiaries (collectively the "Group"), which comprise the consolidated statements of financial position as at December 31, 2015 and 2014, and the consolidated statements of income, consolidated statements of comprehensive income, consolidated statements of changes in equity and consolidated statements of cash flows for the years then ended, and a summary of significant accounting policies and other explanatory information.

Management's responsibility for the financial statements

Management is responsible for the preparation and fair presentation of these financial statements in accordance with the International Financial Reporting Standards as adopted by the Republic of Korea ("Korean IFRS") and for such internal control as management determines is necessary to enable the preparation of financial statements that are free from material misstatement, whether due to fraud or error.

Auditor's responsibility

Our responsibility is to express an opinion on these financial statements based on our audits. We conducted our audits in accordance with the Korean Standards on Auditing. Those standards require that we comply with ethical requirements and plan and perform the audit to obtain reasonable assurance about whether the financial statements are free from material misstatement.

An audit involves performing procedures to obtain audit evidence about the amounts and disclosures in the financial statements. The procedures selected depend on the auditor's judgment, including the assessment of the risks of material misstatement of the financial statements, whether due to fraud or error. In making those risk assessments, the auditor considers internal control relevant to the entity's preparation and fair presentation of the financial statements in order to design audit procedures that are appropriate in the circumstances, but not for the purpose of expressing an opinion on the effectiveness of the entity's internal control. An audit also includes evaluating the appropriateness of accounting policies used and the reasonableness of accounting estimates made by management, as well as evaluating the overall presentation of the financial statements.

We believe that the audit evidence we have obtained is sufficient and appropriate to provide a basis for our audit opinion.

Opinion

In our opinion, the consolidated financial statements present fairly, in all material respects, the financial position of the Group as at December 31, 2015 and 2014, and their financial performance and cash flows for the years then ended in accordance with the Korean IFRS.

Other Matters

Auditing standards and their application in practice vary among countries. The procedures and practices used in the Republic of Korea to audit such financial statements may differ from those generally accepted and applied in other countries.

Samil PricewaterhouseCoopers

February 25, 2016
Seoul, Korea

연습문제

1 통일성이 규제기관의 시각에서 중요한 이유는 무엇인가?

2 지분풀링법을 폐지한 것이 퇴행적 통일성으로부터 범위별 통일성으로의 이동이라고 주장하는 근거는 무엇인가?

3 획일적 통일성의 용인조건은 무엇인가?

4 R&D 회계처리를 통일성의 종류에 따라 분류하라.

5 통일성의 종류를 열거하고 사례를 들어라.

6 원칙중심 회계의 관점에서 standard overload를 비평하라.

7 미국과 유럽의 회계환경을 비교 설명하라.

8 공시에 의한 규제와 절차에 의한 규제를 비교 설명하라.

9 유·무형자산의 재평가손익에 대한 처리방법의 차이를 설명하라.

10 US GAAP에서는 모든 기타포괄손익항목이 재분류조정의 대상인 반면, IFRS에서는 일부 항목은 제외하고 재분류조정의 대상이 된다. 이러한 차이와 관련하여,

(1) 이러한 차이를 가져오는 항목은 무엇인가?

(2) 통일성의 관점에서 양 방법의 장단점을 평가하라.

(3) 회계이익에 연동된 보수계약을 체결한 경영자의 관점에서 양 방법을 비교하라.

11 "IFRS as issued by the IASB"와 "IFRS as adopted by the EU"를 구분하여 설명하라.

12 IAS 39 Carve-Out의 주요 내용을 서술하라.

13 IAS 39 Carve-Out이 IFRS의 미래에 시사하는 점을 서술하라.

14 위험회피회계(hedge accounting)에서 말하는 위험회피효과(hedge effectiveness)의 의미와 중요성을 설명하라.

15 IAS 39 Carve-Out과 관련하여 유럽은행의 기본입장을 서술하라.

16 "IFRS as adopted by the Republic of Korea"의 의미를 설명하라.

17 IAS 39를 대체하는 IFRS 9가 2018년부터 시행되고 있다. IFRS 9의 시행 이후 IAS 39 Carve-Out의 지위에 대하여 서술하라.

CHAPTER

14 True and Fair View

제 1 절 규정중심 vs 원칙중심

1. 규정중심 회계기준의 폐해

회계기준이 날로 복잡해지고 이해하기 어려운 양상을 보이는 데 대해 우려의 목소리가 커지고 있다. 회계정보가 의사결정에 유용(useful)하기 위해서는 우선 이해가능성(understandability)의 조건을 충족시켜야 하는데, 회계기준의 내용이 복잡해지는 데다 수많은 예외규정이 존재하고, 후속적인 관련 해석과 시행세칙이 증가하여 문제점을 야기하고 있다.

미국의 경우 이러한 현상을 파생금융상품에 대한 회계처리기준이 대표적으로 보여주고 있는데, 파생상품과 관련한 주요 회계이슈는 파생상품 정의, 공정가치 측정, 위험회피 유형분류 등으로 볼 수 있다. 그러나 복잡한 거래의 경제적 실질을 회계기준으로 표현하는 것에 한계가 있어 보일 만큼 거래의 복잡성은 나날이 증가하고 있다. 또한 많은 기업에서 파생상품과 관련된 주석이 상당한 분량[1]이라는 점을 감안할 때 그 정보의 이해가능성이 의심스럽다. 이러한 관점에서 거래의 복잡성과 다양성이 통일성 적용에 제약요인으로 작용할 가능성을 파생금융상품회계가 보여주고 있다고 볼 수 있다. Enron의 회계스캔들도 결국에는 파생상품과 관련된 것으로 볼 수 있다.[2]

이러한 기존의 회계기준 접근방식을 규정중심(rule-driven) 접근방식으로 명명하고 이에 대한 개선을 원칙중심(principle-based) 접근방식으로 이루려는 시도가 있다.[3] 규정중심의 회계에서는 회계기준이 지나치게 복잡하여(예를 들면 수많은 예외조항이 있다거나 회계기준의 제정 이후에도 관련 해석 및 후속규정이 지속적으로 공표되는 현상) 회계전문가조차 이해하기 힘든 상황을 곳곳에서 연출하고 있다. 또한 이러한 규정중심의 회계운용은 공표된 규정을 빗겨가는 교묘한 수법(financial engineering techniques)을 조장하여 자원의 효율적 배분이라는 궁극적이고 경제적인 목적달성보다는 단지 회계목표달성만 촉진하는 부작용을 낳고 있다. 이러한 현상은 회계의 고유기능을 달성하는 데 저해요인으로 간주되어 그 개선이 요구되고 있다.

---

1) Stickney(2002).

2) Partnoy(2002), Benston and Hartgraves(2002).

3) FASB(2002).

US GAAP는 왜 규정중심적 특성을 갖게 되었을까?

미국의 회계기준이 규정중심적인 성격을 갖게 된 데는 적어도 아래의 다섯 가지 이유가 있는 것으로 보인다.

- 소송위험 : 경영자나 감사인이 소송이나 SEC의 규제에 대비하여 명확한 지침이나 safe harbor를 찾는 데 규정중심적 회계기준이 더 유리하다.
- 기회주의의 봉쇄 : 경영자의 기회주의를 봉쇄하는 데 규정중심의 회계가 유리하다는 주장이 있다. 그러나 그 반대의 논리도 병존한다.
- 복잡성 : 회계처리대상이 복잡할수록 자세한 회계기준이 적합하다.
- 거래빈도 : 발생빈도가 높은 거래에 대해서는 규정중심의 회계가 유리하다.
- 나이 : 회계기준도 시간이 지나 rule이 쌓이다 보면 규정중심적 특징이 나타나기 마련이다. 따라서 지금은 원칙중심적 특성이 강한 IFRS도 세월이 흐르다 보면 규정중심적 색채가 강화될 것이 분명하다.[4)]

(Donelson *et al*., 2016)

2. 원칙중심 회계기준의 특징

원칙중심의 회계기준은 첫째, 예외규정이 아예 없거나, 있어도 극히 예외적인 경우에만 허용되고,[5)] 둘째, 실무에서 발생하는 새로운 거래현상에 대해 원론적인 논리를 제공함으로써 규정중심 회계에서와 같이 일일이 후속규정을 공표하

〈표 14-1〉 원칙중심 회계기준의 특징

- 개념체계에 기초할 것
- 회계기준의 목적을 명확하게 밝힐 것
- 회계기준이 일관되게 작동하고 적용될 수 있을 만큼 충분한 내용과 구조를 제공할 것
- 예외를 최소화할 것
- 회계기준의 의도를 무시하고 기술적 준수만을 유발하는 계량적 기준에 의존하지 말 것

4) 기업회계기준서 제1039호 "금융상품"은 141페이지의 분량이지만 이를 대체하여 2018년부터 시행되고 있는 기업회계기준서 제1109호 "금융상품"은 891페이지에 이르는 방대한 분량이다. 그나마 매크로 위험회피에 대해서는 아직도 제1039호의 내용을 사용할 수 있는데도 이 정도의 분량이다. 앞으로 매크로 위험회피의 내용이 오롯이 제1109호에 추가되면 분량은 더 늘어날 것이다.

5) 전술한 대로 퇴행적 통일성의 개선과 관련된 부분이다.

여 대응해야 하는 번거로움을 줄일 수 있다. 따라서 원칙중심의 회계기준은 〈표 14-1〉에서와 같은 특징을 지녀야 한다.

원칙중심의 회계에서 가장 중요한 것은 회계담당자들의 전문가적 판단이다. 이와 관련한 IASB 의장의 다음 언급은 회계인의 자질과 능력에 대해 중요한 지침을 시사하고 있다.6)

> 'We favor an approach that requires the company and its auditor to take a step back and consider whether the accounting suggested is consistent with the underlying principle. This is not a soft option. Our approach requires both companies and their auditors to exercise professional judgment in the public interest. Our approach requires a strong commitment from preparers to financial statements that provide a faithful representation of all transactions and a strong commitment from auditors to resist client pressures. It will not work without these commitments...' (밑줄 추가)

예를 들면 IFRS는 재무상태표에 표시되어야 할 항목의 순서나 형식에 대해 구체적으로 언급하지 않고 있다. 우리나라는 전통적으로 유동성배열법을 채택해 왔으나 최근 IFRS에 따라 작성된 일부 기업의 재무상태표는 유럽회계의 전통을 따라 고정성배열법을 채택하기도 하여 유동자산보다는 비유동자산이 먼저 나타나고, 부채보다는 자본이 먼저 배열되고 있다. 이는 특정 배열법을 강요하기보다는 회계인의 자율적 판단에 따라 실정에 맞는 배열법을 적절히 선택하도록 한 원칙중심 회계의 사례로 평가된다.7)

일부 선행연구에서는 규정중심의 미국 회계기준의 사례로 리스와 기업결합회계를 들고 있다.8) 리스회계와 관련한 과거의 미국 SFAS No.13에 따르면 자본리스로 분류되기 위한 네 가지 조건(그중 일부는 수치에 의한 구분을 포함)을 명시하고 있는데, 이러한 조건을 회피하기 위한 편법이 등장하고 있어 규정중심 회계의 폐해로 지적되고 있다.9) 또한 기업결합회계(APB No.16)에서도 지분

---

6) Testimony of Sir David Tweedie Before the Senate Committee on Banking, Housing and Urban Affairs(14 February 2002). www.iasplus.com

7) 2009년과 2010년에 유가증권시장과 코스닥시장에서 K-IFRS를 조기에 도입한 32개 기업을 살펴본 김정옥(2011)에 의하면 32개 기업 중 22개 기업이 유동항목을 비유동항목보다 상위에 배열하고 있으며, 비유동항목을 유동항목보다 상위에 배열한 기업은 자본을 부채보다 상위에 배열하고 있다.

8) Maines *et al.*(2003).

9) IASB와 FASB 모두 2016년 현재 리스회계기준을 개정하여 모든 리스의 자산과 부채를 모두

풀링법으로 처리되기 위한 12가지 조건을 나열하고 있는데, 이것도 규정중심 회계의 특징이자 한계로 지적된다.

[그림 14-1]에서는 원칙중심 회계와 규정중심 회계를 비교하고 있으며, 〈표 14-2〉에서는 기업결합회계를 예로 들어 규정중심과 원칙중심 회계기준의 차이를 비교하고 있다.[10] 규정중심의 회계환경에서는 회계기준의 과잉(standard overload) 현상이 나타날 수 있다.[11] 회계현상에 대해 일일이 규정으로 대응하다 보면 회계기준의 종류 및 양이 많아질 수밖에 없고, 적정수준 이상으로 기준이 남발되면 회계정보의 이해가능성을 해치게 된다. 여기에다 각종 단서조항이나 예외규정까지 후속적으로 공표되면서 퇴행적 통일성까지 가세하면 회계정보의 유용성은 오히려 감소하게 된다. 따라서 standard overload는 기준과 절차에 얽매어 실질보다는 형식(form over substance)을 중시하는 모습으로 나타날 가능성

[그림 14-1] 원칙중심 회계와 규정중심 회계의 비교

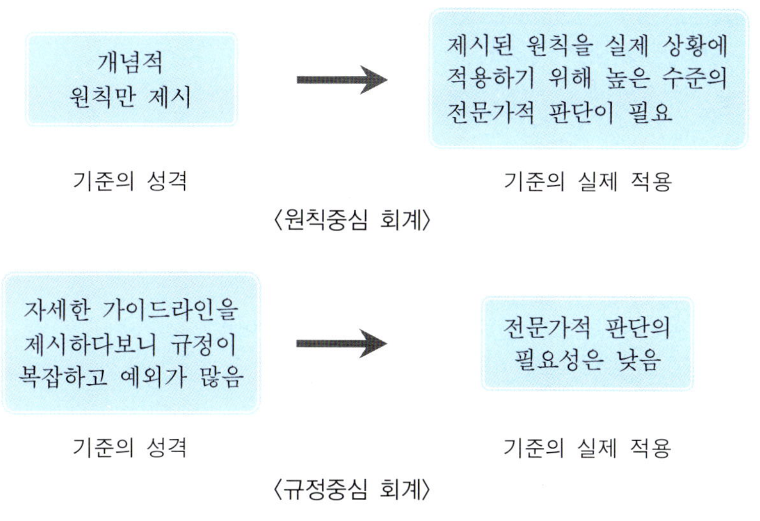

재무상태표에 인식하도록 요구함으로써 운용리스는 인정하지 않고 모두 자본리스로 처리할 것을 요구하고 있다.

10) US SEC(2003, p. 30).

11) 2009년 현재 US GAAP의 총 분량은 약 25,000페이지에 달하는 반면, IFRS는 약 3,000페이지에 그치고 있다(Matthews *et al.*, 2012). 그러나 전술한 대로 2018년부터 시행되는 기업회계기준서 제1109호 금융상품은 891페이지에 이르고, 제1115호 수익인식기준도 500페이지가 넘는 방대한 분량이다. 앞으로 이러한 추세가 계속 진행된다면 IFRS가 원칙중심의 기준이라는 명분이 무색해질 것이다.

〈표 14-2〉 미국 기업결합회계의 접근방식 비교

	규정중심(과거)	원칙중심(현재)
해당사례	APB Opinion No.16	SFAS No.141
회계기준의 목적이 명시되어 있는가?	No	Yes
회계기준의 범위가 명확한가?	No	Yes
대체적 회계처리를 위한 분류기준의 존재	Yes (지분풀링법이 가능하기 위한 12개 조건 나열)	No (취득법으로만 처리)
시행세칙의 포함여부	Yes	No
기업결합의 정의	No	Yes
비교가능성의 달성	No (실질적으로 동일한 현상에 대해 전혀 다른 방식으로 회계처리가 가능하기 때문)	Yes

이 높다. 즉, 지나치게 자세한 규정은 "이것이 안 되는 이유가 어디에 나와 있느냐?"와 같은 규정집 사고(rule-book mentality)를 조장할 뿐이다. 이는 건전한 회계발전에 도움이 되지 않고 다만 규정을 빗겨가려는 사람들에게 빌미를 제공하는 기회를 주게 된다. 다시 말해 회계기준의 정신(spirit)을 존중하는 것이 아니라 규정의 낱말에만 집착하도록 만들 뿐이다.[12]

제2절 True and Fair View

1. true and fair view의 역사

전술한 원칙중심의 회계는 영국에서 시작되어 IFRS가 채택하고 있는 진실하고 공정한 관점(true and fair view)의 개념과 유사한 측면이 있다. true and fair view란

12) Testimony of Sir David Tweedie(IASB Chairman) Before the Senate Committee on Banking, Housing and Urban Affairs(14 February 2002). www.iasplus.com

영국 회사법(Company Act)에서 1947년에 처음 도입된 법률용어이지만 이 법은 이 용어의 정의를 내린 적이 없다. 이후 1978년 European Economic Community (EEC)의 The Fourth Directive에서 공식적으로 채택됨으로써 유럽의 기업들이 재무제표를 작성할 때 지켜야 하는 규범이 되었다.13) 그러나 여기서도 명확한 의미가 정의되지는 않았다. 그러나 유럽기업의 회계와 관련된 The Fourth Directive에서 다른 어떤 회계규정보다 먼저 등장함으로써 유럽회계에서 가장 우선되는 준거기준의 모습을 보이고 있다.

역사적으로 오래된 법률상의 개념이 명확한 의미와 정의 없이 사용되는 것이 이상할 정도로 이 개념의 정의는 회계기준 또는 회계감사기준을 포함한 회계문헌 그 어디에도 나타나지 않고 있다. 따라서 유럽 각국에서 이 개념이 사용될 때 각국은 자국의 회계환경 및 문화적 차이에 따라 조금씩 다르게 해석하는 경향을 보이므로 회계담당자와 재무제표 이용자들이 혼란을 겪는 것이 현실이다.

그러나 이러한 개념적 혼선과 불명확성에도 불구하고 회계담당자들은 일반적으로 true라는 단어에는 거짓 없는 사실, 사실에 근거, 정확, 규정준수, 사실과 다르지 않음, 객관적이라는 의미가 포함된 것으로 받아들이고 있으며, fair라는 단어에는 오도하지 않음(not misleading), 형식보다 실질, 적절한 반영, 사실과 일치라는 의미가 포함된 것으로 받아들이고 있다.14)

True and fair view의 진정한 의미가 오리무중인 가운데 더욱더 이 개념에 신비감을 더하는 것에 true and fair view override란 것이 있다. true and fair view override란 관련 회계기준의 준수가 오히려 true and fair view에서 추구하는 목적달성을 저해한다고 판단되면 그 회계규정을 달리 적용한다는 것이다. 따라서 true and fair view는 유럽회계에서 최상의 기준으로 군림하고, 여타 회계기준은 이 개념의 목적을 달성하는 데 방해가 된다면 지키지 않아도 되는 하부규정인 셈이다. 그러나 이 개념이 진정으로 무엇을 의미하며 그 역할은 무엇인지 학술적 연구나 실무적 토론의 대상이 된 적은 거의 없다.15)

---

13) EC설립조약에 따르면 조약의 규정에 따른 임무를 수행하도록 EC위원회와 이사회(council)에 ① 규칙(regulation), ② 지침(directive), ③ 결정(decision), ④ 권고 및 의견(recommendations and opinions)이라는 네 가지 형태의 법적 행위를 할 수 있는 권한을 부여하고 있다. 현재 회사법관련 지침(directive) 중에서 회계분야와 관련된 것은 Fourth(annual accounts, 재무제표), Seventh(consolidated accounts, 연결재무제표), Eighth(statutory audit, 회계감사) 등이 있다. 유럽에서는 하나의 통일된 회사법은 없으나, EC이사회에서 제정한 지침(Directive)에 의하여 접근(조화)되는 중이다(홍복기, 1999, pp. 13～15 수정요약).

14) Riahi-Belkaoui(2000).

15) 다음의 에피소드는 true and fair view의 진정한 의미를 아는 사람은 아무도 없다는 속설을

EU regulations stipulate that the Standards issued by the IASB can be adopted only if:

(a) they are not contrary to the principle of the true and fair view set out in the Accounting Directives of the EU;
(b) they are conducive to the European public good; and
(c) they meet the criteria of understandability, relevance, reliability and comparability required of the financial information needed for making economic decisions and assessing the stewardship of management.

2. true and fair view의 의의

이 개념의 일반적 의미는 회계기준에 따라 재무제표가 작성되면 그 재무제표는 기업의 재무상태와 영업성과에 대한 true and fair view를 제공한다는 것이다. 그러나 이때 중요한 점은 회계기준을 무조건 또는 기계적으로 따르라는 것이 아니라 그 회계기준 이면의 정신(spirit)과 논리(logic)를 중시하라는 것이다.

True and fair view는 일반적으로 다음과 같은 기능을 한다. 첫째, 회계담당자의 보고의무 강화기능, 둘째, 현행 회계기준이 적합하지 않은 특이한 환경에서의 비상대책 제공, 셋째, 급격한 환경변화에서 회계기준 발전의 기본방향 제시, 넷째, 시행세칙 남발을 방지하는 기능 등이다. 지금까지 우리나라에서 true and fair view는 상대적으로 생소한 개념이었으나 IFRS의 도입으로 그 적용이 확대될 것으로 보인다. 〈표 14-3〉은 IFRS에 따라 재무제표를 작성한 국내기업의 적정의견 감사보고서를 보여준다.

확인하는 것이라고 판단된다. "1992년 영국의 한 TV프로그램에서 전문가 세 사람에게 'true and fair view가 무엇이냐?'라는 질문을 던졌다고 한다. 첫 번째 출연자인 Ernst & Young의 파트너는 웃기만 하고, 두 번째 출연자인 또 다른 회계법인의 파트너는 아무 말도 하지 않았으며, 세 번째 출연자인 다국적기업의 재무담당 이사는 생각할 시간을 달라고 했다."(Walton, 1993)

〈표 14-3〉 국내기업의 감사보고서에 나타난 true and fair view[16)]

Independent Auditor's Report

To the Shareholders and Board of Directors of STX Pan Ocean Co., Ltd.

Report on the financial statements

We have audited the accompanying financial statements of STX Pan Ocean Co., Ltd. ("the Company") and its subsidiaries ("the Group"), which comprises the balance sheets of the Company and of the Group as of 31 December 2008 and the consolidated income statement, the consolidated statement of changes in equity and the consolidated cash flow statement for the year then ended and a summary of significant accounting policies and other related notes.

Management's responsibility for the financial statements

Management is responsible for the preparation and fair presentation of these consolidated financial statements in accordance with International Financial Reporting Standards. ……

Auditor's responsibility

Our responsibility is to express an opinion on these consolidated financial statements based on our audit. ……

Opinion

In our opinion, the balance sheet of the Company and consolidated financial statements of the Group give a <u>true and fair view</u> of the financial position of the Company and of the Group as of 31 December 2008, and of the financial performance and the cash flows of the Group for the year then ended in accordance with International Financial Reporting Standards.

Samil PricewaterhouseCoopers
26 February 2009
Seoul, Korea

3. true and fair view override

True and fair view override란 관련 회계규정의 준수가 오히려 true and fair view에서 추구하는 표현충실성을 저해한다고 판단되면 그 회계규정을 달리 적용해야 한다는 것이다.[17)] 따라서 회계목적 달성을 위한 질적 특성의 최고 위치에

16) 밑줄 추가. 한편, true and fair view에 상응하는 미국식 용어는 "present fairly"이다.

true and fair view가 존재한다는 의미이며 나머지 규정은 모두 true and fair view의 하위규정이라고 볼 수 있다. 즉 true and fair view override는 재무보고에 있어 도덕적 나침반 역할을 한다.[18] 다만 이러한 예외적인 규정은 매우 제한적인 경우에만 적용되어야 한다. 이에 따라 true and fair view의 핵심은 공표된 회계규정을 기계적으로 또는 무의식적으로 따르기보다는 관련규정을 따르는 것이 오히려 궁극적인 재무보고 목적에 위배된다고 판단될 때에는 해당 회계기준의 적용을 중지하거나 다르게 적용해야 한다는 것이다.

4. true and fair view override에 대한 미국의 입장

True and fair view가 탄생한 유럽과 달리 미국에서는 이 개념에 대한 거부감이 존재하는 것이 사실이다. 즉, 미국의 회계종사자들은 경영자들이 true and fair view override를 악용할 가능성이 있다고 믿는 것이다. 실제로 Livne and McNichols(2009)에 따르면 true and fair view override를 단행한 기업은 비교가능기업에 비해 실적이 떨어지고, 그들의 재무제표수치와 회계이익의 투명성 및 가치관련성이 낮은 것으로 나타나 미국 회계 community의 우려가 근거 없는 것이 아님이 밝혀졌다.

사실 미국의 경우에도 GAAP에서의 이탈(departure)에 대한 규정이 없는 것이 아니다. AICPA 윤리규정(Code of Professional Conduct)의 Rule 203에 따르면 '특이상황'에서 재무제표가 GAAP를 따르는 것이 이용자를 오도(misleading)할 수 있음을 감사인이 입증할 수 있으면 GAAP에서의 이탈을 허용하고 있다. 그런데 이 규정은 재무제표의 작성주체인 기업에 대한 규정이 아니라 감사인에 대한 규정이다. 또한 AICPA의 Statement on Auditing Standards No. 69(The Meaning of Present Fairly in Conformity With Generally Accepted Accounting Principles)에서 규정하고 있는 US GAAP의 범위와 적용순서도 기업을 대상으로 한 것이 아니라 감사인에 대한 규정이라는 점에서 개선의 요구가 꾸준히 있어 왔다. 이에 따라 2008년 5월 FASB는 SFAS No. 162(The Hierarchy of Generally Accepted Accounting Principles)를 공표하여 US GAAP의 범위와 적용순서를 명시하고 이를 재무제표 작성주체인 기업이 준수해야 할 규정으로 채택했다. 그런데 이 기준

---

17) 전술한 Fourth Directive Article 2의 5번 문항.

18) Sunder(2009): "True and fair" override of written standards could serve as the moral compass of financial reporting.

에서는 기업이 재무제표 작성시 GAAP를 이탈하는 기준을 적용한 경우 해당 재무제표가 GAAP에 따라 작성되었음을 명시할 수 없도록 하였다. 이는 사실상 true and fair view override를 부정하는 것이며, 미국이 그동안 유럽에 대해 true and fair view override의 완전 폐기를 촉구했다는 주장과 일치하고 있다.[19] 이상의 내용을 요약하면 IFRS에서는 회계기준에서 이탈해야 할 상황에서 이탈하지 않으면 문제가 되지만, 미국에서는 GAAP에서 이탈하는 것 자체가 문제가 된다.

5. true and fair view override의 사례

True and fair view override가 실제로 적용된 경우는 매우 드물다. 특히 2005년부터 IFRS를 적용한 영국기업의 경우 지금까지 불과 5개 정도의 사례가 발견될 뿐이다.[20] 이 중의 하나인 National Express의 사례를 이용하여 true and fair view override의 구체적 내용을 살펴본다.

National Express는 국내외 여객 및 화물 운송업체이다. 그런데 재무제표 주석 2번[21]에 표시된 바와 같이 철도연금과 관련하여 IAS 19 "Employee Benefits"에서 요구하는 법적 의무금액을 계상하는 대신 실질적인(constructive) 의무금액을 계상함으로써 true and fair view override를 적용한 사례가 되었다. 〈표 14-4〉에서는 이 회사의 재무제표 주석 34번의 내용에 따라 2010년의 Comprehensive Income과 자본변동표의 Total Equity에 true and fair view override가 적용된 경우와 적용되지 않은 경우를 비교하여 표시하였다.

---

19) Alexander and Eberhartinger(2009).

20) Livne and McNichols(2009), Financial Reporting Council(2011). 그러나 Livne and McNichols (2009)에 따르면 IFRS 도입 이전에는 비교적 많은 사례가 있었다.

21) Accounting policies: Statement of compliance

... The Group is required to comply with international accounting requirements under IAS 1 'Presentation of Financial Information' except in extremely rare circumstances where management concludes that compliance would be so misleading that it would conflict with the objective to 'present fairly' its accounts.

On this basis, the Group has departed from the requirements of IAS 19 'Employee Benefits' and has accounted for its constructive but not legal obligations for the Railways Pension Scheme (RPS) under the terms of its UK rail franchise agreements.

Details of the background and rationale for this departure are provided in note 34, including the impact on the Group's reported financial performance and position of adopting the accounting treatment as required by IAS 1.

〈표 14-4〉 true and fair view override 적용 vs 미적용

Comprehensive Income

	적 용	미적용
Profit for the year	62.3	57.7*
Other comprehensive income/(expense) for the year	33.3	43.6**
Total comprehensive income/(expense) for the year	95.6	101.3

* 57.7－62.3＝－4.6(TFV override가 적용되지 않았다면 현재금액, 즉 TFV override가 적용된 금액보다 이익이 4.6 감소된다)

** 43.6－33.3＝10.3(TFV override가 적용되지 않았다면 현재금액, 즉 TFV override가 적용된 금액보다 기타포괄손익이 10.3 증가된다)

자본변동표의 Total Equity

	적 용	미적용
At 1 January 2010	842.3	780.8*
Costs of Right Issue	(0.5)	(0.5)
Shares purchased	(1.7)	(1.7)
Own shares released to satisfy employee share schemes	－	－
Total comprehensive income	95.6	101.3
Share-based payments	3.9	3.9
Tax on share-based payments	0.3	0.3
Dividends paid to non-controlling interest	(0.1)	(0.1)
At 31 December 2010	939.8	883.9**

* 780.8－842.3＝－61.5(TFV override가 적용되지 않았다면 현재금액, 즉 TFV override가 적용된 금액보다 연초자본이 61.5 감소된다)

** 883.9－939.8＝－55.9(TFV override가 적용되지 않았다면 현재금액, 즉 TFV override가 적용된 금액보다 연말자본이 55.9 감소된다)

6. K-IFRS에서의 기술내용

(1) 진실하고 공정한 관점(true and fair view)

• K-IFRS 제1000B호 : 재무제표의 작성과 표시를 위한 개념체계

46. 진실하고 공정한 관점 / 공정한 표시

재무제표는 흔히 기업의 재무상태, 성과 및 재무상태변동을 진실하고 공정한 관점에서, 또는 공정하게 표시하고 있는 것으로 기술된다. 이 개념체계는 그 같은 개념을 직접 다루지는 않지만 재무제표의 작성에 있어 주요 질적 특성과 적절한 회계기준이 적용된다면 일반적으로 재무제표는 그러한 정보를 진실하고 공정한 관점에서, 또는 공정하게 표시하게 된다.

(2) true and fair view override

• K-IFRS 제1001호 : 재무제표 표시

과거의 기업회계기준서 제21호와 달리 이 기준서에서는 한국채택국제회계기준의 요구사항을 준수하는 것이 오히려 '개념체계'에서 정하고 있는 재무제표의 목적과 상충되어 재무제표 이용자의 오해를 유발할 수 있다고 경영진이 결론을 내린 극히 드문 상황에 대한 처리방법을 다음과 같이 규정하고 있다.

문단 19 : 극히 드문 상황으로서 한국채택국제회계기준의 요구사항을 준수하는 것이 오히려 '개념체계'에서 정하고 있는 재무제표의 목적과 상충되어 재무제표 이용자의 오해를 유발할 수 있다고 경영진이 결론을 내리는 경우에는, 관련 감독체계가 이러한 요구사항으로부터의 일탈을 의무화하거나 금지하지 않는다면, 문단 20에서 정하는 방법으로 요구사항을 달리 적용한다.

문단 20 : 기업이 문단 19에 따라 한국채택국제회계기준의 요구사항을 달리 적용하는 경우, 다음 모든 항목을 공시한다.

(1) 재무제표가 기업의 재무상태, 재무성과 및 현금흐름을 공정하게 표시하고 있다고 경영진이 결론을 내렸다는 사실

(2) 공정한 표시를 위해 특정 요구사항을 달리 적용하는 것을 제외하고는 한국채택국제회계기준을 준수했다는 사실

(3) 기업이 달리 적용하는 해당 한국채택국제회계기준의 제목, 그 한국채택국제회계기준에서 요구하는 회계처리의 방법과 이에 대한 일탈의 내용, 그러한 회계처리가 해당상황에서 재무제표 이용자의 오해를 유발

할 수 있어 '개념체계'에서 정한 재무제표의 목적과 상충되는 이유, 그리고 실제로 적용한 회계처리방법

(4) 표시된 각 회계기간에 대해, 한국채택국제회계기준 요구사항으로부터의 일탈이 이를 준수하였다면 보고되었을 재무제표의 각 항목에 미치는 재무적 영향

이는 전술한 true and fair view override에 해당하는 것으로 국내회계에서는 처음으로 공식화된 내용이라고 볼 수 있다.

7. 전문가의 성숙한/건전한 판단

원칙중심의 회계나 true and fair view를 적용하는 데에는 회계담당자나 감사인의 공익(public interest) 위주의 성숙된 전문가적 판단(sound professional judgment)이 선행조건이 된다. 왜냐하면 이들 시스템은 규정에 얽매인 기계적인 회계기준의 적용보다는 담당자의 건전한 판단이 필요한 회계시스템이기 때문이다.

규정중심의 회계에서는 '성문화'된 조항에 어긋나지만 않는다면 어떤 일이든 가능했다. 반면 IFRS에서는 이를 용인하지 않는다. 법적 형식보다 경제적인 실질을 더욱 중시하는 원칙중심의 IFRS에서는 성문화되어 있지 않더라도 원칙적으로 하지 말아야 하는 일은 해서는 안 된다. 그렇기 때문에 원칙중심 회계에서는 안 된다는 조항이 없어도 투자자에게 큰 피해를 주거나 그럴 위험이 있는 경우, 또는 세금을 줄이기 위해 쓰는 편법 등 '의도적으로 속이는 행위'는 모두 '하면 안 되는 일'로 간주된다. 문서화되고 열거된 법과는 별개의 문제이다. 하지만 원칙만 준수한다면 기존의 규정중심보다 훨씬 자유롭고 자율권도 보장된다.[22)]

8. 회계의 제도적 속성

규정중심 회계를 기조로 삼는 미국의 기업환경은 경영자의 자기이익 추구동기와 그 동기실현을 위한 제도적 장치가 발달되어 있는 데다 그 견제수단 또한 발달되어 있는 환경이다. 그러나 true and fair view를 기조로 삼는 유럽의 회계

22) 이장규 외(2008, p. 266).

환경은 미국의 그것에 비해 이해관계 당사자의 자기이익 추구나 그 견제수단이 덜 활성화되어 있는 상황이다.

또한 미국은 기업지배구조상 이해관계 당사자의 자기이익 추구를 위한 전문가적 판단이 남용될 확률이 유럽보다 높은 환경인 데다 소송이 갈등해결의 수단으로 이용되는 빈도수도 상대적으로 높은 사회적 분위기를 보이고 있다. 소송사건을 의식하는 감사인은 되도록 전문가적 판단을 꺼리는 경향이 있다. 이러한 상황에 비추어 회계담당자의 전문가적 판단에 의존하는 원칙중심의 회계가 미국의 회계환경에 과연 적합하고 향후 정착할 수 있는지 많은 의문이 있는 것이 사실이다. 지금까지 미국의 회계가 규정중심적이고, 유럽의 회계가 원칙중심적이었던 데에는 그 나름대로의 이유가 있었고 그들의 회계환경에 대한 최선의 대응이었다고 판단된다. 이는 회계의 환경적 요인이 회계제도 및 운용에 궁극적 영향을 미친다는 점에서 회계의 제도적 속성(institutional attribute)을 엿볼 수 있는 사례로 판단된다.

9. 회계부정과 회계기준의 유형

흔히 2001년도의 미국의 Enron 회계부정이 규정중심의 회계기준을 교묘히 빗겨간 사례로 지적되고 있으나, 실제로 Enron의 회계부정은 규정중심이든 원칙중심이든 어떤 형식에서도 가능한 것으로 판단되고 있다. 왜냐하면 원칙중심의 회계에서도 얼마든지 회계부정이 가능한데, 예를 들면 수익의 인식과 비용의 대응이라는 원칙중심의 회계에서도 그 적용상의 판단남용과 조작이 가능하기 때문이다. WorldCom의 회계부정은 바로 이런 유형의 부정으로 분류되는데, 이 회사는 비용을 자산으로 또는 수익적 지출을 자본적 지출로 조작하였다.[23] 이러한 회계부정은 고도의 기법이 동원되거나 복잡한 규정을 교묘히 빗겨나간 것이 아니라 회계원칙의 기본정신을 정면으로 위반한 것이다. 따라서 회계기준의 형태 또는 운용형식이 회계부정에 영향을 미치는 것이라기보다는 회계담당자와 감사인, 그리고 이용자의 기본의식이 보다 근본적이고 궁극적인 요인이 되는 것으로 평가된다.

---

23) 이 회사는 인터넷 서비스 등을 제공하는 회사였는데, 2002년 2분기에 이전 5개 분기에 걸쳐 39억 달러의 비용이 자산으로 잘못처리됐다고 공표하였다. 나중에 그 규모가 더 큰 것으로 밝혀졌으며 결국 파산을 신청하였다.

의 형식이 바람직하다는 이유에서 출발[26]했지만 최근 회계법인의 조직상의 특성은 전 세계적으로 무한책임에서 유한책임으로 바뀌었다. 이는 감사인에 대한 소송증가 및 이와 관련한 배상책임문제와 밀접한 관련이 있다. 이에 따라 우리나라에서는 감사인의 손해배상능력 증진을 위하여 손해배상기금, 손해배상준비금 및 보험가입 등의 제도적 장치를 마련함과 동시에 회계법인의 상법상 준용기준을 합명회사에서 유한회사로 변경하였으며[27] 세계적으로도 회계법인은 유한책임조합(limited liability partnership : LLP)의 형태를 띠게 되었다. 보다 구체적으로 미국은 1994년에 주요 회계법인의 형태가 LLP로 바뀌었고, 영국의 경우에는 2001년에 LLP로 바뀌었다. 또한 2005년에 싱가포르, 2009년에 인도와 타이완, 2010년에 아일랜드가 LLP로 조직을 변경하였다.[28]

또한 감사인에 대한 소송 및 책임추궁의 분위기는 보수주의를 보다 강화하는 요인으로 파악되고 있으며,[29] 감사인 사회에 많은 부담으로 작용하고 있다. 또한 감사인 조직의 유한책임으로의 전환 이후에도 상당부분의 개인적 자산은 아직도 소송위험이나 이로 인한 배상의무에 노출되어 있다. 예를 들면 감사인의 법적 책임에 대비한 전문가 책임보험(mal-practice insurance)에 가입하는 것 자체가 어려운 실정이고 현실적으로 감사인의 보험료는 최근 7년 사이에 10배 이상 상승한 것으로 나타났다.[30] 〈표 14-5〉에서는 감사인에 대한 소송이 회계에 미친 영향을 요약하였다.

〈표 14-5〉 감사인에 대한 소송의 영향

- 단순하고 명료한 회계기준의 선호
- 회계법인의 유한책임화(LLP)
- clean opinion보다는 modified audit opinion의 비율 증가[31]
- 보수주의의 강화

26) Fama and Jensen(1983, pp. 334~337).

27) 공인회계사법 제40조(준용규정) ② 회계법인에 관하여 이 법에 규정되지 아니한 사항은 「상법」 중 유한회사에 관한 규정을 준용한다. 〈개정 2005.7.29〉

28) 그러나 현재에도 아르헨티나, 브라질, 이집트, 인도네시아, 이란, 이스라엘, 요르단, 케냐, 말레이시아, 나이지리아, 파키스탄, 필리핀, 우루과이 등에서는 감사인의 책임이 무한책임(unlimited liabilities)이다(Lennox and Li, 2012).

29) Basu(1997).

30) Dennis *et al.*(1996). 미국에서 의사에 대한 소송이 남발되는 상황을 우려하여 의료분쟁소송에서 최고보상액에 한도를 설정하자는 의견이 대두된 바 있다. 이는 의사에 대한 지나친 소송남발이 의료서비스의 질에 부정적 영향을 미치는 데다 소송남발로 인한 의료비 증가의 상당부분이 결국에는 일반시민에게 전가되는 사태를 우려하는 것이다.

회계법인 대상 부실감사 소송 증가

국민연금 등 기관도 적극 나서… 회계법인 배상판결은 적어

회계법인을 상대로 부실감사에 대한 책임을 묻는 소송이 늘고 있다. 회계법인들은 변제능력이 없는 분식회계 기업 대신 자신들이 소송의 대상이 되고 있다며 곤혹스러워하고 있다. 일각에서는 회계법인들이 과당경쟁으로 감사의 질을 떨어뜨린 결과라는 지적도 나온다. 20일 각 회계법인이 금융감독원에 제출한 사업보고서에 따르면 이들 회계법인이 부실감사를 이유로 주주 등에게 피소돼 진행한 민사소송 건수(종결 기준)는 2009사업연도와 2010사업연도에 각각 5건에서 2011사업연도에는 8건으로 증가했다.

• 급증하는 신규 소송

신규 소송은 더욱 가파르게 증가하고 있다. 과거에는 주로 일반투자자들이 소송을 냈지만 최근에는 기관투자자들도 소송에 적극적으로 나서는 추세다. 국민연금과 공무원연금, 사학연금 등 3대 연금은 이달 초 코스닥 상장사 신텍의 분식회계와 관련해 회사와 삼일회계법인을 상대로 150억원대의 손해배상 소송을 제기했다. 국민연금 관계자는 "법무법인과 상의해 보니 충분히 승소가능성이 있다고 해 소송에 나섰다"고 설명했다. 하지만 회계법인에 책임을 묻는 법원 판결이 나온 경우는 많지 않다. 2011사업연도 종결 소송 8건 가운데 회계법인이 배상을 한 경우는 2건에 그쳤다. 나머지 6건은 소송 요건을 갖추지 못해 법원에서 각하 또는 기각되거나 투자자들이 소송을 취하했다.

• '부실감사' vs '기획소송'

회계법인들은 투자자들이 일종의 '기획소송'을 하고 있다고 주장하고 있다. 한 대형 회계법인 부대표는 "분식회계를 하다 적발된 회사들은 대부분 망해 돈을 받기 어렵기 때문에 투자자들이 회계법인에 소송을 거는 경우가 많다"며 "변호사들이 불황을 겪자 승소가능성이 별로 없는 소송을 만들어내기도 한다"고 주장했다.

소송을 맡은 법무법인들은 회계법인이 자초한 문제라는 반응이다. 변환봉 법무법인 율 변호사는 "회계법인간 경쟁이 치열하다 보니 감사를 받는 업체의 요구에 따라 분식회계를 눈감아 주면서까지 수임하는 경우가 있다"고 말했다. 전영준 법무법인 한누리 변호사는 "투자자들은 회계감사를 믿고 투자하는 만큼 회계법인들이 응분의 배상책임을 지는 것은 당연하다"고 지적했다.

(한국경제신문, 2012.9.20 수정요약)

31) 감사의견에서 변형된 감사의견(modified audit opinion)이란 감사의견은 적정의견이지만 특기사항이 첨부되어 있거나, 감사의견 자체가 적정의견이 아닌 경우를 의미한다. 이에 반해 clean opinion이란 감사의견이 적정의견이고 특기사항도 없는 경우를 의미한다.

회계업계, 비례책임제 도입에 '반색'… 부작용 없나?

회계감사인의 손해배상책임제도가 '연대책임'에서 '비례책임'으로 변경되면서 회계업계의 부담이 한층 줄어들 전망이다. 주식회사 외부감사에 관한 법률 및 자본시장과 금융투자업에 관한 법률 개정안에 따르면 오는 2014회계연도부터 회계부정에 대한 감사인의 책임이 비례책임제로 변경된다. 현재는 분식회계 및 허위 감사보고서 작성에 있어 감사인이 회사의 임원 등과 연대해 손해를 배상할 책임이 있지만, 앞으로는 귀책비율에 따른 손해배상책임 일부만을 지게 되는 것이다.

금융위원회 관계자는 "그동안 연대책임제도가 회계법인 등에 과도한 부담을 지우고, 해외사례와도 맞지 않는다는 지적에 따른 것"이라고 배경을 설명했다. 앞서 한국공인회계사회를 비롯한 회계업계는 비례책임제의 도입을 지속적으로 주장해 왔다. 회계부정에 대한 연대책임을 회계법인에까지 지우는 것은 해외에도 사례를 찾기 힘들뿐더러, 형평성 원칙에 어긋난다는 논리다. 회계법인의 한 관계자는 "아직까지 연대책임제를 시행하고 있는 나라는 전 세계에서 우리가 유일하다"면서 "재무제표 작성의무를 지닌 기업의 분식을 감사인이 져야 하는 것은 부당한 일"이라고 주장했다.

개정법안을 발의한 김관영 민주당 의원은 "법상 모든 경우에 연대책임을 지도록 하는 것은 형평의 원칙에 부합하지 않는다는 문제점이 제기되고 있다"고 언급했다. 아울러 김 의원은 "현행 연대책임제도하에서는 손해배상청구소송 제기시점에서 피고의 과실 정도를 불문하고 회계법인 등 변제력이 있는 특정피고를 대상으로 소송을 제기하는 사례가 증가하는 등 각종 부작용에 대한 우려가 커지고 있는 실정"이라고 꼬집었다.

이 같은 입장과는 달리, 일각에서는 완화된 법률에 따라 부실감사를 차단하기가 더욱 어려워질 것이라는 우려 섞인 목소리가 나오고 있다. 감사인의 책임이 줄어든 만큼 자연스럽게 감사도 느슨해질 수 있다는 입장이다. 이에 대해 감독당국의 관계자는 "지금까지 나온 회계 관련 판례를 살펴보면 사실상 판결에는 비례책임제가 꾸준히 적용돼 왔다"고 반박했다. 법률에서 감사인의 연대책임을 규정하고는 있어도 실제 판결에서는 사실상 비례책임제가 적용돼 왔었다는 것이다. 이 때문에 법안이 개정된다고 해서 회계법인들의 책임이 줄어드는 것은 아니라는 입장이다.

(조세일보, 2014.2.4 수정요약)

손해배상책임 준비재원 현황

회계법인은 외감법 제17조의2 및 공인회계사법 제28조에 따라 감사업무 등에 따른 고객 및 제3자의 손해를 배상하기 위하여 손해배상준비금(내부)을 유보하고, 손해배상공동기금(한공회)을 적립하거나, 손해배상책임보험에 가입하여야 한다.

손해배상책임 준비재원 구성

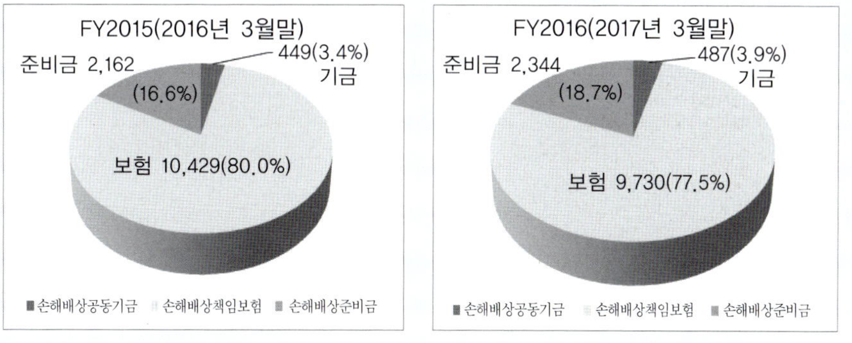

- 2017년 3월말 현재 손해배상책임 준비재원은 총 1조 2,561억원이며, 손해배상책임보험 9,730억원(77.5%), 손해배상준비금 2,344억원(18.7%), 손해배상공동기금 487억원(3.9%)으로 구성되어 있다.
- 손해배상준비재원은 전기 대비 △479억원 감소(△3.7%)하였는데, 이는 손해배상책임보험 감소폭(△699억원)이 손해배상공동기금과 손해배상준비금의 증가폭(220억원)을 상회한 것이 원인이다.
- 손해배상책임보험의 감소는 4대 회계법인이 외화로 가입한 보험가액을 원화로 환산하는 과정에서 환율하락으로 나타난 결과이다.

(금융감독원 보도자료, 2017.8.30)

3. 경영자에 대한 소송의 영향

최원욱 등(2011)은 증권관련 집단소송제의 적용이 기업의 보수적 회계처리에 미치는 영향을 검증하였다. 이를 위해 증권관련 집단소송이 본격적으로 적용된 기간(2006~2007년)과 이전 기간(2004~2005년)을 대상으로 Ball and Shivakumar (2006)의 보수주의 측정치로 측정한 보수적 회계처리 정도에 변화가 있는가를 확인하였다. 아울러 임원배상책임보험의 보수적 회계처리에 대한 영향을 파악하기 위해 증권관련 집단소송제 전후의 보수적 회계처리 강화 현상이 보험 가입기업과 미가입기업 간에 차이가 있는지를 검증하였다.

소송위험이 증가하면 기업은 기대소송비용을 감소시키기 위해 보수적 회계처리를 수행할 가능성이 증가할 것으로 기대된다. 또한 소송위험에 대비하기 위해 가입한 임원배상책임보험이 보수적 회계처리에 미치는 영향에 대하여는 상반된 예측이 가능하다. 즉, 보험가입으로 경영진의 손해배상 부담이 경감되므로 피소가능성에 크게 신경을 쓰지 않아 보수주의에 대한 유인이 적어질 수 있다. 반면 소송에 더 신경을 쓰는 기업들이 보험도 가입하고 회계도 더 보수적으로 처리하는 성향을 보이며, 보험회사의 모니터링 등이 가입기업의 순자산 과대계상 유인을 억제하는 효과도 있으므로, 보험가입기업의 보수적 회계처리 성향이 높게 나타날 수도 있다.

분석결과에 따르면, 첫째, 집단소송제 적용 이후에 적용 이전과 달리 기업들의 보수적 회계처리 성향이 유의하게 강화되고 있는 것으로 나타났다. 둘째, 임원배상책임보험에 가입하지 않은 기업에서 집단소송제 적용 이후 보수적 회계처리가 강화되었다. 하지만 임원배상책임보험에 가입한 기업에서는 집단소송제 도입 전후의 보수적 회계처리 정도에 유의한 차이가 없었다. 즉, 증권관련 집단소송제 도입으로 인한 소송위험의 증가는 임원배상책임보험의 가입이라는 보호장치로 상쇄되고 있으며 이로 인해 경영진의 보수적 회계처리가 나타나지 않는다고 이해할 수 있다. 이상의 결과를 통해 소송 건수는 미미하지만 증권관련 집단소송제가 기업들의 보수적 회계처리에 영향을 미치며 임원배상책임보험 가입 여부 역시 기업들의 회계관행에 영향을 미치고 있음을 알 수 있다.

한편 김병모와 황준호(2016)는 2000~2008년의 기간에 걸쳐 우리나라 유가증권시장 상장기업을 대상으로 임원배상책임보험이 기업의 위험추구 행태에 미치는 영향을 분석하였다. 이 연구에서 표본기간을 특정한 것은 바로 이 기간 동안 임원배상책임보험과 관련된 정보공개가 의무화되어 실증분석에 필요한 데이터의 입수가 가능하기 때문이다.[32]

분석결과에 따르면 임원배상책임보험에 가입한 기업의 미래 주가수익률 변동성과 R&D 지출수준이 가입하지 않은 기업에 비해 유의적으로 높은 것으로 나타났다. 이는 임원배상책임보험이 경영진의 위험회피성향을 감소시켜 보수적이고 근시안적인 기업의 투자행태를 개선하는 효과가 있는 것으로 풀이된다.

32) 2009년부터는 임원배상책임보험의 가입여부에 대한 정보공개의무가 사라졌다. 한편 임원배상책임보험의 가입률은 2000년의 20.8%부터 2008년의 36.7%까지 꾸준히 증가하는 모습을 보이고 있다.

연습문제

1 규정중심 회계와 원칙중심 회계를 구분하여 설명하라.

2 원칙중심 회계와 관련하여,

(1) 원칙중심 회계의 특징을 설명하라.

(2) 규정중심 회계 및 원칙중심 회계의 사례를 들라.

3 true and fair view의 본질을 설명하라.

4 true and fair view override의 본질을 설명하라.

5 감사인에 대한 소송의 영향이 회계실무에 미치는 영향을 설명하라.

6 유한책임조합(limited liability partnership)의 탄생배경을 설명하라.

7 감사인이 단순・명확한 회계기준을 선호하는 이유는 무엇인가?

8 개정상법에서 도입된 유한책임회사(limited liability company)의 성격을 설명하라.

부록

IAS 39 Carve-Out

IAS 39 Temporary carve – out

The text below only refers to the provisions of IAS 39 that are directly relevant for the carve-out of certain provisions related to hedge accounting.
This marked-up version indicates through track changes:

- **Strikethrough: deleted text**
- **Underlined: added text**

from the EU endorsed IAS 39.

Hedging

71 **If there is a designated hedging relationship between a hedging instrument and a hedged item as described in paragraphs 85–88 and Appendix A paragraphs AG102–AG104, accounting for the gain or loss on the hedging instrument and the hedged item shall follow paragraphs 89–102.**

Hedging instruments

Qualifying instruments

72 This Standard does not restrict the circumstances in which a derivative may be designated as a hedging instrument provided the conditions in paragraph 88 are met, except for some written options (see Appendix A paragraph AG94). However, a non-derivative financial asset or non-derivative financial liability may be designated as a hedging instrument only for a hedge of a foreign currency risk.

73 For hedge accounting purposes, only instruments that involve a party external to the reporting entity (ie external to the group, segment or individual entity that is being reported on) can be designated as hedging instruments. Although individual entities within a consolidated group or divisions within an entity may enter into hedging transactions with other entities within the group or divisions within the entity, any such intragroup transactions are eliminated on consolidation. Therefore, such hedging transactions do not qualify for hedge accounting in the consolidated financial statements of the group. However, they may qualify for hedge accounting in the individual or separate financial statements of individual entities within the group or in segment reporting provided that they are external to the individual entity or segment that is being reported on.

Designation of hedging instruments

74 There is normally a single fair value measure for a hedging instrument in its entirety, and the factors that cause changes in fair value are co-dependent. Thus, a hedging relationship is designated by an entity for a hedging instrument in its entirety. The only exceptions permitted are:

(a) separating the intrinsic value and time value of an option contract and designating as the hedging instrument only the change in intrinsic value of an option and excluding change in its time value; and

(b) separating the interest element and the spot price of a forward contract.

These exceptions are permitted because the intrinsic value of the option and the premium on the forward can generally be measured separately. A dynamic hedging strategy that assesses both the intrinsic value and time value of an option contract can qualify for hedge accounting.

75 A proportion of the entire hedging instrument, such as 50 per cent of the notional amount, may be designated as the hedging instrument in a hedging relationship. However, a hedging relationship may not be designated for only a portion of the time period during which a hedging instrument remains outstanding.

76 A single hedging instrument may be designated as a hedge of more than one type of risk provided that (a) the risks hedged can be identified clearly; (b) the effectiveness of the hedge can be demonstrated; and (c) it is possible to ensure that there is specific designation of the hedging instrument and different risk positions.

77 Two or more derivatives, or proportions of them (or, in the case of a hedge of currency risk, two or more non-derivatives or proportions of them, or a combination of derivatives and non-derivatives or proportions of them), may be viewed in combination and jointly designated as the hedging instrument, including when the risk(s) arising from some derivatives offset(s) those arising from others. However, an interest rate collar or other derivative instrument that combines a written option and a purchased option does not qualify as a hedging instrument if it is, in effect, a net written option (for which a net premium is received). Similarly, two or more instruments (or proportions of them) may be designated as the hedging instrument only if none of them is a written option or a net written option.

Hedged items

Qualifying items

78 A hedged item can be a recognised asset or liability, an unrecognised firm commitment, a highly probable forecast transaction or a net investment in a foreign operation. The hedged item can be (a) a single asset, liability, firm commitment, highly probable forecast transaction or net investment in a foreign operation, (b) a group of assets, liabilities, firm commitments, highly probable forecast transactions or net investments in foreign operations with similar risk characteristics or (c) in a portfolio hedge of interest rate risk only, a portion of the portfolio of financial assets or financial liabilities that share the risk being hedged.

79 Unlike loans and receivables, a held-to-maturity investment cannot be a hedged item with respect to interest-rate risk or prepayment risk because designation of an investment as held to maturity requires an intention to hold the investment until maturity without regard to changes in the fair value or cash flows of such an investment attributable to changes in interest rates. However, a held-to-maturity investment can be a hedged item with respect to risks from changes in foreign currency exchange rates and credit risk.

80 For hedge accounting purposes, only assets, liabilities, firm commitments or highly probable forecast transactions that involve a party external to the entity can be designated as hedged items. It follows that hedge accounting can be applied to transactions between entities or segments in the same group only in the individual or separate financial statements of those entities or segments and not in the consolidated financial statements of the group. As an exception, the foreign currency risk of an intragroup monetary item (eg a payable/receivable between two subsidiaries) may qualify as a hedged item in the consolidated financial statements if it results in an exposure to foreign exchange rate gains or losses that are not fully eliminated on consolidation in accordance with IAS 21 *The Effects of Changes in Foreign Exchange Rates*. In accordance with IAS 21, foreign exchange rate gains and losses on intragroup monetary items are not fully eliminated on consolidation when the intragroup monetary item is transacted between two group entities that have different functional currencies. In addition, the foreign currency risk of a highly probable forecast intragroup transaction may qualify as a hedged item in consolidated financial statements provided that the transaction is denominated in a currency other than the functional currency of the entity entering into that transaction and the foreign currency risk will affect consolidated profit or loss.

Designation of financial items as hedged items

81 If the hedged item is a financial asset or financial liability, it may be a hedged item with respect to the risks associated with only a portion of its cash flows or fair value (such as one or more selected contractual cash flows or portions of them or a percentage of the fair value) provided that effectiveness can be measured. For example, an identifiable and separately measurable portion of the interest rate exposure of an interest-bearing asset or interest-bearing liability may be designated as the hedged risk (such as a risk-free interest rate or benchmark interest rate component of the total interest rate exposure of a hedged financial instrument).

81A In a fair value hedge of the interest rate exposure of a portfolio of financial assets or financial liabilities (and only in such a hedge), the portion hedged may be designated in terms of an amount of a currency (eg an amount of dollars, euro, pounds or rand) rather than as individual assets (or liabilities). Although the portfolio may, for risk management purposes, include assets and liabilities, the amount designated is an amount of assets or an amount of liabilities. Designation of a net amount including assets and liabilities is not permitted. The entity may hedge a portion of the interest rate risk associated with this designated amount. For example, in the case of a hedge of a portfolio containing prepayable assets, the entity may hedge the change in fair value that is attributable to a change in the hedged interest rate on the basis of expected, rather than contractual, repricing dates. ~~When the portion hedged is based on expected repricing dates, the effect that changes in the hedged interest rate have on those expected repricing dates shall be included when determining the change in the fair value of the hedged item. Consequently, if a portfolio that contains prepayable items is hedged with a non-prepayable derivative, ineffectiveness arises if the dates on which items in the hedged portfolio are expected to prepay are revised, or actual prepayment dates differ from those expected~~[...].

Relaxation of the effectiveness testing, so that underhedging does not lead to ineffectiveness

Designation of non-financial items as hedged items

82 If the hedged item is a non-financial asset or non-financial liability, it shall be designated as a hedged item (a) for foreign currency risks, or (b) in its entirety for all risks, because of the difficulty of isolating and measuring the appropriate portion of the cash flows or fair value changes attributable to specific risks other than foreign currency risks.

Designation of groups of items as hedged items

83 Similar assets or similar liabilities shall be aggregated and hedged as a group only if the individual assets or individual liabilities in the group share the risk exposure that is designated as being hedged. Furthermore, the change in fair value attributable to the hedged risk

for each individual item in the group shall be expected to be approximately proportional to the overall change in fair value attributable to the hedged risk of the group of items.

84 Because an entity assesses hedge effectiveness by comparing the change in the fair value or cash flow of a hedging instrument (or group of similar hedging instruments) and a hedged item (or group of similar hedged items), comparing a hedging instrument with an overall net position (eg the net of all fixed rate assets and fixed rate liabilities with similar maturities), rather than with a specific hedged item, does not qualify for hedge accounting.

Hedge accounting

85 Hedge accounting recognises the offsetting effects on profit or loss of changes in the fair values of the hedging instrument and the hedged item.

86 Hedging relationships are of three types:

(a) ***fair value hedge*: a hedge of the exposure to changes in fair value of a recognised asset or liability or an unrecognised firm commitment, or an identified portion of such an asset, liability or firm commitment, that is attributable to a particular risk and could affect profit or loss.**

(b) ***cash flow hedge*: a hedge of the exposure to variability in cash flows that (i) is attributable to a particular risk associated with a recognised asset or liability (such as all or some future interest payments on variable rate debt) or a highly probable forecast transaction and (ii) could affect profit or loss.**

(c) ***hedge of a net investment in a foreign operation* as defined in IAS 21.**

87 A hedge of the foreign currency risk of a firm commitment may be accounted for as a fair value hedge or as a cash flow hedge.

88 A hedging relationship qualifies for hedge accounting under paragraphs 89–102 if, and only if, all of the following conditions are met.

(a) **At the inception of the hedge there is formal designation and documentation of the hedging relationship and the entity's risk management objective and strategy for undertaking the hedge. That documentation shall include identification of the hedging instrument, the hedged item or transaction, the nature of the risk being hedged and how the entity will assess the hedging instrument's effectiveness in offsetting the exposure to changes in the hedged item's fair value or cash flows attributable to the hedged risk.**

(b) The hedge is expected to be highly effective (see Appendix A paragraphs AG105–AG113) in achieving offsetting changes in fair value or cash flows attributable to the hedged risk, consistently with the originally documented risk management strategy for that particular hedging relationship.

(c) For cash flow hedges, a forecast transaction that is the subject of the hedge must be highly probable and must present an exposure to variations in cash flows that could ultimately affect profit or loss.

(d) The effectiveness of the hedge can be reliably measured, ie the fair value or cash flows of the hedged item that are attributable to the hedged risk and the fair value of the hedging instrument can be reliably measured (see paragraphs 46 and 47 and Appendix A paragraphs AG80 and AG81 for guidance on determining fair value).

(e) The hedge is assessed on an ongoing basis and determined actually to have been highly effective throughout the financial reporting periods for which the hedge was designated.

Fair value hedges

89 If a fair value hedge meets the conditions in paragraph 88 during the period, it shall be accounted for as follows:

(a) the gain or loss from remeasuring the hedging instrument at fair value (for a derivative hedging instrument) or the foreign currency component of its carrying amount measured in accordance with IAS 21 (for a non-derivative hedging instrument) shall be recognised in profit or loss; and

(b) the gain or loss on the hedged item attributable to the hedged risk shall adjust the carrying amount of the hedged item and be recognised in profit or loss. This applies if the hedged item is otherwise measured at cost. Recognition of the gain or loss attributable to the hedged risk in profit or loss applies if the hedged item is an available-for-sale financial asset.

89A For a fair value hedge of the interest rate exposure of a portion of a portfolio of financial assets or financial liabilities (and only in such a hedge), the requirement in paragraph 89(b) may be met by presenting the gain or loss attributable to the hedged item either:

(a) in a single separate line item within assets, for those repricing time periods for which the hedged item is an asset; or

(b) in a single separate line item within liabilities, for those repricing time periods for which the hedged item is a liability.

The separate line items referred to in (a) and (b) above shall be presented next to financial assets or financial liabilities. Amounts included in these line items shall be removed from the balance sheet when the assets or liabilities to which they relate are derecognised.

90 If only particular risks attributable to a hedged item are hedged, recognised changes in the fair value of the hedged item unrelated to the hedged risk are recognised as set out in paragraph 55.

91 An entity shall discontinue prospectively the hedge accounting specified in paragraph 89 if:

(a) the hedging instrument expires or is sold, terminated or exercised (for this purpose, the replacement or rollover of a hedging instrument into another hedging instrument is not an expiration or termination if such replacement or rollover is part of the entity's documented hedging strategy);

(b) the hedge no longer meets the criteria for hedge accounting in paragraph 88; or

(c) the entity revokes the designation.

92 Any adjustment arising from paragraph 89(b) to the carrying amount of a hedged financial instrument for which the effective interest method is used (or, in the case of a portfolio hedge of interest rate risk, to the separate balance sheet line item described in paragraph 89A) shall be amortised to profit or loss. Amortisation may begin as soon as an adjustment exists and shall begin no later than when the hedged item ceases to be adjusted for changes in its fair value attributable to the risk being hedged. The adjustment is based on a recalculated effective interest rate at the date amortisation begins. However, if, in the case of a fair value hedge of the interest rate exposure of a portfolio of financial assets or financial liabilities (and only in such a hedge), amortising using a recalculated effective interest rate is not practicable, the adjustment shall be amortised using a straight-line method. The adjustment shall be amortised fully by maturity of the financial instrument or, in the case of a portfolio hedge of interest rate risk, by expiry of the relevant repricing time period.

93 When an unrecognised firm commitment is designated as a hedged item, the subsequent cumulative change in the fair value of the firm commitment attributable to the hedged risk is recognised as an asset or liability with a corresponding gain or loss recognised in profit or loss (see paragraph 89(b)). The changes in the fair value of the hedging instrument are also recognised in profit or loss.

94 When an entity enters into a firm commitment to acquire an asset or assume a liability that is a hedged item in a fair value hedge, the initial carrying amount of the asset or liability that results from the entity meeting the firm commitment is adjusted to include the cumulative change in the fair value of the firm commitment attributable to the hedged risk that was recognised in the balance sheet.

Cash flow hedges

95 If a cash flow hedge meets the conditions in paragraph 88 during the period, it shall be accounted for as follows:

(a) the portion of the gain or loss on the hedging instrument that is determined to be an effective hedge (see paragraph 88) shall be recognised directly in equity through the statement of changes in equity (see IAS 1); and

(b) the ineffective portion of the gain or loss on the hedging instrument shall be recognised in profit or loss.

96 More specifically, a cash flow hedge is accounted for as follows:

(a) the separate component of equity associated with the hedged item is adjusted to the lesser of the following (in absolute amounts):

(i) the cumulative gain or loss on the hedging instrument from inception of the hedge; and

(ii) the cumulative change in fair value (present value) of the expected future cash flows on the hedged item from inception of the hedge;

(b) any remaining gain or loss on the hedging instrument or designated component of it (that is not an effective hedge) is recognised in profit or loss; and

(c) if an entity's documented risk management strategy for a particular hedging relationship excludes from the assessment of hedge effectiveness a specific component of the gain or loss or related cash flows on the hedging instrument (see paragraphs 74, 75 and 88(a)), that excluded component of gain or loss is recognised in accordance with paragraph 55.

97 If a hedge of a forecast transaction subsequently results in the recognition of a financial asset or a financial liability, the associated gains or losses that were recognised directly in equity in accordance with paragraph 95 shall be reclassified into profit or loss in the same period or periods during which the asset acquired or liability assumed affects profit or loss (such as in the periods that interest income or interest expense is recognised). However, if an entity expects that all or a portion of a loss recognised directly

in equity will not be recovered in one or more future periods, it shall reclassify into profit or loss the amount that is not expected to be recovered.

98 **If a hedge of a forecast transaction subsequently results in the recognition of a non-financial asset or a non-financial liability, or a forecast transaction for a non-financial asset or non-financial liability becomes a firm commitment for which fair value hedge accounting is applied, then the entity shall adopt (a) or (b) below:**

(a) **It reclassifies the associated gains and losses that were recognised directly in equity in accordance with paragraph 95 into profit or loss in the same period or periods during which the asset acquired or liability assumed affects profit or loss (such as in the periods that depreciation expense or cost of sales is recognised). However, if an entity expects that all or a portion of a loss recognised directly in equity will not be recovered in one or more future periods, it shall reclassify into profit or loss the amount that is not expected to be recovered.**

(b) **It removes the associated gains and losses that were recognised directly in equity in accordance with paragraph 95, and includes them in the initial cost or other carrying amount of the asset or liability.**

99 **An entity shall adopt either (a) or (b) in paragraph 98 as its accounting policy and shall apply it consistently to all hedges to which paragraph 98 relates.**

100 **For cash flow hedges other than those covered by paragraphs 97 and 98, amounts that had been recognised directly in equity shall be recognised in profit or loss in the same period or periods during which the hedged forecast transaction affects profit or loss (for example, when a forecast sale occurs).**

101 **In any of the following circumstances an entity shall discontinue prospectively the hedge accounting specified in paragraphs 95–100:**

(a) **The hedging instrument expires or is sold, terminated or exercised (for this purpose, the replacement or rollover of a hedging instrument into another hedging instrument is not an expiration or termination if such replacement or rollover is part of the entity's documented hedging strategy). In this case, the cumulative gain or loss on the hedging instrument that remains recognised directly in equity from the period when the hedge was effective (see paragraph 95(a)) shall remain separately recognised in equity until the forecast transaction occurs. When the transaction occurs, paragraph 97, 98 or 100 applies.**

(b) **The hedge no longer meets the criteria for hedge accounting in paragraph 88. In this case, the cumulative gain or loss on the hedging instrument that remains recognised directly in equity from the period when the hedge was effective (see paragraph 95(a)) shall remain separately recognised in equity until the forecast transaction occurs. When the transaction occurs, paragraph 97, 98 or 100 applies.**

(c) **The forecast transaction is no longer expected to occur, in which case any related cumulative gain or loss on the hedging instrument that remains recognised directly in equity from the period when the hedge was effective (see paragraph 95(a)) shall be recognised in profit or loss. A forecast transaction that is no longer highly probable (see paragraph 88(c)) may still be expected to occur.**

(d) **The entity revokes the designation. For hedges of a forecast transaction, the cumulative gain or loss on the hedging instrument that remains recognised directly in equity from the period when the hedge was effective (see paragraph 95(a)) shall remain separately recognised in equity until the forecast transaction occurs or is no longer expected to occur. When the transaction occurs, paragraph 97, 98 or 100 applies. If the transaction is no longer expected to occur, the cumulative gain or loss that had been recognised directly in equity shall be recognised in profit or loss.**

Hedges of a net investment

102 **Hedges of a net investment in a foreign operation, including a hedge of a monetary item that is accounted for as part of the net investment (see IAS 21), shall be accounted for similarly to cash flow hedges:**

(a) **the portion of the gain or loss on the hedging instrument that is determined to be an effective hedge (see paragraph 88) shall be recognised directly in equity through the statement of changes in equity (see IAS 1); and**

(b) **the ineffective portion shall be recognised in profit or loss.**

The gain or loss on the hedging instrument relating to the effective portion of the hedge that has been recognised directly in equity shall be recognised in profit or loss on disposal of the foreign operation.

Appendix A
Application guidance

Hedged items (paragraphs 78–84)

Qualifying items (paragraphs 78–80)

AG98 A firm commitment to acquire a business in a business combination cannot be a hedged item, except for foreign exchange risk, because the other risks being hedged cannot be specifically identified and measured. These other risks are general business risks.

AG99 An equity method investment cannot be a hedged item in a fair value hedge because the equity method recognises in profit or loss the investor's share of the associate's profit or loss, rather than changes in the investment's fair value. For a similar reason, an investment in a consolidated subsidiary cannot be a hedged item in a fair value hedge because consolidation recognises in profit or loss the subsidiary's profit or loss, rather than changes in the investment's fair value. A hedge of a net investment in a foreign operation is different because it is a hedge of the foreign currency exposure, not a fair value hedge of the change in the value of the investment.

AG99A Paragraph 80 states that in consolidated financial statements the foreign currency risk of a highly probable forecast intragroup transaction may qualify as a hedged item in a cash flow hedge, provided the transaction is denominated in a currency other than the functional currency of the entity entering into that transaction and the foreign currency risk will affect consolidated profit or loss. For this purpose an entity can be a parent, subsidiary, associate, joint venture or branch. If the foreign currency risk of a forecast intragroup transaction does not affect consolidated profit or loss, the intragroup transaction cannot qualify as a hedged item. This is usually the case for royalty payments, interest payments or management charges between members of the same group unless there is a related external transaction. However, when the foreign currency risk of a forecast intragroup transaction will affect consolidated profit or loss, the intragroup transaction can qualify as a hedged item. An example is forecast sales or purchases of inventories between members of the same group if there is an onward sale of the inventory to a party external to the group. Similarly, a forecast intragroup sale of plant and equipment from the group entity that manufactured it to a group entity that will use the plant and equipment in its operations may affect consolidated profit or loss. This could occur, for example, because the plant and equipment will be depreciated by the purchasing entity and the amount initially recognised for the plant and equipment may change if the forecast intragroup transaction is denominated in a currency other than the functional currency of the purchasing entity.

AG99B If a hedge of a forecast intragroup transaction qualifies for hedge accounting, any gain or loss that is recognised directly in equity in accordance with paragraph 95(a) shall be reclassified into profit or loss in the same period or periods during which the foreign currency risk of the hedged transaction affects consolidated profit or loss.

Designation of financial items as hedged items (paragraphs 81 and 81A)

AG99C ~~If a portion of the cash flows of a financial asset or financial liability is designated as the hedged item, that designated portion must be less than the total cash flows of the asset or liability. For example, in the case of a liability whose effective interest rate is below LIBOR, an entity cannot designate (a) a portion of the liability equal to the principal amount plus interest at LIBOR and (b) a negative residual portion. However, the~~[…]The entity may designate all of the cash flows of the entire financial asset or financial liability as the hedged item and hedge them for only one particular risk (eg only for changes that are attributable to changes in LIBOR). For example, in the case of a financial liability whose effective interest rate is 100 basis points below LIBOR, an entity can designate as the hedged item the entire liability (ie principal plus interest at LIBOR minus 100 basis points) and hedge the change in the fair value or cash flows of that entire liability that is attributable to changes in LIBOR. The entity may also choose a hedge ratio of other than one to one in order to improve the effectiveness of the hedge as described in paragraph AG100.

To allow hedging of the interest rate component of core deposits remunerated at 0 interest rate or below market interest rate

AG99D In addition, if a fixed rate financial instrument is hedged some time after its origination and interest rates have changed in the meantime, the entity can designate a portion equal to a benchmark rate ~~that is higher than the contractual rate paid on the item. The entity can do so provided that the benchmark rate is less than the effective interest rate calculated on the assumption that the entity had purchased the instrument on the day it first designates the hedged item.~~[…].. For example, assume an entity originates a fixed rate financial asset of CU100 that has an effective interest rate of 6 per cent at a time when LIBOR is 4 per cent. It begins to hedge that asset some time later when LIBOR has increased to 8 per cent and the fair value of the asset has decreased to CU90. The entity calculates that if it had purchased the asset on the date it first designates it as the hedged item for its then fair value of CU90, the effective yield would have been 9.5 per cent. ~~Because LIBOR is less than this effective yield, the~~[…].The entity can designate a LIBOR portion of 8 per cent that consists partly of the contractual interest cash flows and partly of the

Same as for AG99C

difference between the current fair value (ie CU90) and the amount repayable on maturity (ie CU100).

Designation of non-financial items as hedged items (paragraph 82)

AG100 Changes in the price of an ingredient or component of a non-financial asset or non-financial liability generally do not have a predictable, separately measurable effect on the price of the item that is comparable to the effect of, say, a change in market interest rates on the price of a bond. Thus, a non-financial asset or non-financial liability is a hedged item only in its entirety or for foreign exchange risk. If there is a difference between the terms of the hedging instrument and the hedged item (such as for a hedge of the forecast purchase of Brazilian coffee using a forward contract to purchase Colombian coffee on otherwise similar terms), the hedging relationship nonetheless can qualify as a hedge relationship provided all the conditions in paragraph 88 are met, including that the hedge is expected to be highly effective. For this purpose, the amount of the hedging instrument may be greater or less than that of the hedged item if this improves the effectiveness of the hedging relationship. For example, a regression analysis could be performed to establish a statistical relationship between the hedged item (eg a transaction in Brazilian coffee) and the hedging instrument (eg a transaction in Colombian coffee). If there is a valid statistical relationship between the two variables (ie between the unit prices of Brazilian coffee and Colombian coffee), the slope of the regression line can be used to establish the hedge ratio that will maximise expected effectiveness. For example, if the slope of the regression line is 1.02, a hedge ratio based on 0.98 quantities of hedged items to 1.00 quantities of the hedging instrument maximises expected effectiveness. However, the hedging relationship may result in ineffectiveness that is recognised in profit or loss during the term of the hedging relationship.

Designation of groups of items as hedged items (paragraphs 83 and 84)

AG101 A hedge of an overall net position (eg the net of all fixed rate assets and fixed rate liabilities with similar maturities), rather than of a specific hedged item, does not qualify for hedge accounting. However, almost the same effect on profit or loss of hedge accounting for this type of hedging relationship can be achieved by designating as the hedged item part of the underlying items. For example, if a bank has CU100 of assets and CU90 of liabilities with risks and terms of a similar nature and hedges the net CU10 exposure, it can designate as the hedged item CU10 of those assets. This designation can be used if such assets and liabilities are fixed rate instruments, in which case it is a fair value hedge, or if they are variable rate instruments, in which case it is a cash flow hedge. Similarly, if an entity has a firm commitment to make a purchase in a foreign currency of CU100 and a firm commitment to make a sale in the foreign currency of CU90, it can hedge the net amount of CU10 by acquiring a derivative and designating it as a hedging instrument associated with CU10 of the firm purchase commitment of CU100.

Hedge accounting (paragraphs 85–102)

AG102 An example of a fair value hedge is a hedge of exposure to changes in the fair value of a fixed rate debt instrument as a result of changes in interest rates. Such a hedge could be entered into by the issuer or by the holder.

AG103 An example of a cash flow hedge is the use of a swap to change floating rate debt to fixed rate debt (ie a hedge of a future transaction where the future cash flows being hedged are the future interest payments).

AG104 A hedge of a firm commitment (eg a hedge of the change in fuel price relating to an unrecognised contractual commitment by an electric utility to purchase fuel at a fixed price) is a hedge of an exposure to a change in fair value. Accordingly, such a hedge is a fair value hedge. However, under paragraph 87 a hedge of the foreign currency risk of a firm commitment could alternatively be accounted for as a cash flow hedge.

Assessing hedge effectiveness

AG105 A hedge is regarded as highly effective only if both of the following conditions are met:

(a) At the inception of the hedge and in subsequent periods, the hedge is expected to be highly effective in achieving offsetting changes in fair value or cash flows attributable to the hedged risk during the period for which the hedge is designated. Such an expectation can be demonstrated in various ways, including a comparison of past changes in the fair value or cash flows of the hedged item that are attributable to the hedged risk with past changes in the fair value or cash flows of the hedging instrument, or by demonstrating a high statistical correlation between the fair value or cash flows of the hedged item and those of the hedging instrument. The entity may choose a hedge ratio of other than one to one in order to improve the effectiveness of the hedge as described in paragraph AG100.

(b) The actual results of the hedge are within a range of 80–125 per cent. For example, if actual results are such that the loss on the hedging instrument is CU120 and the gain on the cash instrument is CU100, offset can be measured by 120/100, which is 120 per cent, or by 100/120, which is 83 per cent. In this example, assuming the hedge meets the condition in (a), the entity would conclude that the hedge has been highly effective.

AG106 Effectiveness is assessed, at a minimum, at the time an entity prepares its annual or interim financial statements.

AG107 This Standard does not specify a single method for assessing hedge effectiveness. The method an entity adopts for assessing hedge effectiveness depends on its risk management strategy. For example, if the entity's risk management strategy is to adjust the amount of the hedging instrument periodically to reflect changes in the hedged position, the entity needs to demonstrate that the hedge is expected to be highly effective only for the period until the amount of the hedging instrument is next adjusted. In some cases, an entity adopts different methods for different types of hedges. An entity's documentation of its hedging strategy includes its procedures for assessing effectiveness. Those procedures state whether the assessment includes all of the gain or loss on a hedging instrument or whether the instrument's time value is excluded.

AG107A ~~If an entity hedges less than 100 per cent of the exposure on an item, such as 85 per cent, it shall designate the hedged item as being 85 per cent of the exposure and shall measure ineffectiveness based on the change in that designated 85 per cent exposure. However, when hedging the designated 85 per cent exposure, the entity may use a hedge ratio of other than one to one if that improves the expected effectiveness of the hedge, as explained in paragraph AG100~~[...].

Relaxation of the effectiveness testing, so that underhedging does not lead to ineffectiveness.

AG108 If the principal terms of the hedging instrument and of the hedged asset, liability, firm commitment or highly probable forecast transaction are the same, the changes in fair value and cash flows attributable to the risk being hedged may be likely to offset each other fully, both when the hedge is entered into and afterwards. For example, an interest rate swap is likely to be an effective hedge if the notional and principal amounts, term, repricing dates, dates of interest and principal receipts and payments, and basis for measuring interest rates are the same for the hedging instrument and the hedged item. In addition, a hedge of a highly probable forecast purchase of a commodity with a forward contract is likely to be highly effective if:

(a) the forward contract is for the purchase of the same quantity of the same commodity at the same time and location as the hedged forecast purchase;

(b) the fair value of the forward contract at inception is zero; and

(c) either the change in the discount or premium on the forward contract is excluded from the assessment of effectiveness and recognised in profit or loss or the change in expected cash flows on the highly probable forecast transaction is based on the forward price for the commodity.

AG109 Sometimes the hedging instrument offsets only part of the hedged risk. For example, a hedge would not be fully effective if the hedging instrument and hedged item are denominated in different currencies that do not move in tandem. Also, a hedge of interest rate risk using a derivative would not be fully effective if part of the change in the fair value of the derivative is attributable to the counterparty's credit risk.

AG110 To qualify for hedge accounting, the hedge must relate to a specific identified and designated risk, and not merely to the entity's general business risks, and must ultimately affect the entity's profit or loss. A hedge of the risk of obsolescence of a physical asset or the risk of expropriation of property by a government is not eligible for hedge accounting; effectiveness cannot be measured because those risks are not measurable reliably.

AG111 In the case of interest rate risk, hedge effectiveness may be assessed by preparing a maturity schedule for financial assets and financial liabilities that shows the net interest rate exposure for each time period, provided that the net exposure is associated with a specific asset or liability (or a specific group of assets or liabilities or a specific portion of them) giving rise to the net exposure, and hedge effectiveness is assessed against that asset or liability.

AG112 In assessing the effectiveness of a hedge, an entity generally considers the time value of money. The fixed interest rate on a hedged item need not exactly match the fixed interest rate on a swap designated as a fair value hedge. Nor does the variable interest rate on an interest-bearing asset or liability need to be the same as the variable interest rate on a swap designated as a cash flow hedge. A swap's fair value derives from its net settlements. The fixed and variable rates on a swap can be changed without affecting the net settlement if both are changed by the same amount.

AG113 If an entity does not meet hedge effectiveness criteria, the entity discontinues hedge accounting from the last date on which compliance with hedge effectiveness was demonstrated. However, if the entity identifies the event or change in circumstances that caused the hedging relationship to fail the effectiveness criteria, and demonstrates that the hedge was effective before the event or change in circumstances occurred, the entity discontinues hedge accounting from the date of the event or change in circumstances.

Fair value hedge accounting for a portfolio hedge of interest rate risk

AG114 For a fair value hedge of interest rate risk associated with a portfolio of financial assets or financial liabilities, an entity would meet the requirements of this Standard if it complies with the procedures set out in (a)–(i) and paragraphs AG115–AG132 below.

(a) As part of its risk management process the entity identifies a portfolio of items whose interest rate risk it wishes to hedge. The portfolio may comprise only assets, only liabilities or both assets and liabilities. The entity may identify two or more portfolios (eg the entity may group its available-for-sale assets into a separate portfolio), in which case it applies the guidance below to each portfolio separately.

(b) The entity analyses the portfolio into repricing time periods based on expected, rather than contractual, repricing dates. The analysis into repricing time periods may be performed in various ways including scheduling cash flows into the periods in which they are expected to occur, or scheduling notional principal amounts into all periods until repricing is expected to occur.

(c) On the basis of this analysis, the entity decides the amount it wishes to hedge. The entity designates as the hedged item an amount of assets or liabilities (but not a net amount) from the identified portfolio equal to the amount it wishes to designate as being hedged. ~~This amount also determines the percentage measure that is used for testing effectiveness in accordance with paragraph AG126(b).~~[...].

Consequential amendment linked to the withdrawal of AG 126.

(d) The entity designates the interest rate risk it is hedging. This risk could be a portion of the interest rate risk in each of the items in the hedged position, such as a benchmark interest rate (eg LIBOR).

(e) The entity designates one or more hedging instruments for each repricing time period.

(f) Using the designations made in (c)–(e) above, the entity assesses at inception and in subsequent periods, whether the hedge is expected to be highly effective during the period for which the hedge is designated.

(g) Periodically, the entity measures the change in the fair value of the hedged item (as designated in (c)) that is attributable to the hedged risk (as designated in (d)), ~~on the basis of the expected repricing dates determined in (b).~~[...]. Provided that the hedge is

Relaxation of the effectiveness test.

determined actually to have been highly effective when assessed using the entity's documented method of assessing effectiveness, the entity recognises the change in fair value of the hedged item as a gain or loss in profit or loss and in one of two line items in the balance sheet as described in paragraph 89A. The change in fair value need not be allocated to individual assets or liabilities.

(h) The entity measures the change in fair value of the hedging instrument(s) (as designated in (e)) and recognises it as a gain or loss in profit or loss. The fair value of the hedging instrument(s) is recognised as an asset or liability in the balance sheet.

(i) Any ineffectiveness[1] will be recognised in profit or loss as the difference between the change in fair value referred to in (g) and that referred to in (h).

AG115 This approach is described in more detail below. The approach shall be applied only to a fair value hedge of the interest rate risk associated with a portfolio of financial assets or financial liabilities.

AG116 The portfolio identified in paragraph AG114(a) could contain assets and liabilities. Alternatively, it could be a portfolio containing only assets, or only liabilities. The portfolio is used to determine the amount of the assets or liabilities the entity wishes to hedge. However, the portfolio is not itself designated as the hedged item.

AG117 In applying paragraph AG114(b), the entity determines the expected repricing date of an item as the earlier of the dates when that item is expected to mature or to reprice to market rates. The expected repricing dates are estimated at the inception of the hedge and throughout the term of the hedge, based on historical experience and other available information, including information and expectations regarding prepayment rates, interest rates and the interaction between them. Entities that have no entity-specific experience or insufficient experience use peer group experience for comparable financial instruments. These estimates are reviewed periodically and updated in the light of experience. In the case of a fixed rate item that is prepayable, the expected repricing date is the date on which the item is expected to prepay unless it reprices to market rates on an earlier date. For a group of similar items, the analysis into time periods based on expected repricing dates may take the form of allocating a percentage of the group, rather than individual items, to each time period. An entity may apply other methodologies for such allocation purposes. For example, it may use a prepayment rate multiplier for allocating amortising loans to time periods based on expected repricing dates. However, the methodology for such an allocation shall be in accordance with the entity's risk management procedures and objectives.

[1] The same materiality considerations apply in this context as apply throughout IFRSs.

AG118 As an example of the designation set out in paragraph AG114(c), if in a particular repricing time period an entity estimates that it has fixed rate assets of CU100 and fixed rate liabilities of CU80 and decides to hedge all of the net position of CU20, it designates as the hedged item assets in the amount of CU20 (a portion of the assets).2 The designation is expressed as an 'amount of a currency' (eg an amount of dollars, euro, pounds or rand) rather than as individual assets. It follows that all of the assets (or liabilities) from which the hedged amount is drawn—ie all of the CU100 of assets in the above example—must be~~:~~

~~(a)~~ items whose fair value changes in response to changes in the interest rate being hedged~~; and~~

~~(b) items that could have qualified for fair value hedge accounting if they had been designated as hedged individually. In particular, because the Standard[3] specifies that the fair value of a financial liability with a demand feature (such as demand deposits and some types of time deposits) is not less than the amount payable on demand, discounted from the first date that the amount could be required to be paid, such an item cannot qualify for fair value hedge accounting for any time period beyond the shortest period in which the holder can demand payment. In the above example, the hedged position is an amount of assets. Hence, such liabilities are not a part of the designated hedged item, but are used by the entity to determine the amount of the asset that is designated as being hedged. If the position the entity wished to hedge was an amount of liabilities, the amount representing the designated hedged item must be drawn from fixed rate liabilities other than liabilities that the entity can be required to repay in an earlier time period, and the percentage measure used for assessing hedge effectiveness in accordance with paragraph AG126(b) would be calculated as a percentage of these other liabilities. For example, assume that an entity estimates that in a particular repricing time period it has fixed rate liabilities of CU100, comprising CU40 of demand deposits and CU60 of liabilities with no demand feature, and CU70 of fixed rate assets. If the entity decides to hedge all of the net position of CU30, it designates as the hedged item liabilities of CU30 or 50 per cent[4] of the liabilities with no demand feature~~[…].

To allow the hedging of a portfolio of core deposits.

AG119 The entity also complies with the other designation and documentation requirements set out in paragraph 88(a). For a portfolio hedge of interest rate risk, this designation and documentation specifies the entity's policy for all of the variables that are used to identify the amount that is hedged and how effectiveness is measured, including the following:

---

2 The Standard permits an entity to designate any amount of the available qualifying assets or liabilities, ie in this example any amount of assets between CU0 and CU100.

~~3 see paragraph 49~~

~~4 CU30 ÷ (CU100 – CU40) = 50 per cent~~

(a) which assets and liabilities are to be included in the portfolio hedge and the basis to be used for removing them from the portfolio.

(b) how the entity estimates repricing dates, including what interest rate assumptions underlie estimates of prepayment rates and the basis for changing those estimates. The same method is used for both the initial estimates made at the time an asset or liability is included in the hedged portfolio and for any later revisions to those estimates.

(c) the number and duration of repricing time periods.

(d) how often the entity will test effectiveness ~~and which of the two methods in paragraph AG126 it will use.~~[…].

Consequential amendments linked to the withdrawal of AG 126.

(e) the methodology used by the entity to determine the amount of assets or liabilities that are designated as the hedged item ~~and, accordingly, the percentage measure used when the entity tests effectiveness using the method described in paragraph AG126(b).~~[…].

(f) ~~when the entity tests effectiveness using the method described in paragraph AG126(b),~~[…]. whether the entity will test effectiveness for each repricing time period individually, for all time periods in aggregate, or by using some combination of the two.

The policies specified in designating and documenting the hedging relationship shall be in accordance with the entity's risk management procedures and objectives. Changes in policies shall not be made arbitrarily. They shall be justified on the basis of changes in market conditions and other factors and be founded on and consistent with the entity's risk management procedures and objectives.

AG120 The hedging instrument referred to in paragraph AG114(e) may be a single derivative or a portfolio of derivatives all of which contain exposure to the hedged interest rate risk designated in paragraph AG114(d) (eg a portfolio of interest rate swaps all of which contain exposure to LIBOR). Such a portfolio of derivatives may contain offsetting risk positions. However, it may not include written options or net written options, because the Standard[5] does not permit such options to be designated as hedging instruments (except when a written option is designated as an offset to a purchased option). If the hedging instrument hedges the amount designated in paragraph AG114(c) for more than one repricing time period, it is allocated to all of the time periods that it

[5] see paragraphs 77 and AG94

hedges. However, the whole of the hedging instrument must be allocated to those repricing time periods because the Standard[6] does not permit a hedging relationship to be designated for only a portion of the time period during which a hedging instrument remains outstanding.

AG121 When the entity measures the change in the fair value of a prepayable item in accordance with paragraph AG114(g), a change in interest rates affects the fair value of the prepayable item in two ways: it affects the fair value of the contractual cash flows and the fair value of the prepayment option that is contained in a prepayable item. Paragraph 81 of the Standard permits an entity to designate a portion of a financial asset or financial liability, sharing a common risk exposure, as the hedged item, provided effectiveness can be measured. ~~For prepayable items, paragraph 81A permits this to be achieved by designating the hedged item in terms of the change in the fair value that is attributable to changes in the designated interest rate on the basis of *expected*, rather than *contractual*, repricing dates. However, the effect that changes in the hedged interest rate have on those expected repricing dates shall be included when determining the change in the fair value of the hedged item. Consequently, if the expected repricing dates are revised (eg to reflect a change in expected prepayments), or if actual repricing dates differ from those expected, ineffectiveness will arise as described in paragraph AG126. Conversely, changes in expected repricing dates that (a) clearly arise from factors other than changes in the hedged interest rate, (b) are uncorrelated with changes in the hedged interest rate and (c) can be reliably separated from changes that are attributable to the hedged interest rate (eg changes in prepayment rates clearly arising from a change in demographic factors or tax regulations rather than changes in interest rate) are excluded when determining the change in the fair value of the hedged item, because they are not attributable to the hedged risk. If there is uncertainty about the factor that gave rise to the change in expected repricing dates or the entity is not able to separate reliably the changes that arise from the hedged interest rate from those that arise from other factors, the change is assumed to arise from changes in the hedged interest rate~~[…].

Relaxation of the effectiveness test (adoption of a layer approach).

AG122 The Standard does not specify the techniques used to determine the amount referred to in paragraph AG114(g), namely the change in the fair value of the hedged item that is attributable to the hedged risk. ~~If statistical or other estimation techniques are used for such measurement, management must expect the result to approximate closely that which would have been obtained from measurement of all the individual assets or liabilities that constitute the hedged item.~~[…]. It is not appropriate to assume that changes in the fair value of the hedged item equal changes in the value of the hedging instrument.

To allow hedging of a portfolio of core deposits (linked also to the measurement of effectiveness when core deposits are remunerated at below market interest rates).

---

[6] see paragraph 75

AG123 Paragraph 89A requires that if the hedged item for a particular repricing time period is an asset, the change in its value is presented in a separate line item within assets. Conversely, if the hedged item for a particular repricing time period is a liability, the change in its value is presented in a separate line item within liabilities. These are the separate line items referred to in paragraph AG114(g). Specific allocation to individual assets (or liabilities) is not required.

AG124 Paragraph AG114(i) notes that ineffectiveness arises to the extent that the change in the fair value of the hedged item that is attributable to the hedged risk differs from the change in the fair value of the hedging derivative. Such a difference may arise for a number of reasons, including:

(a) ~~actual repricing dates being different from those expected, or expected repricing dates being revised~~[...];

(b) items in the hedged portfolio becoming impaired or being derecognised;

(c) the payment dates of the hedging instrument and the hedged item being different; and

(d) other causes ~~(eg when a few of the hedged items bear interest at a rate below the benchmark rate for which they are designated as being hedged, and the resulting ineffectiveness is not so great that the portfolio as a whole fails to qualify for hedge accounting).~~[...].

To relax the effectiveness test for fair value hedging of portfolio of financial instruments including core deposits.

Such ineffectiveness[7] shall be identified and recognised in profit or loss.

AG125 Generally, the effectiveness of the hedge will be improved:

(a) if the entity schedules items with different prepayment characteristics in a way that takes account of the differences in prepayment behaviour.

(b) when the number of items in the portfolio is larger. When only a few items are contained in the portfolio, relatively high ineffectiveness is likely if one of the items prepays earlier or later than expected. Conversely, when the portfolio contains many items, the prepayment behaviour can be predicted more accurately.

(c) when the repricing time periods used are narrower (eg 1-month as opposed to 3-month repricing time periods). Narrower repricing time periods reduce the effect of any mismatch between the

---

[7] The same materiality considerations apply in this context as apply throughout IFRSs.

repricing and payment dates (within the repricing time period) of the hedged item and those of the hedging instrument.

(d) the greater the frequency with which the amount of the hedging instrument is adjusted to reflect changes in the hedged item (eg because of changes in prepayment expectations).

AG126 An entity tests effectiveness periodically. ~~If estimates of repricing dates change between one date on which an entity assesses effectiveness and the next, it shall calculate the amount of effectiveness either:~~ [...].

To relax the effectiveness test for fair value hedging of portfolio of financial instruments including core deposits.

~~(a) as the difference between the change in the fair value of the hedging instrument (see paragraph AG114(h)) and the change in the value of the entire hedged item that is attributable to changes in the hedged interest rate (including the effect that changes in the hedged interest rate have on the fair value of any embedded prepayment option); or~~

~~(b) using the following approximation. The entity:~~

~~(i) calculates the percentage of the assets (or liabilities) in each repricing time period that was hedged, on the basis of the estimated repricing dates at the last date it tested effectiveness.~~

~~(ii) applies this percentage to its revised estimate of the amount in that repricing time period to calculate the amount of the hedged item based on its revised estimate.~~

~~(iii) calculates the change in the fair value of its revised estimate of the hedged item that is attributable to the hedged risk and presents it as set out in paragraph AG114(g).~~

~~(iv) recognises ineffectiveness equal to the difference between the amount determined in (iii) and the change in the fair value of the hedging instrument (see paragraph AG114(h)).~~

AG127 When measuring effectiveness, the entity distinguishes revisions to the estimated repricing dates of existing assets (or liabilities) from the origination of new assets (or liabilities), with only the former giving rise to ineffectiveness. ~~All revisions to estimated repricing dates (other than those excluded in accordance with paragraph AG121), including any reallocation of existing items between time periods, are included when revising the estimated amount in a time period in accordance with paragraph AG126(b)(ii) and hence when measuring effectiveness.~~ [...].Once ineffectiveness has been recognised as set out above, the entity establishes a new estimate of the total assets (or liabilities) in each repricing time period, including new assets (or liabilities) that have been

To relax the effectiveness test for fair value hedging of portfolio of financial instruments including core deposits and allow banks to continue their present risk management practice.

originated since it last tested effectiveness, and designates a new amount as the hedged item and a new percentage as the hedged percentage. ~~The procedures set out in paragraph AG126(b) are then repeated at the next date it tests effectiveness~~[…].

AG128 Items that were originally scheduled into a repricing time period may be derecognised because of earlier than expected prepayment or write-offs caused by impairment or sale. When this occurs, the amount of change in fair value included in the separate line item referred to in paragraph AG114(g) that relates to the derecognised item shall be removed from the balance sheet, and included in the gain or loss that arises on derecognition of the item. For this purpose, it is necessary to know the repricing time period(s) into which the derecognised item was scheduled, because this determines the repricing time period(s) from which to remove it and hence the amount to remove from the separate line item referred to in paragraph AG114(g). When an item is derecognised, if it can be determined in which time period it was included, it is removed from that time period. If not, it is removed from the earliest time period if the derecognition resulted from higher than expected prepayments, or allocated to all time periods containing the derecognised item on a systematic and rational basis if the item was sold or became impaired.

AG129 In addition, any amount relating to a particular time period that has not been derecognised when the time period expires is recognised in profit or loss at that time (see paragraph 89A). ~~For example, assume an entity schedules items into three repricing time periods. At the previous redesignation, the change in fair value reported in the single line item on the balance sheet was an asset of CU25. That amount represents amounts attributable to periods 1, 2 and 3 of CU7, CU8 and CU10, respectively. At the next redesignation, the assets attributable to period 1 have been either realised or rescheduled into other periods. Therefore, CU7 is derecognised from the balance sheet and recognised in profit or loss. CU8 and CU10 are now attributable to periods 1 and 2, respectively. These remaining periods are then adjusted, as necessary, for changes in fair value as described in paragraph AG114(g).~~[…].

Illustration related to the percentage method.

AG130 ~~As an illustration of the requirements of the previous two paragraphs, assume that an entity scheduled assets by allocating a percentage of the portfolio into each repricing time period. Assume also that it scheduled CU100 into each of the first two time periods. When the first repricing time period expires, CU110 of assets are derecognised because of expected and unexpected repayments. In this case, all of the amount contained in the separate line item referred to in paragraph AG114(g) that relates to the first time period is removed from the balance sheet, plus 10 per cent of the amount that relates to the second time period~~[…].

Illustration related to the percentage method.

AG131 If the hedged amount for a repricing time period is reduced without the related assets (or liabilities) being derecognised, the amount included in the separate line item referred to in paragraph AG114(g) that relates to the reduction shall be amortised in accordance with paragraph 92.

AG132 An entity may wish to apply the approach set out in paragraphs AG114–AG131 to a portfolio hedge that had previously been accounted for as a cash flow hedge in accordance with IAS 39. Such an entity would revoke the previous designation of a cash flow hedge in accordance with paragraph 101(d), and apply the requirements set out in that paragraph. It would also redesignate the hedge as a fair value hedge and apply the approach set out in paragraphs AG114–AG131 prospectively to subsequent accounting periods.

참고문헌

강선민 · 한봉희 · 황인태, 2008, "국제회계기준(IFRS)이 재무제표에 미치는 영향," 한국회계학회 동계학술대회.

강호영 · 이원기, 2001, "생산시스템의 자동화에 따른 국내제조기업의 원가구조변화에 관한 연구," 『회계정보연구』, 제15권, pp. 47~69.

강효석 · 이원흠 · 조장연, 2001, 『기업가치평가론』, 제3판, 경문사.

고봉찬 · 김진우, 2009, "발생액 이상현상과 차익거래기회에 관한 연구," 『한국증권학회지』, 제38권 제1호, pp. 77~105.

고완석 · 이대선 · 안태식 · 최관, 1999, 『회계학원론』, 제2판, 율곡출판사.

고윤성 · 라채원 · 김태식, 2012, "한국채택국제회계기준(K-IFRS) XBRL Taxonomy 적용 및 개선방안에 대한 사례연구," 『회계저널』, 제21권 제2호, pp. 89~118.

곽영민 · 최종서, 2011, "최고경영자 교체유형과 이익조정 행태간의 관련성," 『회계학연구』, 제36권 제2호, pp. 129~184.

구정옥, 2002, "세계 공인회계사업계의 인증서비스 확대전략과 시사점," 『회계저널』, 제11권 제2호, pp. 67~88.

구정호, 2011, "이익조정 유인이 원가의 비대칭성에 미치는 영향 : 적자회피 및 이익유연화, Big-Bath를 중심으로," 『회계학연구』, 제36권 제3호, pp. 135~177.

권구혁, 2000, "e-Strategy : Internet 환경의 특성과 경영전략이론의 한계," 『경영저널』, Vol. 1, No. 1, pp. 31~62.

권수영 · 김문철 · 손성규 · 최관 · 한봉희, 2010, 『자본시장에서의 회계정보 유용성 : 분석, 평가, 활용』, 제2판, 신영사.

금융감독원, 2012.7.10, "K-IFRS 연결재무제표 공시현황 및 감독방향," 정례 브리핑 자료.

금융감독원 회계제도실, 2010, 『알기 쉬운 국제회계기준』.

김광수 · 문택곤 · Le Doan Hoai, 2012, "한국과 독일의 축구선수가치 회계처리," 『월간 공인회계사』, Vol. 225, pp. 56~70.

김권중, 1997, "자산재평가와 회계정보의 유용성에 대한 실증적 분석," 『회계학연구』, 제22권 제1호, pp. 37~57.

김권중, 2001, "지식자산의 측정과 공시," 연구보고서에 대한 평가의견, 한국회계연구원.

김도형 · 이효익 · 전춘옥, 2001, "회계환경변화에 따른 미국 회계교육개선노력과 그 시사점," 『회계저널』, 제10권 제1호, pp. 231~256.

김병모 · 황준호, 2016, "임원배상책임보험과 기업의 위험추구," 『한국증권학회지』, 제45권 제5호, pp. 1167~1197.

김성기, 2002, “중요성의 결정,” 한국회계연구원 토론서, 제17호.

김영규 · 이의택 · 감형규 · 신용재, 2011, 『증권투자론』, 제2판, 율곡출판사.

김영욱 · 최영수 · 최정호 · 김학운, 2014, “IFRS 연결재무제표와 별도재무제표의 가치관련성 : 한국 사례를 중심으로,” 『회계학연구』, 제39권 제1호, pp. 117~146.

김영준 · 이유진 · 한승엽, 2019, “전환사채 발행자의 회계처리와 주가변화에 따른 재무적 영향 : 전환권 분류를 중심으로,” 『회계저널』, 제28권 제5호, pp. 117~156.

김영청, 1996, 『회계의 이론구조』, 형설출판사.

김영한 · 김용하 · 노희진 · 이문성 · 전석진 · 최우석 · 홍순목, 1993, 『국내기업의 인수』, 조세통람사.

김임현, 2017, “세무조사와 재무보고의 질,” 『회계저널』, 제26권 제6호, pp. 203~236.

김정옥, 2011, “국제회계기준의 도입이 재무보고에 미치는 영향 : K-IFRS를 조기도입한 기업을 대상으로,” 『회계정보연구』, 제29권 제2호, pp. 345~368.

김정재, 2001, “기업가치평가모형에서 이익조정의 영향에 관한 연구,” 『증권학회지』, 제29집, pp. 309~343.

김정재, 2004, “제조원가 구성비율과 회계수치의 가치관련성,” 『경영연구』, 제19권 제3호, pp. 189~213.

김정재, 2017a, “한국형 헤지펀드 등장 이후 발생액 이상현상 재검증,” 『Journal of the Korean Data Analysis Society』, 제19권 제1호, pp. 441~452.

김정재, 2017b, “발생액과 영업활동 현금흐름의 관계변화,” 『Journal of the Korean Data Analysis Society』, 제19권 제5호, pp. 2651~2662.

김정재, 2018, “영업주기가 발생의 정보유용성에 미치는 영향,” 『Journal of the Korean Data Analysis Society』, 제20권 제5호, pp. 2449~2457.

김정재, 2019, “회계이익 구성요소의 상관관계가 회계이익 가치관련성에 미치는 영향,” 『Journal of the Korean Data Analysis Society』, 제21권 제2호, pp. 961~971.

김정호, 2001, 『상법강의(상)』, 제3판, 법문사.

김지홍 · 고재민 · 고윤성, 2008, “적자 회피 및 이익 평준화를 위한 실제 이익조정 활동,” 『회계저널』, 제17권 제4호, pp. 31~63.

김지홍 · 고재민 · 김상일, 2008, “이익 조정 여부에 따른 발생액 이상 현상의 차이,” 『회계학연구』, 제33권 제3호, pp. 103~139.

김지홍 · 배지헌 · 고재민, 2009, “실제 이익조정이 장기 경영성과에 미치는 영향,” 『회계학연구』, 제34권 제4호, pp. 31~70.

김진배 · 백상미 · 최정미, 2009, “실제 영업활동을 통한 이익조정과 시장반응,” 『경영학연구』, 제38권 제5호, pp. 1185~1211.

김진영 · 신용덕, 2011, “행동경제학 모형과 그 정책적 응용에 관한 시론적 연구,” 『한국정책학회보』, 제20권 제1호, pp. 1~27.

김호중 · 최성규 · 한봉희, 2005, 『회계원리』, 제3판, 창민사.

나영진, 2003, “XBRL과 Real Time Enterprise,” SDS IT REVIEW.

나종길 · 신희정, 2012, “외국인 소유지분 비중에 따른 이익발표 후 잔류현상의 차이,” 『회계학연구』, 제37권 제3호, pp. 203~239.

남명수 · 곽용신, 2009, “이슬람 금융의 발전사적 고찰과 우리의 대응전략,” 『경영사학』, 제24집 제4호, pp. 131~155.

남상오 · 정운오, 2002, 『회계이론』, 다산출판사.

남천현, 2009, “한국자본시장의 발생액 이상현상,” 『회계저널』, 제18권 제3호, pp. 201~234.

남천현, 2011, “손실수준과 발생액 이상현상의 관계,” 『회계정보연구』, 제29권 제2호, pp. 163~192.

레자이 · 라일리, 김석웅 · 유순미 공역, 2011, 『회계부정 : 방지와 적발』, 산문출판.

박선오, 2011.3.23, “투명한 기업이 더 잘 간다!” 『Quantitative Analysis』, NH투자증권, pp. 1~43.

박일선, 2010, “XBRL 재무보고 서비스를 위한 FRWS[2] 보안 모델 제안,” 한세대학교 대학원 박사학위논문.

박종성 · 이은철 · 오명전, 2011, “공정가치 평가의 신뢰성 확보 방안,” 한국회계학회, 회계환경의 변화와 감사인의 대응방안 심포지엄, 2011.11.

박종찬, 2011, “전통적 부채비율의 한계점과 위험회피회계기준 개정의 영향－조선업 사례,” 『회계저널』, 제20권 제3호, pp. 427~442.

배길수, 1999, “발생액 예측모형과 각 모형의 예측오차 비교,” 『회계학연구』, 제24권 제2호, pp. 29~50.

백복현 · 장귀화 · 최종학, 2011, 『재무제표분석과 기업가치평가』, 박영사.

백상미 · 최정미, 2011, “경영자 교체와 이익조정 : 신규 상장기업을 중심으로,” 『회계와 감사 연구』, 제53권 제1호, pp. 137~161.

백원선, 2003, “정보통신기술기업과 비금융제조기업간 차별적 주가결정요인,” 『회계학연구』, 제287권 제2호, pp. 49~74.

브릴리 등, 남상구 옮김, 2013, 『재무관리의 이해』, 제10판, 한국맥그로힐.

손성규 · 고재민 · 백혜원, 2009, “발생액의 질의 회계정보 유용성,” 『회계정보연구』, 제27권 제2호, pp. 273~304.

손성규 · 오윤숙 · 정기위, 2011, “내부회계관리제도의 도입 및 검토의견과 이익조정간의 관련성에 대한 연구,” 『회계정보연구』, 제29권 제2호, pp. 103~128.

송인만 · 윤순석 · 최관, 2009, 『K-IFRS 중급재무회계』, 신영사.

송인만 · 윤순석 · 최관, 2012, 『K-IFRS 중급재무회계』, 신영사.

쉐프린, 조담 옮김, 2012, 『행태과학으로 본 재무관리』, 도서출판 청람.

신중철 · 정문경 · 황정욱, 2015, “경제상황에 따른 펀드의 성과평가 및 그 활용방안 연구,” 『한국증권학회지』, 제44권 제1호, pp. 93~126.

신홍철, 2002, 『관리회계』, 경문사.

안태식 · 이찬호, 1994, “한국 제조기업의 원가/관리회계 시스템 실태,” 『회계저널』, 제2

號, pp. 113～130.

양대천・최정미・변윤정, 2011, “내부회계관리제도 취약점보고와 실제이익조정,”『회계정보연구』, 제29권 제2호, pp. 319～344.

에클스 등, 안경태 옮김, 2001,『기업가치공시혁명』, 한국경제신문.

오준환, 2000, “사이버 재무정보공시체계의 현황과 발전방향,”『회계저널』, 제9권 제4호, pp. 47～71.

윤순석, 2010,『위험회피회계』, 전남대학교출판부.

윤순석・이원창・전성빈, 1999, “경영투명성 제고를 위한 회계제도의 개선방안,”『회계저널』, 제8권 제2호, pp. 175～202.

윤재원・최현돌, 2005, “재무제표 본문에 인식된 정보와 주석 등에 공시된 정보의 주가관련성차이 : 중간목표비율에 의한 은행의 대손충당금설정 사례를 대상으로,”『회계저널』, 제14권 제1호, pp. 69～98.

이경태・이상철・박애영, 2004, “기업특성에 따른 스톡옵션의 적정보상기준과 기업가치증가분석,”『회계학연구』, 제29권 제4호, pp. 155～189.

이경태・이연진, 2008, “주가표류현상에 영향을 미치는 요인에 관한 연구,”『회계학연구』, 제33권 제3호, pp. 61～101.

이명곤・장석진・이규진, 2011, “실제이익조정과 경영자 이익예측 정확성,”『회계저널』, 제20권 제1호, pp. 1～30.

이영환, 1999,『정보경제학』, 율곡출판사.

이은철・손성규, 2007, “재량적발생액을 이용한 횡단면적 분포도상의 적자회피 이익조정에 대한 재조명,”『회계학연구』, 제32권 제2호, pp. 61～87.

이장규・박승덕・신현상・안만호・안상미, 2008,『IFRS, 회계국경이 사라진다』, 교보문고.

이재은, 2010, “매수기업결합으로 취득하는 핵심예금무형자산(CDI)의 평가,”『회계저널』, 제19권 제2호, pp. 1～33.

이재은, 2011, “증권회사 고객예수금의 가치관련성,” 한국회계학회 하계 학술대회 논문집.

이재은, 2012, “증권회사 고객예수금의 가치관련성,”『회계저널』, 제21권 제1호, pp. 171～202.

이재은・배길수・최승욱, 2018, “감사숙련도에 따른 감사품질의 차이: 표준감사시간에서 직급별 시간당 보수 비율을 사용한 숙련도 조정 방안 검토,”『회계저널』, 제27권 제1호, pp. 39～76.

이정호, 1992,『현대회계이론』, 경문사.

이창섭・최우석・배성호, 2012, “실제이익조정활동과 감사시간 및 감사보수,”『경영학연구』, 제41권 제4호, pp. 757～787.

이창우・고종권, 2000,『원가관리회계』, 박영사.

이호영・이영한・최우석, 2011, “한국 상장기업의 회계 투명성 평가와 측정방법에 관한 연구," 한국회계학회.
이효익, 2005, 『회계감사론』, 제8판, 신영사.
이희섭 · 최진현, 2011, "공공기관의 지배구조가 대리인비용에 미치는 영향," 『회계정보연구』, 제29권 제2호, pp. 249~278.
장영광 · 송교직, 2014, 『현대재무관리』, 신영사.
장지영 · 권선국, 2009, "기업의 소유구조가 인터넷 재무정보 공시수준에 미치는 영향," 『회계저널』, 제18권 제2호, pp. 343~368.
장지인 · 정운오, 2001, "회계기준제정을 위한 준거원칙으로서의 국제적 정합성," 『회계저널』, 제10권 제2호, pp. 139~158.
장지인 · 정준희, 2014, "공매도와 정보비대칭 및 회계가치관련성에 관한 실증연구," 『회계저널』, 제23권 제6호, pp. 395~427.
전홍민 · 차승민, 2011, "실물적 이익조정이 자기자본비용에 미치는 영향 : 한국기업을 중심으로," 한국회계학회 발표논문집.
정기숙 · 박해근 · 이중희, 2002, 『회계사상과 회계기준의 발전』, 경문사.
정운오 · 한종수 · 이경호 · 정도진, 2009, "위험회피회계의 개선방안 – 재무상태표의 변동성을 중심으로 –," 한국회계기준원, 연구보고서, 제27호.
정종암, 2000, 『현대재무회계이론』, 박영사.
정혜영 · 김지홍 · 주진규 · 전성빈 · 윤성식, 1993, 『자본시장과 회계정보』, 양영각.
정혜영 · 박기남, 2001, "한국의 재벌기업집단별 상호자산의 측정 및 결정요인에 관한 연구," 『회계학연구』, 제20권 제2호, pp. 1~30.
정혜영 · 전성일 · 김현중, 2003, "연구개발비 정보의 기업가치 관련성에 관한 연구 : 산업별 비교," 『경영학연구』, 제32권 제1호, pp. 257~282.
조성하, 1979, 『회계정보의 이론』, 무역경영사.
조익순, 1969, "사개송도치부법에 관한 연구 – 대한천일은행의 기록과 공개문헌을 중심으로 –," 『고대논문집(인 · 사)』, pp. 153~185.
조익순, 1982, 『신회계이론』, 박영사.
조현연 · 김도원, 2010, "감사품질차이가 실제 활동을 통한 이익조정에 미치는 영향에 관한 연구," 『재무와회계정보저널』, 제10권 제4호, pp. 131~159.
주태순 · 지성권, 2003, "회계이익의 정보유용성에 관한 실증분석 – 가치평가와 수탁책임의 정보력 비교 –," 『경영학연구』, 제31권 제7호(특별호), pp. 1809~1838.
지성권 · 김태수, 2001, "경영자 보상과 회계이익특성의 관계에 관한 실증연구," 『회계학연구』, 제26권 제1호, pp. 25~54.
지청 · 조담, 1999, 『투자론』, 학현사.
최영일, 2015, "국내외 XBRL 적용 현황 Ⅰ : XBRL 개요와 미국적용사례," 『월간 공인회계사』, 1월호, pp. 95~99.
최원근, 2011, "행태재무론에 대한 조명," 『월간 하나금융』, 10월호, pp. 29~37.
최원욱 · 김상일 · 장금주, 2011, "집단소송제의 도입이 보수주의에 미친 영향 – 임원배상책임보험 가입 여부에 따라 -,"『회계저널』, 제20권 제4호, pp. 225~258.

최종서, 1998, "재량적 발생조정이 이익구성요소의 정보효과에 미치는 영향,"『회계학연구』, 제23권 제4호, pp. 81~115.

최종서, 2004, "아시아 금융위기를 전후한 한국과 일본의 회계제도개혁의 성과에 대한 비교 연구,"『회계저널』, 제13권 제1호, pp. 73~111.

최종서 · 송동건, 2004, "이익유연화가 회계이익 및 현금흐름의 정보가치에 미치는 효과,"『회계와 감사연구』, 제40호, pp. 215~236.

최창환, 2013, "공매도차익거래와 발생액 이상현상의 관계 고찰," 서울대학교 대학원 석사학위논문.

크로스비, 김병화 옮김, 2005,『수량화혁명』, 심산출판사.

탈러, 박세연 옮김, 2016,『똑똑한 사람들의 멍청한 선택』, 리더스북.

홍복기, 1999,『EU회사법』, 법문사.

황이석, 2005, "지식기반사회와 회계산업,"『월간 공인회계사』, 1월호.

회계감사준칙 520,『분석적 절차』.

회계기준심의위원회, 1999,『재무회계개념체계』.

회계기준위원회, 2003,『재무회계개념체계』.

회계기준위원회, 2011,『재무보고를 위한 개념체계』.

CG REVIEW, 2005, "2005년 CGS 기업지배구조 평가 결과 분석," 7/8월호.

KB금융지주 경영연구소, 2012,『브랜드자산(Brand Equity)의 가치 및 제고전략』.

Aboody, D., 1996, "Recognition versus Disclosure in the Oil and Gas Industry," *Journal of Accounting Research*, 34, pp. 21~32.

Aboody, D. and B. Lev, 2000, "Information Asymmetry, R&D, and Insider Gains," *The Journal of Finance*, 55(6), pp. 2747~2766.

Aboody, D., R. Kasznick and M. Williams, 2000, "Purchase versus Pooling in Stock-for-Stock Acquisitions: Why Do Firms Care?" *Journal of Accounting and Economics*, 29, pp. 261~286.

Ahmed, A. S., E. Kilic, and G. J. Lobo, 2006, "Does Recognition versus Disclosure Matter? Evidence from Value Relevance of Banks' Recognized and Disclosed Derivative Financial Instruments," *The Accounting Review*, 81(3), pp. 567~588.

Alexander, D. and E. Eberhartinger, 2009, "The True and Fair View in the European Union," *European Accounting Review*, 18(3), pp. 571~594.

Ali, A., X. Chen, T. Yao and T. Yu, 2012, "Mutual Fund Competition and Profiting from the Post Earnings Announcement Drift," http://papers.ssrn.com.

Ali, A. and W. Zhang, 2015, "CEO Tenure and Earnings Management," *Journal of Accounting and Economics*, 59, pp. 60~79.

Allen, E. J., P. M. Dechow, D. G. Pope and G. Wu, 2017, "Reference-Dependent

Preference: Evidence from Marathon Runners," *Management Science*, 63(6), pp. 1657～1672.

American Accounting Association, 1966, *A Statement of Basic Accounting Theory(ASOBAT)*, Evanston, Illinois.

American Accounting Association's Financial Accounting Standards Committee, 1997, Response to the FASB Invitation to Comment, "Recommendations of the AICPA Special Committee on Financial Reporting and the Association for Investment Management and Research," *Accounting Horizon*, 11(1), pp. 139～156.

Amir, E. and B. Lev, 1996, "Value-Relevance of Nonfinancial Information: The Wireless Communications Industry," *Journal of Accounting and Economics*, 22, December, pp. 3～30.

Aobdia, D., 2019, "Do Practitioners Assessments Agree with Academic Proxies for Audit Quality? Evidence from PCAOB and Internal Inspections," *Journal of Accounting and Economics*, 67, pp. 144～174.

Armstrong, C. S., M. E. Barth, A. D. Jagolinzer and E. J. Roedl, 2010, "Market Reaction to the Adoption of IFRS in Europe," *The Accounting Review*, 85(1), pp. 31～61.

Ashbaugh, H. and P. Olsson, 2002, "An Exploratory Study of the Valuation Properties of Cross-Listed Firms' IAS and U.S. GAAP Earnings and Book Values," *The Accounting Review*, 77(1), pp. 107～126.

Asthana, S., 2003, "Impact of Information Technology on Post-Earnings Announcement Drift," *Journal of Information Systems*, American Accounting Association, 17(1), Spring, pp. 1～17.

Babbie, E., 1992, *The Practice of Social Research*, Wadsworth Publishing Company.

Ball, R. and P. Brown, 1968, "An Empirical Evaluation of Accounting Income Numbers," *Journal of Accounting Research*, 6, Autumn, pp. 159～178.

Ball, R. and P. Brown, 2018, "Ball and Brown(1968) After Fifty Years," http://papers.ssrn.com.

Ball, R., S. P. Kothari and A. Robin, 2000, "The Effect of International Institutional Factors on Properties of Accounting Earnings," *Journal of Accounting and Economics*, 29, pp. 1～51.

Ball, R., X. Li and L. Shivakumar, 2015, "Contractibility and Transparency of Financial Statement Information Prepared Under IFRS: Evidence from Debt Contracts Around IFRS Adoption," *Journal of Accounting Research*, 53(5), pp. 915～963.

Ball, R. and L. Shivakumar, 2005, "Earnings Quality in U.K. Private Firms: Comparative Loss Recognition Timeliness," *Journal of Accounting and Economics*, 39, pp. 83～128.

Ball, R. and L. Shivakumar, 2006, "The Role of Accruals in Asymmetrically Timely Gain and Loss Recognition," *Journal of Accounting Research*, 44, pp. 207～242.

Balsam, S., E. Bartov and C. Marquardt, 2002, "Accrual Management, Investor Sophistication, and Equity Valuation: Evidence from 10-Q Filings," *Journal of Accounting Research*, 40(4), September, pp. 987～1012.

Banz, R. W., 1981, "The Relationship Between Return and Market Value of Common Stocks," *Journal of Financial Economics*, 9(1), pp. 3～18.

Barth, M. E., 1991, "Relative Measurement Errors among Alternative Pension Asset and Liability Measures," *The Accounting Review*, 66, pp. 433～463.

Barth, M. E., 2000, "Valuation-Based Accounting Research: Implications for Financial Reporting and Opportunities for Future Research," *Accounting and Finance*, 40, pp. 7～31.

Barth, M. E., W. H. Beaver and W. R. Landsman, 1998, "Relative Valuation Roles of Equity Book Value and Net Income as a Function of Financial Health," *Journal of Accounting and Economics*, 25, February, pp. 1～34.

Barth, M. E., W. H. Beaver and W. R. Landsman, 2001a, "The Relevance of the Value-Relevance Literature for Financial Accounting Standard Setting: Another View," *Journal of Accounting and Economics*, 31, pp. 77～104.

Barth, M. E., D. P. Cram and K. K. Nelson, 2001b, "Accruals and the Prediction of Future Cash Flows," *The Accounting Review*, 76(1), January, pp. 27～58.

Bartov, E., F. A. Gul and J. Tsui, 2001, "Discretionary-Accruals Models and Audit Qualifications," *Journal of Accounting and Economics*, 30, pp. 421～452.

Basu, S., 1977, "Investment Performance of Common Stocks in Relation to Their Price-Earnings Ratios: A Test of Efficient Market Hypothesis," *The Journal of Finance*, 32(3), pp. 663～682.

Basu, S., 1983, "The Relationship between Earnings' Yield, Market Value and Return for NYSE Common Stocks: Further Evidence," *Journal of Financial Economics*, 12(1), pp. 129～156.

Basu, S., 1997, "The Conservatism Principle and the Asymmetric Timeliness of Earnings," *Journal of Accounting and Economics*, 24, December, pp. 3～37.

Battalio, R. H., A. Lerman, J. Livnat and R. R. Mendenhall, 2012, "Who, if Anyone, Reacts to Accrual Information?" *Journal of Accounting and Economics*, 53, pp. 205～224.

Beaver, W. H., 2002, "Perspective on Recent Capital Market Research," *The Accounting Review*, 77(2), pp. 453～474.

Benston, G. and A. L. Hartgraves, 2002, "Enron: What Happened and What We Can Learn From It," *Journal of Accounting and Public Policy*, 21(2), pp. 105～127.

Bentley, J. W., T. E. Christensen, K. H. Gee and B. C. Whipple, 2018, "Disentangling Managers' and Analysts' Non-GAAP Reporting," *Journal of Accounting Research*,

56(4), pp. 1039～1081.

Bernard, V. L., 1995, "The Feltham-Ohlson Framework: Implications for Empiricists," *Contemporary Accounting Research*, 11(2), pp. 733～747.

Bernard, V. and D. Skinner, 1996, "What Motivates Managers' Choice of Discretionary Accruals?" *Journal of Accounting and Economics*, 22(1-3), pp. 313～325.

Bialkowski, J. P., M. T. Bohl, P. Kaufmann and T. P. Wisniewski, 2012, "Do Mutual Fund Managers Exploit the Ramadan Anomaly? Evidence from Turkey," http://papers.ssrn.com.

Bloomfield, R. J., 2002, "The Incomplete Revelation Hypothesis and Financial Reporting," *Accounting Horizon*, 16(3), pp. 233～243.

Bonner, S. E., S. M. Clor-Proell and L. Koonce, 2014, "Mental Accounting and Disaggregation Based on the Sign and Relative Magnitude of Income Statement Items," *The Accounting Review*, 89(6), pp. 2087～2114.

Boone, J. P., I. K. Khurana and K. K. Raman, 2011, "Litigation Risk and Abnormal Accruals," *Auditing: A Journal of Practice & Theory*, 30(2), pp. 231～256.

Boulerne, S. and J. Sahut, 2010, "Do IFRS Provide Better Information about Intangibles in Europe or National Differences persist?" http://papers.ssrn.com.

Boyle, P. P. and F. Boyle, 2001, *Derivatives: The Tools That Changed Finance*, Risk Books.

Bradshaw, M. and R. Sloan, 2002, "GAAP versus the Street: An Empirical Assessment of Two Alternative Definitions of Earnings," *Journal of Accounting Research*, 40, pp. 41～65.

Brennan, N. and J. Hennessy, 2001a, "Accountants' Liability for Negligence," *Accountancy Ireland*, Vol. 33, Issue 5, p. 21.

Brennan, N. and J. Hennessy, 2001b, *Forensic Accounting*, Round Hall Sweet & Maxwell, Dublin.

Briner, R. F. and C. L. Fulkerson, 2001, "Will Elimination of Pooling Accounting Reduce Mergers and Acquisitions?" *Multinational Business Review*, 11(1), pp. 9～14.

Brown, L. D. and H. H. Higgins, 2001, "Managing Earnings Surprises in the US Versus 12 Other Countries," *Journal of Accounting and Public Policy*, 20, pp. 373～398.

Brown, S., K. Lo and T. Lys, 1999, "Use of R^2 in Accounting Research: Measuring Changes in Value Relevance Over the Last Four Decades," *Journal of Accounting and Economics*, 28, pp. 83～115.

Burgstahler, D. and I. Dichev, 1997, "Earnings Management to Avoid Earnings Decreases and Losses," *Journal of Accounting and Economics,* 24, December, pp. 99～126.

Bushman, R. M., A. Lerman and X. F. Zhang, 2016, "The Changing Landscape of Accrual Accounting," *Journal of Accounting Research,* 54(1), March, pp. 41～78.

Business Week, 2001.6.21, "Talking Stock of Intangibles: A Talk with Stern School Finance Professor Baruch Lev," pp. 80A2~3.

Cade, N., K. Ikuta-Mendoza and L. Koonce, 2016, "Assets and Liabilities: When Do They Exist?" 2016 CAR Conference & IASB Research Forum, October 15, 2016.

Campbell, J. Y., J. Hilscher and J. Szilagyi, 2008, "In Search of Distress Risk," *The Journal of Finance*, 63(6), pp. 2899~2939.

Carhart, M. M., 1997, "On Persistence in Mutual Fund Performance," *The Journal of Finance*, 52(1), pp. 57~82.

Cassell, C. A., M. S. Drake and S. J. Rasmussen, 2011, "Short Interest as a Signal of Audit Risk," *Contemporary Accounting Research*, 28(4), pp. 1278~1297.

Celik, S., 2012, "Theoretical and Empirical Review of Asset Pricing Models: A Structural Synthesis," *International Journal of Economics and Financial Issues*, 2(2), pp. 141~178.

Chamberlain, S., 2002, "Discussion of "Determinants of Revenue-Reporting Practices for Internet Firms," *Contemporary Accounting Review*, 19(4), pp. 563~572.

Chen, J. V., 2018, "Geographic Dispersion of Investor Attention and the Market's Response to Earnings Announcements," http://papers.ssrn.com.

Chen, S., M. L. DeFond and C. W. Park, 2002, "Voluntary Disclosure of Balance Sheet Information in Quarterly Earnings Announcements," *Journal of Accounting and Economics*, 33, pp. 229~251.

Chen, S., J. Guo and X. Tong, 2014, "XBRL Implementation and Post-Earnings-Announcement Drift: the Impact of Ownership Structure," http://papers.ssrn.com.

Cheng, C. S. A., H. H. Huang and Y. Li, 2015, "Hedge Fund Intervention and Accounting Conservatism," *Contemporary Accounting Research*, 32(1), pp. 392~421.

Chi, W., L. L. Lisic and M. Pevzner, 2011, "Is Enhanced Audit Quality Associated with Greater Real Earnings Management?" *Accounting Horizons*, 25(2), pp. 315~335.

Chichernea, D. C., A. D. Holder and A. Petkevich, 2015, "Does Return Dispersion Explain the Accrual and Investment Anomalies?" *Journal of Accounting and Economics*, 60, pp. 133~148.

Cho, J. Y. and K. Jung, 1991, "Earnings Response Coefficients: A Synthesis of Theory and Empirical Evidence," *Journal of Accounting Literature*, 10, pp. 85~116.

Chordia, T., A. Subrahmanyam and Q. Tong, 2012, "Trends in the Cross-Section of Expected Stock Returns," http://papers.ssrn.com.

Christensen, J. A. and J. S. Demski, 2003, *Accounting Theory - An Information Content Perspective*, McGraw-Hill Higher Education, New York, NY.

Christenson, C., 1983, "The Methodology of Positive Accounting," *The Accounting Review*, January, pp. 1~22.

Cochrane, J., 1999, "New Facts in Finance," *Economic Perspectives*, 23(3), pp. 36~58.

Cohen, D. A., A. Dey and T. Z. Lys, 2008, "Real and Accrual-Based Earnings Management in the Pre- and Post-Sarbanes-Oxley Periods," *The Accounting Review*, 83(3), pp. 757～787.

Cohen, D. A. and P. Zarowin, 2010, "Accrual-based and Real Earnings Management Activities around Seasoned Equity Offerings?" *Journal of Accounting and Economics*, 50(1), pp. 2～19.

Collins, D. W., M. Pincus and H. Xie, 1999, "Equity Valuation and Negative Earnings: The Role of Book Value of Equity," *The Accounting Review*, 74, pp. 29～61.

Cooper, R. and R. S. Kaplan, 1998, "The Promise－and Peril－of Integrated Cost Systems," *Harvard Business Review*, July-August, pp. 109～119.

Cotter, J. and I. Zimmer, 2003, "Disclosure versus Recognition: The Case of Asset Revaluations," *Asian-Pacific Journal of Accounting & Economics*, 10(1).

Crack, T. F., 1999, "A Classical Case of 'Data Snooping' for Classroom Discussion," *Journal of Financial Education*, Fall, pp. 92～97.

Cunningham, L. M., B. A. Johnson, E. S. Johnson and L. L. Lisic, 2016, "The Switch Up: An Examination of Changes in Earnings Management after Receiving SEC Comment Letters," http://papers.ssrn.com.

Curtis, A. and N. L. Fargher, 2014, "Does Short Selling Amplify Price Declines or Align Stocks with Their Fundamental Values?" *Management Sciences*, 60(9), pp. 2324～2340.

Danila, N., A. E. Jeffers and A. Djalalluddin, 2011, "Risk Management Strategies in the Islamic Environment," http://www.stie-mce.ac.id/～pdf/penelitian/N20110014213258.pdf.

Davis Friday, P. Y., C. S. Liu, and H. F. Mittelstaedt, 2004, "Recognition and Disclosure Reliability: Evidence from SFAS No. 106," *Contemporary Accounting Research*, 21(2), pp. 399～429.

Dechow, P., 1994, "Accounting Earnings and Cash Flows as Measures of Firm Performance: The Role of Accounting Accruals," *Journal of Accounting and Economics*, 18(1), pp. 3～42.

Dechow, P. and I. Dichev, 2002, "The Quality of Accruals and Earnings: The Role of Accrual Estimation Errors," *The Accounting Review*, 77(Supplement), pp. 35～59.

Dechow, P., W. Ge and C. Schrand, 2009, "Understanding Earnings Quality: A Review of the Proxies, Their Determinants and Their Consequences," http://papers.ssrn.com.

Dechow, P., W. Ge and C. Schrand, 2010, "Understanding Earnings Quality: A Review of the Proxies, Their Determinants and Their Consequences," *Journal of Accounting and Economics*, 50(2～3), pp. 344～401.

Dechow, P., A. Hutton, J. H. Kim and R. G. Sloan, 2012, "Detecting Earnings Management: A New Approach," *Journal of Accounting Research*, 50(2), pp. 275～334.

Dechow, P., N. V. Khimich and R. G. Sloan, 2011, "The Accrual Anomaly," http://papers.ssrn.com.

Dechow, P., S. P. Kothari and R. Watts, 1998, "The Relation Between Earnings and Cash Flows," *Journal of Accounting and Economics*, 25, pp. 131～214.

Dechow, P. and C. Schrand, 2004, *Earnings Quality*, Research Foundation of CFA Institute, Charlottesville, VA.

Dechow, P., R. Sloan and A. Sweeney, 1995, "Detecting Earnings Management," *The Accounting Review*, 70(2), pp. 193～225.

Defond, M. L. and J. Zhang, 2014, "The Timeliness of the Bond Market Reaction to Bad Earnings News," *Contemporary Accounting Research*, 31(3), pp. 911～936.

Deloitte IAS Plus Update, July 2009, Management Commentary.

Deloitte Touche Tohmatsu, 2002, *Quality of Earnings*.

Deloitte Touche Tohmatsu, 2004, Share-based Payment. A Guide to IFRS 2.

Demerjian, P., 2011, "Accounting Standards and Debt Covenants: Has the 'Balance Sheet Approach' Led to a Decline in the Use of Balance Sheet Covenants?" *Journal of Accounting and Economics*, 52, pp. 178～202.

Demski, J. S., J. C. Fellingham, Y. Ijiri and S. Sunder, 2002, "Some Thoughts on the Intellectual Foundations of Accounting," *Accounting Horizon*, 16(2), pp. 157～168.

Dennis, D. M., T. J. Engle and W. L. Stephens, 1996, "The Effect of Litigation on Public Accounting as a Career Choice," *Accounting Horizons*, 10(2), June, pp. 1～13.

Diamond, M., E. Stice and J. Stice, 2000, *Financial Reporting: Reporting and Analysis*, South-Western College Publishing.

Dietrich, J. R., K. A. Muller III and E. J. Riedl, 2007, "Asymmetric Timeliness Tests of Accounting Conservatism," *Review of Accounting Studies*, 12(1), pp. 95～124.

Dimson, E., P. Marsh and M. Staunton, 2002, *Triumph of the Optimists: 101 Years of Global Investment Returns*, Princeton, NJ: Princeton University Press.

Donelson, D. C., J. Mcinnis and R. D. Mergenthaler, 2016, "Explaining Rule-Based Characteristics in US GAAP: Theories and Evidence," *Journal of Accounting Research*, 54(3), pp. 827～861.

Doyle, J. T., J. Jennings and M. T. Soliman, 2011, "Do Managers Define Non-GAAP Earnings to Meet or Beat Analyst Forecasts?" http://ssrn.com/abstract1933882.

Doyle, J. T., R. J. Lundholm and M. T. Soliman, 2003, "The Predictive Value of Expenses Excluded from Pro Forma Earnings," *Review of Accounting Studies*, 8, pp. 145～174.

Drake, M., D. T. Roulstone and J. Thornock, 2012, "Investor Information Demand: Evidence from Google Searches Around Earnings Announcements," *Journal of Accounting Research*, 50(4), pp. 1001～1040.

Drake, M., J. Thornock and B. Twedt, 2015, "The internet as an information intermediary," Working Paper, Brigham Young University.

Duboisee de Ricquebourg, A. J., I. Clacher and A. Hodgson, 2011, "The Value Relevance of Direct Cash Flows under IFRS," http://papers.ssrn.com.

Durtschi, C. and P. Easton, 2005, "Earnings Management? The Shapes of the Frequency Distributions of Earnings Metrics Are Not Evidence Ipso Facto," *Journal of Accounting Research*, 43(4), pp. 557～592.

Durtschi, C. and P. Easton, 2009, "Earnings Management? Erroneous Inferences Based on Earnings Frequency Distributions," *Journal of Accounting Research*, 47(5), pp. 1249～1281.

Dyckman, T. R. and D. Morse, 1986, *Efficient Capital Markets and Accounting: A Critical Analysis*, Second Edition, Prentice-Hall, Inc., Englewood Cliffs, New Jersey.

Easley, D. and M. O'Hara, 2004, "Information and the Cost of Capital," *The Journal of Finances*, 59(4), pp. 1553～1583.

Ecker, F. and K. Schipper, 2014, Discussion of "Analysts' Cash Flow Forecasts and the Decline of the Accruals Anomaly," and "Analysts' Cash Flow Forecasts and Accrual Mispricing," *Contemporary Accounting Research*, 31(4), pp. 1171～1190.

Edmans, A., D. Garcia and Ø. Norli, 2007, "Sports Sentiment and Stock Returns," *The Journal of Finance*, 62(4), pp. 1967～1998.

EFRAG Technical advice to the European Commission on Equity Instruments, 28 November 2018.

Ernst & Young, 2006, *The Impact of IFRS on European Banks*.

Espahbodi, H., P. Espahbodi, Z. Rezaee, and H. Tehranian, 2002, "Stock Price Reaction and Value Relevance of Recognition Versus Disclosure: the Case of Stock-Based Compensation," *Journal of Accounting and Economics*, 33, pp. 343～373.

Ettredge, M., V. J. Richardson and S. Scholz, 2001, "The Presentation of Financial Information at Corporate Web Sites," *International Journal of Accounting Information Systems*, 2, pp. 149～168.

European Financial Reporting Advisory Group, 2009, *Performance Reporting: A European Discussion Paper*.

European Financial Reporting Advisory Group, 2013, *The use of information by capital providers, Academic literature review*.

European Securities and Markets Authority, 9 November 2011, RE: Request for Views－Agenda Consultation 2011.

Evans, T. G., 2003, *Accounting Theory: Contemporary Accounting Issues*, Thompson South-Western, Mason, Ohio.

Fama, E. F., 1965a, "The Behavior of Stock-Market Prices," *The Journal of Business*, 38(1), pp. 34～105.

Fama, E. F., 1965b, "Random Walks in Stock Market Prices," *Financial Analysts Journal*,

21(5), pp. 55～59.

Fama, E. F., 1970, "Efficient Capital Markets: A Review of Theory and Empirical Work," *Journal of Finance*, 25, pp. 383～417.

Fama, E. F., 2010, "My Life in Finance," *Annual Review of Financial Economics*, http://papers.ssrn.com.

Fama, E. F. and K. R. French, 1992, "The Cross-Section of Expected Stock Returns," *Journal of Finance*, 47(2), pp. 427～465.

Fama, E. F. and K. R. French, 1993, "Common Risk Factors in the Returns on Stocks and Bonds," *Journal of Financial Economics*, 33(1), pp. 3～56.

Fama, E. F. and K. R. French, 1995, "Size and Book-to-Market factors in Earnings and Returns," *Journal of Finance*, 50(1), pp. 131～155.

Fama, E. F. and K. R. French, 1996, "Multifactor Explanations of Asset Pricing Anomalies," *Journal of Finance*, 51(1), pp. 55～84.

Fama, E. F. and K. R. French, 2010, "Luck Versus Skill in the Cross-Section of Mutual Fund Returns," *Journal of Finance*, 65(5), pp. 1915～1947.

Fama, E. F. and M. C. Jensen, 1983, "Agency Problems and Residual Claims," *Journal of Law and Economics*, Vol. XXVI, pp. 327～349.

Fama, E. F. and M. H. Miller, 1972, *The Theory of Finance*, Dryden Press, Hinsdale, Illinois.

Fang, V. W., A. H. Huang and J. M. Karpoff, 2016, "Short Selling and Earnings Management: A Controlled Experiment," *The Journal of Finance*, 71(3), pp. 1251～1294.

FASB, 1980, "Qualitative Characteristics of Accounting Information," *Statement of Financial Accounting Concepts No. 2.*

FASB, 1998, *International Accounting Standard Setting: A Vision for the Future*, Norwalk, CT., FASB.

FASB, 2000, Business Reporting Research Project: Electronic Distribution of Business Reporting Information.

FASB, 2001, Improving Business Reporting: Insights into Enhancing Voluntary Disclosures, Steering Committee Report, Business Reporting Research Project.

FASB, October 21, 2002, Proposal: Principle-Based Approach to U.S. Standard Setting, File Reference No.1125-001.

FASB News Release, 2002.4.24.

Feltham, G. E. and J. A. Ohlson, 1995, "Valuation and Clean Surplus Accounting for Operating and Financial Activities," *Contemporary Accounting Research*, Spring, pp. 689～731.

Fields, R. D., T. Z. Lys and L. Vincent, 2001, "Empirical Research on Accounting

Choice," *Journal of Accounting and Economics*, 31, pp. 255~307.

Financial Reporting Council, July 2011, True and Fair.

Fitzsimons, A. P. and V. L. Shoaf, 1999, "SEC Comments on Audit Risks," *Bank Accounting & Finance*, Spring, pp. 58~64.

Foster, G., 1978, *Financial Statement Analysis*, Prentice-Hall, Inc., Englewood Cliffs, New Jersey.

Friedman, M. and L. J. Savage, 1948, "The Utility Analysis of Choices Involving Risk," *The Journal of Political Economy*, LVI(4), pp. 279~304.

Fuller, R. J., 2000, *Behavioral Finance and the Sources of Alpha*, BSI GAMMA Foundation.

Garcia-Ayuso, M., 2003, "Factors Explaining the Inefficient Valuation of Intangibles," *Accounting, Auditing & Accountability Journal*, 16(1), pp. 57~69.

Gilliam, T. A., F. Heflin and J. S. Paterson, 2015, "Evidence that the Zero-Earnings Discontinuity Has Disappeared," *Journal of Accounting and Economics*, 60, pp. 117~132.

Givoly, D. and C. Hayn, 2000, "The Changing Time-Series Properties of Earnings, Cash Flows and Accruals: Has Financial Reporting Become More Conservative?" *Journal of Accounting and Economics*, 29, pp. 287~320.

Goodwin, J. and K. Ahmed, 2006, "Longitudinal Value Relevance of Earnings and Intangible Assets: Evidence from Australian Firms," *Journal of International Accounting, Auditing and Taxation*, 15(1), pp. 72~91.

Gordon, E. A., J. Bischof, H. Daske, P. Munter, C. Saka, K. J. Smith, and E. R. Venter, 2015, "The IASB's Discussion Paper on the Conceptual Framework for Financial Reporting: A Commentary and Research Review," *Journal of International Financial Management & Accounting*, 26(1), pp. 72~110.

Graham, J. R., R. H. Campbell and S. Rajgopal, 2005, "The Economic Implications of Corporate Financial Reporting," *Journal of Accounting and Economics*, 40(1-3), pp. 3~73.

Green, J., J. R. M. Hand and M. Soliman, 2011, "Going, Going, Gone? The Apparent Demise of the Accruals Anomaly," *Management Science,* 57(5), pp. 797~816.

Gul, F., C. Chen and J. Tsui, 2003, "Discretionary Accounting Accruals, Managers' Incentives and Audit Fees," *Contemporary Accounting Research,* 20(3), pp. 441~464.

Gul, F., S. Lynn and J. Tsui, 2002, "Audit Quality, Management Ownership, and the Informativeness of Accounting Earnings," *Journal of Accounting, Auditing & Finance*, 17(2), pp. 25~49.

Hafzalla, N., R. Lundholm and E. M. Van Winkle, 2011, "Percent Accruals," *The Accounting Review*, 86(1), pp. 209~236.

Hayn, C., 1995, "The Information Content of Losses," *Journal of Accounting and*

Economics, 20, pp. 125~153.

Healy, P., S. C. Myers and C. D. Howe, 2002, "R&D Accounting and the Tradeoff Between Relevance and Objectivity," *Journal of Accounting Research*, 40(3), June, pp. 677~710.

Healy, P. and J. Whalen, 1999, "A Review of the Earnings Management Literature and Its Implications for Standard Setting," *Accounting Horizon*, 13(4), pp. 365~383.

Hendriksen, E. and M. van Breda, 1992, *Accounting Theory*, fifth edition, Irwin.

Hill, N. T., S. W. Shelton and K. T. Stevens, 2002, "Corporate Lobbying Behavior on Accounting for Stock-Based Compensation: Venue and Format Choices," *Abacus*, 38(1), pp. 78~90.

Hirshleifer, D., K. Hou and S. H. Teoh, 2012, "The Accrual Anomaly: Risk or Mispricing?" *Management Science*, 58(2), pp. 320~335.

Hirshleifer, D. and S. H. Teoh, 2003, "Limited attention, information disclosure, and financial reporting," *Journal of Accounting and Economics,* 36(1~3), pp. 337~386.

Holland, J., 2001, "Corporate Value Creation, Intangibles and Disclosure," Department of Accounting & Finance, University of Glasgow, Working Paper.

Holthausen, R. W. and R. L. Watts, 2001, "The Relevance of the Value-Relevance Literature for Financial Accounting Standard Setting," *Journal of Accounting and Economics*, 31, pp. 3~75.

Hönl, A., P. Meissner and T. Wulf, 2017, "Risk attribution theory: An exploratory conceptualization of individual choice under uncertainty," *Journal of Behavioral and Experimental Economics*, 67, pp. 20~27.

Hope, O., D. Hu and W. Zhao, 2017, "Third-Party Consequences of Short-Selling Threats: The Case of Auditor Behavior," *Journal of Accounting and Economics*, 63, pp. 479~498.

Huang, H. W., S. Lin and K. Raghunandan, 2016, "The Volatility of Other Comprehensive Income and Audit Fees," *Accounting Horizons*, 30(2), pp. 195~210.

Hung, M., 2001, "Accounting Standards and Value Relevance of Financial Statements: An International Analysis," *Journal of Accounting and Economics*, 30, pp. 401~420.

Huson, M. R., Y. Tian, C. I. Wiedman and H. A. Wier, 2012, "Compensation Committees' Treatment of Earnings Components in CEOs' Terminal Years," *The Accounting Review*, 87(1), pp. 231~259.

IFAC(International Federation of Accountants), 2011, *Integrating the Business Reporting Supply Chain*, March.

IFRS Foundation, 2012, *Due Process Handbook for the IASB*, February.

IFRS Foundation, 17 October 2013, "CMAC Agenda reference 1, Profit or loss, OCI and recycling," Conceptual Framework Project.

Ijiri, Y., 1967, *The Foundations of Accounting Measurement: A Mathematical, Economic, and Behavioral Inquiry,* Prentice-Hall.

Ijiri, Y., 2005, "US Accounting Standards and Their Environment: A Dualistic Study of Their 75-Years of Transition," *Journal of Accounting and Public Policy*, Vol. 24, Issue 4, pp. 255～279.

International Integrated Reporting Committee, 2011, *Towards Integrated Reporting: Communicating Value in the 21st Century*, September.

Ipino, E. and A. Parbonetti, 2011, "Mandatory IFRS Adoption: The Trade-Off Between Accrual and Real-Based Earnings Management," http://papers.ssrn.com.

Iqbal, Z. and A. Mirakohr, 2011, *An Introduction to Islamic Finance, Theory and Practice,* John Wiley & Sons (Asia) Pte. Ltd.

Ittner, C. D. and D. F. Larcker, 2001, "Assessing Empirical Research in Managerial Accounting: A Value-Based Management Perspective," *Journal of Accounting and Economics*, 32, pp. 349～410.

Jegadeesh, N. and S. Titman, 1993, "Returns to Buying Winners and Selling Losers: Implications for Stock Market Efficiency," *Journal of Finance*, 48, pp. 65～91.

Jensen, M. C., 1976, "Refelections on the State of Accounting Research and the Regulation of Accounting," *Stanford Lectures in Accounting.*

Jiang, H. and T. Yamada, 2011, "The Impact of International Institutional Investors on Local Equity Prices: Reversal of the Size Premium," *Financial Analysts Journal*, 67(6), pp. 61～76.

Jones, J., 1991, "Earnings Management During Import Relief Investigations," *Journal of Accounting Research*, 29(2), pp. 193～228.

Kadous, K. and M. Mercer, 2012, "Are Juries More Likely to Second-Guess Auditor Judgment under Imprecise Accounting Standards?" http://papers.ssrn.com.

Kahneman, D. and A. Tversky, 1972, "Subjective Probability: A Judgement of Representativeness," *Cognitive Psychology*, 3, pp. 430～454.

Kahneman, D. and A. Tversky, 1979, "Prospect Theory: An Analysis of Decision under Risk," *Econometrica*, 47(2), pp. 263～291.

Kaplan, R. S. and S. R. Anderson, 2007, *Time-Driven Activity-Based Costing: A Simpler and More Powerful Path to Higher Profits*, Boston: Harvard Business School Press.

Kaplanski, G. and H. Levy, 2010, "Exploitable Predictable Irrationality: The FIFA World Cup Effect on the U.S. Stock Market," *Journal of Financial and Quantitative Analysis*, 45(2), pp. 535～553.

Kaplanski, G. and H. Levy, 2014, "Sentiment, Irrationality and Market Efficiency: The Case of the 2010 FIFA World Cup," *Journal of Behavioral and Experimental Economics*, 49, pp. 35～43.

Karim, R. A. A., 2001, "International Accounting Harmonization, Banking Regulation, and Islamic Banks," *The International Journal of Accounting*, 36, pp. 169~193.

Kausar, A., R. J. Taffler and C. Tan, 2009, "The Going-Concern Market Anomaly," *Journal of Accounting Research*, 47(1), pp. 213~239.

Keskek, S. and S. Tse, 2013, "Did analysts contribute to the disappearance of the accrual anomaly?" http://papers.ssrn.com.

Kester, G. W., 2010, "What Happened to the Super Bowl Stock Market Predictor?" *The Journal of Investing*, 19(1), pp. 82~87.

Khan, M., 2008, "Are Accruals Mispriced? Evidence from Tests of an Intertemporal Capital Asset Pricing Model," *Journal of Accounting and Economics*, 45(1), pp. 55~77.

Kieso, D., J. Weygandt and T. Warfield, 2001, *Intermediate Accounting*, tenth edition, John Wiley & Sons, Inc.

Kim, J. B. and C. H. Yi, 2015, "Foreign Versus Domestic Institutional Investors in Emerging Markets: Who Contributes More to Firm-Specific Information Flow?" *China Journal of Accounting Research*, 8(1), pp. 1~23.

Klock, M. and P. Megna, 2000, "Measuring and Valuing Intangible Capital in the Wireless Communications Industry," *The Quarterly Review of Economics and Finance*, 40, pp. 519~532.

Kothari, S. P., 2001, "Capital Markets Research in Accounting," *Journal of Accounting and Economics*, 31, pp. 105~231.

Kothari, S. P., A. J. Leone and C. E. Wasley, 2005, "Performance Matched Discretionary Accrual Measures," *Journal of Accounting and Economics*, 39, pp. 163~197.

KPMG LLP., November 2007, Defining Issues: SEC Eliminates U.S. GAAP Reconciliation for Foreign Private Issuers Using IFRS.

Kraft, A., A. J. Leone and C. Wasley, 2006, "An Analysis of the Theories and Explanations Offered for the Mispricing of Accruals and Accrual Components," *Journal of Accounting Research*, 44(2), pp. 297~339.

Kraft, A., A. J. Leone and C. Wasley, 2007, "Regression-Based Tests of the Market Pricing of Accounting Numbers: The Mishkin Test and Ordinary Least Squares," *Journal of Accounting Research*, 45(5), pp. 1081~1114.

Kravet, T. D., 2014, "Accounting Conservatism and Managerial Risk-Taking: Corporate Acquisitions," *Journal of Accounting and Economics*, 57, pp. 218~240.

Krishnan, G. V., 2003, "Audit Quality and the Pricing of Discretionary Accruals," *Auditing: A Journal of Practice & Theory*, 22(1), pp. 109~126.

Krishnan, S. and P. Lin, 2012, "Inventory Valuation under IFRS and GAAP," *Strategic Finance*, March, pp. 51~58.

Krueger, T. M. and W. F. Kennedy, 1990, "An Examination of the Super Bowl Stock

Market Predictor," *The Journal of Finance*, 45(2), pp. 691～697.

Kuang, Y. F. and B. Qin, 2009, "Performance-Vested Stock Options and Interest Alignment," *The British Accounting Review*, 41, pp. 46～61.

Kuang, Y. F., B. Qin and J. L. C. Wielhouwer, 2014, "CEO Origin and Accrual-Based Earnings Management," *Accounting Horizons*, 28(3), pp. 605～626.

Lawrence, A., J. Ryans, E. Sun and N. Laptev, 2016, "Yahoo Finance Search and Earnings Announcements," http://papers.ssrn.com.

Lee, C. M. C., 2001, "Market Efficiency and Accounting Research: A Discussion of 'Capital Market Research in Accounting' by S. P. Kothari," *Journal of Accounting and Economics*, 31, pp. 233～253.

Lee, L. F., 2012, "Incentives to Inflate Reported Cash from Operations Using Classification and Timing," *The Accounting Review*, 87(1), pp. 1～33.

Leippold, M. and H. Lohre, 2012, "Data Snooping and the Global Accrual Anomaly," *Applied Financial Economics*, 22(7), pp. 509～535.

Lennox, C. and B. Li, 2012, "The Consequences of Protecting Audit Partners' Personal Assets from the Threat of Liability," *Journal of Accounting and Economics*, 54(2～3), pp. 154～173.

Lev, B. and T. Sougiannis, 1996, "The Capitalization, Amortization, and Value-Relevance of R&D," *Journal of Accounting and Economics*, February, pp. 107～138.

Lev, B. and P. Zarowin, 1999, "The Boundaries of Financial Reporting and How to Extend Them," *Journal of Accounting Research*, 37, Autumn, pp. 353～385.

Lev, B. and G. Feng, 2016, "The End of Accounting and the Path Forward for Investors and Managers," Wiley Finance, Wiley.

Lewis, M. K., 2001, "Islam and Accounting," *Accounting and Forum*, 25(2), pp. 103～127.

Lintner, J., 1965, "The Valuation of Risk Assets and the Selection of Risky Investments in Stock Portfolios and Capital Budgets," *Review of Economics and Statistics*, 47(1), pp. 13～37.

Livne, G. and M. McNichols, 2009, "An Empirical Investigation of the True and Fair Override in the United Kingdom," *Journal of Business Finance & Accounting*, January/March, pp. 1～30.

London Stock Exchange, March 2010, *Investor Relations: A Practical Guide*.

Loudder, M. and B. Behn, 1995, "Alternative Income Determination Rules and Earnings Usefulness: The Case of R&D Costs," *Contemporary Accounting Research*, Fall, pp. 185～205.

Loumioti, M., 2011, "The Use of Intangible Assets as Loan Collateral," http://papers.ssrn.com.

Luehlfing, M. S., 1995, "The Politics of Self-Imposed Regulations－Has A New Day

Dawned?" *Accounting Horizon*, June, pp. 68～76.

Lymer, A., R. Debreceny, G. L. Gray and A. Rahman, 1999, *Business Reporting on the Internet*, International Accounting Standards Committee.

Maines, L., E. Bartov, P. Fairfield, E. Hirst, T. Iannaconi, R. Mallett, C. Schrand, D. Skinner and L. Vincent, 2003, "Evaluating Concepts-Based vs. Rules-Based Approaches to Standard Setting," *Accounting Horizons*, 17(1), pp. 73～89.

Marquering, W., 2002, "Seasonal Predictability of Stock Market Returns," *Tijdschrift voor Economie en Management*, 47(4), pp. 557～576.

Marquering, W., J. Nisser and T. Valla, 2006, "Disappearing Anomalies: A Dynamic Analysis of the Persistence of Anomalies," *Applied Financial Economics*, 16, pp. 291～302.

Massa, M., B. Zhang and H. Zhang, 2013, "The Invisible Hand of Short Selling: Does Short Selling Discipline Earnings Management?" http://papers.ssrn.com.

Mattessich, R., 1984, *Modern Accounting Research: History, Survey, and Guide*, The Canadian Certified General Accountants' Research Foundation, Research Monograph Number 7.

Matthews, R. B., R. J. Daigle and P. A. Vanek, 2012, "How International Financial Reporting Standards(IFRS) Will Change the Game for Financial Analysis and Financial Analysts," http://www.vanekconsultancy.com/thought/resources.

McNichols, M. F., 2002, "Discussion of the Quality of Accruals and Earnings: The Role of Accrual Estimation Error," *The Accounting Review*, 77(Supplement), pp. 61～69.

Michels, J., 2017, "Disclosure versus Recognition: Inferences from Subsequent Events," *Journal of Accounting Research*, 55(1), pp. 3～34.

Moehrle, S. R., J. A. Reynolds-Moehrle and J. S. Wallace, 2000, "Everyone Out of the Pool," *Journal of Accountancy*, 189(5), May.

Mohanram, P. S., 2014, "Analysts' Cash Flow Forecasts and the Decline of the Accrual Anomaly," *Contemporary Accounting Research*, 31(4), pp. 1143～1170.

Monciardini, D., 2016, "Lawyers, Accountants and Financial Analysts: The 'Architects' of the New EU Regime of Corporate Accountability," *Oñati Socio-legal Series*, Vol. 6, No. 3: Past, Present and Future of Sociology of Law.

Mora, A. and M. Walker, 2015, "The Implications of Research on Accounting Conservatism for Accounting Standard Setting," *Accounting and Business Research*, forthcoming.

Mosso, D., 2011, "Financial Analysts Need Sharper Accounting Tools," *Accounting Horizons*, 25(2), pp. 419～435.

Nekrasov, A., S. H. Teoh and S. Wu, 2019, "Visuals and Attention to Earnings News on Twitter," September 3, 2019, https://ssrn.com/abstract=3447484 or http://dx.doi.org/10.2139/ssrn.3447484.

Ohlson, J., 1995, "Earnings, Book Value and Dividends in Security Valuation," *Contemporary Accounting Research*, Spring, pp. 661～687.

Ou, J. A. and S. H. Penman, 1989a, "Financial Statement Analysis and the Prediction of Stock Returns," *Journal of Accounting and Economics*, 11, pp. 295～329.

Ou, J. A. and S. H. Penman, 1989b, "Accounting Measurement, Price-Earnings Ratios, and the Information Content of Security Prices," *Journal of Accounting Research,* 27 Supplement, pp. 111～144.

Ozkan, N., Z. Singer and H. You, 2012, "Mandatory IFRS Adoption and the Contractual Usefulness of Accounting Information in Executive Compensation," *Journal of Accounting Research*, 50(4), pp. 1077～1107.

Palepu, K. G., P. M. Healy and V. L. Bernard, 2000, *Business Analysis & Valuation Using Financial Statements*, 2nd edition, South-Weston College Publishing.

Partnoy, F., 2002, "Enron and Derivatives," Working Paper, http://papers.ssrn.com.

Penman, S. H., 2003, "The Quality of Financial Statements: Perspectives from the Recent Stock Market Bubble," *Accounting Horizons*, Supplement, pp. 77～96.

Penman, S. H., 2007, "Financial Reporting Quality: Is Fair Value a Plus or a Minus?" *Accounting and Business Research*, Special Issue: International Accounting Policy Forum, pp. 33～44.

Penman, S. H., 2011, *Accounting for Value*, Columbia University Press.

Penman, S. H., 2012, "Paths to Valuation, Asset Pricing, and Practical Investing: Can Accounting and Finance Approaches Be Reconciled?" Chapter 1, Bridging the GAAP, *Recent Advances in Finance and Accounting,* edited by I. Venezia and Z. Wiener, World Scientific Publishing Co., pp. 3～20.

Penman, S. H. and F. Reggiani, 2013, "Returns to Buying Earnings and Book Value: Accounting for Growth and Risk," *Review of Accounting Studies*, 18, pp. 1021～1049.

Penman, S. H., F. Reggiani, S. Richardson and I. Tuna, 2013, "An Accounting-Based Characteristic Model for Asset Pricing," http://papers.ssrn.com.

Penman, S. H. and J. L. Zhu, 2014, "Accounting Anomalies, Risk, and Return," *The Accounting Review*, 89(5), pp. 1835～1866.

Pincus, M., S. Rajgopal and M. Venkatachalam, 2007, "The Accrual Anomaly: International Evidence," *The Accounting Review*, 82(1), pp. 169～203.

Plantin, G., H. Sapra and H. S. Shin, 2008, "Fair Value Accounting and Financial Stability," *Financial Stability Review*, Banque de France, 12, October, pp. 85～94.

Puxty, A. G., 1993, *The Social & Organizational Context of Management Accounting.* (『관리회계의 사회적 맥락과 조직적 맥락』, 김영규 옮김, 도서출판 석정)

Rasmusen, E., 1989, *Games and Information*, Basil Blackwell Ltd.

Rees, L. and P. Shane, 2012, "Academic Research and Standards Setting: The Case of

Other Comprehensive Income," *Accounting Horizons*, 26(4), pp. 789~815.

Rees, L. and B. Twedt, 2017, "Sophisticated Investors Trading around Earnings Announcements," http://papers.ssrn.com.

Reinganum, M. R., 1981, "Misspecification of Capital Asset Pricing: Empirical Anomalies Based on Earnings' Yields and Market Values," *Journal of Financial Economics*, 9(1), pp. 19~46.

Riahi-Belkaoui, A., 2000, *Accounting Theory*, 4th edition, International Thomson Business Press.

Rieg, R. and U. Vanini, 2015, "Value-Relevance of Intangibles and Intellectual Capital Disclosure on Market-to-Book Value Ratio: A Longitudinal Multilevel Regression of German DAX Firms," http://papers.ssrn.com.

Ronen, J., 2001, "On R&D Capitalization and Value-Relevance: A Commentary," *Journal of Accounting and Public Policy*, 29, pp. 241~254.

Roychowdhury, S., 2006, "Earnings Management through Real Activities Manipulation," *Journal of Accounting and Economics*, 42, pp. 335~370.

Ryan, S. G., 2006, "Identifying Conditional Conservatism," *European Accounting Review*, 15(4), pp. 511~525.

Ryan, S. G. and P. A. Zarowin, 2003, "Why Has the Contemporaneous Linear Returns-Earnings Relation Declined?" *The Accounting Review*, 78(2), pp. 523~553.

Samuelson, R. A., 1996, "The Concept of Assets in Accounting Theory," *Accounting Horizon*, 10(3), pp. 147~157.

Saul, R. S., 1996, "What Ails the Accounting Profession?" *Accounting Horizon*, 10(2), pp. 131~137.

Schipper, K., 1989, "Commentary on Earnings Management," *Accounting Horizons*, 3(4), pp. 91~102.

Schipper, K. and L. Vincent, 2003, "Earnings Quality," *Accounting Horizons*, Supplement, pp. 97~110.

Schwert, G. W., 2003, "Anomalies and Market Efficiency," Chapter 15, Volume 1B, Financial Markets and Asset Pricing, *Handbook of the Economics of Finance*, Edited by G. M. Constantinides, M. Harris and R. Stulz, Elsevier Science B.V.

Scott, W. R., 2003, *Financial Accounting Theory*, 3rd ed., Prentice Hall.

Scott, W. R., 2009, *Financial Accounting Theory*, 5th ed., Pearson Prentice Hall.

Scott, W. R., 2012, *Financial Accounting Theory*, 6th ed., Pearson Prentice Hall.

Seow, G., Z. Shangguan and G. Vasudevan, 2006, "Intangible Investments and the Cost of Equity Capital," *The International Journal of Finance*, 18(2), pp. 3980~4012.

Sharpe, W. F., 1964, "Capital Asset Prices: A Theory of Market Equilibrium under Conditions of Risk," *Journal of Finance*, 19(3), pp. 425~442.

Shi, C., 2003, "On the Trade-Off Between the Future Benefits and Riskiness of R&D: A Bondholders' Perspective," *Journal of Accounting and Economics*, 35, pp. 227～254.

Shi, L. and H. Zhang, 2012, "Can the Earnings Fixation Hypothesis Explain the Accrual Anomaly?" *Review of Accounting Studies*, 17(1), pp. 1～21.

Simon, H., 1957, "A Behavioral Model of Rational Choice" in *Models of Man, Social and Rational: Mathematical Essays on Rational Human Behavior in a Social Setting,* Wiley, New York.

Skinner, D. J., 2005, "The Rise of Deferred Tax Assets in Japan: The Case of the Major Japanese Banks," http://papers.ssrn.com.

Skinner, D. J., 2011, Discussion of "Accounting Standards and Debt Covenants: Has the 'Balance Sheet Approach' Led to a Decline in the Use of Balance Sheet Covenants?" *Journal of Accounting and Economics*, 52, pp. 203～208.

Sloan, R. G., 1996, "Do Stock Prices Fully Reflect Information in Accruals and Cash Flows about Future Earnings?" *The Accounting Review*, 71(3), pp. 289～315.

Soares, N. and A. W. Stark, 2009, "The Accrual Anomaly – Can Implementable Portfolio Strategies Be Developed That Are Profitable Net of Transactions Costs in the UK?" *Accounting and Business Research*, 39(4), pp. 321～345.

Solomons, D., 1995, "Criteria for Choosing an Accounting Model," *Accounting Horizon*, 9(1), pp. 42～51.

Sonu, Sukho and Hyungsuk, Choi, 2011, "Capital Market Anomalies in Korea," *Asian Review of Financial Research*, 24(4), pp. 1231～1284.

Srinidhi, B., F. A. Gul and J. Tsui, 2011, "Female Directors and Earnings Quality," *Contemporary Accounting Research,* 28(5), Winter, pp. 1610～1644.

Srivastava, A., 2014, "Why Have Measures of Earnings Quality Changed Over Time?" *Journal of Accounting and Economics*, 57, pp. 196～217.

Sterling, R. R., 1990, "Positive Accounting: An Assessment," *Abacus*, 26(2), pp. 97～135.

Stice, H., 2017, "From Data to Information: Does the Internet Oversupply the Market with Data?" http://papers.ssrn.com.

Stickney, C. P., 2002, "Recent Changes in Financial Reporting Standards," Working Paper, Dartmouth College.

Stolowy, H. and A. Jeny-Cazavan, 2001, "International Accounting Disharmony: the Case of Intangibles," *Accounting Auditing & Accountability Journal*, 14(4), pp. 477～496.

Sunder, S., 2009, "'True and Fair' as the Moral Compass of Financial Reporting," Working Paper, http://papers.ssrn.com.

Taylor, S. and L. Wong, 2012, "Robust Anomalies? A Close Look at Accrual-Based Trading Strategy Returns," *Accounting & Finance*, 52(2), pp. 573～603.

Thaler, R. H., 1980, "Toward a Positive Theory of Consumer Choice," *Journal of*

Economic Behavior and Organization, 1, pp. 39~60.

Thaler, R. H., 1991, *Quasi Rational Economics*, Russel Sage Foundation, New York.

Turner, J., 2009, "Assurance Considerations for Interactive Data: Some Risks and Mitigation Techniques," CoreFiling.

Turney, P., 1991, *Common Cents: The ABC Performance Breakthrough,* Cost Technology, Hillsboro, OR.

Tversky, A. and D. Kahneman, 1992, "Advances in Prospect Theory: Cumulative Representation of Uncertainty," *Journal of Risk and Uncertainty*, 5(4), pp. 297~323.

Twedt, B. and L. Rees, 2012, "Reading between the Lines: An Empirical Examination of Qualitative Attributes of Financial analysts' Reports," *Journal of Accounting and Public Policy*, 31, pp. 1~21.

United States General Accounting Office, 1996, *THE ACCOUNTING PROFESSION Major Issues: Progress and Concerns*, GAO/AIMD-96-98, Washington, D.C.

United States General Accounting Office, 2003, *GAO Forum on Governance and Accountability: Challenges to Restore Public Confidence in U.S. Corporate Governance and Accountability Systems*, GAO-03-419SP, January.

Upton, W. S., Jr., 2001, *Business and Financial Reporting, Challenges from the New Economy*, Special Report(No.219-A), April, FASB.

US SEC, 2002.8.27, Commission Approves Rules Implementing Provisions of Sarbanes-Oxley Act, Accelerating Periodic Filings, and Other Measures, http://www.sec.gov/news/press/2002-128.htm.

US SEC, 2003, Study Pursuant to Section 108(d) of the Sarbanes-Oxley Act on the Adoption by the United States Financial Reporting System of a Principles-Based Accounting System.

US SEC, 2011, Staff Paper: An Analysis of IFRS in Practice, November 16, 2011.

US SEC, July 13, 2012, Final Staff Report: Work Plan for the Consideration of Incorporating International Financial Reporting Standards into the Financial Reporting System for U.S. Issuers.

van der Meer-Kooistra, J. and S. M. Zijlstra, 2001, "Reporting on Intellectual Capital," *Accounting, Auditing & Accountability Journal.*

Voulgaris, G., K. Stathopoulos and M. Walker, 2014, "IFRS and the Use of Accounting-Based Performance Measures in Executive Pay," *The International Journal of Accounting*, 49, pp. 479~514.

Wallman, S., 1997, "The Future of Accounting and Financial Reporting, Part IV: 'Access' Accounting," *Accounting Horizon*, 11(2), pp. 103~116.

Walton, P. J., 1993, "Introduction: the true and fair view in British accounting," *European Accounting Review*, 2(1), pp. 49~58.

Watts, R. and J. Zimmerman, 1978, "Towards a Positive Theory of the Determination of Accounting Standards," *The Accounting Review*, 53, January, pp. 112～134.

Watts, R. and J. Zimmerman, 1979, "The Demand for and Supply of Accounting Theories: The Market for Excuses," The *Accounting Review*, 54, April, pp. 273～305.

Watts, R. and J. Zimmerman, 1986, *Positive Accounting Theory*, Prentice-Hall, Inc., Englewood Cliffs, New Jersey.

Watts, R. and J. Zimmerman, 1990, "Positive Accounting Theory: A Ten Year Perspective," *The Accounting Review*, 65(1), pp. 131～156.

White, H., 2000, "A Reality Check for Data Snooping," *Econometrica*, 68(5), pp. 1097～1126.

Wolk, H. I., J. R. Francis and M. G. Tearney, 1992, *Accounting Theory: A Conceptual and Institutional Approach*, 3rd edition, South-Western Publishing Co.

Xu, W., 2016, "Accruals Management to Avoid Losses," *Journal of Business Finance and Accounting*, 43(9)&(10), pp. 1095～1120.

Yan, Z. and Y. Zhao, 2009, "When Two Anomalies Meet: Post-Earnings-Announcement Drift and Value-Glamour Anomaly," http://papers.ssrn.com.

Yan, Z. and Y. Zhao, 2011, "When Two Anomalies Meet: The Post-Earnings Announcement Drift and the Value-Glamour Anomaly," *Financial Analysts Journal*, 67(6), pp. 46～60.

Zacks, L., 2011, *The Handbook of Equity Market Anomalies: Translating Market Inefficiencies into Effective Investment Strategies*, John Wiley & Sons, Inc., Hoboken, New Jersey.

Zeff, S. A., 2008, "IFRS Developments in the USA and EU, and Some Implications for Australia," *Australian Accounting Review*, 18(40), Issue 4, pp. 275～282.

Zeff, S. A., 2012, "The Evolution of the IASC into the IASB, and the Challenges it Faces," *The Accounting Review*, 87(3), pp. 807～837.

Zeghal, D. and A. Maaloul, 2011, "The Accounting Treatment of Intangibles – A Critical Review of the Literature," *Accounting Forum*, 35, pp. 262～274.

Zhang, X., 2000, "Conservative Accounting and Equity Valuation," *Journal of Accounting and Economics*, 29, pp. 125～149.

Zimmerman, J. L., 2000, *Accounting for Decision Making and Control*, 3rd edition, Irwin McGraw Hill, Chicago.

www.iasplus.com

www.icas.org.uk

www.islamic-accounting.com

ㄱ

ㄴ

ㄷ

ㅇ

ㅈ

ㅎ

기타

저자소개

김 정 재 고려대학교 경영대학 경영학과
고려대학교 대학원 경영학과 (경영학석사)
Georgia State Univeristy (경영학박사)
현, 대구대학교 경영대학 경영학부(회계학전공) 명예교수

정 준 희 중앙대학교 경영경제대학 경영학과
중앙대학교 대학원 회계학과 (경영학석사, 경영학박사)
University of Queensland, Post-doc
현, 대구대학교 경영대학 경영학부(회계학전공) 교수

김 임 현 한양대학교 (경영학박사)
현, 대구대학교 경영대학 경영학부(회계학전공) 교수

第5판 재무회계이론

2010년 1월 15일 제 1 판 1쇄 발행
2025년 3월 5일 제 5 판 1쇄 인쇄
2025년 3월 10일 제 5 판 1쇄 발행

저 자 김정재 · 정준희 · 김임현
발행인 권 영 섭
발행처 (주)신 영 사

㈜신영사

경기도 파주시 심학산로 12(출판문화단지)
등 록 : 1988. 5. 2 / 제406-1988-000020호
전 화 : 031-946-2894(代)
F A X : 031-946-0799
e-mail : sys28945@naver.com
홈페이지 : http://www.shinyoungsa.co.kr

정가 **33,000**원

ISBN 978-89-5501-884-4